大学赤本シリーズ

415

明治大学

全学部統一入試

教学社

はしがき

おかげさまで，大学入試の「赤本」は，今年で創刊70周年を迎えました。

これまで，入試問題や資料をご提供いただいた大学関係者各位，掲載許可をいただいた著作権者の皆様，各科目の解答や対策の執筆にあたられた先生方，そして，赤本を使用してくださったすべての読者の皆様に，厚く御礼を申し上げます。

以下に，創刊初期の「赤本」のはしがきを引用します。これからも引き続き，受験生の目標の達成や，夢の実現を応援してまいります。

本書を活用して，入試本番では持てる力を存分に発揮されることを心より願っています。

編者しるす

＊　＊　＊

学問の塔にあこがれのまなざしをもって，それぞれの志望する大学の門をたたかんとしている受験生諸君！　人間として生まれてきた私たちは，自己の欲するままに，美しく，強く，そして何よりも人間らしく生きることをねがっている。しかし，一朝一夕にして，この純粋なのぞみが達せられることはない。私たちの行く手には，絶えずさまざまな試練がまちかまえている。この試練を克服していくところに，私たちのねがう真に人間的な世界がはじめて開かれてくるのである。

人生最初の最大の試練として，諸君の眼前に大学入試がある。この大学入試は，精神的にも身体的にも，大きな苦痛を感ぜしめるであろう。あるスポーツに熟達するには，たゆみなき，はげしい練習を積み重ねることが必要であるように，私たちは，計画的・持続的な努力を払うことによって，この試練を克服し，次の一歩を踏みだすことができる。厳しい試練を経たのちに，はじめて満足すべき成果を獲得できるのである。

本書は最近の入学試験の問題に，それぞれ解答を付し，さらに問題をふかく分析することによって，その大学独特の傾向や対策をさぐろうとした。本書を一般の参考書とあわせて使用し，まとはずれのない，効果的な受験勉強をされるよう期待したい。

（昭和35年版「赤本」はしがきより）

挑む人の、いちばんの味方

1954年に大学入試の過去問題集を刊行してから70年。赤本は大学に入りたいと思う受験生を応援しつづけてきました。これからも，苦しいとき落ち込むときにそばで支える存在でいたいと思います。

そして，勉強をすること，自分で道を決めること，努力が実ること，これらの喜びを読者の皆さんが感じることができるよう，伴走をつづけます。

そもそも赤本とは…

受験生のための大学入試の過去問題集！

70年の歴史を誇る赤本は，500点を超える刊行点数で全都道府県の370大学以上を網羅しており，過去問の代名詞として受験生の必須アイテムとなっています。

なぜ受験に過去問が必要なのか？

大学入試は大学によって問題形式や頻出分野が大きく異なるからです。

赤本の掲載内容

傾向と対策

これまでの出題内容から，問題の「**傾向**」を分析し，来年度の入試に向けて具体的な「**対策**」の方法を紹介しています。

問題編・解答編

- 年度ごとに問題とその解答を掲載しています。
- 「**問題編**」ではその年度の試験概要を確認したうえで，実際に出題された過去問に取り組むことができます。
- 「**解答編**」には高校・予備校の先生方による解答が載っています。

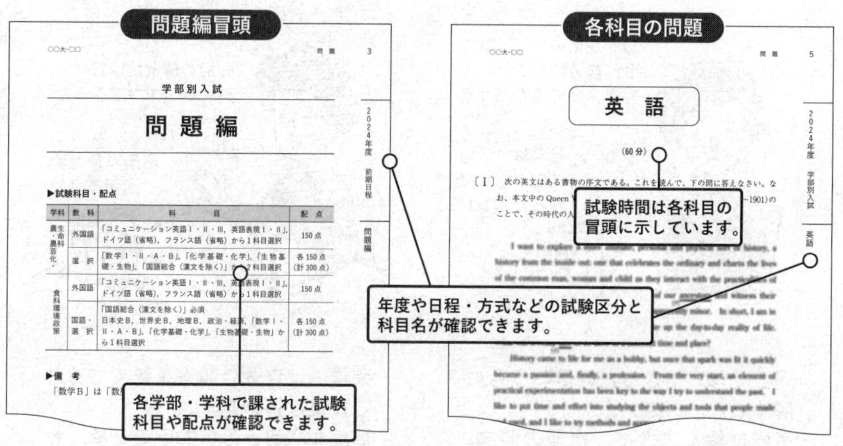

他にも，大学の基本情報や，先輩受験生の合格体験記，在学生からのメッセージなどが載っていることがあります。

掲載内容について

著作権上の理由やその他編集上の都合により問題や解答の一部を割愛している場合があります。
なお，指定校推薦入試，社会人入試，編入学試験，帰国生入試などの特別入試，英語以外の外国語科目，商業・工業科目は，原則として掲載しておりません。また試験科目は変更される場合がありますので，あらかじめご了承ください。

受験勉強は

過去問に始まり，

STEP 1

なにはともあれ

まずは解いてみる

しずかに…
今，自分の心と
向き合ってるんだから
ムーン
それは
問題を解いて
からだホン!

過去問は，**できるだけ早いうちに解く**のがオススメ！
実際に解くことで，**出題の傾向，問題のレベル，今の自分の実力**がつかめます。

STEP 2

じっくり具体的に

弱点を分析する

分析の結果だけど
英・数・国が苦手みたい
スリー
必須科目だホン
頑張るホン

間違いは自分の弱点を教えてくれる**貴重な情報源。**
弱点から自己分析することで，**今の自分に足りない力や苦手な分野**が見えてくるはず！

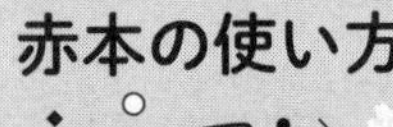

合格者があかす
赤本の使い方

傾向と対策を熟読

(Fさん／国立大合格)

大学の出題傾向を調べるために，赤本に載っている「傾向と対策」を熟読しました。

繰り返し解く

(Tさん／国立大合格)

1周目は問題のレベル確認，2周目は苦手や頻出分野の確認に，3周目は合格点を目指して，と過去問は繰り返し解くことが大切です。

赤本の使い方 解説

過去問に終わる。

STEP 3

志望校にあわせて

苦手分野の重点対策

明日からはみんなで頑張るよ！
参考書も！ 問題集も！
よろしくね！
呼んだ？
なにを!?
どこから!?
グッ
グッ

参考書や問題集を活用して，苦手分野の**重点対策**をしていきます。
過去問を指針に，合格へ向けた具体的な学習計画を立てましょう！

STEP 1▶2▶3

サイクルが大事！

実践を繰り返す

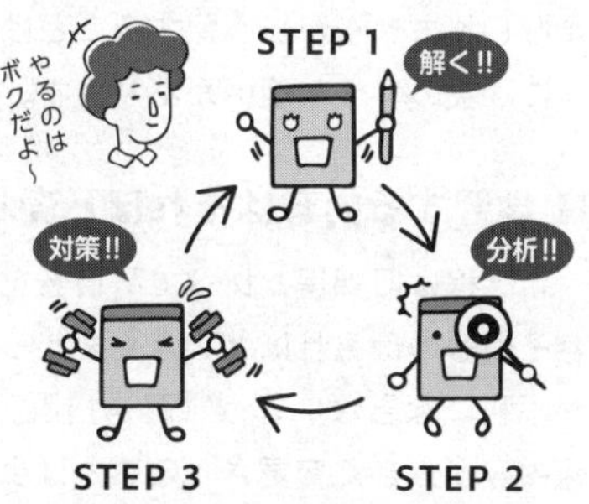

STEP 1～3を繰り返し，実力アップにつなげましょう！
出題形式に慣れることや，**時間配分を考えること**も大切です。

目標点を決める
(Yさん／私立大合格)
赤本によっては合格者最低点が載っているので，それを見て目標点を決めるのもよいです。

時間配分を確認
(Kさん／私立大学合格)
赤本は時間配分や解く順番を決めるために使いました。

添削してもらう
(Sさん／私立大学合格)
記述式の問題は先生に添削してもらうことで自分の弱点に気づけると思います。

新課程入試 Q&A

2022 年度から新しい学習指導要領（新課程）での授業が始まり，2025 年度の入試は，新課程に基づいて行われる最初の入試となります。ここでは，赤本での新課程入試の対策について，よくある疑問にお答えします。

Q1. 赤本は新課程入試の対策に使えますか？

A. もちろん使えます！

旧課程入試の過去問が新課程入試の対策に役に立つのか疑問に思う人もいるかもしれませんが，心配することはありません。旧課程入試の過去問が役立つのには次のような理由があります。

● 学習する内容はそれほど変わらない

新課程は旧課程と比べて科目名を中心とした変更はありますが，学習する内容そのものはそれほど大きく変わっていません。また，多くの大学で，既卒生が不利にならないよう「経過措置」がとられます（Q３参照）。したがって，出題内容が大きく変更されることは少ないとみられます。

● 大学ごとに出題の特徴がある

これまでに課程が変わったときも，各大学の出題の特徴は大きく変わらないことがほとんどでした。入試問題は各大学のアドミッション・ポリシーに沿って出題されており，過去問にはその特徴がよく表れています。過去問を研究してその大学に特有の傾向をつかめば，最適な対策をとることができます。

出題の特徴の例	・英作文問題の出題の有無 ・論述問題の出題（字数制限の有無や長さ） ・計算過程の記述の有無

新課程入試の対策も，赤本で過去問に取り組むところから始めましょう。

Q2. 赤本を使う上での注意点はありますか？

A. 志望大学の入試科目を確認しましょう。

過去問を解く前に，過去の出題科目（問題編冒頭の表）と 2025 年度の募集要項とを比べて，課される内容に変更がないかを確認しましょう。ポイントは以下のとおりです。科目名が変わっていても，実際は旧課程の内容とほとんど同様のものもあります。

英語・国語	科目名は変更されているが，実質的には変更なし。 ▶▶ **ただし，リスニングや古文・漢文の有無は要確認。**
地歴	科目名が変更され，「歴史総合」「地理総合」が新設。 ▶▶ **新設科目の有無に注意。ただし，「経過措置」(Q３参照) により内容は大きく変わらないことも多い。**
公民	「現代社会」が廃止され，「公共」が新設。 ▶▶ **「公共」は実質的には「現代社会」と大きく変わらない。**
数学	科目が再編され，「数学 C」が新設。 ▶▶ **「数学」全体としての内容は大きく変わらないが，出題科目と単元の変更に注意。**
理科	科目名も学習内容も大きな変更なし。

数学については，科目名だけでなく，どの単元が含まれているかも確認が必要です。例えば，出題科目が次のように変わったとします。

旧課程	「数学Ⅰ・数学Ⅱ・数学 A・数学 B（数列・ベクトル）」
新課程	「数学Ⅰ・数学Ⅱ・数学 A・**数学 B（数列）・数学 C（ベクトル）**」

この場合，新課程では「数学C」が増えていますが，単元は「ベクトル」のみのため，実質的には旧課程とほぼ同じであり，過去問をそのまま役立てることができます。

Q3.「経過措置」とは何ですか？

A. 既卒の旧課程履修者への対応です。

多くの大学では，既卒の旧課程履修者が不利にならないように，出題において「経過措置」が実施されます。措置の有無や内容は大学によって異なるので，募集要項や大学のウェブサイトなどで確認しておきましょう。

○旧課程履修者への経過措置の例

- 旧課程履修者にも配慮した出題を行う。
- 新・旧課程の共通の範囲から出題する。
- 新課程と旧課程の共通の内容を出題し，共通範囲のみでの出題が困難な場合は，旧課程の範囲からの問題を用意し，選択解答とする。

例えば，地歴の出題科目が次のように変わったとします。

旧課程	「日本史 B」「世界史 B」から１科目選択
新課程	「**歴史総合**，日本史探究」「**歴史総合**，世界史探究」から１科目選択※ ※旧課程履修者に不利益が生じることのないように配慮する。

「歴史総合」は新課程で新設された科目で，旧課程履修者には見慣れないものですが，上記のような経過措置がとられた場合，新課程入試でも旧課程と同様の学習内容で受験することができます。

要チェックだホン

新課程の情報は WEB もチェック！
より詳しい解説が赤本ウェブサイトで見られます。
https://akahon.net/shinkatei/

科目名が変更される教科・科目

	旧課程	新課程
国語	国語総合 国語表現 現代文A 現代文B 古典A 古典B	現代の国語 言語文化 論理国語 文学国語 国語表現 古典探究
地歴	日本史A 日本史B 世界史A 世界史B 地理A 地理B	歴史総合 日本史探究 世界史探究 地理総合 地理探究
公民	現代社会 倫理 政治・経済	公共 倫理 政治・経済
数学	数学Ⅰ 数学Ⅱ 数学Ⅲ 数学A 数学B 数学活用	数学Ⅰ 数学Ⅱ 数学Ⅲ 数学A 数学B 数学C
外国語	コミュニケーション英語基礎 コミュニケーション英語Ⅰ コミュニケーション英語Ⅱ コミュニケーション英語Ⅲ 英語表現Ⅰ 英語表現Ⅱ 英語会話	英語コミュニケーションⅠ 英語コミュニケーションⅡ 英語コミュニケーションⅢ 論理・表現Ⅰ 論理・表現Ⅱ 論理・表現Ⅲ
情報	社会と情報 情報の科学	情報Ⅰ 情報Ⅱ

目　次

2022 年度 問題と解答

●全学部統一入試

解答用紙は，赤本オンラインに掲載しています。

https://akahon.net/kkm/mej/index.html

※掲載内容は，予告なしに変更・中止する場合があります。

掲載内容についてのお断り

著作権上の都合により，2022 年度の「生物」〔IV〕の文章を省略しています。

基本情報

沿革

1881（明治 14）　明治法律学校開校
1903（明治 36）　専門学校令により明治大学と改称
1904（明治 37）　学則改正により法学部・政学部・文学部・商学部を設置
1920（大正　9）　大学令により明治大学設立認可
1949（昭和 24）　新制明治大学設置認可。法学部・商学部・政治経済学部・文学部・工学部・農学部を置く
1953（昭和 28）　経営学部設置
1989（平成元年）　工学部を理工学部に改組
2004（平成 16）　情報コミュニケーション学部設置
2008（平成 20）　国際日本学部設置
2013（平成 25）　総合数理学部設置
2021（令和　3）　創立 140 周年

大学マーク

明治大学には，「伝統を受け継ぎ，新世紀に向けて大きく飛躍・上昇する明治大学」をイメージした大学マークがあります。この大学マークのコンセプトは，明治大学の「M」をモチーフとして，21 世紀に向けて明治大学が「限りなく飛翔する」イメージ，シンプルなデザインによる「親しみやすさ」，斬新な切り口による「未来へのメッセージ」を伝えています。

学部・学科の構成

大　学

●**法学部**　1・2 年：和泉キャンパス／3・4 年：駿河台キャンパス

法律学科（ビジネスローコース，国際関係法コース，法と情報コース，公共法務コース，法曹コース）

●**商学部**　1・2 年：和泉キャンパス／3・4 年：駿河台キャンパス

商学科（アプライド・エコノミクスコース，マーケティングコース，ファイナンス＆インシュアランスコース，グローバル・ビジネスコース，マネジメントコース，アカウンティングコース，クリエイティブ・ビジネスコース）

●**政治経済学部**　1・2 年：和泉キャンパス／3・4 年：駿河台キャンパス

政治学科

経済学科

地域行政学科

●**文学部**　1・2 年：和泉キャンパス／3・4 年：駿河台キャンパス

文学科（日本文学専攻，英米文学専攻，ドイツ文学専攻，フランス文学専攻，演劇学専攻，文芸メディア専攻）

史学地理学科（日本史学専攻，アジア史専攻，西洋史学専攻，考古学専攻，地理学専攻）

心理社会学科（臨床心理学専攻，現代社会学専攻，哲学専攻）

●理工学部　生田キャンパス

電気電子生命学科（電気電子工学専攻，生命理工学専攻）

機械工学科

機械情報工学科

建築学科

応用化学科

情報科学科

数学科

物理学科

●農学部　生田キャンパス

農学科

農芸化学科

生命科学科

食料環境政策学科

●経営学部　1・2年：和泉キャンパス／3・4年：駿河台キャンパス

経営学科

会計学科

公共経営学科

（備考）学部一括入試により，2年次から学科に所属となる。

●情報コミュニケーション学部　1・2年：和泉キャンパス／3・4年：駿河台キャンパス

情報コミュニケーション学科

●国際日本学部　中野キャンパス

国際日本学科

●総合数理学部　中野キャンパス

現象数理学科

先端メディアサイエンス学科

ネットワークデザイン学科

大学院

法学研究科／商学研究科／政治経済学研究科／経営学研究科／文学研究科／理工学研究科／農学研究科／情報コミュニケーション研究科／教養デザイン研究科／先端数理科学研究科／国際日本学研究科／グローバル・ガバナンス研究科／法務研究科（法科大学院）／ガバナンス研究科（公共政策大学院）／グローバル・ビジネス研究科（ビジネススクール）／会計専門職研究科（会計大学院）

（注）学部・学科・専攻および大学院に関する情報は 2024 年 4 月時点のものです。

大学所在地

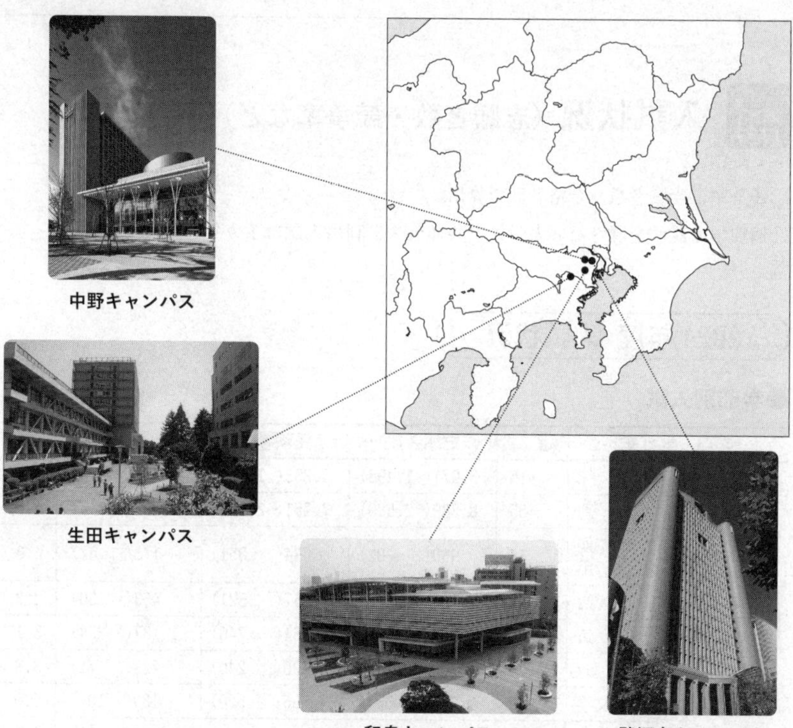

駿河台キャンパス　〒101-8301　東京都千代田区神田駿河台 1-1
和泉キャンパス　〒168-8555　東京都杉並区永福 1-9-1
生田キャンパス　〒214-8571　神奈川県川崎市多摩区東三田 1-1-1
中野キャンパス　〒164-8525　東京都中野区中野 4-21-1

入試データ

入試状況（志願者数・競争率など）

○競争率は受験者数÷合格者数で算出。

○個別学力試験を課さない大学入学共通テスト利用入試は1カ年分のみ掲載。

2024年度 入試状況

●学部別入試

（ ）内は女子内数

学部・学科等			募集人員	志願者数	受験者数	合格者数	競争率
法	法律		315	3,971(1,498)	3,283(1,229)	771(256)	4.3
商	学部別		485	8,289(2,589)	7,251(2,278)	1,301(346)	5.6
商	英語4技能試験利用		15	950(402)	834(351)	173(62)	4.8
政治経済	政治		105	1,132(346)	1,057(321)	453(130)	2.3
政治経済	経済		290	3,779(785)	3,564(740)	1,137(234)	3.1
政治経済	地域行政		70	769(249)	730(240)	223(71)	3.3
文	文	日本文学	70	1,018(587)	896(520)	180(107)	5.0
文	文	英米文学	68	912(440)	833(402)	182(79)	4.6
文	文	ドイツ文学	23	393(177)	359(166)	67(30)	5.4
文	文	フランス文学	24	297(151)	270(139)	62(31)	4.4
文	文	演劇学	29	245(191)	213(167)	44(35)	4.8
文	文	文芸メディア	43	617(388)	547(347)	105(58)	5.2
文	史学地理	日本史学	51	760(250)	683(229)	138(42)	4.9
文	史学地理	アジア史	20	282(115)	249(103)	51(22)	4.9
文	史学地理	西洋史学	32	452(163)	392(143)	69(23)	5.7
文	史学地理	考古学	24	358(133)	321(115)	57(13)	5.6
文	史学地理	地理学	27	318(72)	279(63)	55(13)	5.1
文	心理社会	臨床心理学	24	524(337)	460(288)	58(38)	7.9
文	心理社会	現代社会学	26	606(361)	534(318)	96(53)	5.6
文	心理社会	哲学	20	279(110)	239(94)	48(17)	5.0

（表つづく）

学部・学科等			募集人員	志願者数	受験者数	合格者数	競争率
理工	電気電子生命	電気電子工学	80	835(62)	795(59)	308(28)	2.6
		生命理工学	27	406(131)	382(125)	123(37)	3.1
	機械工		75	1,784(137)	1,715(128)	413(37)	4.2
	機械情報工		66	754(76)	719(73)	276(27)	2.6
	建築		88	1,542(465)	1,473(448)	340(105)	4.3
	応用化		60	1,509(465)	1,442(442)	472(126)	3.1
	情報科		65	1,853(238)	1,745(222)	418(43)	4.2
	数		32	556(56)	529(52)	192(11)	2.8
	物理		35	908(111)	867(103)	273(22)	3.2
農	農		90	1,240(426)	1,049(351)	266(98)	3.9
	農芸化		84	1,037(647)	860(527)	201(116)	4.3
	生命科		92	1,316(630)	1,060(494)	257(113)	4.1
	食料環境政策		79	1,158(470)	1,037(414)	186(89)	5.6
経営	3科目		342	7,211(2,169)	6,938(2,088)	1,457(404)	4.8
	英語4技能試験活用		40	248(105)	240(100)	64(27)	3.8
情報コミュニケーション	情報コミュニケーション		357	5,014(2,249)	4,855(2,189)	971(422)	5.0
国際日本	3科目		130	2,182(1,389)	2,105(1,347)	554(341)	3.8
	英語4技能試験活用		100	1,079(687)	1,051(669)	536(346)	2.0
総合数理	現象数理		35	678(103)	579(95)	99(11)	5.8
	先端メディアサイエンス		51	931(269)	792(232)	128(36)	6.2
	ネットワークデザイン		27	359(58)	292(47)	62(10)	4.7
合計			3,716	58,551(20,287)	53,519(18,458)	12,866(4,109)	—

（備考）数値には追加合格・補欠合格（農学部のみ）を含む。

●全学部統一入試

( )内は女子内数

学部・学科等			募集人員	志願者数	受験者数	合格者数	競争率
法	法律		115	2,343(894)	2,237(849)	570(208)	3.9
商	商		80	2,310(832)	2,232(808)	349(113)	6.4
政治経済	政治		20	523(172)	502(162)	117(32)	4.3
	経済		50	1,517(335)	1,447(319)	316(59)	4.6
	地域行政		20	495(157)	480(154)	82(23)	5.9
文	文	日本文学	16	409(234)	387(221)	77(46)	5.0
		英米文学	18	441(236)	430(229)	92(37)	4.7
		ドイツ文学	7	125(56)	122(55)	22(10)	5.5
		フランス文学	8	181(85)	169(82)	37(20)	4.6
		演劇学	8	155(124)	150(120)	26(18)	5.8
		文芸メディア	7	268(170)	254(161)	45(25)	5.6
	史学地理	日本史学	15	318(102)	310(99)	66(18)	4.7
		アジア史	6	129(60)	121(58)	24(9)	5.0
		西洋史学	8	232(89)	220(84)	52(17)	4.2
		考古学	7	162(63)	159(63)	29(12)	5.5
		地理学	11	191(48)	186(45)	49(8)	3.8
	心理社会	臨床心理学	11	285(199)	275(193)	42(28)	6.5
		現代社会学	10	371(241)	356(233)	57(32)	6.2
		哲学	8	144(56)	131(53)	35(12)	3.7
理工	電気電子生命	電気電子工学	20	283(28)	263(27)	104(13)	2.5
		生命理工学	10	174(61)	165(59)	67(22)	2.5
	機械工		12	514(35)	451(31)	100(5)	4.5
	機械情報工		17	302(32)	278(28)	99(9)	2.8
	建築		19	513(161)	477(147)	108(35)	4.4
	応用化		12	314(96)	280(84)	92(15)	3.0
	情報科		12	543(84)	495(79)	93(10)	5.3
	数		10	181(26)	172(23)	49(3)	3.5
	物理		5	185(25)	165(22)	51(6)	3.2

(表つづく)

学部・学科等			募集人員	志願者数	受験者数	合格者数	競争率
農	3科目	農	15	501(174)	464(165)	95(38)	4.9
		農芸化	15	399(269)	384(260)	78(49)	4.9
		生命科	10	423(209)	398(196)	74(35)	5.4
		食料環境政策	5	254(106)	241(104)	56(23)	4.3
	英語4技能3科目	農	5	148(67)	140(65)	29(14)	4.8
		農芸化	5	172(121)	167(118)	27(18)	6.2
		生命科	5	171(93)	164(88)	32(17)	5.1
		食料環境政策	3	178(95)	173(93)	28(12)	6.2
経営	3科目		27	1,505(521)	1,454(503)	134(40)	10.9
	英語4技能3科目		3	517(234)	506(228)	55(19)	9.2
情報コミュニケーション	情報コミュニケーション		25	1,469(706)	1,424(684)	166(70)	8.6
国際日本	3科目		10	680(415)	662(401)	59(29)	11.2
	英語4技能3科目		18	774(494)	759(482)	117(64)	6.5
総合数理	3科目	現象数理	4	78(13)	73(12)	8(1)	9.1
		先端メディアサイエンス	2	65(24)	54(22)	2(0)	27.0
	4科目	現象数理	12	207(38)	201(37)	43(4)	4.7
		先端メディアサイエンス	15	326(107)	308(102)	63(10)	4.9
		ネットワークデザイン	26	293(51)	277(46)	82(5)	3.4
	英語4技能4科目	現象数理	1	79(17)	76(16)	12(1)	6.3
		先端メディアサイエンス	2	101(37)	95(35)	18(6)	5.3
		ネットワークデザイン	1	90(15)	87(15)	14(1)	6.2
合計			751	22,038(8,507)	21,021(8,160)	4,042(1,301)	－

●大学入学共通テスト利用入試

( )内は女子内数

学部・方式・学科等					募集人員	志願者数	受験者数	合格者数	競争率
前期日程	法	3科目	法律		60	2,367(1,017)	2,364(1,016)	927(445)	2.6
		4科目	法律		40	582(251)	581(250)	318(155)	1.8
		5科目	法律		40	1,776(631)	1,774(630)	990(365)	1.8
	商	4科目	商		50	542(203)	539(203)	193(70)	2.8
		5科目	商		45	371(124)	370(123)	147(59)	2.5
		6科目	商		30	1,041(319)	1,037(317)	412(140)	2.5
	政治経済	3科目	政治		8	343(121)	342(121)	80(33)	4.3
			経済		15	640(164)	638(163)	103(28)	6.2
		7科目	政治		15	295(93)	293(92)	165(62)	1.8
			経済		50	1,487(284)	1,469(282)	720(145)	2.0
			地域行政		12	201(68)	199(68)	78(28)	2.6
	文	3科目	文	日本文学	7	434(279)	433(278)	72(49)	6.0
				英米文学	6	235(121)	234(120)	49(24)	4.8
				ドイツ文学	3	78(46)	77(45)	18(10)	4.3
				フランス文学	2	53(26)	52(26)	12(5)	4.3
				演劇学	3	133(101)	133(101)	28(20)	4.8
				文芸メディア	5	250(162)	250(162)	54(37)	4.6
			史学地理	日本史学	6	281(94)	281(94)	54(16)	5.2
				アジア史	3	134(53)	131(52)	27(17)	4.9
				西洋史学	4	213(88)	213(88)	53(18)	4.0
				考古学	4	164(81)	164(81)	32(20)	5.1
				地理学	4	150(39)	150(39)	34(12)	4.4
			心理社会	臨床心理学	4	194(138)	192(136)	36(31)	5.3
				現代社会学	3	246(147)	245(147)	35(25)	7.0
				哲学	4	153(74)	153(74)	37(18)	4.1
		5科目	文	日本文学	3	57(24)	57(24)	20(5)	2.9
				英米文学	3	28(12)	28(12)	14(6)	2.0
				ドイツ文学	2	25(13)	25(13)	6(2)	4.2
				フランス文学	1	6(2)	6(2)	3(0)	2.0
				演劇学	1	15(13)	15(13)	2(2)	7.5
				文芸メディア	2	26(17)	26(17)	11(7)	2.4
			史学地理	日本史学	4	74(18)	74(18)	21(2)	3.5
				アジア史	2	27(7)	26(7)	10(1)	2.6
				西洋史学	1	51(14)	51(14)	10(2)	5.1
				考古学	1	22(6)	22(6)	6(2)	3.7
				地理学	1	55(13)	54(12)	10(3)	5.4

(表つづく)

日程	学部・方式・学科等				募集人員	志願者数	受験者数	合格者数	競争率
前期日程	文	5科目	心理社会	臨床心理学	2	72(42)	71(42)	10(8)	7.1
				現代社会学	2	81(53)	81(53)	20(16)	4.1
				哲学	2	46(18)	46(18)	15(6)	3.1
	理工	3教科	電気電子生命	電気電子工学	9	297(25)	297(25)	122(10)	2.4
				生命理工学	3	259(74)	258(73)	78(21)	3.3
			機械工		5	804(70)	802(70)	221(22)	3.6
			機械情報工		6	460(61)	460(61)	168(20)	2.7
			情報科		7	784(100)	783(100)	211(21)	3.7
		4教科	電気電子生命	電気電子工学	5	163(28)	163(28)	69(11)	2.4
				生命理工学	2	200(89)	200(89)	71(35)	2.8
			機械工		7	639(109)	636(109)	219(46)	2.9
			建築		12	793(292)	792(292)	175(66)	4.5
			応用化		7	762(250)	759(249)	203(76)	3.7
			情報科		7	589(115)	586(115)	171(27)	3.4
			数		6	294(44)	293(44)	136(19)	2.2
			物理		6	573(93)	571(91)	210(35)	2.7
	農		農		12	644(248)	631(245)	192(70)	3.3
			農芸化		12	529(359)	526(357)	186(131)	2.8
			生命科		15	851(427)	839(425)	331(184)	2.5
			食料環境政策		16	446(199)	442(198)	157(78)	2.8
	経営	3科目			25	1,468(540)	1,460(539)	300(128)	4.9
		4科目			25	531(187)	531(187)	171(61)	3.1
	情報コミュニケーション	3科目	情報コミュニケーション		30	1,362(648)	1,344(638)	244(127)	5.5
		6科目	情報コミュニケーション		10	449(177)	449(177)	161(65)	2.8
	国際日本	3科目	国際日本		20	1,277(813)	1,275(812)	350(217)	3.6
		5科目	国際日本		10	313(195)	312(195)	184(119)	1.7
	総合数理		現象数理		7	167(31)	167(31)	55(8)	3.0
			先端メディアサイエンス		10	278(95)	273(92)	68(21)	4.0
			ネットワークデザイン		4	183(48)	180(47)	54(18)	3.3

（表つづく）

学部・方式・学科等			募集人員	志願者数	受験者数	合格者数	競争率
後期日程	商	商	30	138(46)	134(45)	43(13)	3.1
	理工	電気電子生命 電気電子工学	3	72(11)	72(11)	32(4)	2.3
		電気電子生命 生命理工学	2	30(12)	29(12)	14(6)	2.1
		機械情報工	3	45(7)	45(7)	23(4)	2.0
		建築	2	46(18)	46(18)	17(4)	2.7
		応用化	2	23(12)	23(12)	5(2)	4.6
		情報科	2	55(6)	55(6)	23(2)	2.4
		数	2	22(6)	22(6)	4(2)	5.5
		物理	2	22(1)	22(1)	3(0)	7.3
	総合数理	現象数理	1	15(4)	14(4)	3(1)	4.7
		先端メディアサイエンス	1	20(5)	20(5)	5(0)	4.0
		ネットワークデザイン	1	19(9)	19(9)	3(2)	6.3
合計			779	28,570(10,430)	28,426(10,384)	9,514(3,570)	—

2023年度　入試状況

●学部別入試

（　）内は女子内数

学部・学科等			募集人員	志願者数	受験者数	合格者数	競争率
法	法律		375	4,325(1,510)	3,637(1,254)	1,027(342)	3.5
商	学部別		485	8,504(2,660)	7,481(2,322)	1,513(433)	4.9
商	英語4技能試験利用		15	936(409)	808(352)	151(64)	5.4
政治経済	政治		105	1,642(498)	1,540(466)	450(138)	3.4
政治経済	経済		290	4,418(927)	4,204(879)	1,204(225)	3.5
政治経済	地域行政		70	534(174)	511(170)	160(49)	3.2
文	文	日本文学	70	1,062(591)	947(515)	203(111)	4.7
文	文	英米文学	68	822(400)	721(360)	220(100)	3.3
文	文	ドイツ文学	23	305(139)	283(127)	87(35)	3.3
文	文	フランス文学	24	291(163)	268(149)	55(32)	4.9
文	文	演劇学	29	275(214)	245(189)	54(40)	4.5
文	文	文芸メディア	43	719(428)	639(382)	123(73)	5.2
文	史学地理	日本史学	51	679(225)	610(191)	154(45)	4.0
文	史学地理	アジア史	20	201(77)	171(65)	55(21)	3.1
文	史学地理	西洋史学	32	479(174)	409(148)	93(37)	4.4
文	史学地理	考古学	24	254(89)	220(78)	64(21)	3.4
文	史学地理	地理学	27	268(62)	229(48)	68(14)	3.4
文	心理社会	臨床心理学	24	592(373)	528(337)	61(40)	8.7
文	心理社会	現代社会学	26	594(352)	518(308)	111(69)	4.7
文	心理社会	哲学	20	312(122)	266(103)	67(21)	4.0
理工	電気電子生命	電気電子工学	80	817(59)	772(54)	289(23)	2.7
理工	電気電子生命	生命理工学	27	360(96)	331(85)	120(37)	2.8
理工	機械工		75	1,291(81)	1,239(76)	463(26)	2.7
理工	機械情報工		66	847(91)	799(83)	250(29)	3.2
理工	建築		88	1,521(437)	1,447(421)	332(104)	4.4
理工	応用化		60	1,350(399)	1,293(381)	495(167)	2.6
理工	情報科		65	1,853(172)	1,752(161)	374(32)	4.7
理工	数		32	519(67)	484(62)	178(21)	2.7
理工	物理		35	789(95)	740(85)	276(29)	2.7

（表つづく）

学部・学科等			募集人員	志願者数	受験者数	合格者数	競争率
農	農		90	1,136(425)	912(334)	275(120)	3.3
	農芸化		84	929(580)	773(482)	232(157)	3.3
	生命科		92	1,381(655)	1,123(531)	304(154)	3.7
	食料環境政策		79	1,106(425)	1,008(378)	217(76)	4.6
経営	3科目	経営	342	7,428(2,264)	7,165(2,191)	1,772(526)	4.0
		会計					
		公共経営					
	英語4技能試験活用	経営	40	320(146)	309(139)	68(34)	4.5
		会計					
		公共経営					
情報コミュニケーション	情報コミュニケーション		372	4,878(2,129)	4,741(2,075)	1,005(441)	4.7
国際日本	3科目		130	2,418(1,503)	2,332(1,449)	589(372)	4.0
	英語4技能試験活用		100	1,225(795)	1,198(778)	592(387)	2.0
総合数理	現象数理		35	690(115)	554(91)	95(18)	5.8
	先端メディアサイエンス		51	952(245)	813(214)	108(23)	7.5
	ネットワークデザイン		28	521(80)	416(59)	31(4)	13.4
合計			3,792	59,543(20,446)	54,436(18,572)	13,985(4,690)	—

（備考）数値には追加合格・補欠合格（農学部のみ）・特別措置を含む。

●全学部統一入試

(　)内は女子内数

学部・学科等			募集人員	志願者数	受験者数	合格者数	競争率
法*	法律		115	2,620(1,011)	2,489(966)	577(217)	4.3
商*	商		80	1,834(632)	1,764(661)	348(116)	5.1
政治経済*	政治		20	467(156)	445(148)	109(36)	4.1
	経済		50	1,281(320)	1,204(303)	263(77)	4.6
	地域行政		20	251(76)	244(73)	60(18)	4.1
文	文	日本文学	16	346(185)	328(172)	71(44)	4.6
		英米文学	18	458(257)	440(248)	108(57)	4.1
		ドイツ文学	7	109(58)	108(58)	30(17)	3.6
		フランス文学	8	138(72)	134(70)	36(19)	3.7
		演劇学	8	180(144)	176(140)	32(23)	5.5
		文芸メディア	7	334(212)	320(204)	58(36)	5.5
	史学地理	日本史学	15	300(102)	292(98)	68(29)	4.3
		アジア史	6	110(49)	109(48)	28(14)	3.9
		西洋史学	8	206(69)	200(67)	64(17)	3.1
		考古学	7	97(37)	93(37)	19(6)	4.9
		地理学	11	141(42)	136(40)	40(11)	3.4
	心理社会	臨床心理学	11	333(210)	324(203)	41(25)	7.9
		現代社会学	10	309(201)	300(196)	75(56)	4.0
		哲学	8	151(57)	147(57)	39(13)	3.8
理工*	電気電子生命	電気電子工学	20	307(22)	281(18)	109(10)	2.6
		生命理工学	10	201(59)	188(56)	71(20)	2.6
	機械工		12	418(35)	362(29)	130(13)	2.8
	機械情報工		17	344(34)	320(29)	113(10)	2.8
	建築		19	489(163)	447(147)	110(39)	4.1
	応用化		12	374(126)	350(119)	110(46)	3.2
	情報科		12	636(90)	585(85)	107(21)	5.5
	数		10	161(19)	151(19)	60(7)	2.5
	物理		5	138(9)	118(6)	41(0)	2.9

(表つづく)

学部・学科等			募集人員	志願者数	受験者数	合格者数	競争率
農	3科目	農	15	378(157)	346(146)	86(35)	4.0
		農芸化	15	290(195)	274(183)	63(41)	4.3
		生命科	10	387(172)	358(162)	69(35)	5.2
		食料環境政策	5	218(110)	210(107)	32(17)	6.6
	英語4技能3科目	農	5	166(83)	159(80)	22(10)	7.2
		農芸化	5	164(115)	161(115)	28(21)	5.8
		生命科	5	162(81)	153(76)	21(9)	7.3
		食料環境政策	3	166(82)	163(81)	24(13)	6.8
経営*	3科目	経営 会計 公共経営	27	1,388(471)	1,343(459)	134(34)	10.0
	英語4技能3科目	経営 会計 公共経営	3	623(271)	605(265)	48(17)	12.6
情報コミュニケーション	情報コミュニケーション		25	1,298(652)	1,260(640)	170(91)	7.4
国際日本	3科目		10	679(433)	661(420)	62(39)	10.7
	英語4技能3科目		18	815(530)	798(520)	123(73)	6.5
総合数理*	3科目	現象数理	4	71(15)	68(15)	12(1)	5.7
		先端メディアサイエンス	3	64(16)	55(15)	4(1)	13.8
	4科目	現象数理	12	199(29)	194(28)	58(9)	3.3
		先端メディアサイエンス	20	400(113)	385(110)	53(9)	7.3
		ネットワークデザイン	27	282(54)	267(51)	85(17)	3.1
	英語4技能4科目	現象数理	1	63(8)	61(8)	15(3)	4.1
		先端メディアサイエンス	2	122(37)	117(36)	13(2)	9.0
		ネットワークデザイン	1	47(9)	45(8)	15(0)	3.0
合計			758	20,715(8,080)	19,738(7,772)	4,054(1,474)	—

(備考)

- ＊印の学部の数値には，追加合格・特別措置を含む。
- 農学部は補欠合格を含む。

2022 年度 入試状況

●学部別入試

（ ）内は女子内数

学部・学科等			募集人員	志願者数	受験者数	合格者数	競争率
法	法律		375	4,739(1,582)	3,996(1,312)	844(303)	4.7
商	学部別		485	7,568(2,246)	6,664(1,954)	1,628(468)	4.1
商	英語4技能試験利用		15	910(425)	798(365)	150(60)	5.3
政治経済	政治		105	1,377(427)	1,284(391)	508(172)	2.5
政治経済	経済		290	3,685(685)	3,490(648)	1,329(252)	2.6
政治経済	地域行政		70	632(201)	598(189)	189(56)	3.2
文	文	日本文学	70	994(550)	889(492)	216(126)	4.1
文	文	英米文学	68	736(355)	660(317)	210(105)	3.1
文	文	ドイツ文学	23	355(160)	319(146)	85(44)	3.8
文	文	フランス文学	24	325(183)	295(167)	76(45)	3.9
文	文	演劇学	29	317(238)	270(201)	56(40)	4.8
文	文	文芸メディア	43	694(435)	621(394)	138(96)	4.5
文	史学地理	日本史学	51	753(232)	672(205)	134(32)	5.0
文	史学地理	アジア史	20	218(81)	187(66)	63(14)	3.0
文	史学地理	西洋史学	32	458(138)	384(108)	98(27)	3.9
文	史学地理	考古学	24	277(100)	242(84)	63(16)	3.8
文	史学地理	地理学	27	312(77)	273(63)	71(15)	3.8
文	心理社会	臨床心理学	24	588(363)	512(315)	90(56)	5.7
文	心理社会	現代社会学	26	588(337)	517(298)	108(64)	4.8
文	心理社会	哲学	20	288(114)	251(97)	62(21)	4.0
理工	電気電子生命	電気電子工学	80	1,079(74)	1,028(69)	320(18)	3.2
理工	電気電子生命	生命理工学	27	316(83)	295(77)	131(36)	2.3
理工	機械工		75	1,377(109)	1,305(103)	480(44)	2.7
理工	機械情報工		66	706(50)	671(48)	274(19)	2.4
理工	建築		88	1,669(501)	1,597(482)	326(105)	4.9
理工	応用化		60	1,259(330)	1,204(316)	472(129)	2.6
理工	情報科		65	1,706(175)	1,621(168)	375(28)	4.3
理工	数		32	394(42)	373(39)	155(14)	2.4
理工	物理		35	673(64)	637(58)	253(18)	2.5

（表つづく）

<table>
<tr><th colspan="3">学部・学科等</th><th>募集人員</th><th>志願者数</th><th>受験者数</th><th>合格者数</th><th>競争率</th></tr>
<tr><td rowspan="4">農</td><td colspan="2">農</td><td>90</td><td>1,132(406)</td><td>942(323)</td><td>297(110)</td><td>3.2</td></tr>
<tr><td colspan="2">農芸化</td><td>90</td><td>852(524)</td><td>698(420)</td><td>250(166)</td><td>2.8</td></tr>
<tr><td colspan="2">生命科</td><td>92</td><td>1,081(467)</td><td>916(404)</td><td>306(133)</td><td>3.0</td></tr>
<tr><td colspan="2">食料環境政策</td><td>79</td><td>1,108(430)</td><td>996(376)</td><td>211(91)</td><td>4.7</td></tr>
<tr><td rowspan="6">経営</td><td rowspan="3">3科目</td><td>経営</td><td rowspan="3">342</td><td rowspan="3">6,316(1,781)</td><td rowspan="3">6,041(1,693)</td><td rowspan="3">1,638(435)</td><td rowspan="3">3.7</td></tr>
<tr><td>会計</td></tr>
<tr><td>公共経営</td></tr>
<tr><td rowspan="3">英語4技能試験活用</td><td>経営</td><td rowspan="3">40</td><td rowspan="3">337(135)</td><td rowspan="3">327(129)</td><td rowspan="3">96(34)</td><td rowspan="3">3.4</td></tr>
<tr><td>会計</td></tr>
<tr><td>公共経営</td></tr>
<tr><td>情報コミュニケーション</td><td colspan="2">情報コミュニケーション</td><td>392</td><td>4,887(2,143)</td><td>4,741(2,100)</td><td>1,078(460)</td><td>4.4</td></tr>
<tr><td rowspan="2">国際日本</td><td colspan="2">3科目</td><td>130</td><td>2,420(1,525)</td><td>2,335(1,475)</td><td>681(441)</td><td>3.4</td></tr>
<tr><td colspan="2">英語4技能試験活用</td><td>100</td><td>1,516(992)</td><td>1,476(962)</td><td>664(421)</td><td>2.2</td></tr>
<tr><td rowspan="3">総合数理</td><td colspan="2">現象数理</td><td>35</td><td>717(132)</td><td>574(107)</td><td>97(13)</td><td>5.9</td></tr>
<tr><td colspan="2">先端メディアサイエンス</td><td>51</td><td>889(216)</td><td>749(173)</td><td>101(14)</td><td>7.4</td></tr>
<tr><td colspan="2">ネットワークデザイン</td><td>28</td><td>494(74)</td><td>414(62)</td><td>55(5)</td><td>7.5</td></tr>
<tr><td colspan="3">合計</td><td>3,818</td><td>56,742(19,182)</td><td>51,862(17,396)</td><td>14,378(4,746)</td><td>—</td></tr>
</table>

（備考）数値には追加合格・補欠合格・特別措置を含む。

●全学部統一入試

(　)内は女子内数

学部・学科等			募集人員	志願者数	受験者数	合格者数	競争率
法	法律		115	2,348(818)	2,224(772)	687(215)	3.2
商	商		80	1,674(569)	1,607(546)	332(109)	4.8
政治経済	政治		20	427(134)	407(128)	101(33)	4.0
	経済		50	1,399(316)	1,330(291)	253(55)	5.3
	地域行政		20	458(154)	443(149)	68(29)	6.5
文	文	日本文学	16	356(196)	343(190)	70(42)	4.9
		英米文学	18	281(165)	272(158)	93(55)	2.9
		ドイツ文学	7	118(56)	113(54)	24(12)	4.7
		フランス文学	8	201(113)	191(104)	39(17)	4.9
		演劇学	8	152(115)	145(109)	40(29)	3.6
		文芸メディア	7	279(187)	265(180)	61(38)	4.3
	史学地理	日本史学	15	325(102)	314(98)	78(27)	4.0
		アジア史	6	82(30)	78(29)	30(17)	2.6
		西洋史学	8	176(62)	171(60)	43(15)	4.0
		考古学	6	133(51)	128(50)	30(10)	4.3
		地理学	11	236(58)	231(56)	40(12)	5.8
	心理社会	臨床心理学	11	313(200)	302(192)	63(39)	4.8
		現代社会学	10	296(184)	287(181)	55(29)	5.2
		哲学	8	140(50)	133(47)	30(8)	4.4
理工	電気電子生命	電気電子工学	20	404(24)	366(24)	120(13)	3.1
		生命理工学	10	153(55)	141(50)	55(19)	2.6
	機械工		12	347(28)	318(23)	109(11)	2.9
	機械情報工		17	289(26)	270(24)	96(9)	2.8
	建築		19	514(152)	473(144)	99(33)	4.8
	応用化		12	327(103)	306(97)	105(44)	2.9
	情報科		12	532(69)	482(63)	76(11)	6.3
	数		10	158(20)	149(19)	52(6)	2.9
	物理		5	189(18)	177(17)	52(1)	3.4

(表つづく)

学部・学科等			募集人員	志願者数	受験者数	合格者数	競争率
農	3科目	農	15	411(163)	385(149)	90(41)	4.3
		農芸化	15	336(222)	314(211)	62(44)	5.1
		生命科	10	341(133)	311(127)	58(23)	5.4
		食料環境政策	5	245(103)	239(98)	34(15)	7.0
	英語4技能3科目	農	5	119(52)	114(50)	25(9)	4.6
		農芸化	5	163(116)	156(110)	31(23)	5.0
		生命科	5	142(76)	135(75)	21(16)	6.4
		食料環境政策	3	196(106)	190(103)	22(14)	8.6
経営	3科目	経営 会計 公共経営	27	833(282)	792(265)	158(54)	5.0
	英語4技能3科目	経営 会計 公共経営	3	480(202)	461(194)	59(20)	7.8
情報コミュニケーション	情報コミュニケーション		25	1,204(615)	1,154(595)	151(83)	7.6
国際日本	3科目		10	750(474)	722(454)	60(29)	12.0
	英語4技能3科目		18	940(596)	915(578)	120(71)	7.6
総合数理	3科目	現象数理	4	63(19)	57(17)	13(1)	4.4
		先端メディアサイエンス	4	58(29)	53(28)	5(3)	10.6
	4科目	現象数理	12	174(37)	166(36)	56(12)	3.0
		先端メディアサイエンス	20	332(92)	313(89)	57(14)	5.5
		ネットワークデザイン	27	265(44)	249(42)	77(21)	3.2
	英語4技能4科目	現象数理	1	52(11)	51(11)	14(5)	3.6
		先端メディアサイエンス	2	99(32)	96(31)	11(3)	8.7
		ネットワークデザイン	1	76(20)	72(18)	5(1)	14.4
合計			758	19,586(7,479)	18,611(7,136)	4,030(1,440)	—

（備考）数値には特別措置を含む。

合格最低点（学部別・全学部統一入試）

2024 年度　合格最低点

●学部別入試

学部・学科等			満点	合格最低点	合格最低得点率
法	法律		350	241	68.9
商	学部別		350	241	68.9
	英語 4 技能試験利用		550	378	68.7
政治経済	政治		350	237	67.7
	経済		350	242	69.1
	地域行政		350	235	67.1
文	文	日本文学	300	209	69.7
		英米文学	300	207	69.0
		ドイツ文学	300	196	65.3
		フランス文学	300	195	65.0
		演劇学	300	201	67.0
		文芸メディア	300	212	70.7
	史学地理	日本史学	300	216	72.0
		アジア史	300	207	69.0
		西洋史学	300	214	71.3
		考古学	300	211	70.3
		地理学	300	208	69.3
	心理社会	臨床心理学	300	216	72.0
		現代社会学	300	214	71.3
		哲学	300	205	68.3

（表つづく）

学部・学科等			満点	合格最低点	合格最低得点率
理工	電気電子生命	電気電子工学	360	243	67.5
		生命理工学	360	257	71.4
	機械工		360	269	74.7
	機械情報工		360	252	70.0
	建築		360	274	76.1
	応用化		360	266	73.9
	情報科		360	275	76.4
	数		360	255	70.8
	物理		360	276	76.7
農	農		450	317	70.4
	農芸化		450	318	70.7
	生命科		450	320	71.1
	食料環境政策		450	328	72.9
経営	3科目	経営	350	231	66.0
		会計			
		公共経営			
	英語4技能試験活用	経営	230	128	55.7
		会計			
		公共経営			
情報コミュニケーション	情報コミュニケーション		300	189	63.0
国際日本	3科目		450	332	73.8
	英語4技能試験活用		250	170	68.0
総合数理	現象数理		320	192	60.0
	先端メディアサイエンス		320	190	59.4
	ネットワークデザイン		320	173	54.1

●全学部統一入試

学部	学科等		満点	合格最低点	合格最低得点率
法	法律		300	197	65.7
商	商		450	304	67.6
政治経済	政治		350	238	68.0
	経済		350	232	66.3
	地域行政		350	232	66.3
文	文	日本文学	300	202	67.3
		英米文学	300	195	65.0
		ドイツ文学	300	191	63.7
		フランス文学	300	192	64.0
		演劇学	300	196	65.3
		文芸メディア	300	210	70.0
	史学地理	日本史学	300	205	68.3
		アジア史	300	199	66.3
		西洋史学	300	207	69.0
		考古学	300	201	67.0
		地理学	300	197	65.7
	心理社会	臨床心理学	300	201	67.0
		現代社会学	300	206	68.7
		哲学	300	200	66.7
理工	電気電子生命	電気電子工学	400	234	58.5
		生命理工学	400	247	61.8
	機械工		400	260	65.0
	機械情報工		400	243	60.8
	建築		400	264	66.0
	応用化		400	257	64.3
	情報科		400	280	70.0
	数		400	243	60.8
	物理		400	255	63.8

（表つづく）

学部・学科等			満点	合格最低点	合格最低得点率
農	3科目	農	300	184	61.3
		農芸化	300	187	62.3
		生命科	300	195	65.0
		食料環境政策	300	192	64.0
	英語4技能3科目	農	300	231	77.0
		農芸化	300	227	75.7
		生命科	300	225	75.0
		食料環境政策	300	231	77.0
経営	3科目	経営	350	244	69.7
		会計			
		公共経営			
	英語4技能3科目	経営	350	292	83.4
		会計			
		公共経営			
情報コミュニケーション	情報コミュニケーション		350	240	68.6
国際日本	3科目		400	285	71.3
	英語4技能3科目		400	343	85.8
総合数理	3科目	現象数理	400	266	66.5
		先端メディアサイエンス	400	274	68.5
	4科目	現象数理	500	317	63.4
		先端メディアサイエンス	500	333	66.6
		ネットワークデザイン	500	297	59.4
	英語4技能4科目	現象数理	400	297	74.3
		先端メディアサイエンス	400	305	76.3
		ネットワークデザイン	400	294	73.5

2023 年度 合格最低点

●学部別入試

学部・学科等			満点	合格最低点	合格最低得点率
法	法律		350	222	63.4
商	学部別		350	238	68.0
	英語4技能試験利用		550	388	70.5
政治経済	政治		350	240	68.6
	経済		350	233	66.6
	地域行政		350	227	64.9
文	文	日本文学	300	209	69.7
		英米文学	300	201	67.0
		ドイツ文学	300	196	65.3
		フランス文学	300	198	66.0
		演劇学	300	204	68.0
		文芸メディア	300	213	71.0
	史学地理	日本史学	300	211	70.3
		アジア史	300	202	67.3
		西洋史学	300	211	70.3
		考古学	300	200	66.7
		地理学	300	200	66.7
	心理社会	臨床心理学	300	216	72.0
		現代社会学	300	214	71.3
		哲学	300	211	70.3
理工	電気電子生命	電気電子工学	360	233	64.7
		生命理工学	360	243	67.5
	機械工		360	236	65.6
	機械情報工		360	245	68.1
	建築		360	257	71.4
	応用化		360	244	67.8
	情報科		360	259	71.9
	数		360	235	65.3
	物理		360	247	68.6

（表つづく）

学部・学科等			満点	合格最低点	合格最低得点率
農	農		450	263	58.4
	農芸化		450	263	58.4
	生命科		450	268	59.6
	食料環境政策		450	300	66.7
経営	3科目	経営	350	211	60.3
		会計			
		公共経営			
	英語4技能試験活用	経営	230	128	55.7
		会計			
		公共経営			
情報コミュニケーション	情報コミュニケーション		300	203	67.7
国際日本	3科目		450	354	78.7
	英語4技能試験活用		250	186	74.4
総合数理	現象数理		320	228	71.3
	先端メディアサイエンス		320	238	74.4
	ネットワークデザイン		320	235	73.4

●全学部統一入試

学部・学科等			満点	合格最低点	合格最低得点率
法	法律		300	211	70.3
商	商		450	312	69.3
政治経済	政治		350	251	71.7
	経済		350	243	69.4
	地域行政		350	234	66.9
文	文	日本文学	300	212	70.7
		英米文学	300	206	68.7
		ドイツ文学	300	209	69.7
		フランス文学	300	202	67.3
		演劇学	300	207	69.0
		文芸メディア	300	218	72.7
	史学地理	日本史学	300	211	70.3
		アジア史	300	209	69.7
		西洋史学	300	214	71.3
		考古学	300	205	68.3
		地理学	300	205	68.3
	心理社会	臨床心理学	300	218	72.7
		現代社会学	300	207	69.0
		哲学	300	215	71.7
理工	電気電子生命	電気電子工学	400	237	59.3
		生命理工学	400	249	62.3
	機械工		400	246	61.5
	機械情報工		400	250	62.5
	建築		400	269	67.3
	応用化		400	270	67.5
	情報科		400	284	71.0
	数		400	234	58.5
	物理		400	248	62.0

（表つづく）

学部・学科等			満点	合格最低点	合格最低得点率
農	3科目	農	300	190	63.3
		農芸化	300	198	66.0
		生命科	300	196	65.3
		食料環境政策	300	208	69.3
	英語4技能3科目	農	300	241	80.3
		農芸化	300	233	77.7
		生命科	300	241	80.3
		食料環境政策	300	241	80.3
経営	3科目	経営	350	258	73.7
		会計			
		公共経営			
	英語4技能3科目	経営	350	310	88.6
		会計			
		公共経営			
情報コミュニケーション	情報コミュニケーション		350	250	71.4
国際日本	3科目		400	300	75.0
	英語4技能3科目		400	353	88.3
総合数理	3科目	現象数理	400	250	62.5
		先端メディアサイエンス	400	287	71.8
	4科目	現象数理	500	303	60.6
		先端メディアサイエンス	500	350	70.0
		ネットワークデザイン	500	301	60.2
	英語4技能4科目	現象数理	400	291	72.8
		先端メディアサイエンス	400	314	78.5
		ネットワークデザイン	400	275	68.8

2022 年度 合格最低点

●学部別入試

学部・学科等			満点	合格最低点	合格最低得点率
法	法律		350	238	68.0
商	学部別		350	243	69.4
商	英語4技能試験利用		550	401	72.9
政治経済	政治		350	221	63.1
政治経済	経済		350	216	61.7
政治経済	地域行政		350	217	62.0
文	文	日本文学	300	183	61.0
文	文	英米文学	300	177	59.0
文	文	ドイツ文学	300	176	58.7
文	文	フランス文学	300	174	58.0
文	文	演劇学	300	182	60.7
文	文	文芸メディア	300	187	62.3
文	史学地理	日本史学	300	190	63.3
文	史学地理	アジア史	300	184	61.3
文	史学地理	西洋史学	300	194	64.7
文	史学地理	考古学	300	178	59.3
文	史学地理	地理学	300	183	61.0
文	心理社会	臨床心理学	300	184	61.3
文	心理社会	現代社会学	300	192	64.0
文	心理社会	哲学	300	186	62.0
理工	電気電子生命	電気電子工学	360	246	68.3
理工	電気電子生命	生命理工学	360	236	65.6
理工	機械工		360	248	68.9
理工	機械情報工		360	241	66.9
理工	建築		360	265	73.6
理工	応用化		360	240	66.7
理工	情報科		360	261	72.5
理工	数		360	239	66.4
理工	物理		360	255	70.8

（表つづく）

学部・学科等			満点	合格最低点	合格最低得点率
農	農		450	257	57.1
	農芸化		450	257	57.1
	生命科		450	262	58.2
	食料環境政策		450	295	65.6
経営	3科目	経営	350	225	64.3
		会計			
		公共経営			
	英語4技能試験活用	経営	230	132	57.4
		会計			
		公共経営			
情報コミュニケーション	情報コミュニケーション		300	187	62.3
国際日本	3科目		450	338	75.1
	英語4技能試験活用		250	173	69.2
総合数理	現象数理		320	191	59.7
	先端メディアサイエンス		320	195	60.9
	ネットワークデザイン		320	181	56.6

●全学部統一入試

学部・学科等			満点	合格最低点	合格最低得点率
法	法律		300	222	74.0
商	商		450	350	77.8
政治経済	政治		350	275	78.6
	経済		350	274	78.3
	地域行政		350	268	76.6
文	文	日本文学	300	226	75.3
		英米文学	300	216	72.0
		ドイツ文学	300	221	73.7
		フランス文学	300	218	72.7
		演劇学	300	219	73.0
		文芸メディア	300	230	76.7
	史学地理	日本史学	300	231	77.0
		アジア史	300	222	74.0
		西洋史学	300	227	75.7
		考古学	300	224	74.7
		地理学	300	225	75.0
	心理社会	臨床心理学	300	224	74.7
		現代社会学	300	230	76.7
		哲学	300	224	74.7
理工	電気電子生命	電気電子工学	400	280	70.0
		生命理工学	400	276	69.0
	機械工		400	286	71.5
	機械情報工		400	286	71.5
	建築		400	302	75.5
	応用化		400	290	72.5
	情報科		400	321	80.3
	数		400	293	73.3
	物理		400	299	74.8

（表つづく）

学部・学科等			満点	合格最低点	合格最低得点率
農	3科目	農	300	219	73.0
		農芸化	300	225	75.0
		生命科	300	228	76.0
		食料環境政策	300	230	76.7
	英語4技能3科目	農	300	232	77.3
		農芸化	300	243	81.0
		生命科	300	250	83.3
		食料環境政策	300	250	83.3
経営	3科目	経営	350	264	75.4
		会計			
		公共経営			
	英語4技能3科目	経営	350	303	86.6
		会計			
		公共経営			
情報コミュニケーション	情報コミュニケーション		350	274	78.3
国際日本	3科目		400	326	81.5
	英語4技能3科目		400	353	88.3
総合数理	3科目	現象数理	400	270	67.5
		先端メディアサイエンス	400	300	75.0
	4科目	現象数理	500	363	72.6
		先端メディアサイエンス	500	383	76.6
		ネットワークデザイン	500	344	68.8
	英語4技能4科目	現象数理	400	318	79.5
		先端メディアサイエンス	400	330	82.5
		ネットワークデザイン	400	324	81.0

募集要項（出願書類）の入手方法

一般選抜（学部別入試・全学部統一入試・大学入学共通テスト利用入試）はWeb出願となっており，パソコン・スマートフォン・タブレットから出願できます。詳細は一般選抜要項（大学ホームページにて11月上旬公開予定）をご確認ください。

問い合わせ先

明治大学　入学センター事務室
〒101-8301　東京都千代田区神田駿河台1-1
月曜～金曜：9：00～11：30，12：30～17：00
土　　曜：9：00～12：00
日曜・祝日：休　業
TEL　03-3296-4138
https://www.meiji.ac.jp/

明治大学のテレメールによる資料請求方法

気になること、聞いてみました！

在学生メッセージ

大学ってどんなところ？ 大学生活ってどんな感じ？
ちょっと気になることを，在学生に聞いてみました。

以下の内容は 2020～2023 年度入学生のアンケート回答に基づくものです。ここで触れられている内容は今後変更となる場合もありますのでご注意ください。

メッセージを書いてくれた先輩　［商学部］N.S. さん　A.N. さん　［政治経済学部］R.S. さん　［文学部］R.Y. さん　［経営学部］M.H. さん　［情報コミュニケーション学部］I.M. さん

大学生になったと実感！

自由になったのと引き換えに，負わなければならない責任が重くなりました。例えば，大学では高校のように決められた時間割をこなすということはなくなり，自分が受けたい授業を選んで時間割を組むことができるようになります。時間割は細かいルールに従って各々で組むため，さまざまなトラブルが発生することもありますが，その責任は学生個人にあり，大学が助けてくれることはありません。大学に入ってから，高校までの手厚い支援のありがたみに気づきました。（N.S. さん／商）

自由な時間が増えたことです。それによって遊びに行ったりバイトをしたりとやりたいことができるようになりました。その反面，自由なので生活が堕落してしまう人もちらほら見られます。やるべきことはしっかりやるという自制心が必要になると思います。（R.S. さん／政治経済）

自分から行動しないと友達ができにくいことです。高校まではクラスが存在したので自然と友達はできましたが，私の所属する学部に存在するのは便宜上のクラスのみで，クラス単位で何かをするということがなく，それぞれの授業でメンバーが大幅に変わります。そのため，自分から積極的に話しかけたり，サークルに入るなど，自分から何かアクションを起こさないとなかなか友達ができないなということを実感しました。（I.M. さん／情報コミュニケーション）

大学生活に必要なもの

持ち運び可能なパソコンです。パソコンが必須の授業は基本的にありませんが，課題でパソコンを使わない授業はほとんどありません。大学には借りられるパソコンもありますが，使用できる場所や時間が決まっていたり，データの管理が難しくなったりするので，自分のパソコンは必要です。私の場合はもともとタブレットをパソコン代わりにして使っていたので，大学では大学のパソコン，自宅では家族と共用しているパソコン，外出先では自分のタブレットとキーボードというふうに使い分けています。（N.S. さん／商）

パソコンは必要だと思います。また，私は授業のノートを取ったり，教科書に書き込む用の iPad を買いました。パソコンを持ち歩くより楽だし，勉強のモチベ－ションも上がるのでおすすめです！（M.H. さん／経営）

この授業がおもしろい！

演劇学という授業です。グループのなかで台本，演出，演者の役割に分かれて，演劇を作成し発表します。自分たちで演劇を作り上げるのは難しいですが，ああでもない，こうでもない，と意見を交換しながら作り上げる作業はやりがいを感じられて楽しいです。また，１，２年生合同のグループワーク形式で行うため，同級生はもちろん，先輩や後輩とも仲良くなれます。（I.M. さん／情報コミュニケーション）

ビジネス・インサイトという，ビジネスを立案する商学部ならではの授業です。この授業の最大の特徴は，大学の教授だけでなく，皆さんも知っているような大企業の方も授業を担当されるということです。金融や保険，不動産，鉄道など，クラスによって分野が異なり，各クラスで決められた分野について学んだ後，与えられた課題についてビジネスを立案し，その内容を競うというアクティブな授業です。準備は大変でしたが，グループの人と仲良くなれたり，プレゼンのスキルが上がったりと，非常に充実した授業でした。（N.S. さん／商）

ネイティブスピーカーによる英語の授業です。発音などを教えてくれるので，高校まででではあまり学べなかった，実際に「話す」ということにつながる内容だと思います。また，授業中にゲームや話し合いをすることも多いので，友達もたくさん作れます!!（M.H. さん／経営）

大学の学びで困ったこと＆対処法

時間の使い方が難しいことです。私は，大学の授業と並行して資格試験の勉強に力を入れているのですが，正直，今のところうまくいっていません。特に空きコマの時間の使い方が難しいです。やっと大学の仕組みがわかってきたので，これからは課題や自習も時間割化して，勉強のペースを整えたいと思います。（N.S. さん／商）

「大学のテストはどのように勉強すればよいのだろうか？　高校と同じような方法でよいのか？」 ということです。サークルに入るなどして，同じ授業を履修していた先輩から過去問をゲットしたり，アドバイスをもらったりするのが最も効果的だと思います。（I.M. さん／情報コミュニケーション）

困ったのは，履修登録の勝手がわからず，１年生はほとんど受けていない授業などを取ってしまったことです。周りは２年生だし，友達同士で受講している人が多かったので課題やテストで苦しみました。しかし，違う学年でも話しかければ「最初，履修全然わかんないよね〜」と言って教えてくれました。何事も自分から動くことが大切だと思います。（M.H. さん／経営）

部活・サークル活動

マーケティング研究会という，マーケティングを学ぶサークルに入っています。基本的には週１回１コマの活動なので，他のサークルを掛け持ちしたり，勉強やバイトに打ち込んだりしながら，サークル活動を続けることができます。他大学との合同勉強会やビジネスコンテストもあり，とても刺激を受けます。（N.S. さん／商）

バドミントンサークルに所属しています。土日や長期休みに，長野や山梨などに合宿に行くこともあります！（R.Y. さん／文）

運動系のサークルに入っています。週１，２回活動しています。サークルなので行けるときに行けばよく，それでも皆が歓迎してくれるし，高校の部活のように厳しくなくてマイペースに活動できているので，とても楽しいです。友達も増えるので何かしらのサークルに入るのはとてもおススメです。（I.M. さん／情報コミュニケーション）

交友関係は？

自分の所属するコミュニティはそこまで広くなく，クラスとしか関わりはありません。クラスは高校のときとほとんど変わりありません。先輩と交友関係をもちたいのであれば，やはりサークルに入ることをおススメします。入学して２カ月ほどは新入生歓迎会をやっているサークルがほとんどなので，ぜひ参加してみてください。（R.S. さん／政治経済）

SNS で「＃春から明治」を検索して同じ専攻の人と仲良くなりました。

また，専攻ごとに交流会があるので，そこでも仲良くなれます。先輩とはサークルや部活で知り合いました。（R.Y. さん／文）

経営学部にはクラスがあり，特に週に 2 回ある語学の授業で毎回会う友達とはかなり仲が良くて，遊びに行ったり，空きコマでご飯に行ったりします。なお，サークルは男女関係なく集団で仲良くなれるので，高校までの友達の感覚とはちょっと違う気がします。サークルの先輩は高校の部活の先輩よりラフな感じです。気楽に話しかけることが大切だと思います！（M.H. さん／経営）

いま「これ」を頑張っています

英語の勉強です。やりたい職業は決まっているのですが，少しでも夢に近づきたいのと，やりたいことが現在所属している学部系統から少し離れるので，進路選択に柔軟性をもたせたいという意味でも，英語の勉強に力を入れています。（N.S. さん／商）

高校野球の指導です。自分は少しですが野球が得意なので現在母校で学生コーチをやらせてもらっています。大学生になると本気で何かに打ち込むということは少なくなるので，選手が必死に球を追いかけている姿を見るととても刺激になります。（R.S. さん／政治経済）

普段の生活で気をつけていることや心掛けていること

授業にしっかり出席するということです。高校生からすると当たり前と思うかもしれませんが，大学は欠席連絡をする必要もないし，大学から確認の電話がかかってくることも基本的にはありません。どうしても夜寝る時間が遅くなってしまう日もあると思いますが，そんなときでも授業には絶対に出席するようにして生活が乱れないようにしています。（R.S. さん／政治経済）

提出物の期限やテストの日程などを忘れないようにすることです。一人ひとり時間割が違うので，自分で気をつけていないと，忘れてしまって単位を落としてしまうということにもなりかねません。また，バイトやサークルなどの予定も増えるので，時間をうまく使うためにもスケジュール管理が大切です。（M.H. さん／経営）

おススメ・お気に入りスポット

ラーニングスクエアという施設です。とてもきれいで近未来的なデザインなので，気に入っています。（R.Y. さん／文）

明治大学周辺には，美味しいご飯屋さんが数多く存在し，大抵のものは食べることができます。特に，「きび」という中華そば屋さんがとても美味しいです。こってり系からあっさり系まで自分好みの中華そばを食べることができます。（I.M. さん／情報コミュニケーション）

食堂がお気に入りです。お昼休みの時間に友達と話をするためによく使っています。3 階建てで席数も多く，綺麗なので快適です。Wi-Fi もあるので，パソコン作業をすることもできます。また，隣にコンビニがあるので食べたいものが基本的に何でもあり便利です。（A.N. さん／商）

入学してよかった！

施設が全体的に新しく，充実していることです。快適に過ごせるので，大学に行くモチベーションになったり，勉強が捗ったりしています。また，各キャンパスが大きすぎないのも，移動時間の観点から効率が良くて気に入っています。（N.S. さん／商）

厳しい受験を乗り越えてきた人たちばかりなので，「やるときはちゃんとやる」人が多いように感じます。テスト前に「一緒に勉強しよう！」と誘ってきてくれたり，わからないところを教え合ったりできるので，「真面目なことが恥ずかしいことではない」と感じることができ，毎日とても楽しいです。（I.M. さん／情報コミュニケーション）

たくさんの友達と出会えることです。明治大学では，自分でチャンスを探せばたくさんの人と出会えるし，コミュニティも広がると思います。また，図書館が綺麗で空きコマや放課後に作業するにも快適で気に入っています。ソファ席もたくさんあるので，仮眠も取れてとてもいいと思います。（M.H. さん／経営）

高校生のときに「これ」をやっておけばよかった

写真や動画をたくさん撮っておきましょう。文化祭や体育祭など，行事の際はもちろんですが，休み時間や，皆で集まって試験勉強をしているときなど，高校での日常の１コマを残しておくことも，後で見返したときにとても良い思い出になります。今になってそれらを見返して，ああ制服って愛おしかったな，とノスタルジーをおぼえます。（I.M. さん／情報コミュニケーション）

英語の勉強をもっとしておけばと思いました。英語は大学生になっても，社会人になっても必要です。大学では英語の授業だけでなく，他の授業でも英語を読まなければならないときがあるので，とても大事です。高校生のときにちゃんと勉強しておくだけでだいぶ変わってくると思います。（A.N. さん／商）

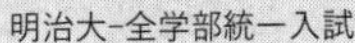

合格体験記

みごと合格を手にした先輩に，入試突破のためのカギを伺いました。
入試までの限られた時間を有効に活用するために，ぜひ役立ててください。

（注）ここでの内容は，先輩方が受験された当時のものです。2025 年度入試では当てはまらないこともありますのでご注意ください。

・アドバイスをお寄せいただいた先輩・

Message

M.H. さん 理工学部（応用化学科）
全学部統一入試 2022 年度合格，神奈川県出身

受験では実力勝負ですが，メンタルもおんなじぐらい大事です。日々の勉強で自信がめっちゃつくぐらい頑張れると最高だと思います。不安なのはみんな一緒だと思うので 1 日をどれぐらい濃く過ごせたかが大事だと思います。自分を信じて頑張ってください！ 応援してます。

その他の合格大学 青山学院大，芝浦工業大

H.N. さん　政治経済学部（地域行政学科）
全学部統一入試 2021 年度合格，神奈川県出身

友達が推薦で合格が決まり受験が終わったときは辛いと感じ，途中で気持ちがくじけたりすることがありますが，最後まで諦めずに勉強すれば合格すると信じ続けることが大切だと思います。

その他の合格大学　明治大（経営），法政大（経営），駒澤大（経営），産業能率大（経営）

入試なんでも Q & A

受験生のみなさんからよく寄せられる，
入試に関する疑問・質問に答えていただきました。

赤本をどのように活用していましたか？

A　まずは同レベルの大学の問題を一通り解いて，自分との相性の良さを確かめました。自分は数学が苦手だったので，なるべく数学が易しいところ，解きやすいところを探して受けました。意識するべきなのは解けない問題が半分あるかないかくらいのレベルを第一志望までもっていけるかだと思います。傾向を見て，難化しても多分大丈夫，ぐらいがベストです。実力も確かに大事ですが，戦略をしっかり立てて戦えるとよいと思います。（M.H. さん／理工）

A　英語の問題はすべてコピーし，解き終わった後に構造分析をしてわからなかった単語や文法をノートにまとめ，第一・二志望の学部は音読に励みました。最初は時間が足りずに20分ほどオーバーしてしまっていましたが，毎日音読を繰り返しているうちに速読ができるようになって，10分ほど余るようになりました。また，政治経済学部は教科書や参考書，資料集に載っていない知識が問われることがあるので，とにかく赤本を解きまくってその都度知識をストックしていくようにしました。

（H.N. さん／政治経済）

どのように学習計画を立て，受験勉強を進めていましたか？

A　1日の勉強を終えたときに次の日の1日の予定を立てました。済んだものに一つずつ傍線を入れていき，自分がどれだけ勉強したかを可視化することで小さな達成感を毎日感じることができました。長い目で見ても勉強を始めた4月と入試直前の1月との勉強の量や質がまったく違うことに気がついて成長を感じることができました。また，模試で結果の悪かった科目や範囲を次の模試までに重点的に勉強するなどの目標を手帳に書いて，いつでも確認できるようにしました。

（H.N. さん／政治経済）

学校外での学習はどのようにしていましたか？

A　塾が13時から22時まで開いていたので塾が開いている時間は常にいるようにしようと目標を立てて実行しました。塾に行くと自分と同じように受験勉強をしている受験生がたくさんいて自分も頑張らなきゃいけないんだという気持ちになり，自然と勉強へのモチベーションが高まりました。また，私は家ではついテレビを観たりすぐに休憩したりするので常に家の外で勉強していました。塾だけでなく図書館も利用し，お正月や日曜日などでどこも開いていないときはカフェなどに行って，好きな飲み物を頼んで楽しく勉強しました。　（H.N. さん／政治経済）

時間をうまく使うためにしていた工夫があれば，教えてください。

A 朝はあまり早く起きることにはこだわりませんでした。睡眠をしっかりとることが大事なので，寝る前はスマホをいじるのをやめてすぐ寝るようにしていました。勉強はリズムが大事だと思うので，体に染み込ませる勢いで一定に過ごすとよいと思います。学校や予備校がある，ないに関係なく毎日同じペースで起きて勉強して寝ることを徹底していました。夜更かしは大敵なので特に気をつけていました。受験の期間だけでも自分なりのリズムをつかんで取り組んでみてください。ペースが一定だと増やしたい時に調整が効きやすい（例えばもっと早く起きて勉強しよう！　とか）ので，受験期を通して自分に合うリズムと量をつかむことが大事だと思います。（M.H. さん／理工）

明治大学を攻略するうえで，特に重要な科目は何ですか？

A 英語の点数の比率が高い学部が多く，英文量も多いので，明治大学の過去問をたくさん解くことがおすすめです。志望学部の過去問を一通り解き終わったら他学部の問題も解いて英文量に慣れることが大切です。まずは時間内に読み切るために，音読をしてとにかく読むスピードを上げることを意識しましょう。明治大学の英文量で時間に余裕ができるようになると，他の大学の英語長文が短く感じます。

（H.N. さん／政治経済）

スランプはありましたか？
また，どのように抜け出しましたか？

A スランプは自分の自信のなさからくることが多いので，確実に解ける問題を解き直してみたり，得意科目をやりまくったり，いったん勉強から離れてみたり，友達や先生に相談したりしてみるとよいと思います。焦ってもいいことは一つもないので，そこまで自分を追い詰めずに頑張ってみてください。あたりまえですが頑張ってるからこそ，うまくいかなかった時不安になるわけなので，むしろ追い詰めずに一度自分を褒めてみることもアリだと思います。一歩引いて俯瞰してみるとよいです。

（M.H. さん／理工）

模試の上手な活用法を教えてください。

A　偏差値にこだわりすぎないことだと思います。模試はただの客観材料でしかないので，むしろ失敗しても本番じゃなくてラッキー，みたいなテンションが一番いいと思います。よくないのは結果から目をそらし続けることだと思うので，できていたところ，できていなかったところをチェックしてから次の勉強の指針につなげていくことの方が何倍も大事だと思います。あと，あまり模試を受けていないと判断材料が不足してしまうので，無理しない程度に自主的に受けてみることをおすすめします。

（M.H. さん／理工）

失敗談や後悔していることを教えてください。

A　少し孤立しすぎたかなと思います（笑）。すごく負けず嫌いな性格なので周りに頼らずにほぼ1人で過ごしていました。でも周りの友達などから得られることは多いと思うので，そこまで気を張りすぎず協力して取り組むのもとてもいいと思います。競争して自分のモチベーションが上がったり自分では気づかなかった大学の良さがわかったりすることもあると思います。一方で，話していて楽しくなってグダグダしたり，勉強時間が不足することは避けた方がいいと思うので，バランスを意識して行動するのが大事です。

（M.H. さん／理工）

普段の生活のなかで気をつけていたことを教えてください。

A　私は勉強のために遊びやテレビの時間を我慢していたので食べ物だけは我慢しないことにしました。チョコレートが大好きなので勉強中はよく食べていました。また，お腹が空くと集中できないので，朝ごはんはガッツリ食べました。ただ，塾までの道のりはなるべく早歩きなどをしてカロリーを消費し，太り過ぎないようにすることをおすすめします（笑）。また，試験は大体 9 ～10 時に開始なので，それに合わせて 6 ～ 7 時の間に起きるようにしていました。起床 3 時間後が 1 番集中力が高いそうです。　（H.N. さん／政治経済）

受験生へアドバイスをお願いします。

A　受験生活で得られたものは沢山あります。我慢強くなったり，自分の学力の限界がわかったり，勉強の楽しさがわかったり。ぜひ勉強を楽しんでみてください。ただの競争道具として使うのは少しもったいないと思います。僕は成績が伸び悩んだ時，とりあえず勉強を楽しんでみようと思って取り組んでいました。深く考えることでわかったり，新しい発見があるととても面白いです。自分のやりたいことは大学で見つければいいので，とりあえず関係がありそうなところを受けるのもありだと思います。苦しいと思いますが，考えて工夫して取り組んでみてください。それだけでも大きな財産になると思います。皆さんの成功を祈ります。頑張れ！！！　（M.H. さん／理工）

A　最後まで諦めずに頑張り続けた人は絶対に合格できます。周りよりも 1 分でも多く勉強して 1 問でも多く正解することを念頭において勉強する，負けず嫌いな性格がとても大切だと思います！　模試は特定の大学の過去問に沿って作られているわけではありません。模試でいい点数や判定を取れなくても本番で取れればいいや，と割り切りましょう。また，ライバルを作って競争しながら勉強することもおすすめです。最後まで第一志望に向かって頑張ってください。　（H.N. さん／政治経済）

科目別攻略アドバイス

みごと入試を突破された先輩に，独自の攻略法や
おすすめの参考書・問題集を，科目ごとに紹介していただきました。

英　語

毎日触れることが大事です。単語，文法の知識はもちろん大事ですが，長文などは慣れが必要なので 30 分ぐらい毎日確保してみることがポイントです。（M.H. さん／理工）

おすすめ参考書　『英単語ターゲット 1900』『英熟語ターゲット 1000』（ともに旺文社）

とにかく長文を読むスピードを上げることです。音読をすると驚くほど速読の力がつくのでとてもおすすめです！（H.N. さん／政治経済）

おすすめ参考書　『やっておきたい英語長文 500』（河合出版）

数　学

素早く解けるようにするために普段やっているテキストや参考書を覚えるぐらいやりこむのが大事だと思います。全学部統一入試はスピードと正確性が求められるので計算の工夫や書く量などを意識してみてください。（M.H. さん／理工）

化　学

暗記が多い分，得点につながりやすいので，言葉の意味を正確に捉えて覚えるようにしてみてください。説明できるぐらいがベストだと思います。

やり方も大事ですが，演習量の多さに成績が比例しやすいと思うので，量も大事です。（M.H. さん／理工）

国　語

頭の中で対比の構造を作ってグループ分けをして読むことが重要です。練習を積むことが大切です。（H.N. さん／政治経済）

おすすめ参考書　『船口のゼロから読み解く最強の現代文』（学研プラス）

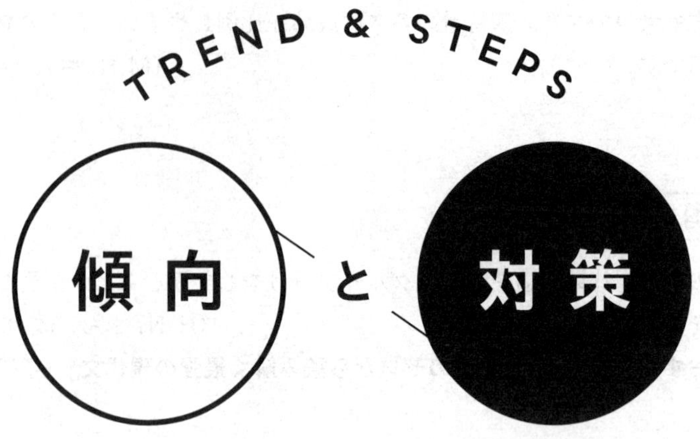

科目ごとに問題の「傾向」を分析し，具体的にどのような「対策」をすればよいか紹介しています。まずは出題内容をまとめた分析表を見て，試験の概要を把握しましょう。

注　意

「傾向と対策」で示している，出題科目・出題範囲・試験時間等については，2024 年度までに実施された入試の内容に基づいています。2025 年度入試の選抜方法については，各大学が発表する学生募集要項を必ずご確認ください。

来年度の変更点

2025 年度入試では，総合数理学部の 3 科目方式が，現象数理学科のみでの実施となる予定（本書編集時点）。

英　語

年度	番号	項　目	内　容
2024 ●	〔1〕	読　解	同意表現，空所補充，指示内容，語句整序，内容説明，内容真偽，主題
	〔2〕	読　解	空所補充，同意表現，文整序，内容説明，内容真偽，主題
2023 ●	〔1〕	読　解	内容説明，同意表現，内容真偽
	〔2〕	読　解	同意表現，内容説明，内容真偽
2022 ●	〔1〕	文法・語彙	空所補充
	〔2〕	会 話 文	空所補充
	〔3〕	読　解	内容説明，内容真偽，同意表現
	〔4〕	読　解	内容説明

（注）●印は全問，◑印は一部マークシート方式採用であることを表す。

読解英文の主題

年度	番号	主　題
2024	〔1〕	ダーウィンの最もよく知られる書物『種の起源』の見過ごされた起源
	〔2〕	現代におけるリベラル・アーツ教育の発展
2023	〔1〕	養子縁組を行ったある家族の話
	〔2〕	白人女性の涙がもたらす人種差別
2022	〔3〕	拡声器を用いて，荒廃したサンゴ礁を復活させる試み
	〔4〕	笑顔政策とその効用

傾向　長文読解力重視の傾向

01　出題形式は？

2024年度は，長文読解問題2題が出題された。試験時間は60分。解答形式は全問マークシート方式となっている。設問文はほとんどが日本語だが，一部に英問英答形式のものも見られる。

02 出題内容はどうか？

長文読解問題は，例年，長文の分量が比較的多く，やや高度な語彙が見られることがあるものの，全体的な英文自体は無理のない標準的なものである。設問は，同意表現，空所補充，内容説明，内容真偽を中心に，語句（文）整序，主題などである。幅広い文法・語法の知識と，それに基づいた読解力を問う設問である。また，長文読解問題の中で，頻出構文やイディオムをしっかり押さえているかどうかなどの文法・語彙力が問われることもある。仮定法の定番表現や動詞・助動詞の用法，関係代名詞の用法などは，頻出のものを中心にしっかり復習しておきたい。2023・2024 年度は出題はなかったが，過去に出題された会話文問題は文法・語彙問題に近いものであった。

03 難易度は？

全体的には，文章の内容をしっかりと読めれば解答が可能な標準的な問題がそろっているといえるが，それだけに実力を反映しやすい問題である。まずは，幅広く文法・語法の知識を身につけること。その上で，長文読解の演習を重ねよう。基礎から手抜きせず着実に学習しておくこと。試験時間 60 分に対して，読解英文の分量，設問数ともにやや多く，確かな実力が要求される。

対策

01 文法・語彙力の養成

2023 年度以降，長文問題が主体となった。2022 年度と異なり，文法問題自体はなくなったものの，長文の中で文法的・構文的理解が問われることに変わりはない。長文や会話文の学習の際にも，重要構文に当たったら参考書を参照するなどして，そのつど理解を深める姿勢をもとう。また，受験生が間違いやすいポイントを網羅した総合英文法書『大学入試 すぐわかる英文法』（教学社）などを手元に置いて，調べながら学習すると効果アップにつながるだろう。語彙力についても，普段の学習で目にした未知の単語について，そのつど辞書で調べ，主なイディオムや特殊な用法，派生語，類義語などまで目を通すことを習慣づけておくとよい。

02 読解力の養成

長文の分量は多いものの，内容は標準的なレベルのものであるから，まずは基礎的な長文読解力の養成に集中することが大切である。文構造や内容についての解説が詳しい『大学入試 ぐんぐん読める英語長文』（教学社）など，中程度の長さの標準的な難易度の長文問題集にじっくりと取り組み，精読を通じて総合的な英語力をつけていくことが効果的。できれば英字新聞にも日頃から親しんでおくとよいだろう。テーマは，特定の分野に偏らず，幅広く選ぼう。実戦演習としては，本シリーズや『明治大の英語』（教学社）などで学部別入試の過去問にも取り組んでおきたい。長文問題の形式が類似しているものもあり，出題形式や内容に慣れることができる。

明治大「英語」におすすめの参考書

✓『大学入試 すぐわかる英文法』（教学社）
✓『大学入試 ぐんぐん読める英語長文』（教学社）
✓『明治大の英語』（教学社）

日本史

年度	番号	内　容		形　式
2024 ●	〔1〕	原始・古代に関する史学史		選　択
	〔2〕	海外との交易の歴史		選　択
	〔3〕	近世・近現代の文学・芸術・芸能		選　択
	〔4〕	軍部の台頭とアジア・太平洋戦争		選　択
2023 ●	〔1〕	原始・古代の政治・社会		選択・配列
	〔2〕	中世・近世の一揆・騒動・騒擾	⊘史料	選択・配列
	〔3〕	第一次世界大戦後の経済		選　択
	〔4〕	戦後日本における在留外国人	⊘グラフ	選択・配列
2022 ●	〔1〕	日本の原始・古代	⊘視覚資料・地図	配列・選択
	〔2〕	近世初期の農民		選　択
	〔3〕	近現代の労働者を取り巻く出来事		選　択
	〔4〕	現代の税制と経済		選択・配列

（注）●印は全問，◐印は一部マークシート方式採用であることを表す。

近世，近現代を重点的に 正文（誤文）選択問題・配列問題に注意

01 出題形式は？

近年，大問数は4題，解答個数は34個と一定している。試験時間は60分。解答形式は全問マークシート方式。正文（誤文）選択問題や用語・人名などを選ぶ問題，事柄を年代順に配列する問題が出題されている。また，過去には西暦年を選ぶ問題や，2文の正誤組み合わせ問題も出題されたことがある。

なお，2025年度は出題科目が「歴史総合，日本史探究」となる予定である（本書編集時点）。

02 出題内容はどうか？

時代別では，2024 年度を見ると，〔1〕原始・古代，〔2〕古代～現代，〔3〕近世・近現代，〔4〕近代が出題された。解答個数で見ると，近現代が半分程度を占めており，割合が大きい。2022 年度は大問 1 題が戦後史からの出題となっており，また，2023 年度は 2000 年以降の出来事に関する出題も見られた。年代を意識させる問題もあり，狭い時代範囲における事項の正しい配列や選択を求める問題なども見られる。

分野別では，例年，政治史の出題が多い傾向にあるが，年度によって，文化史，社会経済史，外交史が多いこともある。また 2022・2023 年度は出題されなかったが，複数の時代にまたがるテーマ史が出題されることがあり，2024 年度は古代～現代の海外との交易の歴史に関して出題された。

史料問題は，2023 年度に，選択肢の一部に引用される出題があった。過去には，現代語訳された史料から読み取れる歴史事項を配列する問題や，史料原文の空所補充問題と読解力をみる問題，および歴史背景など関連事項を問う問題が出題された。受験生にとってなじみのない史料の場合もあるが，いずれも教科書の知識があれば解答できる設問がほとんどである。詳細な事項を問う設問も史料文中や設問内にヒントが盛り込まれているので，落ち着いて取り組みたい。

03 難易度は？

問題の大半は教科書レベルで，教科書学習を徹底させることで対処が可能な基本～標準的問題である。基礎的知識を養うとともに細心の注意を払って，教科書の最終ページまで，脚注も含めて学習することが必要である。まずは基本～標準レベルの問題に手早く解答していき，残りの時間で難問にじっくり取り組むなど，時間配分を工夫したい。

対策

01 教科書の精読と年表を利用して配列問題への対応を

問題の大半は教科書の内容からの出題なので，『詳説日本史』（山川出版社），『日本史探究』（実教出版）などの教科書を精読して，内容を確実に把握しておきたい。その際，教科書の本文だけでなく，脚注や略年表・写真・図表などにも目を通し，まずは歴史の流れを全体的にとらえることが重要である。その上で，歴史の前後関係に対する理解・知識の精度を高め，細かい配列問題にも対処できるよう仕上げていきたい。また，教科書学習と並行して図説などの年表を用いて常に時代の流れをつかむことを心がけよう。

02 史料集の活用を

史料問題は今後も注意を要する。学習に際しては，まずは教科書や『詳説日本史史料集』（山川出版社），『詳述日本史史料集』（実教出版）などを用いて頻出重要史料を中心に史料読解を心がけ，出典や原文の語意解説まで注意しておく。史料学習は教科書学習と並行して取り組んだほうが効果的であり，史料問題集の活用も有効である。そうすることで史料に慣れることができ，初見史料にまで対処する力が養えるだろう。

03 正文（誤文）選択問題の対策を

例年，正文（誤文）選択問題が多く出題されている。中には教科書の暗記だけでは解けないやや詳細な内容・知識を問うものもあり，これが点差のつく問題となるだろう。普段から歴史的な事件・出来事の背景も含めてしっかり学習しておくこと。正文を選ぶ場合にも，正解以外の誤文に対して，どこが誤っているのかを必ずチェックすることを心がけよう。

04 各学部の過去問を活用する

全学部統一入試の過去問演習はもちろん，文系各学部の学部別入試の過去問演習も効果的である。記述式の出題の有無という出題形式に違いはあるものの，内容・難易度において大きな違いがあるわけではない。本シリーズを利用し，各学部の過去問を広く解いておきたい。その際，解説にも目を通して知識を補充しておこう。入試の傾向・難易度などの特色もよくわかり，役立つことだろう。

世界史

年度	番号	内容		形式
2024 ●	〔1〕	ビザンツ文化とその影響	✓地図・視覚資料	選　択
	〔2〕	イスラーム化以降のイラク		選　択
	〔3〕	中国で作られた絹，陶磁器，茶		選　択
	〔4〕	国際経済の中心地		選　択
2023 ●	〔1〕	古代～17世紀におけるクレタ島の歴史	✓地図	選　択
	〔2〕	仏教の伝播		選　択
	〔3〕	産業革命と社会主義の発展		選　択
	〔4〕	「移民国家」アメリカ		選　択
2022 ●	〔1〕	歴史における感情史		選　択
	〔2〕	近現代のオーストリアをめぐる歴史	✓視覚資料・地図	選択・配列
	〔3〕	辛亥革命と中国の近代化		選　択
	〔4〕	ラテンアメリカ史		選択・配列

（注）●印は全問，◐印は一部マークシート方式採用であることを表す。

正文（誤文）選択問題攻略がポイント 年代に関わる問題に注意

01 出題形式は？

例年大問4題の出題である。解答個数は2022年度までは50個であったが，2023年度からは40個に減少した。試験時間は60分。

解答形式は全問マークシート方式。語句選択のほか，正文（誤文）選択，事項の組み合わせや，配列を問う問題も出題されている。語句選択でも，適切なものを選ぶ形式だけでなく，適切でないものを選ぶ形式があることに注意したい。正文（誤文）選択問題には用語集の説明文レベルの内容を含む選択肢が見られ，正誤の判定に時間がかかる場合があるので要注意である。また，2022・2024年度は視覚資料問題や地図問題が，2023年度は地図問題が出題された。

なお，2025 年度は出題科目が「歴史総合，世界史探究」となる予定である（本書編集時点）。

02 出題内容はどうか？

地域別では，欧米地域からの出題が多い。欧米地域は西ヨーロッパ中心の出題であるが，アメリカ大陸からも出題されている。アジア地域は中国史を中心とするが，イスラーム世界や南アジア，東南アジアからも出題されている。2022 年度はアフリカ史から小問が出題された。未学習の地域を残さないようにしたい。

時代別では，古代から現代まで幅広く出題されることが多く，時代的な偏りはあまり見られない。21 世紀のごく最近の出来事まで視野に入れた学習が望まれる。教科書の最初から最後まで，すべての時代に注意が必要である。なお，細かい年代知識を必要とする小問が目につくことも特徴となっている。

分野別では，政治・外交・社会経済史に加え，文化史からの出題が多いことが特徴である。2022・2024 年度〔1〕のように，文化史の比率が高い大問も出題されているので，今後も注意したい。

03 難易度は？

教科書レベルの基本的事項が多くを占め，難問も散見されるものの，消去法などを駆使すれば正解できるものがほとんどである。ただ，全問マークシート方式とはいえ，正文（誤文）選択問題が多く，用語集の説明文レベルもしくはそれ以上の詳細な知識を要する選択肢があることを考慮すると，時間的に厳しい問題といえるだろう。1 問 1 問注意深く，かつ時間配分も考えて取り組む必要がある。

対策

01 教科書の徹底学習

大部分は教科書レベルの基本的事項が問われている。したがって，基本的な問題を落とさないことが最も重要である。そのためにも，教科書記載の事項は確実に理解しておくことが大切である。教科書の本文はもちろん，地図・脚注・写真にも目を通し，各事項を流れの中で多角的に理解する必要がある。さらに，空所補充問題対策を意識して，太字の重要語句とその前後の文章のつながりに注目しながら丁寧に読み込むようにしたい。

02 用語集の活用

教科書は各社から何種類も出版されており，自分の使用している教科書に言及されていない歴史事項も数多くある。こうした歴史事項を確認・理解するためにも『世界史用語集』（山川出版社）は必ず利用したい。正文（誤文）選択問題の中には，本用語集の説明文を参考に作成されたと思われる選択肢も少なくないため，高得点を取るには用語集を読みこむことが重要である。

03 地図や図説，年表の活用

地図問題も出題されているので，歴史上登場する都市や王朝の領域，著名な戦いの場所などは必ず地理的位置とともに覚えておこう。また，遺跡からの出土品，有名な建築物や絵画などについては，教科書の写真や図説を活用したい。2023・2024 年度にはなかったが，配列法への対策としても，年表に当たり，流れの中で歴史的事項を整理することが大切である。

04 現代史・文化史・テーマ史の対策

現代史は多くの受験生が苦手とする分野であるが，そうであるからこそ差のつきやすい分野でもある。21 世紀までを視野に入れて，ヨーロッパや中国，アメリカ合衆国，ソ連・ロシアといった地域だけでなく，東南アジアやアフリカなどの動向にも注意しながら，早い時期から取り組んでおきたい。

文化史では図版や写真といった視覚資料を使った出題も見られるため，図説・資料集等で視覚的な理解を図るとともに，思想・文学や美術様式の流れ，人物の業績や作品，その時期などを整理しておくことが大切である。その際，文化史だけを単独で学習するのではなく，政治や経済などの背景と結びつけて理解することが重要である。問題集としては，『体系世界史』（教学社）など，歴史の流れと文化史の両方が学習できるものに取り組むとよいだろう。

テーマ史対策としては，戦争・宗教・交易などについて，年表を縦に読みながら原因と結果に注意しつつ整理しておくことも有効だろう。

05 過去問の研究

全学部統一入試の過去問はもちろん，文系各学部の学部別入試の過去問も参照しておくとよいだろう。形式や内容・難易度に類似性があり，効果的な学習となるはずである。過去問研究を早めに行い，問題の特徴・レベルを知ると同時に自分に不足しているものを発見することが大切である。

地　理

年度	番号	内　容	形　式
2024 ●	〔1〕	両極およびその周辺地域の地誌 ⊘地図	選　択
	〔2〕	ワールドベースボールクラシック 2023 の参加国・地域に関する地誌 ⊘図・グラフ・統計表	選択・計算
	〔3〕	スペインの地誌 ⊘グラフ・地図	選　択
	〔4〕	繊維工業 ⊘統計表	選　択
2023 ●	〔1〕	自然環境と自然災害・防災 ⊘地図・グラフ・統計表・視覚資料	選　択
	〔2〕	東南アジアの地誌 ⊘地図・統計表	選　択
	〔3〕	ドナウ川流域国の地誌 ⊘統計表	選　択
	〔4〕	日本プロ野球本拠地に関する地誌 ⊘グラフ・統計表	選　択
2022 ●	〔1〕	南アメリカの地誌 ⊘地図・グラフ・統計表	選　択
	〔2〕	国家とグローバリゼーション ⊘図・グラフ・統計表	選　択
	〔3〕	西アジアの地誌 ⊘統計表	選　択
	〔4〕	食糧生産と農産物貿易 ⊘統計表・グラフ	選　択

（注） ●印は全問，◑印は一部マークシート方式採用であることを表す。

幅広い分野から出題
基本的な地理的事項を問う問題が多い

01 出題形式は？

全問マークシート方式による選択式である。大問 4 題構成で，1 題につき 10～12 問程度出題されている。問題文中の空所にあてはまる語句を補うもの，下線部に関連する語句などを問うもの，統計表やグラフを使った問題，正文・誤文の判定問題などが出題されている。試験時間は 60 分。

なお，2025 年度は出題科目が「地理総合，地理探究」となる予定である（本書編集時点）。

02 出題内容はどうか？

高校地理で学習する地形，気候，産業，貿易，都市問題，社会問題など広い分野から出題されている。2022 年度は系統地理・世界地誌 2 題ずつ，2023 年度は系統地理 1 題，世界地誌 2 題，日本地誌 1 題，2024 年度は系統地理 1 題，世界地誌 3 題が出題された。

東・東南アジア，南北アメリカ，ヨーロッパがよく出題されているが，2022 年度は西アジア，2023 年度は日本，2024 年度は両極およびその周辺地域が出題された。

系統地理は，人文地理を中心に出題されている。貿易，国際機構，村落，都市，農牧業・食糧，資源，環境問題，工業，人口，交通など，内容は多岐にわたっているが，経済的な知識や理解力を問うものが多い。2023 年度は自然災害・防災に関して出題された。

03 難易度は？

ほとんどの問題は基本ないしは標準レベルであるが，難問も散見される。基本事項や統計を正確に覚えているかどうかで得点に差がつく。試験時間 60 分で 50 個程度解答しなければいけないということを考えると，時間配分が重要である。表やグラフの読み取りに時間をかけられるよう，基本的な事項を問うものから素早く解いていきたい。

対策

01 基本事項の徹底理解

基本～標準的な問題が多いことから，教科書を何度も徹底して読みこなし，高校地理の基本事項を理解することが大切である。その際，地図帳と統計集を常に横に置き，気になったことはすぐに確認するよう心がけるとよい。また，出題範囲が広いため，自然地理・都市・人口・産業・交通・貿易・投資・国際関係・資源・環境問題・地形図・地誌など全分野もれなく学習しておきたい。気候区分や民族・宗教分布，農業区分など各種の分布図もよく見ておいたほうがよい。地理用語の定着には，『地理用語集』（山川出版社）などの用語集や，『新詳地理資料 COMPLETE』（帝国書院）などの資料集の活用も有効である。

02 地図帳を活用する

国名や地名を問う出題が多い。学習の際に出てくる地名は，地図帳で位置を確認する習慣を身につけておきたい。緯線・経線を利用したタイプの問題や，位置関係を問う問題に対応するためにも，地図帳の活用が重要である。

03 世界地誌をまとめよう

世界地誌に関しては毎年出題されており，複数の地域が取り上げられることも多いので，重点的な学習が求められる。すべての地域を網羅しておこう。地域別に白地図を準備し，国名，都市名，山脈・河川名や鉱山，主要な世界遺産の位置，気候分布などを記入して大まかな地誌を把握すると同時に，民族，宗教，資源，産業などについて表などの形にしてまとめておくとよい。

04 統計資料に親しむ

世界各国の農林業・鉱工業・貿易・投資などの基本的な統計については統計集を用いて理解を深めておきたい。『データブック オブ・ザ・ワールド』（二宮書店）は，各種統計がコンパクトにまとめられており利用しやすい。また，インターネットを利用して学習内容に関連するさまざまな統計にも当たっておきたい。統計資料を用いる際には，統計の背後にある地理的事象を考えることが必要である。

政治・経済

2025 年度は「政治・経済」に代えて「公共，政治・経済」が課される予定である（本書編集時点）。

年度	番号	内　容	形　式
2024 ●	〔1〕	社会保障政策	選　択
	〔2〕	日本国憲法の制定，基本的人権	選　択
	〔3〕	市場機構	選　択
	〔4〕	中東問題	選　択
2023 ●	〔1〕	三権分立と日本の司法	選　択
	〔2〕	世界と日本の経済と環境問題	選　択
	〔3〕	第二次世界大戦後の日本の行政改革	選　択
	〔4〕	日本の中小企業と農業問題	選　択
2022 ●	〔1〕	日本国憲法と国会・選挙	選　択
	〔2〕	地球環境問題　⊘グラフ	選択・計算
	〔3〕	日本と世界の金融・財政　⊘グラフ	選　択
	〔4〕	個人の尊重と法	選　択

（注）　●印は全問，◑印は一部マークシート方式採用であることを表す。

基礎的な知識が中心だが，難問も 詳細な数字や事実もおろそかにしないこと

01　出題形式は？

例年大問 4 題の出題。解答個数は 40 個で，試験時間は 60 分。

解答形式は全問マークシート方式による選択式である。語句選択や語句・数字の組み合わせを問うものに加えて，正文・誤文選択問題，グラフや統計表を用いた問題も出題されている。また，簡単な計算問題も出題されたことがある。

02 出題内容はどうか？

概ね政治２題，経済２題の出題が続いている。年度によっては国民生活分野（環境問題，労働問題など）の出題も見られる。時事問題で一部教科書，資料集レベルを超えた知識を要求する問題もある。選択肢に数字が入っていてその真偽を判定する設問や，事実関係のしっかりした知識を前提とするような設問があり，詳細な数字や事実も丁寧に押さえた学習が求められている。

03 難易度は？

形式・内容とも標準的ではあるが，一部に踏み込んだ知識が要求される問題がある。選択肢の判定には正確な知識が必要であり，安易に考えてはいけないレベルの問題もある。2024 年度は詳細な知識を必要とする問題や教科書の内容を応用する思考力を試す問題が散見され，過年度よりやや難化した。

対策

01 教科書を利用して基礎的な知識を確実に

出題内容の大部分は，教科書の内容が理解できていれば十分に解答可能である。教科書の理解のためには，何度も熟読し，重要な用語については文章で説明できるようにしておこう。

02 資料集・用語集の活用を

一部に，教科書には掲載されていない資料問題や時事問題が出題されている。その対策には資料集の活用が有効である。教科書を読むときに『最新図説 政経』（浜島書店）などの資料集をあわせて読むことが内容理解を深めるのに役立つ。経済理論の分野や時事的な論争問題などは資料集に特集やコラムとして掲載されていることが多いので，それを活用することで十分な対策を取ることができるだろう。また，知識問題を確実にするには用語集も役立つ。例えば，『用語集 公共＋政治・経済』（清水書院）は，毎年改訂されて新しい用語も加えられている。時事問題への対応などにも役立つであろう。

03 時事問題へのセンスをみがこう

毎日，新聞を読むことで時事問題への対応が可能になる。まずは新聞の朝刊一面の大きな政治や経済の事件に注目し，それが教科書のどの部分と関連しているのかを押さえ，そのうえで解説記事などに目を通すと社会問題へのセンスが養える。また，インターネットなどを活用して時事問題への関心を高めておきたい。

04 過去問の演習を

過去問は情報の宝庫である。本書を利用して出題形式，設問内容の特徴を発見していこう。同じような問題が繰り返し問われていることもある。各学部の過去問にも余力があれば目を通しておきたい。

数 学

年度		番号	項目	内容
2024 ●	数学Ⅰ・Ⅱ・A・B	〔1〕	小問5問	(1)接線と法線の方程式 (2)対数不等式 (3)平均値と分散 (4)平面図形 (5)整数の性質
		〔2〕	微・積分法	4次関数のグラフと直線で囲まれた部分の面積
		〔3〕	数列	特殊な規則で作られる群数列
	数学Ⅲ	〔1〕	小問2問	(1)微分法の計算 (2)積分法の計算
		〔2〕	複素数平面，確率	複素数平面と確率
		〔3〕	式と曲線	エピサイクロイド（円のまわりを転がる円のある点が描く軌跡）の弧長
		〔4〕	極限	はさみうちの原理を用いた数列の極限
2023 ●	数学Ⅰ・Ⅱ・A・B	〔1〕	小問5問	(1)3項間漸化式 (2)複素数と方程式 (3)階級値の度数 (4)整数の性質 (5)平面図形
		〔2〕	微・積分法	3次関数の微分法と積分法
		〔3〕	ベクトル	空間ベクトル，正四面体
	数学Ⅲ	〔1〕	小問2問	(1)無限級数の和 (2)複素数の方程式
		〔2〕	積分法	$e^{-tx}\cos x$ と $e^{-tx}\sin x$ の積分と極限
		〔3〕	式と曲線	双曲線と直線の共有点
		〔4〕	式と曲線	レムニスケート（2点からの距離の積が一定である点の軌跡）
2022 ●	数学Ⅰ・Ⅱ・A・B	〔1〕	小問4問	(1)空間ベクトル (2)指数・対数の計算 (3)場合の数 (4)平面図形
		〔2〕	微・積分法	接線の傾き，定積分で表された関数，面積
		〔3〕	数列	三角形の内角についての連立漸化式と一般項
	数学Ⅲ	〔1〕	小問3問	(1)面積 (2)極限 (3)無限級数と極限
		〔2〕	微分法	方程式の実数解の個数
		〔3〕	2次曲線	極座標，置換積分の計算
		〔4〕	確率	複素数と確率

（注） ●印は全問，◑印は一部マークシート方式採用であることを表す。

出題範囲の変更

2025年度入試より，数学は新教育課程での実施となります。詳細については，大学から発表される募集要項等で必ずご確認ください（以下は本書編集時点の情報）。

	2024年度（旧教育課程）	2025年度（新教育課程）
数学Ⅲを含まない	数学Ⅰ・Ⅱ・A・B（数列，ベクトル）	数学Ⅰ・Ⅱ・A・B（数列）・C（ベクトル）
数学Ⅲを含む	数学Ⅲ（数学Ⅰ・Ⅱ・A・B〈数列，ベクトル〉の範囲を含む）	数学Ⅰ・Ⅱ・Ⅲ・A・B（数列）・C（ベクトル，平面上の曲線と複素数平面）

旧教育課程履修者への経過措置

2025年度入学試験において，旧教育課程履修者に配慮して出題する。

基礎力・計算力の養成を「数学Ⅲ」は特に計算力が重要

01 出題形式は？

「数学Ⅰ・Ⅱ・A・B」は大問3題，「数学Ⅲ」は大問4題である。試験時間は，いずれも60分。

全問マークシート方式である。問題は，小問集合以外は基本的に誘導形式になっており，空所に当てはまるものをマークするようになっている。マークの仕方は，0から9までの数字をマークする方式と，解答群の中から適切な式や語句などを選択しマークする方式が混在している。

02 出題内容はどうか？

いずれの試験も，出題範囲の各分野から幅広く出題されており，複数の分野の融合問題も出題されている。「数学Ⅰ・Ⅱ・A・B」では，数列，微・積分法がよく出題されており，「数学Ⅲ」は微・積分法を中心に出題されている。

03 難易度は？

一部に難問が含まれることもあるが，標準的な出題がほとんどである。

素材は教科書に取り上げられているようなものが多く，無理のない良問ばかりであり，数学の基礎・基本が身についていれば解ける問題が中心である。誘導されている場合が多いので，それがヒントになる。しかし，計算力を要する問題も含まれているので，60分の試験時間を考えると問題の量は少なくない。特に「数学Ⅲ」については，微分して増減を調べ，グラフの概形をつかめるようにすること，そして，積分の計算力をつけておくことが必要である。標準的な問題をきちんと学習することが求められているといえるだろう。

対策

01　基礎学習の徹底

まず，教科書の例題，章末問題を利用して基本的事項を確実に身につけること。また，定理や公式は単に覚えるだけでなく，それらを用いて応用できるようにしておきたい。そうすれば，幅広い知識が要求される問題に対しても十分に対処できる。

02　問題集の活用

教科書での学習を補うために，教科書傍用問題集や入試問題集の基本～標準レベルの問題を中心に，数多くの問題演習をこなす必要がある。その中で，ひとつの解き方にとどまらず，さまざまな解法にふれ，基本事項をひとつひとつ総合的にまとめ上げる力を養うとよい。例えば，多変数を含む方程式においては，注目する文字以外は定数とみなして処理するなど，式をいかに整理して扱うか，グラフや図をどのように利用するかが重要なポイントになる。また，数学Ⅲを含まないほうに関しては，共通テストの過去問研究に取り組んでみるのも悪くない。

03 全項目を学習

融合問題も出題されるので，各項目を満遍なく学習して，不得意な分野をつくらないようにすること。順列，数列，整数などの問題では，書き並べながら性質を追究することで，応用問題にも対応できる力が養える。全学部統一入試はもちろん，学部別入試の過去問も参考にしながら，よく出題されている項目を中心に幅広く学習をしておこう。

04 計算ミスに注意

全問マークシート方式による出題であり，ケアレスミスが合否を分けることになりかねない。計算はおろそかにしないで，普段から注意深く行うことが大切である。さらに，問題を解き終わったあとで必ず見直しをする（例えば，方程式の解なら元の式に代入してみるなど）習慣をつけておこう。また，記号をマークする場合と数字をマークする場合が混在しているので，例えば，計算結果が「1」でも慌てて①にマークしないようにするなど注意が必要である。

物　理

年度	番号	項　目	内　容
2024 ●	〔1〕	力　学	動滑車を通して連結された物体の運動
	〔2〕	電磁気	磁場中を移動するコイル
	〔3〕	原　子	X 線の干渉条件，コンプトン効果
2023 ●	〔1〕	力　学	円運動する台上のばね振り子
	〔2〕	電磁気	帯電した不導体球や導体球殻の周りの電場・電位
	〔3〕	熱力学	気体の断熱変化とピストンの単振動
2022 ●	〔1〕	力　学	斜面上のばね振り子
	〔2〕	電磁気	電場や磁場内の荷電粒子の運動
	〔3〕	波　動	薄膜の干渉

（注）●印は全問，◑印は一部マークシート方式採用であることを表す。

傾向　各大問とも，前半は基本的だが後半はやや難しい

01　出題形式は？

例年大問 3 題の出題で，解答個数は約 20 個。試験時間は 60 分である。

解答形式は全問マークシート方式で，問題文の空所に当てはまる文字式や数値，文章，グラフなどを選択肢から選ぶ形式である。

02　出題内容はどうか？

出題範囲は「物理基礎・物理」である。

例年，〔1〕が力学，〔2〕が電磁気からの出題となっている。〔3〕は，波動，熱力学，原子のいずれかから出題されている。

03 難易度は？

大問の前半は比較的基本的な問題が出題され，後半は難度が上がって，標準的な問題となっている。ただ，よく見かける問題とは少し切り口を変えてあるものも出題されるので，物理現象を十分に理解せずに単に公式に当てはめるだけの学習では，意外に難しく感じるかもしれない。試験時間60分で20個程度の解答をしなければならないが，特に各大問の後半の計算問題では時間をとられてしまう場合があるので，正確かつ迅速な処理を心がけて練習を積んでおきたい。

対策

01 各分野をバランスよく学習する

年度によって出題されない分野もあるが，数年を通して見ると幅広い分野から出題されている。特定の分野に偏ることなく，教科書に載っている内容を中心に，出題範囲全体をバランスよく勉強しておくとよい。

02 物理現象を正しく理解する

内容自体は基本的だが，よく見かける問題とは少し切り口を変えてある問題も少なくないので，物理現象を正しくとらえながら，公式や法則を理解しよう。問題文の流れをしっかり読み取り，与えられた図や操作がどのような物理現象に関わるかを，正しくつかむ必要がある。そのためには，教科書の本文だけでなく，図とその説明文までしっかりと理解することが大切である。

03 基本を徹底した上で応用問題に取り組む

大問の前半は基本的な問題が多い。まず，教科書の章末問題やそれと同じレベルの問題集で演習を行って，基礎を確実に固めよう。その上で，入試対策問題集のうち基礎～標準レベルのもので，やや応用的な演習を行うとよい。また，答えを導く過程で複雑な文字式の変形を要する場合があるので，演習の中で一つ一つの式変形を確実にできる力を養おう。

化　学

年度	番号	項　目	内　容
2024 ●	〔1〕	変化・無機	窒素酸化物・アンモニア・硝酸の反応と性質，電離平衡，量的関係 ⊘計算
	〔2〕	状　　態	混合気体の平均分子量と密度，ラウールの法則，沸点上昇度 ⊘計算
	〔3〕	有　　機	アルコール，C_8H_{10}，カルボン酸・エステル，油脂のけん化価 ⊘計算
	〔4〕	高 分 子	PET，多糖類，タンパク質の定量，ペプチド同定 ⊘計算
2023 ●	〔1〕	変化・無機	鉄の性質，塩化ナトリウム水溶液の電気分解，酸化数 ⊘計算
	〔2〕	理論・無機	硫酸銅(II)の錯イオン，濃度，溶解度 ⊘計算
	〔3〕	有　　機	有機化合物の元素分析，マレイン酸とフマル酸，油脂，医薬品
	〔4〕	高 分 子	二糖類，グルコースの還元性，生ゴム，タンパク質，アミノ酸
2022 ●	〔1〕	構造・無機	元素の性質，ホタル石型の結晶格子 ⊘計算
	〔2〕	変化・状態	水素イオン濃度，反応熱と熱化学方程式，気体の溶解度 ⊘計算
	〔3〕	有　　機	不斉炭素原子，分子内脱水，幾何異性体，脂肪酸，芳香族化合物の反応，酸無水物の生成 ⊘計算
	〔4〕	高 分 子	合成高分子化合物，ビニロン，単糖類，核酸，ペプチド，酵素 ⊘計算

（注）●印は全問，◑印は一部マークシート方式採用であることを表す。

傾向　問題量多く，計算問題が頻出

01　出題形式は？

例年大問 4 題の出題である。試験時間は 60 分。

解答形式は全問マークシート方式で，適切な数値や式，語句などを選択肢から選ぶ形式である。計算問題は煩雑なものも含まれているので，時間的余裕はない。

02 出題内容はどうか？

出題範囲は「化学基礎・化学」である。

無機・理論分野や理論・有機分野の形式も含めて，理論を中心に幅広く出題されている。2022年度はビニロンの生成量，2023年度は固体の溶解度（水和物の析出）など，計算力の必要な問題が多く出題されている。有機分野は脂肪族化合物，芳香族化合物，元素分析と幅広く出題されている。加えて，糖類・アミノ酸などの天然有機化合物，タンパク質，酵素，核酸などの天然高分子化合物，ポリエチレン・ナイロン・アクリル繊維，ビニロン，ゴムなどの合成高分子化合物に関しても，標準的な知識が幅広く問われている。

例年，物質の化学的性質と理論計算を組み合わせた問題が出題され，与えられた条件をもとに化学的な思考力や応用力を試されるが，決して難しい内容ではない。平素の基本的な学習が重要である。

03 難易度は？

標準的な内容である。典型的な問題が多く出題されるため，教科書や過去問演習で実戦力を磨く必要がある。『共通テスト赤本プラス 共通テスト新課程攻略問題集 化学』（教学社）などがおすすめである。

対策

01 理論

原子の構造，周期表と元素の性質，気体の法則，平衡，溶液，酸・塩基，酸化・還元などを中心に，教科書の例題や章末問題をしっかりと練習しておこう。また，計算問題についても，教科書や問題集の例題と基本・標準問題を繰り返し演習し，迅速に関係式が立てられるようにして，数値計算にも習熟しておくことが大切である。

02 無　機

出題頻度は高くないが，金属元素や非金属元素の性質・反応をしっかりと整理しておこう。特に，気体の製法と捕集法，イオン化傾向と金属の性質，沈殿反応と錯イオンの生成反応などを中心に整理しておくとよいだろう。教科書に出てくるレベルの化学反応式は書けるようにしておく必要がある。また，無機化学工業についてもおろそかにしないこと。

03 有　機

官能基を中心として，脂肪族化合物や芳香族化合物の反応や性質を整理しておこう。また，天然有機化合物や高分子化合物も満遍なく出題されるので，十分に押さえておきたい。

生　物

年度	番号	項目	内容
2024 ●	〔1〕	細胞	細胞分裂，性染色体，染色体と遺伝子，細胞周期　⊘計算
	〔2〕	生殖と発生	裸子植物の生殖，葉の形成に関わる遺伝子，コルメラ細胞の分化，植物ホルモン
	〔3〕	体内環境	体液，血液凝固，循環系，体液の濃度調節，肝臓の構造とはたらき，神経系，自律神経系と内分泌系　⊘計算
	〔4〕	生態	生物間の相互作用，物質循環とエネルギーの流れ，外来生物，生態系のバランス
	〔5〕	進化・系統	進化の歴史，人類の進化，系統
2023 ●	〔1〕	細胞，遺伝情報	核酸の構造，細胞の構造とはたらき，細胞膜の構造とはたらき，共生説，ドメイン，遺伝情報の発現　⊘計算
	〔2〕	生殖・発生	発生のしくみ，選択的遺伝子発現，幹細胞
	〔3〕	動物の反応	ニューロンの構造，興奮の伝導と伝達，膜電位，興奮の伝導速度　⊘計算
	〔4〕	代謝，植物の反応	光合成の反応，窒素同化，光受容体，植物ホルモン
	〔5〕	生態，進化・系統	標識再捕法，ニッチ，窒素循環，物質生産，生態系，系統　⊘計算
2022 ●	〔1〕	細胞，代謝	酵素反応，呼吸・アルコール発酵・光合成の反応，筋収縮，輸送タンパク質
	〔2〕	刺激の受容と反応，体内環境	自律神経系，聴覚・平衡受容器，チロキシン，フレームシフト突然変異
	〔3〕	細胞，植物の反応	細胞や構造体の大きさ，細胞小器官，細胞の構成成分，細胞分画法，植物の組織，植物の環境応答
	〔4〕	生態	アマゾンのバイオーム，かく乱と復元力，純生産量，CO_2 排出量，生物多様性の保全　⊘計算

（注）●印は全問，◑印は一部マークシート方式採用であることを表す。

傾向　問題の量が多く，計算問題に注意

01　出題形式は？

大問数は，2024 年度は 2023 年度と同じく 5 題であった。解答個数は，

2022年度は50個，2023年度は48個と50個程度で推移していたが，2024年度は43個であった。全問マークシート方式ではあるが，計算問題や考察問題，当てはまる語句の選択，正文・誤文の判定などを含んでいる。試験時間は60分。

02 出題内容はどうか？

出題範囲は「生物基礎・生物」である。

高校生物のすべての分野から幅広く出題されている。近年は生殖・発生，体内環境，進化・系統，細胞，生態からの出題が多い。

03 難易度は？

正文・誤文判定問題，計算問題，考察問題などが含まれる。基本的な問題が大半であるが，例年，やや発展的な知識を要する出題も一部に見られる。量・内容・時間を考慮すると，標準レベルの問題といえるだろう。

対策

01 教科書を反復して学習しよう

出題される問題の多くは教科書レベルなので，教科書を繰り返し学習すること。難問で正解を得るのはかなり難しく，時間も不足する。基本的な問題のミスは致命的となるので，確実に正解したい。特に，教科書のグラフ・図・表は，分野を問わず十分に理解した上で，しっかり記憶しておく必要がある。

02 問題集を活用しよう

教科書の内容を単に覚えるだけでなく，問題集で演習を重ね，問題を解く能力を養っておきたい。マークシート方式で，標準レベルよりもやや難しいもので練習を積み重ねておくこと。また，農学部の学部別入試の過去問にも当たっておくとよい。

03 計算問題の演習をしよう

各分野の計算問題に対して，１問１問の解答に十分に時間をかけて納得できるまで演習を重ねたい。その際，マークシート方式ではなく，答えの数値・単位を自分で記入する問題で演習を行う方が，実力を養うためにはよいだろう。

04 実験の考察問題の演習をしよう

教科書にある基本的な実験をよく理解し記憶するとともに，実験データをもとに考察する問題を問題集などでよく演習しておこう。基本的なレベルのものから難度の高いものまで積極的に取り組もう。

国　語

年度	番号	種　類	類別	内　容	出　典
2024 ●	〔1〕	現代文	評論	書き取り，空所補充，内容説明，内容真偽	「プラスチックの木でなにが悪いのか」　西村清和
	〔2〕	現代文	小説	空所補充，内容説明，文学史	「枇杷のころ」　埴原一亟
	〔3〕	古　文	説話，歌論	和歌解釈，空所補充，文法，文学史，口語訳，内容説明，語意，内容真偽	「今昔物語集」「俊頼髄脳」　源俊頼
2023 ●	〔1〕	現代文	評論	書き取り，空所補充，内容説明，内容真偽	「作ることの哲学」　伊藤徹
	〔2〕	現代文	随筆	内容説明，空所補充，文学史	「原稿遺失」　室生犀星
	〔3〕	古　文	説話	文法，敬語，人物指摘，和歌解釈，口語訳，内容真偽，文学史	「宇治拾遺物語」
2022 ●	〔1〕	現代文	評論	書き取り，空所補充，内容説明，内容真偽	「自分ということ」　木村敏
	〔2〕	現代文	随筆	空所補充，内容説明，文学史，内容真偽	「制度としての原稿用紙」宗像和重
	〔3〕	古　文	説話	語意，和歌解釈，口語訳，文法，内容説明，内容真偽，人物指摘，文学史	「宇治拾遺物語」「しみのすみか物語」　石川雅望

（注）　●印は全問，◑印は一部マークシート方式採用であることを表す。

現代文はオーソドックスな評論や随筆　古文は幅広いジャンルから基本的な力が問われる

01　出題形式は？

例年，現代文２題・古文１題の計３題の出題で，試験時間は60分。解答形式は全問マークシート方式による選択式（四択）である。

02 出題内容はどうか？

現代文：例年，文化論や社会論，言語論などの評論・随筆が出題されていたが，2024 年度は評論と短編小説という組合せとなった。文章はおおむね読みやすいが，時として難解な文章が見られる。設問は，漢字の書き取り，文学史といった知識が試されるものから，空所補充，内容説明，内容真偽など読解力が試されるものまで幅広い。

古文：例年，中世・近世の作品からの出題が中心で，2022・2023 年度は連続して中世の説話集『宇治拾遺物語』からの出題となったが，2024 年度は中古の説話集『今昔物語集』と歌論の２つの作品が本文として出題された。設問は，語意，口語訳，和歌解釈，文法，文学史，内容説明，内容真偽など幅広く，基本的な知識だけでなく，読解力も問われる。

03 難易度は？

現代文はおおむね標準的な難易度の文章が出題される。設問の選択肢も正誤判定しやすいように作られている場合が多いため，全体としての難易度は標準的である。

古文は 2024 年度の『俊頼髄脳』の後半部分のように本文の内容が少々つかみにくい問題もあるが，標準的な問題が中心であり，基本的な古文単語，古典文法，和歌の知識があれば正解できる。

国語全体を通じて，総合的には標準レベルといえる。しかし，60 分で３題と制限時間が厳しいため，時間をかけずに判断できる問題と時間をかけて慎重に検討すべき問題との見極めが必要になる。

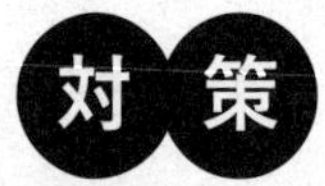

01 現代文

評論，随筆を中心として，マークシート方式の問題演習を普段から数多くこなしておくことが望ましい。その際，紛らわしい選択肢と正解の選択肢を確実に見分けるために，本文中に根拠を求めながら各選択肢の異同をチェックし，本文の言い換えなどにも十分注意して正答を導き出す訓練をしておきたい。また，漢字の問題や近代文学史についての設問があるので，それら基礎的な知識問題は確実に得点したい。漢字の問題集で演習したり，国語便覧などを常に参照したりして，知識を広げることを心がけてほしい。

02 古　文

まず，頻出の古文単語や古典文法の知識を背景とした確実な基礎学力の構築を目指したい。学校の授業では丁寧に精読して基礎事項を固め，『大学入試 知らなきゃ解けない古文常識・和歌』（教学社）などの市販の問題集を数冊こなして，さまざまなジャンルの文章を数多く読み，初見の作品に対して，古語や文法の知識を駆使して文脈や主語を把握するトレーニングをするとよいだろう。その際，文法や知識事項の曖昧なところは徹底して確認しよう。また，和歌や歌論など，韻文系の文章にも慣れておくとよい。和歌の基本的な修辞はきちんと確認しておき，詠まれた状況なども踏まえて独力で和歌を解釈できるような力をつけておくと心強い。

03 過去問の演習を

本書の過去問のほか，学部別入試の過去問にもあたっておきたい。特に法学部，商学部，国際日本学部，情報コミュニケーション学部は大問構成が同じなので，時間配分の練習ができるだろう。難関校過去問シリーズから『明治大の国語』（教学社）が刊行されているので，傾向分析のためにも活用してほしい。

明治大「国語」におすすめの参考書

✓『大学入試 知らなきゃ解けない古文常識・和歌』（教学社）
✓『明治大の国語』（教学社）

2024年度

問題と解答

全学部統一入試

問題編

▶試験科目・配点

学部・学科・方式	教　科	科　　　　目	配　点
法・文	外国語	コミュニケーション英語Ⅰ・Ⅱ・Ⅲ，英語表現Ⅰ・Ⅱ	100 点
	選　択	日本史B，世界史B，地理B，政治・経済，「数学Ⅰ・Ⅱ・A・B」，「物理基礎・物理」，「化学基礎・化学」，「生物基礎・生物」から1科目選択	100 点
	国　語	国語総合（漢文を除く）	100 点
商	外国語	コミュニケーション英語Ⅰ・Ⅱ・Ⅲ，英語表現Ⅰ・Ⅱ	200 点
	選　択	日本史B，世界史B，地理B，政治・経済，「数学Ⅰ・Ⅱ・A・B」から1科目選択	100 点
	国　語	国語総合（漢文を除く）	150 点
政治経済	外国語	コミュニケーション英語Ⅰ・Ⅱ・Ⅲ，英語表現Ⅰ・Ⅱ	150 点
	選　択	日本史B，世界史B，地理B，政治・経済，「数学Ⅰ・Ⅱ・A・B」，「物理基礎・物理」，「化学基礎・化学」，「生物基礎・生物」から1科目選択	100 点
	選　択	数学Ⅲ，「国語総合（漢文を除く）」から1科目選択	100 点
理工	外国語	コミュニケーション英語Ⅰ・Ⅱ・Ⅲ，英語表現Ⅰ・Ⅱ	100 点
	数　学	数学Ⅲ	100 点
		数学Ⅰ・Ⅱ・A・B	100 点
	理　科	機械工・物理学科：「物理基礎・物理」 応用化学科：「化学基礎・化学」 その他の学科：「物理基礎・物理」，「化学基礎・化学」，「生物基礎・生物」から1科目選択	100 点

農	農・農芸化・生命科	3科目方式	外国語	コミュニケーション英語Ⅰ・Ⅱ・Ⅲ，英語表現Ⅰ・Ⅱ	100点
			選　択	「数学Ⅰ・Ⅱ・A・B」，「国語総合（漢文を除く）」から1科目選択	100点
			理　科	「物理基礎・物理」，「化学基礎・化学」，「生物基礎・生物」から1科目選択	100点
		英語4技能3科目方式	外国語	「英語4技能資格・検定試験」のスコアを利用	100点
			選　択	「数学Ⅰ・Ⅱ・A・B」，「国語総合（漢文を除く）」から1科目選択	100点
			理　科	「物理基礎・物理」，「化学基礎・化学」，「生物基礎・生物」から1科目選択	100点
	食料環境政策	3科目方式	外国語	コミュニケーション英語Ⅰ・Ⅱ・Ⅲ，英語表現Ⅰ・Ⅱ	100点
			選　択	日本史B，世界史B，地理B，政治・経済，「数学Ⅰ・Ⅱ・A・B」，「物理基礎・物理」，「化学基礎・化学」，「生物基礎・生物」，「国語総合（漢文を除く）」から2科目選択	各100点（計200点）
		英語4技能3科目方式	外国語	「英語4技能資格・検定試験」のスコアを利用	100点
			選　択	日本史B，世界史B，地理B，政治・経済，「数学Ⅰ・Ⅱ・A・B」，「物理基礎・物理」，「化学基礎・化学」，「生物基礎・生物」，「国語総合（漢文を除く）」から2科目選択	各100点（計200点）
経営	3科目方式		外国語	コミュニケーション英語Ⅰ・Ⅱ・Ⅲ，英語表現Ⅰ・Ⅱ	150点
			選　択	日本史B，世界史B，地理B，政治・経済，「数学Ⅰ・Ⅱ・A・B」から1科目選択	100点
			国　語	国語総合（漢文を除く）	100点
	英語4技能3科目方式		外国語	「英語4技能資格・検定試験」のスコアを利用	150点
			選　択	日本史B，世界史B，地理B，政治・経済，「数学Ⅰ・Ⅱ・A・B」から1科目選択	100点
			国　語	国語総合（漢文を除く）	100点

学部・方式		教科	科目	配点
情報コミュニケーション		外国語	コミュニケーション英語Ⅰ・Ⅱ・Ⅲ，英語表現Ⅰ・Ⅱ	150点
		選　択	日本史Ｂ，世界史Ｂ，地理Ｂ，政治・経済，「数学Ⅰ・Ⅱ・Ａ・Ｂ」，「物理基礎・物理」，「化学基礎・化学」，「生物基礎・生物」，「国語総合（漢文を除く）」から２科目選択	各100点（計200点）
国際日本	3科目方式	外国語	コミュニケーション英語Ⅰ・Ⅱ・Ⅲ，英語表現Ⅰ・Ⅱ	200点
		選　択	日本史Ｂ，世界史Ｂ，地理Ｂ，政治・経済，「数学Ⅰ・Ⅱ・Ａ・Ｂ」，「物理基礎・物理」，「化学基礎・化学」，「生物基礎・生物」から１科目選択	100点
		国　語	国語総合（漢文を除く）	100点
	英語4技能3科目方式	外国語	「英語４技能資格・検定試験」のスコアを利用	200点
		選　択	日本史Ｂ，世界史Ｂ，地理Ｂ，政治・経済，「数学Ⅰ・Ⅱ・Ａ・Ｂ」，「物理基礎・物理」，「化学基礎・化学」，「生物基礎・生物」から１科目選択	100点
		国　語	国語総合（漢文を除く）	100点
総合数理	3科目方式	外国語	コミュニケーション英語Ⅰ・Ⅱ・Ⅲ，英語表現Ⅰ・Ⅱ	100点
		数　学	数学Ⅰ・Ⅱ・Ａ・Ｂ	200点
		国　語	国語総合（漢文を除く）	100点
	4科目方式	外国語	コミュニケーション英語Ⅰ・Ⅱ・Ⅲ，英語表現Ⅰ・Ⅱ	150点
		数　学	数学Ⅲ	100点
			数学Ⅰ・Ⅱ・Ａ・Ｂ	100点
		理　科	「物理基礎・物理」，「化学基礎・化学」，「生物基礎・生物」から１科目選択	150点
	英語4技能4科目方式	外国語	「英語４技能資格・検定試験」のスコアを利用	50点
		数　学	数学Ⅲ	100点
			数学Ⅰ・Ⅱ・Ａ・Ｂ	100点
		理　科	「物理基礎・物理」，「化学基礎・化学」，「生物基礎・生物」から１科目選択	150点

▶備 考

- 「外国語」は学部によりドイツ語，フランス語も選択可（本書では省略)。
- 選択科目において，必要な科目数より多く受験した場合には，高得点の科目が合否判定に利用される。ただし，「地歴・公民・理科」「数学Ⅲと国語」は同一試験時間内に実施されるため，それぞれいずれか１科目を選択する。
- 総合数理学部３科目方式は，現象数理・先端メディアサイエンス学科のみで実施。
- 英語４技能資格・検定試験を活用した外国語得点換算方法について

  英語４技能３科目方式（農・経営・国際日本学部）と英語４技能４科目方式（総合数理学部）では，指定された英語資格・検定試験において所定の基準を満たし，出願時に所定の証明書類を提出できる場合，「外国語」の試験は免除とし，所定の等級またはスコアに応じた得点を「外国語『英語』」の得点として付与する（換算点は学部により異なる――詳細は省略)。

▶出題範囲

- 「数学Ｂ」は「数列，ベクトル」から出題。
- 政治経済学部，理工学部，総合数理学部４科目方式・英語４技能４科目方式の「数学Ⅲ」は「数学Ⅰ・Ⅱ・Ａ・Ｂ（数列，ベクトル)」の範囲を含む。

英語

（60分）

〔Ⅰ〕 次の文章を読んで、以下の各問に答えなさい。なお、*の付いた語句には文末に注があります。

Since ancient times it had been speculated and assumed, given (1) the weight of all the landmass in the northern hemisphere, that there must be a great counterbalancing* land in the south — a Terra Australis. When Europeans found and began mapping the place, from the seventeenth century onwards, they brought the Latin name with them. Dutchman Willem Janszoon was in the Gulf of Carpentaria by 1606. The English naval captain James Cook was in Botany Bay by 1770, and the first European settlement was founded (2) in Sydney in 1788. Australian historian Geoffrey Blainey coined (3) the term 'the tyranny of distance' and used it as the title for his classic 1966 text about his homeland, and that southern continent does, and likely always will, feel far from the rest of the world. The impact of Europeans upon the first Australians has been discussed and rightly lamented (4) for lifetimes now. Less often considered are the influences that have flowed in the other direction, one in particular.

The continent of Australia began its long, languid journey towards its (5) location on the little blue ball we call Earth more than 200 million years ago. Until then it had been part of Gondwana, a supercontinent* covering much of the southern hemisphere*, for many more hundreds of millions of years. Then Atlas shrugged and a parting of the ways began — a parting made at the speed at which fingernails grow. As the great raft* that would be Australia (6) began sliding north, so the rest of Gondwana cracked and fractured; the Indian Ocean, the south Atlantic and the Southern Ocean would fill the spaces made. Australia has not stopped moving and every year slips around 70 millimeters towards the north and west, closer to the equator and the continent of Asia.

All the while proto-Australia had been part of Gondwana, the plants and animals growing or roaming upon her vast territory had been much like <u>those</u>(7) on the rest of the supercontinent. Notable among them was the presence of marsupials, those mammals that bear unready young that must complete their development inside maternal pouches. Once upon a time there were marsupials all over the continent of South America as well but when that raft's northward drift had it bump into North America the resultant influx* of the rest of the mammal family — those more <u>fleet of foot</u>(8), more fecund*, more aggressive — duly sounded the death knell for the pouch-bearers there*. <u>Adrift</u>(9) and alone, the marsupials of Terra Australis would be safe and sound in a world all their own for millions of years to come, until much more recent proximity to the Asian mainland would make possible colonization by other species, including *Homo sapiens*. (10) by the time the twenty-six-year-old Charles Darwin stepped ashore in New South Wales, in January 1836, Australia had been on a voyage altogether more epic than his.

By then he had been the naturalist* aboard HMS Beagle* for four years. Seasick throughout, he had suffered for his science but his weeks ashore would change his life and also humankind's understanding of the story of the world. He had been an enthusiastic (if untrained) naturalist when he joined the voyage of discovery. He was lucky too, born (11) that class of British men <u>blessed with the kind of family money that precluded the necessity to earn a living</u>(12). He was a direct descendant of the English naturalist Erasmus Darwin and also the potter, industrialist and abolitionist* Josiah Wedgwood. Originally destined for a career as a clergyman, he had defied his father's wishes and <u>followed his heart into</u>(13) a career in science.

<u>The moment of note</u>(14) came some time in that month of January, near a little township in the Central Tablelands, just west of the Blue Mountains, called Wallerawang — the name a corruption of that applied to the place by the local Wiradjuri people and meaning something like 'plenty of water'. It was on or around the 19th, near sunset, while walking beside a little creek, that Darwin

caught his first glimpse of the living curiosity that is the duck-billed platypus*. So downright odd that British biologists examining the first specimens believed they were dealing with a hoax — a composite creature stitched together from parts of multiple species in the manner of a little Frankenstein's monster — the platypus is from a class of mammals called monotremes*. There are only two examples of monotremes, the other being the equally peculiar echidna*, a spiny hedgehog of a thing. Monotreme means 'one hole' and refers to the fact that both the platypus and the echidna have a single orifice* for reproduction and excretion*. They also lay eggs, and then the hatched young suckle on their mothers' milk.

Accompanied by the Wallerawang property's overseer, a Scotsman named Andrew Brown, Darwin watched several platypuses playing in the water: 'very little of their bodies were visible, so they only appeared like so many water rats. Mr Brown shot one; certainly it is a most extraordinary animal.' Later he spent hours examining the little corpse and considered how the platypus fitted into the ecological niche that was, back home, occupied by the water rat. Elsewhere he would watch kangaroo rats and see how they filled the role of English rabbits.

(15) everyone else might only have watched, wondered at the strangeness of the platypus and then moved on, the encounter haunted Darwin's imagination. Born and raised in a world in which most people, even educated, thinking people, were still in thrall* to the creation story of the Old Testament, he could not help but notice a conundrum*: why would an omnipotent, omniscient* God solve the same problem in different ways in different places? If there was a watery niche to fill, why create a water rat for Europe and North America and a duck-billed platypus for Australia? In his diary he wrote: 'A disbeliever in everything beyond his own reason might exclaim, "Surely two distinct creators must have been at work; their object however has been the same and certainly in each case the end is complete."' He thought of both creatures and struggled to make sense of the extraordinary (16) between them. 'What would the disbeliever say to this? Would any two workmen ever hit on so beautiful, so simple and yet so artificial a contrivance*? It cannot be thought so the one Hand has surely worked over the whole world?'

Darwin and the *Beagle* are mostly associated with the Galapagos Islands, with the finches and the giant tortoises and the rest. His time in Australia is overlooked by most, if not entirely forgotten, and yet it was <u>there</u>(17) and only there that he recorded the sparking of that momentous thought. It was more than twenty years after his return to England that he published *On the Origin of Species*, in 1859. In time he would be labelled, among other things, 'the most dangerous man in Britain'.

We take for granted that Earth's life forms produce more young than could ever survive — that it is only those best adapted to their environments, on account of individual differences, that prevail in each case. That idea, so seemingly obvious and which changed forever our understanding of life on this planet, depended upon Charles Darwin and a visit to Australia. All those years before, in the presence of the platypus, Darwin had set out on the greater journey of his life. By the end of it he had shaped the best and most complete scientific idea anyone has had so far.

注：

counterbalancing：相殺する　supercontinent：超大陸　hemisphere：半球
raft：浮遊大陸　influx：流入　fecund：多産の
sounded the death knell for the pouch-bearers there：その地にいた有袋類に対して死の鐘を鳴らした
naturalist：博物学者　HMS Beagle：帆船ビーグル号
abolitionist：奴隷解放主義者　platypus：カモノハシ　monotremes：単孔類
echidna：ハリモグラ　orifice：開口部　excretion：排泄　thrall：束縛
conundrum：難問　omniscient：全知の　contrivance：装置

出典：Neil Oliver, *The Story of the World in 100 Moments. Discover the stories that defined humanity and shaped our world*: Penguin Books, 2022
（一部、省略・変更を加えています）

＊＊＊＊＊＊＊＊＊＊＊＊＊＊＊＊＊＊＊＊＊＊＊＊＊＊＊＊＊＊＊＊＊＊＊

上記の本文の内容に基づき、以下の問１～問21の各問に対する答として最も適切なものをそれぞれ１つ選び、その記号を所定の解答欄にマークしなさい。

(問 1)　下線部(1)の意味に最も近いものを以下の選択肢から１つ選びなさい。

A. causing to experience

B. entrusting

C. handing over

D. taking into account

(問 2)　下線部(2)の意味に最も近いものを以下の選択肢から１つ選びなさい。

A. discovered

B. established

C. terminated

D. uncovered

(問 3)　下線部(3)の意味に最も近いものを以下の選択肢から１つ選びなさい。

A. found

B. invented

C. perfected

D. rearranged

(問 4)　下線部(4)の意味に最も近いものを以下の選択肢から１つ選びなさい。

A. disregarded

B. grieved

C. remembered

D. repeated

(問 5)　空欄(5)に入る語として、最も適切なものを以下の選択肢から１つ選びなさい。

A. now

B．past

C．present

D．today

(問 6) 下線部(6)の意味に最も近いものを以下の選択肢から１つ選びなさい。

A．the big chunk of land which later became Australia

B．the gigantic landmass which merged with Australia

C．the huge continent which used to be called Australia

D．the large land into which Australia would be incorporated

(問 7) 下線部(7)が指す内容を示すものを以下の選択肢から１つ選びなさい。

A．the animals

B．the marsupials

C．the plants

D．the plants and animals

(問 8) 下線部(8)の意味に最も近いものを以下の選択肢から１つ選びなさい。

A．able to hunt while standing on its hind feet

B．able to only leap long distances

C．relatively quick but awkward in movement

D．swift in movement

(問 9) 下線部(9)の意味に最も近いものを以下の選択肢から１つ選びなさい。

A．Active

B．Lonely

C．Natural

D．Separate

(問10) 空欄(10)に入る以下のＡからＥの語句を並び替えて、意味が通じるようにするとき、４番目に来る単語を以下の選択肢から１つ選びなさい。選択肢では、文頭にくる単語も小文字で示してあります。

A．it

B．say

C．suffice

D．that

E．to

（問11）　空欄⑾に入る語として、最も適切なものを以下の選択肢から1つ選びなさい。

A．for

B．into

C．on

D．under

（問12）　下線部⑿に関連して、本文で表されている内容として最も適切なものを以下の選択肢から1つ選びなさい。

A．Darwin did not need to work in order to survive.

B．Darwin's family money was spent before he could get a job.

C．Darwin's family was highly religious, had money, and was kind.

D．It was necessary for Darwin to get a job due to his family's financial situation.

（問13）　下線部⒀の意味に最も近いものを以下の選択肢から1つ選びなさい。

A．decided against

B．made a wish on

C．pursued his dreams with

D．was forced into

（問14）　下線部⒁の意味に最も近いものを以下の選択肢から1つ選びなさい。

A．The notebook to record time

B．The noteworthy point in time

C．The time of writing

D．The time we noticed something

(問15)　空欄(15)に入る語として、最も適切なものを以下の選択肢から１つ選びなさい。

A．If

B．Since

C．Whenever

D．While

(問16)　空欄(16)に入る語として、最も適切なものを以下の選択肢から１つ選びなさい。

A．arguments

B．characteristics

C．differences

D．similarities

(問17)　下線部(17)の指す内容を示すものを以下の選択肢から１つ選びなさい。

A．Australia

B．England

C．the Beagle

D．the Galapagos Islands

(問18)　本文の内容に基づいて、以下の文に続く内容として最も適切なものを選択肢から１つ選びなさい。

The discovery of the platypus made Charles Darwin …

A．a disbeliever in what he saw in Australia because no such animal existed in Europe.

B．believe that there must have been two creators of the world.

C．question why God did not use the same solution to the same problem.

D．unable to accept that such strange creatures could really exist.

（問19） 本文の内容と合致するものを以下の選択肢から１つ選びなさい。

A．As Gondwana broke apart, it filled some oceans and created new landmasses.

B．If other researchers had found the platypus before Darwin, they would have most likely observed it and continued their research.

C．The biologists who first examined the platypus thought it was a hoax as it appeared to be composed of different animals.

D．We now know that more unique creatures are being born today than ever before on Earth.

（問20） 本文の内容と合致しないものを以下の選択肢から１つ選びなさい。

A．Charles Darwin's visit to Australia gave him a comprehensive understanding of life on this planet.

B．It was while walking by a small stream that Darwin first saw the duck-like creature now known as the platypus.

C．Only two monotremes exist: One is the platypus; and the other, the echidna.

D．When Australia was part of Gondwana, its plants and animals were similar to those of the rest of the supercontinent.

（問21） 本文にタイトルを付ける場合、最も適切なものを以下の選択肢から１つ選びなさい。

A．Charles Darwin's Early Life and Hardships

B．Discovering Truth and Falsehood in Science

C．The History of the Australian Continent and a Scientist

D．The Overlooked Origin of Darwin's Best Known Book

〔Ⅱ〕 次の文章を読んで、以下の各問に答えなさい。なお、*の付いた語句には文末に注があります。

[1] In 1971, Louis G. Geiger wrote in the American Association of University Professors Bulletin: "As faculties and administrators become more and more (22) about the value of knowledge for its own sake and about what a curriculum should include, the colleges' dependence on the whims* of their late teenager clientele is not only increased, (23) the very reason for the continued existence of the liberal arts college is being whittled away." In the decades since the article's publication, fears about the demise* of liberal arts education have been routinely reiterated, particularly in the wake of the Great Recession, as college applicants grew increasingly concerned about the number of job opportunities yielded by their degree. Advances in technology have also spurred(24) recurring predictions about the decline or death of the liberal arts — ChatGPT being the latest.

[2] Concerns about graduates' preparedness for an increasingly tech-savvy job market and the relevance of the liberal arts for an evolving workforce converged(25) at the meeting of the Council of Independent Colleges last week, as reported by Inside Higher Ed. The event convened leaders of business tech such as Van Ton-Quinlivan, CEO of Futuro Health, and Katie Ferrick, senior director of workplace programs at LinkedIn, with the presidents of liberal arts colleges in a plenary session*. During this session, Ton-Quinlivan and Ferrick urged a "rebranding" of the liberal arts as well as the implementation of job-focused skills development in digital technologies.

[3] On one hand, liberal arts institutions' concerns about declining enrollment have statistical justification — the number of students majoring in liberal arts disciplines declined by almost 9% between 2019 and 2021, (26) the pandemic accelerated downward trends which had persisted for years prior.

[4] At the same time, conversations between leaders in technology and educators in the liberal arts are often defined by two key oversights(27) which

misleadingly magnify the chasm* between liberal arts and STEM*-related disciplines. The first oversight concerns the very nature of liberal arts education, and the second a failure to acknowledge (28) vibrant technological advancements in the liberal arts which are well-established and attracting new cohorts of students into humanities fields.

[5] Contrary to popular belief, a liberal arts education is not simply an education in a certain collection of disciplines such as History or English, but an approach to education, a philosophy of education which stands opposed to transactional, capitalist interests. Seneca, one of the first authors to formally define the liberal arts, writes in "On Liberal and Vocational Studies": "Hence you see why 'liberal studies' are (29) called; it is because they are studies worthy of a free-born [person]. But there is only one really liberal study — that which gives a man his liberty." The liberal arts are liberal in the sense that they are also liberating — they are aimed at cultivating free thinkers and innovators, not mere workers.

[6] A failure to recognize the methodology at the heart of liberal arts education results (30) mutual misunderstandings between those in the liberal arts and in STEM-related disciplines. Liberal arts colleges and their faculty often cannot articulate (31) to prospective students the value of liberal arts education as a pedagogical approach rather than simply a disciplinary focus, which produces graduates who also struggle to relay to prospective employers this value. In turn, those in the field of technology often fail to articulate the benefit of incorporating (32) new technologies into liberal arts curricula beyond their utility for the workforce.

[7] Thus, for tech leaders to help liberal arts educators implement new technologies into the classroom, they have to encourage a curricular means to do so that is not grounded primarily in utilitarianism* — the question is not whether to incorporate technology-based skill development into liberal arts education, but instead how to do so and why. 【 33 】 As students in the liberal arts approach technology in this way, they inherently become better job candidates, equipped (34) the digital competencies to compete in the job

market.

[8] Another key point which is often overlooked in dialogues between those in the liberal arts and the tech field is the ways in which liberal arts programs are already meaningfully incorporating new technologies into their programs. The rapidly expanding field of the digital humanities is a testament* to the ways in which liberal arts curricula have increasingly embraced computational and other technologies. The digital humanities is a multi-varied discipline expressly devoted to using technology to advance the study of liberal arts disciplines. The nascent* field has seen a boom in new programs and increased funding since 2008, as colleges and universities have sought to democratize(35) and modernize educational tools in the liberal arts.

[9] Scholars in the digital humanities have leveraged technology to document and preserve endangered languages, digitize and publish primary source texts, and construct interactive maps which narrate the history of American cities. While programs in the liberal arts can and should continue to instill technological literacy in their curricula(36), repeated urges for rebranding and modernization often minimize or neglect the multifaceted technological innovations already taking place in liberal arts institutions across the country.

[10] Of course, many tech companies have recognized the value of an education in the liberal arts, and, as Ton-Quinlivan and Ferrick noted, employers are increasingly hiring on the basis of an applicant's demonstrated skills rather than their formal degree. (37), for this trend to continue, liberal arts institutions must continue to find ways to better equip graduates to advocate for the value of their degrees and incorporate technological literacy in a way that reflects the unique pedagogical strength of liberal arts education.

注：

whims：気まぐれ　　demise：終焉　　plenary session：総会

chasm：隔たり

STEM：Science, Technology, Engineering, Mathematics の頭文字を組み合わせた、科学・技術・工学・数学の教育分野を総称する語

utilitarianism：功利主義　　testament：証明　　nascent：萌芽期の

出典：An Article by Christopher Rim, *Forbes*, January 11, 2023
(一部、省略・変更を加えています)

****

上記の本文の内容に基づき、以下の問22～問38の各問に対する答として最も適切なものをそれぞれ1つ選び、その記号を所定の解答欄にマークしなさい。

(問22)　空欄(22)に入る語として、最も適切なものを以下の選択肢から1つ選びなさい。

A. authoritative
B. distinct
C. uncertain
D. unconcerned

(問23)　空欄(23)に入る語として、最も適切なものを以下の選択肢から1つ選びなさい。

A. and
B. but
C. if
D. so

(問24)　下線部(24)の意味に最も近いものを以下の選択肢から1つ選びなさい。

A. accelerated
B. controlled
C. resisted
D. restricted

(問25)　下線部(25)の意味に最も近いものを以下の選択肢から1つ選びなさい。

A. combined

B. contradicted

C. produced

D. separated

(問26) 空欄(26)に入る語として、最も適切なものを以下の選択肢から1つ選びなさい。

A. as

B. if

C. unless

D. whereas

(問27) 下線部(27)の意味に最も近いものを以下の選択肢から1つ選びなさい。

A. acts of leading a special project in a field

B. acts of overlooking something to do with nature

C. detailed examinations or analyses

D. failures to notice something important

(問28) 下線部(28)の意味に最も近いものを以下の選択肢から1つ選びなさい。

A. develop

B. know

C. recognize

D. tell

(問29) 空欄(29)に入る語として、最も適切なものを以下の選択肢から1つ選びなさい。

A. less

B. much

C. so

D. then

(問30)　空欄(30)に入る語として、最も適切なものを以下の選択肢から１つ選びなさい。

A．in

B．on

C．to

D．with

(問31)　下線部(31)の意味に最も近いものを以下の選択肢から１つ選びなさい。

A．express the meaning clearly

B．conceal the true meaning

C．disregard the meaning

D．speak about the meaning loudly

(問32)　下線部(32)の意味に最も近いものを以下の選択肢から１つ選びなさい。

A．bringing

B．creating

C．matching

D．modifying

(問33)　空欄(33)には以下の(あ)(い)(う)の文章が入ります。これらの文章を正しい順番に並べたものを、選択肢の中から一つ選びなさい。

あ：In what ways can students use critical thinking, problem solving, and analytic thinking in their approach to technology?

い：And, how can these tools enrich and expand studies in the liberal arts for a new age?

う：How might they approach evolving digital tools as philosophers, historians, or classicists?

A．あ→う→い

B．い→あ→う

C．い→う→あ

D．う→あ→い

(問34) 空欄(34)に入る語として、最も適切なものを以下の選択肢から1つ選びなさい。

A．at

B．by

C．of

D．with

(問35) 下線部(35)の意味に最も近いものを以下の選択肢から1つ選びなさい。

A．equalize

B．politicalize

C．rehearse

D．revolutionize

(問36) 下線部(36)の意味に最も近いものを以下の選択肢から1つ選びなさい。

A．exclude literacy in technology from their curriculum

B．hire teachers who know technology very well

C．integrate an understanding of technology into their course plans

D．use literature on technology in their teaching methods

(問37) 空欄(37)に入る語として、最も適切なものを以下の選択肢から1つ選びなさい。

A．However

B．Otherwise

C．Similarly

D．Surprisingly

(問38) 本文の内容に基づいて、以下の文に続く内容として最も適切なものを選択肢から1つ選びなさい。

The main point of this article is to explain ...

A. how technology-based jobs became popular in recent years.

B. the continuing relevance of liberal arts education in the digital age.

C. the difference between STEM and liberal arts education.

D. the need for a rebranding of liberal arts education as a STEM subject.

本文の内容に基づいて、以下の問39～問43の各英問に対する答として最も適切なものをそれぞれ１つ選び、その記号を所定の解答欄にマークしなさい。

(問39) According to Paragraph [5], what is a primary goal of a liberal arts education?

A. To help students innovate and think independently.

B. To increase enrollment in STEM-related disciplines.

C. To promote the study of History, English, and Philosophy.

D. To provide students with capitalist interests for the job market.

(問40) How have tech companies changed their hiring practices, as noted by Van Ton-Quinlivan and Katie Ferrick?

A. They focus on skills shown by applicants rather than their academic records.

B. They have started offering more job opportunities in the liberal arts field.

C. They now prioritize applicants with formal degrees in liberal arts.

D. They only hire graduates who can advocate the value of their degrees.

(問41) Which of the following is NOT true?

A. Enrollment in liberal arts programs has increased in recent years.

B. Liberal arts schools should train their graduating students so that they can explain the value of their degrees.

C. The growth of digital humanities indicates that liberal arts programs have expanded the use of new technologies.

D. There have been many calls for the rebranding and modernization of liberal arts programs.

(問42) According to Paragraphs [8] and [9], which of the following is NOT true of the field of digital humanities?

A. It has been employed in a growing number of universities.

B. It helps people create maps by using new technologies.

C. It is a relatively new discipline within liberal arts.

D. It minimizes the technological innovations in liberal arts.

(問43) Which of the following is the most appropriate title for this passage?

A. Adverse Effects of Liberal Arts Curricula

B. Current Advances in Educational Technology

C. Modern Developments in Liberal Arts Education

D. The History of Humanities and Liberal Arts

日本史

（60分）

〔Ⅰ〕 次の文章を読み、設問に答えよ。

日本史の日本史について考えてみよう。歴史は学術研究の新たな成果や、その時々の社会の動向と世界情勢などの影響を受けて形成される。時代が変われば過去の認識も変わるのである。例えば、古墳時代の統治主体は今日の多くの教科書では「ヤマト政権（王権）」、「大和王権」といった表記になっているが、以前は「大和朝廷」と表記されていた(ア)。この「大和朝廷」という言い方はこの時代への敬意や慣わしとして今日も続いている。

日本で最初に編纂された歴史書『日本書紀』(イ)によると初代の神武天皇が即位したのは紀元前660年2月11日のことであった。この日付けを史実と規定してはいないが神話・伝説の世界を尊重する姿勢からこの日は「建国記念の日」として日本国の祝日となっている(ウ)。

明治時代後半から大正期にかけては社会主義、共産主義、考古学、民俗学といった新しい思想や学問が登場し、この神話・伝説の先史時代について新たな知見や考証がみられた。近代日本の考古学は［　1　］による［　2　］の発掘調査を端緒とし、大正年間には西都原古墳群(エ)への大規模な発掘調査が始められた。この調査目的の中には神代の皇祖発祥・天孫降臨の地を実証することがあった。

他方、民俗学(オ)は民間伝承の文化や習俗といった無形文化から日本の過去や起源を探求しようとするもので、柳田国男は日本人の起源について南方渡来説に着眼していたが、その表明は限られた範囲にとどめていた。原始・古代の問題を公に広く議論し、探求するのが難しい時代であり、国際環境の変化からも重大な影響を受けた。ソヴィエト社会主義共和国連邦（ソ連）の成立と日ソ基本条約の調印$_{(カ)}$である。この条約発効の年に施行されたのが［ 3 ］である。この法は日ソ間の人流・物流を通じて共産主義思想やその運動が国内に浸透することを懸念したものであり、［ 4 ］を目的とする組織とその関係者は厳罰に処せられることになった。これにより原始・古代史に関する考証は萎縮することとなった。

戦後の1946年、日本にはないとされてきた［ 5 ］の石器が［ 6 ］で発見され、1949年の学術調査により改めて［ 5 ］の存在が確認された。柳田国男が、南方渡来説を広く発表するようになるのは、独立講和の前後であり、1961年、これをまとめて刊行したのが『海上の道』であった。今日、この南方渡来説は遺伝子考古学、形態人類学、形質人類学、比較言語学、人口考古学といった学問の発達により新たに科学的な検証の対象となっている。日本史の日本史は新時代に入ったと言える。

問 1　下線部(ア)について、古墳時代の「朝廷」が「王権」あるいは「政権」と表記される理由の説明として**正しいもの**を、次のA～Dのうちから一つ選べ。（**解答番号 1**）

A　『宋書』倭国伝で倭の五王と記されたように、当時の日本はいくつかの王国に分裂した状態にあり、朝廷と表記しうる中央集権体制ではなかった。

B　大王家を中心とした諸豪族の政治連合体だったので、朝廷と表記しうる中央集権体制ではなかった。

C　豪族・氏族などを氏族単位で統制する力はなく、個人の才能・資質に応じて冠位を定め個人単位でしか支配する力がなく、朝廷と表記しうる中央集権体制ではなかった。

D　卑弥呼を中心とした小国連合であり、朝廷と表記しうる中央集権体制ではなかった。

問 2　下線部(イ)について、『日本書紀』とそれに続く5つの歴史書を合わせて六国史と呼ぶが、この5つの史書を成立順に示した語群として**正しいもの**を、次のA～Fのうちから一つ選べ。（**解答番号 2**）

A　『日本後紀』、『続日本紀』、『続日本後紀』、『日本文徳天皇実録』、『日本三代実録』

B　『古事記』、『続日本紀』、『日本後紀』、『続日本後紀』、『日本文徳天皇実録』

C　『続日本紀』、『日本後紀』、『続日本後紀』、『日本文徳天皇実録』、『日本三代実録』

D　『日本後紀』、『続日本紀』、『続日本後紀』、『日本三代実録』、『日本文徳天皇実録』

E　『古事記』、『日本後紀』、『続日本紀』、『続日本後紀』、『日本三代実録』

F　『続日本紀』、『日本後紀』、『続日本後紀』、『日本三代実録』、『日本文徳天皇実録』

問 3　下線部(ウ)に関連して、「建国記念の日」の原型は明治時代の祝日にあるが、現代の祝日の名称とその明治時代における名称の組み合わせを示した語句群として、**正しいもの**を、次のA～Dのうちから一つ選べ。(**解答番号 3**)

A　建国記念の日 ― 紀元節、文化の日 ― 四方拝、勤労感謝の日 ― 新嘗祭

B　建国記念の日 ― 四方拝、文化の日 ― 新嘗祭、勤労感謝の日 ― 天長節

C　建国記念の日 ― 天長節、文化の日 ― 四方拝、勤労感謝の日 ― 紀元節

D　建国記念の日 ― 紀元節、文化の日 ― 天長節、勤労感謝の日 ― 新嘗祭

問 4　下線部(エ)について、この遺跡が所在する都道府県名の旧国名として**正しいもの**を、次のA～Hのうちから一つ選べ。(**解答番号 4**)

A　近江　　B　備前　　C　大和　　D　筑前

E　肥前　　F　山城　　G　日向　　H　摂津

問 5　空欄 1 、空欄 2 に当てはまる語句の組合せとして**正しいもの**を、次のA～Dのうちから一つ選べ。(**解答番号 5**)

A　空欄 1　モース　　空欄 2　大森貝塚

B　空欄 1　ナウマン　空欄 2　鳥浜貝塚

C　空欄 1　モース　　空欄 2　鳥浜貝塚

D　空欄 1　ナウマン　空欄 2　大森貝塚

問６　下線部(オ)について、民俗学の学者の人物名の組合せとして**正しいもの**を、次のＡ～Ｄのうちから一つ選べ。(**解答番号６**)

Ａ　折口信夫・久米邦武・南方熊楠

Ｂ　折口信夫・南方熊楠・和辻哲郎

Ｃ　南方熊楠・宮本常一・和辻哲郎

Ｄ　折口信夫・南方熊楠・宮本常一

問７　下線部(カ)について、これが調印された年と同じ年の出来事として**正しいもの**を、次のＡ～Ｄのうちから一つ選べ。(**解答番号７**)

Ａ　築地小劇場の開設

Ｂ　加藤高明内閣の成立

Ｃ　普通選挙法の成立

Ｄ　大正天皇崩御

問８　空欄３、空欄４に当てはまる語句の組合せとして**正しいもの**を、次のＡ～Ｄのうちから一つ選べ。(**解答番号８**)

Ａ　空欄３　治安警察法　空欄４　私有財産の否定

Ｂ　空欄３　治安維持法改正　空欄４　国体の変革

Ｃ　空欄３　治安維持法　空欄４　国体の変革

Ｄ　空欄３　治安維持法改正　空欄４　私有財産の否定

問９　空欄５、空欄６に当てはまる語句の組合せとして**正しいもの**を、次のＡ～Ｆのうちから一つ選べ。(**解答番号９**)

Ａ　空欄５　旧石器文化　空欄６　岩宿遺跡

Ｂ　空欄５　弥生文化　空欄６　登呂遺跡

Ｃ　空欄５　縄文文化　空欄６　板付遺跡

Ｄ　空欄５　弥生文化　空欄６　岩宿遺跡

Ｅ　空欄５　旧石器文化　空欄６　板付遺跡

Ｆ　空欄５　縄文文化　空欄６　登呂遺跡

〔Ⅱ〕 次の文章を読み、設問に答えよ。

国際紛争などで交易が縮小することもあるが、海外との交易がもたらす利益は大きいことが知られている。実際に、日本の歴史を振り返ってみると、正式な国交のある、なしに関わらず、海外との交易が完全になくなることはなかった。

古くは、『後漢書』東夷伝に、107年に倭国王帥升等が生口160人を［ 1 ］に献じたことが記されている。また、高句麗の好太王碑の碑文には、倭国が高句麗と交戦したことが記されているが、朝鮮からはさまざまな技術・文化が伝えられたことも知られている。その後も、遣隋使、遣唐使が派遣され、新羅や渤海との使節の往来もあり、渤海の都城跡からは［ 2 ］が発見されるなど、交流の痕跡が知られている。

唐が滅んだあと、日本は朝貢関係を避けるため、宋と正式な国交を開こうとはしなかった。天台山や五台山への巡礼を目的とする僧には渡航が許されることもあったが、日本人の渡航は、［ 3 ］によって禁止されていた。鎌倉幕府のもとでも、宋や元と日本のあいだに正式な外交関係はなく、私的な商船の往来があるに過ぎなかった。しかし、足利義満の時代には、明の皇帝へ朝貢し、その返礼として品物を受け取るという形式で日明貿易(ア)をはじめた。また、朝鮮も通交と倭寇の禁止を求め、足利義満もこれに応じたので、両国のあいだに国交が開かれて、日朝貿易が行われた。

16世紀に入ると交易の相手はヨーロッパ諸国へと広がっていった。しかし、江戸幕府が開かれてしばらくすると、日本人の海外渡航や貿易、外国船の来航が徐々に制限されていって、いわゆる鎖国の状態になり、オランダ(イ)、中国、朝鮮、琉球、アイヌ民族以外との交渉を閉ざすことになった。18世紀後半になると、各国が来航するようになり、さらに、19世紀半ばには、日米修好通商条約が結ばれることとなり、幕末期の貿易(ウ)は社会に大きな影響をもたらした。

明治時代になると、紡績業、製糸業が発展したため、明治・大正期における日本の輸出入(エ)の状況は変化していった。第二次世界大戦後は、アメリカ主導の自由貿易体制のもとで、日本は1955年に［ 4 ］に加盟した。日本は、資源の少ない島国であるが、自由貿易体制の利点を十分に享受して、高度経済成長をとげることとなった。

問１　空欄１にあてはまる人物として**正しいもの**を、次のA～Dのうちから一つ選べ。(**解答番号 10**)

A　安帝　B　光武帝　C　文帝　D　武帝

問２　空欄２にあてはまる語句として**正しいもの**を、次のA～Dのうちから一つ選べ。(**解答番号 11**)

A　富本銭　B　和同開珎　C　乾元大宝　D　開元通宝

問３　空欄３にあてはまる語句として**正しいもの**を、次のA～Dのうちから一つ選べ。(**解答番号 12**)

A　律　B　令　C　格　D　式

問４　下線部(ア)に関する記述として**正しいもの**を、次のA～Dのうちから一つ選べ。(**解答番号 13**)

A　第１回遣明船の正使は、僧の祖阿、副使は堺商人の肥富であった。

B　足利義持の時に一時中断して、足利義政の時に再開された。

C　輸出品は、生糸のほか、刀剣、槍、鎧などの武器、銅、硫黄などの鉱産物であった。

D　大内氏と細川氏は寧波で衝突し、争いに勝った大内氏が貿易を独占したが、大内氏の滅亡とともに勘合貿易も断絶した。

問５　下線部(イ)に関する記述として**正しいもの**を、次のA～Dのうちから一つ選べ。(**解答番号 14**)

A　1543年に種子島に漂着したリーフデ号は、オランダ船であった。

B　糸割符制度は、オランダ商人の独占を排除する目的で1604年に導入され、のちにポルトガル商人にも適用された。

C　1609年に幕府から貿易の許可を受けて、肥前の長崎に商館を開いた。

D　オランダ船の来航のたびに、オランダ商館長は、オランダ風説書を幕府に提出した。

問 6　下線部(ウ)に関する記述として**正しいもの**を、次のA～Dのうちから一つ選べ。(**解答番号 15**)

A　1859 年に貿易が始まったのは横浜(神奈川)、長崎、神戸であった。

B　輸出入額は横浜が圧倒的に多く、アメリカとの取引が最も多かった。

C　輸出入の取引は、居留地において、金貨を用いて行われた。

D　物価を抑制するために、幕府は五品江戸廻送令を出して貿易を統制した。

問 7　下線部(エ)に関する記述として**正しいもの**を、次のA～Dのうちから一つ選べ。(**解答番号 16**)

A　1885 年から 1913 年の間に、最大の輸出品が綿糸から生糸になった。

B　1909 年には、イギリスを追い越して、世界最大の生糸輸出国となった。

C　日清戦争の頃、器械製糸の生産量が座繰製糸の生産量を上回るようになった。

D　第一次世界大戦から関東大震災までの間は、輸出が輸入を上回っていた。

問 8　空欄 4 にあてはまる語句として**正しいもの**を、次のA～Dのうちから一つ選べ。(**解答番号 17**)

A　OECD　　B　GATT　　C　IMF　　D　WTO

〔Ⅲ〕 次の文章を読み、設問に答えよ。

文化・芸術・芸能のなかには、一般の人々(庶民や民衆とも呼ばれる)に広く浸透した、あるいは一般の人々が担い手となって発展したものが、現在に至るまで脈々と続いている。こうした文化・芸術・芸能は、文学や絵画、演劇、音楽など幅広い分野でみられる。ここでは、江戸時代以降の流れを大まかにふりかえってみたい。

元禄時代を中心とする17世紀半ば以降栄えた元禄文化(ア)は、経済と文化の中心地であった大坂や京都などの上方を中心に、町人や豪商、大名などを主な担い手としていた。元禄時代に発達・流行した演劇としては、人形浄瑠璃(イ)や歌舞伎(ウ)が挙げられる。

18世紀後半から19世紀前半になると、文芸の分野では洒落本や滑稽本、人情本、黄表紙、合巻、読本、川柳など多様な種類が登場し、上田秋成や為永春水、柳亭種彦など数多くの作家が活躍をみせた。18世紀中頃には浮世絵(エ)が広まり、江戸土産として全国に流布した。この浮世絵はヨーロッパの印象派の画家にも影響を与えたという。

明治時代初期は、江戸文芸の流れをくむ戯作文学のほか、翻訳小説が流行し、自由民権運動の影響で政治小説も書かれた。立憲改進党系の政治家でもあった［ 1 ］は政治小説『経国美談』を著している。

明治時代以降も、五代目尾上菊五郎や初代市川左団次、九代目市川団十郎が活躍するなど、歌舞伎が大いに流行ったが、他方で日清戦争前後からさまざまな新しい演劇(オ)が起こった。

日露戦争後の1907年には小学校の就学率が97％を超え、ほとんどの国民が文字を読めるようになった。また1920年代には旧制中学校の生徒数が急増し、高等教育機関も拡充された。こうしたなかで新聞やラジオなどのマスメディアが急速に発達し、いわゆる大衆文化が誕生した。

［ 2 ］年にはラジオの放送が開始され、数年のうちに全国に広まり、新聞とともにマスメディアの中心となった。

第二次世界大戦の終戦後、歌謡曲では「りんごの唄」や「青い山脈」などが流行した。映画(カ)は人々の娯楽の中心となり、「羅生門」などの作品が国際的にも高く評価された。

問1　下線部(ア)の文芸に関する記述として**正しいもの**を、次のA～Dのうちから一つ選べ。**(解答番号 18)**

A　西山宗因は、軽妙・滑稽な着想で日常の見聞を句にする談林派の俳諧を興した。

B　松尾芭蕉は蕉風俳諧を確立し、「奥の細道」「笈の小文」などの浮世草子を執筆した。

C　井原西鶴は「好色五人女」で、五人の武家の女性が敵討ちをする物語を著した。

D　松永貞徳は貞門俳諧の指導者として、俳諧を全国的に普及させた。

問2　下線部(イ)に関して、代表的な人形浄瑠璃の作者である近松門左衛門は「世話物」や「時代物」とよばれる作品を多く著した。明の遺臣が日本人妻との子和藤内を伴い、明を再興するという時代物の題名として**正しいもの**を、次のA～Dのうちから一つ選べ。**(解答番号 19)**

A　冥途の飛脚　　B　国性(姓)爺合戦

C　曽根崎心中　　D　心中天網島

問3　下線部(ウ)に関する記述として**正しいもの**を、次のA～Dのうちから一つ選べ。**(解答番号 20)**

A　男優だけで演ずる野郎歌舞伎が発達し、女形の代表とされた芳沢あやめらが民衆の間で人気を博した。

B　上方では、恋愛劇(和事)を得意とする初代市川団十郎が好評を博し、江戸では初代坂田藤十郎が勇猛な立ち廻りを演じた。

C　歌舞伎の始まりは16世紀後半に阿国が出雲で行っていたかぶき踊りであったが、その後女歌舞伎は風俗を乱すとして、豊臣秀吉によって禁じられた。

D　歌舞伎は18世紀後半から京都・大坂・堺を中心に隆盛を誇り、寛政期には京都の中村座、大坂の市村座、堺の森田座の三座が栄えた。

問 4 下線部(エ)に関する記述として**正しいもの**を、次のA～Dのうちから一つ選べ。(**解答番号 21**)

A 浮世絵師の鳥居清長が創始した錦絵は当初、黒一色の単色刷りであったが、喜多川歌麿が多色刷りを導入して錦絵を発展させた。

B 浮世絵師の喜多川歌麿が描いた「朝比奈小人嶋遊(び)」や「名所江戸百景」は人気を博したが、あいにく戦災で焼失してしまった。

C 浮世絵師の葛飾北斎は、パリに滞在中の嘉永3年、ルノワールらと交流して刺激を受け、「北斎漫画」や「画本東都遊」などの作品を多く残した。

D 浮世絵師の東洲斎写楽は大首絵「三代目大谷鬼次の奴江戸兵衛」をはじめ数多くの役者絵を発表したが、短期間で姿を消した。

問 5 空欄1に当てはまる人物として**正しいもの**を、次のA～Dのうちから一つ選べ。(**解答番号 22**)

A 東海散士　B 小野梓　C 末広鉄腸　D 矢野龍渓

問 6 下線部(オ)に関する記述として**正しいもの**を、次のA～Dのうちから一つ選べ。(**解答番号 23**)

A 自由民権思想を盛り込んだ壮士芝居から新劇が生まれ、川上音二郎は「オッペケペー節」で人気を博した。

B 小山内薫と二代目市川左団次は自由劇場を発足させ、西洋近代劇の紹介や上演に力を尽くした。

C ロシア革命後には、坪内逍遥の文芸協会や小山内薫の自由劇場などがイプセンやチェーホフなどの演劇を翻訳・上演して衝撃を与えた。

D 島村抱月と松井須磨子は芸術座の解散後、新たに文芸協会を設立して新劇の俳優を養成した。

問 7 空欄2の年に関する記述として**正しいもの**を、次のA～Dのうちから一つ選べ。(**解答番号 24**)

A 東京六大学野球が発足した。

B 小林一三が宝塚唱歌隊を組織した。

C 週刊誌『サンデー毎日』が創刊された。

D　河上肇の『貧乏物語』が出版された。

問 8　下線部(カ)に関して、ヴェネツィア国際映画祭にて「雨月物語」「山椒大夫」「西鶴一代女」の作品で受賞した映画監督として**正しいもの**を、次のA～Dの中から一つ選べ。（**解答番号 25**）

A　黒澤明　　B　小津安二郎　　C　溝口健二　　D　木下恵介

〔Ⅳ〕次の文章を読み、設問に答えよ。

1930 年代に入ると、日本国内では軍部の青年将校や右翼の活動家による国家改造運動(ア)が活発となった。彼らは、ロンドン海軍軍縮会議(イ)での統帥権の干犯や満州事変、昭和恐慌による農村の疲弊などに刺激を受けて、軍を中心とする強力な内閣を作ろうと企てた。こうしたナショナリズムの高揚は、社会主義からの大量の転向を促すとともに、思想や学問も厳しい弾圧の対象となった。自由主義的な刑法学説を唱えていた、京都帝国大学教授の滝川幸辰が休職処分を受けた(ウ)のは、その一例である。

日中戦争が始まると、政府は巨額の軍事予算を編成するとともに、経済統制を強化した。1938 年には国家総動員法(エ)が制定され、政府は議会の審議なしに戦争の遂行に必要な労働力や物資を動員する権限を与えられた。ドイツによるポーランドへの侵攻を契機として第二次世界大戦が勃発すると、日本では陸軍を中心に、アメリカ・イギリスとの戦争を覚悟してでもドイツと軍事同盟を結んで南方へ進出すべきだという主張が高まった。こうした動きに対して議会内や政界上層部には反対の意見もあった。たとえば、1940 年 2 月の議会では斎藤隆夫(オ)が軍部を批判する演説を行っている。しかし、もはや開戦の流れを止めることはできなかった。アメリカ側が提示したハル＝ノートは、中国・仏印からの全面的無条件撤退、満州国・［　1　］政権の否認、日独伊三国同盟の実質的廃棄など、最後通告にも等しい内容であったので、日米間の和平交渉は成立しなかった。

太平洋戦争の開戦後、日本軍の緒戦の勝利に国民は熱狂した。しかしミッドウェー海戦の敗北で戦局は大きく転換し、1944 年 7 月のサイパン島の陥落により、東条英機内閣(カ)は総辞職した。翌 1945 年 4 月にアメリカ軍は沖縄本島に上陸し、これを占領したことで日本の敗戦は避けがたい情勢となった。その一方で、クリミア半島のヤルタではすでに戦後処理の問題をめぐって首脳同士による会談が行われていた(キ)。1945年7月には、アメリカ・イギリスおよび中国の3国の名で日本軍への無条件降伏を勧告するポツダム宣言が発表されたが、日本政府はこれを黙殺した。広島と長崎への原子爆弾の投下を受けて、昭和天皇の「聖断」によりポツダム宣言は受諾された。その後、アメリカ軍艦ミズーリ号上で日本政府および軍の代表(ク)が降伏文書に署名し、太平洋戦争は終結した。

問1 下線部(ア)に関連する記述として**正しいもの**を、次のA～Dのうちから一つ選べ。(**解答番号26**)

A 1931年3月、桜会の橋本欣五郎らが中心となって宇垣一成の軍部政権の樹立を目指すクーデタが計画されたが、未遂に終わった。

B 1932年、井上日召が率いる血盟団の団員が、前大蔵大臣の井上準之助と三井合名会社理事長の三井高利を暗殺した。

C 1931年10月、桜会の橋本欣五郎らが中心となって永田鉄山の軍部政権の樹立を目指すクーデタが計画されたが、未遂に終わった。

D 1932年5月15日、海軍青年将校の一団が首相官邸・警視庁・日本銀行に押し入り、首相の斎藤実を暗殺した。

問2 下線部(イ)に首席全権として出席した人物として**正しいもの**を、次のA～Dのうちから一つ選べ。(**解答番号27**)

A 山本権兵衛　B 清浦奎吾　C 加藤高明　D 若槻礼次郎

問3 下線部(ウ)に関連して、この出来事が起きたときの文部大臣として**正しいもの**を、次のA～Dのうちから一つ選べ。(**解答番号28**)

A 牧野伸顕　B 鳩山一郎　C 林銑十郎　D 木戸幸一

問4 下線部(エ)にもとづく勅令のうち、第2次近衛文麿内閣によって公布されたものとして**正しいもの**を、次のA～Dのうちから一つ選べ。(**解答番号29**)

A 国民徴用令　B 賃金統制令

C 価格等統制令　D 生活必需物資統制令

問５　下線部(オ)が所属した政党として**正しいもの**を、次のＡ～Ｄのうちから一つ選べ。(**解答番号 30**)

Ａ　立憲政友会　Ｂ　立憲民政党　Ｃ　社会大衆党　Ｄ　日本無産党

問６　空欄１に該当する人物として**正しいもの**を、次のＡ～Ｄのうちから一つ選べ。(**解答番号 31**)

Ａ　蔣介石　Ｂ　汪兆銘　Ｃ　周恩来　Ｄ　溥儀

問７　下線部(カ)の時期の出来事として**正しいもの**を、次のＡ～Ｄのうちから一つ選べ。(**解答番号 32**)

Ａ　花岡事件　Ｂ　食糧管理法の公布

Ｃ　日ソ中立条約の締結　Ｄ　東京大空襲

問８　下線部(キ)に関する説明として**正しいもの**を、次のＡ～Ｄのうちから一つ選べ。(**解答番号 33**)

Ａ　トルーマン、チャーチル、スターリンが会談した。

Ｂ　ローズヴェルト、チャーチル、フルシチョフが会談した。

Ｃ　ソ連の対日参戦、南樺太と千島列島のソ連による領有を承認した。

Ｄ　日本から中国への満州と台湾の返還、朝鮮の日本からの独立を決定した。

問９　下線部(ク)に該当する人物として**正しいもの**を、次のＡ～Ｄのうちから一つ選べ。(**解答番号 34**)

Ａ　重光葵　Ｂ　東郷茂徳　Ｃ　阿南惟幾　Ｄ　梅津美治郎

世界史

（60分）

〔Ⅰ〕 次の文章を読み、下記の問いに答えなさい。

東ローマ帝国(1)は、4世紀から15世紀まで1000年以上の長きに渡って存続した帝国で、首都コンスタンティノープル(2)の旧名から、ビザンツ帝国とも呼ばれる。ビザンツ文化の痕跡は、帝国の首都から遠く隔たった地域、たとえばイタリア半島(3)、シナイ半島、スラヴ世界(4)、北アフリカ(5)にも残されている。

ビザンツ帝国では、ローマの神々に代わってキリスト教(6)が採用された。こうした宗教上の転換が、帝国全土における美術制作に大きな影響を与えた。古代ギリシア・ローマの彫刻家たちは、骨格や筋肉、身体の動きに対する入念な観察に基づいて人体を表現した。一方ビザンツ美術(7)は、不可視の天上世界を想起させるという目的を有していた。そのため、写実に重きを置く古代ギリシア・ローマ美術から離れていくことになった。

ビザンツ美術と同じように、ゴシック美術(8)もまた抽象的な表現によって超越した神の世界を描き出そうとした。一方ルネサンス美術(9)は、こうした中世の美術ではなく、古代ギリシア・ローマの美術を模範とした。

人体の仕組みや自然を観察し、それらを忠実に再現するというルネサンス以来の表現は、長らく西洋美術において優位であり続けた。しかしながら、19世紀後半(10)から20世紀初頭、写実的な表現を捨てて抽象的な表現を好む、あるいは写実と抽象の中間を表現するような作品が生み出されるようになった。彫刻家や画家たちは、写実的な人物表現よりはむしろ、人体の造形を介して感情や哲学を表現することを試みた。それは、かつての中世美術のような、抽象的身体へと立ち戻るような表現とも言いうるものであった。

問１　下線部(1)のユスティニアヌス大帝はローマ帝国の復興をもくろみ、一時的に旧ローマ帝国領を回復した。ユスティニアヌス大帝によって滅ぼされた国

として、もっとも適切なものを一つ選びなさい。 1

A．東ゴート王国

B．ブルグンド王国

C．西ゴート王国

D．ランゴバルド王国

問 2　下線部(2)の総大司教ネストリウスが排斥された公会議が行われた場所として、もっとも適切なものを一つ選びなさい。 2

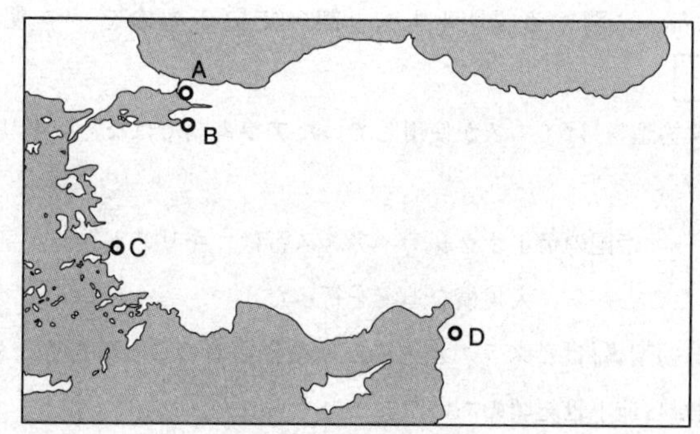

問 3　テオドリック大王が下線部(3)に建てた王国の都の地名を一つ選びなさい。

3

A．ミラノ

B．ラヴェンナ

C．アーヘン

D．ピサ

問 4　下線部(4)に関連して、9世紀後半ビザンツ帝国から派遣されたキュリロスが布教を行った国として、もっとも適切なものを一つ選びなさい。

4

A．キエフ公国

B．モラヴィア王国

C．モルダヴィア公国

D．モスクワ大公国

問５ 下線部(5)で司教として活動した教父の名前を一つ選びなさい。 5

A．アンセルムス

B．フェイディアス

C．アウグスティヌス

D．ベルナルドゥス(聖ベルナール)

問６ 下線部(6)に関する説明として、**誤っているもの**を一つ選びなさい。 6

A．『新約聖書』はイエスが使用していたアラム語ではなく、ギリシア語で書かれた。

B．ローマ帝国のディオクレティアヌス帝は、キリスト教徒が皇帝崇拝を拒否したことから、大規模な迫害を行った。

C．『旧約聖書』はイスラエル人の伝承や預言者のことばをもとに、前10世紀頃から前１世紀頃のあいだにまとめられた。

D．３世紀に迫害を逃れてモンテ＝カシノで禁欲と苦行に励んだキリスト教徒が共同体をつくったことが、修道制の始まりとなった。

問７ 下線部(7)の作例として、もっとも適切なものを一つ選びなさい。 7

A.

B.

C.

D.

問 8　下線部(8)に関連して、ゴシック様式の代表的な聖堂として、もっとも適切なものを一つ選びなさい。 8

A.

B.

C.

D.

問 9　下線部(9)の代表的な人物とその作品の組み合わせとして、もっとも適切なものを一つ選びなさい。［ 9 ］

A．ベラスケス ―「宮廷の侍女たち」

B．ルーベンス ―「マリ＝ド＝メディシスのマルセイユ上陸」

C．ベルニーニ ―「聖女テレサの法悦」

D．ドナテルロ ―「ダヴィデ像」

問10　下線部(10)の時代に活躍した写実主義の画家として、もっとも適切な人物を一人選びなさい。［ 10 ］

A．クールベ

B．ピカソ

C．ゴッホ

D．ブリューゲル

〔Ⅱ〕 次の文章を読み、下記の問いに答えなさい。

イラク・シリアの東南方にはアラビア半島(1)が広がり、その大半は砂漠地帯である。7世紀初頭、半島西部のメッカでムハンマドが預言者としての活動を開始したことにより、イスラーム教(2)という新たな宗教がアラブ人の間に生まれた。ムハンマドの死後、その支持者たちは指導者としてカリフを選出して結束を維持した。さらに彼らは征服活動を行ってビザンツ帝国やササン朝ペルシアからも領土を奪い、征服地にはミスル(3)と呼ばれる軍営都市を建設した。661年にはシリア総督ムアーウィヤがカリフ位を宣言し、イスラーム最初の王朝であるウマイヤ朝(4)が開かれた。この王朝は征服活動をさらに進め、征服地ではアラブ人が異民族を支配する体制をとった。

750年には新たにアッバース朝が開かれた。この王朝は首都バグダードを建設して中央集権化を進め、その支配のもとで、民族を問わないムスリムの平等が実現していった。しかしきわめて広大になった領土を統治するのは困難であり、9世紀後半から各地で王朝が自立するようになった。またトルコ系奴隷軍団の導入をきっかけとして、アッバース朝は少しずつ解体の道を歩み始めた。1258年にバグダードはモンゴル軍によって占領され、この地はイル＝ハン国(5)の支配下に入った。しかし宗教的に寛容なモンゴル帝国の体制下で、イスラーム教の自由な活動は維持された。

ムスリムの勢力拡大は、広大な交易圏を成立させ、活発な社会・経済活動(6)が繰り広げられた。イスラーム都市は統治の拠点であるとともに、手工業・商業、学芸、教育の中心でもあった。ムスリム商人(7)は交易ルートを利用して、ヨーロッパ・アフリカから東南アジア・東アジアにいたる広い範囲で活躍した。

14世紀半ばにモンゴル帝国が衰えると、トルコ系軍人のティムールが、サマルカンドを都として国を建てた。このティムール朝(8)はインド北部に進出し、西方ではオスマン軍を破るなどして勢力を延ばしたが、ティムールの死後、政治的には分裂と統一が繰り返された。

1501年にはサファヴィー朝(9)が起こり、短期間のうちにイランを中心とする広大な領土を築いた。この王朝はオスマン朝との対立に悩まされたが、軍備の改革に成果をあげて勢力を回復させ、1622年にはペルシア湾のホルムズ島(10)も獲得した。

問11　下線部(1)に関連して、イスラーム教成立以前のアラビア半島に関する説明として、**誤っているもの**を一つ選びなさい。 11

A．アラブ系のキリスト教徒も一部に居住していた。

B．6世紀にアラブ人によって『エリュトゥラー海案内記』が書かれた。

C．一部のユダヤ教徒がヤスリブ(後のメディナ)に移り住んでいた。

D．イエメン地方は、乳香や没薬などの特産品とインド洋交易で繁栄していた。

問12　下線部(2)に関連する説明として、もっとも適切なものを一つ選びなさい。 12

A．イスラームとは、唯一神への絶対的服従を意味する。

B．ムハンマドは、アッラーの啓示を人々に伝えるために、クルアーン(コーラン)を執筆した。

C．ジハード(聖戦)は、ムスリムの義務としての六信五行の一つである。

D．イスラーム暦はヒジュラ暦とも呼ばれ、閏(うるう)月を伴う太陰暦である。

問13　下線部(3)に関連して、初期イスラーム時代に築かれたミスルをもとに発展した都市として、もっとも適切なものを一つ選びなさい。 13

A．アンカラ　B．ダマスクス　C．カイロ　D．テヘラン

問14　下線部(4)の時期に関して述べた文として、もっとも適切なものを一つ選びなさい。 14

A．ティグリス・ユーフラテス川の下流域で灌漑農業が発達し、サトウキビの栽培が拡大した。

B．独自の金貨・銀貨が鋳造された。

C．トゥール・ポワティエ間の戦いでフランク軍に勝利した。

D．唐から製紙法が伝えられた。

問15　下線部(5)について述べた文として、**誤っているもの**を一つ選びなさい。

15

A．フラグにより、イラン高原を本拠として建てられた。

B．ガザン＝ハンは地租を中心とするイスラーム式の税制を導入した。

C．宰相のラシード＝アッディーンがペルシア語で『集史』を著した。

D．イクター制にかえてティマール制を導入した。

問16　下線部(6)に関連して、イスラーム世界の社会・経済に関する説明として、もっとも適切なものを一つ選びなさい。　16

A．ムスリム商人は、ジャンク船を用いてインド洋交易に従事した。

B．街道沿いに、マドラサと呼ばれる隊商宿が設けられた。

C．バグダードを拠点とするカーリミー商人は、東西交易を仲介した。

D．ワクフと呼ばれる寄進制度によって、文化活動を積極的に保護した。

問17　下線部(7)がヨーロッパとの交易で扱った主要な商品として、もっとも適切なものを一つ選びなさい。　17

A．象牙　　B．毛織物　　C．岩塩　　D．綿布

問18　下線部(8)について述べた文として、**誤っているもの**を一つ選びなさい。

18

A．15世紀前半にキプチャク＝ハン国を滅ぼした。

B．ウルグ＝ベクがサマルカンド郊外に天文台を建設した。

C．ペルシア語文学のほかに、トルコ語文学も生まれた。

D．イスラーム神秘主義教団が、支配層の支持を得て発展した。

問19　下線部(9)について述べた文として、**誤っているもの**を一つ選びなさい。

19

A．シーア派(十二イマーム派)を国教とした。

B．王の称号としてシャーを用いた。

C．アッバース1世がタブリーズに首都をうつした。

D．生糸や絹織物などの貿易がさかんになった。

問20　下線部⑽に関連して、サファヴィー朝により、ホルムズ島から追放された人たちとして、もっとも適切なものを一つ選びなさい。 20

A．スペイン人　B．イギリス人
C．オランダ人　D．ポルトガル人

〔Ⅲ〕 次の文章を読み、下記の問いに答えなさい。

「地大物博」つまり土地が広く物産の種類が多いことは、中国文明の強みであった。例えば、中国で作られた絹(シルク)や陶磁器、茶は、世界の歴史に大きな影響を与えた。

絹の起源について詳しいことは不明だが、殷の時代の甲骨文字(1)には「蚕」や「帛」など絹づくりを示す文字が存在していた。絹糸で織られた布は、肌触りがよく色つやも美しく、麻布などより高価であった。「貨幣」の「幣」の本来の意味は、礼物としてささげる白絹の布である。銅銭(2)が普及する以前は、絹布も通貨の一種として使われた。

中国の生糸や絹布は、高価な交易品として遠隔地まで運ばれた。ラクダの背に荷物を載せた隊商は、ユーラシアの東西を結ぶ「オアシスの道」を通り、中国の絹を西へと運んだ。オアシスの道は「絹の道」とか「シルク＝ロード」と呼ばれることもある。

シルク＝ロードの東西交易に従事したソグド人(3)などの諸民族は、物品だけでなく、文化も運んだ。西から中国へは、仏教やマニ教、ゾロアスター教、キリスト教、イスラーム教などの宗教も伝わった(4)。いっぽう中国から西へは、漢字の難解性も一因となり、儒教や道教などの伝播は限定的であった。

中国の焼き物、つまり土器や陶磁器の歴史も古い。前5000年頃から前3000年頃、黄河中流域に存在した ㈠ の ㈡ や、これより東方の地域を中心として前2900年頃から前2000年頃にかけて存在した ㈢ の ㈣ 、秦の始皇帝陵の東の地下から出土した兵馬俑、漢の時代の墓から出土する邸宅などを模した陶器、唐の時代の唐三彩(5)など、時代や地域ごとに多彩な特色をもつ焼き物があらわれた。

中国の陶磁器は宋の時代に高度に発達し、景徳鎮などの名産地が各地で勃興し、青磁や白磁など特色ある作品が生まれた。これらの陶磁器は中国の港湾都市(6)から東シナ海、南シナ海、インド洋、アラビア海、地中海の沿岸の諸都市へと大量に輸出された。この海の交易路を「陶磁の道」と呼ぶ。

茶はもともと南方のローカルな飲み物だったが、時代がくだるにつれ北方でも普及した。唐の時代には、陸羽の『茶経』が書かれるなど喫茶文化が発展し、雲南でとれた茶をチベットへ運ぶ交易路、いわゆる茶馬古道も栄えた。

絹も陶磁器も茶も、名産地は中国の南部に多かった。一方、それらの消費は北方の地域でも盛んだった。歴代の王朝や政権はここに目をつけた。

中国産の絹と北方遊牧民族のウマを交換する絹馬貿易は、漢の時代には匈奴と、唐の時代には突厥やウイグルとの間で、国家の管理下で行われた。宋代には茶とウマを交易する茶馬貿易となったが、宋の時代においても絹は依然として重要な交易品だった。宋が遼(契丹)や金と結んだ和議(7)では、両国の上下関係や国境に関する協定のほか、毎年、宋から相手国に莫大な量の絹と銀を贈ることが定められた。

近代以前の中国は、絹や陶磁器や茶など競争力が高い交易品にめぐまれ、たいていの物産を自給できた。いっぽう、中国と交易する諸外国は、中国へ輸出できる商品が乏しく、交易の対価として中国に大量の銀を支払った(8)。

17世紀からはイギリスを中心に西洋でも喫茶の習慣が広まり、中国の茶が大量に輸出された。1773年に北米植民地で起きたボストン茶会事件(9)や、1840年にイギリスと清のあいだで勃発したアヘン戦争も、その背景には中国茶の世界的流通があった。

問21　下線部(1)に関する説明として、もっとも適切なものを一つ選びなさい。

21

A．甲骨文字の解読に最初に成功したのは、フランスの学者シャンポリオンであった。

B．亀の腹の甲羅や鳥の骨に刻まれた古代文字であり、現在まで続く漢字の原形となった。

C．内容の大半は、神権政治を行っていた殷王による占いの記録であったと考えられている。

D．西安市郊外にある殷代の遺跡である殷墟から、甲骨文字を刻んだ出土品が大量に見つかった。

問22　下線部(2)に関連して、古代中国の青銅貨幣についての説明として、もっとも適切なものを一つ選びなさい。 22

A．周は、殷の祭祀で使われた青銅器を鋳(い)つぶして大量の銅銭を造った。

B．中央に穴があいた円形の銅貨は、楚で流通した蟻鼻銭に始まる。

C．絹の布を模した布銭は、主に秦や魏などの地域で流通した。

D．小刀の形を模した刀銭は、主に斉や燕などの地域で流通した。

問23　下線部(3)に関連して、以下の説明のうち、もっとも適切なものを一つ選びなさい。 23

A．シルク＝ロードにつらなるユーラシア各国に進出し、現地で商人や軍人、外交官として成功した者も多かった。唐の玄宗に仕えた安禄山もソグド人の血を引いていた。民族系統はトルコ系とされる。

B．紀元前から東西交易に従事して存在感を示したが、チンギス＝ハンの遠征軍に原住地ソグディアナの諸都市を破壊されたことも一因となり、民族的まとまりを失った。民族系統はトルコ系とされる。

C．もともとマニ教やゾロアスター教の信者が多かった。その後、イスラーム化が進み、西アジアでクルド人と呼ばれるようになった一派を除いて、民族的特色を失った。民族系統はイラン系とされる。

D．アケメネス朝時代に使われていたアラム文字の流れをくむソグド文字を使った。ソグド文字はウイグル文字や、モンゴル文字、満州文字にも影響を与えた。民族系統はイラン系とされる。

問24　下線部(4)に関連して、中国に伝わった宗教についての説明として、もっとも適切なものを一つ選びなさい。 24

A．唐の時代には、外来の宗教の布教にあたり、信者が儒教の先祖崇拝を行うことを認めるかどうかをめぐり「典礼問題」という論争が多発した。

B．ササン朝の国教でもあったゾロアスター教は、南北朝時代に中国に伝わったとされ、中国では「祆教」と称された。

C．唐の時代に伝わり「景教」と称されたキリスト教は、コンスタンティヌス帝が開いたニケーア公会議で異端とされたアリウス派であった。

D．マニ教は、キリスト教やユダヤ教、仏教の要素を取り入れたイスラーム教の分派だったが、中国では後にスンニ派と合流して消滅した。

問25　空欄(ア)〜(エ)にはいる言葉として、もっとも適切な組み合わせを一つ選びなさい。 25

A．(ア)竜山文化 — (イ)彩文土器(彩陶) — (ウ)仰韶文化 — (エ)黒色磨研土器(黒陶)

B．(ア)仰韶文化 — (イ)彩文土器(彩陶) — (ウ)竜山文化 — (エ)黒色磨研土器(黒陶)

C．(ア)竜山文化 — (イ)黒色磨研土器(黒陶) — (ウ)仰韶文化 — (エ)彩文土器(彩陶)

D．(ア)仰韶文化 — (イ)黒色磨研土器(黒陶) — (ウ)竜山文化 — (エ)彩文土器(彩陶)

問26　下線部(5)に関連して、以下の説明のうち、もっとも適切なものを一つ選びなさい。 26

A．唐の前期の作品は、日用品よりも墓に埋める副葬品として作られたものが多い。

B．褐色、緑、赤の三色で彩色され、高温で焼かれた磁器の像で、モチーフは胡人やラクダなど国際色が豊かである。

C．玄宗の時代までは食器など日常的な器物が多かったが、則天武后の時代から異国の人物や動物をかたどった像が増えた。

D．グプタ朝時代のインドやブワイフ朝時代のイランでも唐三彩の技法をまねた陶磁器が作られた。

問27　下線部(6)に関連して、以下の説明のうち、もっとも適切なものを一つ選びなさい。 27

A．五代十国時代の後晋は、杭州の貿易を管理して莫大な利益をあげた。

B．広州には唐の時代からムスリム商人が来航し、市舶司が置かれた。

C．大運河の南端に位置する泉州には、南宋の首都・臨安が置かれた。

D．宋の時代、明州と寧波は、それぞれ高麗と日本との交易で栄えた。

問28　下線部(7)に関連して、以下の説明のうち、**誤っているもの**を一つ選びなさい。 28

A．澶淵の盟では、宋が兄で遼が弟である、という関係が定められた。

B．澶淵の盟により、係争地だった燕雲十六州の宋への帰属が確認された。

C．南宋の政治家・秦檜は、国内の主戦派をおさえ、金との和議を成立させた。

D．南宋と金が結んだ和議では、淮河を両国の国境とすることが定められた。

問29　下線部(8)に関連して、その影響として、もっとも適切なものを一つ選びなさい。 29

A．明王朝が海外から流入した銀を利用して鋳造した銀貨は洋銀と呼ばれ、国際的にも従来の宋銭や永楽銭などの銅貨にかわって広く流通した。

B．銀の流出に苦しんだイギリスは、七年戦争による財政悪化もあり、チャールズ２世の時代に金本位制に移行した。

C．明は、銀の流通量の増加をふまえ、それまでの両税法にかえて、複雑化していた諸税を一括して銀納させる一条鞭法を新しい税制として採用した。

D．清は、人頭税を事実上廃止して土地税に一本化して銀納させるという地丁銀制を康熙帝の時代から全国で施行し、人口の急増を招いた。

問30　下線部(9)に関連して、事件の前後の経緯についての説明として、もっとも適切なものを一つ選びなさい。 30

A．イギリス本国は、経営不振の東インド会社を救済するため、同社が13植民地で販売する茶を免税とする茶法を制定した。植民地側の商人は本国による市場独占に反発し、ボストン市民は茶の陸あげに反対する決議を行った。

B．ボストンの市民の急進派は、先住民に仮装するティー・パーティーを開催するという名目で港に集まり、東インド会社の倉庫の扉を破壊し、たくわえられていた大量の茶箱を海に投げ込んだ。

C．イギリスは制裁措置として、植民地側の自治権を剥奪し、ボストン港の封鎖を強行した。植民地側の世論はいっきょに硬化し、本国との関係改善を望む忠誠派の声は、独立を主張する愛国派に圧倒された。

D．植民地側はイギリス本国に対抗するため第1回大陸会議を開いたが、会議の開催地であるフィラデルフィアの郊外で植民地側の民兵が本国軍と衝突し、アメリカ独立戦争が始まった。

〔Ⅳ〕 次の文章を読み、下記の問いに答えなさい。

国際経済の中心地は時代によって移り変わる。19世紀に至るまでのトレンドをみると、世界の実質GDPの大部分を占める地域はアジアから西ヨーロッパやアメリカへと大きく変化している。15世紀末からはポルトガル・スペインが、16世紀末からはオランダ・イギリス・フランスが世界貿易に参入し、西ヨーロッパ主導の「世界の一体化」(1)がはじまった。この西ヨーロッパを中核とする、支配と従属を伴う分業体制を近代世界システムと呼ぶ。ヨーロッパを中心とした国際経済体制の構築の背景には、アジアとの貿易の発展や科学革命、産業革命(2)があった。

国際経済の主役は、20世紀に入る頃から徐々に西ヨーロッパからアメリカへと交代する。アメリカでは重化学工業化や電力等の技術開発が進められ、大量生産システムの導入に成功、さらに二度の世界大戦を経て、アメリカの優位は決定的なものになる。冷戦を背景に科学技術研究(3)に多額の予算が投じられ、アメリカの軍事的強大化が進められた。しかし世界各地にアメリカ軍が駐留することによって、次第に反米感情は高まった。21世紀最初の年に起きた同時多発テロ事件(4)はその代表例であったといえる。

現在、国際経済の中心地は再びアジアにシフトしつつある。第三世界(5)とよばれる新興独立国家群は、20世紀後半から国際社会における存在感を高めてきたが、なかでも21世紀に入ってからの中国の経済成長は、それまでの欧米諸国(6)を中心とした国際経済秩序に大きな変革をもたらしつつある。中国は経済力や技術力を基盤に、「一帯一路」構想によって経済圏の地政学的拡大を目指している。かつての西側諸国の開発政策が失敗に終わり、アメリカが秩序を確立できなかった地域、とりわけ中央・南アジアから中東(7)、アフリカまで社会インフラを整備し、影響力を強めている。これに対してアメリカは、インド太平洋地域の同盟国・パートナー国に対して経済・安全保障分野における積極的な支援で中国を牽制している。他方ヨーロッパでも地殻変動が起きており、西ヨーロッパ諸国が進めてきたヨーロッパ統合(8)も、ユーロ危機やイギリスのEU離脱によって、その行末を再考しなければならない状況にある。

新興国の台頭と欧米諸国の政治経済的混乱は、長期的な覇権の移行(9)を意味するのか。歴史上、覇権の移行期には戦争など大きな混乱を伴った。現在、ロシアによる核使用の可能性(10)への懸念が高まっている。ロシア・ウクライナ戦争はそうした歴史の一齣といえるのかもしれない。

問31 下線部(1)に関連して、16世紀におけるヨーロッパの変容に関する説明として、もっとも適切なものを一つ選びなさい。 31

A. 商業の中心が大西洋沿岸から地中海に移ったことを商業革命という。

B. 地代収入が増加した封建領主はますます力をつけていった。

C. 東ヨーロッパでは、農民の賦役労働や領主による農民の人格的支配が強まった。

D. ラテンアメリカから銀が流入してヨーロッパの物価が下がる価格革命がおきた。

問32 下線部(2)に関連して、自然科学者・発明者とその業績の組み合わせとして、もっとも適切なものを一つ選びなさい。 32

A. ヘルムホルツ — エネルギー保存の法則の提唱

B. ベル — 蓄音機の発明

C. パストゥール — X線の発見

D. ノーベル — 無線電信の発明

問33　下線部(3)に関連して、情報技術と生命科学に関する説明として、もっとも適切なものを一つ選びなさい。 33

A．コンピュータは、第二次大戦中のアメリカで開発が始まり、情報産業から後に軍事技術に転用された。

B．インターネットは、1969年に国防総省の支援のもとで大学や研究所をつなぐ通信ネットワークとして開通し、その後90年代に急拡大した。

C．IT革命によって各地域の人々の情報交換が容易になり、情報・通信技術へのアクセスに関する格差が解消された。

D．人間の遺伝子構成・遺伝子情報であるヒトゲノムは、医学の発展に寄与することが期待されることから、早期の解読が望まれている。

問34　下線部(4)に関連してアメリカの対テロ戦争に関する説明として、もっとも適切なものを一つ選びなさい。 34

A．同時多発テロ事件の実行者は、イラクのターリバーン政権保護下のイスラーム急進派組織アル＝カーイダのビン＝ラーディンとされた。

B．レーガンはテロとの戦いを掲げ、ターリバーン政権を攻撃し、崩壊させた。

C．「大きな政府」を志向し、軍事的強硬路線をとる新保守主義(ネオコン)は、イラク戦争の開始に影響力を持った。

D．イラクが大量破壊兵器を所持しているとして、アメリカ・イギリス軍がフセイン政権を打倒した。

問35　下線部(5)についての記述として、もっとも適切なものを一つ選びなさい。

35

A．1954年に中国の劉少奇国家主席とインドのネルー首相が会談し、平和五原則が確認された。

B．1954年のコロンボ会議では、アジアの平和構築に向けて、ビルマ・インド・パキスタン・インドネシア・セイロンの5カ国首脳がインドシナ戦争の早期解決を宣言した。

C．1960年に開催されたアジア＝アフリカ会議(バンドン会議)でアフリカ諸国の独立が認められたことから、この年を「アフリカの年」と呼ぶ。

D．1961年にティトーとナギブらの呼びかけで開催された非同盟諸国首脳会議は、非同盟・反帝国主義・反植民地主義をうたった。

問36 下線部(6)に関連して、欧米の政党に関する説明として、**誤っているもの**を一つ選びなさい。 36

A．イギリスのトーリ党は、国王の権威を重んじ、国教徒や地主に支持者が多く、1830年頃より保守党と呼ばれている。

B．イギリスのホイッグ党は、議会の権利を主張し、地主・商工業者や非国教徒を支持母体とし、のちに自由党と呼ばれるようになった。

C．アメリカの共和党は、連邦派と旧ホイッグ党メンバーなど奴隷制に反対する人々が組織した政党で、北部諸州を基盤とした。

D．アメリカの民主党は、西部の小農民や南部の大農園主らのジェファソン支持者が結成した党であり、南北戦争後に南部から徐々に北部の都市部に支持基盤が移った。

問37 下線部(7)に関連して、中東・アジアの少数民族問題に関する説明として、もっとも適切なものを一つ選びなさい。 37

A．トルコ・イラン・イラクにまたがる地域に居住するチェチェン人による独立運動を、イラクやトルコは武力で鎮圧した。

B．スリランカの内戦とは、多数派のタミル人優遇に、シンハラ人が反発して起こしたものである。

C．フランス植民地からの独立運動が高まった結果、インドネシアでは東ティモールが分離・独立した。

D．パレスチナ暫定自治協定を結んだイスラエルのラビン首相とパレスチナ解放機構のアラファト議長は、共にノーベル平和賞を受賞した。

問38 下線部(8)に関連して、地域統合に関する説明として、もっとも適切なものを一つ選びなさい。 38

A．イギリス連邦とは、イギリスと旧イギリス領から独立した国家の緩やかな結合体であったが、第二次大戦後に解消された。

B．アジア太平洋経済協力会議（APEC）は、「開かれた地域主義」を掲げ、域内の貿易や投資の自由化を目指している。

C．アフリカ統一機構(OAU)とは、アフリカ連合が発展・改組した地域機構で、アフリカ大陸における政治・経済的統合の促進や民主主義の推進を目指している。

D．環太平洋連携協定(TPP)には、アメリカのトランプ政権が加盟を表明したことを受けて、日本も参加した。

問39　下線部(9)に関連して、広大な支配領域をもった歴史上の大国に関する説明として、**誤っているもの**を一つ選びなさい。 39

A．パクス＝ロマーナとは、アウグストゥスから五賢帝時代までの約200年に及ぶローマ帝国の最盛期を指す。

B．フェリペ2世がポルトガルを併合し、ポルトガルの海外植民地を支配下においたスペインは「太陽のしずまぬ国」と呼ばれた。

C．パクス＝ブリタニカとは、19世紀半ばを中心としてイギリスが圧倒的な経済力と軍事力を持っていたことを指す。

D．パクス＝アメリカーナとは、対外的に国際機関等の了解を得ずに、一方的な単独行動主義をとるようになった21世紀のアメリカのことを指す。

問40　下線部(10)に関連して、原子爆弾・核実験に関する説明として、もっとも適切なものを一つ選びなさい。 40

A．1952年にソ連が水素爆弾(水爆)の実験に成功すると、1年遅れてアメリカも53年に成功した。

B．1963年にアメリカ・イギリス・ソ連3国が調印した部分的核実験禁止条約にフランス・中国は反対した。

C．1974年にパキスタンは、カシミール地方の帰属をめぐって対立関係にあるインドに対抗して、核実験および核保有宣言を行った。

D．1993年に北朝鮮が核拡散防止条約に加盟したが、インド・パキスタン・イスラエルは未加盟のままである。

地　理

（60分）

〔Ⅰ〕 両極及びその周辺地域に関する以下の文章をよく読んで、その後の各設問に答えなさい。

北米大陸の<u>ラブラドル</u>ア)半島から、同半島北西のバッフィン島などの島々に面する海峡部を抜けて北極海へと至る、歴史的にも著名ないわゆる<u>（　1　）航路</u>イ)は、ウ)<u>北西ヨーロッパ諸国がアジアへの短絡航路として16世紀以降こぞって開発を目指してきたパス</u>でもあった。動力源や砕氷技術の限界などからこの間多くの犠牲者を生んできたが、<u>近年のグローバルな温暖化に伴って結氷域が著しく後退し</u>エ)、夏季を中心として比較的自由なアクセスが可能となった。そのため、周辺地域における<u>新たな資源開発</u>オ)や同海域を通過する物流量の増大とともに、大型クルーズ船などを利用した観光ビジネスの隆盛も生んでいる。

同様の観光ビジネス活動は反対側の南極地域でも進んでいる。極ないし高緯度地域特有の景観や動植物の観察などを目的とした、おもに<u>アルゼンチン及び（　2　）両国から地形学上（　3　）に属する南極半島沿岸へ航海する観光ツアー</u>カ)は従前から有名である。しかし、過去の冷蔵技術で多用された（　4　）ガスによって生じたオゾン層の破壊によって、今なお極めて強い紫外線が常時降り注ぐ環境であるという事実は無視できない。

問1　下線部ア)の地域名称は、関係するある国の一州を形成する名称に含まれている。以下の中で、同じ国の州および準州の**名称ではないもの**を1つ選択し、その記号をマークせよ。（**解答番号：1**）

A　ニューブランズウィック　　B　ヌナブト

C　ノースイースト　　D　ブリティッシュコロンビア

問２（　１　）に入る最も適当な方角用語(英語のアルファベット略記)を、以下から１つ選択し、その記号をマークせよ。(**解答番号：２**)

A　NE　　B　NW　　C　SE　　D　SW

問３　下線部イ)の航路として最も適当なものを、下記の**図１**中の**A**～**D**のパスの中から１つ選択し、その記号をマークせよ。(**解答番号：３**)

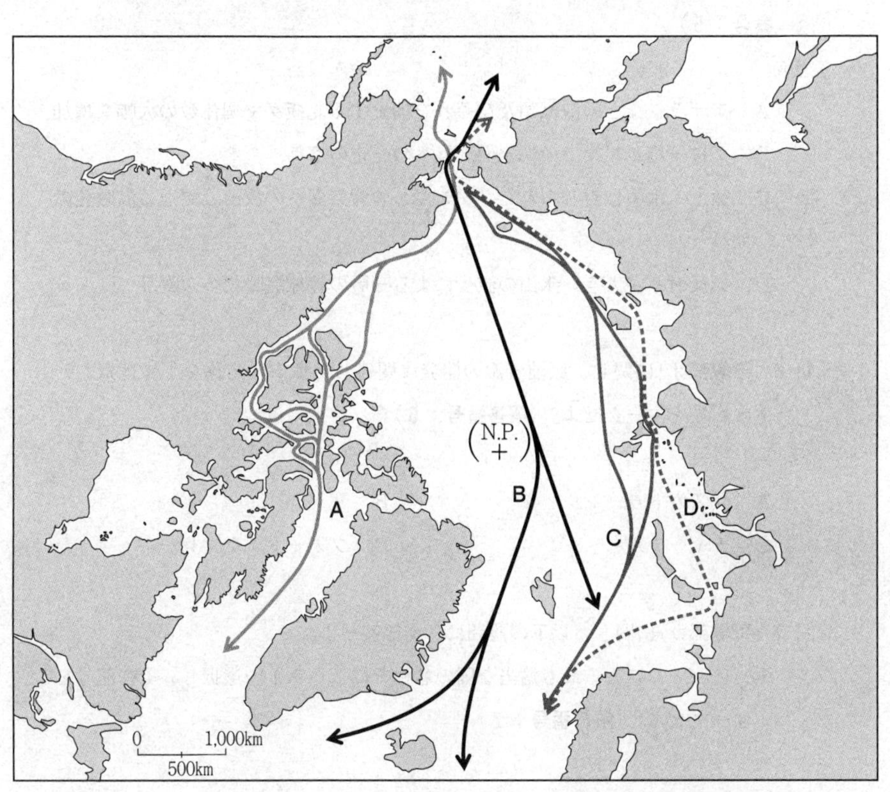

図１

Czeslaw Dyrcz(2017)に基づく。
N.P.＝North Pole(北極点)

問４　下線部ウ)の理由として最も適当なものを以下から１つ選択し、その記号をマークせよ。(**解答番号：４**)

A　海流の向きから航海が比較的容易であったため

B　大西洋中南部海域の制海権が長くスペインとポルトガルにあったため

C　冬季でも氷山が少なく穏やかな海域で砕氷技術実験上貴重であったため

D　バイキングの伝統的な活動海域であったため

問５　下線部エ)に関し、現実のグローバル規模での温暖化に関連した事態とは明らかに**異なるもの**を以下から１つ選択し、その記号をマークせよ。(**解答番号：5**)

A　アザラシなどの海獣類及びそれを捕食する北極クマ個体数の大幅な増加

B　グローバル規模での海水面上昇への一定の寄与

C　凍土・氷中に封じられたメタンガスの大気圏への放出と更なる温暖化の助長

D　光反射率が大きい氷山の減少による一層の地球温暖化への寄与

問６　下線部オ)に関し、原油資源の開発に関連した都市の名称を１つ選択し、その記号をマークせよ。(**解答番号：6**)

A　サスカトゥーン　　B　サドバリ

C　チャーチル　　D　フォートマクマレー

問７　下線部カ)に関し、以下の設問に各々解答せよ。

(1)　(　2　)に入る最も適当な国の名称を以下から１つ選択し、その記号をマークせよ。(**解答番号：7**)

A　イギリス　　B　ウルグアイ

C　チリ　　D　パラグアイ

(2)　このように観光スポットとしても有名な南極半島先端部の位置は、おおむね南緯 63° 30′ 及び西経 57° 50′ である。その対蹠点にあたる地点に最も

近い人口10万人以上の都市名を1つ選択し、その記号をマークせよ。(**解答番号：8**)

A イルクーツク　　B ベルゲン
C ヘルシンキ　　D ヤクーツク

(3) (　3　)に入る最も適当な大地形の名称を以下から1つ選択し、その記号をマークせよ。(**解答番号：9**)

A 安定陸塊　　B 古期造山帯
C 新期造山帯　　D 先カンブリア楯状地

(4) (　2　)国の中部の港から南極半島に向かう航海では、固有の名称で知られる両国にまたがるある地域の①、地形上特徴的な海岸線②を通過していく。この固有の地域の名称とその特徴的な地形の名称を、以下の組み合わせ(①／②の形で表示)の内で正しいものを1つ選択しその記号をマークせよ。(**解答番号：10**)

A 乾燥パンパ／海岸砂漠　　B チャコ／エスチュアリー
C パタゴニア／フィヨルド　　D フォークランド／リアス海岸

問8 (　4　)に入る最も適当な気体の名称を、以下から1つ選択しその記号をマークせよ。(**解答番号：11**)

A エタン　　B フロン　　C ブタン　　D メタン

〔Ⅱ〕 次の**図2**は、2023年3月に開催されたワールドベースボールクラシック2023（以下、「WBC」）の参加国・地域、試合の組み合わせを示したものである。**図2**に関して次の設問に答えよ。

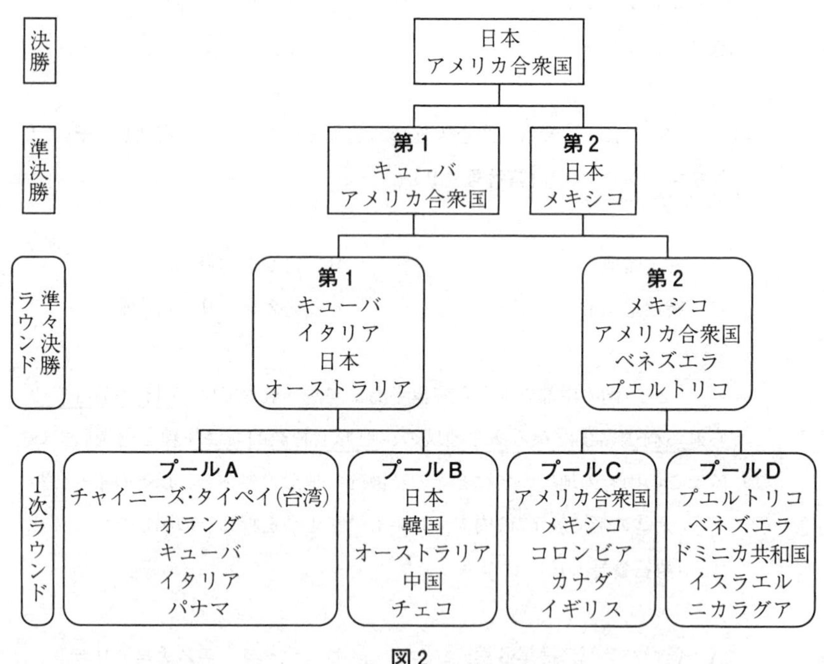

図2

注：チーム順は資料による。
資料：WBC 2023 日本語公式サイト情報より作成。

問1　**図3**は、1次ラウンドのプールA～Dの4つのグループ別の参加国・地域の人口の合計を示したものである。図中の①～③に該当する組み合わせとして適切なものを、次の選択肢から1つ選んで、マークせよ。(**解答番号：12**)

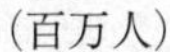

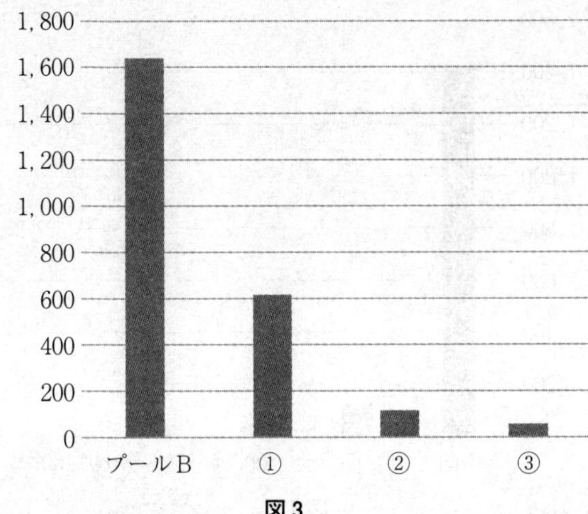

図3

統計年次：2020年（推計人口）。

資料：総務省統計局『世界の統計2023』より作成。

	①	②	③
A	プールA	プールC	プールD
B	プールA	プールD	プールC
C	プールC	プールA	プールD
D	プールC	プールD	プールA
E	プールD	プールA	プールC
F	プールD	プールC	プールA

問２　**図4**は、プールBの各参加国の人口を示したものである。図中の①～③に該当する国名の組み合わせとして適切なものを、次の選択肢から１つ選んで、マークせよ。（**解答番号：13**）

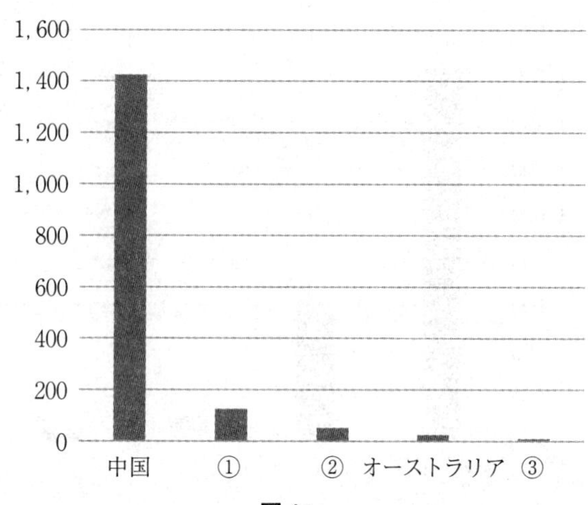

図4

統計年次：2020年(推計人口)。
資料：総務省統計局『世界の統計 2023』より作成。

	①	②	③
A	日本	韓国	チェコ
B	日本	チェコ	韓国
C	韓国	日本	チェコ
D	韓国	チェコ	日本
E	チェコ	日本	韓国
F	チェコ	韓国	日本

問3　プールAの試合が行われた台中インターコンチネンタル野球場は、台湾の台中にある。以下のWBC参加4か国のうち、台中の緯度に最も緯度が近いところに首都がある国として適切なものを、次の選択肢から1つ選んで、マークせよ。(**解答番号：14**)

A　イタリア　　B　キューバ　　C　コロンビア　　D　パナマ

問4　決勝戦などが行われたローンデポ・パークは、アメリカ合衆国のマイアミにある。以下の都市の中で、マイアミの経度に最も経度が近いところにある

WBC参加国の首都として適切なものを、次の選択肢から1つ選んで、マークせよ。(**解答番号：15**)

A　カラカス　　　　B　サントドミンゴ
C　パナマシティ　　D　メキシコシティ

問5　**図5**は、ローンデポ・パークを本拠地とするメジャーリーグ球団であるマイアミ・マーリンズの登録選手の出身国別の内訳を示したものである。Xは、旧フランス植民地の国と国境を接し、従来は、砂糖、コーヒー、カカオ、タバコなど伝統的一次産品の輸出国であったが、1990年以降、自由貿易地域(フリーゾーン)からの繊維など軽工業品の輸出が増加している。Xに該当するWBC参加国として適切なものを、次の選択肢から1つ選んで、マークせよ。(**解答番号：16**)

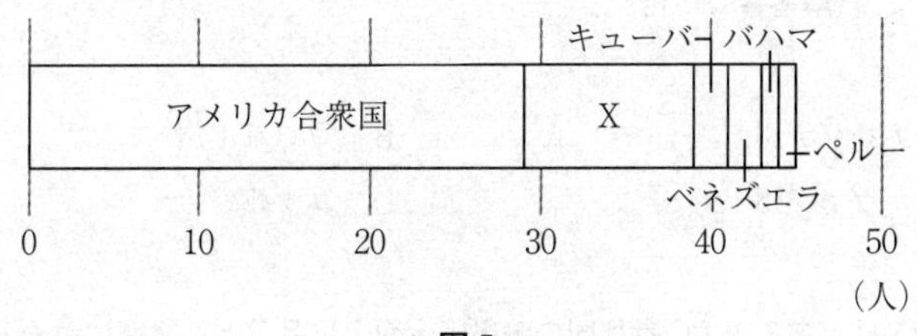

図5
資料：ウェブサイト「スポーツナビ」情報(2023年6月19日現在)より作成。

A　コロンビア　　　B　ドミニカ共和国
C　ニカラグア　　　D　パナマ

問6　ローンデポ・パークでの決勝戦の試合開始時刻は、日本標準時の3月22日午前8時であった。現地時刻として適切なものを、次の選択肢から1つ選んで、マークせよ。(**解答番号：17**)

A　3月21日午前2時
B　3月21日午後3時
C　3月21日午後7時

D　3月22日午前2時

E　3月22日午後3時

F　3月22日午後7時

問7　マイアミにおける気候を表す、ケッペンの気候区分の記号として適切なものを、次の選択肢から1つ選んで、マークせよ。(**解答番号：18**)

A　Am　　B　Aw　　C　Cfb　　D　Cs

問8　プールCの試合が行われたチェイス・フィールドは、アメリカ合衆国南西部の州の州都にある。同州は、メキシコ領を経て1912年にアメリカ合衆国48番目の州となった。グランドキャニオン国立公園があることで知られている。この州の名称として適切なものを、次の選択肢から1つ選んで、マークせよ。(**解答番号：19**)

A　アリゾナ州　　B　コロラド州

C　ネヴァダ州　　D　ユタ州

問9　**表1**は、あるWBC参加国の輸出入金額上位品目と、総額に占める割合を示したものである。適切な国名を、次の選択肢から1つ選んで、マークせよ。(**解答番号：20**)

表1

（単位：%）

輸　出		輸　入	
原油	23.0	機械類	23.7
石炭	13.4	自動車	7.9
金(非貨幣用)	9.4	医薬品	6.2
コーヒー豆	8.1	石油製品	4.6
石油製品	5.1	有機化合物	4.5
野菜・果実	4.6	プラスチック	3.9
装飾用切花	4.6	繊維品	3.5
プラスチック	3.5	鉄鋼	3.2
機械類	2.5	とうもろこし	2.8

統計年次：2020年。

資料：『世界国勢図会 2022/23』。

A　オーストラリア　　B　コロンビア

C　ベネズエラ　　D　メキシコ

問10　以下の５つの文は、準々決勝の第２グループに進出した４つの国・地域である、メキシコ、アメリカ合衆国、ベネズエラ、プエルトリコについて説明したものである。正しい文の数として適切なものを、次の選択肢から１つ選んで、マークせよ。(**解答番号：21**)

・いずれも北半球に位置している。

・いずれも南半球に位置している。

・いずれもスペイン語を公用語としている。

・いずれも石油を産出しOPECに加盟している。

・いずれもハリケーンによる大きな被害を受けたことがある。

A　0　　B　1　　C　2　　D　3　　E　4　　F　5

問11　**表2**は、準決勝に進出した4か国である、キューバ、アメリカ合衆国、日本、メキシコの1人当たりGNI(名目)の推移を示したものである。このうち、キューバと日本に該当するものの組み合わせとして適切なものを、次の選択肢から1つ選んで、マークせよ。(**解答番号：22**)

表2

(単位：米ドル)

	2000年	2010年	2020年
①	38,874	45,490	40,770
②	36,859	49,099	64,310
③	6,547	9,161	8,033
④	2,691	5,603	9,345

資料：『世界国勢図会 2022/23』。

	キューバ	日本
A	①	②
B	①	③
C	①	④
D	②	①
E	②	③
F	②	④
G	③	①
H	③	②
I	③	④
J	④	①
K	④	②
L	④	③

〔Ⅲ〕 次の文章を参照し、下記の設問に答えよ。

大学生のヒロミさんは、新型コロナ・ウィルス感染症の流行がようやく収まってきた昨年の夏、2週間をかけて家族とスペインの北部を旅行することにした。東京からロンドンを経由してマドリードに到着し、しばらくはこの国の首都に滞在した。島嶼部を除けばスペインは、北は［ ア ］山脈でフランスやアンドラと国境を接するが、それ以外はポルトガルとの国境を除いては海に囲まれており、地中海と大西洋に突き出た半島の大半を占めている。イベリア半島の最南端付近には［ イ ］領のジブラルタルがあり、海峡を挟んでアフリカ大陸に対峙しているが、逆にアフリカ大陸側の岬にはスペイン領セウタがあり、そこではモロッコと国境を接している。マドリードは国土のほぼ中央、［ ウ ］と呼ばれる高原に立地する。人口は約325万人で、<u>都市圏人口</u>p)は600万人を超える。スペインはそれぞれ独特な地域性を持った州によって構成されているが、なかでも北部中央に位置する<u>バスク州</u>q)は、独特の文化を持っていることで知られている。

ヒロミさんたちは次に、そのバスク州へと足を延ばすことにした。バスク州を含むバスク地方は国境を越えたフランス側にも広がっている。<u>バスク語</u>r)はスペイン語とは全く異なる言語である。スペインでは軽めの飲食を行うバル文化が発達しており、美食の街として知られるサン・セバスチャンは、その聖地ともいわれる。バスク地方ではピンチョスという、魚介や肉や野菜をパンの上に載せて串で刺した<u>タパス料理</u>s)が有名であり、それが大きな観光資源となっている。バスク地方の中心都市ビルバオには、ゴンドラで人や車を対岸へ運ぶ独特な形態で知られる、<u>ユネスコの世界遺産</u>t)となったビスカヤ橋があって、観光客が多く訪れている。バスク地方の代表的なワインはチャコリという酸味の強い弱発泡性の白ワインであるが、バスク州の南部を含むリオハ地域はスペインを代表する赤ワインの一大産地である。ヒロミさんは、両親がワイン好きであるため、このラ・リオハ州も回ることにした。当地域では、ブドウ畑は地中海にそそぐ<u>エブロ川沿い</u>u)に発達した谷を中心としてその南北に広がっている。

ところで、このバスク地域を含むスペイン北部には、フランス側から標高3000 mを超える山脈の中のいくつかの峠を越えてスペインに至り、そこから西へ、<u>イベリア半島の北西端付近にある聖ヤコブを祀る大聖堂を目指す巡礼の道</u>v)がある。バスク州からガリシア地方に足を延ばしたヒロミさんたちは、この大聖堂を目指して徒歩で行く人々を多く目にした。サンティアゴ・デ・コンポステーラの街の真ん中には大聖堂がそびえている。この晩は、名物のタコのガリシア風(茹でた蛸の料理)を食べて、翌日マドリードまで飛行機に乗り、ヒロミさんたちは再びロンドン経由で東京に戻ることとなった。

問１　空欄［ア］に該当する山脈名として適切なものを、以下の選択肢Ａ～Ｄの中から１つ選んでマークせよ。(**解答番号：23**)

Ａ　アトラス　　Ｂ　カンタブリカ
Ｃ　シエラマドレ　　Ｄ　ピレネー

問２　空欄［イ］に該当する国として適当なものを、以下の選択肢Ａ～Ｄの中から１つ選んでマークせよ。(**解答番号：24**)

Ａ　イギリス　　Ｂ　イタリア
Ｃ　ポルトガル　　Ｄ　モロッコ

問３　空欄［ウ］に該当する地形として最も正しいものを、以下の選択肢Ａ～Ｄの中から１つ選んでマークせよ。(**解答番号：25**)

Ａ　カンポ　　Ｂ　パンパ　　Ｃ　プスタ　　Ｄ　メセタ

問４　下線部ｐ)に関して、下の**図６**はロシアを除く、2022年のヨーロッパの上位８位の都市圏人口(エッセン＝デュッセルドルフ、ナポリ、パリ、バルセロナ、ベルリン、マドリード、ミラノ、ロンドン)を示したものである。「さ」「し」「す」に該当する都市の組み合わせを、以下の選択肢Ａ～Ｆの中から１つ選んでマークせよ。(**解答番号：26**)

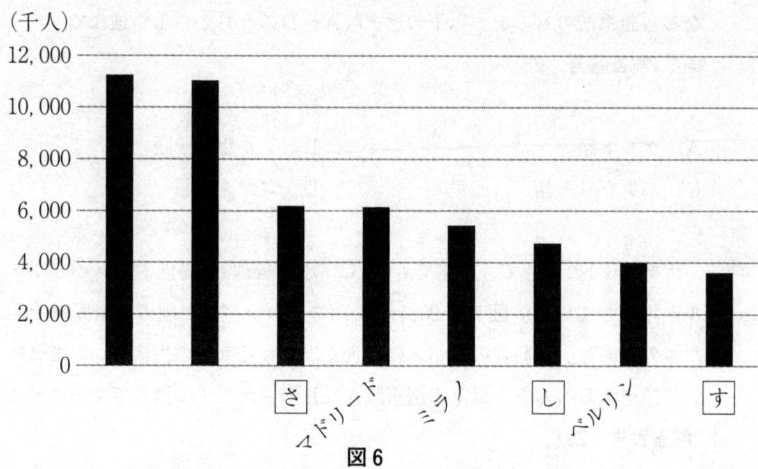

図6

資料：Demographia World Urban Areas 18th Annual 2022.07 による。

	さ	し	す
A	エッセン＝デュッセルドルフ	ナポリ	バルセロナ
B	エッセン＝デュッセルドルフ	バルセロナ	ナポリ
C	ナポリ	エッセン＝デュッセルドルフ	バルセロナ
D	ナポリ	バルセロナ	エッセン＝デュッセルドルフ
E	バルセロナ	エッセン＝デュッセルドルフ	ナポリ
F	バルセロナ	ナポリ	エッセン＝デュッセルドルフ

問５　下線部q)に関して、バスク州では中央政府に対し、一部の過激派(ETA：バスク祖国と自由)がテロ活動を行うなどして、独立もしくは自治権の拡大を求めてきたが、現在、ETAは解散した。スペインには、バスク州とは別に、独立を求めた住民投票を行った州もある。その州に該当するものを、以下の選択肢Ａ～Ｄの中から１つ選んでマークせよ。(**解答番号：27**)

Ａ　アンダルシア州　　　Ｂ　ガリシア州

Ｃ　カタルーニャ州　　　Ｄ　バレンシア州

問６　下線部ｒ)に関連して、バスク語と同様にインド＝ヨーロッパ語族とは異

なる言語系統のものを、以下の選択肢Ａ～Ｄのうちから１つ選んでマークせよ。(**解答番号：28**)

Ａ　ケルト語　　Ｂ　ノルウェー語

Ｃ　ハンガリー語　　Ｄ　ロマンス語

問７　下線部ｓ)に関して、日本でもタパス(小皿料理)を提供するスペイン・バルが増加している。**図７**は2021年の西ヨーロッパ５か国の家畜頭数を示したものである。肉料理のタパスにも良く出される家畜の生産についてスペインに該当するものを、以下の選択肢Ａ～Ｅの中から１つ選んでマークせよ。(**解答番号：29**)

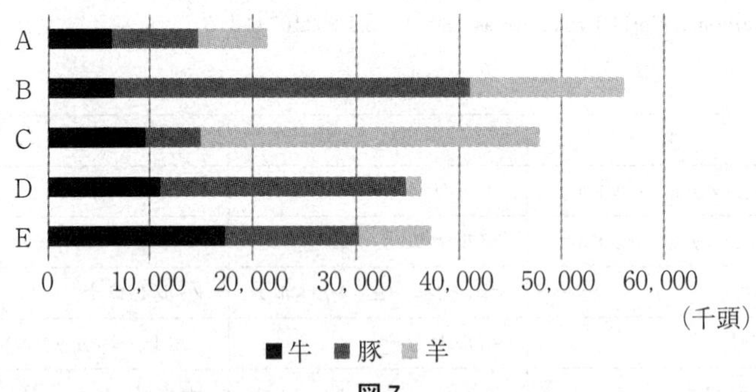

図７

＊羊には緬羊も含む。

資料：「世界国勢図会 2023/24」。

問８　下線部ｔ)について、スペインには多くのユネスコの世界遺産がある。以下の選択肢Ａ～Ｄのうち、スペインに**存在しない**ユネスコの世界遺産(文化遺産)の属性を１つ選んでマークせよ。(**解答番号：30**)

Ａ　旧石器時代の遺跡　　Ｂ　宮殿

Ｃ　公園　　Ｄ　奴隷貿易港

問９　下線部ｕ)について、エブロ川はバスク州の西に位置するカンタブリア州から東流し地中海へと流れるスペインきっての大河である。河口付近は地中海性気候であるが、上流部は別の気候区に属する。該当する気候区分について以下の選択肢Ａ～Ｄの中から１つ選んでマークせよ。(**解答番号：31**)

Ａ　温暖湿潤気候　　Ｂ　温暖冬季少雨気候

Ｃ　ステップ気候　　Ｄ　西岸海洋性気候

問10　下線部ｖ)について、この巡礼の道のシンボルである形象を、以下の選択肢Ａ～Ｄの中から１つ選んでマークせよ。(**解答番号：32**)

Ａ　カスタネット　　Ｂ　月

Ｃ　帽子　　Ｄ　ホタテ貝

問11　下の**図８**の点線はある農作物の栽培限界を示したものである。該当するものを、以下の選択肢Ａ～Ｄの中から１つ選んでマークせよ。(**解答番号：33**)

Ａ　オリーブ　　Ｂ　梨　　Ｃ　ブドウ　　Ｄ　リンゴ

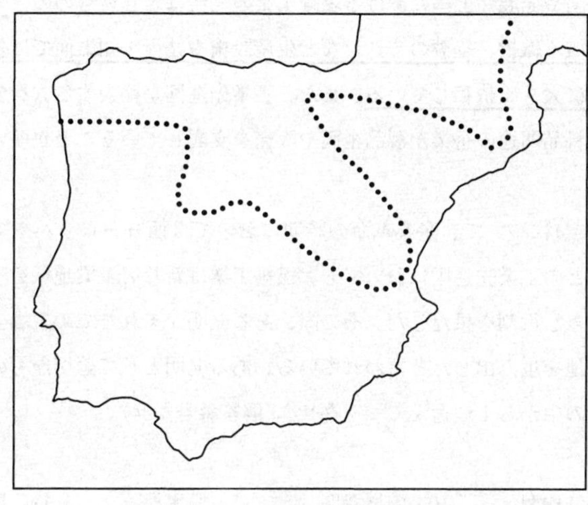

図８

〔Ⅳ〕 繊維工業に関する次の文章を参照し、下記の設問に答えよ。

繊維工業は、20世紀後半以降において電機･電子工業とともに、新興工業国や発展途上国における新しい工業地域を形成する上で、重要な役割を果たしている$_{ア)}$。

繊維工業は、糸をつくる紡績、布をつくる織物、布から衣服をつくる縫製(アパレル)の3つの部門からなる。繊維工業の原料には、綿花や羊毛、生糸$_{イ)}$、麻などの天然繊維と、ナイロンやポリエステル、アクリルなどの化学繊維$_{ウ)}$がある。新興工業国や発展途上国においていち早く発展がみられたのが、一般的には天然繊維を原料とする織物工業であった。

縫製業では、新興工業国や発展途上国のなかでもアジア諸国において、既製服や作業服などの安価な量産品の生産が拡大し、それぞれの国の重要な輸出品目になっている$_{エ)}$。これに対して、高級衣料では、工業先進国が割合こそ低下しつつあるものの重要な地位を占め$_{オ)}$、激しい競争が展開されている。なかでも、ファッション性が求められる高級品の生産は、一部の工業先進国の大都市に集中する傾向にある$_{カ)}$。

新興工業国や発展途上国における繊維工業の発展は著しいものの、糸を作る紡績機、布を織る織機、縫製のミシンなど生産設備や技術・知識面では依然として工業先進国に大きく依存している$_{キ)}$。また、工業先進国が輸入する衣料では、工業先進国の衣料品関連の企業が製品企画や販売を支配していることが多い。

問 1　下線ア)について、産業革命の時期においては西ヨーロッパやアメリカ合衆国などの工業先進国においても、繊維工業は新しい工業地域を形成する上で、大きな役割を果たした。その際、ある発明がそれまでの工場立地とは異なる立地を生み出したと言われている。ある発明として適切なものを、次の選択肢の中から1つ選んでマークせよ(**解答番号：34**)。

A　蒸気機関　　B　内燃機関　　C　発電機　　D　風車

問 2　下線イ)について、下記の設問に答えよ。

1)　下の**表3**は、下線イ)の3つの天然繊維いずれかの国別生産量の上位5か国を示したものである。**表3**の①〜③の名称の組合せとして正しいものを、次の選択肢の中から1つ選んでマークせよ。(**解答番号：35**)

表3

①

国名	生産量(t)	%
中国	136,000	78.5
[a国]	30,000	17.3
ベトナム	1,778	1.0
タイ	1,600	0.9
ウズベキスタン	1,500	0.9
世界計	173,162	100.0

②

国名	生産量(千t)	%
[a国]	6,033	23.6
中国	4,892	19.2
アメリカ合衆国	4,335	17.0
ブラジル	2,688	10.5
パキスタン	1,556	6.1
世界計	25,515	100.0

③

国名	生産量(千t)	%
中国	200.2	18.7
オーストラリア	170.3	15.9
[b国]	90.7	8.5
トルコ	47.9	4.5
イギリス	42.6	4.0
世界計	1,071.0	100.0

統計年次：①と②は2019年、③は2020年。
資料：『世界国勢図会 2022/23』。

	①	②	③
A	綿花	羊毛	生糸
B	綿花	生糸	羊毛
C	羊毛	綿花	生糸
D	羊毛	生糸	綿花
E	生糸	綿花	羊毛
F	生糸	羊毛	綿花

2)　**表3**中のaとbに該当する国名を、次の選択肢の中からそれぞれ1つ選んで、aは解答番号：36に、bは解答番号：37に、マークせよ。(**解答番**

号：36、37）

A　インド　B　エジプト

C　カナダ　D　トルコ

E　ニュージーランド　F　南アフリカ共和国

G　メキシコ　H　モンゴル

3）　天然繊維①～③と、それぞれ上位3か国へのおおよその生産集中率(%)の組み合わせとして適切なものを、次の選択肢の中から1つ選んでマークせよ。(**解答番号：38**)

	①	②	③
A	97	43	60
B	97	60	43
C	60	97	43
D	60	43	97
E	43	97	60
F	43	60	97

4）　日本は江戸時代末期に開国した際、生糸が主要な輸出品となっていた。しかし、粗製濫造の横行によって国際的評価を落としていた。そこで、明治政府は1872年に、ヨーロッパ諸国の生糸の品質に追いつくため、官営の器械製糸工場を建設した。これは当時、日本初の本格的な器械製糸の工場であった。導入された器械は日本の気候にも配慮したものであり、後続の製糸工場にも取り入れられるとともに、技術指導センターとしての役割も果たした。この製糸場は2014年にはユネスコの世界遺産に正式登録された。この製糸場の名称として適切なものを、次の選択肢の中から1つ選んでマークせよ。(**解答番号：39**)

A　上田製糸場　B　岡谷製糸場

C　片倉製糸場　D　富岡製糸場

問 3　下線ウ)について、**表 4** は化学繊維の 1980 年と 2016 年における国別生産量の上位 5 か国を示したものである。これによれば、1970 年代まで欧米などの工業先進国が中心であったのに対して、1980 年代以降、中国やインド、インドネシアなどのアジアの諸国(地域)が生産を伸ばしている。これらを参照したうえで、下記の設問に解答せよ。

表 4

1980 年

国名	生産量(千 t)	%
アメリカ合衆国	361	26.3
［c 国］	176	12.8
ソ連	119	8.7
西ドイツ	84	6.1
台湾	63	4.6
世界計	1,373	100.0

2016 年

国名	生産量(千 t)	%
中国	44,772	68.9
インド	5,583	8.6
アメリカ合衆国	1,982	3.1
インドネシア	1,922	3.0
台湾	1,904	2.9
世界計	64,949	100.0

資料：1980 年は日本化学繊維協会資料、2016 年は『繊維ハンドブック』。

1)　1970 年代まで欧米などの工業先進国が中心であった理由として**適切でないもの**を、次の選択肢の中から 1 つ選んでマークせよ。(**解答番号：40**)

A　資本集約度が高かったから

B　石油化学工業が発達していたから

C　労働集約度が高かったから

D　有機合成化学研究が発達していたから

2)　**表 4** 中の c に該当する国名を、次の選択肢の中から、1 つ選んでマークせよ。(**解答番号：41**)

A　イギリス　　B　イタリア　　C　日本　　D　フランス

問 4　下線エ)について、**表 5** は、2020 年において衣類が重要な輸出品目の 1 つになっているアジア 4 か国(インドネシア、スリランカ、パキスタン、ベトナム)における輸出額上位5品目を示したものである。**表5**のA～Dの中から、ベトナムに該当するものを1つ選んでマークせよ。(**解答番号：42**)

表5

A

輸出品目	輸出額(百万米ドル)	%
パーム油	17,364	10.6
石炭	16,527	10.1
機械類	14,511	8.9
鉄鋼	11,222	6.9
衣類	7,548	4.6
計	163,192	100.0

B

輸出品目	輸出額(百万米ドル)	%
機械類	129,607	46.1
衣類	28,065	10.0
はきもの	17,254	6.1
家具	11,301	4.0
繊維品	9,798	3.5
計	281,441	100.0

C

輸出品目	輸出額(百万米ドル)	%
衣類	4,552	42.5
茶	1,330	12.4
ゴム製品	569	5.3
繊維品	465	4.3
野菜・果実	433	4.0
計	10,707	100.0

D

輸出品目	輸出額(百万米ドル)	%
繊維品	7,112	32.0
衣類	6,177	27.8
米	2,101	9.4
野菜・果実	751	3.4
銅	415	1.9
計	22,237	100.0

資料：『世界国勢図会 2022/23』。

問5　下線オ)に該当する工業先進国として**適切でないもの**を、次の選択肢の中から1つ選んでマークせよ。(**解答番号：43**)

A　イギリス　　B　イタリア

C　スウェーデン　　D　ドイツ

問6　下線カ)について、下記の設問に解答せよ。

1)　大都市に集中する理由として**適切でないもの**を、次の選択肢の中から1

つ選んでマークせよ。(**解答番号：44**)

A　多品種少量生産に対応しやすいから

B　低賃金のパートタイム労働者などを利用しやすいから

C　ファッションの動向を把握しやすいから

D　短い納期に対応しやすいから

2)　これに該当する大都市圏として**適切でないもの**を、次の選択肢の中から1つ選んでマークせよ(**解答番号：45**)。

A　ニューヨーク　　B　パリ

C　ミュンヘン　　D　ミラノ

問7　下線キ)のような現象は、電機・電子や自動車などの他の工業においてもみられる。新興工業国や発展途上国において、こうした問題を克服するためにとられている対策として**適切でないもの**を、次の選択肢の中から1つ選んでマークせよ。(**解答番号：46**)

A　機械関連の基盤的工業のいっそうの充実

B　工業技術教育のいっそうの充実

C　進出企業における技術移転のいっそうの促進

D　農村部への工業誘致のいっそうの促進

政治・経済

(60 分)

〔Ⅰ〕 次の文章を読み、設問1～10(**解答番号1～10**)に答えなさい。

岸田内閣は2023年1月に「異次元の少子化対策」の検討を表明した。2030年代に入るまでの「ラストチャンス」として、児童手当の拡充、出産費用の公的医療保険(ア)適用などを検討しているが、2023年7月時点で具体案については検討中である。少子化問題は日本社会が抱える重大な課題であったにもかかわらず、なぜ「ラストチャンス」まで追い込まれることになったのか。

実は少子化対策が政策課題として認識され始めたのは「ラストチャンス」より30年以上の前のこと、1990年の「[1]」ショックの時である。1989年の合計特殊出生率が[1]と、丙午という特殊要因で過去最低であった1966年の合計特殊出生率を下回ったことが判明したことの衝撃を指している。

これを受けて少子化進行や女性の社会進出に対応するため、政府は1994年にいわゆる[2]を策定し、少子化対策を推進してきた。そして1999年には少子化対策の具体的計画を定めた「新[2]」が策定された。だが、それでも出生率低下には歯止めがかからず、2003年には「次世代育成支援対策推進法」、「少子化社会対策基本法」を策定し、翌年に「少子化社会対策大綱」を策定、新[2]の後継計画としていわゆる「子ども・子育て応援プラン」を策定した。

だが、これらの施策にもかかわらず少子化対策による出生率の改善の兆しは見えなかった。2010年代頃になると女性の社会進出(イ)はさらに進み、共働き夫婦が一般的になった。これに伴って保育所利用のニーズが高まる一方、保育所・保育士不足を背景に、いわゆる待機児童問題(ウ)が深刻化することになる。2015年に施行された子ども・子育て支援新制度は待機児童問題などの解消のために、多様な保育サービスの展開を行うとともに、保育所の「量的」拡大が目指された。昨今では待機児童数は以前よりも大きく減少し、少なくない自治体が待機児童数ゼロの目標を達成している。だが、昨今も保育の現場では様々な事件・事故が多発しており、その背景には保育現場の待遇問題や人手不足があると指摘されている。このような経緯の中で、今回の「異次元の少子化対策」がこれまでの少子化対策・子育て支援政策にはない画期的なものになるのか、少子化の傾向を反転させるまでになるかが注目を集めている。

もっとも、子育て支援政策の充実が出生率の上昇に必ずつながるかどうかは議論の余地がある。税を主な財源とする［　3　］型の社会保障制度を採用する国でも、近年出生率が低下してきている。出生率を決める要因は雇用状況だけでなく、ライフスタイルや家族観なども影響しているといわれる。

どのような施策が出生率向上に効果があるかについても専門家の見解は割れている。「異次元の少子化対策」では児童手当の拡充が検討されているが、現金給付(エ)の効果はそれほど高くないことが指摘されており、育児時間の確保などの働き方改革(オ)や保育サービスの充実などの現物給付に重点を置くべきだという議論もある。

今後、子育て支援政策の拡充について新たな負担を求めるのであれば、納税者の合意を得ることも重要である。特に子育て当事者以外に子育て支援、それに伴う出生率上昇のメリットを丁寧に説明する必要があるだろう。日本は1990年代から［　4　］になっており、従属人口が生産年齢人口を超えて経済にとって負担となってきた。［　5　］を基本とする日本の公的年金制度は少子高齢化が進行すると、保険料を負担する現役世代が減り、年金を受け取る高齢者が増加するため、年金の給付水準が維持できなくなる可能性がある。逆に出生率上昇は保険料負担をする現役世代を増やすため、長期的には子育て当事者以外にも一定の便益を見込むことができる。このように、子育ての負担を社会で分かち合うことが、ひいては社会全体の便益につながるという視点も持つ必要があるだろう。

設問 1　下線部(ア)に関する説明として、もっとも適切と思われるものを一つ選び、(**解答番号 1**)にマークしなさい。

A　2023年時点での高齢者の医療費負担は無償化されている。

B　日本の公的医療保険制度はすべての業種で統一されている。

C　1883年にイギリスで世界で最初の社会保険制度が導入された。

D　後期高齢者医療制度が75歳以上を対象に2008年から導入された。

設問 2 [1] に入る語句として、もっとも適切なものを一つ選び、(**解答番号 2**)にマークしなさい。

A 1.26

B 1.37

C 1.57

D 1.80

設問 3 [2] に入る語句として、もっとも適切なものを一つ選び、(**解答番号 3**)にマークしなさい。

A エンゼルプラン

B ゴールドプラン

C 一億総活躍プラン

D 加速化プラン

設問 4 下線部(イ)に関する説明として、もっとも適切と思われるものを一つ選び、(**解答番号 4**)にマークしなさい。

A 女性に対する深夜労働・残業、休日労働の制限は2023年時点でも存続している。

B 2016年に施行された「女性活躍推進法」のもと、2022年より常用労働者301人以上の企業は厚生労働省が定める計算方法で男女の平均賃金の差異を公表することが義務付けられるようになった。

C 1972年に募集や採用などで男女差をつけることを禁止する男女雇用機会均等法が制定された。

D 女性の労働力率は「M字カーブ」を描くことが知られているが、近年は働く女性の増加や育児支援の拡充を背景に、カーブが以前よりも深くなってきている。

設問 5 下線部(ウ)に関する説明として、もっとも適切と思われるものを一つ選び、(**解答番号 5**)にマークしなさい。

A 待機児童数は入所条件を満たすすべての児童数から認可保育所の児童定員数を引いた人数で算定する。

B　待機児童問題の解消を狙いとして導入された認定子ども園制度によって、既存の幼稚園は自動的に認定こども園へ統合されることになった。

C　日本の総待機児童数がピークであった時期でも、東京都および政令指定都市以外では待機児童は確認されていなかった。

D　2015年に施行された子ども・子育て支援新制度によって、ベビーシッター利用者や病児保育利用の支援も拡充することになった。

設問6　[3] に入る語句として、もっとも適切なもの一つ選び、(**解答番号6**)にマークしなさい。

A　アメリカ

B　大陸

C　アジア

D　北欧

設問7　下線部(エ)に関する説明として、もっとも適切と思われるものを一つ選び、(**解答番号7**)にマークしなさい。

A　生活保護制度は公費による運用がほとんどであるが、一部社会保険制度が併用されている。

B　2023年時点で高所得者世帯における児童手当の所得制限は撤廃された。

C　2020年に安倍政権が実施した特別定額給付金は低所得者もしくは所得が大幅に低下した者に対し、10万円を給付する制度であった。

D　日本の雇用保険の保険料は使用者と労働者が負担をする。

設問8　下線部(オ)に関する説明として、もっとも適切と思われるものを一つ選び、(**解答番号8**)にマークしなさい。

A　これまで日本型雇用慣行のもとで長時間労働が課題になってきた。日本の三大雇用慣行とは、終身雇用制、年功序列賃金、職業別労働組合である。

B　いわゆる労働三法とは、労働組合法、労働関係調整法、労働安全衛生法の三つである。

C 働き方改革の目玉とされる「同一賃金同一労働」のもと、2020年以降正規労働者と非正規労働者の間の不合理な待遇差が禁止されている。

D 2023年時点ではマタニティハラスメント防止の措置義務が追加されているが、パワーハラスメント防止については措置義務化が実施されていない。

設問9 [4] に入る語句として、もっとも適切なものを一つ選び、(**解答番号9**)にマークしなさい。

A 人口ボーナス

B 人口オーナス

C 人口減少

D 人口維持

設問10 [5] に入る語句として、もっとも適切なものを一つ選び、(**解答番号10**)にマークしなさい。

A 賦課方式

B 積立方式

C 税方式

D 確定拠出年金方式

〔Ⅱ〕　次の文章を読み、設問1～10(**解答番号 11～20**)に答えなさい。

明治維新後、日本は欧米各国をモデルとして、近代的な憲法の制定を目指した。政府は、プロイセン憲法を模範として、君主主権を基本原理とする憲法を作成することとした。こうして制定された大日本帝国憲法(ア)(明治憲法)は、今日の日本国憲法と異なる点が少なくなかった。

第二次世界大戦を経てポツダム宣言を受諾した日本は、大日本帝国憲法の改正が必要となった。政府は、連合国軍総司令部(GHQ)がマッカーサー3原則(イ)に基づいて起草した総司令部案をもとに憲法改正案をまとめた。そして、戦後初の衆議院議員総選挙を経て開かれた帝国議会において日本国憲法が成立した。この日本国憲法(ウ)は、大日本帝国憲法の改正という形をとりながら、実質的にはまったく新しい憲法であり、国民主権・基本的人権の尊重・平和主義を3大基本原理としている。

基本的人権の尊重を基本原理の一つとする日本国憲法は、いわゆる国家からの自由を内容とする自由権(エ)(自由権的基本権)として、精神的自由や人身の自由、経済的自由に関する諸権利を保障している。この自由権とともに、日本国憲法はいわゆる国家による自由を内容とする社会権(オ)(社会権的基本権)として、生存権、教育を受ける権利、労働基本権などを定めている。また、社会の発展に伴い様々な問題が発生したことを受けて、憲法に明記されていないが、新たに基本的人権として保障するべき権利の存在が認識されるようになった。例えば、高度経済成長期に各地で公害が発生し、環境権(カ)が主張されるようになった。プライバシー権(キ)は、高度情報化社会の進展とともに、その内容を変化させている。これらに加えて、新しい人権として知る権利や自己決定権(ク)、平和的生存権などの様々な権利が主張されている。

さらに、今日において人権は様々な国際的な条約(ケ)によっても保障されるに至っている。また、日本に在住する外国人(コ)にも、権利の性質上国民にのみ保障される人権を除いて、人権の保障は及んでいる。

設問1　下線部(ア)に関連し、大日本帝国憲法に関する記述として、もっとも適切なものを一つ選び、(**解答番号 11**)にマークしなさい。

A　軍の最高指揮権である統帥権は内閣総理大臣が有していた。

B　貴族院が衆議院に優越していた。

C　国民の権利は、「臣民の権利」として、「法律の範囲内」で認められていた。

D　内閣総理大臣には内閣の首長としての地位が与えられていた。

設問 2　下線部(イ)に関連し、マッカーサー３原則として、適切でないものを一つ選び、(**解答番号 12**)にマークしなさい。

A　基本的人権の尊重　　B　戦争の放棄

C　天皇は国の最高位にあること　　D　封建制の廃止

設問 3　下線部(ウ)に関連し、日本国憲法に関する記述として、もっとも適切なものを一つ選び、(**解答番号 13**)にマークしなさい。

A　憲法は国の最高法規であり、国民は憲法尊重擁護義務を負う。

B　憲法改正の手続きを踏んでも、憲法の基本原理を変更することは、改正の限界を超えるものであり、許されないと考えられている。

C　憲法改正国民投票の手続きを定める国民投票法によれば、投票年齢は20歳以上である。

D　天皇は国事行為として内閣総理大臣を指名する。

設問 4　下線部(エ)に関連し、自由権に関する記述として、もっとも適切なものを一つ選び、(**解答番号 14**)にマークしなさい。

A　経済的自由の制約は、精神的自由の制約よりも厳格に合憲性が審査されるという二重の基準を裁判所はとっている。

B　裁判での事実認定は証拠によらなければならないが(証拠主義)、被告人の自白は任意のものではなくても証拠とされる。

C　冤罪を防止するために、すべての刑事事件について、取り調べの全過程の可視化が導入されている。

D　最高裁判所は、死刑制度について、残虐な刑罰を禁止した憲法第36条に違反していないとしている。

設問 5　下線部(オ)に関連し、社会権に関する記述として、もっとも適切なものを一つ選び、(**解答番号 15**)にマークしなさい。

A　堀木訴訟は生存権をめぐる裁判の一つである。

B　勤労の権利は労働三権の一つである。

C　朝日訴訟において、最高裁判所は憲法第 25 条の法的性格の理解として法的権利説を採用したとされている。

D　公務員にも民間企業の労働者と同様に労働基本権として争議権が認められている。

設問 6　下線部(カ)に関連し、環境権に関する記述として、もっとも適切なものを一つ選び、(**解答番号 16**)にマークしなさい。

A　公害対策基本法は環境基本法の制定により廃止された。

B　大阪空港公害訴訟は四大公害訴訟の一つである。

C　公害を発生させた企業が過失がなくても損害賠償責任を負う制度は日本ではいまだ導入されていない。

D　日本の公害は第二次世界大戦後の高度経済成長期にはじめて発生した。

設問 7　下線部(キ)に関連し、最高裁判所がプライバシー侵害を理由に小説の出版差し止めを認めた裁判として、もっとも適切なものを一つ選び、(**解答番号 17**)にマークしなさい。

A 「宴のあと」事件　　B 「石に泳ぐ魚」事件

C　島田事件　　D　三菱樹脂事件

設問 8　下線部(ク)に関連し、自己決定権に深く関わることがらとして、もっとも適切なものを一つ選び、(**解答番号 18**)にマークしなさい。

A　アクセス権　　B　デュー・プロセス

C　インフォームド・コンセント　　D　個人情報保護法

設問 9　下線部(ケ)に関連し、日本が批准していない人権条約として、もっとも適切なものを一つ選び、(**解答番号 19**)にマークしなさい。

A　経済的、社会的および文化的権利に関する国際規約

B　子どもの権利条約

C　難民の地位に関する議定書

D　市民的および政治的権利に関する国際規約の選択議定書

設問10　下線部(コ)に関連し、外国人の人権に関する裁判として、もっとも適切なものを一つ選び、(**解答番号 20**)にマークしなさい。

A　チャタレイ事件　　B　長沼ナイキ訴訟

C　マクリーン事件　　D　ポポロ事件

〔Ⅲ〕　次の文章を読み、設問１～10(**解答番号 21～30**)に答えなさい。

競争的な市場では、市場メカニズムが働いて均衡価格が実現し、財・サービスの需給が一致する(ア)。こうして達成される資源配分は、効率性(イ)を持つ。しかし、市場メカニズムが機能する前提として、市場参加している経済主体が十分に競争的な関係になくてはならない。競争が不十分な例としては、少数の企業によって財・サービスの供給量全体の大部分が占められる寡占市場が挙げられる。寡占市場で実現する財・サービスの価格・取引量は、競争的な市場のそれらとは異なり(ウ)、資源配分機構としての効率性が低いことが知られている。

企業間競争の問題は、産業の発展と密接に関わっている。19世紀には［　1　］の発展により、莫大な投資で大量生産をおこなう大規模企業の市場支配力が強まった。市場支配力のある大規模企業が先行して価格付けをおこない、その価格に小規模な他企業が追従する(エ)ことで価格競争が弱まり、寡占の弊害が大きくなった。しかし、寡占市場においても価格競争の側面は一部あるため、長期的には利益の源泉が失われていく。これに対応すべく、企業は研究開発によって技術革新を起こして製品開発や生産性向上によって市場支配を続け、利潤を確保するようになった。一方、技術革新は経済成長の源でもあるため(オ)、市場支配力の確保による資源配分の非効率性と研究開発の促進は社会的な［　2　］関係にあると言え、これを適切に制御することは現代でも重要な政策課題(カ)である。

なお、企業間競争が不完全な場合以外にも、資源配分が効率的でなくなること

がある。よく知られている例は、公共財や外部経済・外部不経済の存在(キ)である。また、取引にあたって経済主体の間で持っている情報が異なることを情報の非対称性(ク)というが、これによっても資源配分の効率性が損なわれる。

設問 1　下線部(ア)に関連して、均衡価格が実現している状態で政府が財・サービスの価格に上限と下限を設ける価格規制をおこなった場合に生じ得る状況として、もっとも適切なものを一つ選び、(**解答番号 21**)にマークしなさい。

A　均衡価格が価格規制の上限より高い場合、超過需要が発生して、市場価格は価格規制の上限に収束する。

B　均衡価格が価格規制の上限より高い場合、超過供給が発生して、市場価格は価格規制の下限に収束する。

C　均衡価格が価格規制の下限より低い場合、超過供給が発生して、市場価格は価格規制の上限に収束する。

D　均衡価格が価格規制の下限より低い場合、超過需要が発生して、市場価格は価格規制の下限に収束する。

設問 2　下線部(イ)に関連して、ここでの資源配分の効率性を具体的に説明した記述としてもっとも適切なものを一つ選び、(**解答番号 22**)にマークしなさい。

A　財・サービスの消費者・生産者の便益が等しく、不公平がない。

B　財・サービスの単位あたり生産費用が最小になっている。

C　財・サービスが過不足なく生産され、資源の無駄が生じていない。

D　財・サービスの消費者への分配が等しく、経済格差がない。

設問 3　下線部(ウ)に関連して、寡占市場で実現する価格・取引量に関する記述としてもっとも適切なものを一つ選び、(**解答番号 23**)にマークしなさい。

A　競争的な市場と比較して、価格は高く、取引量は大きい。

B　競争的な市場と比較して、価格は高く、取引量は小さい。

C　競争的な市場と比較して、価格は低く、取引量は大きい。

D　競争的な市場と比較して、価格は低く、取引量は小さい。

設問 4　文中の［ 1 ］に入れる語句として、もっとも適切なものを一つ選び、(**解答番号 24**)にマークしなさい。

A　運輸・通信業　　B　重化学工業
C　小売業　　D　卸売業

設問 5　下線部(エ)に関連して、このように決まる価格を何と呼ぶか。次のうちもっとも適切なものを一つ選び、(**解答番号 25**)にマークしなさい。

A　管理価格　　B　独占価格
C　留保価格　　D　公定価格

設問 6　下線部(オ)に関連して、オーストリアの経済学者シュンペーターは、技術革新のほかに組織生成など生産に関する画期的な新様式のことを何と呼んだか。次のうちもっとも適切なものを一つ選び、(**解答番号 26**)にマークしなさい。

A　リプレイスメント　　B　アップデート
C　イノベーション　　D　リフォーム

設問 7　文中の［ 2 ］に入れる語句として、もっとも適切なものを一つ選び、(**解答番号 27**)にマークしなさい。

A　フリーランチ　　B　トレードオフ
C　補完　　D　代替

設問 8　下線部(カ)に関連して、企業による研究開発投資を促進する政策としてもっとも適切なものを一つ選び、(**解答番号 28**)にマークしなさい。

A　企業の参入を免許制とする。
B　製品価格に上限を設定する。
C　既存の製品を政府が安定的に買い取る。
D　特許期間を無期限から有期限に変える。

設問 9　下線部(キ)に関連して、公共財、外部経済および外部不経済についての記述としてもっとも適切なものを一つ選び、(**解答番号 29**)にマークしなさい。

A　公共財は非排除性と非競合性を持つ財・サービスのことで、例として国防や水資源が挙げられる。

B　公共財は、フリーライドの存在により供給が過剰となる。

C　外部不経済の代表的な例として、新駅の建設や養蜂場と果樹園の隣接が挙げられる。

D　外部経済がある場合、対価の発生しない便益により、市場では財・サービスの供給が過少となる。

設問10　下線部(ク)に関連して、情報の非対称性によって生じると考えられる状況の記述としてもっとも適切なものを一つ選び、(**解答番号 30**)にマークしなさい。

A　質の高い財・サービスの価格は過剰に高く、質の低い財・サービスの価格は過剰に低くなる。

B　市場に質の高い財・サービスしか供給されなくなる。

C　金融市場で資金の借り手と貸し手の間に情報の非対称性がある場合、資金供給が過少になる。

D　生産者が情報弱者となるため、生産者保護の政策が必要になる。

〔Ⅳ〕 次の文章を読み、設問1～10(**解答番号 31～40**)に答えなさい。

編集部注：問題文中の網掛け部分は個人名を置き換えています。

パレスチナ自治区 [1] 西岸で「この20年で最大規模」とされる軍事作戦を展開していたイスラエル軍は5日、同地区ジェニンからの撤退を完了した。イスラエルメディアなどが報じた。 [2] 首相は、作戦は「一過性のものではない」と発言。緊張緩和につながるかは不透明だ。(略)

難民キャンプ(ア)に住むNGO職員 A さん(56)は電話取材に、インフラが破壊され、水道や電気が止まったと証言。「負傷者を助けたくても軍が救急車を入れてくれず、みんなで手当てした。市民の命をなんだと思っているのか」と憤った。

5日未明には、パレスチナ自治区ガザ地区からロケット弾5発が発射され(イ)、イスラエル軍はこれに対してガザを空爆した(ウ)。

(エルサレム(エ)＝高久潤)

出典：2023年7月6日付『朝日新聞』

設問1 [1] に入るもっとも適切な地名を一つ選び、(**解答番号 31**)にマークしなさい。

A 紅 海　　B 死 海

C ユーフラテス川　　D ヨルダン川

設問2 [2] に入るもっとも適切な人名を一つ選び、(**解答番号 32**)にマークしなさい。

A アッバス　　B ラビン

C シャロン　　D ネタニヤフ

設問3 下線部(ア)に関連して、パレスチナに限らず地域紛争により各地で多くの難民が発生している。これに対して日本は出入国管理及び難民認定法を制定している。2021年の日本の難民認定数としてもっとも適切なものを一つ選び、(**解答番号 33**)にマークしなさい。

A 74人　　B 117人

C　3,562 人　　D　13,703 人

設問 4　下線部(イ)に関連して、イスラエル軍の弾圧に対するパレスチナ人の抵抗運動を何とよぶか。もっとも適切なものを一つ選び、(**解答番号 34**)にマークしなさい。

A　アラブの春　　B　インティファーダ

C　シオニズム　　D　ディアスポラ

設問 5　下線部(ウ)に関連して、イスラエル軍はこれまでもガザ地区への空爆・侵攻を繰り返してきた。その理由として、ガザ地区を支配するイスラーム原理主義組織がイスラエルと厳しく対立していることが挙げられる。その組織の名称としてもっとも適切なものを一つ選び、(**解答番号 35**)にマークしなさい。

A　ヒズボラ　　B　ハマス(ハマース)

C　ファタハ　　D　イスラム国(IS)

設問 6　下線部(エ)に関連する以下の記述のうちもっとも適切なものはどれか。一つ選び、(**解答番号 36**)にマークしなさい。

A　アメリカの在イスラエル大使館はテルアビブに置かれている。

B　イスラエルはテロ対策としてエルサレム西側に分離壁を建設している。

C　イスラエルは二分されたエルサレムのまず東側を、次に西側を占領した。

D　エルサレムは国際的にはイスラエルの首都として認められていない。

設問 7　イスラエルがこれまでに占領地としてこなかった地区はどこか。もっとも適切なものを一つ選び、(**解答番号 37**)にマークしなさい。

A　ゴラン高原　　B　シナイ半島

C　シリア北西部　　D　レバノン南部

設問 8　1993 年にパレスチナ暫定自治協定が調印され、イスラエルとパレスチ

ナ解放機構(PLO)は相互承認を行う。これに至るまで秘密裏に両者の仲介を果たした国はどこか。もっとも適切なものを一つ選び、(**解答番号 38**)にマークしなさい。

A スウェーデン　　B デンマーク

C ノルウェー　　D フィンランド

設問 9 パレスチナ問題の根本的原因は第一次世界大戦時のイギリス外交にある。それについて述べた次の説明のうちもっとも適切なものを一つ選び、(**解答番号 39**)にマークしなさい。

A イギリスはアラブ人に対してその独立を保証する「フサイン＝マクマホン書簡」を送る一方で、ユダヤ人国家の建設を約束した「バルフォア宣言」を出して密約とした。加えて、フランス・ロシアとの間で「サイクス・ピコ協定」を結んで大戦後に中東を分割統治しようとした。

B イギリスはアラブ人に対してその独立を保証する「バルフォア宣言」を出して密約とした一方で、ユダヤ人国家の建設を約束した「フサイン＝マクマホン書簡」を送った。加えて、フランス・ロシアとの間で「サイクス・ピコ協定」を結んで大戦後に中東を分割統治しようとした。

C イギリスはアラブ人に対してその独立を保証する「サイクス・ピコ協定」を結ぶ一方で、ユダヤ人国家の建設を約束した「バルフォア宣言」を出して密約とした。加えて、フランス・ロシアに対して「フサイン＝マクマホン書簡」を送って大戦後に中東を分割統治しようとした。

D イギリスはアラブ人に対してその独立を保証する「バルフォア宣言」を出して密約とした一方で、ユダヤ人国家の建設を約束した「サイクス・ピコ協定」を結んだ。加えて、フランス・ロシアに対して「フサイン＝マクマホン書簡」を送って大戦後に中東を分割統治しようとした。

設問10 第二次世界大戦後にパレスチナにユダヤ人国家であるイスラエルが建国された背景には、ナチス・ドイツによるユダヤ人の大虐殺(ホロコースト)がある。ナチス・ドイツについての次の説明のうちもっとも適切なものを一つ選び、(**解答番号 40**)にマークしなさい。

A ナチスは民族意識をあおる大衆宣伝を通じて支持を得て選挙や国民投

票により、政権を獲得した。

B　ナチスは国会放火事件を引き起こして大衆の不安をあおり、それに乗じて政権を獲得した。

C　ナチスはヒトラーに大統領権限を委譲するための国民投票で圧勝したことで、政権を獲得した。

D　ナチスはワイマール憲法を空文化する全権委任法が成立したことを利用して、政権を獲得した。

数　学

（注）1. 分数形で解答する場合は、既約分数で答えること。

2. 根号を含む形で解答する場合は、根号の中に現れる自然数が最小となる形で答えること。

◀数学Ⅰ・Ⅱ・A・B▶

（60分）

〔Ⅰ〕 次の空欄中ア、エ、シ、ス、ニに当てはまるものを解答群の中から選びその記号をマークせよ。それ以外の空欄に当てはまる0から9までの数字を解答用紙の所定の欄にマークせよ。ただし、［ケコ］、［タチ］、［ツテ］、［トナ］は2桁の数である。

(1) 座標平面上の放物線 $y=2x^2-1$ を考える。t を0でない定数とするとき、放物線上の点 $\mathrm{P}(t, 2t^2-1)$ における接線 ℓ の方程式は

$$y=\boxed{\text{ア}}\,x-\boxed{\text{イ}}\,t^2-\boxed{\text{ウ}}$$

である。点Pを通りこの接線 ℓ に直交する直線を点Pにおける法線と呼ぶことにすると、この法線の方程式は

$$y=\boxed{\text{エ}}\,x+\boxed{\text{オ}}\,t^2-\frac{\boxed{\text{カ}}}{\boxed{\text{キ}}}$$

である。

ア、エの解答群

⓪ $-\dfrac{1}{4t}$　① $-\dfrac{1}{2t}$　② $-t$　③ $-2t$　④ $-4t$

⑤ $\dfrac{1}{4t}$　⑥ $\dfrac{1}{2t}$　⑦ t　⑧ $2t$　⑨ $4t$

(2)　x についての不等式

$$\left(\log_3 \frac{x}{8}\right) \cdot (\log_2 8x) \leqq (\log_3 2) \cdot \log_2 \frac{8}{x}$$

を解くと、

$$\frac{\boxed{\text{ク}}}{\boxed{\text{ケコ}}} \leqq x \leqq \boxed{\text{サ}}$$

である。

(3)　次のデータは、ある7人制ラグビーチームの7人の選手の身長を調べたものである。

$$181,\ 185,\ 184,\ 176,\ 172,\ x,\ y\ \text{(cm)}$$

このデータの平均が177、分散が40のとき、$x < y$ とすると、$x = \boxed{\text{シ}}$, $y = \boxed{\text{ス}}$ である。

シ、スの解答群

⓪ 163	① 166	② 169	③ 172	④ 175
⑤ 178	⑥ 181	⑦ 184	⑧ 187	⑨ 190

(4)　平面上に正方形ABCDがある。点Pが辺BC上にあり、線分APを直径とする円が辺CDに接するものとする。このとき、

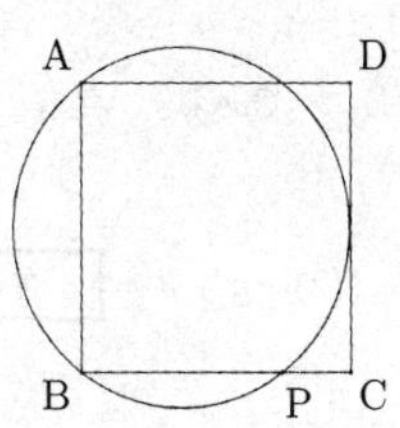

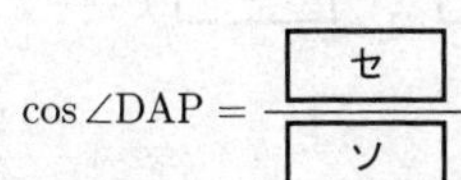

$$\cos\angle\text{DAP} = \frac{\boxed{\text{セ}}}{\boxed{\text{ソ}}}$$

であり、また

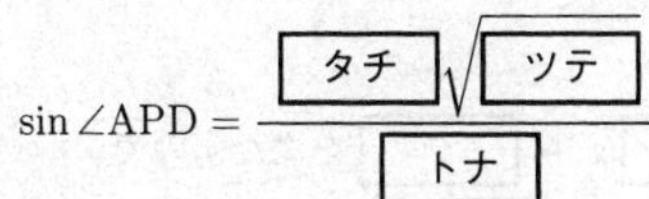

$$\sin\angle\text{APD} = \frac{\boxed{\text{タチ}}\sqrt{\boxed{\text{ツテ}}}}{\boxed{\text{トナ}}}$$

である。

(5) 正の整数のうち、3の倍数であるか、または10進法で表したときに3を含むような数の集合を考え、この集合の要素を小さい順に並べた数列を考える。このとき、999は第 [ニ] 項である。

ニの解答群

⓪ 333　① 396　② 414　③ 459　④ 495

⑤ 513　⑥ 558　⑦ 612　⑧ 693　⑨ 756

〔Ⅱ〕 次の空欄中アからスに当てはまる0から9までの数字を解答用紙の所定の欄にマークせよ。ただし、[サシ] は2桁の数である。

x についての関数 $f(x), g(x), h(x)$ を

$$f(x) = 4x^4$$
$$g(x) = 12x + 8$$
$$h(x) = 4x^2 + 1$$

により定める。座標平面上で曲線 $y = f(x)$ と直線 $y = g(x)$ は、異なる2点で交わる。それら交点の x 座標をそれぞれ a, b（ただし $a < b$）とする。

(1)

$$f(x) + h(x) = \left(\boxed{ア} x^2 + \boxed{イ} \right)^2$$
$$g(x) + h(x) = \left(\boxed{ウ} x + \boxed{エ} \right)^2$$

である。

(2) $a + b = \boxed{オ}$, $b - a = \sqrt{\boxed{カ}}$ である。

(3) $x = a,\ x = b$ は、$x^5 = \boxed{キ} x + \boxed{ク}$ を満たすので、

$b^5 - a^5 = \boxed{ケ} \sqrt{\boxed{コ}}$ である。

(4) 座標平面上で曲線 $y = f(x)$ と直線 $y = g(x)$ で囲まれる図形の面積は

$\boxed{サシ} \sqrt{\boxed{ス}}$ である。

〔Ⅲ〕　次の空欄中エ、キ、ク、ケ、コに当てはまるものを解答群の中から選びその記号をマークせよ。それ以外の空欄には当てはまる 0 から 9 までの数字を解答用紙の所定の欄にマークせよ。

整数からなる数列 $\{a_n\}$ $(n = 1, 2, 3, \cdots\cdots)$ を次の規則１、規則２により定める。

（規則１）　$a_1 = 0, a_2 = 1$ である。

（規則２）　$k = 1, 2, 3, \cdots\cdots$ について、初項から第 2^k 項までの値のそれぞれに 1 を加え、それらすべてを逆の順序にしたものが第 $(2^k + 1)$ 項から第 2^{k+1} 項までの値と定める。

例えば、初項と第２項のそれぞれに１を加えて順序を逆にすると $2, 1$ を得る。これより、初項から第４項までは $0, 1, 2, 1$ となる。同様に、これらのそれぞれに１を加えて順序を逆にすると $2, 3, 2, 1$ となる。これより、初項から第８項までは

$$0, 1, 2, 1, 2, 3, 2, 1$$

となる。

(1)　以上の規則により得られる数列 $\{a_n\}$ において、$a_{10} =$ ［ア］ であり $a_{16} =$ ［イ］ である。また、第 2^k 項 $(k = 5, 6, 7, \cdots\cdots)$ の値は ［ウ］ である。

(2)　a_{518} を求めたい。上記の規則２によれば、$1 \leqq i \leqq 2^k$ を満たす i に対して a_i に 1 を加えた数と第 ［エ］ 項が等しいと定めている。実際に、$2^b < 518 \leqq 2^{b+1}$ を満たすような整数 b は ［オ］ であることに注意すれば、$a_{518} =$ ［カ］ である。

エの解答群

⓪ $2^k + i - 1$　① $2^k + i$　② $2^k + i + 1$　③ $2^k + 2i$

④ $2^k + 2i + 1$　⑤ $2^{k+1} - i - 1$　⑥ $2^{k+1} - i$

⑦ $2^{k+1} - i + 1$　⑧ $2^{k+1} - 2i - 1$　⑨ $2^{k+1} - 2i$

(3) 点 P_k ($k=1,2,3,\cdots\cdots$) を次のように定める。

数列 $\{a_n\}$ の初項から第 2^k 項に着目し、a_n を 4 で割った余りにしたがって、ベクトル $\vec{e_n}$ を

$$\vec{e_n}=\begin{cases}(1,0) & a_n \text{ が } 4 \text{ の倍数のとき} \\ (0,1) & a_n \text{ を } 4 \text{ で割った余りが } 1 \text{ のとき} \\ (-1,0) & a_n \text{ を } 4 \text{ で割った余りが } 2 \text{ のとき} \\ (0,-1) & a_n \text{ を } 4 \text{ で割った余りが } 3 \text{ のとき}\end{cases}$$

によって定め、点 P_1 の位置ベクトルを $\overrightarrow{\mathrm{OP}_1}=\vec{e_1}+\vec{e_2}$ とし、点 $\mathrm{P}_k (k=2,3,4,\cdots\cdots)$ の位置ベクトルを $\overrightarrow{\mathrm{OP}_k}=\vec{e_1}+\vec{e_2}+\vec{e_3}+\cdots+\vec{e_{2^k}}$ とする。たとえば、

$$\overrightarrow{\mathrm{OP}_2}=(1,0)+(0,1)+(-1,0)+(0,1)=(0,2)$$

である。$\{a_n\}$ を定める規則に注目すると、$\left|\overrightarrow{\mathrm{OP}_{k+1}}\right|$ は $\left|\overrightarrow{\mathrm{OP}_k}\right|$ の [キ] 倍であり、

$\angle \mathrm{P}_k\mathrm{OP}_{k+1}=$ [ク] である。

このことから $\overrightarrow{\mathrm{OP}_{99}}$ は ([ケ] , [コ]) である。

キの解答群

⓪ $\frac{1}{8}$　① $\frac{1}{4}$　② $\frac{1}{2}$　③ $\frac{\sqrt{2}}{2}$　④ 1

⑤ $\sqrt{2}$　⑥ 2　⑦ $2\sqrt{2}$　⑧ 4　⑨ 8

クの解答群

⓪ 15°　① 30°　② 45°　③ 60°　④ 75°

⑤ 90°　⑥ 105°　⑦ 120°　⑧ 135°　⑨ 150°

ケ、コの解答群

⓪ -2^{99}　① -2^{98}　② -2^{49}　③ -2^{48}　④ 0

⑤ 1　⑥ 2^{48}　⑦ 2^{49}　⑧ 2^{98}　⑨ 2^{99}

◀数　学　III▶

（60 分）

〔 I 〕 次の空欄 ア に当てはまるものを指定された解答群の中から選び、解答用紙の所定の欄の番号をマークせよ。空欄 イ には、当てはまる 0 から 9 までの数字を解答用紙の所定の欄にマークせよ。ただし、log は自然対数である。

(1) $\dfrac{d}{dx}\log\left(x+\sqrt{1+x^2}\right)=$ ア

(2) $\displaystyle\int_{-3}^{3}\sqrt{x^2}\,dx=$ イ

アの解答群

⓪ $\dfrac{1}{x}+\dfrac{2x}{\sqrt{1+x^2}}$　① $\dfrac{1}{\sqrt{1+x^2}}$　② $\sqrt{1+x^2}$　③ $x+\sqrt{1+x^2}$

④ $x-\sqrt{1+x^2}$　⑤ $\dfrac{1}{x+\sqrt{1+x^2}}$　⑥ $\log\dfrac{1}{x+\sqrt{1+x^2}}$　⑦ $\log\dfrac{1}{\sqrt{1+x^2}}$

⑧ $\log\dfrac{\sqrt{1+x^2}}{x+\sqrt{1+x^2}}$　⑨ $\log\dfrac{x}{x+\sqrt{1+x^2}}$

〔Ⅱ〕次の空欄に当てはまる 0 から 9 までの数字を解答用紙の所定の欄にマークせよ。

i は虚数単位とし、$\omega = \dfrac{-1+\sqrt{3}\,i}{2}$ とする。

投げたとき表と裏の出る確率がそれぞれ $\dfrac{1}{2}$ の硬貨を用意する。$z_0 = 0$ とおき、この硬貨を 4 回投げて、複素数 $z_1,\ z_2,\ z_3,\ z_4$ を次の規則により定める。$n = 1,\ 2,\ 3,\ 4$ に対して、n 回目に投げたとき、表が出たならば $z_n = \omega z_{n-1}$ とし、裏が出たならば $z_n = z_{n-1} + 1$ とする。例えば、4 回投げた結果、順に「裏、表、裏、表」と出た場合、

$$z_1 = z_0 + 1 = 1, \qquad z_2 = \omega z_1 = \omega, \qquad z_3 = z_2 + 1 = \omega + 1, \qquad z_4 = \omega z_3 = \omega^2 + \omega$$

となる。

上の規則により $z_1,\ z_2,\ z_3,\ z_4$ を定めたとき、P を $z_4 = 0$ となる確率、Q を $z_4 = 1$ となる確率、R を $z_4 = \omega + 1$ となる確率とすると、

$$2^4 P = \boxed{\text{ア}}, \qquad 2^4 Q = \boxed{\text{イ}}, \qquad 2^4 R = \boxed{\text{ウ}}$$

である。また、S を $|z_4| = 1$ となる確率、T を $|z_4| = 2$ となる確率とすると、

$$2^4 S = \boxed{\text{エ}}, \qquad 2^4 T = \boxed{\text{オ}}$$

である。

〔Ⅲ〕次の空欄の $\boxed{\text{ア}}$、$\boxed{\text{イ}}$、$\boxed{\text{ウ}}$、$\boxed{\text{エ}}$、$\boxed{\text{オ}}$ に当てはまるものを指定された解答群の中から選び、解答用紙の所定の欄の番号をマークせよ。解答群から同じものを2回以上選んでもよい。空欄 $\boxed{\text{カキ}}$ は2桁の数を表すものとし、当てはまる 0 から 9 までの数字を解答用紙の所定の欄にマークせよ。

$a > 0$ とする。座標平面上で、原点 O を中心とする半径 a の定円を C_1 とし、C_1 と外接する半径 a の円を C_2 とする。円 C_2 が定円 C_1 と外接しながらすべることなく転がるとき、C_2 上の定点 P が描く曲線を考えたい。

始めに C_2 の中心が $(2a,\ 0)$ にあり、P が $(a,\ 0)$ にあるとする。C_2 の中心が点 $(2a,\ 0)$ から原点 O を中心に反時計回りに θ だけ回転した位置にきたとき、C_1 と C_2 の接点を通る C_1 と C_2 の共通の接線を l_θ とする。l_θ の方程式は、

$$a = \left(\boxed{\text{ア}}\right)x + \left(\boxed{\text{イ}}\right)y$$

である。このとき、P は直線 l_θ に関して点 $(a,\ 0)$ と対称な点であるので、P の座標を $(x,\ y)$ とすると、P の軌跡は θ を媒介変数として、

$$x = 2a\left(\boxed{\text{ウ}}\right)\cos\theta + a, \qquad y = 2a\left(\boxed{\text{ウ}}\right)\sin\theta$$

と表される。x と y をそれぞれ θ で微分すると、

$$\frac{dx}{d\theta} = 2a\left(\boxed{\text{エ}}\right), \qquad \frac{dy}{d\theta} = 2a\left(\boxed{\text{オ}}\right)$$

となるので、θ が 0 から 2π まで動くとき、P が描く曲線の長さは $\boxed{\text{カキ}}\,a$ である。

ア、イ、ウ、エ、オの解答群

⓪ $\sin\theta$　① $1-\sin\theta$　② $1+\sin\theta$　③ $\sin 2\theta-\sin\theta$　④ $\cos 2\theta+\cos\theta$

⑤ $\cos\theta$　⑥ $1-\cos\theta$　⑦ $1+\cos\theta$　⑧ $\sin 2\theta+\sin\theta$　⑨ $-\cos 2\theta+\cos\theta$

〔Ⅳ〕 次の空欄に当てはまるものをそれぞれ指定された解答群の中から選び、解答用紙の所定の欄の番号をマークせよ。なお、解答群から同じものを2回以上選んでもよい。

$t>1$ とする。t を底とする対数関数 $y=\log_t x$ で定まる曲線を C とし、$y=\dfrac{1}{2}x$ で定まる直線を l とする。このとき、C と l の共有点の x 座標は次の方程式の解である。

$$\frac{\log x}{x}=\frac{\log t}{2}$$

ここで log は自然対数であり、e はその底とする。

$x>0$ に対して $f(x)=\dfrac{\log x}{x}$ とおく。$f(x)$ は $x=\boxed{\text{ア}}$ で最大値 $\boxed{\text{イ}}$ をとり、$f(1)=\boxed{\text{ウ}}$、$x>1$ のとき $f(x)>\boxed{\text{ウ}}$ である。また、$\displaystyle\lim_{x\to+0}f(x)=\boxed{\text{エ}}$、$\displaystyle\lim_{x\to\infty}f(x)=0$ である。したがって、C と l が2つの共有点を持つための必要十分条件は、

$$\boxed{\text{ウ}}<\frac{\log t}{2}<\boxed{\text{イ}}\qquad\cdots\cdots(1)$$

となる。このとき、2つの共有点の x 座標のうち、小さい方を p とすると、不等式 $1<p<\boxed{\text{ア}}$ が成り立つ。

(1) を満たす定数 t と $0<\alpha<p$ を満たす α に対して、次で定まる数列 $\{a_n\}$ を考える。

$$a_1=\alpha,\quad a_{n+1}=\left(\sqrt{t}\right)^{a_n}\qquad(n=1,\ 2,\ 3,\ \cdots)$$

このとき、

$$\log_t\frac{p}{a_{n+1}}=\frac{\boxed{\text{オ}}}{\boxed{\text{カ}}}(p-a_n)\qquad(n=1,\ 2,\ 3,\ \cdots)$$

が成り立つ。これより、すべての自然数 n に対して、不等式 $a_n<p$ が成り立つこともわかる。

曲線 C が上に凸で、$x=1$ における接線の方程式が $y=\dfrac{1}{\boxed{\text{キ}}}(x-1)$ であるから、不等式

$$\log_t\frac{p}{a_{n+1}}\geqq\frac{1}{\boxed{\text{キ}}}\left(1-\frac{a_{n+1}}{p}\right)\qquad(n=0,\ 1,\ 2,\ \cdots)$$

が成り立つ。よって、

$$0<p-a_{n+1}\leqq\frac{p\times\boxed{\text{キ}}}{\boxed{\text{カ}}}(p-a_n)\qquad(n=1,\ 2,\ 3,\ \cdots)$$

がわかる。ゆえに、$\displaystyle\lim_{n\to\infty}a_n=\boxed{\text{ク}}$ である。

以上より、

$$b_1 = \sqrt{2}, \quad b_{n+1} = \left(\sqrt{2}\right)^{b_n} \qquad (n = 1,\ 2,\ 3,\ \cdots)$$

で定まる数列を $\{b_n\}$ としたとき、$\lim_{n \to \infty} b_n =$ [ケ] である。

ア、イ、ウ、エ、オ、カ、ケの解答群

⓪ 0	① 1	② 2	③ 3	④ 4
⑤ $\sqrt{2}$	⑥ e	⑦ $\dfrac{1}{e}$	⑧ ∞	⑨ $-\infty$

キ、クの解答群

⓪ t	① $\log t$	② $\log \dfrac{1}{t}$	③ $\log_t e$	④ $\log_t \dfrac{1}{e}$
⑤ $\sqrt{t}$	⑥ p	⑦ $\dfrac{1}{p}$	⑧ $\log_t p$	⑨ $\log_t \dfrac{1}{p}$

物　理

（60分）

〔Ⅰ〕　次の文中の［　1　］から［　6　］に最も適するものをそれぞれの解答群から一つ選び，解答用紙の所定の欄にその記号をマークせよ。

図のように，滑らかな水平面上に，軽い滑車1が取り付けられた物体1が置かれている。この物体1の上に，軽い滑車2を取り付けた物体2を置く。一端が物体1に固定された軽い糸を2つの滑車にかけて，他端に物体3を鉛直につり下げる。物体3は物体1に取り付けられたガイドに沿って，常に物体1と接したまま滑らかに動くことができる。物体1, 2, 3はすべて直方体で質量はmである。糸は伸び縮みせず，糸と滑車の間の摩擦は無視してよい。重力加速度の大きさをgとする。

まず，物体1が動かないように水平面に固定した。物体2にはたらく静止摩擦力の大きさをf，物体3にはたらく張力をTとすると，物体2が静止しているとき，fとTの間には［　1　］$=0$の関係が成り立つ。物体2が動き出すためには，物体1と物体2の間の静止摩擦係数μが［　2　］なければならない。

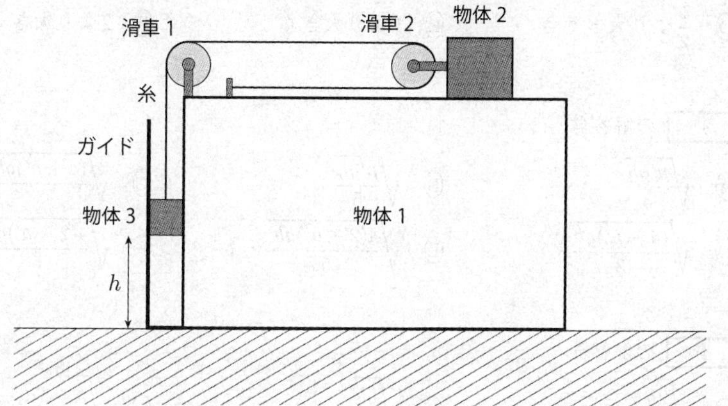

次に，物体2と物体3がともに動く場合を考える。物体1と物体2の間の動摩擦係数を μ' とすると，はじめ水平面から高さ h の位置に静止していた物体3が水平面に到達したとき，物体3の速さは [3] である。また，物体1と物体2の間に摩擦がなければ，物体3が水平面に到達するまでに要する時間は [4] となる。

最後に，物体1と物体2の間に摩擦がなく，かつ，物体1が水平面に固定されておらず滑らかに運動する場合を考える。このとき，物体3が落下するとともに，物体1は水平方向に運動する。物体3の鉛直下向きの加速度は [5] である。物体1に一定の大きさの力を左向きに加えると，物体3の高さは変わらず，すべての物体は一体となって運動した。加えた力の大きさは [6] である。

[1] の解答群

Ⓐ $\dfrac{T}{2}+f$　Ⓑ $T+f$　Ⓒ $2T+f$

Ⓓ $\dfrac{T}{2}-f$　Ⓔ $T-f$　Ⓕ $2T-f$

[2] の解答群

Ⓐ $\dfrac{1}{2}$ より小さく　Ⓑ 1より小さく　Ⓒ 2より小さく

Ⓓ $\dfrac{1}{2}$ より大きく　Ⓔ 1より大きく　Ⓕ 2より大きく

[3] の解答群

Ⓐ $\sqrt{\dfrac{\mu' gh}{3}}$　Ⓑ $\sqrt{\dfrac{\mu' gh}{5}}$　Ⓒ $\sqrt{\dfrac{(4+\mu')gh}{3}}$

Ⓓ $\sqrt{\dfrac{(4-\mu')gh}{3}}$　Ⓔ $\sqrt{\dfrac{4(2+\mu')gh}{5}}$　Ⓕ $\sqrt{\dfrac{4(2-\mu')gh}{5}}$

[4] の解答群

Ⓐ $\sqrt{\dfrac{2h}{3g}}$　Ⓑ $\sqrt{\dfrac{5h}{6g}}$　Ⓒ $\sqrt{\dfrac{h}{g}}$

Ⓓ $\sqrt{\dfrac{3h}{2g}}$　　Ⓔ $\sqrt{\dfrac{5h}{2g}}$　　Ⓕ $\sqrt{\dfrac{4h}{g}}$

[5] の解答群

Ⓐ $\dfrac{1}{4}g$　　Ⓑ $\dfrac{1}{3}g$　　Ⓒ $\dfrac{2}{3}g$

Ⓓ $\dfrac{5}{6}g$　　Ⓔ $\dfrac{6}{7}g$　　Ⓕ g

[6] の解答群

Ⓐ $\dfrac{1}{5}mg$　　Ⓑ $\dfrac{1}{3}mg$　　Ⓒ $\dfrac{1}{2}mg$

Ⓓ mg　　Ⓔ $2mg$　　Ⓕ $6mg$

〔Ⅱ〕 次の文中の [7] から [12] に最も適するものをそれぞれの解答群から一つ選び，解答用紙の所定の欄にその記号をマークせよ。

図のように，xy 面を運動する一辺の長さ a〔m〕の正方形一巻きコイル ABCD を，x 軸の正の向きに一定の速さ U〔m/s〕で移動させる。領域 1 $(x<0)$ には xy 面に垂直に一様な磁場（磁界）がかかっている。領域 2 $(0<x<2a)$ には領域 1 と同じ大きさで一様な磁場が，領域 1 とは逆向きにかかっている。コイル一周の電気抵抗は R〔Ω〕である。A → B → C → D の向きに電流を流すような起電力を正とし，コイルの自己誘導は無視できるものとする。

コイルが領域 1 を移動し，辺 AB が y 軸に接する時刻を 0〔s〕とする。コイルがさらに移動し，辺 CD が y 軸に接する時刻を t_1〔s〕，辺 AB が領域 2 の右端に接する時刻を t_2〔s〕，辺 CD が領域 2 の右端に接する時刻を t_3〔s〕とする。時刻 0 から t_1 の間にコイルに発生した起電力は V_0〔V〕$(V_0>0)$ であった。コイルに発生する起電力の時間変化は [7] のようになる。また，領域 1 の磁束密度の向きと大きさは，z 軸の [8] 〔T〕である。

時刻 0 から t_1 の間，コイルの [9] 。この間にコイルが磁場から受ける合力は，x 軸の [10] 〔N〕である。コイルが等速運動を続けるためには，コイルが磁場から受ける合力と大きさが等しく逆向きの外力を加える必要がある。この外力が時刻0からt_3の間にコイルにする仕事は［ 11 ］〔J〕である。この仕事とコイルに発生するジュール熱は等しいので，時刻0からt_3の間にコイルが消費する平均の電力は［ 12 ］〔W〕となる。

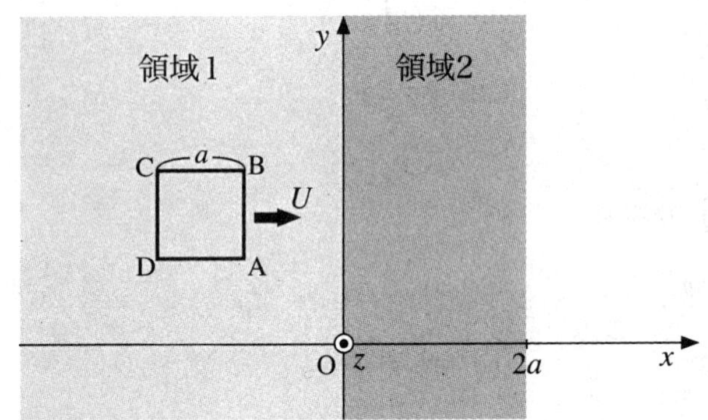

［ 7 ］の解答群

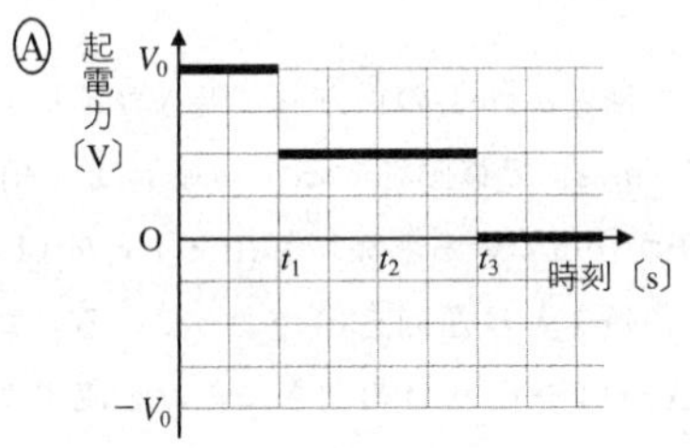

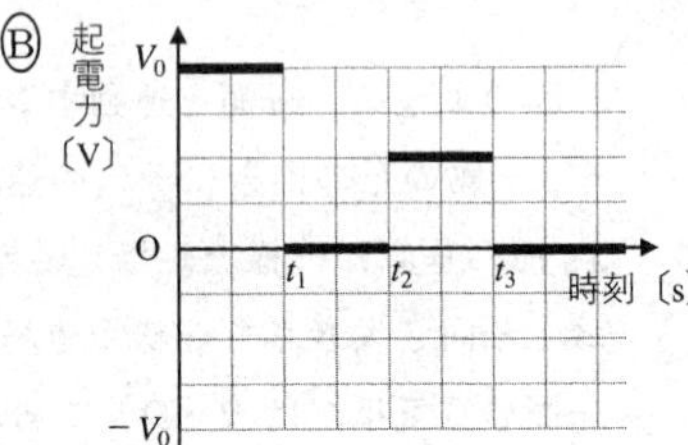

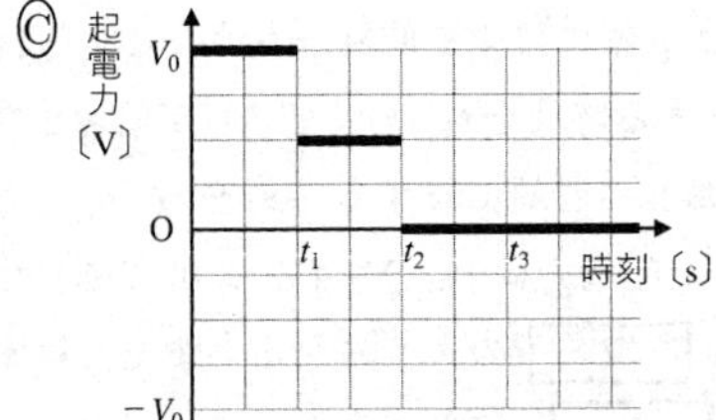

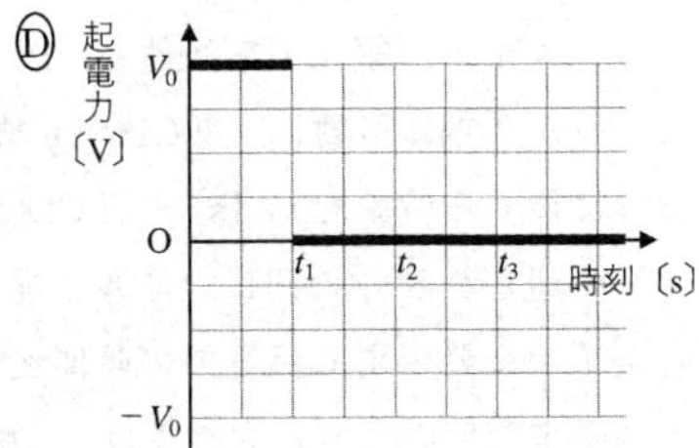

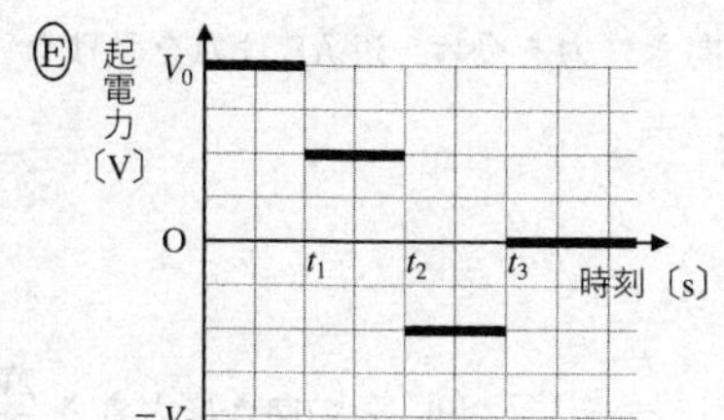

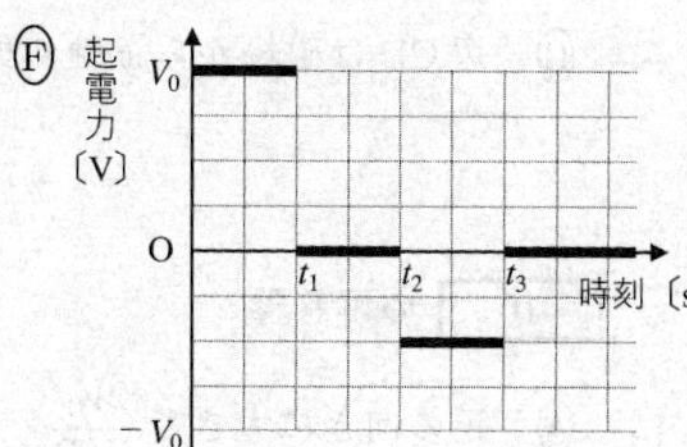

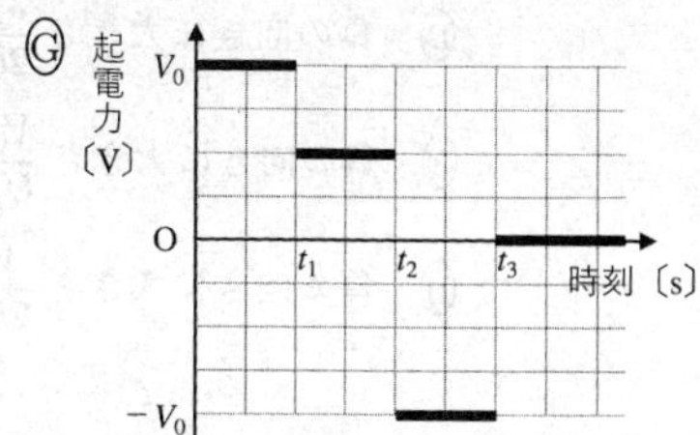

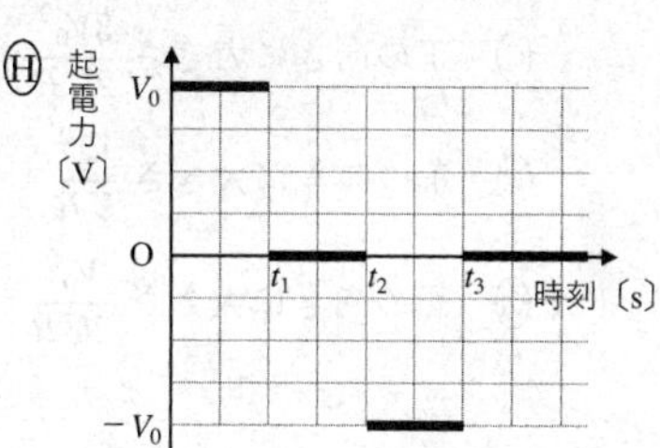

| 8 | の解答群

Ⓐ 正の向きに大きさ $\dfrac{V_0}{Ua^2}$　　Ⓑ 負の向きに大きさ $\dfrac{V_0}{Ua^2}$

Ⓒ 正の向きに大きさ $\dfrac{V_0}{2Ua^2}$　　Ⓓ 負の向きに大きさ $\dfrac{V_0}{2Ua^2}$

Ⓔ 正の向きに大きさ $\dfrac{V_0}{Ua}$　　Ⓕ 負の向きに大きさ $\dfrac{V_0}{Ua}$

Ⓖ 正の向きに大きさ $\dfrac{V_0}{2Ua}$　　Ⓗ 負の向きに大きさ $\dfrac{V_0}{2Ua}$

| 9 | の解答群

Ⓐ 辺AB，CDともに磁場から x 軸の正の向きに力を受ける

Ⓑ 辺AB，CDともに磁場から x 軸の負の向きに力を受ける

Ⓒ 辺AB，CDはそれぞれ磁場から x 軸の正の向き，負の向きに力を受ける

Ⓓ 辺AB，CDはそれぞれ磁場から x 軸の負の向き，正の向きに力を受ける

Ⓔ 辺ABは磁場から x 軸の正の向きに力を受け，辺CDは力を受けない

Ⓕ 辺ABは磁場から x 軸の負の向きに力を受け，辺CDは力を受けない

Ⓖ 辺CDは磁場から x 軸の正の向きに力を受け，辺ABは力を受けない

Ⓗ 辺CDは磁場からx軸の負の向きに力を受け，辺ABは力を受けない

10 の解答群

Ⓐ 正の向きに大きさ $\frac{2V_0{}^2}{UR}$
Ⓑ 負の向きに大きさ $\frac{2V_0{}^2}{UR}$
Ⓒ 正の向きに大きさ $\frac{3V_0{}^2}{2UR}$
Ⓓ 負の向きに大きさ $\frac{3V_0{}^2}{2UR}$
Ⓔ 正の向きに大きさ $\frac{V_0{}^2}{UR}$
Ⓕ 負の向きに大きさ $\frac{V_0{}^2}{UR}$
Ⓖ 正の向きに大きさ $\frac{V_0{}^2}{2UR}$
Ⓗ 負の向きに大きさ $\frac{V_0{}^2}{2UR}$

11 の解答群

Ⓐ $\frac{3aV_0{}^2}{2UR}$
Ⓑ $\frac{5aV_0{}^2}{4UR}$
Ⓒ $\frac{3aV_0{}^2}{4UR}$
Ⓓ $-\frac{3aV_0{}^2}{2UR}$
Ⓔ $-\frac{5aV_0{}^2}{4UR}$
Ⓕ $-\frac{3aV_0{}^2}{4UR}$

12 の解答群

Ⓐ $\frac{3V_0{}^2}{4R}$
Ⓑ $\frac{5V_0{}^2}{8R}$
Ⓒ $\frac{V_0{}^2}{2R}$
Ⓓ $\frac{5V_0{}^2}{12R}$
Ⓔ $\frac{3V_0{}^2}{8R}$
Ⓕ $\frac{V_0{}^2}{4R}$

〔Ⅲ〕 次の文中の［ 13 ］から［ 19 ］に最も適するものをそれぞれの解答群から一つ選び，解答用紙の所定の欄にその記号をマークせよ。

図1のように，X線源で発生させた波長λのX線（入射X線）を結晶に当て，入射方向に対して角度θをなす向きに散乱されるX線の波長と強度を検出器で測定する。入射X線と波長の等しいX線に着目すると，その強度はいくつかの角度で極大を示す。これはX線の干渉によるものとして理解できる。

結晶内では図2のように原子が規則正しく並んでいる。X線はこれらの原子によって散乱され，各原子を中心として球面状に広がり互いに干渉する。原子を特定の向きに連ねた，互いに平行で等間隔な平面（格子面）の組を考えると，散乱されたX線が干渉して強め合うのは，この面について反射の法則を満たす方向で，隣り合う2つの格子面で反射されたX線（反射X線）が同位相になるときである。格子面の間隔をdとすると，反射X線の強度が極大となる角度θは［ 13 ］$= n\lambda$ $(n = 1, 2, 3, \cdots)$ を満たす。

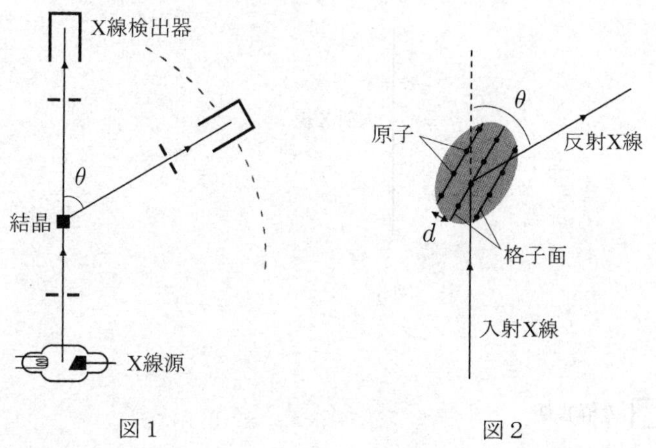

図1　　図2

強度が極大を示す角度以外でもX線は検出され，その中には入射X線と波長の異なるものも含まれる。散乱による波長の変化は，X線をエネルギーと運動量をもつ粒子（光子）と考えることで理解できる。

振動数νの光子のエネルギーEは，プランク定数hと振動数νの積$h\nu$に等しい。また，光子の運動量の大きさpは，エネルギーEと真空中の光速cの比

$\dfrac{E}{c}$ に等しい。したがって，波長 λ を用いて $p=$ [14] となる。

図3のように，波長 λ の入射X線（光子）が質量 m の静止した電子に衝突した結果，波長が λ' となって入射方向に対して角度 θ の向きに散乱され（散乱X線），電子は速さ v で角度 ϕ の向きにはね飛ばされたとする。衝突の前後で光子と電子のエネルギーの和は保存するので，衝突後の電子のエネルギー $\dfrac{1}{2}mv^2$ は [15] に等しい。また，運動量の和も保存し，X線の入射方向に垂直な成分について [16] が成り立つ。入射方向に平行な成分についても同様に考え，$\lambda \fallingdotseq \lambda'$ のときに成り立つ近似式 $\dfrac{\lambda'}{\lambda}+\dfrac{\lambda}{\lambda'} \fallingdotseq 2$ を用いれば，X線の波長の変化は $\lambda'-\lambda=$ [17] となる。したがって，電子との衝突によるX線の波長の変化は，[18] 。また，入射X線に対して，散乱X線の [19] なる。

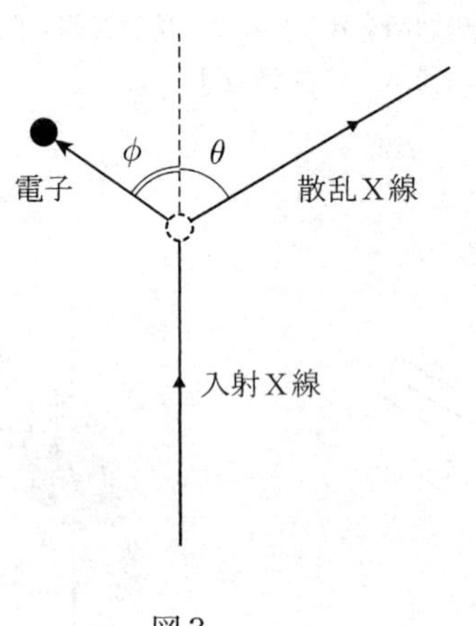

図3

[13] の解答群

Ⓐ $d\sin\dfrac{\theta}{2}$　　Ⓑ $d\sin\theta$　　Ⓒ $d\sin 2\theta$

Ⓓ $2d\sin\dfrac{\theta}{2}$　　Ⓔ $2d\sin\theta$　　Ⓕ $2d\sin 2\theta$

14 の解答群

Ⓐ $\dfrac{\lambda}{h}$　Ⓑ $\dfrac{\lambda}{hc}$　Ⓒ $\dfrac{c}{h\lambda}$

Ⓓ $\dfrac{h}{\lambda}$　Ⓔ $\dfrac{hc}{\lambda}$　Ⓕ $\dfrac{h\lambda}{c}$

15 の解答群

Ⓐ $hc(\lambda-\lambda')$　Ⓑ $hc\left(\dfrac{1}{\lambda}-\dfrac{1}{\lambda'}\right)$

Ⓒ $hc(\lambda'-\lambda)$　Ⓓ $hc\left(\dfrac{1}{\lambda'}-\dfrac{1}{\lambda}\right)$

Ⓔ $\dfrac{h}{c}(\lambda-\lambda')$　Ⓕ $\dfrac{h}{c}\left(\dfrac{1}{\lambda}-\dfrac{1}{\lambda'}\right)$

Ⓖ $\dfrac{h}{c}(\lambda'-\lambda)$　Ⓗ $\dfrac{h}{c}\left(\dfrac{1}{\lambda'}-\dfrac{1}{\lambda}\right)$

16 の解答群

Ⓐ $\dfrac{\lambda'}{h}\cos\theta=mv\cos\phi$　Ⓑ $\dfrac{\lambda'}{h}\sin\theta=mv\sin\phi$

Ⓒ $\dfrac{h}{\lambda'}\cos\theta=mv\cos\phi$　Ⓓ $\dfrac{h}{\lambda'}\sin\theta=mv\sin\phi$

Ⓔ $\dfrac{\lambda'}{hc}\cos\theta=mv\cos\phi$　Ⓕ $\dfrac{\lambda'}{hc}\sin\theta=mv\sin\phi$

Ⓖ $\dfrac{hc}{\lambda'}\cos\theta=mv\cos\phi$　Ⓗ $\dfrac{hc}{\lambda'}\sin\theta=mv\sin\phi$

17 の解答群

Ⓐ $\dfrac{h}{mc}(1+\cos\theta)$　Ⓑ $\dfrac{h}{mc}(1+\sin\theta)$

Ⓒ $\dfrac{h}{mc}(1-\cos\theta)$　Ⓓ $\dfrac{h}{mc}(1-\sin\theta)$

Ⓔ $-\dfrac{h}{mc}(1+\cos\theta)$　Ⓕ $-\dfrac{h}{mc}(1+\sin\theta)$

Ⓖ $-\dfrac{h}{mc}(1-\cos\theta)$　Ⓗ $-\dfrac{h}{mc}(1-\sin\theta)$

18 の解答群

Ⓐ 入射X線の波長が長いほど小さく，角度θが大きいほど小さい

Ⓑ 入射X線の波長が長いほど小さく，角度θが大きいほど大きい

Ⓒ 入射X線の波長が長いほど大きく，角度θが大きいほど小さい

Ⓓ 入射X線の波長が長いほど大きく，角度θが大きいほど大きい

Ⓔ 入射X線の波長によらず，角度θが大きいほど小さい

Ⓕ 入射X線の波長によらず，角度θが大きいほど大きい

19 の解答群

Ⓐ エネルギーが減少するため，波長は短く，振動数は小さく

Ⓑ エネルギーが減少するため，波長は短く，振動数は大きく

Ⓒ エネルギーが減少するため，波長は長く，振動数は小さく

Ⓓ エネルギーが減少するため，波長は長く，振動数は大きく

Ⓔ エネルギーが増加するため，波長は短く，振動数は小さく

Ⓕ エネルギーが増加するため，波長は短く，振動数は大きく

Ⓖ エネルギーが増加するため，波長は長く，振動数は小さく

Ⓗ エネルギーが増加するため，波長は長く，振動数は大きく

化　学

（60 分）

原子量が必要な場合は、次の数値を用いなさい。

H = 1.0　He = 4.0　C = 12.0　N = 14.0　O = 16.0

Na = 23.0　S = 32.1　K = 39.1

気体定数 R が必要な場合は、次の値を用いなさい。

$R = 8.31 \times 10^3$ Pa·L/(K·mol)

対数が必要な場合は、次の値を用いなさい。

$\log_{10} 2.00 = 0.301$　$\log_{10} 5.00 = 0.699$

〔Ⅰ〕 次の文章を読み、文中の空欄 [1] ～ [8] に入る最もふさわしいものを各解答群の中から一つ選び、その記号をマークしなさい。

1　窒素Nは元素の周期表の [1] 族に属する典型元素である。窒素酸化物である一酸化窒素NOや二酸化窒素 NO_2 は、いずれも常温で気体である。一酸化窒素NOは、実験室では銅Cuに [ア] を反応させると発生し、[イ] 置換で捕集する。一酸化窒素NOは空気中ですみやかに酸化され、[ウ] の二酸化窒素 NO_2 になる。二酸化窒素 NO_2 は、実験室では銅Cuに [エ] を反応させると発生し、[オ] 置換で捕集する。[ア] ～ [オ] に入る最もふさわしいものの組合せは [2] である。

[1] の解答群

A　9　　B　10　　C　11　　D　12　　E　13

F　14　　G　15　　H　16　　I　17　　J　18

[2] の解答群

	ア	イ	ウ	エ	オ
A	希硝酸	下方	赤褐色	濃硝酸	水上
B	希硝酸	下方	無色	濃硝酸	水上
C	希硝酸	水上	赤褐色	濃硝酸	下方
D	希硝酸	水上	無色	濃硝酸	下方
E	濃硝酸	下方	赤褐色	希硝酸	水上
F	濃硝酸	下方	無色	希硝酸	水上
G	濃硝酸	水上	赤褐色	希硝酸	下方
H	濃硝酸	水上	無色	希硝酸	下方

2　窒素 N_2 と水素 H_2 の化合物であるアンモニア NH_3 は、刺激臭をもつ無色の気体である。アンモニア NH_3 は、一つの窒素原子に三つの水素原子が結合した [カ] 形の構造をとる [キ] 分子である。[カ] 、[キ] に入る最もふさわしいものの組合せは [3] である。

アンモニア NH_3 は、実験室では、塩化アンモニウム NH_4Cl と水酸化カルシウム $Ca(OH)_2$ を混合して加熱し、生成した水 H_2O を [ク] を詰めたガラス管に通して取り除いた後、[ケ] 置換により捕集する。アンモニア NH_3 は、工業的には、ハーバー・ボッシュ法により [コ] を主成分とする触媒を用いて、窒素 N_2 と水素 H_2 から直接合成される。[ク] ～ [コ] に入る最もふさわしいものの組合せは [4] である。

[3] の解答群

	カ	キ
A	折れ線	極性
B	折れ線	無極性
C	三角錐	極性
D	三角錐	無極性
E	直線	極性
F	直線	無極性
G	平面	極性
H	平面	無極性

[4] の解答群

	ク	ケ	コ
A	塩化カルシウム	下方	四酸化三鉄 Fe_3O_4
B	塩化カルシウム	上方	四酸化三鉄 Fe_3O_4
C	塩化カルシウム	下方	白金 Pt
D	塩化カルシウム	上方	白金 Pt
E	ソーダ石灰	下方	四酸化三鉄 Fe_3O_4
F	ソーダ石灰	上方	四酸化三鉄 Fe_3O_4
G	ソーダ石灰	下方	白金 Pt
H	ソーダ石灰	上方	白金 Pt

3　25℃での1.25 mol/Lのアンモニア水におけるアンモニアの電離度は、aとbとcを0～9までの整数として、$(a + 0.1b + 0.01c) \times 10^{-3}$である。$a$は [5] である。ただし、25℃におけるアンモニアの電離定数K_bは2.00×10^{-5} mol/Lとする。また、25℃における1.25 mol/Lのアンモニア水のpHは、dとeとfを0～9までの整数として、$(10d + e + 0.1f)$である。eは [6] である。

[5] の解答群

A　0　　B　1　　C　2　　D　3　　E　4

F　5　　G　6　　H　7　　I　8　　J　9

[6] の解答群

A　0　　B　1　　C　2　　D　3　　E　4

F　5　　G　6　　H　7　　I　8　　J　9

4　濃硝酸、希硝酸 HNO_3 はいずれも強い [サ] 作用をもち、水素 H_2 よりイオン化傾向の [シ] 銀 Ag を溶かす。一方、[ス] や鉄 Fe は濃硝酸 HNO_3 に溶けない。これは、金属の表面に緻密な酸化物の被膜を生成し、金属の内部が保護されるためである。[サ] ～ [ス] に入る最もふさわしいものの組合せは [7] である。

[7] の解答群

	サ	シ	ス
A	還元	大きい	アルミニウム Al
B	還元	小さい	アルミニウム Al
C	還元	大きい	水銀 Hg
D	還元	小さい	水銀 Hg
E	酸化	大きい	アルミニウム Al
F	酸化	小さい	アルミニウム Al
G	酸化	大きい	水銀 Hg
H	酸化	小さい	水銀 Hg

5　アンモニア NH_3 からオストワルト法で得た濃硝酸 HNO_3 を、水 H_2O で希釈し、質量パーセント濃度で 6.30 %の希硝酸 HNO_3 を得た。標準状態のアンモニア NH_3 1.50 m^3 から得られる質量パーセント濃度 6.30 %の希硝酸 HNO_3 は、g と h と i を 0 ～ 9 までの整数として、$(10g + h + 0.1i)$ kg である。g

は [8] である。ただし、原料に用いたアンモニアNH_3はすべて硝酸HNO_3になったものとする。

[8] の解答群

A　0	B　1	C　2	D　3	E　4
F　5	G　6	H　7	I　8	J　9

〔Ⅱ〕 次の文章を読み、文中の空欄 [9] ～ [14] に入る最もふさわしいものを各解答群の中から一つ選び、その記号をマークしなさい。

1　ヘリウムHeと酸素O_2を物質量比4.00：1.00で混合した気体がある。この混合気体の平均分子量は、aとbとcを0～9の整数として、$(10a+b+0.1c)$で与えられる。bの値は [9] である。ヘリウムHeと酸素O_2は理想気体であるとする。

[9] の解答群

A　0	B　1	C　2	D　3	E　4
F　5	G　6	H　7	I　8	J　9

2　標準状態にある4.00 molの酸素O_2のモル体積は、dとeとfを0～9の整数として、$(10d+e+0.1f)$ L/molで与えられる。dの値は [10] である。酸素O_2は理想気体であるとする。

[10] の解答群

A　0	B　1	C　2	D　3	E　4
F　5	G　6	H　7	I　8	J　9

3　ヘリウムHeと酸素O_2を物質量比4.00：1.00で混合した気体がある。標準状態でこの混合気体の密度は、gとhとiを0～9の整数として、

2024年度　全学部統一　化学

（g + 0.1 h + 0.01 i）g/Lで与えられる。hの値は [11] である。ヘリウムHeと酸素O_2は理想気体であるとする。

[11] の解答群

A　0　　B　1　　C　2　　D　3　　E　4

F　5　　G　6　　H　7　　I　8　　J　9

4　ラウールの法則とは、[ア] 溶液の蒸気圧は溶媒の [イ] に [ウ] するという法則である。[ア] ～ [ウ] に入る最もふさわしいものの組合せは [12] である。

[12] の解答群

	ア	イ	ウ
A	濃厚	密度	比例
B	濃厚	密度	反比例
C	濃厚	モル分率	比例
D	濃厚	モル分率	反比例
E	希薄	密度	比例
F	希薄	密度	反比例
G	希薄	モル分率	比例
H	希薄	モル分率	反比例

5　物質Aは硫黄の同素体の一つである。物質Aは硫黄分子S_n(nは整数)のみから構成されている。物質Aを構成する硫黄分子S_nの分子量と分子式を、以下に示す実験より求めた。100 gの二硫化炭素CS_2に、25.6 gの物質Aを溶かし、沸点上昇度を測定したところ、2.35 Kであった。二硫化炭素CS_2のモル沸点上昇は2.35 K·kg/molである。硫黄分子S_nの分子量は、jとkとmを0～9の整数として、（$100j + 10k + m$）で与えられる。jの値は [13] である。硫黄分子S_nのnは、pとqを0～9の整数として、（$10p + q$）で与

えられる。q の値は [14] である。

[13] の解答群

A　0	B　1	C　2	D　3	E　4
F　5	G　6	H　7	I　8	J　9

[14] の解答群

A　0	B　1	C　2	D　3	E　4
F　5	G　6	H　7	I　8	J　9

〔Ⅲ〕次の文章を読み、文中の空欄 [15] ～ [21] に入る最もふさわしいものを各解答群の中から一つ選び、その記号をマークしなさい。

1　炭化水素の水素原子をヒドロキシ基で置換した化合物をアルコールという。アルコールは、分子中のヒドロキシ基の数に応じて、1価アルコール、2価アルコール、3価アルコールなどに分類される。エチレングリコールは、[ア] アルコールであり、グリセリンは [イ] アルコールである。[ア]、[イ] に入る最もふさわしいものの組合せは [15] である。

また、1価アルコールは、ヒドロキシ基をもつ炭素原子に結合している炭素原子(炭化水素基)の数に応じて、第一級アルコール、第二級アルコール、第三級アルコールにも分類される。2-ブタノールは [ウ] アルコールであり、2-メチル-1-プロパノールは [エ] アルコールである。[ウ]、[エ] に入る最もふさわしいものの組合せは [16] である。

[15] の解答群

	ア	イ
A	1価	1価
B	1価	2価
C	1価	3価
D	2価	1価
E	2価	2価
F	2価	3価
G	3価	1価
H	3価	2価
I	3価	3価

[16] の解答群

	ウ	エ
A	第一級	第一級
B	第一級	第二級
C	第一級	第三級
D	第二級	第一級
E	第二級	第二級
F	第二級	第三級
G	第三級	第一級
H	第三級	第二級
I	第三級	第三級

2　ベンゼン環をもつ炭化水素を芳香族炭化水素という。分子式 C_8H_{10} で表される芳香族炭化水素には、[17] 種類の構造異性体が存在する。[17] 種類の構造異性体のうち、[オ] を触媒を用いて酸化させると安息香酸が得られ、[カ] を触媒を用いて酸化させるとテレフタル酸が得られる。[オ]、[カ] に入る最もふさわしいものの組合せは

[18] である。

[17] の解答群

A　2　　B　3　　C　4　　D　5　　E　6

F　7　　G　8　　H　9　　I　10

[18] の解答群

	オ	カ
A	トルエン	*o*-キシレン
B	トルエン	*m*-キシレン
C	トルエン	*p*-キシレン
D	エチルベンゼン	*o*-キシレン
E	エチルベンゼン	*m*-キシレン
F	エチルベンゼン	*p*-キシレン
G	スチレン	*o*-キシレン
H	スチレン	*m*-キシレン
I	スチレン	*p*-キシレン

3　ギ酸は25℃、1気圧で無色の刺激臭をもつ液体で、分子内に [19] 基の構造をもつので還元性を示す。酢酸は25℃、1気圧で無色の刺激臭をもつ液体で、水によく溶ける。酢酸に脱水剤を加えて加熱すると、酢酸2分子から1分子の水がとれて縮合し、無水酢酸を生じる。無水酢酸は、酢酸とは異なり [キ] 基がないので [ク] 性を示さないが、水を加えて加熱すると [ク] 性を示すようになる。酢酸とエタノールの混合物に触媒として濃硫酸を加えて加熱するとエステル化が進み、[ケ] と水が生じる。[キ] ～ [ケ] に入る最もふさわしいものの組合せは [20] である。

19 の解答群

A アミノ　B ホルミル　C スルホ　D カルボキシ
E ヒドロキシ　F ニトロ　G メチル　H フェニル

20 の解答群

	キ	ク	ケ
A	メチル	酸	酢酸ビニル
B	メチル	酸	酢酸エチル
C	メチル	塩基	酢酸ビニル
D	メチル	塩基	酢酸エチル
E	カルボキシ	酸	酢酸ビニル
F	カルボキシ	酸	酢酸エチル
G	カルボキシ	塩基	酢酸ビニル
H	カルボキシ	塩基	酢酸エチル
I	カルボニル	酸	酢酸ビニル
J	カルボニル	酸	酢酸エチル
K	カルボニル	塩基	酢酸ビニル
L	カルボニル	塩基	酢酸エチル

4 けん化価は、1gの油脂をけん化するのに必要な水酸化カリウムKOHの質量(mg)の数値と定義される。パルミチン酸$C_{15}H_{31}COOH$のみを構成成分とする油脂のけん化価は、aとbとcを0～9の整数として、($100a + 10b + c$)である。aは 21 である。

21 の解答群

A 0　B 1　C 2　D 3　E 4
F 5　G 6　H 7　I 8　J 9

〔Ⅳ〕 次の文章を読み、文中の空欄 22 ～ 30 に入る最もふさわしいものを各解答群の中から一つ選び、その記号をマークしなさい。

1　ポリエチレンテレフタラートは、エチレングリコールと ア が イ 重合したもので、熱 ウ 樹脂として利用されている。ア ～ ウ に入る最もふさわしいものの組合せは 22 である。

ポリエチレンテレフタラートは、水酸化ナトリウム NaOH を用いてけん化して強酸で処理すると、原料であるエチレングリコールと ア に再生できる。ポリエチレンテレフタラート 576 g を完全にけん化する際に消費される水酸化ナトリウム NaOH の量は、a と b と c を 0～9 の整数として、$(100a + 10b + c)$ g である。b の値は 23 である。ただし、ポリエチレンテレフタラートの重合度は十分に大きく、ポリエチレンテレフタラート鎖の末端構造の影響は無視できるものとする。

22 の解答群

	ア	イ	ウ
A	アジピン酸	縮合	可塑性
B	アジピン酸	縮合	硬化性
C	アジピン酸	開環	可塑性
D	アジピン酸	開環	硬化性
E	アジピン酸	付加	可塑性
F	アジピン酸	付加	硬化性
G	テレフタル酸	縮合	可塑性
H	テレフタル酸	縮合	硬化性
I	テレフタル酸	開環	可塑性
J	テレフタル酸	開環	硬化性
K	テレフタル酸	付加	可塑性
L	テレフタル酸	付加	硬化性

[23] の解答群

A　0　　B　1　　C　2　　D　3　　E　4

F　5　　G　6　　H　7　　I　8　　J　9

2　デンプン、グリコーゲン、セルロースなどの多糖は、水に溶け [エ] ものが多く、甘味を [オ] 、還元性を [カ] 。 [エ] ～ [カ] に入る最もふさわしいものの組合せは [24] である。

セルロースは [キ] が次々に脱水縮合して、 [ク] 状に連なった構造をもつ分子であり、平行に並んだ分子間の [ケ] 結合によって、繊維を形成している。 [キ] ～ [ケ] に入る最もふさわしいものの組合せは [25] である。

[24] の解答群

	エ	オ	カ
A	やすい	示し	示す
B	やすい	示し	示さない
C	やすい	示さず	示す
D	やすい	示さず	示さない
E	にくい	示し	示す
F	にくい	示し	示さない
G	にくい	示さず	示す
H	にくい	示さず	示さない

25 の解答群

	キ	ク	ケ
A	α-グルコース	直線	ジスルフィド
B	α-グルコース	直線	水素
C	α-グルコース	らせん	ジスルフィド
D	α-グルコース	らせん	水素
E	β-グルコース	直線	ジスルフィド
F	β-グルコース	直線	水素
G	β-グルコース	らせん	ジスルフィド
H	β-グルコース	らせん	水素

3　大豆中のタンパク質の含有量を求めるため、大豆1.00 gを分解して、タンパク質中の窒素をすべてアンモニアNH_3に変え、発生したアンモニアNH_3を0.0500 mol/Lの硫酸H_2SO_4水溶液50.0 mLにすべて吸収させた。残った硫酸H_2SO_4を中和するのに、0.0500 mol/Lの水酸化ナトリウムNaOH水溶液を20.0 mL要した。大豆中に含まれるタンパク質の質量パーセント濃度は、dとeとfを0～9の整数として、$(10d + e + 0.1f)$%である。eの値は 26 である。ただし、タンパク質には窒素が質量パーセント濃度で16.0 %含まれるものとする。

26 の解答群

A　0　　B　1　　C　2　　D　3　　E　4

F　5　　G　6　　H　7　　I　8　　J　9

4　アラニン、グリシン、グルタミン酸、システイン、セリン、チロシン、リシンのうち、異なる4種類のα-アミノ酸からなる直鎖状のテトラペプチドPがある。テトラペプチドPのペプチド結合は、α-アミノ酸のα位の炭素についているカルボキシ基とアミノ基のみで作られたものとする。テトラペプチドPのアミノ酸の配列順序を決定するために実験を行い、以下のような結果1

～3が得られた。

結果1　酵素Aは、ベンゼン環を有するα-アミノ酸のカルボキシ基で形成されるペプチド結合のみを加水分解する酵素である。テトラペプチドPを酵素Aで処理したところ、不斉炭素原子を持たないα-アミノ酸とトリペプチドが得られた。

結果2　酵素Bは、塩基性アミノ酸のカルボキシ基で形成されるペプチド結合のみを加水分解する酵素である。テトラペプチドPを酵素Bで処理したところ、2種類のジペプチドが得られた。

結果3　テトラペプチドPの水溶液に水酸化ナトリウムNaOH水溶液を加えて加熱した後、酢酸鉛(Ⅱ)$(CH_3COO)_2Pb$水溶液を加えると黒色沈澱を生じた。

テトラペプチドPのアミノ酸の配列順序を**アミノ酸Ⅰ－アミノ酸Ⅱ－アミノ酸Ⅲ－アミノ酸Ⅳ**で表すと、アミノ酸Ⅰは［27］、アミノ酸Ⅱは［28］、アミノ酸Ⅲは［29］、アミノ酸Ⅳは［30］である。ただし、アミノ酸ⅠをN末端側、アミノ酸ⅣをC末端側とする。

［27］～［30］の解答群

A　アラニン　　B　グリシン　　C　グルタミン酸
D　システイン　　E　セリン　　F　チロシン
G　リシン

生　物

(60 分)

〔Ⅰ〕 次の文章を読み、該当する解答番号の解答欄にマークしなさい。一つの解答欄に一つだけマークすること。

体細胞分裂を繰り返す細胞では、分裂が終わってから次の分裂が終わるまでを細胞周期といい、分裂期(M 期)(ア)と分裂の準備を行う間期(イ)に分けられる。分裂期には、前期、中期、後期、終期があり、複製されたDNAを含む染色体(ウ)が分離される様子を見ることができる。間期は、DNA合成準備期(G_1期)、DNA合成期(S 期)、分裂準備期(G_2期)に分けられる。

問 1　下線部(ア)に関する記述として、最も適切な組み合わせを選びなさい。

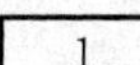
1

① 分裂期前期には、核膜と核小体が消失し、両極に分かれた中心体の周辺から微小管(紡錘糸)が伸長していき、染色体にある動原体に結合して紡錘体が形成される。

② 分裂期中期には、赤道面に並んだ染色体が分離し、両極に移動する。この移動は、動原体に結合している微小管が短くなって染色体を両極へとひきつけるようにはたらく。

③ 分裂期終期には、微小管が分解され、ほぐれた染色体を包む新たな核膜が形成されて2個の新しい核(娘核)ができる。

④ 多くの場合、細胞質分裂は分裂期が終了してから始まる。動物細胞の場合、収縮環の細胞膜直下にあるアクチンフィラメントとダイニンのはたらきによって細胞がくびれ、2個の細胞(娘細胞)となる。

⑤ 多くの場合、細胞質分裂は分裂期が終了してから始まる。植物細胞の場合、赤道面に細胞板が形成され、これが新しい細胞壁になって細胞質が二

分される。

A ①と②　B ①と③　C ①と④　D ①と⑤
E ②と③　F ②と④　G ②と⑤　H ③と④
I ③と⑤　J ④と⑤

問2 下線部(イ)に関する記述として、最も適切な組み合わせを選びなさい。 2

① G_1期には、DNA量が徐々に増えていき、S期におけるDNA合成の準備が行われている。
② S期におけるDNAの複製では、塩基の相補性に基づいて、元のDNAと異なる塩基配列をもつDNAが複製される。
③ 動物の卵割時に見られる細胞周期は、間期のG_1期やG_2期をしばしば欠くことがあり、通常の体細胞の細胞周期に比べて短い。
④ G_1期では、複製されたDNAを含む染色体の凝縮が始まり、紡錘糸を作る微小管が集まる。
⑤ 多細胞生物の細胞では、G_1期で細胞周期を停止し、G_0期とよばれる休止期に入る場合がある。

A ①と②　B ①と③　C ①と④　D ①と⑤
E ②と③　F ②と④　G ②と⑤　H ③と④
I ③と⑤　J ④と⑤

問3 下線部(ウ)に関する記述として、**誤っているもの**の組み合わせを選びなさい。 3

① ヒトの23組の染色体のうち、22組は常染色体といい、残りの1組は性染色体という。
② 多くの哺乳類では、Y染色体に性別の決定に重要な役割を果たす*SRY*遺伝子が存在する。*SRY*遺伝子がはたらかなければ生殖腺の体細胞は卵

巣に分化し、個体はメスになる。

③ 真核生物の場合、1個の体細胞には大きさと形が同じ2本の染色体が対になって存在しており、この対になる染色体を二価染色体という。

④ ヒト性染色体のX染色体とY染色体は、減数分裂の際に対合するため、相同染色体とみなされる。

⑤ ヒトのX染色体に存在する遺伝子数は、Y染色体に存在する遺伝子数とほぼ等しい。

A　①と②　　B　①と③　　C　①と④　　D　①と⑤
E　②と③　　F　②と④　　G　②と⑤　　H　③と④
I　③と⑤　　J　④と⑤

問4　$2n=4$のある生物において、遺伝子型AABBCCのメスと遺伝子型aabbccのオスを両親とするF1個体の細胞を観察した。体細胞分裂期の染色体を見たところ、下の図1のように書くことができた。この図1において、(1)～(9)の位置には、遺伝子A、a、B、b、C、cのいずれかが存在する。(1)・(6)・(8)の位置に存在すると考えられる遺伝子の組み合わせについて、最も適切な組み合わせを選びなさい。ただし、選択肢は(1)・(6)・(8)の順に示してある。［　4　］

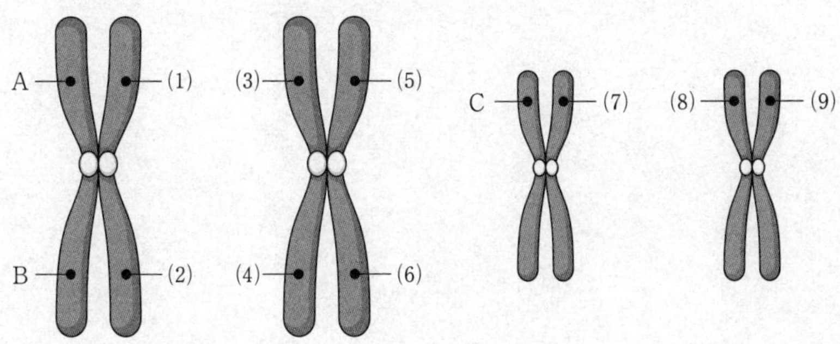

図1

A　(A)・(B)・(C)　　B　(a)・(B)・(C)　　C　(A)・(b)・(C)
D　(A)・(B)・(c)　　E　(a)・(b)・(C)　　F　(A)・(b)・(c)

G (a)・(B)・(c)　　H (a)・(b)・(c)

問 5　問4のF1個体が、体細胞分裂を行った場合と、減数分裂を行った場合に生じる娘細胞の遺伝子型はそれぞれ何種類あるか、最も適切な組み合わせを選びなさい。ただし、乗換えは起こらないものとし、選択肢は体細胞分裂・減数分裂の順に示してある。 [5]

A 1・1　B 1・2　C 1・4　D 1・8
E 2・1　F 2・2　G 2・4　H 2・8

問 6　細胞周期に関する次の実験の説明文を読み、問(1)と(2)に答えなさい。

＜実験の説明文＞

ある動物細胞を培養し、10時間後から30時間ごとに細胞密度(培養液1mLあたりの細胞数)を調べた。観察時間になると細胞を培養液で5倍に希釈し、血球計算盤で細胞数を数えたところ、図2の結果が得られた。

【血球計算盤とカバーガラス】

【側面図】

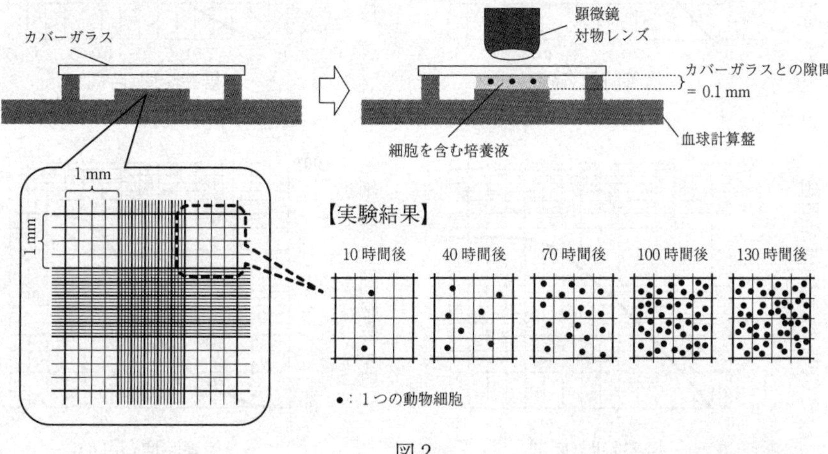

図2

血球計算盤の使い方・・・細胞混合液をよく懸濁し、細胞が沈まないように吸い取る。カバーガラスと計算盤の密着した隙間部分に混合液を注入し、顕微鏡で観察しながら細胞数を計測する。

問(1)　この実験結果から考えられる動物細胞の増殖曲線として、最も適切なものを選びなさい。 6

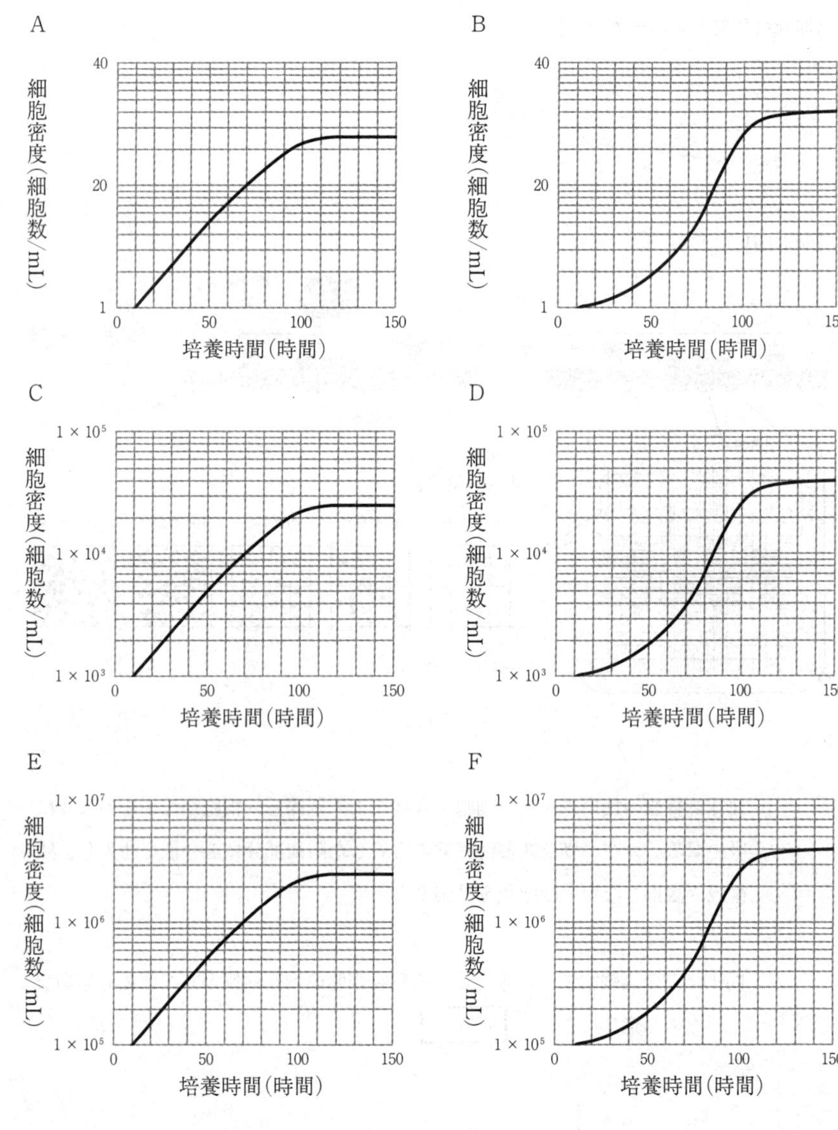

問(2) 実験において培養開始から50時間後に細胞を一部採取し、DNAを染色して観察したところ、分裂期の凝集した染色体をもつ細胞が15％見られた。この細胞の細胞周期の中で分裂期に要する時間として、最も適切なものを選びなさい。 7

A　1時間　B　2時間　C　3時間　D　5時間
E　7.5時間　F　10時間　G　20時間　H　50時間

〔Ⅱ〕 問1～4の文章を読み、該当する解答番号の解答欄にマークしなさい。一つの解答欄に一つだけマークすること。

問1　空欄 [8] ～ [12] に入る最も適切なものを選びなさい。ただし、同じ選択肢を何度使ってもよい。

花が咲き、種子をつける維管束植物を種子植物という。種子植物には、[8] が子房の内部にある被子植物と、[8] が裸出している裸子植物がある。マツ・スギ・イチョウ・ソテツなどの裸子植物では、生殖過程において被子植物とは異なる部分が見られる。イチョウでは、雄株の雄花で作られた花粉が、風によって雌株の雌花の [8] へ運ばれたのち、成熟して花粉管を生じる。その花粉管の内部では、雄原細胞から2個の [9] が形成される。その後、花粉管から放出された2個の [9] のうち1個が胚のう内の卵細胞と融合し、生じた受精卵が発生して核相 [10] の胚を形成する。イチョウの胚乳は胚のう内の細胞が増殖して形成されるため、受精とは無関係に作られることになる。したがって、胚乳の細胞の核相は、被子植物が [11] であるのに対して、裸子植物では [12] である。被子植物は、受精が行われなかったときには胚乳を作らないので、胚乳形成を行うエネルギーを無駄にしないしくみを獲得したといえる。

A　胚乳　B　胚　C　助細胞　D　卵細胞
E　精細胞　F　子房壁　G　精子　H　胚珠
I　n　J　$2n$　K　$3n$　L　$4n$

問2　次の文章中に書かれている二つの実験結果から推測できることとして、最も適切な組み合わせを選びなさい。[13]

被子植物の体制は、根・茎・葉の器官からなり、特定の時期には、生殖器官である花を形成する。茎とそれにつく葉は合わせてシュートとよばれ、根はまとめて根茎とよばれる。植物のからだには、茎頂や根端と基部とを結ぶ頂端－基部軸、茎や根の中心から外側に向かう放射軸、葉の表側と裏側を結ぶ向背軸の３つの体軸が見られる。

向背軸は、胚の発生段階において子葉が形成されるのに伴って決定される。葉の向背軸の決定には、YABBY遺伝子群とKANADI遺伝子群、HD-Zip遺伝子群とよばれる調節遺伝子群が関与する。モデル植物シロイヌナズナの葉は平たい形をしており、向軸側にはトライコームとよばれる突起細胞が存在するが、背軸側には存在しない。このシロイヌナズナの葉にHD-Zip遺伝子群を過剰に発現させ、YABBY遺伝子群とKANADI遺伝子群を同時に破壊する実験を行ったところ、葉の表面がすべて向軸側の性質をもつ細胞に分化した棒状の葉が生じた。一方、HD-Zip遺伝子群を破壊し、YABBY遺伝子群とKANADI遺伝子群を過剰に発現させる実験を行ったところ、葉の表面がすべて背軸側の性質をもつ細胞に分化した棒状の葉が生じた。

① 葉が平たい形になるにはHD-Zip遺伝子群だけが必要である。
② 野生型では葉の向軸側でYABBY遺伝子群とKANADI遺伝子群が協調してはたらくことで突起細胞が形成される。
③ 野生型では葉の向軸側でHD-Zip遺伝子群がはたらいて突起細胞が形成される。
④ 葉が平たい形になるにはYABBY遺伝子群とKANADI遺伝子群、HD-Zip遺伝子群の３つの遺伝子群のはたらきが必要である。
⑤ 野生型では葉の背軸側でYABBY遺伝子群とKANADI遺伝子群が協調してはたらくことで突起細胞が形成される。
⑥ 野生型では葉の背軸側でHD-Zip遺伝子群がはたらいて突起細胞が形成される。
⑦ 葉が平たい形になるにはYABBY遺伝子群とKANADI遺伝子群だけが必要である。

A ①と②	B ②と④	C ②と⑦	D ⑥と⑦
E ①と③	F ③と④	G ③と⑦	H ①と⑤
I ④と⑤	J ⑤と⑦	K ①と⑥	L ④と⑥

問３ 次の文章中に書かれている実験から予想される結果として、最も適切な組み合わせを選びなさい。 14

根の先端にある根端分裂組織は、根冠とよばれる柔組織(図1斜線部分)で保護されており、根冠、表皮、皮層、中心柱に分化する細胞を生じる。根端分裂組織の中央には、少数の細胞からなる静止中心とよばれる部分があり(図1縦線部分)、それは周囲の分裂組織の幹細胞の分化を抑制してその分裂能力を維持していると考えられている。根冠の中でも静止中心の下側に縦の細胞列として形成される細胞はコルメラ細胞とよばれる(図1破線部分)。

そこで、モデル植物シロイヌナズナの根において、静止中心だけをレーザー光で破壊したのち、しばらく生育させ、隣接するコルメラ細胞を生じる幹細胞(コルメラ始原細胞)を顕微鏡で観察した。

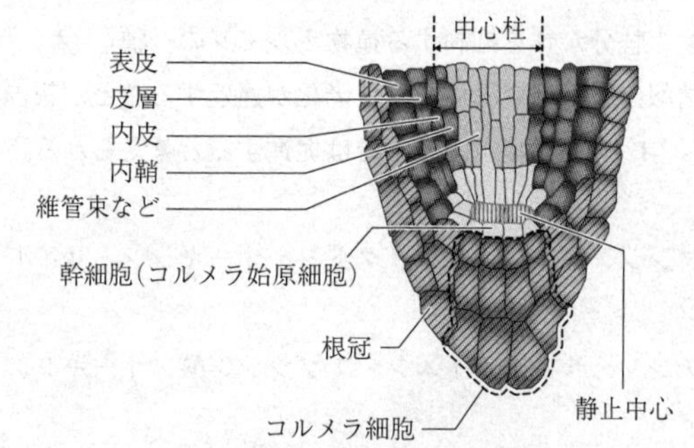

図1　根の先端の縦断面

① 幹細胞(コルメラ始原細胞)は細胞死を起こす。
② 幹細胞(コルメラ始原細胞)は分裂できなくなる。
③ 幹細胞(コルメラ始原細胞)の分裂活性は増加する。
④ 幹細胞(コルメラ始原細胞)は静止中心に分化する。
⑤ 幹細胞(コルメラ始原細胞)は変化しない。
⑥ 幹細胞(コルメラ始原細胞)はコルメラ細胞に分化する。
⑦ 幹細胞(コルメラ始原細胞)は中心柱に分化する。

A ①と④	B ①と⑤	C ①と⑥	D ①と⑦
E ②と④	F ②と⑤	G ②と⑥	H ②と⑦
I ③と④	J ③と⑤	K ③と⑥	L ③と⑦

問4　次の文章を読み空欄(　ア　)、(　イ　)、(　ウ　)、(　エ　)、(　オ　)に入る語の組み合わせとして、最も適切なものを選びなさい。ただし、選択肢の語はア・イ・ウ・エ・オの順に示してある。 15

葉が古くなると、タンパク質などの成分の分解が始まり、クロロフィルも減少して緑色が薄くなっていく。これが葉の老化であり、老化過程は環境要因の影響を受け、体内の植物ホルモンによって調節されている。葉の老化に関係している植物ホルモンは、(　ア　)、(　イ　)、(　ウ　)で、(　ア　)と(　ウ　)は老化を誘導または促進し、(　イ　)は老化を遅らせる。また、(　エ　)は葉柄の(　ウ　)の感受性を低いレベルに抑えることで間接的に老化の抑制に関係している。なお、(　ア　)生合成欠損変異体は乾燥ストレスに弱くなり、その種子は発芽しやすくなる。

最近の研究により、アーバスキュラー菌根菌とよばれる共生菌の菌糸の誘因や植物の枝分かれを抑制する植物ホルモンの一種(　オ　)の生合成欠損変異体や情報伝達欠損変異体の葉は老化が遅延することが報告された。したがって、(　オ　)も老化を誘導または促進すると考えられる。

A　アブシシン酸・ストリゴラクトン・オーキシン・サイトカイニン・システミン

B　エチレン・サイトカイニン・アブシシン酸・オーキシン・ブラシノステロイド

C　ジベレリン・サイトカイニン・エチレン・オーキシン・ストリゴラクトン

D　アブシシン酸・オーキシン・エチレン・サイトカイニン・システミン

E　ジベレリン・オーキシン・エチレン・サイトカイニン・ストリゴラクトン

F　アブシシン酸・サイトカイニン・エチレン・オーキシン・システミン

G　ジベレリン・サイトカイニン・エチレン・オーキシン・サリチル酸

H　ジャスモン酸・サイトカイニン・エチレン・オーキシン・ストリゴラクトン

I　ジベレリン・サイトカイニン・エチレン・オーキシン・ブラシノステロイド

J　ジャスモン酸・オーキシン・エチレン・サイトカイニン・ブラシノステロイド

K　ジベレリン・オーキシン・エチレン・サイトカイニン・システミン

L　アブシシン酸・サイトカイニン・エチレン・オーキシン・ストリゴラクトン

〔Ⅲ〕 次の問1～12はヒトの体内環境に関する問いである。該当する解答番号の解答欄にマークしなさい。一つの解答欄に一つだけマークすること。

問1 体液に関する記述として、最も適切な組み合わせを選びなさい。 16

① からだの表面をおおう皮膚などの一部の細胞以外は体液に浸されている。

② 細胞は体液との間で物質のやり取りを行っている。

③ 細胞に対して体液のことを体外環境という。

④ 体液の状態が一定に保たれている状態を自律性という。

⑤ 体液は、血液・リンパ液・組織液・細胞内液に分けられる。

A ①と②　B ①と③　C ①と④　D ①と⑤
E ②と③　F ②と④　G ②と⑤　H ③と④
I ③と⑤　J ④と⑤

問2 血液に関する記述として、最も適切な組み合わせを選びなさい。 17

① 血液の液体成分である血しょうの約60％は水である。

② 血液は、水分の保持・物質の運搬・体温調節・病原体の排除などの機能をもつ。

③ 赤血球は、核をもたず、血液1 mm^3 あたり約40万個存在する。

④ 白血球は、核をもち、ヘモグロビンをもたない血球の総称である。

⑤ 血小板は、核をもち、血液凝固において重要な役割を果たす。

A ①と②　B ①と③　C ①と④　D ①と⑤
E ②と③　F ②と④　G ②と⑤　H ③と④
I ③と⑤　J ④と⑤

問 3　体重83 kgの成人男性の全血しょうの重量は何kgになると推定できるか。最も適切なものを選びなさい。ただし、成人男性の全血液重量は体重の13分の1として推定すること。 18

A　7.0　　B　6.5　　C　6.0　　D　5.5
E　5.0　　F　4.5　　G　4.0　　H　3.5
I　3.0　　J　2.5　　K　2.0　　L　1.5

問 4　血液凝固と線溶(繊溶)に関する記述として、最も適切な組み合わせを選びなさい。 19

① フィブリノーゲンは、繊維を生成し赤血球などをからめとり、血ぺいを作る。
② 血ぺいとならない淡黄色の液体は、血しょうである。
③ トロンビンは、血しょう中のナトリウムイオンなどの作用によりプロトロンビンから生じる。
④ 血液凝固は、失血を防いで体液量を保持するとともに、病原体の侵入や拡散を防ぐ役割がある。
⑤ 健康なヒトでも、血管壁の内側が傷つくと血液凝固が起こり血ぺいが形成される。そして、血管壁が修復されると線溶によって除去される。

A　①と②　　B　①と③　　C　①と④　　D　①と⑤
E　②と③　　F　②と④　　G　②と⑤　　H　③と④
I　③と⑤　　J　④と⑤

問 5　循環系に関する記述として、最も適切な組み合わせを選びなさい。
20

① 心臓へ送りこまれる血液は動脈を、心臓から送り出された血液は静脈を通り、動脈と静脈の間は毛細血管がつないでいる。
② 肺循環では、右心室から出た血液が肺で酸素と二酸化炭素の交換を行

い、左心房に戻る。

③　動脈は筋肉層が発達した丈夫な構造をしていて、毛細血管は一層の薄い細胞(内皮細胞)からなる。

④　リンパ管にはいたるところにリンパ節があり、リンパ球が多数存在している。リンパ管は、心臓の近くの鎖骨下動脈で血管と合流する。

⑤　動脈とリンパ管には弁があり、血液やリンパ液の逆流を防いでいる。

A　①と②　　B　①と③　　C　①と④　　D　①と⑤
E　②と③　　F　②と④　　G　②と⑤　　H　③と④
I　③と⑤　　J　④と⑤

問6　体液の濃度調節に関する記述として、最も適切な組み合わせを選びなさい。 21

①　細胞外液のイオン組成は、ナトリウムイオンとカリウムイオンが特に多く含まれており、その他に塩化物イオンやカルシウムイオンなども含まれている。

②　腎臓は、背骨の左右に1個ずつ存在し、皮質・髄質・腎うとよばれる3つの部分から構成されている。

③　ネフロンは、腎臓の基本単位であり、1個の腎臓に約100万個存在する。ネフロンは腎小体とそれから伸びる糸球体からなる。

④　糸球体の毛細血管の壁には小さな孔が多数あいており、血液成分のうち、水・無機塩類・グルコース・タンパク質などの小さい物質がこし出される。

⑤　腎臓には1分間に約1200 mLの血液が流入し、ろ過や再吸収を経て、約1 mLの尿となる。

A　①と②　　B　①と③　　C　①と④　　D　①と⑤
E　②と③　　F　②と④　　G　②と⑤　　H　③と④
I　③と⑤　　J　④と⑤

問 7 肝臓の構造とはたらきに関する記述として、最も適切な組み合わせを選びなさい。 22

① 肝臓には、小腸などの消化管とすい臓からの血液が肝門脈を通って流れこむ。

② 肝臓は、直径 1 mm ほどの大きさの肝小葉が集まってできており、一つの肝小葉は約 500 万個の肝細胞からなる。

③ 肝細胞では、グルコースがグリコーゲンとなり、細胞内に一時的に貯蔵される。また、必要な時にグリコーゲンからグルコースに分解され血液中に放出される。

④ 肝臓では、アルブミンやグロブリンなどの多くのタンパク質が合成されている。

⑤ 肝臓では、不要なアミノ酸から生じたアンモニアが毒性の少ない尿酸に変わる。

A ①と②	B ①と③	C ①と④	D ①と⑤
E ②と③	F ②と④	G ②と⑤	H ③と④
I ③と⑤	J ④と⑤		

問 8 神経系に関する記述として、最も適切な組み合わせを選びなさい。 23

① 自律神経系は、中脳にある視床下部などに支配され、交感神経と副交感神経に分けられる。

② 神経系は、脳・脊髄からなる中枢神経系と、中枢と皮膚・内臓・骨格筋などをつなぐ末しょう神経系に分けられる。

③ 交感神経は、活動状態や緊張状態でその活動が優位になる。瞳孔(ひとみ)を拡大したり、気管支を拡張したり、立毛筋を収縮したりする作用がある。

④ 副交感神経は、リラックスした状態でその活動が優位になる。瞳孔(ひとみ)を縮小したり、気管支を収縮したり、立毛筋を弛緩したりする作用

がある。

⑤　主として、交感神経末端からアセチルコリンが、副交感神経末端からノルアドレナリンが神経伝達物質として分泌される。

A　①と②　　B　①と③　　C　①と④　　D　①と⑤
E　②と③　　F　②と④　　G　②と⑤　　H　③と④
I　③と⑤　　J　④と⑤

問 9　内分泌系とホルモンに関する記述として、最も適切な組み合わせを選びなさい。 24

①　内分泌系では、ホルモンが血流によって標的器官に運ばれるため、自律神経系と比べ反応が起こるまでに時間がかかる。ホルモンは標的細胞にある受容体に結合することにより特定の反応が起こる。

②　最初に発見されたホルモンは、1902 年にイギリスのベイリスとスターリングが発見したセクレチンであり、胃液の分泌を促進するはたらきをもつ。

③　ホルモンには、水溶性と脂溶性のホルモンがある。水溶性ホルモンは細胞内に入り、細胞内や核内にある受容体に結合することによって特定の遺伝子発現を調節する。

④　ホルモンの分泌量調節には、上位から下位ホルモンへの階層的調節と下位ホルモンから上位の分泌細胞に作用するフィードバック調節がある。

⑤　すい臓の内分泌腺の細胞では、一つの細胞からすい液とホルモンの両方が分泌される。

A　①と②　　B　①と③　　C　①と④　　D　①と⑤
E　②と③　　F　②と④　　G　②と⑤　　H　③と④
I　③と⑤　　J　④と⑤

問10　ホルモンの作用に関する記述として、最も適切な組み合わせを選びなさい。 25

① 成長ホルモンは、タンパク質の合成、骨の発育を促進する作用がある。

② バソプレシンは、腎臓の集合管での水分の再吸収を促進する作用がある。

③ パラトルモンは、血液中のカルシウムイオン濃度を下げる作用がある。

④ 鉱質コルチコイドは、腎臓でのカリウムイオンの再吸収とナトリウムイオンの排出を促進する作用がある。

⑤ 糖質コルチコイドは、脂質からのグルコース合成を促進し、血糖濃度を上げる作用がある。

A ①と②　B ①と③　C ①と④　D ①と⑤
E ②と③　F ②と④　G ②と⑤　H ③と④
I ③と⑤　J ④と⑤

問11 血糖濃度調節に関する記述として、最も適切な組み合わせを選びなさい。
26

① 健康なヒトの血糖濃度は、空腹時では血液 100 mL 当たりほぼ 100 mg で安定している。

② 低血糖時は、副腎皮質からアドレナリンが、すい臓ランゲルハンス島A細胞からグルカゴンが分泌され、血糖濃度が上がる。

③ 高血糖時は、すい臓ランゲルハンス島B細胞からインスリンが分泌され、肝臓や筋肉におけるグリコーゲン合成などを促し、血糖濃度が下がる。

④ 副腎髄質から分泌される糖質コルチコイドは、グルコース合成を促進し血糖濃度調節に関与する。

⑤ 糖尿病とは、血糖濃度が慢性的に高い状態にあることをいう。標的細胞がインスリンを受け取れなくなるⅠ型糖尿病とインスリン分泌低下で起こるⅡ型糖尿病がある。

A ①と②　B ①と③　C ①と④　D ①と⑤
E ②と③　F ②と④　G ②と⑤　H ③と④

I　③と⑤　　J　④と⑤

問12　体温調節に関する記述として、最も適切な組み合わせを選びなさい。
27

①　熱産生は、代謝の盛んな筋肉や肝臓、心臓のはたらきによるところが大きく、それらは自律神経系やアドレナリン、脳下垂体から分泌されるチロキシンなどによって調節される。

②　体温が低下した時、交感神経によって皮膚の血管や立毛筋などが刺激され、放熱が抑制される。また、代謝による熱産生が強化される。

③　体温が低下した時のふるえとは、骨格筋が収縮と弛緩を繰り返すことである。

④　体温が上昇した時、副交感神経によって心臓の拍動数を上昇させたり、肝臓での代謝を抑制させたりする。また、体表の血管が拡張するなどして熱の放散が促進される。

⑤　発汗は、副交感神経が汗腺に作用し、促進される。発汗によって、熱の放散が促進する。

A　①と②　　B　①と③　　C　①と④　　D　①と⑤
E　②と③　　F　②と④　　G　②と⑤　　H　③と④
I　③と⑤　　J　④と⑤

〔Ⅳ〕 次の文章を読み、該当する解答番号の解答欄にマークしなさい。一つの解答欄に一つだけマークすること。

ある地域に生息する生物群集(ア)とそれを取り巻く非生物的環境(イ)を一体としてとらえたものを生態系とよぶ。生態系は、台風や山火事などによるかく乱(ウ)を受けて常に変動しているが、その変動幅は復元力によって一定の範囲内におさまる場合が多く、生態系のバランス(エ)はおおむね保たれている。しかし、復元力を超える大規模なかく乱を受けると生態系のバランスがくずれ、別の生態系に変化することもある。人間の活動によるかく乱で生態系のバランスがくずれる場合も多い。近年は外来生物の移入(オ)や森林の破壊、化学肥料や農薬などによる環境汚染(カ)、温室効果ガスの排出による温暖化(キ)など、大規模なかく乱が深刻な問題となっている。一方、里山(ク)は人間の活動と生態系の適度な関わりを考察する上で重要である。

問 1　下線部(ア)に関する記述として、最も適切な組み合わせを選びなさい。 28

① 生物群集を構成する同種の個体の集まりを個体群とよぶ。
② 同種内の関係において、各個体が他個体に関係なく散らばって生息する場合、分布様式は一様分布となることが多い。
③ 異種間の関係において、ある生物が他の特定の生物から栄養分などを奪うことで相手の生物に不利益を与える場合、この関係を片利共生とよぶ。
④ ニッチが似ている複数の種が同じ場所に存在すると資源をめぐる競争が激しくなるが、競争的排除に至らない場合もある。

A ①と②　B ①と③　C ①と④　D ②と③
E ②と④　F ③と④　G ①と②と③　H ①と②と④
I ①と③と④　J ②と③と④

問 2　下線部(イ)に関する記述として、最も適切な組み合わせを選びなさい。 29

① 生物の体内に含まれる炭素は、大気中や水中に含まれる二酸化炭素に由来する。

② 土壌中の無機窒素化合物は生産者によって吸収され、アミノ酸や核酸などの有機窒素化合物の合成に用いられる。

③ 生産者や消費者の遺骸や排泄物に含まれる有機窒素化合物は、分解者のはたらきによって無機窒素化合物に変換される。

④ 生産者は、太陽から生態系に供給された光エネルギーを熱エネルギーに変換して有機物中に蓄える。

A ①と②　B ①と③　C ①と④　D ②と③
E ②と④　F ③と④　G ①と②と③　H ①と②と④
I ①と③と④　J ②と③と④

問 3 下線部(ウ)に関する記述として、最も適切な組み合わせを選びなさい。
30

① 極相林を構成する高木が台風によって倒れると、林冠が途切れて林床まで光が差し込むようになる。こうした場所をギャップとよぶ。

② 極相林の林冠が大きく途切れて林床まで光が差し込むようになった場所では、陰樹が急速に成長することですみやかに元の極相林に戻る。

③ 山火事のあった場所で新たに始まる遷移は、溶岩流によって裸地となった場所で新たに始まる遷移よりも早く進行する。

A ①のみ　B ②のみ　C ③のみ　D ①と②
E ①と③　F ②と③　G ①と②と③

問 4 下線部(エ)に関する記述として、最も適切な組み合わせを選びなさい。
31

① 生物の多様性が高い生態系は、多様性が低い生態系よりも復元力が小さい。

② 中規模のかく乱は、小規模のかく乱よりも生態系の多様性を高めることがある。

③ 生態系内で食物網の下位にあり、さまざまな生物に食べられることで全体の個体数を維持している種をキーストーン種とよぶ。

A ①のみ　B ②のみ　C ③のみ　D ①と②
E ①と③　F ②と③　G ①と②と③

問 5 下線部(オ)に関する記述として、最も適切な組み合わせを選びなさい。 32

① 人間によって意図せずもち込まれたことで新たに生態系の構成種となった生物は、外来生物には含めない。

② オオクチバスは、南米のアマゾン川から日本国内にもち込まれた外来生物であり、定着した湖沼などではオオクチバスの捕食により在来の魚類が減少している。

③ 外来生物が在来生物と交雑することで、在来生物の遺伝的多様性が失われる可能性がある。

④ 特定外来生物は、生態系や農林水産業に大きな影響をおよぼす外来生物であり、これに指定されると飼育や移動などが制限される。

A ①と②　B ①と③　C ①と④　D ②と③
E ②と④　F ③と④　G ①と②と③　H ①と②と④
I ①と③と④　J ②と③と④

問 6 下線部(カ)に関する記述として、最も適切な組み合わせを選びなさい。 33

① 河川や海に流れ込んだ有機物などの汚濁物質は、沈殿や希釈、微生物による分解によって減少する。このはたらきを自然浄化とよぶ。

② 湖沼や内湾などで栄養塩類が蓄積すると、富栄養化によりアオコや赤潮が発生して問題となる。

③ 除草剤の一つであるDDTは分解されにくく、生物の体内では筋肉などに蓄積されやすいことから、生物濃縮が進む。

A ①のみ　B ②のみ　C ③のみ　D ①と②
E ①と③　F ②と③　G ①と②と③

問7 下線部(キ)に関する記述として、最も適切な組み合わせを選びなさい。
34

① 大気中の二酸化炭素やメタンなどの温室効果ガスは、地表に届く前の太陽の光エネルギーを吸収し、大気中に放出することで気温を上昇させる。

② 大気中の二酸化炭素濃度を増加させる原因の一つは、化石燃料の燃焼による排出である。

③ 温暖化による海水温の上昇によってサンゴの黒化現象が深刻化しており、サンゴ礁の生態系が損なわれつつある。

A ①のみ　B ②のみ　C ③のみ　D ①と②
E ①と③　F ②と③　G ①と②と③

問8 下線部(ク)に関する記述として、最も適切な組み合わせを選びなさい。
35

① 里山に含まれる雑木林では、クヌギやコナラなどの常緑広葉樹が優占している場合が多い。

② 人の手による伐採や下草刈りなどの小規模なかく乱が起こるため、里山に含まれる雑木林は遷移の途中の状態が維持されている。

③ 化石燃料や化学肥料が利用されるようになったことで、雑木林が人の手によるかく乱を受ける機会が減り、里山の生物多様性が高まっている。

A　①のみ　　B　②のみ　　C　③のみ　　D　①と②
E　①と③　　F　②と③　　G　①と②と③

〔V〕 次の文章を読み、該当する解答番号の解答欄にマークしなさい。一つの解答欄に一つだけマークすること。

地球の地質時代は、約(　ア　)億年前よりも前の(イ)先カンブリア時代、それ以降の(ウ)古生代、(エ)中生代、新生代に分けられている。最初の多細胞生物が現れたのは、約(　オ　)億年前の先カンブリア時代と考えられている。私たちは、(カ)哺乳類の霊長類に含まれる、(キ)ヒトという種の(ク)動物である。

問 1　空欄(　ア　)、(　オ　)に入る数字の組み合わせとして、最も適切なものを選びなさい。ただし、選択肢の数字はア・オの順に示してある。 36

A　5.4・6.5　　B　5.4・10　　C　5.4・19　　D　5.4・27
E　5.4・35　　F　6.5・10　　G　6.5・19　　H　6.5・27
I　6.5・35　　J　10・19　　K　10・27　　L　10・35

問 2　下線部(イ)の末期に出現したエディアカラ生物群に関する記述として、最も適切な組み合わせを選びなさい。 37

① 比較的大形の多細胞生物の化石として、オーストラリア南部で見つかった。
② 多くは軟らかくて扁平なからだをもっていたと考えられている。
③ 多くは触手や硬い殻をもっていたと考えられている。
④ 現生の生物群との類縁関係は詳しく分かっている。

A　①と②　　B　①と③　　C　①と④
D　②と③　　E　②と④　　F　③と④

問 3　下線部(ウ)におけるカンブリア大爆発で出現した動物に関する記述として、最も適切な組み合わせを選びなさい。 38

① 現生の動物の門のほとんどが出現したと考えられている。

② カナダのロッキー山脈に分布するバージェス頁岩においてのみ化石が見つかっている。

③ 食うものと食われるものの関係はなかったと考えられている。

④ 初期の脊椎動物と推定される化石が見つかっている。

A ①と②	B ①と③	C ①と④
D ②と③	E ②と④	F ③と④

問 4　下線部(ウ)における生物の陸上への進出に関する記述として、最も適切な組み合わせを選びなさい。 39

① オルドビス紀に出現したリニアは、化石が確認されている最古の植物である。

② クックソニアは、維管束をもっていた。

③ シダ植物は、石炭紀に急速に巨大化し、森林を形成した。

④ 四肢が発達した原始的な両生類は、デボン紀後期に出現した。

A ①と②	B ①と③	C ①と④
D ②と③	E ②と④	F ③と④

問 5　下線部(エ)の末期における大量絶滅に関する記述として、最も適切な組み合わせを選びなさい。 40

① アンモナイトが絶滅した。

② 三葉虫が絶滅した。

③ ほぼ地球の全域が氷河でおおわれる全球凍結によって起こったと考えられている。

④ 巨大いん石が地球に衝突し、気候が大きく変動したことによって起こったと考えられている。

⑤ パンゲアとよばれる大陸の形成による大規模な火山活動によって起こった最大規模の大量絶滅と考えられている。

A ①と③ B ①と④ C ①と⑤
D ②と③ E ②と④ F ②と⑤

問 6 下線部(カ)が出現したと考えられる地質時代として、最も適切なものを選びなさい。 41

A 三畳紀 B ジュラ紀 C 白亜紀
D 古第三紀 E 新第三紀 F 第四紀

問 7 下線部(キ)に関して、人類の出現と進化に関する記述として、最も適切な組み合わせを選びなさい。 42

① 最古の人類の化石は、アフリカのチャドにある約700万年前の地層から発見されたアウストラロピテクス類のものである。

② アウストラロピテクス類は、直立二足歩行していたと考えられる。

③ 大後頭孔は、人類では後頭部に斜めに開くのに対して、類人猿ではより前方に真下に向いて開いている。

④ かつては、同時期に数種類の人類が地球上に生息していたが、現在の人類はホモ・サピエンスの１種のみである。

A ①と② B ①と③ C ①と④
D ②と③ E ②と④ F ③と④

問 8 下線部(ク)の分類と特徴に関する記述として、最も適切な組み合わせを選びなさい。 43

① 海綿動物は、繊毛虫類に似た構造の細胞を体内にもっている。

② ウニやヒトデなどの棘皮動物は、消化管をもつが肛門をもたず、口から食べて同じ穴から排泄する。

③ センチュウなどの線形動物や、エビなどの節足動物などは、旧口動物の脱皮動物という系統に分類される。

④ プラナリアなどの扁形動物、タコなどの軟体動物、ミミズなどの環形動物などは、旧口動物の冠輪動物という系統に分類される。

⑤ クラゲやサンゴなどの刺胞動物は、新口動物であり、胚の原口またはその付近に肛門ができ、その反対側に口ができる。

A ①と②　B ①と③　C ①と④　D ①と⑤
E ②と③　F ②と④　G ②と⑤　H ③と④
I ③と⑤　J ④と⑤

D Ⅱでは、怪異が詠じた和歌を糸口に歌の道を究めるための姿勢を説いている。

問十 『俊頼髄脳』の著者源俊頼が撰者となった勅撰和歌集を次の中から一つ選び、その符号をマークせよ。解答番号は 34 。

A 『拾遺和歌集』
B 『金葉和歌集』
C 『玉葉和歌集』
D 『風雅和歌集』

問七　二重傍線部「かなふ」とあるが、何が「かなふ」のか。最も適切なものを次の中から一つ選び、その符号をマークせよ。解答番号は 31 。

A　人格者として称賛されること
B　悪霊にならずに成仏すること
C　社会的地位を手に入れること
D　歌道に習熟した者となること

問八　傍線部5「すずろはしき」の説明として最も適切なものを次の中から一つ選び、その符号をマークせよ。解答番号は 32 。

A　うっとうしく思うさま
B　不安で落ち着かないさま
C　うきうきしているさま
D　恥ずかしく思うさま

問九　ⅠあるいはⅡの内容に合致するものを次の中から一つ選び、その符号をマークせよ。解答番号は 33 。

A　Ⅰでは、和歌を詠じた怪異をかつて京極殿に住んでいた人の霊だとしている。
B　Ⅰでは、上東門院が厳しく詮議したので怪異が逃げ去ったのだと考えている。
C　Ⅱでは、ほとんど世に知られていない秀歌を知る怪異のことを称賛している。

A　歌論書である『俊頼髄脳』と同時代に成立した、わが国最初の仏教説話集である。
B　鬼や物の怪が登場する怪異譚が多く収録され、どの説話にも和歌が含まれている。
C　天竺・震旦・本朝からなる三部構成であり、どの話も「今は昔」で始まっている。
D　編者は大納言藤原公任であり、勅によって編纂されたわが国最大の説話集である。

問五　傍線部3「こと物には見えず」の意味として最も適切なものを次の中から一つ選び、その符号をマークせよ。解答番号は 29 。

A　ほかの歌集には見えない
B　特別の和歌には思えない
C　異なる版本には見えない
D　異物のようには思えない

問六　傍線部4「思ひたらざめり」の文法的説明として最も適切なものを次の中から一つ選び、その符号をマークせよ。解答番号は 30 。

A　動詞「思ふ」の連用形＋断定の助動詞「たり」の未然形＋打消の助動詞「ず」の未然形＋推量の助動詞「めり」
B　動詞「思ひたる」の未然形＋打消の助動詞「ず」の未然形＋推量の助動詞「めり」
C　動詞「思ふ」の連用形＋完了の助動詞「たり」の未然形＋打消の助動詞「ず」の連体形＋推量の助動詞「めり」
D　動詞「思ひたる」の未然形＋打消の助動詞「ず」の連体形＋推量の助動詞「めり」

C　浅緑色に染まる野を霞が包むなか、季節はずれの桜の花が色鮮やかに咲きほこるさまを詠んでいる。
D　浅緑色の野に霞がたなびくなか、姿は見えずとも桜の香りがほのかに漂ってくるさまを詠んでいる。

問二　空欄 X に共通して入ることばとして最も適切だと思われるものを次の中から一つ選び、その符号をマークせよ。解答番号は 26 。

A　こゑ
B　もと
C　くせ
D　うへ

問三　傍線部2「夜などこそ現ずる事にて有れ」は、それに続く文とどのような接続関係にあるか。最も適切なものを次の中から一つ選び、その符号をマークせよ。解答番号は 27 。

A　順接
B　逆接
C　確定
D　仮定

問四　『今昔物語集』の説明として最も適切なものを次の中から一つ選び、その符号をマークせよ。解答番号は 28 。

「こぼれて匂ふ花さくらかな」と詠めける声を聞こし召して、「いかなる人のあるぞ」とて御覧じけれど、いかにも人のけしきもなかりければ、怖ぢおぼしめして、宇治殿に急ぎ語り参らせ給ひたりければ、「そこの［ X ］に、常にながめ侍るぞ」と申させ給ひける。されば、ものの霊など、めでたき歌と思ひそめて、常にながむらむは、まことによき歌なめり。思へば、わづかに拾遺抄ばかりには入りたんめり。[3]こと物には見えず。世の人もさまでも[4]思ひたらざめり。されば、なほ知らぬ事なめり。われは、人よりはわろう詠む、人よりもあしう知れる、と思ふべきなり。それぞ末はかなふべき。世の末の人は、われは、人よりはよく知れり、人よりはよく詠めるぞ、と思へる。それはかなふべからざる事なり。世の末末には、よく詠めるものは見えず。あやしうとも好むべきなり。好むものを歌よみとはいふなり。たとひこのもしからずとも好み、知らずともかまへ知りて、この道にむつれ親しくなりて、うとからぬものになるべきなり。むげに知らぬ人になりぬれば、のがれ難き折に、さりとて、やはとてすれば、事新しく顔あかまれて、[5]すずろはしきなり。おのづからよきさまにいひたれど、人ほほゑみて、をこの者になる。

（注）
1上東門院——藤原彰子。藤原道長の長女。一条天皇中宮。
2関白殿——藤原頼通。藤原道長の長男。

問一　傍線部1「こぼれてにほふ花ざくらかな」は、「浅みどり野辺の霞はつつめどもこぼれて匂ふ花桜かな」の下の句である。この和歌の解釈として最も適切なものを次の中から一つ選び、その符号をマークせよ。解答番号は［25］。

A　浅緑色に染まる野を霞が包むなか、その霞からこぼれるほどに咲きほこる桜の美しさを詠んでいる。

B　浅緑色の野に霞がたなびくなか、花がこぼれ落ちた後でも香りを残す桜のすばらしさを詠んでいる。

（三）次のⅠは『今昔物語集』の一話で、Ⅱは『俊頼髄脳』の一節である。これらを読んで、後の問に答えよ。（問題文には、一部表記を改めた箇所がある。）

Ⅰ　今は昔、上東門院（注1）の、京極殿に住ませ給ひける時、三月の二十日余の比、花の盛にて、南面の桜えもいはず栄（さ）き乱れたりけるに、院、寝殿にて聞かせ給ひければ、南面の日隠の間の程に、いみじく気高く神さびたる音（こゑ）を以て、「1こぼれてにほふ花ざくらかな」と長めければ、その音を院聞こしめさせ給ひて、「こはいかなる人の有るぞ」と思し召して、御障子の上げられたりければ、御簾の内より御覧じけるに、何（いづ）こにも人の気色も無かりければ、「こはいかに。誰が云ひつる事ぞ」とて、あまたの人を召して見せさせ給ひけるに、「近くも遠くも人候はず」と申しければ、その時に驚かせ給ひて、「こはいかに。鬼神（おにがみ）などの云ひける事か」と恐ぢ怖れさせ給ひて、関白殿（注2）は宇治殿におはしましけるに、急ぎて「かかる事こそ候ひつれ」と申させ給ひたりければ、殿の御返事に、「それはそこの［　X　］にて、常に然様（さやう）に長め候ふなり」とぞ御返事有りける。

されば、院いよいよ恐ぢさせ給ひて、「『これは、人の、花を見て興じて然様に長めたりけるを、かくきびしく尋ねさすれば、怖れて逃げ去りぬるにこそ有（あん）めれ』とこそ思ひつるに、ここの［　X　］にて有りければ、いみじく怖しき事なり」となむ仰せられける。されば、その後はいよいよ恐ぢさせ給ひて、近くもおはせざりける。

これを思ふに、これは狐などの云ひたる事にはあらじ。物の霊（りやう）などの、この歌をめでたき歌かなと思ひ初めてけるが、花を見る毎に常にかく長めけるなめり、とぞ人疑ひける。然様の物の霊などは、2夜などこそ現ずる事にて有れ、真日中（まひなか）に音を挙て長めけむ、実（まこと）に怖るべき事なりかし。いかなる霊と云ふ事、遂に聞えで止みにけり、となむ語り伝へたるとや。

Ⅱ　京極殿に上東門院のおはしましける時、南面に花の盛りなりけるに、ひがくしの間の程に、けだかくかみさびたる声にて、喀血しつづけて助かる見込みがないと判断したということ。

D　昭和十八年の時点において日本の敗戦を予期した医師は、その後ろめたさから、助かるはずの「私」の妻も適切に治療せず、助かる見込みのない状態だと判断したということ。

問八　本文の作者埴原一亟の小説は芥川龍之介賞の候補作に三回選ばれたことがある。芥川龍之介賞は一九三五（昭和一〇）年に制定され今日まで続いている。第一回の選考委員のうち、この文学賞を発案した、明治大学の教壇に立ったことのある作家を次の中から一名選び、その符号をマークせよ。解答番号は 24 。

A　横光利一

B　山本有三

C　川端康成

D　菊池　寛

問六 傍線部4「彼女のもらす言葉と一緒に妻の眼から涙が流れ落ちた。」とあるが、それはなぜか。その説明として最も適切なものを次の中から一つ選び、その符号をマークせよ。解答番号は 22 。

A 肺結核で余命いくばくもない自分の人生の最後のわがままな願いを必死になって叶えるために枇杷を探してくれた「私」の苦労に対して、ありがたみとともに申し訳なさを感じたから。

B 果物屋に果汁のある果物が置かれていないことを知りながら、あえて困難な要求をしたにもかかわらず、「私」が見事にそれを成し遂げたことに対して、自分が情けなくなったから。

C 「私」が用意してくれた果汁を飲み干すほど美味しさを感じたが、自分に対して献身的に接してくれても肺結核が治癒するわけではないという現実を改めて実感するようになったから。

D 果汁で喉の渇きを癒やすことで自身の生理的欲求が満足したことにつれ、枇杷を求めて奔走してくれた「私」の存在が意識されだし、「私」に対する感謝の念がこみ上げてきたから。

問七 傍線部5「あの医師は日本の敗戦と人間のいのちとを同一に見ていたのではないだろうか。」とあるが、それはどういうことか。その説明として最も適切なものを次の中から一つ選び、その符号をマークせよ。解答番号は 23 。

A 「私」の妻が大量喀血する姿から助かる見込みがないと判断した医師は、戦争も戦局に不利となる出来事が続いた昭和十八年の時点で勝つ見込みがないと予測したということ。

B 肺結核と診断し助かる見込みのある「私」の妻を見捨てた医師は、戦局に不利となる出来事が続く昭和十八年の時点で敗戦を予測し、自身への非難から逃れようとしたということ。

C 敗戦色が濃厚な昭和十八年の時点において戦争に勝つ見込みがないと思い込んでいた医師は、それゆえ「私」の妻も大量

C　死を目前にした妻の最期の言葉を聞き取ることができず、妻にもう一度話して欲しいと思ったから。
D　死に際の言葉が「私」に対する感謝の意ではなく、自身の身体的要求だったことに憤りを感じたから。

問四　傍線部3「駅のまえの店へ行ったら、何かあるかもしれませんよ」とあるが、この果物屋のおかみさんの言葉からどのようなことが読み取れるか。その説明として最も適切なものを次の中から一つ選び、その符号をマークせよ。解答番号は 20 。
A　ばかにして笑いたくなるような客に対し一切相談に乗る気になれず、適当な事を言ってその場をやり過ごしている。
B　駅前の果物屋とは親しい間柄なので、その店に行けば「私」の願望を叶えてくれるはずだと親切に教えてあげている。
C　戦時中の食糧が統制されたなかで、新鮮な野菜や果物が店頭に並ぶはずもなく、面倒な客を追い払おうとしている。
D　戦時中は市場が縮小され、いつも駅前の果物屋から仕入れているので、駅前であれば品揃えが豊富だと教えている。

問五　空欄 X に入れるのに最も適切なものを次の中から一つ選び、その符号をマークせよ。解答番号は 21 。
A　あんたが妻を大切に思う気持ちには嘘が感じられないので
B　あんたの何かにしがみつくような、その執念がこわくて
C　あんたが来ることは商店街のおかみさんから聞いていたので
D　あんたには治療費やこれからの生活費も必要だと思うので

問一　空欄 ア ～ エ に入る語として最も適切なものを、それぞれ次の中から一つ選び、その符号をマークせよ。ただし、同じものを二度以上用いてはならない。解答番号はアが 14 、イが 15 、ウが 16 、エが 17 。

A　甘酸っぱい
B　冷たい
C　黄色い
D　美しい

問二　傍線部1「しかし、強い奥さんですなァ」とあるが、この時の医者の心情とはどのようなものか。その説明として最も適切なものを次の中から一つ選び、その符号をマークせよ。解答番号は 18 。

A　肺結核の有効な治療方法が確立されていない時代において、止血剤で症状が回復することに期待感が高まっている。
B　多量の喀血を繰り返して死に近づきつつあるにもかかわらず、まだ生きていることに皮肉めいたものを感じている。
C　止血剤では根本的な治癒にはなりえないことを自覚しつつ、それを患者に悟られまいとして感情を押し殺している。
D　止血剤を打つ前に療養書の知識で得た止血方法を行ったことによって回復の兆しを見せていることに感謝している。

問三　傍線部2「私は自分の耳を疑って、ええ、とききかえした。」とあるが、それはなぜか。その説明として最も適切なものを次の中から一つ選び、その符号をマークせよ。解答番号は 19 。

A　瀕死の状況にあった妻の口から具体的な要望が発せられたことに対して驚きを隠せなかったから。
B　死の淵をさまよっていた妻の発した最初の言葉が自分が予想した通りの内容に一致していたから。

その汁を吸呑み（注4）に入れて彼女の口もとにもって行くと妻はまるで餓鬼道のように一気に呑みほしてしまった。

「ああ、おいしい」

4彼女のもらす言葉と一緒に妻の眼から涙が流れ落ちた。それから妻の容態はときどき喀血はするが、その量も少なくなり、日ましに元気をとり戻して行った。

戦後になって判ったことであるが彼女の胸の病気は肺結核ではなかったのである。気管支拡張症と言って気管の末端が破れ、そこから出血したのであった。多量の喀血はそのためであった。その妻は現在、多忙な仕事に元気に働いている。それにしても戦時中に診てくれたあの医師はいまどうしていることだろう、5あの医師は日本の敗戦と人間のいのちとを同一に見ていたのではないだろうか。

毎年、枇杷の実のなる頃になると、あの日の頃と、あの医師のことがしきりに思い出されるのである。私は今年もまた、初物の枇杷を買って老妻のところへ帰るのであった。

（注）

1よみがえせ――よみがえらせ、の意。

2蟇口――口金のついた袋形の銭入れのこと。

3闇に流れている――物価が統制された体制下で、不足する物資が非合法に市場で流通していること。

4吸呑み――病人などが、寝たままで水や薬を飲めるようにつくられた、長い吸い口のあるきゅうす型の容器のこと。

六、七本残っていた。

「汁のあるくだものありませんか」

私の問いに奥からおかみさんが手をふきながら出てきた。

「なんでもいいんです、汁のあるくだものなら」

若いおかみさんは私をせせら笑いして、

「汁のあるくだもの、そんなものありませんよ、この乾燥バナナだけ」

と指さした。私が必死になって病人のことを説明して哀願すると、

「3駅のまえの店へ行ったら、何かあるかもしれませんよ」

と教えてくれた。人通りのない白い道をまっすぐ歩いて、やっと駅前のその店を見つけた。だが店頭には前の店と同じようにモミガラ箱の上に乾燥バナナがあるだけだった。店番の老人に何か果物がないかと訊くと、老人は暫く私の顔をじっと眺めていたが、

「枇杷はどうだね、少し高いけれど十個ぐらいならあるよ」

と言った。おそらく老人は私の必死の願いを感じとったのであろう。楕円形の黄色い実を十個ほど奥の方から出してきた。

「これは売り物じゃないよ、　X　、これだけ上げるよ」

と私の手に紙包みを押しつけた。

家に帰ってくると妻はぱっちりと眼を開き無言のまま私の動作を眺めまわした。私が右に寄ると妻の顔が右に向いた。左に行くと左を向いた。私の影を追っているので私は妻の枕元に坐り、いま買ってきた枇杷の粒を一つ一つ皮をむき種をぬき、その果肉をガーゼの布に包んで静かに絞っていくと黄色い果汁が受皿にたまっていく。妻はその果汁をまばたきもせず見つめている。

「お願いです、もう一度診て下さい」

まだ生きているのだ、死んだらおしまいだ。生きているうちに助けるのが医者の責任ではないか、生命の不可思議を医者の理論でわり切ってもらっては困る。死者(注1)をよみがえせというのではない、生きているうちに何んとか努力してくれと言うのだ、私は怒りを内心にたたえながら、

「先生、駄目だとしても、もう一度診て下さい、まだ呼吸して生きているのですから」

と医師の足元にひざまずいた。

「もうあの病人は駄目だ、見込みがないよ」

医者が［　エ　］背を見せて奥にはいったのを見とどけると、死んではいけない、殺してはならないと急いで家に戻ってきた。妻は死人のように顔が蒼白になっていた。でも胸のあたりがかすかな呼吸で息づいている。私はその生をたしかめるために足と胸にさわった。冷たい、氷のように冷たい、私は妻を黄泉（よみ）のくにから引っさらう気持で腿の付根の手拭をほどき、それから腕の付根をしずかに解いた。どのくらい時間がたったかしらない。三十分ぐらいか、それとも一昼夜もたったのか私には時間の観念がなくなってしまった。よみのくにから夢中で妻を引っ張り出しているというだけだった。

「のどがかわくのよ、なにかくだものの汁が呑みたい」

2 私は自分の耳を疑って、ええ、とききかえした。

「くだものの汁がほしい」

妻のはっきりした声に私は一瞬、妻は生きると直感した。私は蟇口（がまぐち）(注2)をもって街にとび出した。街の店はほとんど閉っていた。売る品物がないのだ。あっても闇(注3)に流れているのであろう、全く廃墟の商店街だ。それでも私は根気よくあるきまわり、戸を一枚だけ開いた果物屋の看板を見つけて、なかをのぞいた。陳列台に空箱と盛籠だけが転って、その間に干からびた乾燥バナナが

その頃、私の妻は胸を患って自宅療養をつづけていた。病院にもはいり、平塚海岸の松林のなかに転地したり揚句のはての自宅療養であった。少しよくなったと思って、散歩になど出ると、そのあと驚くほど多量の血を吐いた。［ ウ ］ほど真紅な血で洗面器を満たした。

忘れもしない昭和十八年六月九日午前十時ごろ妻の大喀血（かっ）が始まった。洗面器を満たしたが、まだ鮮血は止まろうともしない。私は療養書から知りえた知識で、こんなに血を吐いたら危いと感じ、両足のふとももの付根を、そして両腕の付根を手拭でしっかりと結び血の流れるのを防いだ。どんなに力をいれて結んだことか、あとになって気がついてみると私の両方の指先はコチコチにかたくなって曲げることさえできないほどであった。私はその指先をもみもみ医師の処（ところ）に走った。五十を過ぎた医者は私と一緒に直ぐ往診にきてくれ、いつものように止血剤を注射してから、

「1しかし、強い奥さんですなァ」

と、暫く様子をみてから帰っていった。もちろん止血剤を打つときには、私が結んだ手拭を解いていた。医師が帰って二十分ほどすると、呼吸も止まったように静かに寝ていた妻が突然からだを横にしたかと思うと再びせきこんで枕元の洗面器に顔を突きこんだ、真紅の血があふれるように流れ出た。

「アーッ、アー」

喀血のあいまを縫って妻の呼吸がいきづいていた。妻はまだ生きている。殺してはいけない、私はその血を両手でせきとめるために、先程解いた手拭で、両腕、両腿（もも）の付根を再びゆわえてから医師のあとを追うようにとんで行った。医者の家の玄関に立って、妻の様子を訴えると、先刻の医師も立ったまま、私の顔を見降し、

「もう、奥さんは駄目ですよ、親兄弟がいましたら、それとなく知らせた方がいいです」

と言ったまま、往診に出向いてくれようともしない。

C　筆者は、人間が責任を負うのは何かに「対して」ではなく、「関して」でしかないと考えている。

D　筆者は、人間の自然に対する責任の取り方について判断することはできないと考えている。

問八　本文の内容に合致するものを次の中から一つ選び、その符号をマークせよ。解答番号は 13 。

A　サルに文化を認める立場の者たちは、サルにも人間と同じ生存権を認めるべきだと主張している。

B　人間は自然に対して略奪者としてしか生きられないのであり、動物の苦痛についてなど考える意味はない。

C　自然に権利を認めることができないのは、人間と自然との間に相互責任を認め合うことができないからである。

D　人間が自然に関する責任を果たすとしても、自然の支配者として人間中心的なやり方になるのはやむをえない。

(二)

次の文章は日本の敗戦色が濃くなってきた時代のことを描いた、埴原一亟(はにはらいちじょう)「枇杷(びわ)のころ」(一九七一年発表)の全文である。これを読んで、後の問に答えよ。

くだものやの店頭に、あの ア 枇杷の実が並ぶのは梅雨にはいるころである。今年は雨が多かったせいか枇杷の実りも不作だということをテレビのニュースで知った日、私はその枇杷を求めて街に出た。枇杷には忘れられない悲しみと喜びと、ちょうど枇杷の実のように イ 思い出があったからである。いまでは果物屋の店頭には四季をとわず、六月ともなればくだものの花盛りである。しかし私の思い出は終戦の二年ほど前のことで、食糧は統制され、くだものどころか野菜さえも自由に買えないころのことであった。

問五　傍線部2「シンガーが主張する動物の「生存権」」とあるが、それに対する筆者の考えとして最も適切なものを次の中から一つ選び、その符号をマークせよ。解答番号は 10 。

A　シンガーのいう動物の生存権を人間同士の関係にあてはめることはできない。
B　シンガーのいう生存権は、それぞれ動物同士、人間同士にしかあてはまらない。
C　シンガーのいう動物の生存権は、人間の生存権を否定するものである。
D　シンガーのいう人間の生存権は、動物の生存権を否定するものである。

問六　傍線部3「推論上の誤り」とあるが、その説明として最も適切なものを次の中から一つ選び、その符号をマークせよ。解答番号は 11 。

A　道徳という心の問題を、権利という法律の問題と混同した誤り
B　扱う対象と扱う方法とを混同し、目的と手段を取り違えた誤り
C　主体の道徳の問題を、対象の持つ権利の問題にすりかえた誤り
D　対象の生物学的な事実を、人間の想像によって擬人化した誤り

問七　傍線部4「そこに住む同胞や次世代に対して責務を負うべく呪縛されているというべきだろうか。」とあるが、その説明として最も適切なものを次の中から一つ選び、その符号をマークせよ。解答番号は 12 。

A　筆者は、人間が責任を負うべきは、なにより人間社会に対してであると考えている。
B　筆者は、人間は自分が生きる自然全体に対して責任を果たすべきであると考えている。

B　潜在的
C　萌芽的
D　重層的

問三　傍線部1「かれらが人間に無関心であること、それこそがかれらの生活の安寧の証しである。」とあるが、その説明として最も適切なものを次の中から一つ選び、その符号をマークせよ。解答番号は 8 。

A　飼育されている動物は人間のなすがままの存在であり、何をされても人に逆らうことがないということ
B　野生動物にとって、人間たちが自分たちの利害に関わる領域に入ってくるのはやめてほしいということ
C　チンパンジーは人間を自分たちの社会に位置づけており、同種として関心を払うことはないということ
D　動物としての生がまっとうできていれば、飼われていても人間には関わっていかないだろうということ

問四　空欄 X に入れるのに最も適切なものを次の中から一つ選び、その符号をマークせよ。解答番号は 9 。

A　遺伝子の構造に基づく決定的な差異
B　自然と文化のあいだに横たわる深淵
C　互いに敵視し合わねばならない宿命
D　みせかけにすぎない相互依存の関係

や美を問い、そしてそこに住む同胞や次世代に対して責務を負うべく呪縛されているというべきだろうか。これまでの自然についての理論はおしなべて「人間中心主義」だとするゴドロヴィッチは、おそらくまちがってはいない。だが世界に住むわれわれ人間にとって、その世界のうちに見いだされ経験される自然については、人間らしいやり方でしか、したがって人間中心的にしか語ることはできないのである。

（注）

1ビオトープ——生物群の生息空間。

2ヒエラルヒー——階層。階層秩序。ヒエラルキー。

問一　傍線部(1)〜(3)を漢字に改めた場合、それと同じ漢字を用いる語を、それぞれの群れから一つずつ選び、その符号をマークせよ。解答番号は、(1)が［1］、(2)が［2］、(3)が［3］。

(1)　A　ジュン環　B　ジュン粋　C　ジュン回　D　ジュン致

(2)　A　ギ牲　B　ギ証　C　ギ場　D　ギ瞞

(3)　A　チョウ塑　B　チョウ絶　C　チョウ臣　D　チョウ問

問二　空欄［ア］〜［エ］に入る語として最も適切なものを、それぞれ次の中から一つ選び、その符号をマークせよ。ただし、同じものを二度以上用いてはならない。解答番号は、アが［4］、イが［5］、ウが［6］、エが［7］。

A　道徳的

ほど大自然のなかで悠然と過ごしているように見えても、その自由は「生物学的な事実ではなく、単なる人間の想像の産物」にすぎず、これも誤った擬人化である。パスモアは、シンガーらの主張は「xという対象をyという方法で扱うのは道義上間違いである」という命題から、「xという対象にはyという方法で扱われるべきでない権利がある」という命題を導きだす推論上の誤り(3)に由来すると指摘する。もちろんこういったからといって、パスモアの立場がただちに「人間は自然の支配者である」と主張するものだということにはならない。

「生態学的に見れば、たしかに人間は植物・動物・土地と一緒に一つの共同体を形成している。……けれども、もしその構成員たちが共通の利害を持ち合わせ、しかも相互の責務を認め合うことが一つの共同体に不可欠だとすれば、人間・植物・動物・土地の四者は一つの共同体を形成してはいない。たとえばバクテリアと人間とは相互の責務を認め合ってもいなければ、また共通の利害を持ち合わせてもいない。一つの共同体に属することによって倫理的責務が生み出されるという意味からいっても、両者は同一の共同体には属していない。フレイザー・ダーリングが提言しているように、動物・植物・景観にもそれぞれ「生存権」があると主張することは無用の混乱を招くもとになる。「権利」という観念は、端的にいって、人間でないものにはあてはめることができないのである」。

そもそも利害や権利や道徳といった概念は、ことばによって人間となったヒトが、自己の未来の可能性を企て、自己を「語る存在」として、その近代に至る長い歴史のなかでようやくチョウ(3)琢するに至ったものであり、人間が自分の社会の成員に対して適用されるべくつくりだした文化概念である。それゆえパスモアは、われわれ人間は、われわれが他者や社会に対して責任を負うのと同じ意味で、自然に「対して(to)」責任を負うわけではない、われわれは「自然に関する責任(responsibility *for* nature)」を負うのだ、というのである。野生を超出することで孤立した種となった人間は、その孤独のうちに、われわれ自身のビオトープである「世界」の内部に見いだされ経験される自然、つまり自然種と自然物と自然事象に関して、人間らしいやり方でその意味は、現時点で「植物が苦痛を感じると信ずべき理由は見当たらない」し、仮に植物が苦痛を感じるとしても「おそらく植物は動物ほどには苦しまない」だろうからである。シンガーはまた、「他の動物は生存しようとすれば殺すこと以外にとる道がない」ので、「彼らのやっていることについて［エ］に責任があるとか、とがめるべきだなどと考えるのは意味のないことである」という一方で、ウサギが畑を荒らし、ネズミが家や健康に害を及ぼすとき、これら人間の財産を侵害する動物をわれわれが「暴力的に排除しようとするのは、これらの動物たちがエサのあるところでエサを求めようとするのと同じくらい自然なことである」というとき、かれのいう動物の生存権が人間の生存権とはまったく異なった概念であることは明らかである。「権利」とはつねに「責任」と対になった、人間の文化がつくりだした概念であり、またあるひとがわたしの財産を侵害するからといって、かれを暴力的に排除することが、動物がエサをとるのと同じように「自然なこと」だとはとうていいえないのである。

パスモアがいうように、われわれ人間は植物に対してであれ動物に対してであれ、略奪者としてしか生きられないものだとすれば、「既存の生態学的システムを攪乱することは何もしてはならない、そうした生態学的システムをいかなる意味においても支配しようと企ててはならない」と主張することは的はずれである。牛や豚を屠殺して食料となし、ウサギや鹿や熊、時には人間にもっとも似ているサルさえも、人間の生活を脅かす場合には排除する必要があるとしても、その際動物に与える「苦しみはできるだけ小さくすべきである」というシンガーの主張そのものはきわめて合理的である。こんにちの工場生産化した畜産業のゆきすぎはもちろん問題だ。捕獲に際しての種の保全や、屠殺の際に動物がこうむる苦痛への配慮も必要だろう。だがシンガーが、そしてこれに呼応して「アニマル・ライト」を主張する現代の動物解放運動のラディカルな立場が、動物にそれ自身の利害と権利を認めるべきだと主張するとき、これは人間との類比によって動物を一個の主体とし他者と見て、これに権利や道徳を要求する誤った擬人化である。かれらにとってアニマル・ライトの運動は、「人権運動の一部」なのである。動物園を監獄として批判する主張が想定する動物の「自由」にしても、ヘディガーによれば、野生の動物が自然の計画にしたがって生きている以上、どれる。だがその河合にしても、サルの文化においてはイモ洗いをしないサルがいても、こうした違反はなんらの制裁を受けないが、それは人間社会とは違ってサル社会では文化が制度として確立していないからであり、それゆえ「サル社会で見られる文化現象は、人間文化の発生の原基あるいは［ア］段階にあるといえる。それゆえ、サル社会の文化は、原文化（プロトカルチャー）とか前文化（プレカルチャー）と呼ぶのが適当であろう」という。（中略）霊長類が人間の起源であるということはまちがいではない。だが注意しなければならないのは、進化論的な起源は必ずしもそれがもたらした結果と一続きではなく、［イ］な能力とその現実化のあいだには、次元の断絶があるという点である。人間はけっして「裸のサル」ではない。実際、チンパンジーが初歩的なことばをあやつることができるためには、人間によって教えこまれることが必要である。

要するに、ヒトという自然種が棲みこむビオトープは他の動物種のビオトープや植生と［ウ］に複雑にからみ合ってひとつの生態系を形成しながらも、それは他の種のビオトープとは異なって「世界」であり「文明」であり「文化」でしかありえないということである。すでに見たように、現代の環境保護論や環境倫理がしばしば人間を自然の一部としてとらえ、あるいは他の生物も人間と同じ生きる権利をもつと主張して、全体としての自然や生態系を破壊する人間の文明や文化を批判するのに対して、ジョン・パスモアは「人類が世界に現存することによってその世界に何を付与することになるのだろうか、と問われるならば、その唯一の可能な答えとして、それは文明である」といい、「植物に対してであれ、動物に対してであれ、人間は略奪者としてしか生きられないものである」と異ギ[(2)]を唱える。実際「人間が植物から種をとってこれを開拓地にまいたとき、かれは自然に落ちた種を食べて生きていた生物には害となる仕方でふるまった」というべきである。[2]シンガーが主張する動物の「生存権」にしても、それは人間の苦しみと同様な苦しみをもつ動物にかぎられており、ここには依然として人間とそれに似た動物を中心とする生き物内部のヒエラルヒー[(注2)]と種差別が前提されている。シンガーにとって人間の肉食は単に食生活上の嗜好の問題であり、かれの平等の原理にしたがうことは「われわれにベジタリアンになることを要求する」が、ベジタリアンが容認される理由のひとつ

国語

（六〇分）

（一）　次の文章は、西村清和の「自然の概念」という文章の一節である。これを読んで、後の問に答えよ。

チンパンジーと飼育係との交流は、まるで母子や友人の間柄のように見える。だが実状はどうやら、動物たちにとって飼い主や飼育係は、擬似親か群れの仲間として、かれらの群れの社会順位に組みこまれており、そこにどれほどこまやかな愛情の交流が生まれるように見えても、それは人間どうしの視線の交流とは異質である。家畜のように(1)ジュン化された動物の目は、野生動物のように人間の接近に対して鋭く反応し、闘争へとあるいは攻撃へと身構えるというのではないが、われわれの視線をそれてただ明滅し通り過ぎるだけである。1かれらが人間に無関心であること、それこそがかれらの生活の安寧の証しである。動物と人間の関係は、相互に重なりつつもけっしてひとつに交わることのないそれぞれのビオトープ、(注1) 【X】 によって隔てられている。

河合雅雄は動物からヒトまでを含めた進化史における文化という概念を定義して、「ある社会のなかで創出され、社会のメンバーに分有され、社会という媒体を通じて伝承される生活様式」とするが、この定義にしたがえば動物でもサルのような高等動物の社会には文化があるという。あるニホンザルの群れでは子ザルがイモを小川の水で洗って食べることを始めたが、その行動が兄弟、仲間、母親を通じて群れのメンバーに伝わり子孫にも伝承されることで、ひとつの文化が成立したのだというのであ

解答編

英語

I　解答　**問1.** D　**問2.** B　**問3.** B　**問4.** B　**問5.** C
問6. A　**問7.** D　**問8.** D　**問9.** D　**問10.** B
問11. B　**問12.** A　**問13.** C　**問14.** B　**問15.** D　**問16.** C
問17. A　**問18.** C　**問19.** C　**問20.** A　**問21.** D

全訳

《ダーウィンの最もよく知られる書物『種の起源』の見過ごされた起源》

1　北半球の全ての大陸の重量を考慮に入れると，南にはそれを相殺する大きな大陸――テラ・アウストラリス（南方大陸）――があるにちがいないということは太古の昔から推測され，想定されていた。17世紀以降，ヨーロッパ人がその場所を見つけ，そこの地図を作り始めたとき，彼らはこのラテン語名をつけた。オランダ人のウィレム=ヤンセンは1606年までにカーペンタリア湾に到達していた。英国海軍のジェームズ=クック艦長は1770年までにはボタニー湾に到達していて，ヨーロッパ人による最初の植民地は1788年にシドニーに設立された。オーストラリア人の歴史家ジオフリー=ブレイニーは「距離の専制」という言葉を考え出し，自分の故国に関する1966年の見事な文章のタイトルにその言葉を使ったため，この南方大陸は世界の他の地域からはたしかに遠いものに感じられるし，おそらくこれからも常にそうであろう。ヨーロッパ人が先住のオーストラリア人に及ぼした影響は長きにわたって議論され，当然のことながら遺憾に感じられてきた。それほど頻繁に考慮されないものとして，それとは異なる方向への，特に1つの方向に及んでいる影響がある。

2　私たちが地球と呼んでいる小さな青い球体上の現在の位置を目指して，オーストラリア大陸が長くてのんびりとした旅を始めたのは2億年以上前のことである。そのときまで，この大陸はさらに何億年もの間，南半球の多くを覆う超大陸，ゴンドワナ大陸の一部であった。その頃，（ギリシャ神話の巨人）アトラスが肩をすくめ，それぞれの道への分離——爪が伸びる速度でなされる分離——が始まった。将来オーストラリアになる大きな浮遊大陸は北へとなめらかに移動し始めたため，ゴンドワナの他の部分はひび割れて分裂し，それによってできた隙間をインド洋と南大西洋と南極海が埋めることになる。オーストラリアは依然動きを止めておらず，毎年およそ70ミリずつ北と西に向かってなめらかに移動しながら，赤道とアジア大陸に近づいている。

3　原初のオーストラリア大陸がゴンドワナの一部であった頃はずっと，その広大な土地で成長し動き回っていた植物と動物は超大陸の他の地域の動植物とほぼ同様であった。中でも顕著なのは有袋類の存在で，未熟に産むので，母親の腹袋の中で発育を完了する必要のある哺乳動物である。かつて有袋類はまた南アメリカ大陸全域にもいたのだが，浮遊大陸の北への漂流によって南アメリカが北アメリカと衝突したときに，その結果起きたその他の哺乳動物——より動きが速く，より多産で，より攻撃的なものたち——の流入が，その地にいた有袋類に対して死の鐘を鳴らした。テラ・アウストラリスにいた有袋類は他からは孤立して，自分たちのみ存在する世界でその後何百万年もの間安全で無事に過ごすことになるのだが，さらにアジア本土に近づいたことが，「ホモサピエンス」を含む他の種による植民地化を可能にすることになる。26歳のチャールズ=ダーウィンが1836年1月にニューサウスウェールズに足を踏み入れる頃には，オーストラリアはすでに彼の航海よりもはるかに勇壮な航海に出ていた——こう言えば十分であろう。

4　その頃までに，彼は博物学者として帆船ビーグル号に乗って4年を過ごしていた。始終船酔いに苦しめられ，自身の学問のために悩んでもいたが，岸に降り立ってからの数週間が彼の人生と，またこの世界の物語についての人類の理解を変えることになる。発見の航海に加わったとき，彼は（教育は受けていなかったにしても）熱心な博物学者であった。彼はまた，生活費を稼ぐことを必要としない家産に恵まれたイギリス人階級に生まれたことも幸運であった。彼はイギリス人博物学者のエラスムス=ダーウィンと，また，陶工，実業家，奴隷解放主義者のジョシア=ウェッジウッドの直系の子孫であった。元は聖職者として身を立てるよう定められていたが，父の願いに背いて自らの心のままに科学の道へと進んだ。

5 注目すべき瞬間はその1月のあるとき，ブルーマウンテンズのすぐ西のワレラン――原住ウィラジュリの人々によってその場所につけられた名前がなまったもので，「豊かな水」というような意味を表す――という名の中央高原の小さな郡区の近くで訪れた。19日かその前後の日没に近い時間，小さな川のそばを歩いていたとき，ダーウィンはアヒルのようなくちばしを持つ奇妙な生き物カモノハシを初めて目にした。あまりの奇妙さに，最初の標本を調べたイギリス人生物学者たちは，自分たちが相手にしているのは悪ふざけ――フランケンシュタインの醜い怪物のように，複数の種の各部分を縫い合わせてできた混ぜ物の動物――だと思い込んだが，カモノハシは哺乳動物の中の単孔類という部類に属する。単孔類の実例は2つしかなく，もう一方は同じくらい奇妙なハリモグラで，とげを持つ一種のハリネズミである。単孔類は「1つの穴」を意味し，カモノハシとハリモグラのどちらも1つの開口部が生殖と排泄の両方を兼ねるという事実を指す。また，卵を産み，孵化したヒナは母乳を飲む。

6 ワレラン地区の管理者のアンドルー=ブラウンという名のスコットランド人を伴って，ダーウィンは何頭かのカモノハシが水の中で遊んでいるのを観察した。「体のごく一部しか見えないので，まるでミズハタネズミの群れのようにしか見えなかった。ブラウン氏は1頭を撃ったが，それは実に風変わりな生き物である」 後に，彼は何時間も費やしてその小さな死骸を調べ，本国ではミズハタネズミによって占められている生態的地位にカモノハシがどのように収まるのかを考えた。他の場所では，彼はカンガルーネズミを観察して，それがどのようにイングリッシュラビットの役割を占めるのかを考えたものだった。

7 他の者なら誰でもただ観察して，カモノハシの奇妙さに驚き，そのまま行き過ぎるだけだったかもしれないが，ダーウィンはその遭遇によって繰り返し想像力をかき立てられた。ほとんどの人が，たとえ教育があり知的な人であっても，いまだに旧約聖書の天地創造の物語に束縛されていた世界に生まれ育ったにもかかわらず，彼は全知全能の神がなぜ場所が変わると同じ問題を異なるやり方で解決したのか，という難問に目を向けずにはいられなかった。水中生物の生態的地位に埋めるべき隙間があるとして，なぜヨーロッパと北アメリカにはミズハタネズミを，そしてオーストラリアにはアヒルのくちばしを持つカモノハシを創造するのか？　彼は日記にこう書いた。「理屈に合わないことは何も信じない者なら，『きっと別々の２人の創造主が行ったにちがいない。だが，２人の目的は同じであり，間違いなくどちらの場合も結果は完全だった』と声高に言うかもしれない」彼はこの両方の生き物について考え，それらの間のあまりに大きな違いを理解しようと苦しんだ。「信じない者ならこれに対して何と言うだろうか？　誰であれ２人の職人がこれほど素晴らしくて単純だが，これほど作為的な仕掛けを思いつくということがあり得るだろうか？　ただ１つの手が全世界に作用したなどとは考えられない」

8　ダーウィンとビーグル号と言えば，たいていガラパゴス諸島が，フィンチ，ゾウガメやその他の生き物が連想される。彼がオーストラリアで過ごした時間は全く忘れられているとは言わないまでも，ほとんどの人に見過ごされているが，彼が重要な考えのひらめきを記録したのはまさにそこで，そこでだけだった。1859年に彼が『種の起源』を発表したのは，イギリスに戻って20年以上も後のことである。やがて彼は，とりわけ「イギリス最大の危険人物」というレッテルを貼られるようになる。

9　私たちは地球の生物は生き延びられるより多くの子供を産む――個々の違いのため，それぞれの場合に優勢になるのは，自分の環境に最もよく順応するものだけである――ことを当たり前のことと思っている。その概念は一見してあまりに明らかであり，地球の生命に対する理解を永久に変えてしまったものなのだが，これはチャールズ＝ダーウィンとオーストラリアへの彼の訪問によるものであった。これほども昔に，カモノハシの存在のおかげで，ダーウィンは生涯でもはるかに大きな旅に乗り出していた。それが終わるころには，誰もがこれまで持ち続けている中で最も優れており，最も完全な科学的理論を形成していたのである。

解説

問１． given は前置詞として働き，「～を考慮すると」という意味なので，D.「考慮に入れると」が正解。A.「経験するようにさせて」　B.「任せて」　C.「手渡して」

問２． found は「～を設立する」という意味なので，B.「設立された，創立された」が正解。「ヨーロッパ人による最初の植民地は1788年にシドニーに…」という文脈から推測することもできる。A.「発見された」 C.「終結させられた」 D.「暴露された」

問3. coin は「～(新語など) を作り出す」という意味なので，B.「作り出した，発明した」が正解。「歴史家ジオフリー=ブレイニーは『距離の専制』という言葉を…」という文脈から推測することもできる。A.「見つけた」 C.「完全にした」 D.「配列し直した」

問4. lament は「～を嘆く」という意味なので，B.「深く悲しんだ」が正解。「ヨーロッパ人が先住のオーストラリア人に及ぼした影響は長きにわたって議論され，当然のことながら…」という文脈から推測することもできる。A.「無視した」 C.「覚えていた」 D.「繰り返した」

問5. 名詞 location の前に空欄があるため，形容詞の present「現在の」を入れると，「現在の位置を目指して，オーストラリア大陸が長くてのんびりとした旅を始めた」という自然な文になり，Cが正解。B.「過去の」も形容詞だが，「大陸が過去の位置を目指す」となるのは不自然である。なお，A.「今は」とD.「今日は」はいずれも副詞であるため不可。

問6. that would be Australia は the great raft を修飾する関係代名詞節。would は過去から見た未来を表す（will の過去形）ため，下線部全体の訳は「将来オーストラリアになる大きな浮遊大陸」となる。したがって，A.「後にオーストラリアになった広大な陸地」が正解。

B.「オーストラリアと統合した広大な陸地」

C.「かつてオーストラリアと呼ばれていた広大な大陸」

D.「オーストラリアが組み入れられた広大な陸地」

問7. the plants and animals … had been much like those「植物と動物は…と同様であった」という文なので，複数を表す代名詞 those は主語の the plants and animals を指している。したがって，Dが正解。

問8. 形容詞 fleet は「(動物などが)（足が）速い」という意味なので，D.「動きが速い」が正解。下線部の後ろの「より多産で，より攻撃的な」と関連性のあるものを選択することもできる。

A.「後ろ足で立ったまま狩りができる」

B.「長い距離を飛ぶことしかできない」

C.「比較的素早いが動きはぎこちない」

問9. adrift は「漂流して」の意味の形容詞だが，ここでは「(他の動物から）離れて，分離して」の意味であり，D.「離れて」が正解。下線部の後ろの「自分たちのみ存在する世界でその後何百万年もの間安全で無事に過ごすことになる」という文脈から推測することもできる。A.「活動的で」 B.「さびしくて」 C.「自然で」

問10. suffice は「十分である」という意味の動詞で，suffice O to *do* で「Oが〜するので十分である」の意味。したがって，suffice it to say that 〜「〜と言えば十分だ，事足りる」とすれば正しい文ができる。it は形式主語で that 以降の真主語の内容を受けている。よって，4番目に来るのは，B. say である。

問11. born into 〜 で「〜(家庭，家系など）に生まれて」の意味となるので，B. into が正解。A.「〜のために」 C.「〜に基づいて」 D.「〜のもとで」

問12. blessed with 〜 は「〜に恵まれて」の意味で，下線部全体は that class of British men を修飾する過去分詞句である。that precluded … の部分は the kind of family money を修飾する関係代名詞節で，preclude は「〜を排除する」，earn a living は「生計を立てる，生活費を稼ぐ」という意味である。以上をまとめると，下線部全体で「生活費を稼ぐことを必要としない家族の財産に恵まれた」という意味になるため，A.「ダーウィンは生きるために働く必要がなかった」が正解。

B.「ダーウィン家のお金は彼が仕事に就く前に使われた」

C.「ダーウィン家はきわめて信心深くお金持ちで親切だった」

D.「家族の経済的状況のためダーウィンは就職する必要があった」

問13. follow *one's* heart into 〜 は「心のままに〜を追い求める」の意味なので，C.「〜の夢を追求した」が正解。A.「〜しないことを決心した」 B.「〜に願いをかけた」 D.「強制的に〜に入れられた」

問14. *A* of note は「注目すべき *A*，著しい *A*」という意味であるため，B.「注目すべき時点」が正解。A.「時間を記録するためのノート」 C.「執筆するための時間」 D.「私たちが何かに気づいたとき」

問15. 空欄の後ろには，「他の者なら誰でもただ観察して，カモノハシの奇妙さに驚き，そのまま行き過ぎるだけだったかもしれない」，「ダーウィンはその遭遇によって繰り返し想像力をかき立てられた」という対比的な2つの文が置かれているので，D.「〜だが一方」が正解。A.「もし〜なら」 B.「～なので」 C.「～するときはいつでも」

問16. 空欄の後ろの them は both creatures，つまりミズハタネズミとカモノハシを指すが，第7段第2・3文（Born and raised … platypus for Australia?）には「神がなぜ場所が変わると同じ問題を異なるやり方で解決したのか，なぜヨーロッパと北アメリカにはミズハタネズミを，そしてオーストラリアにはアヒルのくちばしを持つカモノハシという異なる動物を創造するのか？」というダーウィンの疑問について述べられているので，C.「違い」が正解。A.「主張，議論」 B.「特徴」 D.「類似点」

問17.「彼がオーストラリアで過ごした時間は全く忘れられているとは言わないまでも，ほとんどの人に見過ごされている」に続く部分であるため，下線部 there が指すのはオーストラリアであると判断できる。したがって，Aが正解。B.「イギリス」 C.「ビーグル号」 D.「ガラパゴス諸島」

問18.「カモノハシの発見によってチャールズ=ダーウィンは…」に続く文を選ぶ問題。カモノハシの発見に関して第7段第2文（Born and raised …）に「彼は全知全能の神がなぜ場所が変わると同じ問題を異なるやり方で解決したのか，という難問に目を向けずにはいられなかった」とあることより，C.「なぜ神が同じ問題に対して同じ解決を用いなかったのか疑問に思った」が正解。

なお，B.「理屈に合わないことは何も信じない者なら世界には2人の創造主がいるにちがいないと声高に言うかもしれない」は，第7段第4文（In his diary …）の「きっと2人の別々の創造主が行ったにちがいない」に関連するが，これはダーウィンの考えを説明したものではないため，不可。

A.「ヨーロッパにはそのような生き物は存在しなかったので，オーストラリアで自分が見たものを信じなかった」

D.「そのような奇妙な生き物が本当に存在するなどとは受け入れることができなかった」

問19. 第5段第3文（So downright odd …）より，C.「カモノハシを最初に調べた生物学者は，異なる動物の部分からできているように見えたので悪ふざけだと思った」が正解。

A.「ゴンドワナが分裂したとき，それはいくつかの海洋を満たし新しい大陸を造り出した」

第2段第4文（As the great …）に矛盾する。

B.「もし他の研究者がダーウィンよりも前にカモノハシを見つけたとしたら，それを観察し研究を続けたであろう」

第7段第1文（While everyone else …）に矛盾する。

D.「現在，私たちは，今日ではより独特な生き物がかつてないほど地球上で生まれていることを知っている」

本文に記述なし。

問20. 第4段第2文（Seasick throughout, he …）には，「（オーストラリア大陸の）岸に降り立ってからの数週間が彼の人生と，またこの世界の物語についての人類の理解を変えることになる」と述べられているが，オーストラリア訪問によってダーウィンが地球の生命を包括的に理解したとは読み取れない。したがって，A.「オーストラリアを訪れたことによって，チャールズ=ダーウィンは地球上の生命について包括的に理解した」が正解（本文と合致しない）となる。

B.「現在ではカモノハシとして知られているアヒルのような生き物をダーウィンが初めて見たのは，小川のそばを歩いているときであった」

第5段第2文（It was on …）に一致する。

C.「有袋類は2つしか存在せず，一方はカモノハシで，もう一方はハリモグラである」

第5段第3・4文（So downright odd … of a thing.）に一致する。

D.「オーストラリアがゴンドワナの一部であったとき，そこの動植物は超大陸の他の地域のものと同様であった」

第3段第1文（All the while …）に一致する。

問21. この文章の中心は，第8段第2文（His time in …）にあるように，ダーウィンに『種の起源』の着想を与えたのはオーストラリアでの体験と思索だったという指摘であり，それを読者に納得させるために，なぜそれがオーストラリアでなければならなかったかを大陸の成り立ちから説き起こしている。よって，D.「ダーウィンの最もよく知られる書物『種の起源』の見過ごされた起源」が正解。

C.「オーストラリア大陸の歴史と1人の科学者」は本文の内容を網羅的に取り上げてはいるが，要旨を反映していないので劣る。

A.「チャールズ=ダーウィンの若い頃と苦難」

B.「科学の真実と誤りを発見すること」

Ⅱ 解答

問22. C　**問23.** B　**問24.** A　**問25.** A　**問26.** A
問27. D　**問28.** C　**問29.** C　**問30.** A　**問31.** A
問32. A　**問33.** A　**問34.** D　**問35.** A　**問36.** C　**問37.** A
問38. B　**問39.** A　**問40.** A　**問41.** A　**問42.** D　**問43.** C

全訳

《現代におけるリベラル・アーツ教育の発展》

［1］ 1971年，ルイス=G.ガイガーは，全米大学教授協会の会報にこう書いた。「学部や理事は知識それ自体の価値，そして課程にどんなものを含めるべきかについてだんだん確信が持てなくなっており，大学は最近の10代のお客の気まぐれへの依存が高まっているだけでなく，リベラル・アーツを教える大学の存続理由そのものが徐々になくなりつつある」 この記事の発表以来何十年もの間，リベラル・アーツ教育の終焉に対する不安は，日常的に繰り返して言われてきた。とりわけ大不況の後は，大学の志願者が自分の学位によって得られる職業の機会の数についてますます懸念するようになるので。また，テクノロジーの進歩もリベラル・アーツの衰退，あるいは消滅に関して繰り返される予測に拍車をかけてきた――ChatGPTがその最近の例である。

［2］ Inside Higher Edの報告によると，先週行われた独立大学評議会の会合では，ますますテクノロジー寄りになる就職市場に対する大卒者の準備と，進化する労働市場に対するリベラル・アーツの妥当性について懸念が集中した。この催しでは，Futuro HealthのCEOであるヴァン=トン-クウィンリヴァンやLinkedlnのワークプレイスプログラムの専務理事ケイティー=フェリック，そしてリベラル・アーツを教える大学の学長らが総会に招集された。この会の間，トン-クウィンリヴァンとフェリックは，デジタルテクノロジー分野における職業技能開発の実施に加えて，リベラル・アーツの「イメージの刷新」を強く勧めた。

［3］ 一方では，リベラル・アーツを教える大学の減少する入学者数に対する懸念は統計上正当な理由がある――リベラル・アーツ分野を専攻する学生の数は2019年から2021年にかけてほぼ9％減少した。何年も前から続いていた下降傾向がパンデミックによって加速されて。

［4］ 同時に，テクノロジー界のリーダーとリベラル・アーツに関わる教育者の間の対話では，鍵となる2つの見落としがしばしば明らかになる。それはリベラル・アーツとSTEM関連学科の間の隔たりを広げ誤解を招きかねないものである。第1の見落としは，リベラル・アーツ教育の性質そのものに関するもので，第2は，リベラル・アーツでの活発な技術的進歩（それは十分確立されていて，新しい学生たちを人文学の分野へと引きつけている）に対する認識不足に関するものである。

［5］ 一般の考えに反して，リベラル・アーツ教育は歴史や英語のような特定の取りまとめた分野の教育であるだけではなく，教育への取り組み，教育原理であって，ビジネスや資本主義的な利益とは相対するものである。正式にリベラル・アーツを定義した最初の著者の一人セネカは，『On Liberal and Vocational Studies（自由の学問と職業の学問について）』の中でこう書いている。「これによって，なぜ『liberal studies』がそうと呼ばれているかわかる。それは，自由民に価する学問だからだ。だが，本当に自由な学問は1つしかない――人に自由を与えてくれる学問だ」 リベラル・アーツはまた，それが人を解放してくれる――つまり，単なる労働者ではなく，思考し新しいことに挑戦する自由人を養成することを目標としている――という意味においてリベラルなのである。

［6］ リベラル・アーツ教育の中心にある方法論を認識していないと，リベラル・アーツに関わる人とSTEM関連の学問に関わる人の間に相互の誤解が生じる。リベラル・アーツを教える大学とその学部は，しばしば単に鍛錬に重点を置くよりもむしろ，教育のやり方としてのリベラル・アーツ教育の価値を未来の学生に明確に述べることができず，これによってまた未来の雇用者にこの価値を伝えるのに苦労する大卒者が生まれるのだ。次には，テクノロジーの分野に関わる人々は多くの場合，労働力としての有用性の他には，新しいテクノロジーをリベラル・アーツ課程に組み込むことの利点を明確に述べることができない。

［7］ こういうわけで，テクノロジーのリーダーたちは，リベラル・アーツの教育者が新しいテクノロジーを教室に導入するのを助けるために，功利主義を第一義としないカリキュラムの手法を促さなければならない――問題はテクノロジーに基づいた技能開発をリベラル・アーツ教育に組み入れるべきかどうかではなく，それをどのように，そしてなぜ行うの

かである。学生はテクノロジーへの取り組みにおいて，どのようなやり方で批判的思考，問題解決，分析的思考を活用することができるのだろうか？　哲学，歴史，あるいは古典主義を学ぶ者として，彼らは進化するデジタルツールにどのように取り組めばよいのだろうか？　そして，どのようにしたらこれらのツールが，新しい時代のためのリベラル・アーツ分野の研究を豊かにし，拡大することができるのだろうか？　リベラル・アーツ分野の学生はこのようなやり方でテクノロジーに取り組むので，就職市場で競うためのデジタル能力が備わって，仕事の志望者として本質的により優れた者となる。

［8］　リベラル・アーツ分野とテクノロジー分野に関わる人々の間の対話でしばしば見過ごされるもう一つの重要な点は，リベラル・アーツ課程がすでにその課程の中に新しいテクノロジーを有意義に組み込みつつある，その様々な方法だ。急速に拡大しているデジタル人文学の分野は，リベラル・アーツがコンピュータや他のテクノロジーをますます包含するようになっていることの証明である。デジタル人文学は，リベラル・アーツ分野の研究を促進するために，特にテクノロジーを使うことに向けられている多様な学問分野である。萌芽期にあるこの分野は，大学がリベラル・アーツの教育ツールを民主化し近代化しようとする中で，2008 年以来新しいプログラムが人気を博し財政的支援も増えた。

［9］　デジタル人文学に携わる学者は，テクノロジーを活用して絶滅の危機にある言語の詳細を記録して保護し，一次資料テキストをデジタル化して出版し，アメリカの都市の歴史について説明する対話方式のマップを構築している。リベラル・アーツのプログラムは，その課程の中にテクノロジー・リテラシーを浸透させ続けることができるし，またそうであるべきではあるが，イメージの刷新と近代化を繰り返し促すこと（STEM 視点）は，リベラル・アーツを教える全国の教育機関ですでに行われている，多方面にわたるテクノロジー革新を過小評価または無視しがちである。

［10］　もちろん，多くのテクノロジー関連企業はリベラル・アーツ教育の価値を認識しており，トン-クウィンリヴァンとフェリックが述べたように，雇用者は徐々に正規の学位よりもむしろ，志望者が実際に示した技能に基づいて雇用を行うようになっている。だが，この傾向を続けるためには，リベラル・アーツの教育機関は，リベラル・アーツ教育の独特な教授

法の長所を反映したやり方で，自分の学位の価値を主張し，テクノロジー・リテラシーを組み込むよう大卒者に備えさせる方法を探り続けなければならない。

出典追記：The Problem Facing Liberal Arts Education Is Not Subject Matter—It's Application, Forbes on January 11, 2023 by Christopher Rim

解説

問22. 「学部や理事は知識それ自体の価値，そして課程にどんなものを含めるべきかについてだんだん…なっている」という文だが，その後に「リベラル・アーツを教える大学の存続理由そのものが徐々になくなりつつある」とあることより，「大学では履修課程に何を含めるかに関して確信が持てなくなっている」と考えられる。したがって，C.「不確かな，確信のない」が正解。A.「威圧的な」 B.「明瞭な」 D.「心配していない，関心がない」

問23. 空欄の前に not only とあるため，B. but が正解。not only ～ but (also)…「～だけでなく…もまた」

問24. 動詞 spur は「～に拍車をかける，急き立てる」という意味なので，A. accelerated「～を加速した」が正解。「テクノロジーの進歩もリベラル・アーツの衰退あるいは消滅に関して繰り返される予測に…」という文脈から推測することもできる。B.「～を操作した，～を支配した」 C.「～に抵抗した」 D.「～を制限した」

問25. 動詞 converge は「集中する，集結する」という意味なので，A. combined「結合した，結びついた」が正解。B.「～と矛盾した」 C.「～を生み出した」 D.「～を分離した」

問26. 空欄の前の「リベラル・アーツ分野を専攻する学生の数は2019年から2021年にかけてほぼ9％減少した」と空欄の後ろの「何年も前から続いていた下降傾向がパンデミックによって加速された」はいずれも過去時制が用いられていて，同時期のことを述べていると判断される。したがって，同時性を表すA. as「～するとき，～して」が正解。B.「もし～なら」(条件) C.「～しない限り」(否定の条件) D.「～だが一方」(対比)

問27. oversight は「ミス，見落とし」という意味なので，D.「何か重要なことに気づかないこと」が正解。空欄の後ろの「リベラル・アーツと

STEM 関連学科の間の隔たりを広げ誤解を招くものである」という文脈から推測することもできる。

A.「ある分野の特別な企画をリードする技術」

B.「何か自然に関係あることを見落とす行為」

C.「詳細な調査や分析」

問28. 動詞 acknowledge は「～を認める，～を認識する」という意味なので，C.「～を認識する」が正解。なお，B．know は「～を知っている」という状態を表すため不可。D．tell は can，be able to に続く場合などに限って「～がわかる」の意味になるため，ここでは不可。A.「～を発達させる，～を開発する」

問29. S is so called で「S はそう呼ばれている」の意味なので，C が正解。ここでは，so は liberal studies を指す。その他の選択肢はいずれもこのパターンでは用いない。

問30. result in ～ で「結果として～を生じる」という意味なので，A が正解。その他の選択肢は動詞 result とともに用いない。

問31. articulate は「～を明確に述べる」という意味なので，A.「意味をはっきりと表す」が正解。「教育学上の取り組みとしてのリベラル・アーツ教育の価値を未来の学生に…できない」という文脈から推測することもできる。

B.「真の意味を隠す」

C.「意味を無視する」

D.「意味について大きな声で話す」

問32. incorporate ～ into … で「～を…に組み込む」という意味なので，A が正解。bring ～ into … で「～を…に組み入れる，持ち込む」の意味を表す。B.「～を創造する」 C.「～を一致させる」 D.「～を修正する」

問33. 文整序では，代名詞や接続詞の働きに注意して取り組むとよい。(う)の代名詞 they は(あ)の students を受けると考えられ，(あ)→(う)の順。(い)の these tools は(う)の evolving digital tools を受けると考えられるので，(う)→(い)の順となる。全体としては，(あ)「学生はテクノロジーにおいて批判的思考などをどう使えるのか？」→(う)「彼らは進化するデジタルツールをどう使えばよいか？」→(い)「そして，これらのツールがどのように新時代のリベラル・アーツ研究を豊かにするか？」という自然な流れになる。したがって，Aが正解。

問34. equipped with ～ で「～(能力など) が備わって，～を身につけて」という意味なので，D．with が正解。その他の選択肢は，通例 equip とともに用いない。

問35. democratize は「～を民主化する」という意味であり，ここでの意味としては，A．equalize「～を平等にする」が最適である。B．「～を政治的にする」 C．「～を練習する」 D．「～に大改革を起こす」

問36. instill ～ in … で「～を…に浸透させる」の意味であり，下線部全体としては「その課程の中にテクノロジー・リテラシーを浸透させる」という意味となる。したがって，C．「テクノロジーの理解を講座計画に組み込む」が正解。

A．「テクノロジー・リテラシーを課程から除外する」

B．「テクノロジーに詳しい教師を雇う」

D．「教授法の中でテクノロジーに関する文献を用いる」

問37. 空欄の前では「雇用に関して，志望者の学位よりも技能が重視されるようになっている」とあるが，後ろでは「大卒者には，自分の学位の価値を主張することを求めるべきだ」と述べられていて，前とは逆接の内容となっている。したがって，A．However「だが，ところが」が正解。

B．「さもないと」 C．「同様に」 D．「驚いたことに」

問38. 「この記事の主要な点」として適切なものを選ぶ問題。本文には，「昨今ではリベラル・アーツの衰退が危ぶまれているが，現在，リベラル・アーツにテクノロジーを組み込むなどの取り組みも行われていて，この課程の妥当性はいまだに継続している」という主旨のことが書かれている。したがって，B．「デジタル時代におけるリベラル・アーツ教育の継続的妥当性」が正解。

A．「最近テクノロジーを基盤とした仕事にどのように人気が出ているか」

C．「STEM とリベラル・アーツ教育の間の違い」

D．「リベラル・アーツ教育が STEM 科目としてイメージを刷新する必要性があること」

問39. 「[5]によると，リベラル・アーツ教育の主な目的は何か？」

第5段第2～4文 (Seneca, one of … not mere workers.) ではセネカ

によるリベラル・アーツの定義「自由を与えてくれる学問，自由民に価する学問」が紹介されていて，これによって「人は（束縛されず）解放される」と述べられている。したがって，A.「学生が独立して新境地を開き，思考するのを助けること」が正解。

B.「STEM 関連分野の入学者を増やすこと」

C.「歴史，英語，哲学の研究を促進すること」

D.「学生に就職市場のための資本主義的利益を提供すること」

問40.「ヴァン=トン-クウィンリヴァンとケイティー=フェリックが述べたことによると，テクノロジー関連企業は雇用に関してどのような修正を行っているか？」

第10段第1文（Of course, many …）より，A.「学業成績よりもむしろ志望者によって示される技能に焦点を当てる」が正解。

B.「リベラル・アーツ分野により多くの仕事の機会を提供し始めた」

C.「現在ではリベラル・アーツの正規の学位のある志望者を優遇する」

D.「自分の学位の価値を主張できる学生だけを雇用する」

問41.「正しくないものはどれか？」

第3段の内容に矛盾するため，A.「リベラル・アーツ・プログラムへの入学者数は近年増加した」が正解。

B.「リベラル・アーツを教える大学は，学生が自分の学位の価値を説明できるように学部生を教育すべきだ」

第10段第2文（However, for this trend …）に一致する。

C.「デジタル人文学の発展は，リベラル・アーツ・プログラムが新しいテクノロジーの利用を拡大したことを示している」

第8段第2・3文（The rapidly expanding … liberal arts disciplines.）に一致する。

D.「これまでにリベラル・アーツ・プログラムのイメージ刷新と近代化への要求がたくさんなされてきた」

第9段第2文（While programs in …）に一致する。

問42.「[8]と[9]によると，デジタル人文学の分野に当てはまらないものは次のどれか？」

D.「リベラル・アーツのテクノロジー革新を最小限に抑える」が正解。第9段第2文（While programs in …）後半で，デジタル人文学を始めとしたリベラル・アーツ分野でのテクノロジー革新を過小評価しているのはSTEM側である。

A.「だんだん多くの大学で採用されている」

第8段第2～4文（The rapidly expanding … the liberal arts.）に一致する。

B.「それは新しいテクノロジーを利用して人々がマップを作るのに役立つ」

マップに関する説明は欠落しているが，第9段第1文（Scholars in the …）に一致する。

C.「リベラル・アーツの中の比較的新しい学問分野である」

第8段第4文（The nascent field …）に一致する。

問43.「この文章につける最も適切なタイトルは次のどれか？」

この文章は，「テクノロジーの発展が目覚ましい昨今において，リベラル・アーツがどのような変化を遂げながら発展しているか」について述べられている。したがって，C.「現代におけるリベラル・アーツ教育の発展」が正解。

A.「リベラル・アーツ課程の好ましくない影響」

B.「教育テクノロジーにおける現代の発展」

D.「人文学とリベラル・アーツの歴史」

講評

2024年度は，2023年度に引き続いて読解問題2題の出題であった。設問数は2023年度の48問から減って43問となった。

I　評論的な文章が出題された。「ダーウィンの進化論」に関しての文章で，一般的な常識と異なり，彼が進化論を唱えるきっかけとなったのは，オーストラリア大陸で見かけたカモノハシであったというのが中心的話題だが，その前にオーストラリア大陸の超大陸からの分離についてかなり長く述べられていて，文章の中心的話題をつかみにくかった者もいたと思われる。同意表現，空所補充，語句整序などによって語彙・表現の理解が問われたが，後半では文章の主旨への理解が問われる内容説明，内容真偽がいくつかあった。

Ⅱ　評論的な文章からの出題で，現在，大学での入学者数が減りつつある「リベラル・アーツ」が，テクノロジーの進歩の目覚ましい現代にあって，どのような価値があるのかについて述べられた文章である。Ⅰと同様，前半は語彙・表現を問う問題が中心だが，語句整序ではなく文整序が出され，文脈理解を問う問題であった。文章の読解についての問いはⅠより多く出されている。かなり長くて抽象的な文もあり，一部読解に苦労する部分もあったと考えられる。

試験時間60分で長めの英文2題を読んで設問に答えることは，時間的にかなり苦しいと思われる。まずは1文ずつの英語の文構造をしっかり読み解くことから始めて，語彙力もつけながら，読解の総合的な力をつけていくとよいだろう。その上で，制限時間内に解き終われるように速読の訓練をしていくとよい。速読には精読と多読の両方の訓練を併用しながら行うことが望ましい。それに加えて，段ごとの要旨を簡潔にまとめてみたり，先に問いを読んで問われる内容を把握してから本文を読み始めてみたりするなどの工夫をしていくとよいだろう。

日本史

I 解答

問1. B **問2**. C **問3**. D **問4**. G **問5**. A
問6. D **問7**. C **問8**. C **問9**. A

解説

《原始・古代に関する史学史》

問1. B. 正文。ヤマト政権（王権）は，大和の首長たちを中心とする広範囲の政治連合である。朝廷と表記しうる中央集権体制が整うのは6世紀頃からである。

A. 誤文。『宋書』倭国伝に記された倭の五王は，『日本書紀』にみられる諸天皇に比定されている。5人の王は同時期の王ではないので，当時の日本が複数の王国に分裂したことを意味してはいない。

C. 誤文。個人の才能・資質に応じて冠位を定めたのは推古天皇の時代であり，古墳時代ではなく飛鳥時代である。

D. 誤文。卑弥呼を中心とした小国連合である邪馬台国は，古墳時代ではなく弥生時代後期の有力国である。

問2. C. 正解。奈良時代から平安時代前期にかけて完成した6つの勅撰歴史書を六国史と呼び，『日本書紀』（720年成立），『続日本紀』（797年成立），『日本後紀』（840年成立），『続日本後紀』（869年成立），『日本文徳天皇実録』（879年成立），『日本三代実録』（901年成立）を指す。すべて編年体で記述されている。

問3. D. 正解。神武天皇の即位の日を2月11日とし，1873年にこれを紀元節とした。紀元節は1948年に廃止されたが，1967年に建国記念の日として復活した。天長節は天皇の誕生日を祝うことであり，明治時代は明治天皇の誕生日である11月3日であった。その後，1946年11月3日に日本国憲法が公布され，1948年に公布・施行された祝日法で11月3日が文化の日と定められた。新嘗祭は秋に収穫を感謝する祭りで，律令制下では11月に実施されて，天皇が新穀を神々に供えて収穫を感謝し，自らも食した。1948年の祝日法で11月23日が勤労感謝の日と定められた。

問4. G. 正解。西都原（さいとばる）古墳群は古墳時代前期から後期にわたる日向（宮崎県）の古墳群で，九州最大規模の女狭穂塚（めさほづか）古墳など300基ほどからなる。

問5． A．正解。アメリカ人のモースが1877年に行った東京都大森貝塚の発掘は，日本における科学的な考古学の出発点となった。

問6． D．正解。民間伝承を集め調べることで，庶民の伝統的な生活文化・伝承文化を明らかにしようとする民俗学は，『遠野物語』などを著した柳田国男，『十二支考』などを著した南方熊楠が創始者とされる。その後，『古代研究』などを著した折口信夫，『忘れられた日本人』などを著した宮本常一らが続いた。選択肢中にある久米邦武は『米欧回覧実記』を編纂した歴史学者，和辻哲郎は『風土』『古寺巡礼』などを著した倫理学者である。

問7． C．正解。日ソ基本条約の調印は1925年である。交渉過程で加藤高明首相が相手国での宣伝禁止の提案を行ったが，ソ連側が拒否したことで国内法での取り締まりの必要を感じ，同年の治安維持法成立につながっている。また，治安維持法の成立には，普通選挙法を施行することで共産主義者や無政府主義者の台頭につながることを恐れたという国内的要因もある。治安維持法の成立は普通選挙法成立の10日前であった。日ソ基本条約，治安維持法，普通選挙法がすべて1925年であるという知識をおさえるだけでなく，つながりまで理解しておきたい。

問8． C．正解。1925年に成立した治安維持法（加藤高明内閣）は，国体の変革と私有財産制の否定をめざす者を取り締まることを規定したが，実際の対象は結社に限定され，一般市民の抑圧に猛威を振るうのは改正後である。1928年の改正（田中義一内閣）は，刑の引き上げ（最高刑は死刑）と目的遂行罪の新設を内容とする。目的遂行罪は，共産党の目的遂行のために従事する非党員を想定していた。1941年の改正（第2次近衛文麿内閣）は，罰則の強化，刑事手続きの特例化，予防拘禁制度などを内容とする。予防拘禁制度の導入により，政治・思想犯は刑期満了後も拘禁することが可能となった。

問9． A．正解。相沢忠洋が群馬県岩宿で更新世に堆積した関東ローム層から石器を発見したことが，旧石器文化研究の端緒となった。

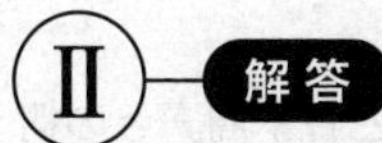

問1. A　**問2.** B　**問3.** A　**問4.** D　**問5.** D
問6. D　**問7.** C　**問8.** B

解説

《海外との交易の歴史》

問1. A．正解。『後漢書』東夷伝には,「安帝の永初元年，倭の国王帥升等，生口百六十人を献じ，請見を願ふ」と記されている。

問2. B．正解。渤海と日本との間では，親密な使節の往来が行われた。渤海の都城跡からは和同開珎が発見され，日本でも日本海沿岸で渤海系の遺物が出土している。

問3. A．正解。日本人の渡航は律によって禁止されていた。律は今日の刑法にあたる。

問4. D．正文。1523年，博多商人と結ぶ大内氏と堺商人と結ぶ細川氏が寧波で衝突した。大内船が細川船を焼いて沿岸を荒らし，乱後は大内氏・博多商人が貿易を独占したが，1551年に大内氏が滅亡したことで勘合貿易が途絶えた。

A．誤文。肥富は博多の商人である。

B．誤文。日明貿易を再開したのは6代将軍足利義教である。

C．誤文。生糸は輸出品ではなく，主要な輸入品であった。

問5. D．正文。長崎に入港するオランダ船が提出した海外情報書はオランダ風説書と呼ばれ，オランダ商館長が長崎に入るとただちに原文をオランダ通詞が翻訳し，長崎奉行から老中に提出した。

A．誤文。1543年に種子島に漂着した船は，ポルトガル人をのせた中国船である。リーフデ号は，1600年に豊後国臼杵湾に漂着した。

B．誤文。糸割符制度はポルトガル商人の利益独占を避ける目的で1604年に導入された制度であり，オランダ商人の独占を排除する目的ではない。

C．誤文。オランダは1609年に肥前の平戸に商館を開いた。

問6. D．正文。1860年，幕府は江戸問屋の保護と国内経済の統制のため，重要輸出品の五品の産地から横浜への直送を禁じ，江戸を経由することを命じる五品江戸廻送令を出した。

A．誤文。1859年に貿易が始まったのは，横浜・長崎・箱館の3港である。

B．誤文。貿易相手国はイギリスが優位を占めた。1861年に南北戦争があったこともあり，アメリカは後退していた。

C．誤文。輸出入品の取引は，居留地において外国商人と日本商人との間で，銀貨を用いて行われた。

問7． C．正文。1870年代後半から器械製糸が広がりだし，1894年には器械製糸による生産高が座繰製糸の生産高を上回った。

A．誤文。1885年から1913年の間，最大の輸出品は一貫して生糸であった。

B．誤文。1909年，清国を追い越して，世界最大の生糸輸出国となった。

D．誤文。1919年から貿易は輸入超過に転じ，とりわけ重化学工業製品の輸入が増加した。

問8． B．正解。日本がGATT（関税及び貿易に関する一般協定）に加盟したのは1955年である。AのOECD（経済協力開発機構）への加盟は1964年，CのIMF（国際通貨基金）への加盟は1952年である。DのWTO（世界貿易機関）はGATTに代わって1995年に発足した。

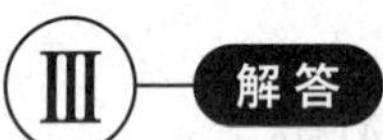

問1． A **問2．** B **問3．** A **問4．** D **問5．** D
問6． B **問7．** A **問8．** C

解説

《近世・近現代の文学・芸術・芸能》

問1． A．正文。西山宗因の談林派は，作法に厳しい松永貞徳の貞門派とは異なり，自由で軽妙な俳諧であり，俳諧を庶民の文学にした。

B．誤文。浮世草子は享楽的な現世を写した小説のことであり，蕉風俳諧とは異なる。

C．誤文。井原西鶴の『好色五人女』は恋愛によって起こる悲劇をテーマとする好色物である。敵討ちを扱った作品としては，武家物の『武道伝来記』がある。

D．誤文。松永貞徳が貞門俳諧の指導者として活動したのは，寛永期の文化の時期である。

問2． B．正解。『国性（姓）爺合戦』は近松門左衛門の時代物で，鄭成功（作品中の名は和藤内）が中国にわたって明を再興する物語である。Aの『冥途の飛脚』，Cの『曽根崎心中』，Dの『心中天網島』はいずれも近松門左衛門の世話物である。

問3． A．正文。女歌舞伎について若衆歌舞伎が17世紀中頃に禁止され，成人男性だけで演じる野郎歌舞伎の時代になると，物語性を重視した演劇になり，女形の芳沢あやめ，荒事の市川団十郎，和事の坂田藤十郎らが出た。

B．誤文。上方で恋愛劇（和事）を得意としたのは坂田藤十郎であり，江戸で勇猛な立ち廻りを演じたのが市川団十郎である。

C．誤文。女歌舞伎は江戸時代初期に禁じられた。

D．誤文。中村座・市村座・森田座は江戸三座と呼ばれ，幕府から興行が公認されていた。

問4． D．正文。東洲斎写楽は「三代目大谷鬼次の奴江戸兵衛」「市川鰕蔵」などの役者絵と相撲絵で知られるが，活動期間は1794～95年と短かった。

A．誤文。錦絵と呼ばれる多色刷りの木版画を始めたのは鈴木春信である。

B．誤文。「朝比奈小人嶋遊（び）」は歌川国芳，「名所江戸百景」は歌川広重の作品である。

C．誤文。葛飾北斎がパリに滞在したという記録はない。ルノワールら印象派から北斎が刺激を受けたのではなく，北斎の作品が印象派やポスト印象派に影響を与えたとされている。

問5． D．正解。民権思想を主張する政治小説『経国美談』は，立憲改進党の結成に参加した矢野龍溪（文雄）の作品である。Aの東海散士は『佳人之奇遇』，Cの末広鉄腸は『雪中梅』で知られ，どちらも政治小説である。Bの小野梓の主著は『国憲汎論』である。

問6． B．正文。小山内薫と2代目市川左団次が発足させた自由劇場は，イプセン，ゴーリキーの翻訳劇を上演するなど西洋演劇を紹介し，日本人創作劇の上演にもつとめた。

A．誤文。自由民権思想を盛り込んだ壮士芝居から生まれたのは新派劇である。新劇は歌舞伎や新派劇に対する近代劇の総称である。

C．誤文。文芸協会の発足は1906年，自由劇場は1909年であり，どちらも明治時代末の時期にあたり，ロシア革命前である。

D．誤文。島村抱月と松井須磨子は文芸協会の解散後，新たに芸術座を設立した。

問7． やや難。A．正解。ラジオ放送の開始は1925年であり，同じ年に東京六大学野球が発足した。Bの宝塚唱歌隊の組織は1913年，Cの『サンデー毎日』創刊は1922年，Dの『貧乏物語』出版は1917年である。

問8． C．正解。溝口健二は『西鶴一代女』でヴェネツィア国際映画祭国際賞，『雨月物語』『山椒大夫』で銀獅子賞を受賞した。Aの黒澤明は『羅生門』でヴェネツィア国際映画祭金獅子賞，『影武者』でカンヌ国際映画祭パルム・ドールを受賞した。Bの小津安二郎は『東京物語』，Dの木下恵介は『カルメン故郷に帰る』などの作品で知られる。

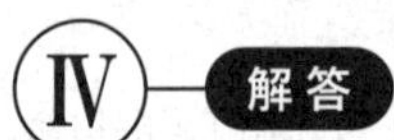

問1． A **問2．** D **問3．** B **問4．** D **問5．** B
問6． B **問7．** B **問8．** C **問9．** D

解説

《軍部の台頭とアジア・太平洋戦争》

問1． A．正文。桜会の橋本欣五郎らが中心となって宇垣一成の軍部政権の樹立をめざしたクーデタ計画は，三月事件と呼ばれる。

B．誤文。井上日召率いる血盟団の団員が暗殺したのは，前大蔵大臣の井上準之助と三井合名会社理事長の団琢磨である（血盟団事件）。

C．誤文。1931年10月，桜会の橋本欣五郎らは荒木貞夫の軍部政権の樹立をめざした（十月事件）。

D．誤文。1932年5月15日，海軍青年将校の一団は首相の犬養毅を暗殺した（五・一五事件）。

問2． D．正解。浜口雄幸内閣は，ロンドン海軍軍縮会議に，元首相の若槻礼次郎と海軍大臣財部彪（たからべたけし）を派遣した。

問3． B．正解。1933年，京都帝国大学教授滝川幸辰の刑法学説は，社会の経済構造の変革を先決問題とした過激思想であるとして，文部大臣鳩山一郎が大学に滝川の処分を迫った（滝川事件）。これに対し，法学部教授会は全員が辞表を提出して抗議した。

問4． D．正解。生活必需物資統制令は第2次近衛文麿内閣によって，1941年4月に国家総動員法にもとづいて公布された。Aの国民徴用令は1939年7月（平沼騏一郎内閣），Bの賃金統制令は1939年3月（平沼騏一郎内閣），Cの価格等統制令は1939年10月（阿部信行内閣）に公布された。

問5． B．正解。斎藤隆夫は立憲民政党に所属する代議士であったが，二・二六事件後台頭する軍部勢力への抵抗（粛軍演説），1940 年 2 月の議会における戦争批判（反軍演説）により議会を除名された。

問6． B．正解。1940 年，日本の傀儡政権として汪兆銘を主席とする国民政府を南京に成立させたが，ハル=ノートでは蔣介石以外の中国政権が否認された。

問7． B．正解。東条英機内閣は 1942 年 2 月に食糧管理法を公布し，米穀の生産・流通・配給を全面的に政府の統制下においた。Aの花岡事件は 1945 年 6 月（鈴木貫太郎内閣），Cの日ソ中立条約は 1941 年 4 月（第 2 次近衛文麿内閣），Dの東京大空襲は 1945 年 3 月（小磯国昭内閣）の出来事である。

問8． C．正文。ヤルタ会談でアメリカはソ連の対日参戦を要請し，ソ連は南樺太・千島の領有などを条件に，ドイツ降伏の 2，3 カ月後の参戦を応諾し，これを秘密協定とした（ヤルタ協定）。

A・B．誤文。ローズヴェルト，チャーチル，スターリンがヤルタで会談した。

D．誤文。日本から中国への満州と台湾の返還，朝鮮の日本からの独立は，カイロ会談で決定された。

問9． D．正解。降伏文書への調印は，1945 年 9 月 2 日に東京湾上のアメリカ戦艦ミズーリ号上で行われた。ここでは，天皇と日本政府の命により重光葵外相が，大本営の命により軍の代表として梅津美治郎参謀総長が署名した。

講評

2024 年度は，大問数 4 題，小問数 34 問，試験時間 60 分と 2023 年度から変化はなかった。過去に出題されていた時代をまたいだテーマ史の大問は，2022・2023 年度は出題されなかったが，2024 年度の大問Ⅱで復活した。

正文選択問題の中にやや難問がいくつかみられるが，全体を通して標準的な問題が多いと言える。2024 年度は年代配列問題の出題がなかったが，年代に関する設問や時期判断の設問は出題された。

時代・分野別ではⅠが原始・古代の社会・文化，Ⅱが古代〜現代の外交，Ⅲが近世・近現代の文化，Ⅳが近代の政治・外交となっている。近現代の比重が大きいが，全時代・全分野をしっかり学習しておきたい。

Ⅰは「原始・古代に関する史学史」が題材とされた。問4は「西都原古墳群」が所在する都道府県名の旧国名が問われており，やや細かい知識である。

Ⅱは「海外との交易の歴史」が題材とされた。史料問題は出題されていないが，問1は教科書に掲載されている史料に目を通しているかどうかで差がつく問題であった。

Ⅲは「近世・近現代の文学・芸術・芸能」が題材とされた。問7はラジオ放送開始と同じ年の出来事として，東京六大学野球の発足を選ばせる設問であり，やや難問である。

Ⅳは「軍部の台頭とアジア・太平洋戦争」が題材とされた。問4では生活必需物資統制令を選ぶことが求められており，やや細かい知識である。

一部にやや難問が含まれるが，全体を通じて，教科書中心の学習で合格点がとれるようにつくられた問題と言える。近現代史を中心に，教科書を精読して内容をしっかり把握しておきたい。

世界史

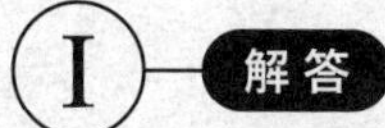

問1．A　問2．C　問3．B　問4．B　問5．C
問6．D　問7．B　問8．C　問9．D　問10．A

解説

《ビザンツ文化とその影響》

問1． A．正解。ユスティニアヌス大帝は北アフリカのヴァンダル王国とイタリア半島の東ゴート王国を滅ぼし，イベリア半島の西ゴート王国から領土を奪った。

問2． C．正解。ネストリウスが排斥された公会議はアナトリア西部のエフェソスで開催された。Aはカルケドン，Bはニケーア，Dはアンティオキアである。

問4． B．正解。Cのモルダヴィア公国は，ギリシア正教を受け入れたルーマニア人が建国した。

問6． D．誤文。モンテ=カシノには，ベネディクトゥスが529年に修道院を設立したが，これが西欧最古の修道院である。

問7． B．正解。「ウラジーミルの生神女」と呼ばれる，ギリシア正教のイコンである。

問8． C．正解。写真はケルン大聖堂。高い塔と尖頭アーチを特徴としている。

問9． D．正解。ルネサンス初期の彫刻家であるドナテルロの「ダヴィデ像」は，ミケランジェロの「ダヴィデ像」に先行した作品である。

問11．B　問12．A　問13．C　問14．B　問15．D
問16．D　問17．B　問18．A　問19．C　問20．D

解説

《イスラーム化以降のイラク》

問11． B．誤文。『エリュトゥラー海案内記』は1世紀にギリシア人によって書かれた。

問12． A．正文。

B．誤文。クルアーンはムハンマドの死後に編纂された。

C．誤文。六信とはアッラー，天使，啓典，預言者達，来世，定命で，五行は信仰告白，礼拝，喜捨，断食，メッカ巡礼であり，ジハードは含まれない。

D．誤文。イスラーム暦では閏月を設けていない。

問14. B．正文。

A．誤文。アッバース朝時代の説明である。

C．誤文。トゥール・ポワティエ間の戦いでウマイヤ朝は敗北した。

D．誤文。唐から製紙法が伝えられたのはアッバース朝期。

問15. D．誤文。イル=ハン国ではイクター制が導入された。ティマール制はオスマン帝国で実施された軍事封土制。

問16. D．正文。

A．誤文。ジャンク船ではなく，ダウ船が正しい。

B．誤文。マドラサではなく，キャラヴァン=サライが正しい。

C．誤文。カーリミー商人はエジプトのアレクサンドリアなどを拠点とした。

問18. A．誤文。ティムール朝はキプチャク=ハン国を衰退させたが，滅ぼしたわけではない。キプチャク=ハン国の滅亡は16世紀初期である。

問19. C．誤文。アッバース1世はイスファハーンに都を移した。

問21. C　**問22.** D　**問23.** D　**問24.** B　**問25.** B
問26. A　**問27.** B　**問28.** B　**問29.** C　**問30.** A

解説

《中国で作られた絹，陶磁器，茶》

問21. C．正文。

A．誤文。シャンポリオンはロゼッタ=ストーンから古代エジプトの神聖文字（ヒエログリフ）を解読した人物。

B．誤文。甲骨文字は鳥の骨ではなく，牛の肩甲骨に刻まれた。

D．誤文。殷墟は河南省安陽市で発見された。

問22. D．正文。

A．誤文。青銅貨幣が使用されるのは春秋時代末期からであり，殷を滅ぼした周が銅銭を造ったわけではない。

B．誤文。蟻鼻銭は楕円形をしている。中央に穴の開いた貨幣は円銭（環銭）といい，秦・斉・魏などで使用された。

C．誤文。布銭は絹布ではなく，農具の形状を模している。

問23. D．正文。

A・B．誤文。ソグド人の民族系統はイラン系である。

C．誤文。クルド人はインド=ヨーロッパ語系であり，ソグド人とは無関係である。

問24. B．正文。

A．誤文。「典礼問題」は清代に発生した。

C．誤文。「景教」はネストリウス派キリスト教のことであり，大問Ｉの問２でも出題されているように，エフェソス公会議で異端とされた。

D．誤文。マニ教はゾロアスター教，キリスト教，仏教が融合した宗教である。

問26. A．正文。

B．誤文。唐三彩は陶器であり，磁器ではない。

C．誤文。玄宗と則天武后が逆である。

D．誤文。グプタ朝は唐の成立以前に滅亡しており，唐三彩の技法をまねることはできない。

問27. B．正文。

A．誤文。後晋は杭州を支配していない。

C．誤文。大運河の南端の都市は杭州である。

D．誤文。明州と寧波は同じ都市の別称である。

問28. B．誤文。澶淵の盟の結果，燕雲十六州は遼の領域となった。

問29. C．正文。

A．誤文。洋銀はスペインがメキシコの銀を利用して鋳造した銀貨のこと。

B．誤文。イギリスが金本位制に移行したのはナポレオン戦争後であり，当時の国王はチャールズ２世（位 1660～85 年）ではなくジョージ３世である。

D．誤文。地丁銀制は康熙帝の時代に始められ，雍正帝の時代に全国化された。

問30. A．正文。

B．誤文。ボストン茶会事件では，先住民に扮装した急進派がボストン港に停泊中の東インド会社の船を襲って，積み荷の茶箱をボストン港に投棄した。

C．誤文。イギリスの対抗措置として自治権を剝奪されたのはマサチューセッツ植民地だけである。

D．誤文。植民地側と本国軍の最初の衝突はマサチューセッツ植民地のレキシントンとコンコードで発生した。フィラデルフィアはペンシルヴェニア植民地である。

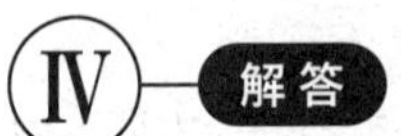

問31. C　**問32.** A　**問33.** B　**問34.** D　**問35.** B
問36. D　**問37.** D　**問38.** B　**問39.** D　**問40.** B

解説

《国際経済の中心地》

問31. C．正文。

A．誤文。商業革命とは，商業の中心が地中海から大西洋沿岸に移ったことを言う。

B．誤文。封建領主の収入である地代は固定されており，物価上昇に伴い実質的な減収となり，彼らは没落していった。

D．誤文。価格革命は，新大陸からの銀が流入したために生じた物価上昇を表している。

問33. B．正文。

A．誤文。コンピュータは軍事技術として開発され，情報産業に転用された。

C．誤文。IT 革命の結果，情報・通信技術へのアクセスに関する格差は拡大している。

D．誤文。ヒトゲノムの解読は2003年に完了している。

問34. D．正文。

A．誤文。アル=カーイダを保護したのはアフガニスタンのターリバーン政権である。

B．誤文。ターリバーン政権を攻撃したのは，アメリカのブッシュ（子）大統領である。

C．誤文。新保守主義者は，「小さな政府」を指向している。

問35. B．正文。

A．誤文。平和五原則はインドのネルー首相と中国の周恩来首相の会談で発表された。

C．誤文。アジア=アフリカ会議の開催は1955年であり，「アフリカの年」とは無関係である。

D．誤文。ティトーとともに非同盟諸国首脳会議を呼びかけたのはナギブではなく，ナセルである。

問36. D．誤文。民主党はジャクソン支持者によって結成された。

問37. D．正文。

A．誤文。トルコ・イラン・イラクにまたがる地域に居住しているのは，チェチェン人ではなくクルド人である。

B．誤文。スリランカでは多数派がシンハラ人で，少数派がタミル人である。

C．誤文。東ティモールはポルトガル植民地からの独立運動が高まった（1975年）が，インドネシアに併合され，2002年にインドネシアから独立した。

問38. B．正文。

A．誤文。イギリス連邦（ブリティッシュ=コモンウェルス）は，1944年にコモンウェルスに改称されたが，現在でも存続している。

C．誤文。アフリカ連合（AU）が，アフリカ統一機構（OAU）の発展・改組した組織である。

D．誤文。トランプ大統領はアメリカ第一主義を掲げて環太平洋パートナーシップ協定（TPP）からの脱退を表明した。

問39. D．誤文。パクス=アメリカーナとは，第二次世界大戦後のアメリカのことを指すことも多いが，一般的には第一次世界大戦後のアメリカのことであり，21世紀のアメリカのことではない。

問40. B．正文。

A．誤文。水爆実験の成功は，アメリカが1952年で，ソ連が1953年である。

C．誤文。パキスタンの核保有は1998年である。

D．誤文。北朝鮮は1993年に核拡散防止条約からの脱退を表明した。

講評

Ⅰ ビザンツ文化とその影響を題材として古代から近世のヨーロッパ史を中心に出題された。19 世紀の文化も含めて文化史からの出題が多く，学習量の差が顕著にでるだろう。また地図問題や視覚資料問題も出題されているので，普段から資料集などを手元に置いて確認をしているかなど，学習方法も問われているといえよう。

Ⅱ イラクを中心にイスラーム世界から出題された。イスラーム教の成立以前から 17 世紀前半までが出題の範囲なので，イスラーム史の中核を占める部分だが，設問には一部の教科書にしか掲載されていないような知識が必要なものもあり，複数の教科書を読み比べるなど丁寧な学習が望まれるだろう。

Ⅲ 中国で作られた絹，陶磁器，茶を題材に古代から清代までの中国史を中心に出題された。茶のつながりで，アメリカ独立戦争からも出題されている。問題のテーマ上，経済史や文化史からの出題が多かったので，苦手な人にはつらかっただろう。設問のほとんどが文章判断なので，時間も多く必要だった。

Ⅳ 経済史や戦後史からの出題が多いため，難度は高い。文化史の出題もあるため，大きく差がついたと思われる。ただし選択肢の文章は『世界史用語集』（山川出版社）に記載されている内容が多いので，用語を丁寧に理解していれば得点を重ねられただろう。

地　理

I　解答　**問1．** C　**問2．** B　**問3．** A　**問4．** B　**問5．** A
問6． D

問7． (1)―C　(2)―D　(3)―C　(4)―C

問8． B

解説

《両極およびその周辺地域の地誌》

問2． ヨーロッパから北西に向かい，北アメリカ大陸の北を通過して太平洋にいたる航路を北西航路ということから，北西を表すNWが適切。

問4． B．正文。大西洋中南部海域の制海権を握ったスペイン・ポルトガルに対して，遅れをとったイギリス・フランスなどが北西航路の開発を目指した。

A・C・D．誤文。

問5． A．誤文。地球温暖化による海氷の減少により，海獣類やホッキョクグマの生息域が縮小するため，個体数の減少が懸念されている。

B・C・D．正文。

問6． 難問。D．正解。カナダのアルバータ州北東部に位置するフォートマクマレーは，世界的なオイルサンド採掘地である。

B．誤り。サドバリは，ヒューロン湖の北側に位置し，ニッケル鉱や銅鉱の産出が盛んである。

問7． (2)　対蹠点とは地球上のある地点から地球の中心を通って反対側に位置する地点のことである。南緯63°30′・西経57°50′の対蹠点は，北緯63°30′・東経122°10′の地点である。東経122°から，ヨーロッパ西部に位置するベルゲン（ノルウェー西岸）およびヘルシンキ（フィンランドの首都）は不適。イルクーツク（A）とヤクーツク（D）ではDのほうが東に位置し，Dは日本（東経135°あたり）ほど東ではないことから，Dが東経122°に最も近いと判断する。

(3)　南極大陸の大半は安定陸塊である一方，南極半島は新期造山帯に分類され，環太平洋造山帯の一部を構成する。

Ⅱ 解答

問1．C　問2．A　問3．B　問4．C　問5．B
問6．C　問7．A　問8．A　問9．B　問10．C
問11．J

解説

《ワールドベースボールクラシック 2023 の参加国・地域に関する地誌》

問3． 台湾中部を北回帰線が通過することから解答を導く。キューバ島の北側を北回帰線が通過することから，B．キューバが適切。

問4． マイアミは西経 81° に位置しており，A～Dの都市を擁する国のなかで西経 80° 線が通過するのはパナマのみであり，C．パナマシティが適切。

問5． B．ドミニカ共和国は，旧フランス領のハイチと国境を接している。

問6． 日本の標準時子午線は東経 135° で，西経 80° 付近に位置するマイアミの標準時子午線は西経 75° である。したがって，時差は

(135°＋75°)÷15°＝14時間

日本のほうが時刻が進んでいるため，3月22日午前8時から14時間を引くと3月21日午後6時となる。しかし，アメリカ合衆国では，3月中旬からサマータイムが導入され，時刻を1時間進めることから，C．3月21日午後7時が正解となる。

問9． B．コロンビアは，原油のほか，産出量世界9位（2019年）の石炭，生産量世界3位（2020年）のコーヒー豆，高地の気候を利用したカーネーションなどの切り花の輸出が盛んである。

問10． 1文目・5文目：正文。

2文目・3文目：誤文。

4文目：誤文。OPEC（石油輸出国機構）加盟国はベネズエラのみである(2023年時点)。

以上より，正文は2つである。

問11． 2020年時点で1人当たりGNIが大きい①・②はアメリカ合衆国・日本のいずれかであり，経済の停滞により横ばい傾向にある①が日本，②がアメリカ合衆国と判断する。③・④はキューバ・メキシコのいずれかであるが，社会主義国で経済的苦境に陥ったものの観光客の増加などにより1人当たりGNIが増加傾向にある④がキューバ，③がメキシコである。

III **解答** **問1.** D **問2.** A **問3.** D **問4.** B **問5.** C
問6. C **問7.** B **問8.** D **問9.** D **問10.** D
問11. A

解説

《スペインの地誌》

問4. 難問。さ．ドイツ北西部，ルール工業地域が位置するエッセン=デュッセルドルフ，し．スペイン地中海沿岸，同国第2の都市圏バルセロナ，す．イタリア南部，同国第2の都市圏ナポリ。イタリアでは，市域人口最大の首都ローマが中部に位置するものの，近接する都市の人口を加えて比較すると，都市圏人口最大は，北部に位置し市域人口2位のミラノを擁するミラノ都市圏，2位は，南部に位置し市域人口3位のナポリを擁するナポリ都市圏である。このように，南北に人口が分散し，市域人口最大の首都よりも人口規模の大きい都市圏が存在するため，スペインの首都で市域人口・都市圏人口ともに国内最大のマドリードや，市域人口・都市圏人口ともに2位のバルセロナより順位が下になる。

問5. C．正解。バルセロナを中心とするカタルーニャ州では，2017年，スペインからの独立を問う住民投票が実施された。独立支持が90％以上を占めたが，スペイン政府は独立を認めていない。

問6. C．正解。ハンガリー語はウラル語族に分類される。なお，バスク語は，バスク語族に分類され，系統不明の言語とされている。

問7. Bがスペイン。イベリコ豚の産地で知られ，豚の飼育頭数は世界4位，さらに，乾燥に強い羊の飼育も比較的多い。Cはイギリス。冷涼な気候で，羊の飼育が盛んであり飼育頭数は世界10位とヨーロッパ最大である。Dはドイツ。豚の飼育頭数は世界6位（2021年）。残りのAとEで飼育頭数の多いEがEU最大の農業国フランス，Aがイタリアである。

問8. 難問。D．正解。スペイン国民に占めるアフリカ系（黒人）の割合が低いことから推測したい。Aは旧石器時代の壁画が残されるアルタミラ洞窟，Bはイスラム王朝が建設したアルハンブラ宮殿，Cは著名な建築家であるアントニ=ガウディが設計したグエル公園である。

問9. スペイン南部に地中海性気候（Cs），北部に西岸海洋性気候（Cfb）が卓越する。

問11. 地中海性気候の境界とA．オリーブの栽培限界がおおよそ一致する。

C．ブドウの栽培限界はパリ盆地付近。D．リンゴはポーランドやロシアなどの冷涼な国でも栽培されている。

Ⅳ　解答　**問1．** A
問2．1)－E　**2)** a－A　b－E　**3)**－B　**4)**－D
問3．1)－C　**2)**－C　**問4．** B　**問5．** C
問6．1)－B　**2)**－C　**問7．** D

解説

《繊維工業》

問1． A．正解。18世紀に蒸気機関が改良され，繊維産業における主要な動力源となった結果，多くの労働力により大量の繊維製品が生産されるようになり，都市部に立地する工場が増加した。

問2．1) ①は中国が8割近くを占めることから生糸，②はアメリカ合衆国・ブラジル・パキスタンで生産量が多い綿花，③はオーストラリアやイギリスで生産が盛んな羊毛。

2) a．綿花の生産量1位はインド（2019年）で，デカン高原や北西部のパンジャブ地方で生産が盛んである。

b．ニュージーランドは，人口当たりの羊の飼育頭数が世界有数であり，オーストラリアと同様，輸出用の羊毛生産が盛んで，羊毛の生産量3位，輸出量2位（2020年）である。

問3．1) C．誤文。先進国は資本力・技術力で世界をリードしてきた。労働集約度が高いのは，一般に，多くの低賃金労働力が得られる発展途上国である。

2) 1980年代まで日本の化学繊維生産量は上位にあったが，アジアの新興国の台頭により低下した。

問4． Bが，多くの低賃金労働力を利用した機械類の割合が高いほか，衣類やはきものが上位に入るベトナム。Aはパーム油や石炭の輸出が盛んなインドネシア。Cは茶の輸出が盛んなスリランカ。Dは繊維品・衣類中心であるが，インダス川流域で生産される米の輸出が盛んなパキスタン。

問6．1) B．誤文。大都市では，賃金は高いが高度な技術をもつ労働者を利用しやすい。

2）　C．正解。ドイツ南東部のミュンヘンは，自動車などの機械工業やビール工業などが盛んである。

問7． D．不適。新興工業国や発展途上国では，多くの労働力が得られる都市部や，原燃料の輸入や製品の輸出に有利な臨海部においてインフラ整備を進め，先進国の企業を誘致して工業化を進めている。

講評

Ⅰ　両極およびその周辺地域の地誌について，地形，資源，環境問題などが幅広く出題され，「北西航路」といった歴史的事項を問う問題も散見された。地球温暖化による海氷の減少など，近年，多くのメディアで取り上げられる環境問題も問われた。オイルサンドの採掘地を問う問6は難問。

Ⅱ　ワールドベースボールクラシック2023の参加国・地域に関する地誌というユニークな問題であるが，出場国の特徴が理解できれば解答可能である。ただし，人口・貿易・1人当たりGNIなどの統計，都市の気候区分，アメリカ合衆国の州，都市の緯度・経度など，確実に理解しないと得点ができない問題が多かった。

Ⅲ　スペインの地誌について，地形，気候，農業，世界遺産などが幅広く問われた。ヨーロッパの言語・宗教分布や民族問題，農業統計の知識などが求められ，ヨーロッパの都市圏の人口規模を問う問4，世界遺産について問う問8・問10は難問。

Ⅳ　繊維工業に関連して，歴史的事項，農業・工業・貿易統計，工業立地，世界遺産などが幅広く出題され，工業化の過程や工業立地に関する正確な知識が問われた。主要統計や地名などの理解に加え，さまざまな事項の関係性や因果関係の理解が必要である。

政治・経済

Ⅰ　解答

設問1． D　**設問2．** C　**設問3．** A　**設問4．** B
設問5． D　**設問6．** D　**設問7．** D　**設問8．** C
設問9． B　**設問10．** A

解説

《社会保障政策》

設問1． D．適切。

A．不適。2008年より後期高齢者医療制度が導入されていることからもわかるように，日本の高齢者の医療費は無償ではない。

B．不適。日本の公的医療保険制度は自営業などを対象とした国民健康保険，サラリーマンなどを対象とした健康保険，公務員や私学教職員などを対象とした共済保険に大別される。

C．不適。1883年に社会保険制度が導入されたのはドイツである。

設問4． B．適切。

A．不適。1997年の男女雇用機会均等法改正に伴い，女性の深夜労働等に関する規定は1999年に撤廃されている。

C．不適。男女雇用機会均等法の制定は1985年である。

D．不適。「M字カーブ」は近年浅くなっている。

設問6． Dが適切。空所直前の「税を主な財源とする」から，スウェーデン・ノルウェー・フィンランドなどの国民負担率の高い国を総称する言葉が入ると判断する。

設問7． Dが適切。雇用保険の保険料率は労使折半ではなく，すべての事業において事業主のほうが高く設定されている。

設問8． C．適切。

A．不適。日本の三大雇用慣行とは，終身雇用制・年功序列賃金・企業別労働組合である。

B．不適。労働三法とは，労働組合法・労働関係調整法・労働基準法の3つである。

D．不適。2022年4月以降，労働施策総合推進法に基づくパワーハラスメント防止措置が中小企業の事業主にも義務付けられている。

設問9． Bが適切。人口オーナスとは，人口減少によって労働力人口が減少して成長率が低くなることをいう。日本は先進国で最も早く人口オーナス期に突入した。Aの人口ボーナスは，逆に，労働力人口が増加して成長率が高くなることをいう。

設問1． C　**設問2．** A　**設問3．** B　**設問4．** D
設問5． A　**設問6．** A　**設問7．** B　**設問8．** C
設問9． D　**設問10．** C

解説

《日本国憲法の制定，基本的人権》

設問1． C．適切。

A．不適。軍の統帥権は天皇にあった。

B．不適。大日本帝国憲法下では，衆議院と貴族院の権限は対等とされた。

D．不適。大日本帝国憲法では内閣に関して規定されていなかった。

設問3． B．適切。

A．不適。憲法尊重擁護義務を負うのは，憲法第99条によれば，国民ではなく天皇，国務大臣，国会議員，公務員などである。

C．不適。国民投票法改正により，投票年齢は満18歳以上に改められた。

D．不適。天皇は国会の指名に基づいて，内閣総理大臣を任命する（憲法第6条）。

設問4． D．適切。

A．不適。「二重の基準」論は，精神的自由の制約が，経済的自由の制約よりも厳格に合憲性が審査されることをいう。

B．不適。憲法第38条2項において，「強制，拷問若しくは脅迫による自白又は不当に長く抑留若しくは拘禁された後の自白は，これを証拠とすることができない」と定められている。

C．不適。取り調べの可視化の対象となる事件は，裁判員裁判の対象事件や検察官による独自捜査の事件に限定されている。

設問5． A．適切。

B．不適。労働三権は団結権・団体交渉権・団体行動権である。

C．不適。朝日訴訟の最高裁判決ではプログラム規定説が採用された。

D．不適。公務員には団体行動権（争議権）が認められていない。

設問6． A．適切。

B．不適。四大公害訴訟は，四日市ぜんそく・水俣病・イタイイタイ病・新潟水俣病である。

C．不適。無過失責任制度は大気汚染防止法などに導入されている。

D．不適。足尾銅山鉱毒事件などのように戦前にも公害は発生している。

設問9． Dが適切。日本は，国際人権規約のB規約について，個人通報制度について定めた第一選択議定書，死刑廃止条約とよばれる第二選択議定書のいずれについても批准していない。

設問10． Cが適切。マクリーン事件訴訟では在留外国人の政治活動について争われた。

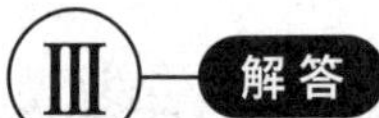

設問1． A　**設問2．** C　**設問3．** B　**設問4．** B
設問5． A　**設問6．** C　**設問7．** B　**設問8．** D
設問9． D　**設問10．** C

解説

《市場機構》

設問1． Aが適切。たとえば，均衡価格が200円であるにもかかわらず政府が定めた上限の価格が150円であれば，その商品には超過需要が発生し，市場価格は150円となる。

設問3． Bが適切。ライバル企業が少数である寡占市場では，均衡価格は高くなり，取引量は減少する。

設問4． Bが適切。重化学工業化に伴い，初期資本主義から独占資本主義に移行した。

設問8． Dが適切。特許期間を有期限に変えることで，先端的な技術や発明の利用が促され，他の企業が次世代の商品の開発を行いやすくなると考えられる。

設問9． D．適切。広義の外部性を持つ公共サービスを例に考える。国防などの純粋な公共サービスは外部経済をもたらすが，費用を負担しない人を排除できないため（非排除性），供給する企業は少数となる。適切なサービスを利用できるようにするために，公費が投入される。

A．不適。水資源は公共財とはいえない。

B．不適。公共財はフリーライダーを排除できないため，供給が過少になる。

C．不適。新駅の設置，養蜂場と果樹園の隣接は外部経済の典型例である。

設問10． C．適切。情報の非対称性がある市場では，適切な商品が適切な数量で取引されないため，市場が縮小する傾向にある。

A・B．不適。情報の非対称性がある市場では，生産者が消費者の無知に付け込み，質の悪い商品を高値で取引しようとすることも可能である。一方，消費者は，情報格差のため品質を判断できず，購入することをためらうようになり，低い価格で販売せざるを得なくなる，といった状況が起こる。

D．不適。情報弱者になるのは生産者ではなく消費者である。

設問1． D　**設問2．** D　**設問3．** A　**設問4．** B
設問5． B　**設問6．** D　**設問7．** C　**設問8．** C
設問9． A　**設問10．** A

解説

《中東問題》

設問2． D．適切。ネタニヤフは2022年から自身3度目となるイスラエルの首相を務めている。

設問4． Bが適切。A．アラブの春は，2010年末以降，中東や北アフリカ地域の各国で起きた民主化運動のことである。C．シオニズムは，ユダヤ人国家建設運動である。D．ディアスポラは，「離散」を意味する語で，主にパレスチナ以外に住むユダヤ人やそのコミュニティを指す。

設問5． Bが適切。ハマスは1987年のインティファーダの際に結成された集団であり，政党や福祉団体，軍事組織などの側面を持つ。近年ではPLO（パレスチナ解放機構）の主力であったファタハがヨルダン川西岸で実効支配する一方で，ガザ地区ではハマスが実効支配する状況となっている。

設問6． Dが適切。たとえば日本の外務省のHPはイスラエルの首都を「エルサレム」としつつも，「日本を含め国際社会の大多数には認められていない」という注釈をつけている。

設問9． Aが適切。イギリスの「三枚舌外交」の説明である。

1915年：フサイン=マクマホン書簡で，アラブ人に独立を保証。
1916年：サイクス・ピコ協定はオスマン帝国領の分割に関する秘密協定。
1917年：バルフォア宣言でユダヤ人居住地の建設を約束。

設問10. Aが適切。ナチス党は選挙等で国民の支持を得て，1933年1月に政権を獲得した。他の選択肢はいずれもそれ以降の記述である。

B．不適。ドイツ国会議事堂放火事件が起こったのは1933年2月である。これに乗じてナチスはドイツ共産党を非合法化することに成功した。

C．不適。ヒトラーが大統領職と首相職を統合させ，総統となったのは1934年8月である。

D．不適。ヒトラーが全権委任法を成立させたのは1933年3月である。

講評

Ⅰ 社会保障政策に関する出題がなされた。基本的な出題内容が多いが，子ども・子育て支援新制度，特別定額給付金，人口オーナス，パワーハラスメント防止措置義務など時事的な内容も問われており，どこまで対策できていたかが問われた。

Ⅱ 日本国憲法の制定過程や，基本的人権に関する出題がなされた。日本国憲法・基本的人権のいずれについても深い理解が求められる内容であった。設問5・設問7・設問10などでは判例についての詳細な知識も必要とされた。

Ⅲ 市場機構に関する出題がなされた。需要と供給に関する設問1・設問3などでは自分で需給曲線を描くと解答を導き出しやすい。設問9・設問10では政治・経済の教科書の内容を応用する思考力も試された。

Ⅳ 中東問題に関する出題がなされた。設問1・設問2・設問3・設問5などの時事的な内容に加えて，設問9や設問10にある世界史で取り扱うような内容についても詳細に出題されており，全般的に難度は高かった。解答に苦労した受験生も多かったであろう。

以上のことから，2024年度は過去の出題と比較して，やや難化したと考えられる。

数　学

◀数学Ⅰ・Ⅱ・A・B▶

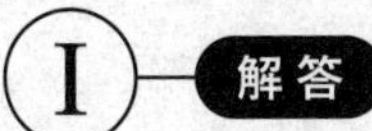

(1)　**ア**—⑨　**イ．** 2　**ウ．** 1　**エ**—⓪　**オ．** 2
カ． 3　**キ．** 4

(2)　**ク．** 1　**ケコ．** 16　**サ．** 8

(3)　**シ**—①　**ス**—④

(4)　**セ．** 3　**ソ．** 5　**タチ．** 16　**ツテ．** 17　**トナ．** 85

(5)　**ニ**—⑤

解説

《小問5問》

(1)　$f(x)=2x^2-1$ とすると，$f'(x)=4x$ であり，点Pにおける放物線の接線の方程式は

$$y-f(t)=f'(t)(x-t)$$

すなわち

$$y=4tx-2t^2-1\quad \to ア\sim ウ$$

また，$t\neq 0$ なので l に垂直な直線の傾きは $-\dfrac{1}{4t}$ である。

よって，法線の方程式は

$$y-f(t)=-\frac{1}{4t}(x-t)$$

すなわち

$$y=-\frac{1}{4t}x+2t^2-\frac{3}{4}\quad \to エ\sim キ$$

(2)　真数は正であるから

$$\frac{x}{8}>0\quad かつ\quad 8x>0\quad かつ\quad \frac{8}{x}>0$$

すなわち

$$x>0$$

このとき，$\log_2 x=u$ とおくと，与えられた不等式は

$$\left(\frac{\log_2\frac{x}{8}}{\log_2 3}\right)\cdot(\log_2 8x)\leqq\left(\frac{\log_2 2}{\log_2 3}\right)\cdot\log_2\frac{8}{x}$$

$$\frac{(u-3)(u+3)}{\log_2 3}\leqq\frac{(3-u)}{\log_2 3}$$

$\log_2 3>0$ であるから

$$(u-3)(u+3)\leqq-(u-3)$$

$$(u-3)(u+4)\leqq 0$$

$$-4\leqq u\leqq 3$$

よって

$$-4\leqq\log_2 x\leqq 3$$

であるから，求める x の範囲は

$$2^{-4}\leqq x\leqq 2^3$$

すなわち

$$\frac{1}{16}\leqq x\leqq 8\quad\rightarrow\text{ク～サ}$$

(3)　すべての変量から177を引いたデータ

$$4,\ 8,\ 7,\ -1,\ -5,\ x-177,\ y-177$$

を考えると，このデータの平均は0，分散は40となる。

$x-177=a$，$y-177=b$ とすると，平均が0であることから

$$\frac{4+8+7-1-5+a+b}{7}=0$$

$$a+b=-13\quad\cdots\cdots①$$

分散が40であることから

$$\frac{4^2+8^2+7^2+(-1)^2+(-5)^2+a^2+b^2}{7}=40$$

$$a^2+b^2=125\quad\cdots\cdots②$$

①，②より

$$ab=\frac{(a+b)^2-(a^2+b^2)}{2}=\frac{13^2-125^2}{2}=22$$

となるから，a，b は t の2次方程式

$t^2+13t+22=0$

の 2 つの解である。$x<y$ なので $a<b$ であり

$a=-11,\ b=-2$

以上より

$x=177+a=166,\ y=177+b=175$　→シ，ス

(4)　右図のように，円と辺 AD の交点を Q，辺 CD の接点を R とする。

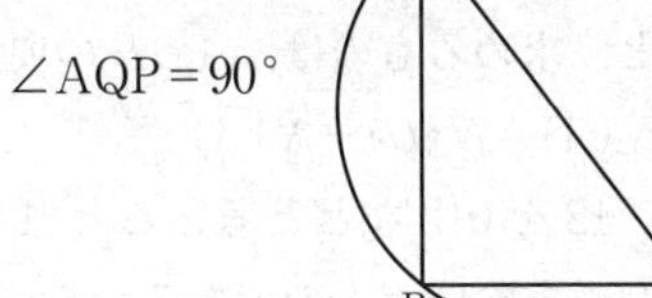

線分 AP は円の直径であるから，$\angle \mathrm{AQP}=90^\circ$ であり

$\mathrm{PQ} /\!/ \mathrm{CD}$

よって，点 R は辺 CD の中点である。

正方形の一辺の長さを $2a$ とすると，方べきの定理より

$\mathrm{DA}\cdot\mathrm{DQ}=\mathrm{DR}^2$

$(2a)\cdot\mathrm{DQ}=a^2$

$\mathrm{DQ}=\dfrac{a}{2}$

よって

$\mathrm{AQ}=\dfrac{3}{2}a,\ \mathrm{AP}=\sqrt{\left(\dfrac{3}{2}a\right)^2+(2a)^2}=\dfrac{5}{2}a$

であるから

$\cos\angle \mathrm{DAP}=\dfrac{\mathrm{AQ}}{\mathrm{AP}}=\dfrac{3}{5}$　→セ，ソ

さらに，$\angle \mathrm{APQ}=\alpha$，$\angle \mathrm{DPQ}=\beta$ とすると

$\mathrm{PD}=\sqrt{\left(\dfrac{1}{2}a\right)^2+(2a)^2}=\dfrac{\sqrt{17}}{2}a$

であり

$\sin\alpha=\dfrac{3}{5},\ \cos\alpha=\dfrac{4}{5}$

$\sin\beta=\dfrac{\mathrm{QD}}{\mathrm{PD}}=\dfrac{1}{\sqrt{17}},\ \cos\beta=\dfrac{\mathrm{PQ}}{\mathrm{PD}}=\dfrac{4}{\sqrt{17}}$

したがって

$\sin\angle \mathrm{APD}=\sin(\alpha+\beta)$

$=\sin\alpha\cos\beta+\cos\alpha\sin\beta$

$$=\frac{3}{5}\cdot\frac{4}{\sqrt{17}}+\frac{4}{5}\cdot\frac{1}{\sqrt{17}}$$

$$=\frac{16\sqrt{17}}{85}\quad \text{→タ〜ナ}$$

(5)　999 以下の正の整数を全体集合 U とし，その部分集合 A，B を

A：10 進法で表したときに 3 を含む整数全体の集合。

B：3 の倍数全体の集合。

とすると，求めるものは，$A\cup B$ の要素の個数 $N(A\cup B)$ である。

$$N(A)=N(U)-N(\overline{A})$$

であり，12 を 012 などと考えると $\overline{A}$ は 3 以外の数字を 3 つ並べてできる数から 000 を除いたものであるから

$$N(\overline{A})=9^3-1=728$$

よって

$$N(A)=999-728=271$$

さらに，$N(\overline{A}\cap B)$，すなわち 3 以外の数字を 3 つ並べてできる 3 の倍数の整数から 000 を除いたものの個数を求める。

0 から 9（3 を除く）までの整数を 3 で割った余りで

$$P=\{1,\ 4,\ 7\},\ Q=\{2,\ 5,\ 8\},\ R=\{0,\ 6,\ 9\}$$

と組分けすると，3 桁以下の整数が 3 の倍数となるのは

- 117，069 のように同じ組から 3 つの数字を用いる。
- 450，291 のように異なる組から 3 つの数字を用いる。

の 2 つの場合から 000 を除いたものである。よって

$$N(\overline{A}\cap B)=3\cdot 3^3+3!\cdot 3^3-1=242$$

以上より，999 はこの数列の

$$N(A\cup B)=N(A)+N(\overline{A}\cap B)=271+242=\text{第 }513\text{ 項}\quad \text{→ニ}$$

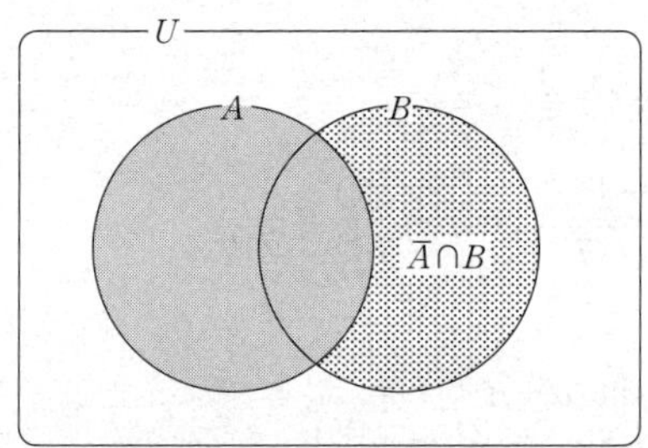

Ⅱ 解答 (1) **ア.** 2　**イ.** 1　**ウ.** 2　**エ.** 3
(2) **オ.** 1　**カ.** 5
(3) **キ.** 5　**ク.** 3　**ケ.** 5　**コ.** 5
(4) **サシ.** 10　**ス.** 5

解説

《4次関数のグラフと直線で囲まれた部分の面積》

(1)　$f(x)+h(x)=4x^4+4x^2+1=(2x^2+1)^2$　→ア，イ

$g(x)+h(x)=4x^2+12x+9=(2x+3)^2$　→ウ，エ

(2)　a，b は4次方程式

$$f(x)-g(x)=0$$
$$(f(x)+h(x))-(g(x)+h(x))=0$$
$$(2x^2+1)^2-(2x+3)^2=0$$
$$\{(2x^2+1)+(2x+3)\}\{(2x^2+1)-(2x+3)\}=0$$
$$(x^2+x+2)(x^2-x-1)=0$$

の実数解に一致する。

$$x^2+x+2=\left(x+\frac{1}{2}\right)^2+\frac{7}{4}>0$$

であるから，a，b は2次方程式 $x^2-x-1=0$ の2解であり

$$a=\frac{1-\sqrt{5}}{2},\ b=\frac{1+\sqrt{5}}{2}\quad(a<b\text{ より})$$

よって

$a+b=1$，$b-a=\sqrt{5}$　→オ，カ

(3)　a は方程式 $4x^4=12x+8$ の解であるから

$$4a^4=12a+8$$

両辺を $\frac{a}{4}$ 倍して

$$a^5=3a^2+2a\quad\cdots\cdots①$$

また，a は2次方程式 $x^2-x-1=0$ の解でもあるから

$$a^2=a+1\quad\cdots\cdots②$$

①，②より

$$a^5=3(a+1)+2a=5a+3$$

同様に $b^5=5b+3$ となるから，$x=a$，$x=b$ は

$x^5=5x+3$　→キ，ク

を満たす。したがって

$$b^5-a^5=(5b+3)-(5a+3)$$
$$=5(b-a)=5\sqrt{5}\quad ((2)より)\quad →ケ，コ$$

(4)　求める右図の網かけ部分の面積 S は

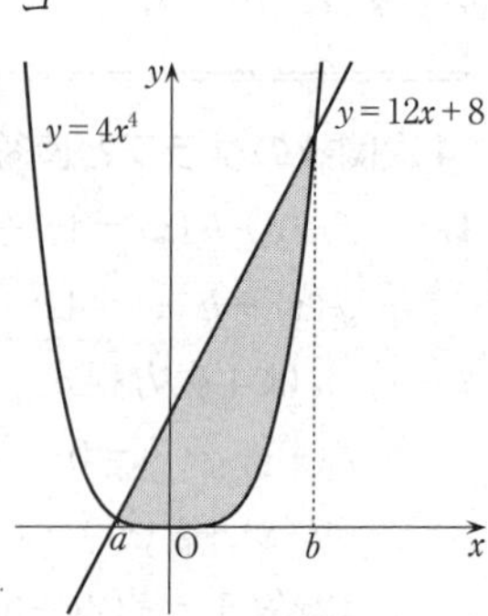

$$S=\int_a^b (12x+8-4x^4)\,dx$$
$$=\left[6x^2+8x-\frac{4}{5}x^5\right]_a^b$$
$$=6(b^2-a^2)+8(b-a)-\frac{4}{5}(b^5-a^5)$$
$$b^2-a^2=(b-a)(b+a)$$
$$=\sqrt{5}\cdot 1=\sqrt{5}$$

であるから

$$S=6\cdot\sqrt{5}+8\cdot\sqrt{5}-\frac{4}{5}\cdot 5\sqrt{5}$$
$$=10\sqrt{5}\quad →サ〜ス$$

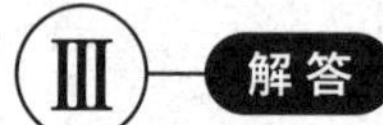

(1)　**ア.** 3　**イ.** 1　**ウ.** 1

(2)　**エ**—⑦　**オ.** 9　**カ.** 5

(3)　**キ**—⑤　**ク**—②　**ケ**—②　**コ**—⑦

解説

《特殊な規則で作られる群数列》

(1)　（規則２）より，第９項から第16項は，初項から第８項のそれぞれの値に１を加えて逆の順序にしたものであるから

2，3，4，3，2，3，2，1

となる。これより

$a_{10}=3,\ a_{16}=1$　→ア，イ

また，$k\geqq 5$ において第 $2^{k-1}+1$ 項から第 2^k 項は，初項から第 2^{k-1} 項までのそれぞれの値に１を加えて逆の順序にしたものであり

$a_{2^k}=a_1+1=1$　→ウ

(2)　（規則２）は，$1\leqq i\leqq 2^k$ を満たす i に対して a_i+1 と値が等しいのは

$2^k+(2^k-i+1)=$ 第 $2^{k+1}-i+1$ 項　→エ

また，$2^9=512$，$2^{9+1}=1024$ より，$2^b<518\leqq 2^{b+1}$ を満たす整数 b は

$b=9$　→オ

であり，$518=2^{10}-i+1$ を満たす i は $i=507$ であるから

$a_{518}=a_{507}+1$　……①

また，$507=2^9-i+1$ を満たす i は $i=6$ であるから

$a_{507}=a_6+1$　……②

①，②より

$a_{518}=a_6+2=5$　→カ

(3) $\overrightarrow{\mathrm{OP}_k}=(X_k,\ Y_k)$ とする。また，初項から第 2^k 項までの 2^k 個の値のうち，4で割った余りが0，1，2，3であるものの個数をそれぞれ p_k，q_k，r_k，s_k とする。

$\overrightarrow{\mathrm{OP}_k}$ の作り方から

$X_k=p_k-r_k$，$Y_k=q_k-s_k$

また，（規則2）より，第 2^k+1 項から第 2^{k+1} 項までの 2^k 個の値のうち4で割った余りが0，1，2，3となるものの個数は a_k+1 $(k=1,\ 2,\ \cdots,\ 2^k)$ を4で割った余りが0，1，2，3となるものの個数と等しいから，これらはそれぞれ s_k，p_k，q_k，r_k となる。よって

$X_{k+1}=(p_k-r_k)+(s_k-q_k)=X_k-Y_k$

$Y_{k+1}=(q_k-s_k)+(p_k-r_k)=X_k+Y_k$

すなわち

$|\overrightarrow{\mathrm{OP}_{k+1}}|=|\overrightarrow{\mathrm{OP}_k}|+(-Y_k,\ X_k)$

また，ベクトル $(-Y_k,\ X_k)$ は $\overrightarrow{\mathrm{OP}_k}$ を反時計回りに90°回転したものであるから，右図より $|\overrightarrow{\mathrm{OP}_{k+1}}|$ は $|\overrightarrow{\mathrm{OP}_k}|$ の

$\sqrt{2}$ 倍　→キ

であり

$\angle \mathrm{P}_k\mathrm{OP}_{k+1}=45°$　→ク

である。

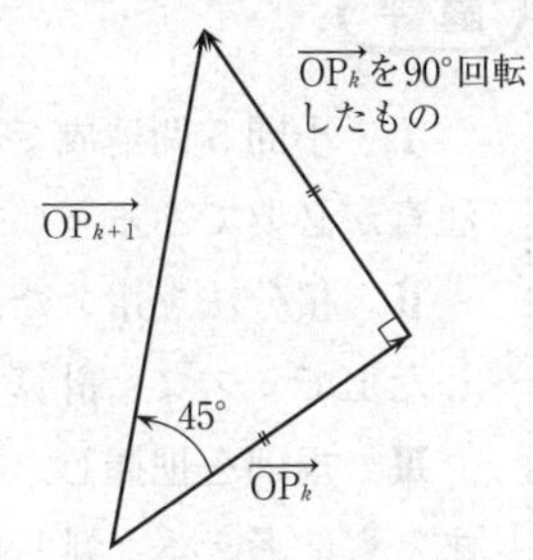

つまり，$\overrightarrow{\mathrm{OP}_{k+1}}$ は

$\overrightarrow{\mathrm{OP}_k}$ の大きさを $\sqrt{2}$ 倍にして45°だけ回転したもの　……(＊)

また，$\overrightarrow{OP_1}=(1,\ 1)$ であり，$\overrightarrow{OP_{99}}$ は $\overrightarrow{OP_1}$ の大きさを $\sqrt{2}^{98}=2^{49}$ 倍して，$45°\times98=360°\times12+90°$ だけ回転したものである。

このことから

$$\overrightarrow{OP_{99}}=(-2^{49},\ 2^{49}) \quad \to ケ，コ$$

(3)の注意

$$|\overrightarrow{OP_{k+1}}|=(X_k-Y_k)^2+(X_k+Y_k)^2$$
$$=2(X_k{}^2+Y_k{}^2)=2|\overrightarrow{OP_k}|^2$$

また，$\overrightarrow{OP_{k+1}}$ と $\overrightarrow{OP_k}$ のなす角を θ $(0°\leqq\theta\leqq180°)$ とすると，内積を考えて

$$\overrightarrow{OP_{k+1}}\cdot\overrightarrow{OP_k}=|\overrightarrow{OP_{k+1}}||\overrightarrow{OP_k}|\cos\theta$$

などから $\theta=45°$ を求め，キ，クが定まる。

ただ，$\overrightarrow{OP_{k+1}}$ は $\overrightarrow{OP_k}$ を「反時計回りに」45°回転したものというところまで考察しておくと，それがケ，コにつながるから〔解説〕のように考えた。

また

$$\overrightarrow{OP_1}=(1,\ 1),\ \overrightarrow{OP_2}=(0,\ 2),\ \overrightarrow{OP_3}=(-2,\ 2),$$
$$\overrightarrow{OP_4}=(-4,\ 0),\ \cdots$$

から(＊)を予測して（解答の過程は要求されていないから）答えを求めるという作戦も考えられる。

講評

Ⅰ 小問5問構成である。小問とはいえ，難問も含まれているから，注意が必要である。

Ⅱ 積分法を用いた面積計算の問題である。小問の意図を適切に把握した上でミスなく計算する力が問われている。

Ⅲ 規則を把握し，数列の構造を見抜く力が問われている。特に(3)はまともに考えると難しい。

60分という試験時間を考えると，質，量ともにハードなセットである。計算力だけでなく，未知の問題とも向き合い考える力を養っておきたい。

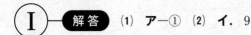

◀数　学　Ⅲ▶

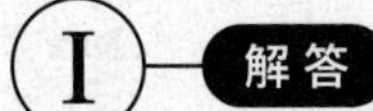
(1)　ア―①　(2)　イ．9

解説

《微分法，積分法の計算》

(1)
$$\frac{d}{dx}\log\left(x+\sqrt{1+x^2}\right)=\frac{1}{x+\sqrt{1+x^2}}\cdot\left(x+\sqrt{1+x^2}\right)'$$
$$=\frac{1}{x+\sqrt{1+x^2}}\cdot\left\{1+\frac{(1+x^2)'}{2\sqrt{1+x^2}}\right\}$$
$$=\frac{1}{x+\sqrt{1+x^2}}\cdot\frac{\sqrt{1+x^2}+x}{\sqrt{1+x^2}}$$
$$=\frac{1}{\sqrt{1+x^2}}\quad\to ア$$

(2)
$$\int_{-3}^{3}\sqrt{x^2}\,dx=\int_{-3}^{3}|x|\,dx=2\int_0^3 xdx$$
$$=2\left[\frac{1}{2}x^2\right]_0^3=9\quad\to イ$$

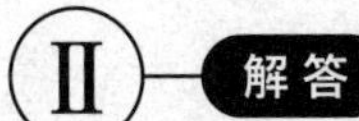
ア．1　イ．2　ウ．1　エ．7　オ．3

解説

《複素数平面と確率》

z_1 のとりうる値は

$\omega\cdot 0=0,\ 0+1=1$

の2通りあり，z_2 のとりうる値は

$0+1=1,\ 1+1=2,\ \omega\cdot 0=0,\ \omega\cdot 1=\omega$

の4通りある。

この値が表す点を複素数平面に図示すると右図のようになる。

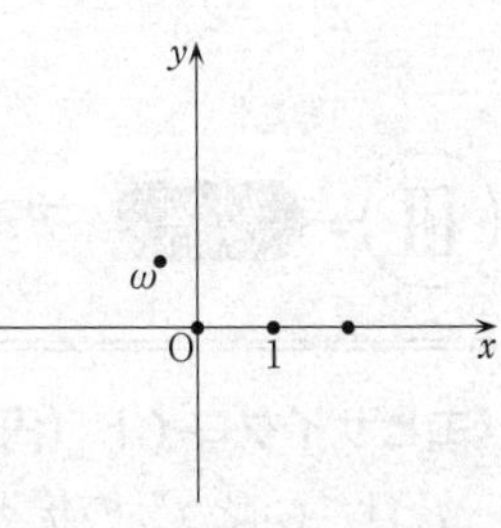

(z_2 のとりうる値)

また

$$\omega=\frac{-1+\sqrt{3}i}{2}=\cos\frac{2\pi}{3}+i\sin\frac{2\pi}{3}$$

であるから，ωz_2 は z_2 を原点Oのまわりに $\dfrac{2\pi}{3}$ 回転した点である。また，z_2+1 は z_2 を1だけ平行移動したものである。よって，z_3 のとりうる値が表す点を複素数平面に図示すると右図のようになり，z_3 はこれら8個の点が表す複素数を確率 $\dfrac{1}{2^3}$ ずつでとる。

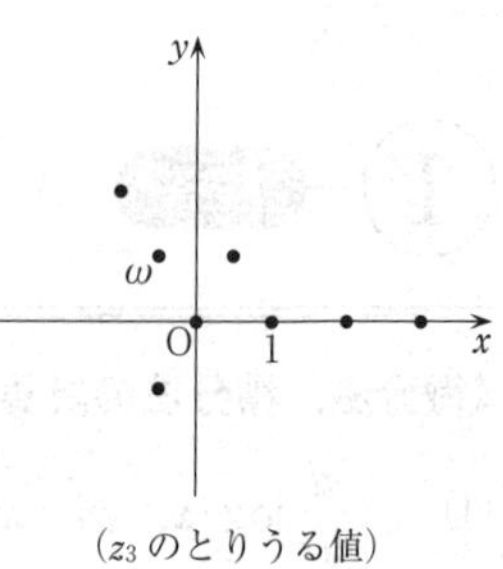

（z_3 のとりうる値）

同様に，ωz_3，z_3+1 がとりうる値が表す複素数を図示すると次図のようになる。

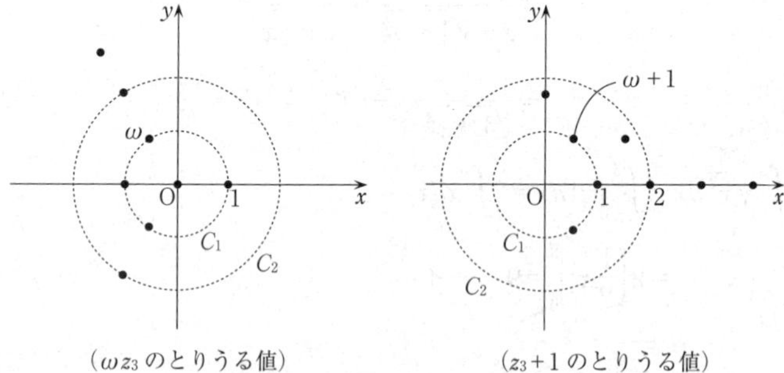

（ωz_3 のとりうる値）　（z_3+1 のとりうる値）

したがって

$2^4P=1$，$2^4Q=2$，$2^4R=1$　→ア～ウ

であり，2^4S は図の C_1 上の点を数えて

$2^4S=4+3=7$　→エ

2^4T は図の C_2 上の点を数えて

$2^4T=2+1=3$　→オ

Ⅲ 解答　ア―⑤　イ―⓪　ウ―⑥　エ―③　オ―⑨　カキ．16

解説

《エピサイクロイド（円のまわりを転がる円のある点が描く軌跡）の弧長》

l_θ は，C_1 と C_2 の接点 $(a\cos\theta,\ a\sin\theta)$ における C_1 の接線であるから，

その方程式は

$$(a\cos\theta)x+(a\sin\theta)y=a^2$$

すなわち

$$(\cos\theta)x+(\sin\theta)y=a \quad \to ア，イ$$

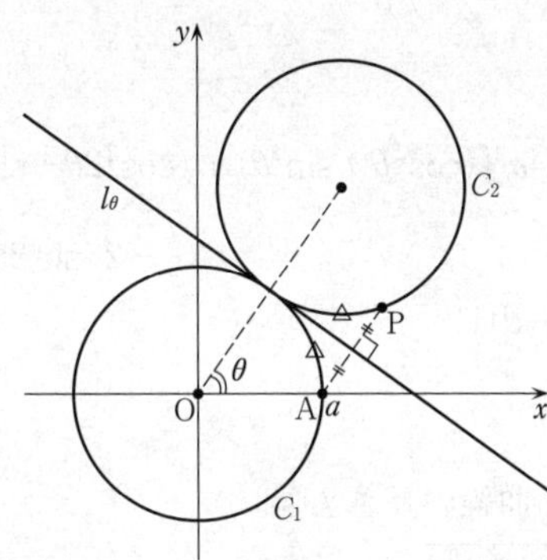

$\theta>0$ とする。A $(a,\ 0)$ とすると，P は l_θ に関して A と対称な点であるから，直線 AP は $\vec{n}=(\cos\theta,\ \sin\theta)$ と平行である。

よって

$$\overrightarrow{\mathrm{OP}}=\overrightarrow{\mathrm{OA}}+t\vec{n} \quad \cdots\cdots①$$

と表せる。

また，線分 AP の中点Mが l 上にあり

$$\overrightarrow{\mathrm{OM}}=\overrightarrow{\mathrm{OA}}+\frac{t}{2}\vec{n}=\left(a+\frac{t}{2}\cos\theta,\ \frac{t}{2}\sin\theta\right)$$

と表せるから

$$a=(\cos\theta)\left(a+\frac{t}{2}\cos\theta\right)+(\sin\theta)\cdot\frac{t}{2}\sin\theta$$

$$\frac{t}{2}(\cos^2\theta+\sin^2\theta)=a-a\cos\theta$$

$$t=2a(1-\cos\theta)$$

よって，①より

$$\overrightarrow{\mathrm{OP}}=(a,\ 0)+2a(1-\cos\theta)(\cos\theta,\ \sin\theta)$$

$$=(2a(1-\cos\theta)\cos\theta+a,\ 2a(1-\cos\theta)\sin\theta)$$

となるから，P $(x,\ y)$ とすると

$$x=2a(1-\cos\theta)\cos\theta+a,\ y=2a(1-\cos\theta)\sin\theta \quad \to ウ$$

このとき

$$\frac{dx}{d\theta}=2a\{-\sin\theta-2\cos\theta(-\sin\theta)\}=2a(\sin 2\theta-\sin\theta)\quad \to エ$$

$$\frac{dy}{d\theta}=2a\left\{\cos\theta-\left(\frac{\sin 2\theta}{2}\right)'\right\}=2a(\cos\theta-\cos 2\theta)\quad \to オ$$

となる。

$$\left(\frac{dx}{d\theta}\right)^2+\left(\frac{dy}{d\theta}\right)^2=4a^2\{(\cos^2\theta+\sin^2\theta)+(\cos^2 2\theta+\sin^2 2\theta)$$

$$-2(\sin 2\theta\sin\theta+\cos 2\theta\cos\theta)\}$$

$$=8a^2\{1-\cos(2\theta-\theta)\}$$

$$=16a^2\sin^2\frac{\theta}{2}$$

となるから，Pが描く曲線の長さ L は

$$L=\int_0^{2\pi}\sqrt{\left(\frac{dx}{d\theta}\right)^2+\left(\frac{dy}{d\theta}\right)^2}\,d\theta$$

$$=\int_0^{2\pi}\sqrt{16a^2\sin^2\frac{\theta}{2}}\,d\theta$$

$$=\int_0^{2\pi}4a\sin\frac{\theta}{2}\,d\theta\quad\left(0\leqq\theta\leqq 2\pi \text{ のとき } \sin\frac{\theta}{2}\geqq 0 \text{ より}\right)$$

$$=\left[-8a\cos\frac{\theta}{2}\right]_0^{2\pi}$$

$$=16a\quad \to カキ$$

Ⅳ 解答

ア―⑥　**イ**―⑦　**ウ**―⓪　**エ**―⑨　**オ**―①　**カ**―②
キ―①　**ク**―⑥　**ケ**―②

解説

《はさみうちの原理を用いた数列の極限》

$f(x)=\dfrac{\log x}{x}$ を微分して

$$f'(x)=\frac{1-\log x}{x^2}$$

であるから，$f(x)$ の $x>0$ における増減は右のようになる。

x	(0)	…	e	…
$f'(x)$		+	0	−
$f(x)$		↗	$\frac{1}{e}$	↘

よって，$f(x)$ は $x=e$ で最大値 $\dfrac{1}{e}$ をとる。→ア，イ

また

$$f(1)=0 \quad \to ウ$$

であり，$x\to+0$ のとき，$\dfrac{1}{x}\to+\infty$，$\log x\to-\infty$ であるから

$$\lim_{x\to+0}\frac{\log x}{x}=\lim_{x\to+0}\left(\frac{1}{x}\cdot\log x\right)=-\infty \quad \to エ$$

さらに，$\displaystyle\lim_{x\to\infty}\frac{\log x}{x}=0$ であるから，$y=f(x)$ のグラフは右図の太線部分のようになる。

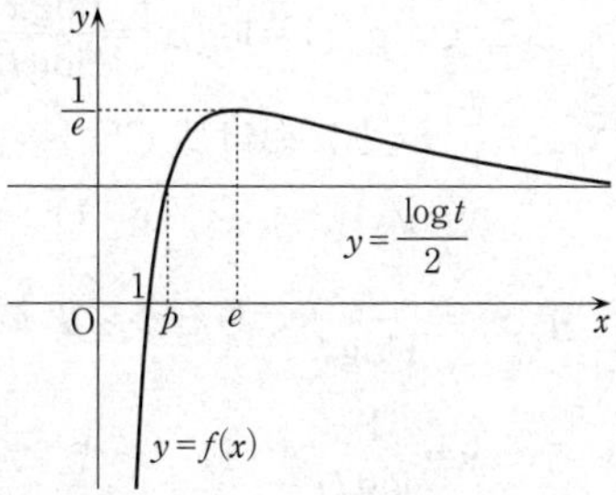

C と l が2つの共有点をもつための条件は，方程式 $f(x)=\dfrac{\log t}{2}$ が2つの実数解をもつ，つまり，曲線 $y=f(x)$ と直線 $y=\dfrac{\log t}{2}$ が2点で交わることであるから

$$0<\frac{\log t}{2}<\frac{1}{e} \quad \cdots\cdots①$$

となる。

このとき

$$1<p<e \quad \cdots\cdots②$$

このとき

$$a_1=\alpha \ (0<\alpha<p),\ a_{n+1}=(\sqrt{t}\,)^{a_n} \quad (n=1,\ 2,\ 3,\ \cdots) \quad \cdots\cdots③$$

で定まる数列 $\{a_n\}$ を考える。

この数列の作り方より $a_n>0$ であり，③より

$$\log a_{n+1}=a_n\log(\sqrt{t}\,)^n=\frac{a_n}{2}\log t \quad \cdots\cdots④$$

また，p は $\dfrac{\log p}{p}=\dfrac{\log t}{2}$ を満たすから

$$\log p=\frac{p}{2}\log t \quad \cdots\cdots⑤$$

⑤－④ より

$$\log p - \log a_{n+1} = \frac{1}{2}(p - a_n)\log t$$

$$\log_t \frac{p}{a_{n+1}} = \frac{\log \frac{p}{a_{n+1}}}{\log t} = \frac{1}{2}(p - a_n) \quad \cdots\cdots⑥ \quad →オ，カ$$

$a_1 = \alpha < p$ であり，$a_n < p$ のとき $\log_t \dfrac{p}{a_{n+1}} > 0$ より $a_{n+1} < p$ が成り立つから，帰納的にすべての自然数 n に対して $a_n < p$ となる。

ここで，$g(x) = \log_t x \left(= \dfrac{\log x}{\log t}\right)$ とすると，曲線 $C' : y = g(x)$ は上に凸であり，$x = 1$ における C' の接線 l' の方程式は

$$y - g(1) = g'(1)(x - 1)$$

$g'(x) = \dfrac{1}{x\log t}$ であるから l' の方程式は

$$y = \frac{1}{\log t}(x - 1) \quad →キ$$

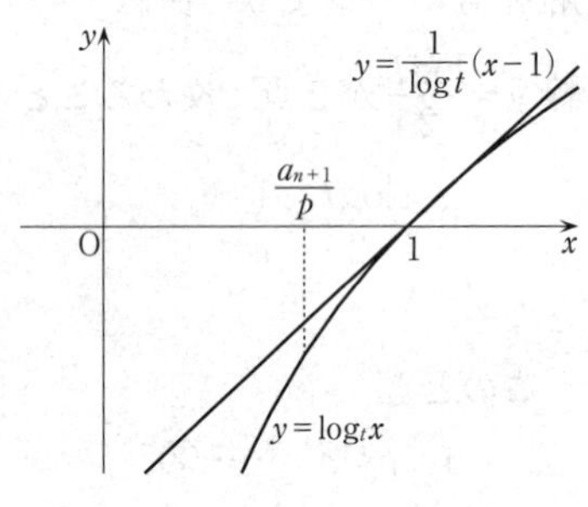

よって

$$\log_t \frac{a_{n+1}}{p} \leqq \frac{1}{\log t}\left(\frac{a_{n+1}}{p} - 1\right)$$

すなわち

$$\log_t \frac{p}{a_{n+1}} \geqq \frac{1}{\log t}\left(1 - \frac{a_{n+1}}{p}\right)$$

が成り立つから，⑥より

$$\frac{1}{2}(p - a_n) \geqq \frac{1}{p\log t}(p - a_{n+1})$$

よって，$n = 1,\ 2,\ 3,\ \cdots$ で

$$0 \leqq p - a_{n+1} \leqq \frac{p\log t}{2}(p - a_n)$$

が成り立つ。これを繰り返し用いて

$$0 \leqq p - a_n \leqq \left(\frac{p\log t}{2}\right)^{n-1}(p - a_1)$$

①，②より $0 < \dfrac{p\log t}{2} < 1$ となるから

$$\lim_{n\to\infty}\left(\frac{p\log t}{2}\right)^{n-1}(p - a_1) = 0$$

よって，はさみうちの原理より

$$\lim_{n\to\infty} a_n = p \quad \to ク$$

ここで，$t=2$ とする。方程式

$$\frac{\log x}{x} = \frac{\log 2}{2} \quad \cdots\cdots ⑦$$

について，$x=2$ は $x<e$ かつ⑦を満たすから，このとき

$$p=2$$

以上より

$$b_1=\sqrt{2},\ b_{n+1}=(\sqrt{2})^{b_n}\ (n=1,\ 2,\ 3,\ \cdots)$$

で定まる数列を $\{b_n\}$ とするとき

$$\lim_{n\to\infty} b_n = p = 2 \quad \to ケ$$

講評

Ⅰ　微積分の計算問題であり，これは落とせない。

Ⅱ　硬貨の出方 16 通りそれぞれに対応する z_4 のとりうる値を調べていく問題である。ミスなく丁寧に調べ上げていく注意力が問われている。

Ⅲ　媒介変数で表された曲線の弧長を求める問題である。誘導にしたがっていけば比較的取り組みやすい。

Ⅳ　一般項が簡単に表せない漸化式の極限を調べる問題であるが，Ⅲよりも問題文が長く，その意図を理解する能力も問われている。

質，分量ともに妥当ではある。答えだけを問う形式であるとはいえ，要求されていることに対してどうアプローチするか，能動的に普段から取り組む姿勢がないと，Ⅱ，Ⅳは苦戦するかもしれない。ここは留意しておきたい。

物 理

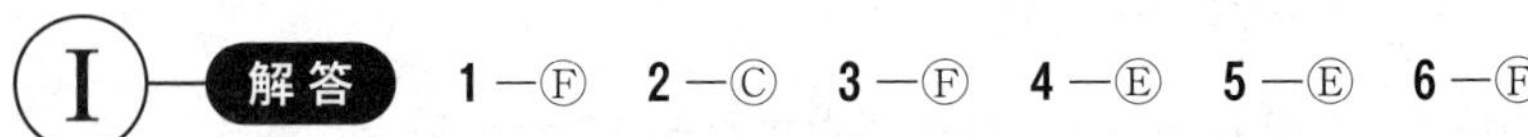

I 解答 1—Ⓕ 2—Ⓒ 3—Ⓕ 4—Ⓔ 5—Ⓔ 6—Ⓕ

解説

《動滑車を通して連結された物体の運動》

1・2． 力のつり合いより

$$2T-f=0$$

$$mg-T=0$$

$$\therefore\ f=2mg$$

物体2が動き出す条件は

$2T>$ 最大静止摩擦力 μmg

$$2mg>\mu mg$$

$$\therefore\ \mu<2$$

3． 物体3の速さを v とすると，物体2の速さは $\frac{v}{2}$ である。

力学的エネルギーの変化と仕事の関係より

$$mgh-\mu' mg\times\frac{h}{2}=\frac{1}{2}mv^2+\frac{1}{2}m\left(\frac{v}{2}\right)^2$$

$$\therefore\ v=\sqrt{\frac{4(2-\mu')gh}{5}}$$

4． 物体3の加速度の大きさを a，糸の張力の大きさを T' とし，運動方程式をつくる。

物体2：$m\frac{a}{2}=2T'$

物体3：$ma=mg-T'$

$$\therefore\ a=\frac{4}{5}g$$

求める時間 t は

$$\frac{1}{2}\times\frac{4}{5}g\times t^2=h$$

$\therefore\quad t=\sqrt{\dfrac{5h}{2g}}$

5． 物体１の加速度の大きさを A，糸の張力の大きさを S，物体３にガイドから右向きに働く力の大きさを R とする。

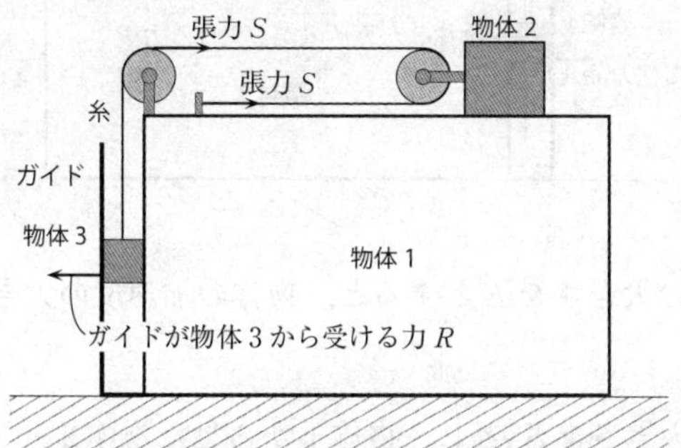

物体１の運動方程式は

$$mA=2S-R\quad\cdots\cdots①$$

物体１から見た物体３の加速度の大きさを α とする。物体２・３の運動方程式は

物体２：$m\dfrac{\alpha}{2}=2S+mA\quad\cdots\cdots②$

物体３：（水平）$R-mA=0\quad\cdots\cdots③$

（鉛直）$m\alpha=mg-S\quad\cdots\cdots④$

①，③より

$$mA=S$$

これを②へ代入すると

$$m\frac{\alpha}{2}=3S\quad\cdots\cdots⑤$$

④×3＋⑤ より

$$\alpha=\frac{6}{7}g$$

右向きに加速度運動する物体1から見た物体2・3に働く力

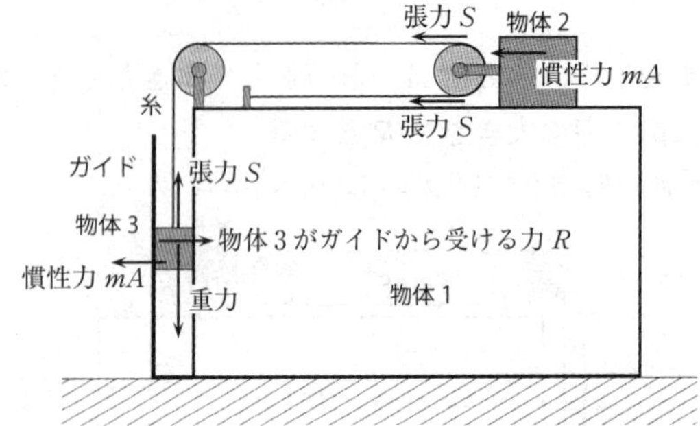

6．求める力の大きさを F とすると，物体の加速度の大きさは $\dfrac{F}{3m}$ である。

糸の張力の大きさを S' とし，物体1から見た物体2・3の力のつり合い式をつくると

物体2：$2S'=m\times\dfrac{F}{3m}$

物体3：$mg=S'$

2式より F を求めると

$F=6mg$

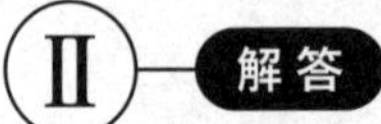
7－Ⓕ　**8**－Ⓖ　**9**－Ⓑ　**10**－Ⓕ　**11**－Ⓑ　**12**－Ⓓ

解説

《磁場中を移動するコイル》

7・8．時刻0から t_1 で，コイルのABにはA→Bの誘導電流が流れている。AB，CDには次図のような誘導起電力が生じている。

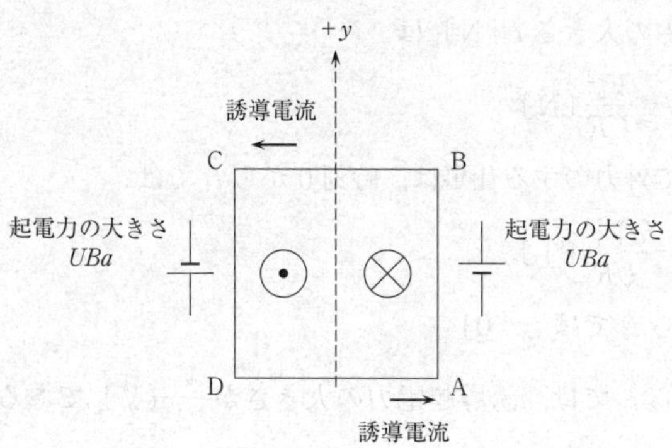

領域1の磁場について，誘導起電力は正なので，右ねじの法則より，z軸の正の向きに磁束をつくるように電流が生じているため，コイル内のz軸の正の向きの磁束は，コイルの移動によって減少しているはずである。よって，領域1の磁束密度の向きはz軸の正の向きとなる。

また，磁束密度の大きさB〔T〕は

$$UBa=\frac{V_0}{2}$$

$$\therefore\quad B=\frac{V_0}{2Ua}\text{〔T〕}$$

時刻t_1からt_2で，コイル内の磁束変化がないので，コイルの起電力は0Vである。

時刻t_2からt_3では，CDに右図のような誘導起電力$\left(\text{大きさ}\frac{V_0}{2}\text{〔V〕}\right)$が生じている。誘導電流が，負の向きに流れるので起電力の向きは負となる。

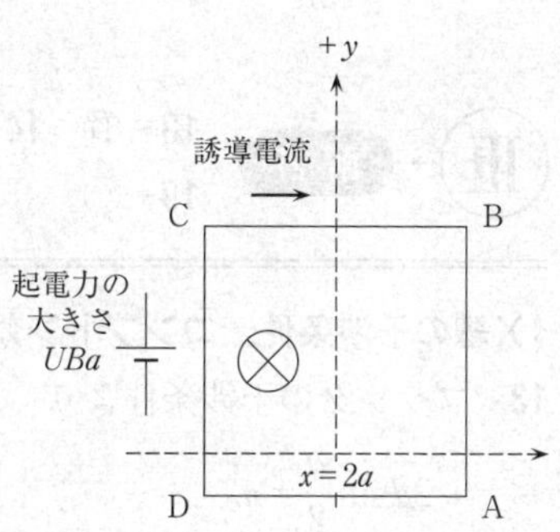

9・10. コイルのCDに電流が磁場から受ける力の向きは，フレミング左手の法則より，中指を$-y$軸の向きに，人差し指を$+z$軸の向きに合わせたときの親指の向き（$-x$軸の向き）となる。

電磁力の大きさf〔N〕は

$$f=\frac{V_0}{R}\times B\times a=\frac{V_0}{R}\times\frac{V_0}{2Ua}\times a\text{〔N〕}$$

求める合力の大きさ F〔N〕は

$$F=2f=\frac{V_0{}^2}{UR}\text{〔N〕}$$

11. 各時間で外力のする仕事は，時刻 0 から t_1 では

$$F\times a=\frac{aV_0{}^2}{UR}\text{〔J〕}$$

時刻 t_1 から t_2 では　0J

時刻 t_2 から t_3 では，誘導起電力の大きさが $\frac{V_0}{2}$〔V〕であることから，電磁力の大きさは $\frac{f}{2}$〔N〕である。よって

$$\frac{f}{2}\times a=\frac{aV_0{}^2}{4UR}\text{〔J〕}$$

求める仕事は

$$\frac{aV_0{}^2}{UR}+0+\frac{aV_0{}^2}{4UR}=\frac{5aV_0{}^2}{4UR}\text{〔J〕}$$

12. 求める平均電力を P〔W〕とする。

$$P\times\frac{3a}{U}=\frac{5aV_0{}^2}{4UR}$$

$$\therefore\quad P=\frac{5V_0{}^2}{12R}\text{〔W〕}$$

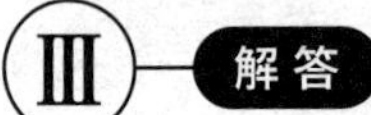

13—Ⓓ　**14**—Ⓓ　**15**—Ⓑ　**16**—Ⓓ　**17**—Ⓒ　**18**—Ⓕ　**19**—Ⓒ

解説

《X線の干渉条件，コンプトン効果》

13. ブラッグの干渉条件より

$$2d\sin\frac{\theta}{2}=n\lambda$$

14. 光子の運動量の大きさ p は

$$p=\frac{E}{c}=\frac{h\nu}{c}=\frac{h}{\lambda}$$

15. エネルギー保存の法則より

$$\frac{1}{2}mv^2+\frac{ch}{\lambda'}=\frac{ch}{\lambda} \quad \cdots\cdots ①$$

16・17. 運動量保存の法則より

入射方向：$\frac{h}{\lambda}=mv\cos\phi+\frac{h}{\lambda'}\cos\theta$　……②

入射方向に垂直：$0=mv\sin\phi-\frac{h}{\lambda'}\sin\theta$　……③

①より

$$(mv)^2=2mch\left(\frac{1}{\lambda}-\frac{1}{\lambda'}\right) \quad \cdots\cdots ④$$

②，③より

$$(mv)^2=\left(\frac{h}{\lambda'}\sin\theta\right)^2+\left(\frac{h}{\lambda}-\frac{h}{\lambda'}\cos\theta\right)^2$$

$$=\left(\frac{h}{\lambda'}\right)^2+\left(\frac{h}{\lambda}\right)^2-2\frac{h^2}{\lambda\lambda'}\cos\theta \quad \cdots\cdots ⑤$$

④＝⑤ より

$$2mch\left(\frac{1}{\lambda}-\frac{1}{\lambda'}\right)=\left(\frac{h}{\lambda'}\right)^2+\left(\frac{h}{\lambda}\right)^2-2\frac{h^2}{\lambda\lambda'}\cos\theta$$

両辺を $\lambda\lambda'$ 倍して文字を整理すると

$$\lambda'-\lambda=\frac{h}{mc}(1-\cos\theta)$$

18. X線の波長の変化 $\Delta\lambda$（$=\lambda'-\lambda$）は，［17］の結果より，入射X線の波長によらない。また，θ が多いほど $\cos\theta$ は小さくなるので，$\Delta\lambda$ は大きくなる。

19. 電子に入射X線のエネルギーの一部が移るので

入射X線のエネルギー＞散乱X線のエネルギー

$$\frac{ch}{\lambda}>\frac{ch}{\lambda'}$$

$\therefore\ \lambda'>\lambda$

2024年度　全学部統一　物理

講評

2024年度も例年同様，大問3題，試験時間60分で，すべて解答群から正しい答えを選択してマークする形式であった。解答個数は19個。

Ⅰ 動滑車のついた物体と糸で連結された物体の運動で，2つの物体の加速度や速度の関係を知り，運動方程式や力学的エネルギー保存則を用いて解く。後半は，加速度運動する物体1から見た各物体の運動を考える。問題に応じて観測者の立場を選べるよう日頃の演習で身につけたい。

Ⅱ 向きの異なる2つの磁場をまたがって移動するコイルの問題である。問われる内容は，日頃の演習で解いたことがあるはずなので，コイルの誘導起電力（向きと大きさ）をミスなく求めたい。

Ⅲ X線の干渉とコンプトン効果の問題である。コンプトン効果では，運動量保存の法則とエネルギー保存の法則から式を変形し，与えられた近似式を用いて計算できるようにしたい。

化学

I 解答

1―G　**2**―C　**3**―C　**4**―F　**5**―E　**6**―B
7―F　**8**―G

解説

《窒素酸化物・アンモニア・硝酸の反応と性質，電離平衡，量的関係》

1・2． 窒素Nは元素の周期表の15族に位置する元素である。窒素酸化物で代表的なものに，一酸化窒素NOと二酸化窒素NO_2がある。NOは，銅Cuと希硝酸の反応で発生する無色・無臭の気体で，水に溶けにくく水上置換法で捕集される。

$$3Cu+8HNO_3 \longrightarrow 3Cu(NO_3)_2+2NO+4H_2O$$

一方NO_2は，銅Cuと濃硝酸との反応で発生する赤褐色・刺激臭の気体で，水に溶けるため下方置換法で捕集される。

$$Cu+4HNO_3 \longrightarrow Cu(NO_3)_2+2NO_2+2H_2O$$

3・4． 窒素原子Nの価電子は5個で，1対の非共有電子対と3個の不対電子をもつ。この3個の不対電子に3つの水素原子が結合し，三角錐形の構造をとるのがアンモニアNH_3分子で，この分子の形では結合間の極性が分子全体で打ち消されないので，NH_3は極性分子である。NH_3は実験室では，塩化アンモニウムと水酸化カルシウムを混合し加熱することで得られる。

$$2NH_4Cl+Ca(OH)_2 \longrightarrow 2NH_3+2H_2O+CaCl_2$$

NH_3は無色・刺激臭の気体で，水に溶けやすく空気よりも軽いので上方置換法で捕集される。また，NH_3は塩基性の気体のため，上記の製法における乾燥剤として塩基性乾燥剤であるソーダ石灰が用いられる。中性乾燥剤である塩化カルシウム$CaCl_2$は，NH_3と$CaCl_2 \cdot 8NH_3$なる複合体を形成してしまうため，乾燥剤としては不適である。

また，NH_3は工業的には，高温・高圧条件で四酸化三鉄Fe_3O_4を触媒として，窒素N_2と水素H_2から直接合成される。この製法をハーバー・ボッシュ法という。

$$N_2+3H_2 \longrightarrow 2NH_3$$

5・6． アンモニアは水溶液中で電離して，NH_4^+ と OH^- となる。アンモニア水の濃度を c〔mol/L〕，電離度を α とすると，平衡時は以下の関係が成立する。

$$NH_3 + H_2O \rightleftharpoons NH_4^+ + OH^-$$

平衡時　$c(1-\alpha)$　一定　$c\alpha$　$c\alpha$　〔mol/L〕

アンモニアの電離定数を K_b とし，アンモニアの電離は1より十分に小さいものとすると

$$K_b = \frac{[NH_4^+][OH^-]}{[NH_3]} = \frac{c\alpha \cdot c\alpha}{c(1-\alpha)} = c\alpha^2$$

$$\alpha = \sqrt{\frac{K_b}{c}}$$

$c = 1.25$〔mol/L〕，$K_b = 2.00\times10^{-5}$〔mol/L〕を代入すると，電離度 α は

$$\alpha = \sqrt{\frac{2.00\times10^{-5}}{1.25}} = 4.00\times10^{-3}$$

また，水溶液中の水酸化物イオン濃度は

$$[OH^-] = c\alpha = c\cdot\sqrt{\frac{K_b}{c}} = \sqrt{cK_b} = \sqrt{1.25\times2.00\times10^{-5}}$$

$$= 5.00\times10^{-3}\text{〔mol/L〕}$$

水素イオン濃度および pH は，水のイオン積 $K_W = 1.0\times10^{-14}$〔mol/L〕^{2} より

$$[H^+] = \frac{K_W}{[OH^-]} = \frac{1.0\times10^{-14}}{5.00\times10^{-3}} = 2.0\times10^{-12}\text{〔mol/L〕}$$

$$pH = -\log_{10}[H^+] = -\log_{10}(2.0\times10^{-12}) = 12 - \log_{10}2 = 11.699 = 11.7$$

7． 濃硝酸，希硝酸 HNO_3 はいずれも強い酸化作用をもち，水素よりもイオン化傾向の小さい Cu，Hg，Ag を溶かす。一方，濃硝酸においては，Al，Fe，Ni などとは反応しない。これは金属表面に緻密な酸化被膜が形成され，不動態の状態となるためである。

8． 硝酸は，工業的にはオストワルト法で得られる。各段階を一つにまとめた式が以下の通り。

$$NH_3 + 2O_2 \longrightarrow HNO_3 + H_2O$$

標準状態でアンモニア $1.50\,m^3$ から得られる質量パーセント濃度 6.30％の希硝酸の質量は

$$\frac{1.50\times10^3}{22.4}\times63\times\frac{100}{6.3}=6.696\times10^4〔g〕\qquad\therefore\quad 67.0〔kg〕$$

Ⅱ　解答　**9**－J　**10**－C　**11**－E　**12**－G　**13**－C　**14**－I

解説

《混合気体の平均分子量と密度，ラウールの法則，沸点上昇度》

9． ヘリウム He（分子量 4.0）と酸素 O_2（分子量 32.0）を，物質量比 4.00：1.00 で混合した気体の平均分子量は

$$4.0\times\frac{4.00}{5.00}+32.0\times\frac{1.00}{5.00}=9.6$$

10. 標準状態におけるモル体積は，気体が何 mol であろうと変わらずに 22.4L/mol である。

11. この混合気体の標準状態における密度は

$$\frac{9.6}{22.4}=0.428=0.43〔g/L〕$$

12. ラウールの法則とは，希薄溶液の蒸気圧は溶媒のモル分率に比例するという法則である。

13・14. 硫黄分子 S_n のみで構成される物質**A**の分子量を M とすると，沸点上昇度 $\varDelta t_b$ とモル沸点上昇 K_b，質量モル濃度 m の関係式より

$$\varDelta t_b=K_b\cdot m$$

$$2.35=2.35\times\frac{\frac{25.6}{M}}{100\times10^{-3}}\qquad\therefore\quad M=256$$

物質**A**の分子量は硫黄の原子量を用いて $32n$（n は整数）と表されるので

$$32n=256\qquad\therefore\quad n=8$$

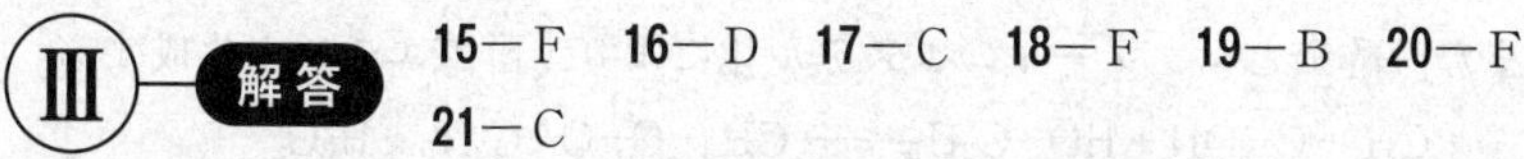

Ⅲ　解答　**15**－F　**16**－D　**17**－C　**18**－F　**19**－B　**20**－F　**21**－C

解説

《アルコール，C_8H_{10}，カルボン酸・エステル，油脂のけん化価》

15・16. アルコールは，分子内のヒドロキシ基の数により分類される。エ

チレングリコールは分子内に −OH を２個もつ２価アルコールで，グリセリンは分子内に −OH を３個もつ３価アルコールである。

また，１価アルコールは，ヒドロキシ基をもつ炭素原子に結合している炭素原子の数に応じて級数でも分類される。2-ブタノールは第二級アルコール，2-メチル-1-プロパノールは第一級アルコールである。

17・18. 分子式 C_8H_{10} で表される芳香族炭化水素には，以下の通り４種類の構造異性体が存在する。

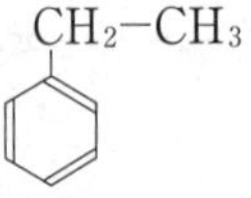

CH_2-CH_3（ベンゼン環）　エチルベンゼン

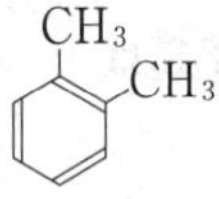

CH_3, CH_3（ベンゼン環）　*o*-キシレン

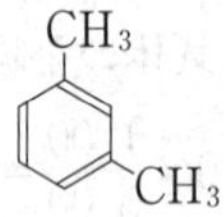

CH_3, CH_3（ベンゼン環）　*m*-キシレン

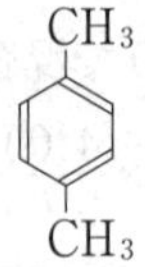

CH_3, CH_3（ベンゼン環）　*p*-キシレン

このうち，ベンゼン環に直結する炭素原子が１つであるエチルベンゼンは，触媒を用いて酸化させると安息香酸となる。同様の反応で酸化させると，*p*-キシレンからはテレフタル酸が生じる。

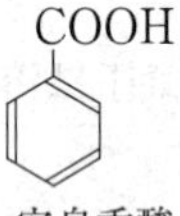

COOH（ベンゼン環）　安息香酸

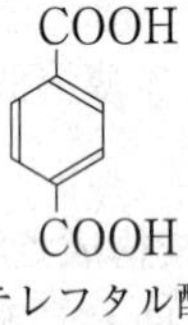

COOH, COOH（ベンゼン環）　テレフタル酸

19・20. ギ酸は分子内にホルミル基をもつので還元性を示す。

酢酸に脱水剤を加えて加熱すると，酢酸２分子間から水がとれて縮合し，無水酢酸が得られる。これは酢酸とは異なり，カルボキシ基がないため酸性を示さない。水を加えて加熱すると元の酢酸に戻るため，酸性を示すようになる。

$$CH_3-\underset{\underset{O}{\|}}{C}-OH \quad HO-\underset{\underset{O}{\|}}{C}-CH_3 \underset{+H_2O}{\overset{-H_2O}{\rightleftarrows}} CH_3-\underset{\underset{O}{\|}}{C}-O-\underset{\underset{O}{\|}}{C}-CH_3$$

酢酸　無水酢酸

また，酢酸とエタノールのエステル化により，酢酸エチルが生成する。

$$CH_3-\underset{\underset{O}{\|}}{C}-OH + HO-C_2H_5 \longrightarrow CH_3-\underset{\underset{O}{\|}}{C}-O-C_2H_5 + H_2O$$

酢酸　エタノール　酢酸エチル

21. パルミチン酸 $C_{15}H_{31}COOH$（分子量 256）３分子とグリセリン（分子

量 92）とで構成される油脂の分子量は

$$256\times3+92-3\times18=806$$

この油脂 1 g をけん化するのに必要な水酸化カリウム（式量 56）の質量は

$$\frac{1}{806}\times3\times56=0.2084〔\mathrm{g}〕\quad\therefore\quad 208〔\mathrm{mg}〕$$

Ⅳ　解答

22－G　**23**－E　**24**－H　**25**－F　**26**－F　**27**－D　**28**－G　**29**－F　**30**－B

解説

《PET，多糖類，タンパク質の定量，ペプチド同定》

22・23. ポリエチレンテレフタラート（PET）は，エチレングリコールとテレフタル酸が縮合重合したもので，加熱により軟化する熱可塑性樹脂である。問題文より，PET 鎖の末端構造の影響は無視できるとあるので，構造式は次の通り。

$$n\mathrm{HO{-}(CH_2)_2{-}OH} + n\mathrm{HO{-}\underset{\|\atop O}{C}{-}C_6H_4{-}\underset{\|\atop O}{C}{-}OH}$$

$$\longrightarrow \left[\mathrm{O{-}(CH_2)_2{-}O{-}\underset{\|\atop O}{C}{-}C_6H_4{-}\underset{\|\atop O}{C}}\right]_n + 2n\mathrm{H_2O}$$

PET（平均分子量 $192n$）は，繰り返し単位内に 2 つのエステル結合をもつので，PET576 g を完全にけん化するのに必要な水酸化ナトリウムの質量は

$$\frac{576}{192n}\times2n\times40=240〔\mathrm{g}〕$$

24・25. デンプン，グリコーゲン，セルロースといった多糖は，一般的には水に溶けにくいものが多い（ただし，グリコーゲンは冷水に，アミロースは温水には溶ける）。多糖は甘味を示さず，また，末端の還元性を示す部分構造に対して鎖が長く，全体としてその影響は無視できるため還元性も示さない。セルロースは，*β*-グルコースが縮合重合して，直線状になった構造をもち，平行に並んだ分子鎖間は水素結合により強固に結びついており，繊維を形成している。一方，デンプンおよびグリコーゲンは，

α-グルコースが縮合重合し，らせん状の構造を形成している。

26. 大豆1.00gに含まれるタンパク質の量を定量するため，タンパク質中の窒素原子Nをすべてアンモニアに変え，そのアンモニア量を逆滴定により定量して求める。発生したアンモニアをx〔mol〕とおくと，中和滴定が完了した時点で酸の出しうるH^+〔mol〕と塩基の出しうるOH^-〔mol〕は等しいので

$$x\times1+0.0500\times\frac{20.0}{1000}\times1=0.0500\times\frac{50.0}{1000}\times2$$

$$\therefore\quad x=4.00\times10^{-3}\text{〔mol〕}$$

発生したアンモニアの物質量と，含まれていた窒素原子N（原子量14）の物質量は等しく，タンパク質に含まれている窒素は16.0%であることより，大豆1.00g中のタンパク質の質量パーセント濃度は

$$\frac{4.00\times10^{-3}\times14\times\dfrac{100}{16.0}}{1.00}\times100=35.0\text{〔\%〕}$$

27～30. 結果1より，テトラペプチドPを構成するα-アミノ酸として，ベンゼン環をもつチロシンと，不斉炭素原子をもたないグリシンが含まれることがわかり，その位置が決まる。

酵素A

NH_2－［　　］－［　　］－［チロシン］ ─┼─ ［グリシン］－COOH

結果2より，テトラペプチドPを構成するα-アミノ酸に，塩基性アミノ酸であるリシンが含まれていることがわかり，その位置が決まる。

酵素B

NH_2－［　　］－［リシン］ ─┼─ ［チロシン］－［グリシン］－COOH

結果3より，テトラペプチドPは，NaOH水溶液を加えて加熱し酢酸鉛(Ⅱ)水溶液を加えると，黒色沈殿PbSが生じることより，構成アミノ酸に硫黄を含むシステインがあることがわかる。よって，テトラペプチドPの配列順序が決まる。

NH_2－［システイン］－［リシン］－［チロシン］－［グリシン］－COOH

講評

2024年度も例年通り大問4題で全問マークシート方式での出題であった。設問数は2023年度の28から30へと増加したが，出題内容や難易度に特に変化はなかった。

I　窒素化合物に焦点を当て，理論・無機分野を多角的に問う問題であった。NO，NO_2，NH_3，HNO_3 と代表的な窒素化合物における製法，反応と性質などの基本的な知識と，NH_3 に関して電離平衡，オストワルト法における量的関係の計算が出題された。いずれも典型的かつ標準的な問題であり，正答しやすかったと思われる。

II　混合気体の平均分子量・密度に関する標準的な計算問題が出題された。標準状態のモル体積に関しては，1mol あたりの体積は 22.4L で一定値であるが，文章中に「4.00mol の酸素」とあったため，惑わされた受験生もいたと思われる。また，ラウールの法則に関する定義が出題された。教科書の発展項目などに記載があるため，確認しておきたい。最後に沸点上昇度に関する計算問題が出題された。計算自体は平易であるが，二硫化炭素 CS_2 が溶媒であることが理解できるかがポイントであった。

III　アルコールに関する基本的な知識問題が出題された。エチレングリコールやグリセリン，C_4H_{10} の第一級アルコールの構造式がきちんと思い浮かぶかが重要であった。さらに，芳香族炭化水素 C_8H_{10} の構造異性体が書き出せること，ギ酸や酢酸といった典型的な化合物に関する知識が問われていた。また，油脂のけん化価を求める計算問題が出題された。標準的であるが，油脂を苦手とする受験生も多いと思われるので，正答できるように対策しておきたい。

IV　合成高分子である PET の知識と計算問題，多糖類に関する知識問題はいずれも標準的であった。またタンパク質の定量法の出題は，受験では典型問題であるので，理解しておきたい。ペプチド同定は，α-アミノ酸のそれぞれの特徴を正しく覚えておく必要があった。

全体的に目新しい出題はなく，典型的な問題であるので，過去問演習などで力をつけて挑んでほしい。

生 物

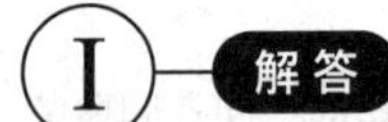

問1. B **問2.** I **問3.** I **問4.** F
問5. C **問6.** **問(1)**－E **問(2)**－C

解説

《細胞分裂，性染色体，染色体と遺伝子，細胞周期》

問1. ②誤り。分裂期中期には染色体が赤道面に並ぶが，分離するのは分裂期後期である。

④誤り。動物細胞の細胞質分裂は，収縮環の細胞膜直下にあるアクチンフィラメントとミオシンのはたらきによって起こる。

⑤誤り。細胞質分裂は分裂期終期に起こる。

問2. ①誤り。G_1 期はDNA合成準備期であり，DNAの合成は行われない。

②誤り。S期におけるDNAの複製では，元の2本鎖DNAと同じ塩基配列をもつ新たな2本鎖DNAが合成される。

③正しい。間期の G_1 期と G_2 期では細胞の成長などが行われているが，卵割では細胞の成長が行われないため，G_1 期と G_2 期を欠くことがある。

④誤り。染色体の凝縮が始まるのは分裂期前期である。

問3. ③誤り。大きさと形が同じ2本の染色体を相同染色体といい，減数分裂の第一分裂前期において相同染色体が対合したものを二価染色体という。

④正しい。⑤誤り。ヒトのX染色体はY染色体よりも大きく，染色体上に存在する遺伝子数もはるかに多い。なお，X染色体とY染色体は減数分裂の際に対合するため，相同染色体とみなされる。

問4. F1個体の遺伝子型はAaBbCcである。図1には遺伝子座がA・(1)・(3)・(5)の位置，B・(2)・(4)・(6)の位置，C・(7)・(8)・(9)の位置の3カ所に存在している。図1の染色体は複製された状態のものが示されており，対立遺伝子は同じ遺伝子座に存在することから，(1)にはA，(2)にはB，(3)にはa，(4)にはb，(5)にはa，(6)にはb，(7)にはC，(8)にはc，(9)にはcが存在していると考えられる。

問5． 体細胞分裂では2つの娘細胞に遺伝子が均等に分配されるため，体細胞分裂を行った際に生じる娘細胞の遺伝子型は元の細胞と同じAaBbCcのみ（1種類）である。一方，減数分裂では相同染色体の片方が選ばれて娘細胞に入る。図1より，大きいほうの相同染色体にはそれぞれ遺伝子A・Bと遺伝子a・bが存在し，小さいほうの相同染色体には遺伝子Cと遺伝子cが存在する。また，設問文に「乗換えは起こらない」とあることから，減数分裂を行った際に生じる娘細胞の遺伝子型はABC，ABc，abC，abcの4種類となる。

問6．問(1) 図2には血球計算盤の$1\,\mathrm{mm}^2$の範囲が示されていること，細胞を含む培養液とカバーガラスとの隙間が0.1mmであることから，培養液の体積は$0.1\,\mathrm{mm}^3$である。さらに，$1\,\mathrm{mL}=1000\,\mathrm{mm}^3$であること，観察時に培養液で5倍希釈されていることから，各観察時間ごとの細胞数は次の式で算出できる。

$$\text{図2中に存在する細胞数}\times\frac{1000}{0.1}\times 5\ 〔\text{個/mL}〕$$

なお，100時間後と130時間後における血球計算盤の1マスに存在する細胞数は平均3個とみなし，16マスに存在する細胞の総数はどちらも約48個と算出するものとする。

$$10\text{時間後}：2\times\frac{1000}{0.1}\times 5=1\times 10^5\ 〔\text{個/mL}〕$$

$$40\text{時間後}：7\times\frac{1000}{0.1}\times 5=3.5\times 10^5\ 〔\text{個/mL}〕$$

$$70\text{時間後}：19\times\frac{1000}{0.1}\times 5\fallingdotseq 1\times 10^6\ 〔\text{個/mL}〕$$

$$100\text{時間後}：48\times\frac{1000}{0.1}\times 5\fallingdotseq 2.5\times 10^6\ 〔\text{個/mL}〕$$

$$130\text{時間後}：48\times\frac{1000}{0.1}\times 5\fallingdotseq 2.5\times 10^6\ 〔\text{個/mL}〕$$

以上を踏まえて，選択肢が片対数グラフであることに注意して考えると，Eが正しいことがわかる。

問(2) 問6のグラフEより，50時間後の細胞数は5×10^5個/mL，70時間後の細胞数は1×10^6個/mLと読み取る。20時間で細胞数が2倍に増加したことがわかり，この動物細胞の細胞周期は20時間であることがわかる。

細胞周期における各時期の時間の長さは，「細胞周期×観察される各時期の細胞数の割合」で算出できるため，分裂期の長さは

$$20\times\frac{15}{100}=3\text{時間}$$

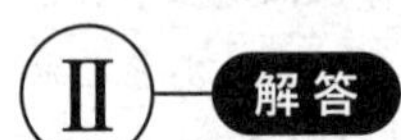

問1． **8**－H　**9**－G　**10**－J　**11**－K　**12**－I
問2． F　**問3．** G　**問4．** L

解説

《裸子植物の生殖，葉の形成に関わる遺伝子，コルメラ細胞の分化，植物ホルモン》

問1． 9・11・12. 設問文では主に裸子植物であるイチョウの生殖が扱われていることに注意する。イチョウは精細胞ではなく精子で生殖を行い（[9]にはGが入る），胚乳は減数分裂を行って生じた胚のう細胞から形成されるため，胚乳の細胞の核相はnである（[12]にはIが入る）。なお，被子植物では減数分裂を行って生じた2個の極核と1個の精細胞が融合して胚乳の細胞が形成されるため，胚乳の細胞の核相は$3n$である（[11]にはKが入る）。

問2． 設問文の情報をもとに，各選択肢を検討する。

①・④・⑦実験では，YABBY 遺伝子群と KANADI 遺伝子群を同時に破壊した場合と，HD−Zip 遺伝子群を破壊した場合の両方において，棒状の葉が生じた。このことから，葉が平たい形になるには HD − Zip 遺伝子群だけでなく，YABBY 遺伝子群と KANADI 遺伝子群のいずれかもしくは両方の遺伝子群が必要であると考えられる。したがって，①・⑦は誤りで④が正しい。

②・③ YABBY 遺伝子群と KANADI 遺伝子群を同時に破壊した場合，葉の表面がすべて向軸側の性質をもつ細胞に分化したことから，突起細胞が形成されたと考えられる。一方，HD−Zip 遺伝子群を破壊した場合，葉の表面がすべて背軸側の性質をもつ細胞に分化したことから，突起細胞が形成されなかったと考えられる。これらのことから，野生型では葉の向軸側で HD−Zip 遺伝子群がはたらいて突起細胞が形成されると考えられる。したがって，②は誤りで③が正しい。

⑤・⑥設問文より，野生型では向軸側で突起細胞が形成されるため，どち

らも誤り。

問3． 静止中心には周囲の幹細胞の分裂能力を維持するはたらきがあることから，静止中心を破壊すると幹細胞（コルメラ始原細胞）が分裂できなくなると考えられる（①・③・⑤は誤りで，②が正しい）。また，コルメラ始原細胞はコルメラ細胞を生じる幹細胞であることから，分裂できなくなった後にコルメラ細胞に分化すると考えられる（④・⑦は誤りで，⑥が正しい）。

問4． アーバスキュラー菌根菌は植物と共生する糸状菌であり，植物から光合成産物を受け取る代わりに土壌中の無機塩類を植物に供給する。植物は根からストリゴラクトンを分泌し，アーバスキュラー菌根菌を誘引する。

問1． A　**問2．** F　**問3．** H　**問4．** J
問5． E　**問6．** G　**問7．** H　**問8．** E
問9． C　**問10．** A　**問11．** B　**問12．** E

解説

《体液，血液凝固，循環系，体液の濃度調節，肝臓の構造とはたらき，神経系，自律神経系と内分泌系》

問1． ③誤り。からだの外側（外界）を体外環境という。

④誤り。体液の状態を一定に保つしくみを恒常性（ホメオスタシス）という。

⑤誤り。細胞内液は体液に含まれない。

問2． ①誤り。血しょうの約 90％は水である。

③誤り。赤血球は血液 $1\,\mathrm{mm}^3$ あたり，男性では 410 万～530 万個，女性では 380 万～480 万個存在する。

⑤誤り。血小板は核をもたない。

問3． 血しょうは血液のおよそ 55％を占める。

体重 83kg の成人男性の全血液量は $83\times\frac{1}{13}$〔kg〕であることから，全血しょう重量は

$$83\times\frac{1}{13}\times0.55=3.51\cdots\fallingdotseq3.5\,\text{〔kg〕}$$

問4． ①誤り。血球をからめとり血ぺいを作るのは，血しょうに含まれる

フィブリノーゲンが変化した繊維状のタンパク質であるフィブリンである。

②誤り。血液を静置すると血液凝固が起こり，血ぺいが沈殿する。このときの上澄みである淡黄色の液体を血清という。血しょうにはフィブリノーゲンが含まれるが，血液凝固の際にフィブリノーゲンがフィブリンに変化し，血ぺいを作り沈殿するため，血清にはフィブリノーゲンが含まれない。

③誤り。酵素であるトロンビンはフィブリノーゲンがフィブリンに変化する反応を触媒する。トロンビンは血しょう中の凝固因子やカルシウムイオンなどの作用によりプロトロンビンから生じる。

問5．①誤り。心臓に送り込まれる血液は静脈を，心臓から送り出される血液は動脈を通る。

④誤り。リンパ管は，鎖骨下静脈で血管と合流する。

⑤誤り。静脈とリンパ管には血液やリンパ液の逆流を防ぐための弁があるが，血圧の高い動脈には弁が存在しない。

問6．①誤り。ナトリウムポンプのはたらきにより，細胞外液のイオン組成は，ナトリウムイオンが多く，カリウムイオンが少なくなっている。

③誤り。糸球体とボーマンのうを合わせて腎小体といい，腎小体とそれから伸びる細尿管を合わせてネフロンという。

④誤り。比較的大きな物質であるタンパク質は糸球体の毛細血管からこし出されることはない。

問7．①誤り。肝門脈にはすい臓からの血液は流れない。

②誤り。肝小葉は約50万個の肝細胞からなる。

⑤誤り。ほ乳類の肝臓では，アンモニアが毒性の少ない尿素に変わる。

問8．①誤り。自律神経系の中枢は間脳の視床下部である。

④誤り。副交感神経は皮膚に分布していないため，立毛筋を弛緩させる作用はない。

⑤誤り。交感神経末端からはノルアドレナリンが，副交感神経末端からはアセチルコリンが神経伝達物質として分泌される。

問9．②誤り。セクレチンはすい液の分泌を促進するはたらきをもつ。

③誤り。脂溶性ホルモンについての記述である。水溶性のホルモンは細胞膜にある受容体と結合し，その情報が細胞内に伝達されることによって特定の酵素反応や遺伝子発現が調節される。

⑤誤り。すい臓の内分泌腺であるランゲルハンス島にはA細胞とB細胞が

存在し，A細胞からはグルカゴンが，B細胞からはインスリンが分泌される。グルカゴンとインスリンはホルモンであるが，消化液であるすい液は外分泌線から分泌される。

問10. ③誤り。パラトルモンには血液中のカルシウムイオン濃度を上昇させる作用がある。

④誤り。鉱質コルチコイドには，腎臓でのナトリウムイオンの再吸収とカリウムイオンの排出を促進する作用がある。

⑤誤り。糖質コルチコイドには，タンパク質からグルコースを合成する作用がある。

問11. ②誤り。アドレナリンは副腎髄質から分泌される。

④誤り。糖質コルチコイドは副腎皮質から分泌される。

⑤誤り。Ⅰ型糖尿病では自己免疫疾患によりB細胞が破壊され，インスリンを分泌できなくなる。Ⅱ型糖尿病では自己免疫疾患以外の原因でB細胞がインスリンを分泌できなくなったり，標的細胞がインスリンに反応できなくなる。

問12. ①誤り。チロキシンは甲状腺から分泌される。

④誤り。副交感神経は心臓の拍動数を低下させるはたらきをもつ。

⑤誤り。発汗は，交感神経が汗腺に作用し，促進される。

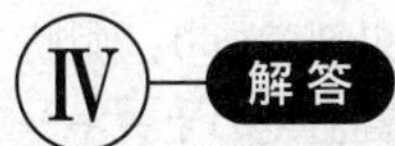

問1. C　**問2.** G　**問3.** E　**問4.** B
問5. F　**問6.** D　**問7.** B　**問8.** B

解説

《生物間の相互作用，物質循環とエネルギーの流れ，外来生物，生態系のバランス》

問1. ②誤り。ランダム分布に関する記述である。縄張りを形成する動物や他個体の成長を妨げる物質を分泌する植物では，ある個体の周囲の一定範囲内には他個体が分布できないため，分布様式は一様分布となる。

③誤り。寄生に関する記述である。異種の生物が共に生活するとき，一方が利益を得るが，もう一方には利益も不利益も生じない関係を片利共生という。

④正しい。種間競争の結果，ニッチの分割が生じると，複数の種が同じ場所で共存することができる。

問2． ①正しい。生産者は光合成によって大気中や水中に含まれる二酸化炭素を有機物として固定し，消費者は生産者がもつ有機物を直接または間接的に摂取する。

④誤り。生産者は，光合成によって光エネルギーを化学エネルギーに変換して有機物中に蓄える。

問3． ②誤り。林床に強い光が差し込む大きなギャップでは，まず，陽樹の幼木が成長したり，陽樹の種子が発芽して成長したりし，その後陰樹の幼木が成長する。なお，林床に強い光が差し込まない小さなギャップでは，陽樹は生育できないため，陰樹の幼木が成長してギャップを埋める。

問4． ①誤り。生物の多様性が高い生態系では，一種の捕食者が複数の被食者を摂食している場合が多い。このため，一種の被食者の個体数が減少しても，捕食者が他の被食者を摂食することで，生態系全体への影響は小さくなる。一方で，生物の多様性が低い生態系では，一種の捕食者が一種の被食者に依存している場合がある。このため，一種の被食者の個体数が減少すると，捕食者の個体数も減少し，生態系全体への影響は大きくなる。

③誤り。生態系内で食物網の上位にあり，その種がいなくなると生態系のバランスが大きく崩れるような種をキーストーン種という。

問5． ①誤り。記述にあるような生物も外来生物に含まれる。

②誤り。オオクチバスの原産は北米である。

問6． ③誤り。DDT は除草剤ではなく有機塩素系の殺虫剤であり，脂肪組織に蓄積する。なお，除草剤には人工的に精製された高濃度のオーキシンなどが用いられる。

問7． ①誤り。温室効果ガスは，地表から放出される熱エネルギーを吸収し，その一部を地表に放射することで，地球表面の温度を上昇させる。

③誤り。温暖化による海水温の上昇によってサンゴと共生している褐虫藻がサンゴから放出されることで，サンゴが白化する。サンゴは褐虫藻から光合成産物を受けとって生育しているため，白化が長期間続くとサンゴが死滅する。

問8． ①誤り。クヌギやコナラは落葉広葉樹である。

③誤り。雑木林では，チョウの一種であるオオムラサキの幼虫がエノキの葉を食べ，成虫がクヌギやコナラの樹液を吸う。また，カブトムシの幼虫が腐植土を食べ，成虫がクヌギやコナラの樹液を吸う。このような里山の

生物多様性は，人の手によるかく乱の機会が減り，二次遷移が進行して雑木林が陰樹林に移行することによって失われつつある。

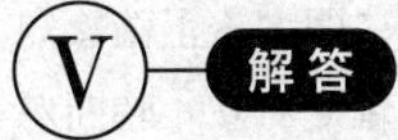

問1. B　**問2.** A　**問3.** C　**問4.** F
問5. B　**問6.** A　**問7.** E　**問8.** H

解説

《進化の歴史，人類の進化，系統》

問2. ③誤り。エディアカラ生物群の多くは軟らかいからだをもち，殻などの硬い組織はもっていなかったと考えられている。

④誤り。エディアカラ生物群には，現生の生物群との類縁関係が不明である生物が多く含まれる。

問3. ②誤り。カンブリア大爆発で出現した動物の化石は，中国の澄江（チェンジャン）などでも見つかっている。

③誤り。カンブリア大爆発では多くの捕食者が出現したことで，生物が多様化した。

問4. ①誤り。化石が確認されている最古の陸上植物はシルル紀に出現したクックソニアである。

②誤り。クックソニアは維管束をもたない。

問5. ②誤り。三葉虫が絶滅したのは古生代末期である。

③誤り。全球凍結が起こったのは先カンブリア時代である。

⑤誤り。古生代末期の大量絶滅に関する記述である。

問7. ①誤り。最古の人類の化石はアフリカのチャドにある約700万年前の地層から発見されたサヘラントロプス属のものであり，アウストラロピテクス属は約580万年前に出現したと考えられている。

③誤り。大後頭孔は，類人猿では後頭部に斜めに開くのに対して，人類ではより前方に真下に向いて開いている。

問8. ①誤り。海綿動物は，えり鞭毛虫類に似た構造のえり細胞をもつ。

②誤り。刺胞動物に関する記述である。棘皮動物は口と肛門をもつ。

⑤誤り。刺胞動物は二胚葉動物で，消化管の出入り口は1つだけである。

講評

Ⅰ　細胞に関する知識問題と計算問題であった。多くが教科書レベルの基本的な知識問題であるが，問4・問5は遺伝子座に関する正確な知識が問われる。また，問6は図の読み取りと計算が煩雑であり，時間がかかる。

Ⅱ　生殖と発生に関する知識問題と考察問題であった。問2・問3は一見すると難解に思える問題だが，落ち着いて設問文を読み，情報を整理すれば難なく解答できる。問題の見た目に惑わされないように心がけておきたい。

Ⅲ　体内環境に関する一問一答形式の出題であった。多くが教科書レベルの基本的な知識問題であるが，問3は発展的な知識を要する計算問題であり，正答できた受験生は少なかったであろう。問題数が多く，時間がかかる。

Ⅳ　生態に関する一問一答形式の出題であった。全体を通して教科書レベルの基本的な知識問題であり，平易である。

Ⅴ　進化・系統に関する一問一答形式の出題であった。教科書レベルの基本的な知識問題であるが，多くの受験生が敬遠しがちな範囲からの出題もみられ，どれだけしっかりと教科書を読み込んでいたかで点差が生じる大問である。

大問数は2023年度と同じ5題であった。内容は例年通り，基本的な知識問題を中心とする出題であるが，教科書をどれだけ読み込んでいるかで解答速度が大きく変わるだろう。計算問題は典型的なものが多いが，一部で煩雑な計算問題も出題された。また，詳細な知識を必要とする知識問題も出題された。これらのような問題に時間をかけすぎず，取捨選択を意識しながら，解ける問題を確実に解くという意識をもっておこう。

ており、二〇二二年度に説話とそれをもとにした創作が出題されたのと類似している。それに見合った形で文学史的知識を問う設問も二問となっている。歌論『俊頼髄脳』の後半部分は、当時の前提知識のない現代人にとっては、一読して意味をすぐに捉えるのが難しいが、話題となっている事柄（何について語っているのか）さえ把握できれば対応できる設問となっている。評論タイプの文章を相手にする際の基本的確認事項である。

本文の内容に根拠のない記述。Cについては、Ⅱの文章で称賛しているのは怪異が吟詠した和歌であって、怪異自体を称賛しているわけではないので誤り。

問十 正解はBの『金葉和歌集』である。Aの『拾遺和歌集』の撰者は花山院（藤原公任とも）、Cの『玉葉和歌集』は京極為兼、Dの『風雅和歌集』は光厳院・花園院の撰。『玉葉和歌集』『風雅和歌集』はともかく、八代集に含まれている『拾遺和歌集』『金葉和歌集』については編纂の勅を下した帝、撰者、入集している代表的歌人などを確認しておきたい。

講評

全体的に標準的な難易度で、試験時間と問題の分量を考えると効率的に手早い判断が求められている点は例年通りである。

一の現代文は、動物に人間的な権利や責任観念を適用することの虚妄を語る評論が出題された。問三など選択肢についての判断が少々難しい設問もあるが、指示語の指示対象や設問箇所を含む文の構文の確認ができていれば対処できる設問が中心であった。

二の現代文では、あまり知られていない作家の短編小説が出題された。判断に迷う選択肢が含まれた設問がいくつかあるが、小説を題材とした選択問題の場合、まず本文中の事実関係から無根拠な具体化や齟齬・飛躍の見られる選択肢を排除し、残った選択肢の中から一番本文の記述と辻褄の合うもの（あるいは無理のない具体化となっているもの）を選ぶというのが基本的な考え方である。また、前年に続いて「明治大学の教壇に……」という近代文学史の設問が出題されたが、本年はその知識がなくとも正解が判断できる設問であった。

三の古文は、前年に引き続き説話からの出題となった。同じ逸話を題材とした歌論がもうひとつの本文として採られ

問四 Aは「わが国最初の仏教説話集」、Bは「どの説話にも和歌が含まれている」、Dは「編者は大納言藤原公任」「勅によって編纂された」がそれぞれ誤り。

問五 ここで話題となっているのは「ものの霊など」が「めでたき歌と思ひそめて、常にながむ」和歌であり、傍線部の直前に「わづかに拾遺抄ばかりには入りたんめり」とある。「拾遺抄」とは藤原公任による私撰集である。この和歌がどの歌集に入集しているかを語っている記述なので、Aの「ほかの歌集には見えない」が正解である。ちなみにこの和歌は『新撰万葉集』にも収録されているが、源俊頼は未見だったらしい。

問六 ポイントは「ざめり」の部分だが、これは打消の助動詞「ず」のザリ活用連体形「ざる」の語尾「る」が撥音便化して無表記となったものに助動詞「めり」が接続したものである。ラ変型の活用語の連体形に終止形接続の助動詞「べし」「めり」「なり」(「らし」)が接続した際に見られる形で、撥音「ん」は無表記(つまり音は存在する)なので、読む際には「ざんめり」と撥音も含めて発音する。

問七 「かなふ」はある事柄が期待された状態や必要な条件を満たすことを言う動詞で、〝適合・合致する〟〝望み通りになる〟〝匹敵する〟などの訳語が代表的。本文のこの部分では、和歌を嗜む者としての心構えを語っていて、自分自身について「人よりはわろう詠む……と思ふ」と「かなふ」が、「人よりはよく知れり……と思へる」と「かなふべからざる」ということなので、歌人として成長するかしないかを話題としている。したがって、Dが正解。

問八 「すずろはし」は「すずろなり」と同じ語根の言葉で、〝心が落ち着かない〟様子を言う。傍線部前後の本文は少々わかりづらいが、「あやしうとも好むべき……うとからぬものになるべきなり」の部分でできる限り和歌に親しむことを勧め、傍線部直前で「むげに知らぬ人になりぬれば、のがれ難き折に……顔あかまれて」と、和歌を知らないと逃れられない折、つまり詠まなければならない機会に顔が赤くなって、「すずろはしき」気持ちになってしまうということなので、Bの「不安で落ち着かないさま」が一番整合性が高い。

問九 Aは「怪異をかつて京極殿に住んでいた人の霊だとしている」、Bは「厳しく詮議したので怪異が逃げ去った」がことである。（今のような）末世には、うまく詠んでいる歌は見えない（＝見当たらない）。（しかしたとえ出来が）粗末でも（この歌の道を）好むのがよい。（一心に歌を）好む者を歌人というのだ。たとえ好ましくない（＝自分は得意ではない）と思っても好み、（歌についての知識を）知らないとしても努力して学んで、この（歌の）道に慣れ親しんで、疎くない者になる必要がある。まったく不案内な人になってしまうと、逃れられない時（＝歌を詠まねばならなくなった時）に、そうかといって、いや違うのかなどするので（＝どう詠んでいいかわからず慌ててしまうので）、わざとらしく顔も赤くなり、不安で落ち着かない気持ちになるのである。たまたま適切なように言っているけれど（＝適切な発言をしても）、（歌もろくに詠めない者だと思われて）人も冷笑し、馬鹿な者になる（＝馬鹿者扱いされてしまう）。

解説

問一　和歌の解釈の問題だが、本文の記述には、Ⅰの「花の盛にて、南面の桜えもいはず栄き乱れたりける」ぐらいしか内容について考えるヒントがないので、設問に示された和歌自体を各選択肢と突き合わせて判断する。すると、下の句の「匂ふ」を「咲きほこる」としているA・Cと「香り」としているB・Dの二つに分けられることがわかる。古語「匂ふ」は現代語と同じ嗅覚的な意味で用いられている用例もあるが、基本的には〝目に美しく映える〟という視覚的な内容を表す語。「霞はつつめども」と逆接の関係であることからも、視覚的な内容である。したがって、A・Cのいずれかであるが、Cは「季節はずれの桜の花」が誤り。「霞」は春の風物である。

問二　三箇所ある空欄がすべて「そこの」「ここの」という場所を示す指示代名詞に修飾されており、一つ目と三つ目の後がそれぞれ「常に然様に長め候ふなり」「常にながめ侍るぞ」、二つ目の後が「いみじく怖しき事なり」なので、「神さびたる音（声）」で和歌の下の句を吟詠するのは、その場所で常に起こる怪異現象だということになる。したがって、選択肢の中では〝習慣〟などの意味を持つCの「くせ」が正解である。

問三　係助詞「こそ」の結び「有れ」で文末とならず、そのまま文が続いているので、いわゆる「『こそ』の逆接用法」である。

そういうわけで、院はますます恐れておいでで、「『これ（＝この出来事）は、誰かが、（桜の）花を見て興に乗ってあのように吟詠したのを、このように（＝先ほどのように）手抜かりなく探させたものだから、恐れて逃げ去ったのであろう』と思ったのに、この場所の習慣であったとは、とても怖いことだ」と仰せになった。なので、その後はますます恐れなさって、（京極殿の南側の）近くにもお出ましにならなかった。

この顛末を考えると、これは（人を化かすものとしては下等な）狐などが言ったことではあるまい。何かの霊魂などで、この（「浅みどり」の）歌を素晴らしい歌だなあと思いはじめてしまった霊魂が、（桜の）花を見る度にいつもこのように吟詠したのであろう、と人々は推測していた。そのような何かの霊魂などは、（人の寝静まった）夜などにこそ現れるものであるのに、昼日中に声をあげて吟詠したという話は、本当に恐ろしいにちがいないことであるよ。どのような霊魂かということも、結局わからないで終わってしまった（＝そのままになってしまった）、と語り伝えているということだ。

Ⅱ　京極殿に上東門院がおいでだった時、南側（の庭）に（桜の）花が盛りであった時に、日隠しの間の辺りで、気高く神々しい様子をしている声で、「こぼれて美しく映える花桜だなあ」と吟詠した声を（院が）お聞きになって、「どのような人が（そこに）いるのか」と思って御覧になったが、どうにも（＝どう見ても）人の気配もなかったので、怖くお思いになって、（兄の）宇治殿に急ぎ語ってさしあげなさったら、（宇治殿は）「そこ（＝その場所）のきまり（のよう）に、いつも吟詠するのですよ」と申しあげなさった。なので、何かの霊魂などが、素晴らしい歌だと思いはじめて、いつも吟詠するような歌は、本当によい歌であるようだ。思えば、（この「浅みどり」の歌は）わずかに『拾遺抄』だけに入集しているようだ。他の物（＝他の歌書）には見えない。世間の人もそこまで（優れた歌だと）も思っていないようだ。したがって、やはり（一般的には）知ら（れてい）ないものであるようだ。自分は、（他の）人よりは下手に（歌を）詠む、（他の）人より悪く知っている（＝少ししか知らない）、と思わなければならないのである。それでこそ後々に（自分が歌の名手になりたいと）思っていた通りになるだろう。末世の（今の）人々は、自分は、（他の）人よりは（歌を）よく知っている、（他の）人よりはよく詠んでいるぞ、と思っている。それでは思い通りになる（＝歌が上達する）はずのない

問三　B
問四　C
問五　A
問六　C
問七　D
問八　B
問九　D
問十　B

全訳

Ｉ　今となっては昔のことだが、上東門院が、京極殿にお住まいだった時期、三月の二十日過ぎのころ、（桜の）花の盛り（の時節）で、（寝殿の）南側の（庭の）桜が何とも言えないほど（美しく）咲き乱れていたので、院が、寝殿で賞美なさっていたところ、南側の日隠しの間（＝寝殿の正面階段口にある廂の間）の辺りで、とても気高く神々しい様子をしている声によって、「こぼれて美しく映える（＝霞の間からこぼれるほど美しく咲き誇る）花桜であるなあ」と吟詠したので、その声を院がお聞きになって、「これは（そこに）どのような人がいるのか」とお思いになって、御障子が上げられていたので、御簾の内側から（庭を）御覧になったが、どこにも人の気配もなかったので、「これはどうしたことか。（先ほどの吟詠は）誰が言ったことか」と思って、多数の人をお呼びになって（庭を）見させなさったのに、（その人々も）「近くにも遠くにも人はございません」と申しあげたので、その時に（なって院は）吃驚なさって、「これはどうしたことか。（先ほどの吟詠は）鬼や神などが言ったことか」と恐れおののきなさって、（兄の）関白殿は宇治殿においでだったので、急いで「このようなことがございました」と申しあげなさったところ、（関白）殿の御返事に、「それはそこ（＝京極殿の南側）の（奇妙な）習慣（＝毎度の現象）で、いつもそのように吟詠するのです」との御返事があった。

願いを感じとったのであろう」とある。そして「売り物じゃない」枇杷を出してくれたときの言葉なので、Bが一番辻褄の合う発言である。本文では老人に果物を求める理由を語っている記述がないので、A・Dには根拠がない。

問六 自分が欲しがった果物を求めて帰ってきた夫を見つめ続け、夫が搾る果汁を凝視してその果汁を「一気に呑みほし」て、「ああ、おいしい」と言うとともに涙を流しているのだから、ここでの妻の心情は肯定的なものと捉えるのが自然。選択肢の中ではDしかない。Aは「自分の人生の最後のわがままな願い」「申し訳なさ」、Bは「……を知りながら、あえて困難な要求をした」、Cは「肺結核が治癒するわけではないという現実を改めて実感」がそれぞれ無根拠。

問七 傍線部の内容説明だが、傍線部の「人間のいのち」とは「私」の妻の命のことであり、それと「日本の敗戦」を同一視するということで、両方とも「見込みがない」と判断したということ。Aが正解である。

B、「助かる見込み」があったというのは事後的にわかったことで、診察の時点では見込みがないと判断したはずである。また「自身への非難から」云々も無根拠。

C、「戦争に勝つ見込みがない」ことを根拠に「私」の妻の病状を判断する論理になっているのが誤り。

D、敗戦の「後ろめたさ」によって判断している点でCと同様。

問八 「明治大学の教壇に立ったこと」があるかどうかを知らなくても、芥川賞の発案者ということでDの「菊池寛」が正解である。

出典　Ⅰ『今昔物語集』〈巻第二十七　於京極殿有詠古歌音語第二十八〉
Ⅱ　源俊頼『俊頼髄脳』

解答

問一　A

問二　C

解説

問一　選択肢がすべて形容詞なので、どのような言葉や表現を修飾しているのかに気をつけて判断する。アは「枇杷の実」を修飾する形になるが、どの選択肢を選んでも一応意味は通じるので他の空欄との兼合いで判断することになる。イは「思い出」を修飾する形になるのでAかDということになるが、次のウの直後が「……ほど真紅な血」と続くのでDの「美しい」がウに入り、イはAの「甘酸っぱい」である。エは医師の「背」を修飾しているが、この医師は「私」の妻について直前で「もうあの病人は駄目だ、見込みがないよ」と言い放っているので、Bの「冷たい」が適切。したがって、残ったCの「黄色い」がアに入る。

問二　傍線部の後で再びの往診を懇願する「私」に対する医師の「もう、奥さんは駄目ですよ、……」「もうあの病人は駄目だ、見込みがないよ」という言葉や「往診に出向いてくれようともしない」という態度から、Aの「症状が回復することに期待感」、Dの「回復の兆しを見せていることに感謝」は誤り。回復の望みはないと見放しているのであり、傍線部の「しかし、強い奥さん」というのは〈よく生きているものだ〉という呆れた気持ちの表明と捉えるのが自然。したがって、Bが正解。Cの「患者に悟られまい」は傍線部の言葉が患者である妻ではなく「私」へのものである点で根拠に欠ける。

問三　傍線部の前の部分で、瀕死の妻を懸命に看病して「時間の観念がなくなってしまった」というような情況で、それまでうめき声しか出さなかった妻の「はっきりした声」を聞いて、「自分の耳を疑っ」たという展開から、妻の声が予想外のものだったことがわかる。したがって、Aが正解。

問四　Bの「駅前の果物屋とは親しい間柄」、Dの「いつも駅前の果物屋から仕入れている」「駅前であれば品揃えが豊富」はいずれも本文中に根拠となる記述がない。Aの「ばかにして笑いたくなるような客」は傍線部の三行前の「せせら笑い」とは合致するが、傍線部の言葉は体裁上は助言なので、「一切相談に乗る気になれず」が整合性に欠ける。

問五　空欄の前の部分で、「暫く私の顔をじっと眺めていた」果物屋の老人の対応について、「おそらく老人は私の必死の

B、「動物の苦痛についてなど考える意味はない」は論理が飛躍している。
D、「自然の支配者として」は無根拠。

出典　埴原一亟「枇杷のころ」（山本善行撰『埴原一亟　古本小説集』夏葉社）

解答

問一　**ア**―C　**イ**―A　**ウ**―D　**エ**―B

問二　B

問三　A

問四　C

問五　B

問六　D

問七　A

問八　D

要旨

日本の敗戦が濃厚となってきた昭和十八年六月、胸を患っていた妻が大喀血をした。「私」は懸命に介抱したが喀血は止まらず、医者にも見放された絶望的な状態の中で、「くだものの汁が呑みたい」という妻のはっきりとした声に回復の可能性を直感した「私」は、物資不足の時代ではあったがどうにか枇杷を十個手に入れて、その絞り汁を妻に与えたところ、妻はそれをおいしそうに呑み干した。妻はその後快方に向かい、今では元気に働いている。毎年枇杷の実のなるころには、その時の思い出とともに冷たく妻を見放した医師のことがしきりに思い出される。

であることは明らか」以下で示されている。特に同段落最終文の「あるひとがわたしの……とうていいえない」という記述に着目すればAが正解と判断できる。シンガーの主張する「生存権」は動物のものであり、それを「それぞれ」と複数のものとして捉えているBは論外であり、人間と動物の「生存権」を相互否定の関係で捉えているC・Dは論理の飛躍である。

問六　傍線部は「『xという……は道義上間違いである』という命題から、……権利がある』という命題を導きだす」という記述に修飾されている点を押さえる。前半の命題は〈xという対象を扱う主体の道徳〉、後半の命題は〈対象xの権利〉を問題としているので、Cが正解である。Aは「権利」を「法律の問題」としている点が誤り。そもそもこの本文で言う「権利」は共同体の文化の次元の概念であって、法制度上の概念ではない。

問七　傍線部を含む段落冒頭に「そもそも利害や権利や道徳といった概念は、……人間が自分の社会の成員に対して適用されるべくつくりだした文化概念」とあり、したがって、人間（社会）への責任と自然への責任とを区別するべきだと論じた上で、傍線部が「自然種と自然物と……その意味や美を問い」と並列（対比）される形で「同胞や次世代に対して責務を負うべく呪縛されている」という記述である点からAが正解。Cは「人間（社会）」と「自然」を区別していない点が誤り。Bの「自然全体に対して責任を果たすべき」、Dの「自然に対する責任……判断することはできない」がそれぞれ本文の内容と矛盾している。

問八　第三段落最終文の「『権利』とはつねに『責任』と対になった、人間の文化がつくりだした概念」、第四段落での「動物にそれ自身の利害と権利を認めるべきだ」という主張に対する「人間との類比によって動物を一個の主体として他者と見て、これに権利や道徳を要求する誤った擬人化」という指摘、最終段落冒頭の「そもそも利害や権利や……文化概念」などの記述に鑑みればCが正解である。

A、本文で「サルに文化を認める立場」の人物として紹介されている河合雅雄がサルの「生存権」について主張しているとは書かれていない。

解説

問二　ア、「サル社会」の「文化現象」について、空欄の前の部分で「人間社会とは違って……確立していないからであり、それゆえ……」とあり、空欄の直前で「人間文化の発生の原基あるいは」と言っているので、文化はあるが制度的に発達していない状態だということになる。したがって、Cの「萌芽的」が正解。

イ、空欄を含む部分は「［イ］な能力とその現実化のあいだには、次元の断絶がある」という記述であり、後の例示でも「チンパンジーが初歩的なことばを……」と語られている。つまり「能力」があってもまだ「現実化」していない状態ということなので、Bの「潜在的」が正解。

ウ、空欄を含む部分は〈AはBと［ウ］に複雑にからみ合って〉という構文なので、Dの「重層的」が正解。

エ、空欄直後が「［エ］に責任があるとか、……は意味のないこと」となっていて、その判断の前提が「『他の動物は……道がない』ので」と示されているので、どのような意味の「責任」を問えないと言っているのかを考えれば、A「道徳的」が正解。

問三　傍線部の「かれら」は「家畜のように馴化された動物」つまり飼育されている動物であるので、「野生動物」の話と捉えているBおよび「チンパンジー」に限定しているCは不適である。また、Aの「人間のなすがまま」「何をされても人に逆らうことがない」は無根拠な具体化である。傍線部直後の「動物と人間の関係は……」以下の記述との整合性を考えても、Dが正解である。

問四　空欄を含む一文は「動物と人間の関係」について語っており、空欄は直前の「ビオトープ」と並列関係となっていること、また、空欄直後が「……によって隔てられている」という記述であること、さらに、この一文と対応関係になっている第三段落冒頭の一文の「要するに、……ということである」という記述に鑑みれば、Bの「自然と文化のあいだに横たわる深淵」が最も適切である。

問五　シンガーの「動物の『生存権』」についての筆者の考えは、同じ第三段落の末尾「かれのいう動物の生存権が……

国語

一

出典 西村清和『プラスチックの木でなにが悪いのか――環境美学入門』〈第1章 自然の概念 2 人間のビオトープ〉（勁草書房）

解答

問一 (1)—D (2)—C (3)—A

問二 **ア**—C **イ**—B **ウ**—D **エ**—A

問三 D

問四 B

問五 A

問六 C

問七 A

問八 C

要旨

野生の生物はもとより、たとえ飼育されている生物であってもそれぞれの生物にとっての世界であるビオトープ（生息空間）の中で生きている。人間を含めた各生物のビオトープは複雑に重層して生態系を形成しており、時に人間の感情移入の対象ともなるが、各生物にとっては関わってくる人間も自己の環境の中の存在の一つに過ぎない。そもそも利害や権利や責任とは人間社会を前提に作り出された概念であり、それを無媒介に他の生物に適用するのは誤った擬人化の所産である。人間はあくまでも人間らしく、したがって、人間中心的にしか自然と関われないのである。

//////////////////// · memo · ////////////////////

//////////////////// · memo · ////////////////////

//////////////////// · memo · ////////////////////

//////////////////// · **memo** · ////////////////////

/////////////////// · memo · ///////////////////

////////////////// · memo · //////////////////

2023年度

問題と解答

■全学部統一入試

問題編

▶試験科目・配点

学部・学科・方式	教　科	科　　目	配　点
法・文	外国語	コミュニケーション英語Ⅰ・Ⅱ・Ⅲ，英語表現Ⅰ・Ⅱ	100点
	選　択	日本史Ｂ，世界史Ｂ，地理Ｂ，政治・経済，「数学Ⅰ・Ⅱ・Ａ・Ｂ」，「物理基礎・物理」，「化学基礎・化学」，「生物基礎・生物」から１科目選択	100点
	国　語	国語総合（漢文を除く）	100点
商	外国語	コミュニケーション英語Ⅰ・Ⅱ・Ⅲ，英語表現Ⅰ・Ⅱ	200点
	選　択	日本史Ｂ，世界史Ｂ，地理Ｂ，政治・経済，「数学Ⅰ・Ⅱ・Ａ・Ｂ」から１科目選択	100点
	国　語	国語総合（漢文を除く）	150点
政治経済	外国語	コミュニケーション英語Ⅰ・Ⅱ・Ⅲ，英語表現Ⅰ・Ⅱ	150点
	選　択	日本史Ｂ，世界史Ｂ，地理Ｂ，政治・経済，「数学Ⅰ・Ⅱ・Ａ・Ｂ」，「物理基礎・物理」，「化学基礎・化学」，「生物基礎・生物」から１科目選択	100点
	選　択	数学Ⅲ，「国語総合（漢文を除く）」から１科目選択	100点
理工	外国語	コミュニケーション英語Ⅰ・Ⅱ・Ⅲ，英語表現Ⅰ・Ⅱ	100点
	数　学	数学Ⅲ	100点
		数学Ⅰ・Ⅱ・Ａ・Ｂ	100点
	理　科	機械工・物理学科：「物理基礎・物理」 応用化学科：「化学基礎・化学」 その他の学科：「物理基礎・物理」，「化学基礎・化学」，「生物基礎・生物」から１科目選択	100点

学部	学科	方式	教科	科目	配点
農	農・農芸化・生命科	3科目方式	外国語	コミュニケーション英語Ⅰ・Ⅱ・Ⅲ，英語表現Ⅰ・Ⅱ	100点
農	農・農芸化・生命科	3科目方式	選　択	「数学Ⅰ・Ⅱ・A・B」，「国語総合（漢文を除く）」から1科目選択	100点
農	農・農芸化・生命科	3科目方式	理　科	「物理基礎・物理」，「化学基礎・化学」，「生物基礎・生物」から1科目選択	100点
農	農・農芸化・生命科	英語4技能3科目方式	外国語	「英語4技能資格・検定試験」のスコアを利用	100点
農	農・農芸化・生命科	英語4技能3科目方式	選　択	「数学Ⅰ・Ⅱ・A・B」，「国語総合（漢文を除く）」から1科目選択	100点
農	農・農芸化・生命科	英語4技能3科目方式	理　科	「物理基礎・物理」，「化学基礎・化学」，「生物基礎・生物」から1科目選択	100点
農	食料環境政策	3科目方式	外国語	コミュニケーション英語Ⅰ・Ⅱ・Ⅲ，英語表現Ⅰ・Ⅱ	100点
農	食料環境政策	3科目方式	選　択	日本史B，世界史B，地理B，政治・経済，「数学Ⅰ・Ⅱ・A・B」，「物理基礎・物理」，「化学基礎・化学」，「生物基礎・生物」，「国語総合（漢文を除く）」から2科目選択	各100点（計200点）
農	食料環境政策	英語4技能3科目方式	外国語	「英語4技能資格・検定試験」のスコアを利用	100点
農	食料環境政策	英語4技能3科目方式	選　択	日本史B，世界史B，地理B，政治・経済，「数学Ⅰ・Ⅱ・A・B」，「物理基礎・物理」，「化学基礎・化学」，「生物基礎・生物」，「国語総合（漢文を除く）」から2科目選択	各100点（計200点）
経営		3科目方式	外国語	コミュニケーション英語Ⅰ・Ⅱ・Ⅲ，英語表現Ⅰ・Ⅱ	150点
経営		3科目方式	選　択	日本史B，世界史B，地理B，政治・経済，「数学Ⅰ・Ⅱ・A・B」から1科目選択	100点
経営		3科目方式	国　語	国語総合（漢文を除く）	100点
経営		英語4技能3科目方式	外国語	「英語4技能資格・検定試験」のスコアを利用	150点
経営		英語4技能3科目方式	選　択	日本史B，世界史B，地理B，政治・経済，「数学Ⅰ・Ⅱ・A・B」から1科目選択	100点
経営		英語4技能3科目方式	国　語	国語総合（漢文を除く）	100点

学部・方式		教科	科目	配点
情報コミュニケーション		外国語	コミュニケーション英語Ⅰ・Ⅱ・Ⅲ，英語表現Ⅰ・Ⅱ	150点
		選　択	日本史B，世界史B，地理B，政治・経済，「数学Ⅰ・Ⅱ・A・B」，「物理基礎・物理」，「化学基礎・化学」，「生物基礎・生物」，「国語総合（漢文を除く）」から2科目選択	各100点（計200点）
国際日本	3科目方式	外国語	コミュニケーション英語Ⅰ・Ⅱ・Ⅲ，英語表現Ⅰ・Ⅱ	200点
		選　択	日本史B，世界史B，地理B，政治・経済，「数学Ⅰ・Ⅱ・A・B」，「物理基礎・物理」，「化学基礎・化学」，「生物基礎・生物」から1科目選択	100点
		国　語	国語総合（漢文を除く）	100点
	英語4技能3科目方式	外国語	「英語4技能資格・検定試験」のスコアを利用	200点
		選　択	日本史B，世界史B，地理B，政治・経済，「数学Ⅰ・Ⅱ・A・B」，「物理基礎・物理」，「化学基礎・化学」，「生物基礎・生物」から1科目選択	100点
		国　語	国語総合（漢文を除く）	100点
総合数理	3科目方式	外国語	コミュニケーション英語Ⅰ・Ⅱ・Ⅲ，英語表現Ⅰ・Ⅱ	100点
		数　学	数学Ⅰ・Ⅱ・A・B	200点
		国　語	国語総合（漢文を除く）	100点
	4科目方式	外国語	コミュニケーション英語Ⅰ・Ⅱ・Ⅲ，英語表現Ⅰ・Ⅱ	150点
		数　学	数学Ⅲ	100点
			数学Ⅰ・Ⅱ・A・B	100点
		理　科	「物理基礎・物理」，「化学基礎・化学」，「生物基礎・生物」から1科目選択	150点
	英語4技能4科目方式	外国語	「英語4技能資格・検定試験」のスコアを利用	50点
		数　学	数学Ⅲ	100点
			数学Ⅰ・Ⅱ・A・B	100点
		理　科	「物理基礎・物理」，「化学基礎・化学」，「生物基礎・生物」から1科目選択	150点

▶備　考

- 「外国語」は学部によりドイツ語，フランス語も選択可（本書では省略）。
- 選択科目において，必要な科目数より多く受験した場合には，高得点の科目が採用される。ただし，「地歴・公民・理科」「数学Ⅲと国語」は同一試験時間内に実施されるため，それぞれいずれか1科目を選択する。
- 総合数理学部3科目方式は，現象数理・先端メディアサイエンス学科のみで実施。
- 英語4技能資格・検定試験を活用した外国語得点換算方法について

　英語4技能3科目方式（農・経営・国際日本学部）と英語4技能4科目方式（総合数理学部）では，英語資格・検定試験（実用英語技能検定，TEAP，TOEFL iBT®，IELTS™〈アカデミックモジュールに限る〉，TOEIC® L&R & TOEIC® S&W，GTEC〈CBTタイプに限る〉，ケンブリッジ英語検定）において所定の基準を満たし，出願時に所定の証明書類を提出できる場合，「外国語」の試験は免除とし，所定の等級またはスコアに応じた得点を「外国語『英語』」の得点として付与する（換算点は学部により異なる――詳細は省略）。

▶出題範囲

- 「数学B」は「数列，ベクトル」から出題。
- 政治経済学部，理工学部，総合数理学部4科目方式・英語4技能4科目方式の「数学Ⅲ」は「数学Ⅰ・Ⅱ・A・B（数列，ベクトル）」の範囲を含む。

英語

(60分)

〔Ⅰ〕 次の文章を読んで、以下の各問に答えなさい。なお、*の付いた語句には文末に注があります。

My mum and dad returned to Scotland after spending their first years of married life in New Zealand, much to the distress of my grandparents who had emigrated to join them there. By this time they desperately wanted children. They tried and tried but had no luck. This was in the days before IVF*. They had tests done and still no luck. Eventually, it was my dad who suggested they might try adoption. My dad came up with many of <u>the best ideas</u>(1): a rucksack rather than a wedding ring, and adopted children rather than a childless marriage. It took ages — my mum said five years — before they found an adoption agency that would accept them despite their politics. In those days, the late 1950s, adoption agencies were mostly <u>run</u>(2) by religious organizations. There was the Glasgow Social Services, who wanted to know how often my parents went to church and how close they lived to a church. My parents wouldn't lie about this. 'There was that woman who said, "Just put anything down on the form, <u>gloss over it</u>(3)." She was off her head!' my dad says, indignant. '"Just say you attend a weekly service, that'll be fine."'

'Why would we lie about something like that?' my mum says. 'Supposing we say, right, we go to church three times a week and then they check up on us, and find we're lying? What then? Do they take the kid from us? When we first got Maxwell and you, <u>we had to have you for two years before it was official.</u>(4) At any point, *at any point*, during that time, they could have come and taken you away from us. And in those days <u>the birth mother was allowed to change her</u>(5)

mind within a six-month period.'

'Maybe (6)she could see you were good people and was just trying to help you?' I say.

'Oh, come on,' my mum says. 'What kind of help is (7)that?'

'Maybe she wasn't used to people being so honest. You could have ended up not getting any child.'

'We couldn't lie, could we, John?' my mum says. My dad (8)shakes his head angrily, the memory of it all annoys him. It all seems so wrong. 'Lie about how often you go to church, Christ, it's not real, so it's not!'

'Well, (9)I'm glad you didn't lie,' I say because suddenly, for the first time after all these years, after hearing (10)the story several times, it occurred to me that had they lied, they would have been passed as eligible adoptive parents sooner, and would have adopted different children altogether. Not my brother. Not me. The thought that I might not have had them, Helen and John Kay, as my parents (11)upsets me. So much was down to chance and timing. 'If you'd stayed in New Zealand,' I say, to make myself go down this horrible road further, 'you would have adopted different children.' My mum nods. 'I wonder what (12)they would have been like?' She nods again. 'Maybe you'd have adopted Maori* children?'

'Maybe,' my mum says, not much interested in this game of *what ifs*. 'It's all (13)a lottery,' she says. 'It's all pure luck.'

After my parents finally got accepted by the Scottish Adoption Agency, and found a lovely woman who they felt was on their side, they went to a meeting where they were asked more questions. On the way out of this meeting, my mum remarked, and it was (14)an almost casual, throw-away remark, 'By the way, we don't mind what colour the child is.' And the woman said, 'Really? Well, in that case we have a boy in the orphanage; we could let you see him today.' And if my mum hadn't thought to say (15)that, just as she was leaving, my brother might have remained in the orphanage for the rest of his life, and so might have I, because having one 'coloured child' they decided to adopt another, to keep (16)him company, which was forward-thinking(17), I see now looking back, for the 1960s. 'To think they didn't even think to mention Maxie* to us,' my mum says, still outraged(18) at this, 'that he wasn't even thought of as a baby.'

A couple of years after they adopted my brother, my mum had a call from the same woman at the Scottish Adoption Agency. 'There's a woman who has come down from the Highlands*, and the father of the baby is from Nigeria. We thought we'd let you know since you told us you wanted another child the same colour.' So, months before my birth mother gave birth to me, my mum knew that she was going to have me(19). 'It was the closest I could get to giving birth myself,' she told me often. 'I didn't know if I'd have a girl or a boy, if you'd be healthy or not, the kind of thing that no mother knows. It was a real experience. It(20) felt real. I remember waiting and waiting for news of your birth and phoning up every day to find out if you'd been born yet. Finally, I was told you had been born, you were a girl, but you were not healthy. And they advised me to come in and pick another baby, because you weren't expected to live. The forceps* had caused some brain damage, and also left a gash* down your face. The brain damage still shows,' my mum said, laughing(21). I like hearing this fairy-tale; I've heard it often. My mum wouldn't pick another baby; she'd become attached to the idea of me in the months of ghost pregnancy, where she'd shadowed my birth mother in her own imagination, picturing, perhaps, her belly getting bigger and bigger. She already felt like I belonged to her. She visited every week, or every month, depending when she's telling the story, driving the forty miles from Glasgow to Edinburgh, with my dad, and she had to wear a mask, so as not to infect me, and got to pick me up and hold me. Perhaps this interest, this love, is what made me survive against the odds(22). The doctors were apparently amazed at my recovery.

Then after five months she was finally allowed to take me home. My brother was told they were going to collect his baby sister, and he was excited about it, my mum said. 'And protective from the word go.(23) He'd guard that big navy Silver Cross pram*, and if anybody peered in, he'd announce that you were his sister. We had to feed you a special diet — it *worked*! By Jesus, it *worked* all right! — porridge and extra vitamins, to build up your strength. A few weeks later, the woman from the Agency rang(24) again saying your birth mother had requested a baby photograph.'

'Did she?' I asked.

My mum nodded. 'She did. So we propped you up in the back garden, that was before the grass had been sown and the back was mostly mud, and went to take a picture, but you went flying back. That was the first picture we took of you, that one where you are flying back.

'And then we took another, better picture, and I put it in the post,(25) but I never heard anything back. I know that they sent it on because she was reliable that woman, and kind. A while later I received a wee knitted yellow cardigan for you in the post that had been knitted by your birth mother.'

注：

IVF：体外受精

Maori：マオリ人(ニュージーランドの先住民)

Maxie：Maxwellの愛称

the Highlands：スコットランド高地地方

forceps：かんし(物を挟む医療器具)

gash：切り傷

Silver Cross pram：英国の老舗シルバークロス社の乳母車

出典：Jackie Kay, *Red Dust Road*, London: Picador, 2010

(一部、省略・小さな改変を加えています。)

＊＊＊＊＊＊＊＊＊＊＊＊＊＊＊＊＊＊＊＊＊＊＊＊＊＊＊＊＊＊＊＊＊＊

上記の本文の内容に基づき、以下の問１～問26の各問に対する答として最も適切なものをそれぞれ１つ選び、その記号を所定の解答欄にマークしなさい。

問１　下線部(1)の一例として筆者が挙げているものを以下の選択肢から１つ選びなさい。

A．buying a very fancy wedding ring from a famous designer

B．choosing a ring-shaped accessory as a handbag ornament

C．having a child while moving back and forth between New Zealand and Scotland

D．spending money on a practical item, not on an expensive piece of jewelry

問２　下線部(2)の意味に最も近いものを以下の選択肢から１つ選びなさい。

A．bought

B．managed

C．noticed

D．played

問３　下線部(3)の意味に最も近いものを以下の選択肢から１つ選びなさい。

A．avoid talking about something pleasant

B．make it look like something significant

C．polish something to improve its condition

D．try to hide and disguise something unfavorable

問４　下線部(4)の状態を表すのに最も近いものを以下の選択肢から１つ選びなさい。

A．Maxwell and the author were one year old when their parents were officially approved.

B．The author's parents had to leave the children at hospital for two years.

C. The first two years of their adoption were a trial period.

D. There were some officers staying with the family for two years.

問 5　下線部(5)の状態を表すのに最も近いものを以下の選択肢から1つ選びなさい。

A. The birth mother could decide to reverse her decision and keep her child within six months.

B. The birth mother was able to change how and where to give birth within six months of becoming pregnant.

C. The birth mother was allowed to change the child's nationality within six months of adoption.

D. The birth mother could choose her preferred hospital in the first six months of pregnancy.

問 6　下線部(6)の指す内容を示す最も適切なものを以下の選択肢から1つ選びなさい。

A. the birth mother who changed her mind

B. the doctor at the hospital

C. the volunteer from the local church

D. the woman from the Glasgow Social Services

問 7　下線部(7)の指す内容を示す最も適切なものを以下の選択肢から1つ選びなさい。

A. to advise them to be truthful about their churchgoing

B. to ask the birth mother directly to give up her baby

C. to say whatever was needed when asked about their churchgoing

D. to tell a lie about their preference regarding the sex of the baby

問 8　下線部(8)の状態を表すのに最も近いものを以下の選択肢から1つ選びな

さい。

A．moves his head up and down as a way of saying “no”

B．moves his head up and down as a way of saying “yes”

C．turns his head from side to side as a way of saying “we could”

D．turns his head from side to side as a way of saying “we couldn’t”

問 9　著者が下線部(9)と述べた理由に最も近いものを以下の選択肢から１つ選びなさい。

A．The author and her brother were able to become part of this family, because no other children were introduced.

B．The author thought that her parents were not qualified to be parents for orphans.

C．The author’s parents told a lie, which helped them to adopt her.

D．The author’s parents were honest and decent people and they were exactly what she thought parents should be.

問10　下線部(10)の指す内容を示す最も適切なものを以下の選択肢から１つ選びなさい。

A．how difficult it was to be good parents after adoption

B．how the author’s parents became her and Maxwell’s parents

C．how the birth mother was treated in Scotland in those days

D．how local government dealt with the education of new parents

問11　下線部(11)の状態を表すのに最も近いものを以下の選択肢から１つ選びなさい。

A．astonishes me

B．changes my mind

C．gives me comfort

D．makes me feel uneasy

問12　下線部(12)の指す内容を示す最も適切なものを以下の選択肢から１つ選びなさい。

A．Helen and John Kay, the parents of the author, who were traveling in New Zealand

B．her grandparents who stayed in New Zealand instead of coming back to Scotland

C．Maori children, indigenous to New Zealand

D．the other children whom her parents might have legally accepted into their family

問13　この状況下での下線部(13)の内容に最も近いものを以下の選択肢から１つ選びなさい。

A．a gambling game in which people try to buy winning tickets

B．a situation whose success or outcome is governed by chance

C．the fact that people's well-being is predetermined by fate

D．what people can obtain without making a lot of effort

問14　下線部(14)の意味に最も近いものを以下の選択肢から１つ選びなさい。

A．a comment that sounded unimportant because of the way it was said

B．a seemingly insignificant comment that was carefully chosen

C．an angry comment that would have an enormous impact on others

D．an important comment that would not change other people's minds

問15　下線部(15)の指す内容を示す最も適切なものを以下の選択肢から１つ選びなさい。

A．the author's mother wanted her child to lead a colorful life after she got him

B．the author's mother wanted to see the boy in the orphanage as soon as possible

C．the author's parents did not care about the racial or ethnic background of the child

D．the author's parents did not want to have a Maori child unless strongly encouraged

問16　下線部⒃の指すものを示す最も適切なものを以下の選択肢から１つ選びなさい。

A．John

B．Maxwell

C．the adoption agent

D．the Maori child

問17　下線部⒄の示す内容に最も近いものを以下の選択肢から１つ選びなさい。

A．modern and progressive

B．outdated and old-fashioned

C．quick-witted and intelligent

D．strange and surprising

問18　下線部⒅の意味と異なるものを以下の選択肢から１つ選びなさい。

A．disappointed

B．enraged

C．infuriated

D．offended

問19　下線部⒆の状態を表すのに最も近いものを以下の選択肢から１つ選びなさい。

A．Helen Kay was actually giving birth to the author.

B．Helen Kay would be able to get the author as her baby.

C．The author's birth mother was going to keep the baby.

D．The author's birth mother would successfully deliver a baby boy.

問20　下線部(20)の指す内容を示す最も適切なものを以下の選択肢から１つ選びなさい。

A．the experience of finding a missing child

B．the process of giving birth to a healthy boy

C．the mental and emotional experience of pregnancy

D．the procedure of choosing the baby's sex

問21　下線部(21)の状態を表すのに最も近いものを以下の選択肢から１つ選びなさい。

A．The author was happy that her mother endured many hardships.

B．The author worried about her mother's disability, but managed to accept it.

C．The author's mother considered her daughter's condition to be God's will.

D．The author's mother was just joking about the author's problem as a newborn.

問22　下線部(22)の意味に最も近いものを以下の選択肢から１つ選びなさい。

A．although my condition was not serious

B．because the situation was very difficult

C．despite my mother's devoted efforts

D．in spite of serious difficulties

問23　下線部(23)の意味に最も近いものを以下の選択肢から１つ選びなさい。

A．anxious to safeguard the family from traffic

B．attentive to people around them while walking

C．eager to keep the baby safe from the very beginning

D．vigilant against dangerous words uttered by adults

問24　下線部(24)の意味に最も近いものを以下の選択肢から１つ選びなさい。

A．called

B．insisted

C．visited

D．wrote

問25　下線部(25)の意味に最も近いものを以下の選択肢から１つ選びなさい。

A．I displayed it on the wall.

B．I mailed the photo.

C．I picked up the letter at the post office.

D．I placed the picture in the frame.

問26　本文の内容と合致しないものを以下の選択肢から１つ選びなさい。

A．The author's parents had lived in New Zealand before she was born.

B．The author's parents wanted children badly and finally used the latest technology to have a baby.

C．The author's parents were not particularly religious, and they refused to lie about their churchgoing.

D．The Glasgow Social Services was one of the religious organizations that helped orphans and childless couples.

本文の内容に基づき、以下の問27～問31の各英問に対する答として最も適切なものをそれぞれ１つ選び、その記号を所定の解答欄にマークしなさい。

問27　Whose idea was it for the author's parents to legally take a child into their family and raise it as their own?

A．her father

B．her grandparents

C．her mother

D．the woman from the religious organization

問28 What was caused by the fact that the author's parents did not lie about going to church?

A．Initially, it reduced the chances of adopting a child.

B．It accelerated the process of their getting a healthy baby.

C．It gave a very good impression to the woman from the religious organization.

D．It strongly offended the feelings of the woman from the Glasgow Social Services.

問29 Who was most helpful to the author's parents in adopting Maxwell?

A．her grandparents

B．the birth mother of the author

C．the woman from the Glasgow Social Services

D．the woman from the Scottish Adoption Agency

問30 What was the background of the author's birth parents?

A．indigenous New Zealanders

B．a Nigerian and a Highlander

C．South Asian

D．white Scottish

問31 Why did the author's parents take a picture of her in the back garden?

A．It was a request from the organization to promote their religious activities.

B．It would make a very good record of her as a baby at home.

C．They had heard that the birth mother would like to have a picture of her.

D．They had just moved to the house and wanted a commemorative photo.

〔Ⅱ〕 次の文章を読んで、以下の各問に答えなさい。なお、*の付いた語句には文末に注があります。

When another police shooting of an unarmed black man occurred, my workplace called for an informal lunch gathering of people who wanted to connect and find support. Just before the gathering, a woman of color pulled me aside and told me that she wanted to attend but she was "in no mood for white women's tears today." I assured her that I would handle it. As the meeting started, I told my fellow white participants that if they felt moved to tears, they should please leave the room. I would go with them for support, but I asked that they not cry in the mixed group. After the discussion, I spent the next hour explaining to a very outraged white woman why she was asked not to cry in the presence of the people of color.

I understand that expressing our heartfelt emotions — especially as they relate to racial injustices — is an important progressive value. To repress our feelings seems counterintuitive* to being present, compassionate, and supportive. So why would my colleague of color make <u>such a request</u>(32)? In short, white women's tears have a powerful impact in this setting, effectively <u>reinscribing rather than ameliorating racism</u>(33).

Many of us see emotions as naturally occurring. But emotions are political in two key ways. First, our emotions are shaped by our biases and beliefs, our cultural frameworks. For example, if I believe — consciously or unconsciously — that it is normal and appropriate for men to express anger but not women, I will have very different emotional responses to men's and women's expressions of anger. I might see a man who expresses anger as competent and in charge and may feel respect for him, while I see a woman who expresses anger as childish and out of control and may feel contempt for her. If I believe that only bad people are racist, I will feel hurt, offended, and shamed when an unaware racist assumption of mine is pointed out. If I instead believe that having racist assumptions is inevitable(34) (but possible to change), I will feel gratitude when an unaware racist assumption is pointed out; now I am aware of and can change that assumption. In this way, emotions are not natural; they are the result of the frameworks we are using to make sense of social relations. And of course, social relations are political. Our emotions are also political because they are often externalized(35); our emotions drive behaviors that impact other people.

White women's tears in cross-racial interactions are problematic for several reasons connected to how they impact others. For example, there is a long historical backdrop(36) of black men being tortured and murdered because of a white woman's distress, and we white women bring these histories with us. Our tears trigger the terrorism of this history, particularly for African Americans. A cogent* and devastating example is Emmett Till, a fourteen-year-old boy who reportedly flirted with* a white woman — Carolyn Bryant — in a grocery store in Mississippi in 1955. She reported this alleged flirtation to her husband, Roy Bryant, and a few days later, Roy and his half-brother, J. W. Milam, lynched* Till, abducting him from his great-uncle's home. They beat him to death, mutilated* his body, and sank him in the Tallahatchie River. An all-white jury acquitted the men, who later admitted to the murder. On her deathbed, in 2017, Carolyn Bryant recanted this story and admitted that she had lied. The murder of Emmett Till is just one example of the history that informs an oft-repeated warning(37) from my African American colleagues: "When a white woman cries, a black man gets hurt." Not knowing or being sensitive to this history is another example of white centrality, individualism, and lack of racial humility(38).

Because of its seeming innocence, well-meaning white women crying in cross-racial interactions is one of the more pernicious* enactments of white fragility*. The reasons we cry in these interactions vary. Perhaps we were given feedback on our racism. Not understanding that unaware white racism is inevitable, we hear the feedback as a moral judgment(39), and our feelings are hurt. A classic example occurred in a workshop I was co-leading. A black man who was struggling to express a point referred to himself as stupid. My co-facilitator*, a black woman, gently countered* that he was not stupid but that society would have him believe that he was. As she was explaining the power of internalized(40) racism, a white woman interrupted with, “What he was trying to say was . . .” When my co-facilitator pointed out that the white woman had reinforced(41) the racist idea that she could best speak for a black man, the woman erupted in tears. The training came to a complete halt as most of the room rushed to comfort her and angrily accuse the black facilitator of unfairness. Meanwhile, the black man she had spoken for was left alone to watch her receive comfort.

注：

counterintuitive：直感に反した

cogent：説得力のある

flirt with：気を引く、ナンパする

lynch：リンチによる制裁を加える

mutilate：切断する

pernicious：有害な

fragility：脆弱さ

co-facilitator：共同進行役

counter：反対する

出典：Robin DiAngelo, *White Fragility*, Allen Lane, an imprint of Penguin Books, 2019

＊＊＊＊＊＊＊＊＊＊＊＊＊＊＊＊＊＊＊＊＊＊＊＊＊＊＊＊＊＊＊＊

上記の本文の内容に基づき、以下の問32～問42の各問に対する答として最も適切なものをそれぞれ１つ選び、その記号を所定の解答欄にマークしなさい。

問32 下線部(32)の内容に最も近いものを以下の選択肢から１つ選びなさい。

A．The colleague does not want to be bullied by white participants during the gathering.

B．The colleague does not want to see white women crying during the meeting.

C．The colleague wants assistance when she cannot help crying during the gathering.

D．The colleague wants other participants to show their feelings in the meeting.

問33 下線部(33)の意味に最も近いものを以下の選択肢から１つ選びなさい。

A．changing but not approving racism

B．reinforcing racism instead of improving the situation

C．rethinking racism without repeating the situation

D．writing about racism, not talking about it

問34 下線部(34)の意味に最も近いものを以下の選択肢から１つ選びなさい。

A．unavoidable

B．unpleasant

C．unreasonable

D．unreliable

問35 下線部(35)の内容を表すのに最も近いものを以下の選択肢から１つ選びなさい。

A．established themselves in secret

B．exemplified in people's minds

C．exercised privately against their will

D．expressed in words or actions

問36　下線部(36)の意味に最も近いものを以下の選択肢から１つ選びなさい。

A．backache

B．backdraft

C．background

D．backlash

問37　下線部(37)の意味に最も近いものを以下の選択肢から１つ選びなさい。

A．a frequent warning

B．a random warning

C．an occasional warning

D．an optional warning

問38　下線部(38)の内容を表すのに最も近いものを以下の選択肢から１つ選びなさい。

A．ethnocentrism

B．humbleness

C．security

D．superiority

問39　下線部(39)の内容を表すのに最も近いものを以下の選択肢から１つ選びなさい。

A．a comment about confidence and self-esteem

B．a decision about what is right and what is wrong

C．an ability to make a decision about self-control

D．an opinion on how one could express anger

問40　下線部(40)の内容を表すのに最も近いものを以下の選択肢から１つ選びなさい。

A．made to be part of one's attitude or way of thinking

B．made to feel ignorant and uneducated

C．made to feel that they are self-centered

D．made to reduce one's embarrassment

問41　下線部(41)の意味に最も近いものを以下の選択肢から１つ選びなさい。

A．established

B．refused

C．strengthened

D．suspected

問42　次の英文に続けるのに最も適切なものを、以下の選択肢から１つ選びなさい。

The author thinks that emotions are political in the sense that

A．people are easily influenced by politicians' famous speeches and propaganda.

B．people around the world always get upset by politics.

C．people's emotions are based on their cultural and social backgrounds and experiences.

D．people's emotions are formed by their inner beliefs regardless of their upbringing.

本文の内容に基づき、以下の問43～問48の各英問に対する答として最も適切なものをそれぞれ１つ選び、その記号を所定の解答欄にマークしなさい。

問43　At a casual lunch meeting at the author's workplace, what were the white participants supposed to do?

A．They had to show their true and sincere sentiments.

B．They were asked to hold back their emotions.

C．They were expected to be gentle and kind to other people who attended.

D．They were requested not to accommodate the feelings of other attendees.

問44　Why are white women's tears in cross-racial interactions problematic historically?

A．White men cannot stand making white women cry, particularly in a diverse environment.

B．White men may get upset about their tears and try to get back at black people.

C．White women are too sensitive to accept the reality because they are too fragile.

D．White women get mad at black people around them and cause commotions.

問45　Which of the following is true?

A．Although young Emmett Till was innocent, he was convicted and died in jail.

B．Because of racial prejudice in the 1950s, Roy Bryant couldn't escape justice.

C．Carolyn Bryant's statement in 1955 was false, which she confessed before her death.

D．The jury found Roy Bryant and J. W. Milam guilty of kidnapping and murder.

問46　What was the probable reason why the white woman cried in a workshop that the author was co-leading?

A．She couldn't keep up with the fierce debate and became scared by black people.

B．She realized the discussion was proceeding in a different direction and became timid.

C．She thought she was misunderstood and felt that she was being accused of racism.

D. She was bullied by other attendees in the workshop and no one was helping her.

問47 Which of the following does NOT describe the situation of "racism"?

A. bias about race

B. bigotry about race

C. prejudice about race

D. tolerance about race

問48 How could the author's background be described?

A. a black man

B. a black woman

C. a white man

D. a white woman

日本史

（60 分）

〔Ⅰ〕 日本の原始・古代に関する次の文章を読み、以下の設問に答えよ。

紀元前 700 年頃(一説には紀元前 900 年頃)、水稲耕作技術が朝鮮半島南部から九州西北部にもたらされ、この新しい食糧生産システムは、次の 100 ～ 200 年の間に東海以西の各地に伝わった。この水稲耕作の開始をもって、時代は縄文時代から弥生時代へと移行する。紀元前 500 年頃には金属器も輸入されるようになり、しばらくして日本列島内での金属器生産(ア)も始まった。紀元 1 世紀になると、石器の多くが姿を消すので、鉄器に置き換わったと考えられる。

水稲耕作が始まって以降、特に広大な平野を有する九州北部や近畿地方では、生産力の高まりと同時に、地域集団ごとの生産力の格差も現れてきた。その結果、九州北部の豊かな地域集団の有力者は、多くの中国鏡とともに埋葬されたり、あるいは近畿地方の豊かな地域集団では青銅器を用いた祭祀を頻繁に行ったりしたようである。またこの時代は、地域集団ごとに習俗も異なっていたようで、それが墓の違い(イ)にも明瞭に表れている。

紀元 2 世紀後半以降、東海以西の各地の有力集団どうしが交流をして、その結果、まったく新しい墓制を 3 世紀半ばに創出し、共有するようになる。これが前方後円墳の出現であり、これ以降、7 世紀前半までを古墳時代と呼称する。前方後円墳は、その墳形だけでなく、副葬品や墳丘上に並べられた埴輪の種類、埋葬施設の構造などまで、地域を超えて東海以西では共有していた。そのなかで、各時期の最大の前方後円墳は常に奈良盆地か大阪平野(ウ)に築かれたから、後に「畿内」と呼ばれるこれらの地域の諸集団が、前方後円墳を築いた各地の有力者たちに影響力を及ぼしたと考えることが可能である。

前方後円墳で特徴づけられる古墳時代であるが、細かく見ると 4 世紀から 5 世紀、5 世紀から 6 世紀と、副葬品や墳丘上に並べられた埴輪の種類(エ)、埋葬施設(オ)の構造に大きな変化がみられる。そして前方後円墳自体の築造が6世紀後半には終焉を迎えて、墓の大きさで有力者の地位・権威を示す時代が終わったのである。古墳の築造は8世紀初頭まで続くが、有力者は円墳や方墳に、畿内の大王は八角墳に葬られるようになった。

欽明天皇の在位期間、538年(一説によると552年)、仏教が日本に伝わった。欽明天皇の後を継いだ敏達、用明、崇峻、推古天皇の大臣であった蘇我馬子は仏教の受容に非常に積極的で、在来の伝統、信仰を重んじる政敵の物部守屋を587年に滅ぼして、政治の実権を握った。そして596年には日本で最初の本格的な仏教寺院、飛鳥寺(法興寺)を完成させた。蘇我氏(本宗家)が645年の乙巳の変で滅ぼされたのちも、寺院は古墳に代わって豪族の権威を示すものとして、(カ)7世紀を通じて各地に建立された。

乙巳の変以降、様々な改革が行われた。王宮は奈良盆地南東隅の飛鳥の地に6世紀末以来営まれていたものが、奈良盆地以外の地にも(キ)王宮が移されることもあったのが、乙巳の変以降の時期である。様々な改革の集大成として、恒久的な都を目指した(ク)藤原京・藤原宮へ694年に遷都、701年に大宝律令が施行された。中央の政治組織は二官八省として整備され、地方組織としては国・郡(評)・里がおかれた。全国の国は畿内・(ケ)七道に行政区分された。

問1　下線部(ア)に関して、弥生時代の日本列島で製作、使用された青銅祭器とそれが主に使用された地域の組み合わせとして**誤っているもの**を、次のＡ～Ｄのうちから一つ選べ。(**解答番号1**)

Ａ　銅戈：九州

Ｂ　平形銅剣：瀬戸内中部

Ｃ　銅矛：東海地方

Ｄ　銅鐸：近畿地方

問2　下線部(イ)に関して、地域とその墓の組み合わせとして**誤っているもの**を、次のＡ～Ｄのうちから一つ選べ。(**解答番号2**)

Ａ　吉備(岡山県)：楯築墳丘墓

Ｂ　近畿：四隅突出型墳丘墓

C　九州：甕棺墓

D　北部九州：支石墓

問3　下線部(ウ)に関して、5世紀(古墳時代中期)に大阪平野に築かれた大型前方後円墳として**正しいもの**を、次のA～Eのうちから一つ選べ。(**解答番号3**)

A　ミサンザイ古墳(石津丘古墳ともいう)

B　造山古墳

C　太田天神山古墳

D　江田船山古墳

E　箸墓古墳

問4　下線部(エ)に関して、4世紀(古墳時代前期)にはまだ製作されなかった形象埴輪として、現在の知見に照らして**正しいもの**を、次のA～Dのうちから一つ選べ。(**解答番号4**)

A　家形埴輪

B　靫(ゆき)形埴輪

C　蓋(きぬがさ)形埴輪

D　人物埴輪

問5　下線部(オ)に関して、6世紀(古墳時代後期)に全国的に広まった埋葬施設として**正しいもの**を、次のA～Eのうちから一つ選べ。(**解答番号5**)

A　竪穴式石室

B　箱形石棺

C　粘土槨

D　横穴式石室

E　長持形石棺

問6　下線部(カ)に関して、7世紀に建立された寺院として**誤っているもの**を、次のA～Eのうちから一つ選べ。(**解答番号6**)

A　法隆寺

B　四天王寺

C　広隆寺

D　興福寺

E　百済大寺

問 7　下線部(キ)に関して、646 年から 710 年の間に営まれた王宮の年代順として**もっとも正しいもの**を、次のＡ～Ｅのうちから一つ選べ。(**解答番号 7**)

A　飛鳥浄御原宮→大津宮→難波長柄豊碕宮

B　難波長柄豊碕宮→飛鳥浄御原宮→大津宮

C　大津宮→難波長柄豊碕宮→飛鳥浄御原宮

D　難波長柄豊碕宮→大津宮→飛鳥浄御原宮

E　飛鳥浄御原宮→難波長柄豊碕宮→大津宮

問 8　下線部(ク)に関して、藤原京遷都以前は天皇が代わるたびに新しい王宮が営まれていたが、藤原宮は三代の天皇の宮として機能した。この藤原宮で即位した天皇として**正しいもの**を、次のＡ～Ｅのうちから一つ選べ。(**解答番号 8**)

A　天武天皇

B　天智天皇

C　持統天皇

D　文武天皇

E　元正天皇

問 9　下線部(ケ)に関して、七道のうち、東海道、東山道、北陸道には三関がおかれた。この時期当初の三関として**誤っているもの**を、次のＡ～Ｄのうちから一つ選べ。(**解答番号 9**)

A　逢坂関

B　不破関

C　鈴鹿関

D　愛発関

〔Ⅱ〕 次の文章を読み、設問に答えよ。

15 世紀後半には、荘園制が弱体化し、領国支配の実権はしだいに守護代や国人に移っていった。室町時代の一揆、騒動、騒擾は惣を背景とした地侍や農民が団結した形態が多発し、また室町後期になると在地の武士たちの地域的結合である国人一揆が各地で結成されるようになった。1485 年、南山城地方で両派に分かれて争っていた畠山義就と畠山 [1] を国外に退去させた山城の国一揆は有名である。一揆の中心となった国人衆や農民は京都の [2] に集まり、評定を行い、「国掟」を定め、月行事を組織し、その後約 8 年間にわたり一揆の自治的支配を実現した。

一方畿内などの農村でも自治的な惣村が発達し、不法をはたらく荘官の免職や水害・干害の際の年貢の減免を求めて一揆を結び、強訴、逃散するような組織的な行動を取るようになっていった。惣の結合は時として荘園や郷の境界を超えて大規模化することもあった。この頃、貨幣経済の発達に伴って高利貸資本が農民の生活を圧迫するようになり、これら資本も一揆の対象となったためである。1428 年の正長の徳政一揆(土一揆)(ア)はこの典型であり、京都の土倉、酒屋などを襲い、質物や売買貸借証文を奪ったといわれている。

その後、一向宗(イ)の信者や僧侶、農民が起こした一向一揆や法華一揆などが続発した。とくに加賀一向一揆は浄土真宗本願寺派の勢力を背景に国人と手を結び、守護富樫政親を倒したものであり、その後、一揆が実質的に支配する事態が約 1 世紀にわたって続いた。

17 世紀の初期には土豪をまじえた武力蜂起や逃散などまだ中世の一揆のなごりがみられたが、17 世紀後半からは村々の代表者が百姓全体の要求をとりまとめ領主に直訴する代表越訴型一揆が増え、しだいに藩領全域におよぶ惣百姓一揆も多発するようになっていった。一方、貨幣経済の浸透により村内における階層分化(ウ)も進み、様々な形態で土地が豪農、村役人層に集中すると、小作人や小百姓を中心に村役人の不正を追求し、村の民主的で公正な運営を求める村方騒動も増加していった。

以上の闘争とはやや趣を異にして、農民が商品作物の生産者としての自覚を基礎に集結し、封建領主や幕府に対して都市の特権商人による流通独占の撤廃などを要求する合法的な運動も近世中頃からは多発していく。18世紀末～19世紀初頭にかけて摂津、河内で展開した綿作、菜種をめぐる国訴は著名である。
(エ)

近世後半においても飢饉のたび、あるいは幕末の動乱期にかけて大規模な騒擾や打ちこわしが発生し、これが討幕のうねりの底流をなしていった。
(オ)(カ)

問1　空欄1にあてはまる語句として最も**正しいもの**を、次のA～Dから一つ選べ。(**解答番号10**)

A　義成　　B　重忠　　C　政長　　D　満家

問2　空欄2にあてはまる語句として最も**正しいもの**を、次のA～Fから一つ選べ。(**解答番号11**)

A　蓮華王院　　B　本願寺　　C　天龍寺
D　鹿苑寺　　E　延暦寺　　F　平等院

問3　下線部(ア)に関する記述として**誤っているもの**を、次のA～Eのうちから一つ選べ。(**解答番号12**)

A　幕府の徳政令の中には、債権額・債務額の10分の1ないしは5分の1の手数料を幕府に納入することを条件に、債権の保護または債務の破棄を認めた場合もあった。

B　尋尊の『大乗院日記目録』には正長の徳政一揆について「日本開闢以来、土民蜂起是れ初め也」という記事がみられる。

C　大和の国柳生郷の疱瘡地蔵と呼ばれる巨石に刻まれた徳政碑文は、「正長元年ヨリサキ者」神戸4ヶ郷に「ヲヰメ」はいっさいないと読むことができる。

D　正長の徳政一揆はたちまち近畿地方やその周辺に広がり、各地で実力による債務放棄・売却地の取り戻しなど私徳政や在地徳政が展開された。

E　ほとんどの徳政一揆は徳政を要求し蜂起したが、1429年、守護赤松氏の家臣を国外に追放するという政治的な要求を掲げた土一揆は、享徳の徳政一揆と呼ばれている。

問 4　下線部(イ)に関連する以下の文章で**正しいもの**を、次のA～Dのうちから一つ選べ。(**解答番号 13**)

A　本願寺 8 世の顕如は 1471 年、加賀国境に近い越前吉崎に坊舎を構え、御文を通じて北陸での布教活動を展開した。

B　加賀一向一揆によって、政親が自害した後、一向宗の信者らにより名目的な守護として擁立されたのは富樫幸千代である。

C　本願寺 11 世、蓮如は石山本願寺を守って信長と戦い、正親町天皇の仲裁で石山を退去、その後京都に寺地を与えられ、現在の本願寺の基礎を作った。

D　浄土真宗の信者のうち、出家しないで農・工・商などを生業とするものは門徒と呼ばれていた。

問 5　下線部(ウ)に関連する文章として**正しいもの**を、次のA～Cのうちから一つ選べ。(**解答番号 14**)

A　この時代、所有地のある地域に在村せず、江戸などの都市部で生活し、小作地には管理人のみを置いている、いわゆる不在地主が増加した。

B　本百姓体制を維持するため 1643 年に幕府により出された田畑永代売買禁止令は 1872 年に廃止されるまで存続した。

C　各地で質地騒動が頻発すると、幕府は 1722 年に質流れ禁令を出し、以後、農民層分解の勢いは穏やかとなり、小農の経営はようやく安定に向かった。

問 6　下線部(エ)に関連する文章として**誤っているもの**を、次のA～Dのうちから一つ選べ。(**解答番号 15**)

A　幕末開港後、イギリス製綿製品の輸入に圧迫され、日本の綿織物業は一時衰えたが、輸入綿糸の利用などで回復し、20 世紀初頭にかけて飛躍的に発展した。

B　綿作は、5～6 世紀に渡来人により綿布、ついで綿種が伝えられ、三河地方から栽培が始まり、その後伊勢など西国一帯を中心に広く栽培されるようになった。

C　株仲間の流通統制によって、綿や菜種の集荷が大坂の大商人の支配下におかれ、自由な取引を阻害させたとして1823年の摂津、河内の国訴は大規模化した。

D　第一次世界大戦を機に、上海・青島・天津などに日本の紡績資本が建設した紡績工場は在華紡と呼ばれている。

問7　下線部(オ)について各地で発生した飢饉を古い時代から新しい時代順に並べたものとして、**正しいもの**を、次のA～Fのうちから一つ選べ。(**解答番号16**)。

A　養和の飢饉　寛喜の飢饉　寛正の飢饉

B　寛喜の飢饉　養和の飢饉　寛正の飢饉

C　寛正の飢饉　寛喜の飢饉　養和の飢饉

D　養和の飢饉　寛正の飢饉　寛喜の飢饉

E　寛喜の飢饉　寛正の飢饉　養和の飢饉

F　寛正の飢饉　養和の飢饉　寛喜の飢饉

問8　下線部(カ)に関する記述として**誤っているもの**を、次のA～Dのうちから一つ選べ。(**解答番号17**)

A　江戸では享保や天明の大飢饉の際、下層民を中心とする大規模な打ちこわしが起こった。また、1866年の世直し状況下でも起こり、この様子は「幕末江戸市中騒動図」に描かれている。

B　1837年、大塩平八郎らは天保の大飢饉による貧民の窮乏を大坂町奉行所に訴えたがいれられず、近隣農村に決起を促して蜂起したが鎮圧された。この様子は『出潮引汐奸賊聞集記』に描かれている。

C　ええじゃないかは1867年秋から冬にかけて東海・近畿・四国地方に広がった民衆の狂乱で、伊勢神宮や寺社のお札などの降下が引き金とされる。この様子は歌川広重の「伊勢参宮宮川の渡し」に描かれている。

D　1836年に三河加茂郡の百姓が世直しを求めて大一揆を起こした。凶作による物価高騰がきっかけと言われ、この一揆の記録が『鴨の騒立』である。

〔Ⅲ〕　次の文章を読み、設問に答えよ。

第一次世界大戦で欧州諸国の工業生産能力が減退したことにより、日本の輸出は拡大し、大戦景気(ア)に沸き立つことになった。紡績業、綿織物業などの繊維業とともに、海運・造船業、鉄鋼業、機械器具工業、化学工業なども急速に成長した。日本は遅ればせながら、工業国への仲間入りをしたが、資本の集中が進み独占が強まるとともに、労働争議の多発、農村部の停滞などの問題もはらむものであった。さらに、1918年には米価高騰による米騒動(イ)が発生し、社会的不安が高まることになったのである。

こうした大戦景気は、戦後、欧州諸国の工業生産能力の回復により輸出が減少し、過剰生産につながったことなどで長くは続かず、1920年の東京株式市場の暴落をきっかけに戦後恐慌が始まることになる。さらに、1923年には関東大震災(ウ)が発生し、震災恐慌が追い討ちをかけた。政府は緊急避難的な金融面での救済策と震災からの復興事業が求められた。大戦後の平和的な国際秩序構築に向けた動き(エ)もあり、軍縮(オ)により政府は軍備費の伸びを比較的抑えることができたが、財政的にはかなり厳しいなか、積極政策をとらざるを得ない状況になった。

こうした弥縫策の歪みが一気に噴き出したのが、1927年から始まった金融恐慌(カ)である。銀行で取り付け騒ぎが起き、多くの銀行が休業へと追い込まれた。さらに台湾銀行問題が起き、その対応に失敗したため、［ 1 ］の第一次若槻礼次郎内閣は総辞職に追い込まれることになり、日本経済は一層動揺することになった。若槻内閣の後の、［ 2 ］の田中義一内閣は、すぐさまモラトリアムを発するとともに、日銀による特別融資、そして台湾銀行救済などにより、ひとまず金融恐慌を鎮静化させたが、これらも結局は弥縫策に過ぎなかった。そして、田中内閣は［ 3 ］の対応により総辞職となり、その後［ 4 ］の浜口雄幸内閣が発足することになる。

浜口内閣は、緊縮政策を実施し、1930年に金輸出解禁に踏み切った。日本経済の抜本的な構造改革のためには、金輸出解禁による為替の安定と産業合理化が必要だと考えていたのである。しかしながら、1929年の米国のニューヨーク株式市場大暴落に端を発した世界恐慌により、日本経済は大きく動揺した。それは浜口内閣、そして、その後の第二次若槻内閣の経済財政政策を破綻させることになったのである。

問1　下線部(ア)の頃に起きた出来事に関する記述として**正しいもの**を、次のA～Dのうちから一つ選べ。(**解答番号18**)

A　二十一カ条の要求で獲得した鉱山採掘権をもとに、南満州鉄道株式会社により、1918年に鞍山製鉄所が設置された。

B　工業部門の生産額が農業部門を追い越すとともに、工業部門でも重工業の生産額が軽工業とほぼ同額となった。

C　電力国家管理法により、大規模水力開発が推進されたこともあり、この頃から工業生産の動力源として電力が中心となった。

D　国策会社として半官半民の日本郵船株式会社と大阪商船株式会社が創設され、遠洋定期航路が多く開設された。

問2　下線部(イ)が主な理由で総辞職した内閣の時に起きた出来事として、**正しいもの**を次のA～Dのうちから一つ選べ。(**解答番号19**)

A　国際連盟に加盟し、日本は常任理事国になった。

B　ドイツに対して宣戦布告し、第一次世界大戦に参戦した。

C　北京政府の段祺瑞政権への西原借款が始まった。

D　日ソ基本条約を締結し、ソ連との国交を樹立した。

問3　下線部(ウ)に関連する記述として**正しいもの**を、次のA～Dのうちから一つ選べ。(**解答番号20**)

A　震災の混乱時に、無政府主義者の大杉栄とその内縁の妻の伊藤野枝が憲兵大尉に殺害される亀戸事件が発生した。

B　台湾の民政局長を務めた八田與一が、内相および帝都復興院総裁として、震災後の東京復興計画を立案した。

C　被災地における債務の支払いを30日間延期する支払猶予令や震災手形割引損失補償令が、緊急勅令で発布された。

D　防災用緑地や避難所をさらに確保する必要性が認識され、震災後に日比谷公園が東京に新たに作られた。

問4　下線部(エ)の例としてワシントン会議が挙げられるが、ワシントン会議に関連する記述として**正しいもの**を、次のA～Dのうちから一つ選べ。(**解答番号21**)

A　1922年にワシントン海軍軍縮条約が締結され、主力艦と補助艦の保有量の比率について、5カ国の間で定められた。

B　1921年11月から1922年2月まで、米大統領ハーディングの提唱により開催され、日本の首席全権は加藤友三郎海相であった。

C　1922年の四カ国条約により、日本の満州における特殊権益を認めた石井・ランシング協定が廃棄されることになった。

D　盧溝橋事件をきっかけに、日本は1938年にワシントン海軍軍縮条約を破棄し、軍備費が急増することになった。

問5　下線部(オ)に関連して、1925年に陸相として陸軍の軍縮と軍の近代化を実現し、1937年には組閣の大命が降下したが、陸軍の反対により組閣に失敗した人物の名前として**正しいもの**を、次のA～Dのうちから一つ選べ。(**解答番号22**)

A　山梨半造　　B　林銑十郎

C　宇垣一成　　D　渡辺錠太郎

問6　下線部(カ)に関連する記述として**正しいもの**を、次のA～Dのうちから一つ選べ。(**解答番号23**)

A　当時の日銀総裁であった片岡直温が、議会で東京渡辺銀行の経営状況に関する失言をしたことで、多くの銀行で取付け騒ぎが起き、銀行の休業が相次いだ。

B　金融恐慌により三井、住友、三菱、勧銀、安田の五大銀行に預金が集中したことで、五大銀行の金融支配が強まることになった。

C　第一次世界大戦頃に急成長した鈴木商店が破綻し、多額の貸付をしていた台湾銀行が、一部店舗を除いて休業に追い込まれた。

D　若槻内閣は特別融資などで台湾銀行救済をはかろうとしたが、若槻内閣の外交方針を批判する勢力の反対により、救済案は議会で否決された。

問7　空欄［　1　］、空欄［　2　］および空欄［　4　］にあてはまる語句の組み合わせとして**正しいもの**を、次のA～Dのうちから一つ選べ。(**解答番号 24**)

A　1－立憲政友会　2－立憲民政党　4－立憲政友会

B　1－憲政会　2－立憲政友会　4－立憲民政党

C　1－立憲民政党　2－憲政会　4－立憲政友会

D　1－立憲政友会　2－憲政会　4－立憲民政党

問8　空欄［　3　］にあてはまる語句として**正しいもの**を、次のA～Dのうちから一つ選べ。(**解答番号 25**)

A　満州某重大事件　　B　柳条湖事件

C　張鼓峰事件　　D　万宝山事件

〔Ⅳ〕 下記のグラフとその説明文を読み、設問に答えよ。

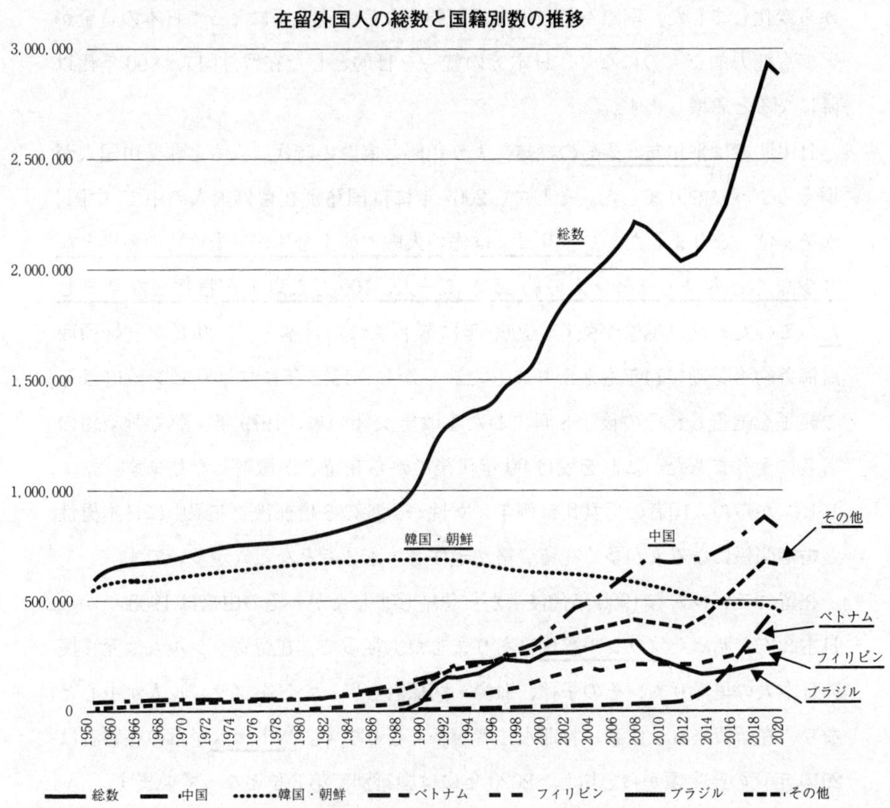

国立社会保障・人口問題研究所の資料より作成、「中国」の在留者数は香港・台湾を含む

このグラフは戦後日本における在留外国人の総数と主要な外国人の総数の推移を示したものです。

70年代までの在日外国人は「韓国・朝鮮」が中心で、これに「中国」を加えると全体の在留外国人の構成比の9割以上となりました。そして、この「韓国・朝鮮」、「中国」の人々の日本在留の起源は日本の帝国主義政策(ア)と関わるものが多かったと考えられます。このため「中国」、「韓国・朝鮮」の在留外国人の祖国と日本の間には日本の過去をめぐり双方の社会の和解を難しくしている諸問題(イ)があります。

しかし、在留外国人の由来や渡航の動機は日本が経済大国となった1980年代(ウ)から変化しました。国際為替市場で円が強くなると途上国にとって日本の賃金がとても魅力的なものになり、日本での就労を目的とした在留外国人が90年代以降になると急増します。

日中間では平和友好条約(エ)の締結により和解と協調の時代に入ると在留中国人が増えるようになりました。そして、2007年には国籍別在留外国人の中で「中国」が第一位となりました。フィリピンは先の大戦で国土全体が日米攻防の戦場となり少なくともフィリピン人の約16人に一人、100万人以上が犠牲となりました(オ)。このため反日感情が強く、1960年に署名された日本・フィリピン友好通商航海条約も発効に14年もかかりました。しかし、1976年にフィリピン政府はその終了を通告し、その後、8回にわたる改定交渉の末、1979年、漸く新条約の署名に至りました。これを受け80年代後半から在留者が微増となります。フィリピンからの入国者の男女比は例年、女性が男性の3倍前後で在留中に日本男性と婚姻関係になる人が多く在留資格が定住者・永住者となる人が多いです。

在留ブラジル人も1980年代後半から急増しましたが、その由来は1908年から日本政府が始めたブラジル移民(カ)にありました。従って、在留ブラジル人は元移民の日本人の里帰りや、その子孫、血縁・関係者といった日系ブラジル人が中心となり、在留資格も永住者・特別永住者が多くなります。ベトナム(キ)からの在留者は2010年代の後半頃から急増し、2020年には国籍別で第3位となっています。

日本人の人口は2008年をピークに人口減少社会となりましたが、在留外国人総数は2009年から2012年の減少期(ク)を除くと急増を続けました。パンデミックがなければ300万人を超えていたでしょう。また、このグラフの「その他」の人々とは2020年で約66万2千人となり数十ヶ国もの国籍になります。在留外国人は多国籍化も拡大しているわけです。2020年末現在で、日本にいる人の約44人に一人が外国人となり、在留外国人288.7万人のうち永住者・特別永住者の数は111.2万人となっています。日本社会は実質において内地雑居(ケ)の社会となったと言えるでしょう。

※　永住者　日本在留が10年以上で、公序良俗に反せず、経済的に自立している外国人が申請した場合に認められる在留権で、外国人でありながら在留期間は無期限、就労も自由等となる。

※　特別永住者　日本の独立講和に伴い日本国籍を喪失した人に認められた永住者の資格で、ほとんどが在日韓国・朝鮮人。

問1　下線部(ア)について戦前の日本の対外政策を示した語句を時代順に記したものとして**正しいもの**を、次のA～Dのうちから一つ選べ。(**解答番号 26**)

A　幣原外交、東亜新秩序、積極外交、仏印進駐

B　幣原外交、東方会議、東亜新秩序、大東亜会議

C　東方会議、東亜新秩序、大東亜会議、仏印進駐

D　強硬外交、大東亜会議、東亜新秩序、大東亜共栄圏

問2　下線部(イ)の諸問題について公式に謝罪をした内閣総理大臣として**正しいもの**を、次のA～Dのうちから一つ選べ。(**解答番号 27**)

A　宮澤喜一

B　細川護熙

C　村山富市

D　河野洋平

問3　下線部(ウ)について、この時期の日本経済について説明した文章として**誤っているもの**を、次のA～Dのうちから一つ選べ。(**解答番号 28**)

A　プラザ合意により円安ドル高の方針が認められた。

B　男女雇用機会均等法が施行された。

C　消費税の導入が始まった。

D　主要先進国の国際会議で円高ドル安の方針が認められた。

問4　下線部(エ)の条約を締結した年とその内閣総理大臣の名称の組み合わせとして、**正しいもの**を次のA～Dのうちから一つ選べ。(**解答番号 29**)

A 1972年・田中角栄

B 1972年・福田赳夫

C 1978年・大平正芳

D 1978年・福田赳夫

問 5 下線部(オ)について、フィリピンでの戦闘を示す語句として**誤っているもの**を、次のA～Dのうちから一つ選べ。(**解答番号 30**)

A レイテ沖海戦

B バターン死の行進

C 神風特別攻撃隊

D ガダルカナル島の戦い

問 6 下線部(カ)はアメリカ移民が難しくなったためにその代替となった面があった。その理由を説明した文章として**正しいもの**を、次のA～Dのうちから一つ選べ。(**解答番号 31**)

A 日露戦後に台頭する日本にハワイで黄禍論が唱えられ、日系人の排斥や、日系児童の就学拒否などが行われた。

B 日露戦後に台頭する日本にカリフォルニア州で黄禍論が唱えられ、日系人の排斥や、日系児童の就学拒否などが行われた。

C 日露戦後に台頭する日本にハワイで黄禍論が唱えられ、多くの日系人が強制収容所に収容されることとなった。

D 日露戦後に台頭する日本にカリフォルニア州で黄禍論が唱えられ、多くの日系人が強制収容所に収容されることとなった。

問 7 下線部(キ)の国と日本との関係を説明した文章として**正しいもの**を、次のA～Dのうちから一つ選べ。(**解答番号 32**)

A 中越紛争により大量のインドシナ難民が日本にボートピープルとなってきた。

B ベトナムとアメリカとの戦争後に大量のインドシナ難民が日本にボート

ピープルとなってきた。

C　日本軍の仏印進駐により大量のインドシナ難民が日本にボートピープルとなってきた。

D　ベトナムのフランスに対する独立戦争により大量のインドシナ難民が日本にボートピープルとなってきた。

問8　下線部(ク)の時期の日本の内閣について、これを成立順に表したものとして**正しいもの**を、次のＡ～Ｄのうちから一つ選べ。(**解答番号 33**)

A　福田康夫・麻生太郎・鳩山由紀夫・野田佳彦・菅直人

B　安倍晋三・菅直人・鳩山由紀夫・野田佳彦・安倍晋三

C　麻生太郎・鳩山由紀夫・菅直人・野田佳彦・安倍晋三

D　安倍晋三・麻生太郎・菅直人・鳩山由紀夫・野田佳彦

問9　下線部(ケ)は欧米列強の要求であったが、当初、日本はこれに同意しなかった。しかし、後に外国人居留地の撤廃をすることになった。その最初の条約として、**正しいもの**を次のＡ～Ｄのうちから一つ選べ。(**解答番号 34**)

A　日英同盟

B　日米通商航海条約

C　日英通商航海条約

D　日露通商航海条約

世界史

（60分）

〔Ⅰ〕 次の文章を読み、下記の問いに答えなさい。

クレタ島(1)は、古代ギリシア文明(2)の中心の一つであった。1900年には、この文明の中心にあった宮殿が発掘(3)されている。その後ローマの支配下に入り、ローマ帝国の東西分裂後は、東ローマ帝国が領有した。しかし9世紀以降、この島は、3つの文明が交錯する場となった。ビザンツ世界、西欧キリスト教世界、そしてイスラーム世界である。

クレタ島はビザンツ帝国(4)の南限となっていたが、イスラーム世界との直接の戦いの場というよりも、その間の緩衝地域となっていた。しかし820年代に、イベリア半島に成立した後ウマイヤ朝(5)で反乱を企てて失敗したアブー・ハフスが、まずアレキサンドリア(6)を占拠し、さらにはクレタ島を攻撃してこれを支配した。初代アミールとなったハフスはハンダクと呼ばれる城砦を建設したが、これが現在もクレタ島の中心都市であるイラクリオンの起源となる。

961年、ビザンツ帝国は激しい攻防戦の後に、クレタ島を再征服した。しかしローマ教皇インノケンティウス3世が提唱した第4回十字軍(7)によって、ラテン帝国が建てられた際、クレタ島はヴェネツィア(8)共和国の支配下に置かれることとなった。ヴェネツィアは入植者を送り込んだが、それでも多数の先住民と少数の支配層であるヴェネツィア人やその他のイタリア人という構図は変わらなかった。ヴェネツィアの支配に対して多くの反乱が起きた。ヴェネツィア側は西欧的封建制を取り入れて、ギリシア人を支配しようとしたが、ビザンツ帝国による強力な中央からの支配になじんでいたギリシア人にとって、ヴェネツィアによる支配は異質なものであった。しかし長いヴェネツィアの支配下の中で、ある程度の共生は進み、ヴェネツィア系とギリシア系のそれぞれのコミュニティは自立しながらも、両者が日常的に交流するような状況が生まれていた。

(9)17世紀、(10)オスマン帝国はクレタ島の領有を主張してヴェネツィアと対立し、カンディアと呼ばれていたイラクリオンの包囲戦の末、1669年、クレタ島の領有に成功した。最終的に1913年、第1次バルカン戦争の結果、オスマン帝国が領有権を放棄し、クレタ島はギリシア領となった。この島は20世紀にいたるまで、正教会、カトリック、そしてイスラームという3つの宗教の交錯する場でもあったのである。

問1　下線部(1)の場所として、正しいものを選びなさい。 [1]

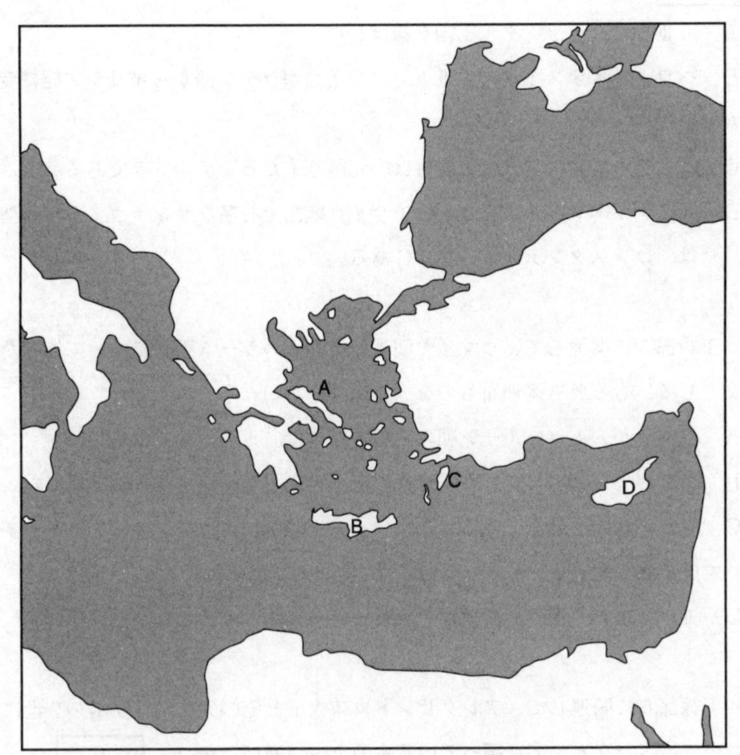

問2　下線部(2)に関連して、クレタ文明の中心地として、もっとも適切なものを一つ選びなさい。 [2]

A. ミケーネ　　B. ピュロス

C．クノッソス　　　D．サルデス

問 3　下線部(3)に関連して、クレタ文明の宮殿を発掘した人物として、もっとも適切なものを一つ選びなさい。 3

A．エヴァンズ　　　B．シュリーマン

C．ヴェントリス　　　D．ローリンソン

問 4　下線部(4)について述べた文として、**誤っているもの**を一つ選びなさい。

4

A．6世紀に、ヴァンダル王国を滅ぼした。

B．ヘラクレイオス1世の治世下で、公用語がラテン語からギリシア語に変わった。

C．ユスティニアヌス大帝の皇后は、元踊り子だったテオドラである。

D．ユスティニアヌス大帝などのモザイク壁画で有名なサン＝ヴィターレ聖堂は、コンスタンティノープルにある。

問 5　下線部(5)に関連して、ウマイヤ朝滅亡後のイスラーム王朝について述べた文として、もっとも適切なものを一つ選びなさい。 5

A．ブハラが、トゥールーン朝の首都となった。

B．アッバース朝のエジプト総督代理が、自立してサーマーン朝を建てた。

C．シーア派の一分派であるイスマーイール派が、チュニジアにファーティマ朝を建てた。

D．モロッコのイドリース朝は、セルジューク朝に滅ぼされた。

問 6　下線部(6)に関連して、アレクサンドロス大王とその父フィリッポス2世について述べた文として、**誤っているもの**を一つ選びなさい。 6

A．アレクサンドロス大王は、アリストテレスに学んだ。

B．フィリッポス2世は、ペルシア遠征を行なった。

C．アレクサンドロス大王は、イッソスの戦いで、ダレイオス3世に大勝した。

D．フィリッポス2世はカイロネイアの戦いで、アテネ・テーベ連合軍を破った。

問7　下線部(7)について述べた文として、もっとも適切なものを一つ選びなさい。 7

A．ウルバヌス2世は、ビザンツ皇帝からの要請を受けて、クレルモン宗教会議を招集した。

B．第1回十字軍は、ドイツ諸侯を中心に編成された。

C．ルイ9世は、第2回十字軍に参加した。

D．サラーフ=アッディーンは、第6回十字軍と戦った。

問8　下線部(8)について述べた文として、もっとも適切なものを一つ選びなさい。 8

A．ヴィスコンティ家が支配していた。

B．ハンザ同盟に加わった。

C．毛織物業と金融業で繁栄した。

D．ジェノヴァと東方貿易の覇権を争った。

問9　下線部(9)の時代に活躍した画家の名前を一つ選びなさい。 9

A．ルーベンス　　B．デューラー

C．ゴヤ　　D．ドーミエ

問10　下線部(10)について述べた文として、もっとも適切なものを一つ選びなさい。 10

A．バヤジット1世は、マムルーク朝を滅ぼした。

B．バヤジット1世は、アンカラの戦いで勝利した。

C．メフメト2世は、コンスタンティノープルを攻略した。

D．メフメト2世は、コソヴォの戦いで勝利した。

〔Ⅱ〕 次の文章を読み、下記の問いに答えなさい。

古代インドのガウタマ＝シッダールタに始まる仏教は、長い歳月をかけて各地に広まった。

スリランカや東南アジアの各地に広まった仏教は、南伝仏教と総称される。

前3世紀、インドのアショーカ王(1)は仏教に帰依し、仏典の結集や各地への布教を行った。スリランカ(セイロン島)への布教は特に成功した。スリランカに伝わった仏教は、その歴史的由来と教義の特徴から上座部仏教と呼ばれる。その後、11世紀にビルマ(ミャンマー)で成立した［ (ア) ］がスリランカと交流したことで、上座部仏教はビルマにも広まった。タイ族が建国したスコータイ朝でも、歴代の王は上座部仏教を信仰した。仏教は東南アジアの諸島部にも広まった。同じ東南アジアでも、ジャワ島に建造されたボロブドゥール(2)は大乗仏教の寺院であった。また、中国に隣接するベトナムでは、中国経由で伝わった大乗仏教が主流となった。

中央アジアから東アジア各地に広まった仏教は、北伝仏教と総称される。

北伝仏教は、インドから仏教美術で有名なガンダーラ(3)の地を経由して中央アジアに広まり、クチャ(亀茲)や敦煌(4)などを経て、1世紀前後に中国本土に伝わった。その後、数百年をかけて朝鮮半島や日本列島にまで広まった。

中国に仏教が伝来した当初は、外来の新しい宗教であったため、信者は一部に留まった。その後、魏晋南北朝時代の社会の動乱のなかで、仏教は一般の中国人のあいだにも広まった。

4世紀の初めごろ、西域出身の高僧である仏図澄が中国に渡来し、釈道安ら多くの弟子を育てた。釈道安は五胡十六国(5)の一つである前秦で重用され、既存の漢訳仏典を整理して中国仏教の基礎を築いた。その後、西域出身の鳩摩羅什も渡来し、長安で大量の仏典を漢訳した。また法顕(6)は中国からインドに渡って各地をめぐり、大量の仏典を持ち帰った。このころから中国でも仏教寺院や仏教美術が盛んに作られるようになった。敦煌では4世紀以降、大規模な石窟寺院が造営され、美しい絵画や塑像によって仏教の世界が表現された。北魏では大規模な石窟寺院が造営された(7)。南朝でも、杜牧が漢詩の中で「南朝四百八十寺」と詠んだように、壮麗な寺院が多数作られた。伝承によれば、南朝の梁の時代、インドから達磨が海路で渡来し、武帝と会見して禅問答を行ったとされる。

仏教文化の繁栄は唐の時代も続いた。玄奘や義浄はインドに渡り、大量の仏典を唐に持ち帰った。

仏教は朝鮮半島には4世紀に、日本には6世紀に伝来した。朝鮮半島では高麗の時代まで仏教が優遇され、高麗版大蔵経(8)が刊行された。

チベットでは、7世紀に吐蕃を建国した［(イ)］が、インドと中国から仏教文化を導入したことで、チベット独特の仏教が形成された。13世紀、元のフビライは、チベット仏教の高僧である［(ウ)］を国師として迎えた。その後も、［(エ)］がゲルク派(黄帽派)を創始し、またアルタン＝ハンがゲルク派の高僧に［(オ)］という称号を贈るなど、チベット仏教は発展を続けた。

問11　下線部(1)について、アショーカ王が統治した王朝の名称として、もっとも適切なものを一つ選びなさい。［11］

A．クシャーナ朝　　B．グプタ朝

C．マウリヤ朝　　D．サータヴァーハナ朝

問12　空欄(ア)に入れる名称として、もっとも適切なものを一つ選びなさい。［12］

A．パガン朝　　B．クディリ朝

C．チャンパー　　D．扶南

問13　下線部(2)に関連して、この寺院が築かれた時代の国名ないし王朝名として、もっとも適切なものを一つ選びなさい。［13］

A．ドヴァーラヴァティー

B．シュリーヴィジャヤ王国

C．マタラム朝

D．シャイレンドラ朝

問14　下線部(3)に関連する説明として、**誤っているもの**を一つ選びなさい。 14

A．この地域ではインド文化とヘレニズム文化が融合し、ギリシア的要素の強い作品が作られた。

B．イスラーム教を信奉するエフタルが6世紀に西北インドに侵入し、ガンダーラ美術は衰退した。

C．ガンダーラ美術は、第4回仏典結集をおこなったカニシカ王の時代に発展した。

D．初期の仏教では具体的な仏像は作らなかったが、後に、ガンダーラやマトゥラーで仏像が作られるようになった。

問15　下線部(4)の敦煌の説明について、**誤っているもの**を一つ選びなさい。 15

A．敦煌の莫高窟からは貴重な古文書も大量に発見された。

B．前漢の武帝は西域経営の拠点として敦煌郡を設置した。

C．敦煌は河西回廊の東端に位置するオアシス都市である。

D．敦煌は吐蕃や西夏の支配下にあったこともある。

問16　下線部(5)に関連して、いわゆる「五胡」に含まれる民族として、もっとも適切なものを一つ選びなさい。 16

A．柔然　B．突厥　C．鮮卑　D．女真

問17　下線部(6)に関連して、法顕の旅行記の書名として、正しいものを一つ選びなさい。 17

A．南海寄帰内法伝　B．三大陸周遊記

C．西遊記　D．仏国記

問18　下線部(7)の説明について、もっとも適切なものを一つ選びなさい。 18

A．北魏は前期の首都である洛陽の郊外に雲崗石窟を、後期の首都である平城の郊外に竜門石窟を造営した。

B．北魏は前期の首都である平城の郊外に雲崗石窟を、後期の首都である洛陽の郊外に竜門石窟を造営した。

C．北魏は前期の首都である洛陽の郊外に竜門石窟を、後期の首都である平城の郊外に雲崗石窟を造営した。

D．北魏は前期の首都である平城の郊外に竜門石窟を、後期の首都である洛陽の郊外に雲崗石窟を造営した。

問19　下線部(8)に関連する説明として、もっとも適切なものを一つ選びなさい。

19

A．世界最初の金属活字は9世紀末に高麗で発明されたが、高麗版大蔵経の印刷にあたり、この金属活字の技術が大々的に使われた。

B．高麗版大蔵経は11世紀に版木が彫造されたが、モンゴル軍の侵攻により焼失したため、13世紀半ばにあらためて彫造された。

C．12世紀半ば、契丹が高麗に侵攻したため、高麗の武人政権の崔氏は契丹の退散を祈る目的で高麗版大蔵経を編纂させた。

D．高麗版大蔵経は、庶民が読んでも理解できるよう、漢字の読み方や意味をハングルで説明した箇所もあり、言語学的にも貴重な資料である。

問20　空欄(イ)(ウ)(エ)(オ)に入れる組み合わせとして、もっとも適切なものを一つ選びなさい。 20

A．(イ)ツォンカパ　(ウ)パスパ　(エ)ソンツェン＝ガンポ　(オ)ダライ＝ラマ

B．(イ)ツォンカパ　(ウ)ダライ＝ラマ　(エ)パスパ　(オ)ソンツェン＝ガンポ

C．(イ)ソンツェン＝ガンポ　(ウ)ツォンカパ　(エ)ダライ＝ラマ　(オ)パスパ

D．(イ)ソンツェン＝ガンポ　(ウ)パスパ　(エ)ツォンカパ　(オ)ダライ＝ラマ

〔Ⅲ〕 次の文章を読み、下記の問いに答えなさい。

18世紀後半にイギリスでおこった産業革命(1)は、大規模な機械制工場における大量生産を通して安価な商品の供給を可能にした。大規模工場を経営する資本をもつ産業資本家は経済活動で中心的な役割を果たすようになった。他方、従来の家内工業や手工業は急速に没落した。同時に農村では広大な海外市場向けの穀物増産を目的とした第2次囲い込み(2)によって多くの農民が土地を失った。小規模手工業者や土地を失った農民は都市に流入して工場労働者となった。こうして、産業資本家が生産のために労働者を雇用して利潤を追求する資本主義体制が確立した。

(3)産業革命によって都市化は進んだが、都市の生活環境は劣悪であった。また、資本家の利潤追求は労働者に長時間労働や低賃金を強制した。その結果、資本家と労働者の関係は悪化して、深刻な労働問題、社会問題が発生した。その解決のためには、資本主義体制を変革して新しい社会制度をつくる必要があるということから、社会主義思想(4)が誕生した。19世紀の前半になるとイギリスの産業革命はまずフランス、ベルギーに波及し、社会主義も各国で主張されるようになる。(5)1848年、マルクスとエンゲルスは『共産党宣言』を発表し、労働者階級による革命によって社会主義を実現させることを説いた。また、マルクスは1867年に大著『資本論』の第1巻を著して資本主義没落の必然性を説き、20世紀の社会主義国家の建設や運営に大きな影響を与えることになる。

産業革命が各国に波及するなかで、資本主義制度の改革や社会主義思想の受け止め方は国によってさまざまな形をとった。各国で労働者を代表する政党(6)が誕生し、また工場法の制定など労働者を保護する政策も進められた。しかし、社会主義体制が国家として確立されたのは、産業革命の波及が遅れていたロシアだった。

ロシアでは1861年に農奴解放令が出されたが、その後も地主への従属が続くことに抗議する激しい農民運動や、19世紀末からの産業革命に伴う工場労働者のストライキがおこるなど、ツァリーズム(ツァーリズム)への批判が噴出していた。(7)1905年の第1次ロシア革命では国会が開設され内政改革を進める試みもあったが、その後も専制が続いた。第一次世界大戦中の1917年には専制打倒・戦争反対の民衆のデモやストライキに軍隊も加わり、労働者・兵士の自治組織ソヴィエトが組織された。皇帝ニコライ2世は退位し、帝政が崩壊した二月革命後、臨時政府が樹立されたが、(8)レーニンらは11月に武装蜂起して臨時政府を倒した。

革命によって成立したソヴィエト政権は、共産党と改称されたボリシェヴィキの一党支配となり、国内の反革命勢力を制圧し、外国の干渉も退けて、社会主義体制の構築を目指した。1922年には(9)ソヴィエト社会主義共和国連邦の成立が宣言され、1924年に憲法が発布された。私有財産制を基礎とする資本主義体制とは異なる社会を目指す体制が誕生したのである。(10)レーニンの後を継いだスターリンは、社会主義国家の建設を進めた。資本主義国が世界恐慌の影響を受けた1930年代に、ソ連は社会主義体制のもとで経済を発展させていった。

問21　下線部(1)に関連して、産業革命を支えた技術革新とその発明者あるいは実用化を推進した人名についての以下の組み合わせのうち、**誤っているもの**を一つ選びなさい。 [21]

A. 蒸気機関 ― ニューコメン

B. 蒸気船 ― フルトン

C. 力織機 ― アークライト

D. 製鉄法 ― ダービー

問22　下線部(2)に関連して、囲い込みに関する以下の説明のうち、**誤っているもの**を一つ選びなさい。 [22]

A. 15世紀末以来の第1次囲い込みも、目的は穀物の増産であった。

B. 第1次囲い込みとは異なり、第2次囲い込みは議会の承認のもとで推進された。

C. 第2次囲い込みによって、農業における資本主義的大規模経営が確立した。

D. 第2次囲い込みとともに、新農法が農業生産を飛躍的に拡大させた。

問23　下線部(3)に関連して、過剰人口がもたらす貧困の発生をとなえた古典派経済学者として、もっとも適切なものを一つ選びなさい。 23

A．リカード　B．アダム＝スミス
C．マルサス　D．ケネー

問24　下線部(4)に関連して、工場の経営者として労働者の待遇改善などを実践した初期の社会主義者として、もっとも適切なものを一つ選びなさい。 24

A．サン＝シモン　B．オーウェン
C．フーリエ　D．プルードン

問25　下線部(5)に関連する以下の説明のうち、もっとも適切なものを一つ選びなさい。 25

A．1848年にはフランスで二月革命がおこったが、臨時政府に社会主義者は含まれなかった。

B．マルクスとエンゲルスは、彼ら以前の社会主義思想を「空想的社会主義」とよんで批判した。

C．1848年の『共産党宣言』の発表と同時に、労働者の国際的連帯を目指す第1インターナショナルが結成された。

D．1848年に各国でおきた革命には相互の連携はみられず、ウィーン体制を崩壊させることはできなかった。

問26　下線部(6)に関連する以下の説明のうち、**誤っているもの**を一つ選びなさい。 26

A．ドイツでは、ドイツ社会主義労働者党が誕生し、のちにドイツ社会民主党と改称され、第2インターナショナルの中心勢力となった。

B．ロシアでは、マルクス主義政党のロシア社会民主労働党が結成されたが、多数派を意味するボリシェヴィキと少数派を意味するメンシェヴィキに分裂した。

C．フランスでは、労働組合のゼネストによって変革を目指すサンディカリズムがあらわれたため、20世紀初頭になっても社会主義政党は結成されなかった。

D．イギリスでは、20世紀初頭に成立した労働党が、社会主義を目標としながらも穏健な改革を通じてその実現を目指した。

問27　下線部(7)に関連して、1906年に首相に就任して独立自営農の育成に取り組んだ政治家として、もっとも適切なものを一つ選びなさい。　27

A．ウィッテ　　B．ケレンスキー

C．ストルイピン　　D．プレハーノフ

問28　下線部(8)に関連して、臨時政府を倒した新政権が進めた施策として**誤っているもの**を一つ選びなさい。　28

A．「平和に関する布告」の採択

B．土地の私有制の廃止をうたう「土地に関する布告」の採択

C．工業・銀行・貿易の国家管理の実行

D．各国共産党を指導するコミンフォルムの結成

問29　下線部(9)のソヴィエト社会主義共和国連邦は、当初4つの共和国が連合して結成された。以下のうち、その4つの共和国の名称でないものを選びなさい。　29

A．ウズベク　　B．ウクライナ

C．ベラルーシ(白ロシア)　　D．ザカフカース

問30　下線部(10)のスターリンの政策に関する以下の説明のうち、もっとも適切なものを一つ選びなさい。　30

A．一国社会主義論を排除して、世界革命論を唱えた。

B．第1次五カ年計画では、重工業化を重視した。

C．第2次五カ年計画では、農業の集団化、国営化を開始した。

D．国際連盟への加入を見送るなど、対外的には孤立主義を貫いた。

〔Ⅳ〕 次の文章を読み、下記の問いに答えなさい。

「移民国家」アメリカは、世界各地の移民や難民(1)たちを受け入れながら経済発展を遂げてきた。1830年代に北部の工業化が本格的に始まる(2)と多くの移民が流入し、南北戦争(3)の時期に一時的に減ったものの、1870年～1913年の間にアメリカに来た移民はおおよそ3000万人とも言われる。高い労働力需要や豊かな生活水準、さらにゴールドラッシュも重なり、アメリカは大量の移民を呼び込んだ。しかし文化や慣習が異なる移民のなかには、差別と排斥の対象となるものもいた。

20世紀に入り移民の社会経済的な影響や同化の問題が本格的に現れると、1920年代には移民制限法が制定され、「大量移民の時代」は終わりを迎える(4)。その後、世界恐慌(5)と第二次世界大戦があったため、移民が再び大規模に流入するようになったのは1950年代以降のことである。

製造業の衰退とサービス業の発展という産業構造の変化は、低賃金労働を担うラテンアメリカ出身の移民を増大させた。その一方、軍需を含めた諸産業の発展によって科学技術者や専門職従事者の需要も拡大し、経営や専門職に従事するアジア出身の高技能労働者も増加した。世界から科学者や技術者など優秀な人材を獲得することは冷戦下の米ソ競争(6)を勝ち抜くうえでも重要な課題であったからである。このように戦後アメリカへの移民は、主に第三勢力(第三世界)(7)から提供され、移民の間にも分極化の傾向が強く見られるようになった。

東欧社会主義圏が消滅し、ソ連邦(8)が解体し、冷戦体制が終焉すると、貿易や金融・情報の自由化を目指すグローバリゼーションの動きが強まった。テクノロジーの急速かつ広範な普及を通じて、世界中の国々が相互依存を強め、市場経済が拡大した。一方で競争の激化や地球規模での環境破壊(9)、貧富の格差が増大し、反グローバリズム的思考も広がりつつある。移民を含めた非正規労働者の雇用の拡大が中間層を没落させたとして、移民を排斥する動きも目立つようになっている。

このように世界最大の移民受入国であるアメリカでさえ、移民が常に歓迎されてきたのではない。時々の政権(10)の意向や経済状況に応じて移民拡大的な時代と移民制限的な時代を繰り返してきたのである。

問31　下線部(1)に関連して、難民を生み出した戦争や動乱に関する説明として、もっとも適切なものを一つ選びなさい。 31

A．鉱物資源が豊富な地域の分離独立を狙ったイタリアの介入によってコンゴ動乱が起きた。

B．ルワンダ内戦ではフランス統治下で対立があおられ、ツチ人によるフツ人の大量虐殺が発生した。

C．内戦が激化したソマリアに、はじめて武力行使が認められた国連平和維持活動(PKO)が派遣されて治安は回復した。

D．パレスチナ戦争(第1次中東戦争)ではイスラエルがイギリス軍などから武器を調達し、アメリカの支持を得て、アラブ諸国を圧倒した。

問32　(設問省略)

問33　下線部(3)に関連して、1863年以降の北部と南部の政策の組み合わせとして、もっとも適切なものを一つ選びなさい。 33

A．北部 — 保護関税政策 — 奴隷制の廃止

B．南部 — 自由貿易政策 — 奴隷制の廃止

C．北部 — 自由貿易政策 — 奴隷制の存続

D．南部 — 保護関税政策 — 奴隷制の存続

問34　下線部(4)に関連して、アメリカの移民に関する説明として、**誤っているもの**を一つ選びなさい。 34

A．1840年代後半から50年代は、主にアイルランド系とドイツ系で、彼らの多くは北部の工場労働に従事した。

B．大陸横断鉄道の建設に際しては、中国系のクーリー(苦力)やアイルランド系が、主な労働力として使われた。

C．1924年移民法は「国別割当て法」と呼ばれ、南欧・東欧からの新移民を大幅に制限し、アジア諸国からの移民を全面的に禁止した。

D．1880年代に急増した新移民は、ワスプと呼ばれ、宗教的にはカトリッ

クやユダヤ教徒が多かった。

問35 下線部(5)に関連する以下の説明のうち、**誤っているもの**を一つ選びなさい。 35

A. 世界恐慌の始まりはニューヨークでの株価の大暴落であったが、当初フーヴァー大統領は政府の介入に積極的ではなかった。

B. アメリカでは、農作物価格を引き上げる目的で高率関税を課したため、各国のアメリカへの輸出は伸び悩んだ。

C. 経済の落ち込みを回避するために、多くの国が金の流出を防ぐ目的で金本位制に復帰した。

D. イギリスの経済学者ケインズは、不況期には政府が積極的に経済に介入することを主張した。

問36 下線部(6)に関連する以下の説明のうち、もっとも適切なものを一つ選びなさい。 36

A. マーシャル＝プランによる経済復興援助によって、西側諸国および東欧諸国は経済再建に努めた。

B. 西ドイツの北大西洋条約機構(NATO)加盟に対抗するために、ソ連・東欧諸国はコメコン(COMECON)を創設した。

C. トルーマンの「封じ込め政策」を消極的だとして、ダレス国務長官は積極的な反共外交をとなえる「巻き返し政策」を発表した。

D. アメリカが人工衛星エクスプローラー1号の打ち上げに成功すると、ソ連は人工衛星スプートニク1号の打ち上げで対抗した。

問37 下線部(7)に関連して、第三世界の国々の独立に関する説明として、もっとも適切なものを一つ選びなさい。 37

A. フランス領インドシナでは、1945年にスカルノを指導者にしてインドネシア共和国の成立が宣言された。

B. インドでは、パキスタンの分離・独立を求める全インド＝ムスリム連盟のガンディーと、統一インドを主張するジンナーらが対立した。

C．イランでは、対英関係の悪化をおそれたモサデグがクーデタによって国王パフレヴィー2世を追放し、民族運動はおさえこまれた。

D．カンボジアは1953年に完全独立を果たし、シハヌークのもとで中立政策を進めていった。

問38　下線部(8)に関連して、ソ連およびロシアの指導者とその事績に関する説明として、**誤っているもの**を一つ選びなさい。　38

A．フルシチョフは、キューバ危機を回避してアメリカとの関係を改善し、その後、中国との関係も改善させた。

B．ブレジネフは、共産党体制の強化に努め、チェコスロヴァキアの民主化を阻止するなど、国内外の自由化を抑圧した。

C．ゴルバチョフは、国内の民主化と同時に、アメリカとの協調、軍縮など「新思考外交」を打ち出した。

D．エリツィンは、ソ連に代わる独立国家共同体(CIS)の結成を主導し、ロシアの市場経済への移行を促進した。

問39　下線部(9)に関連して、環境問題に関する説明として、もっとも適切なものを一つ選びなさい。　39

A．チェルノブイリ原子力発電所で深刻な事故が発生したことから、国連人間環境会議が開催され、国連環境計画(UNEP)の設置が決定された。

B．西ドイツでは1980年に環境保護を主目的とした「緑の党」が結成され、ほかの欧州諸国にも勢力を拡大した。

C．「環境と開発に関する国連会議」(地球サミット)では、二酸化炭素などの温室効果ガス削減の数値目標と、取組に対する法的拘束を定めた。

D．パリ協定では、21世紀後半に温室効果ガスの排出量を実質ゼロにすることを目標に掲げたが、主要排出国を含む先進国だけが対象となった。

問40　下線部⑽に関連して、アメリカの大統領とその在籍中の事績に関する説明として、もっとも適切なものを一つ選びなさい。 40

A．クーリッジは「平常への復帰」を掲げて当選し、ワシントン会議を主導した。

B．ニクソンはベトナム戦争の泥沼化を打開するために訪中し、米中国交正常化を実現した。

C．レーガンは「強いアメリカ」の復活を訴えて、大規模な核兵器の軍備拡張を推進した。

D．ブッシュ（父）は北米自由貿易協定（NAFTA）を推進し、カナダ、メキシコとの貿易を促進させた。

地理

（60分）

〔Ⅰ〕 自然環境と自然災害・防災に関する文章を読んで、以下の設問に答えなさい。

地球の表面は陸地と海洋（ア）にわけられ、そこにはそれぞれに起伏がみられ、これを地形という。地形は、地震や火山活動、地殻変動のように地球内部からのエネルギーによって働く力と、降水や河川などによる侵食・運搬・堆積・風化のように地殻の外部からのエネルギーによって働く力でつくられている。これらの地形をつくる力が時として、私たちの生命や生活を脅かす自然災害をもたらす場合がある。

日本列島は4枚のプレートが複雑に接する変動帯（イ）に位置している。これらのプレートが日本列島を圧縮することによって、プレート境界やプレート内部において地震が発生する。地震にはプレート境界地震とプレート内地震がある。プレート境界地震は海溝型地震（ウ）ともよばれ、海溝やトラフに沿って何度も発生している。地震によって引き起こされた災害は震災（エ）とよばれる。また、プレートが沈み込み、一定の深さになるとマグマが発生する。地下のマグマが上昇して、地上で噴出することで日本列島に火山が発達した。現在も活動を続けている火山がみられる日本列島では、しばしば火山災害（オ）が発生している。

また、中緯度に位置する日本列島では、四季の変化がはっきりみられ、低気圧や前線が南北に移動するために、日本列島では降水量が季節によって変化する。初夏から秋にかけて、梅雨前線や秋雨前線が本州付近で停滞したり、台風が日本列島を通過、上陸することがある。これらがもたらす大雨や集中豪雨によって洪水災害（カ）や土砂災害が起こる可能性が高まる。

このように災害が頻発する日本列島において、災害に備えるために地域の特性を理解することが重要である。その際には、地図や地理情報システム(GIS)を活用すること、過去に起こった災害（キ）に関する資料や自然災害伝承碑（ク）から当時の様子を知ることが有効である。災害発生時に私たちの生命や生活を守るためにも、普段から防災や減災（ケ）に向けて準備することが大切である。

問 1　北アメリカ大陸の地図を参考に、世界の自然環境に関連する以下の設問に答えなさい。

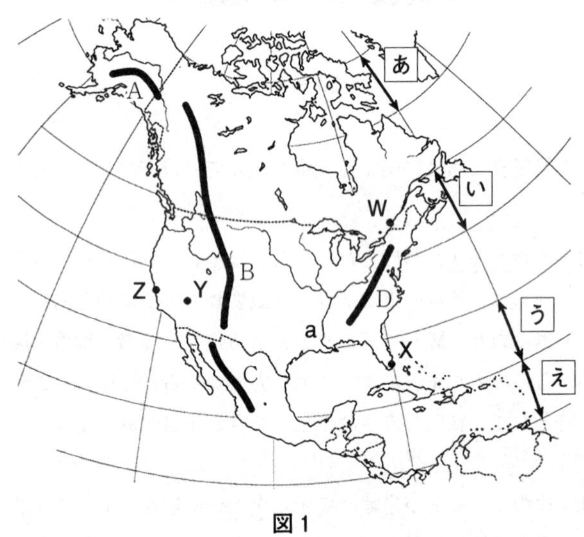

図 1

(1)　下線部**ア**に関して、次の**表 1** は**図 1** の あ ～ え の緯度帯における地球全体の陸地と海洋の面積の比を示している。この中で、 い の緯度帯の陸地と海洋の面積の比として適切なものを、**表 1** から 1 つ選んで、解答欄にマークせよ。(**解答番号：1**)

表 1

	陸地(%)	海洋(%)
A	26.3	73.7
B	37.6	62.4
C	52.2	47.8
D	70.6	29.4

資料：『理科年表』。

(2)　下線部**イ**に関して、**図 1** のA～Dの山脈の中で**変動帯に位置していないもの**を 1 つ選んで、解答欄にマークせよ。(**解答番号：2**)

(3)　河川の河口付近には三角州が発達することがある。**図 1** の **a** の河川にみられる三角州の形状として適切なものを、次の選択肢から１つ選んで、解答欄にマークせよ。(**解答番号：3**)

A　円弧状三角州　　　　B　尖状三角州
C　鳥趾状三角州　　　　D　湾入状三角州

(4)　**図 2** の雨温図は、**図 1** 中の４つの都市 **W**〜**Z** のいずれかのものである。都市 **Z** の雨温図として適切なものを、下のＡ〜Ｄから１つ選んで、解答欄にマークせよ。(**解答番号：4**)

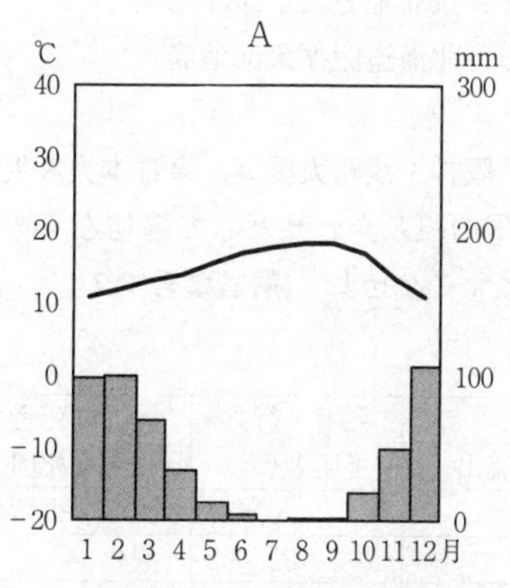

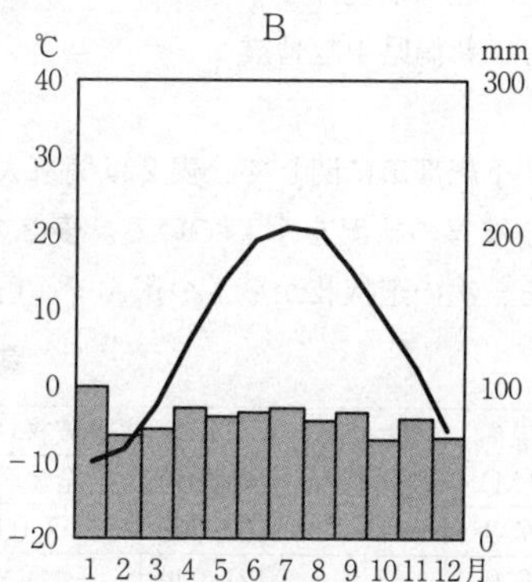

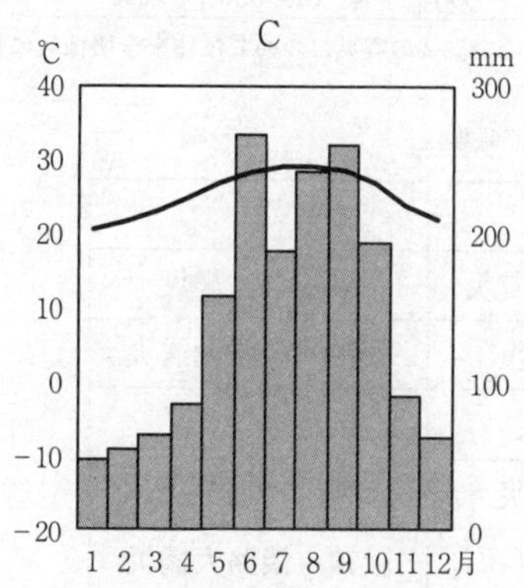

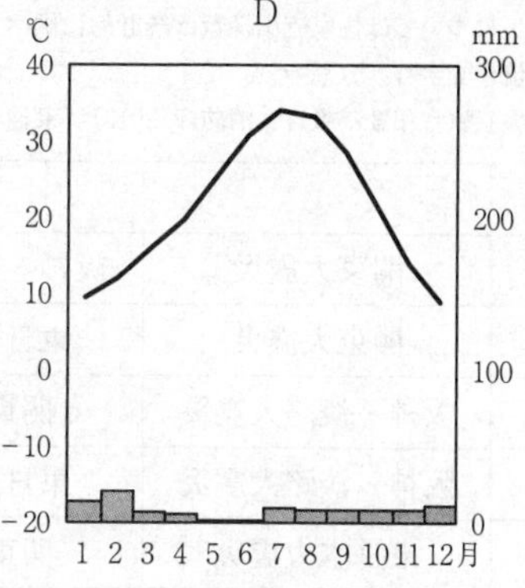

図 2

資料：『理科年表』。

(5)　**図1**の北アメリカ大陸北部において、高緯度で寒冷な地域にみられる針葉樹林の総称として適切なものを、次の選択肢から1つ選んで、解答欄にマークせよ。(**解答番号：5**)

A　グランチャコ　　B　セルバ
C　タイガ　　D　ツンドラ

問2　下線部**ウ**に関して、下記のA～Dは21世紀に入ってから発生した規模の大きな地震であるが、このうち海溝型地震として適切なものを、次の選択肢から1つ選んで、解答欄にマークせよ。(**解答番号：6**)

A　熊本地震　　B　東北地方太平洋沖地震
C　新潟県中越地震　　D　北海道胆振東部地震

問3　下線部**エ**に関して、**表2**は関東大震災、阪神・淡路大震災、東日本大震災の被害の状況を示している。**表2**の①～③の組み合わせとして適切なものを、次の選択肢から1つ選んで、解答欄にマークせよ。(**解答番号：7**)

表2

	規模(M)	最大震度	住家被害(棟)			死者・行方不明者(人)	震災の死者の主な死因
			全壊	全焼	流出		
①	7.3	7	104,906	7,036	–	6,437	圧死・損壊死
②	9.0	7	121,744	–	–	22,062	溺死
③	7.9	6	128,266	447,128	868	約105,000	火災

注：①の震災については住家流出棟数は統計的に調べられていない。②の震災については住家全壊棟数に全焼および流出を含む。

資料：『消防白書(令和3年版)』、消防庁(2013)『東日本大震災記録集』。

	①	②	③
A	関東大震災	阪神・淡路大震災	東日本大震災
B	関東大震災	東日本大震災	阪神・淡路大震災
C	阪神・淡路大震災	関東大震災	東日本大震災
D	阪神・淡路大震災	東日本大震災	関東大震災
E	東日本大震災	関東大震災	阪神・淡路大震災
F	東日本大震災	阪神・淡路大震災	関東大震災

問4　下線部**オ**に関して、2021年8月に福徳岡ノ場とよばれる海底火山が噴火した。その噴火で起こったこととして適切なものを、次の選択肢から1つ選んで、解答欄にマークせよ。(**解答番号：8**)

A　海底噴火で噴出した軽石が海流によって運ばれて南西諸島に漂着した
B　火口から流れ出した大量の溶岩流が海に流れ込んだ
C　上空に上がった火山灰が有人島に降り注いで集落を覆い尽くした
D　噴火の際の空気の振動で発生した津波が日本列島に押し寄せた

問5　下線部**カ**に関して、洪水災害とその対策を述べた文として**適切でないもの**を次の選択肢から1つ選んで、解答欄にマークせよ。(**解答番号：9**)

A　河川の水があふれたり、堤防が決壊したりして起こる洪水を内水氾濫という
B　河川の洪水時の水量を調整するために、遊水地がつくられる場合がある
C　森林は土壌中の地下水を涵養する役割をもち、緑のダムとも言われている
D　氾濫原では、旧河道や後背湿地で氾濫した水に浸かりやすい傾向にある

問6　下線部**キ**に関して、**図3**は岩手県宮古市重茂姉吉地区にある過去の災害を伝える石碑とそれに刻まれた文章である。この石碑は、1934年に建立されたと言われている。重茂姉吉地区の生存者は明治三陸地震(1896年)では2人、昭和三陸地震(1933年)では4人で、2度とも集落は全滅した。この地区は東日本大震災でも津波に襲われたが、碑の教訓を守ったことで津波による人的被害はなかった。**図3**の右枠の文章は石碑の文章を新字体で表記したものである。碑の文章の空欄に当てはまる文として適切なものを、次の選択肢から1つ選んで、解答欄にマークせよ。(**解答番号：10**)

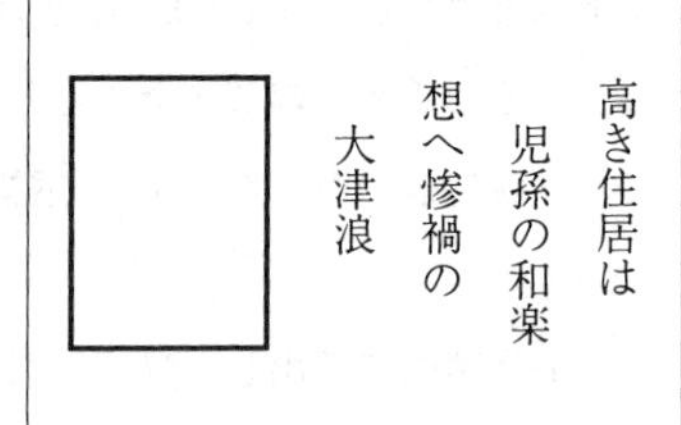

高き住居は
児孫の和楽
想へ惨禍の
大津浪

資料：『地理院地図』。

図 3

A　漁船は岸辺に繋いで守れ

B　此処(ここ)より下に家を建てるな

C　津浪は皆(みな)で集(つど)いて逃げよ

D　二度目の巨大な浪(なみ)を避けよ

問 7　下線部**ク**に関して、問6のように過去の災害やその教訓を伝える自然災害伝承碑の地図記号として適切なものを、次の選択肢から1つ選んで、解答欄にマークせよ。(**解答番号：11**)

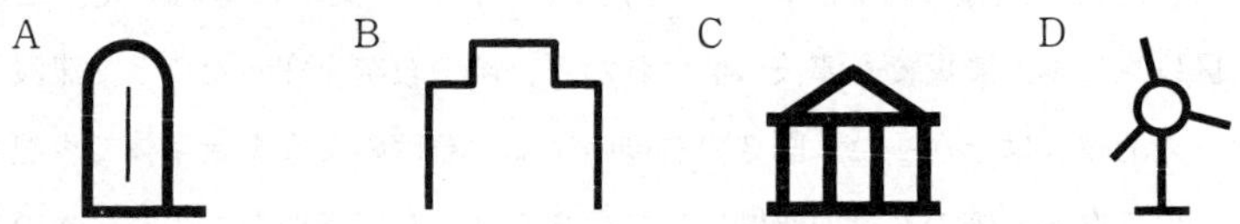

問 8　下線部**ケ**に関して、防災や減災に向けた取り組みを述べた文として**適切でないもの**を、次の選択肢から1つ選んで、解答欄にマークせよ。(**解答番号：12**)

A　家族などの身近な人と、普段から災害発生時の避難のことや連絡手段として災害用伝言ダイヤル(171)に伝言を残すことなどを決めておくことが大切である

B　災害が発生したときには、まず自分の命を守る自助の行動をとり、次に近隣の人々と助け合う共助の行動を行い、そして公助とよばれる公的支援を受けることが基本になる

C　ハザードマップで想定されている洪水や津波の浸水範囲、噴火における火山災害が及ぶ範囲は正確であるから、災害発生時にそれを守って避難する必要がある

D　避難行動を阻害する正常性バイアスにおちいらずに的確に判断して、迅速に避難することが災害から身を守るために重要である

〔Ⅱ〕　東南アジアに関する下記の設問に答えよ。

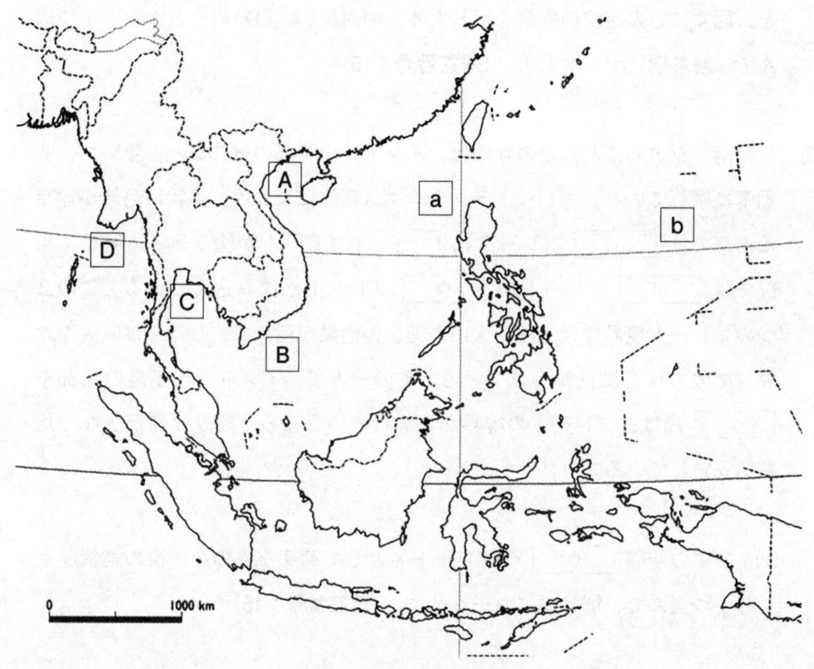

図4

問１　**図４**の経線 a が付近を通る都市として適切なものを、次の選択肢から１つ選んで、解答欄にマークせよ。(**解答番号：13**)

A　ハンチョウ(杭州)　　B　パース

C　ペキン(北京)　　D　ピョンヤン(平壌)

問２　**図４**の緯線 b が通る国として**不適切なもの**を、次の選択肢から１つ選んで、解答欄にマークせよ。(**解答番号：14**)

A　インド　　B　グアテマラ

C　スーダン　　D　サウジアラビア

問３　インドシナ半島を流れる河川の多くは、ヒマラヤ山脈やチベット高原、中国雲南省を源にしている。**これらの地域を源としない**河川として適切なものを、**図４**にその河口の位置を示した４つの河川(**A**～**D**)のうちから、１つ選んで、解答欄にマークせよ。(**解答番号：15**)

問４　東南アジアのほとんどの地域は、インドシナ半島の東部などを除いて、変動帯に属している。プレートテクトニクス理論によれば、弧状に島嶼が連なる南部では　ア　プレートに　イ　プレートが沈み込み、同じく東部では　ア　プレートに　ウ　プレートが沈み込んでいる。この２つのプレート境界付近では、火山や地震の活動が活発で、しばしば噴火や地震、津波の被害に見舞われている。その一方で、インドシナ半島の東部や　エ　島は、プレートの境界から離れているため、地殻変動が少なく比較的安定している。

(1)　文中の空欄　ウ　のプレート名として適切なものを、次の選択肢から１つ選んで、解答欄にマークせよ。(**解答番号：16**)

A　インド・オーストラリア　　B　太平洋

C　フィリピン海　　D　ユーラシア

(2)　文中の空欄 エ の島の名称として適切なものを、次の選択肢から1つ選んで、解答欄にマークせよ。(**解答番号：17**)

A　カリマンタン(ボルネオ)　　B　ジャワ

C　ニューギニア　　D　ルソン

問5　東南アジアの気候の特色はモンスーン(季節風)の強い影響を受けていることである。5月から10月にかけてはインド洋からの オ モンスーンが吹き、逆に、11月から4月にかけては カ モンスーンが吹き込む。前者の影響によって、険しい山脈が連なるインドシナ半島の キ 部は、<u>夏季に降水量が特に多く、弱い乾期を持つ気候</u>[a]になる。上記の両者の影響を受けるインドシナ半島の ク 部は雨季と乾季が交代する気候になる。一方で赤道付近は1年を通じて雨が多い気候になっている。

(1)　文中の空欄 オ に該当するものを、次の選択肢から1つ選んで、解答欄にマークせよ。(**解答番号：18**)

A　南東　　B　南西　　C　北東　　D　北西

(2)　文中の下線aに該当する気候がみられる都市名として**不適切なもの**を、次の選択肢から1つ選んで、解答欄にマークせよ。(**解答番号：19**)

A　ケアンズ　　B　コルカタ　　C　マイアミ　　D　マカパ

問6　下の**表3**は、1967年に結成されたASEANの当初の加盟5か国のうちシンガポールを除いた4か国における輸出の上位5品目の構成と輸出総額を示したものである。

表3

A国 商品名	輸出総額に占める割合(%)	B国 商品名	輸出総額に占める割合(%)	C国 商品名	輸出総額に占める割合(%)	D国 商品名	輸出総額に占める割合(%)
機械類	42.0	機械類	29.1	b	13.0	機械類	64.8
石油製品	7.0	自動車	11.2	a	8.8	野菜・果実	4.6
c	4.2	プラスチック	4.6	機械類	8.3	精密機械	2.6
精密機械	3.8	金(非貨幣用)	3.4	衣類	5.1	金(非貨幣用)	2.1
a	3.5	ゴム製品	3.4	自動車	4.8	銅	1.9
総額(百万米ドル)	238,089	総額(百万米ドル)	233,674	総額(百万米ドル)	167,003	総額(百万米ドル)	70,927

注：統計年次は2019年。
資料：『世界国勢図会　2021/22』。

(1)　タイに該当する国を**表3**のA～Dから1つ選んで、解答欄にマークせよ。(**解答番号：20**)

(2)　**表3**のaは東南アジアで発達したプランテーション農業に関連する品目である。その品目として適切なものを、次の選択肢から1つ選んで、解答欄にマークせよ。(**解答番号：21**)

A　天然ゴム　　B　バナナ　　C　パーム油　　D　やし油

(3)　**表3**のbに該当する品目として適切なものを、次の選択肢から1つ選んで、解答欄にマークせよ。(**解答番号：22**)

A　液化天然ガス　　B　原油
C　石炭　　D　ボーキサイト

問7　下記のA～Dの文章は、1990年代後半にASEANに新たに加わった国々のうち、カンボジア・ベトナム・ミャンマー・ラオスの4か国についての説明である。このうち、ラオスに該当するものを、次の選択肢から1つ選んで、解答欄にマークせよ。(**解答番号：23**)

A　国土の多くが山岳地域で占められて、国土面積に占める農地の割合は10％ほどである。この4か国の中では、農林水産業就業者人口比が最も高く、人口が最も少ない。

B　南北に細長く伸びる国土が特徴である。この4か国の中では人口が最も多く、人口密度も最も高い。国土面積に占める農地の割合は40％弱であり、一人当たりGDPが最も高い。

C　国土の大部分が東部を貫通する国際河川とその支流の流域である。国土面積に占める農地の割合は30％弱である。農林水産業就業者人口比が30％ほどであり、この4か国の中では最も低い。

D　南北に伸びる長い国土が特徴で、この4か国の中では面積が最も広い。国土面積に占める農地の割合は20％弱である。この4か国の中では、一人当たりGDPが最も小さい。

問8　東南アジアでは、マレー半島やその島嶼部にはマレー系の人々が、インドシナ半島にはクメール系やタイ系、ミャンマー系の人々が居住していた。そこに、商人や建設・鉱山労働者として［ j ］系住民が移り住み、さらにプランテーション労働者として［ k ］系住民が流入し、土着の民族と混血も進んで複雑な民族構成となった。空欄［ k ］に該当するものを、次の選択肢から1つ選んで、解答欄にマークせよ。**(解答番号：24)**

A　アラブ　　B　インド

C　中国　　D　ミクロネシア

〔Ⅲ〕 ドナウ川流域の国々に関する次の1～4の文章を読んで、下記の設問に答えよ。

1．この国はウラル語族の言語を公用語とする。ドナウ川以東には［ ア ］と呼ばれる大平原が広がっており、小麦や<u>トウモロコシ</u>①の栽培と牛・豚の飼育などの混合農業が盛んである。2015年から2016年にかけての欧州難民危機では国境にフェンスを設置し、EUの移民・難民政策に対して反発した。

2．この国は［ イ ］に面し、沿岸部には入り組んだ海岸線と数多くの島々がみられ、背後には山脈が走っている。ドナウ川とその支流が流れる北部には、肥沃な平野が広がっている。［ イ ］沿岸部は冬に冷たく乾燥した「ボラ」と呼ばれる局地風が吹く。旧ユーゴスラビア社会主義連邦共和国の構成国であり1991年に独立したものの、セルビア系住民との紛争が激化した。2009年に<u>NATO</u>②に加盟し、2013年にはEUに加盟した。宗教はカトリックが主流である。

3．この国は14世紀末以降、約500年間にわたりオスマン帝国の支配下におかれ、その影響が言語や文化面でもみられる。住民はスラブ系が多数を占め、キリル文字を用い、宗教は［ ウ ］が主流である。農業は穀物生産や酪農が中心で、ぶどうなどの果樹、香水用のバラなどの商品作物の栽培も盛んである。2007年にEUに加盟した。

4．この国ではラテン系住民が多数を占めている。石油や<u>天然ガス</u>③を産出している。ドナウ川の北に広がる平原は穀倉地帯で小麦、トウモロコシ、ヒマワリの産地である。ドナウ川は［ エ ］に注ぎ、河口周辺にはヨーロッパ最大級の三角州(<u>ドナウデルタ</u>④)が広がっている。多種多様な鳥類や魚類が生息しており、世界自然遺産や、湿地などの保全を目的とした［ オ ］条約にも登録されている。

問1　**表4**は、説明文1～4の国々の人口や経済状況を示したものである。説明文1に該当する国として適切なものを、**表4**の選択肢(A～D)から1つ選ん

で、解答欄にマークせよ。(**解答番号：25**)

表4

	人口 (千人)	GDP (百万米ドル)	一人当たりGNI (名目、米ドル)	農林水産業就業人口	
				(千人)	対総就業人口比(%)
A	4,105	60,415	14,561	105	6.2
B	9,660	163,469	16,424	215	4.7
C	6,948	67,926	9,794	215	6.6
D	19,238	250,076	12,733	1,840	21.2

注：統計年次は人口が2020年、GDPと一人当たりGNI(名目)、農林水産業就業人口は2019年。
資料：『世界国勢図会　2021/22』。

問2　空欄 ア に該当するものを、次の選択肢から1つ選んで、解答欄にマークせよ。(**解答番号：26**)

A　カンポ　　B　パンパ　　C　プスタ　　D　プレーリー

問3　下線部①に関して、2022年のロシアのウクライナへの軍事侵攻により食料供給に関する世界的な影響が懸念されている。**表5**は2019年の世界のトウモロコシの生産量と輸出量の上位5か国を示したものである。表中のX～Zはウクライナ、中国、ブラジルのいずれかである。X～Zに該当する国名の組み合わせとして適切なものを、次の選択肢から1つ選んで、解答欄にマークせよ。(**解答番号：27**)

表5

順位	生産量		輸出量	
	国	（千t）	国	（千t）
1位	アメリカ合衆国	347,048	Y	42,752
2位	X	260,779	アメリカ合衆国	41,562
3位	Y	101,139	アルゼンチン	36,076
4位	アルゼンチン	56,861	Z	24,464
5位	Z	35,880	ルーマニア	6,676

注：統計年次は2019年。
資料：『世界国勢図会　2021/22』。

	X	Y	Z
A	ウクライナ	中国	ブラジル
B	ウクライナ	ブラジル	中国
C	中国	ウクライナ	ブラジル
D	中国	ブラジル	ウクライナ
E	ブラジル	ウクライナ	中国
F	ブラジル	中国	ウクライナ

問4　空欄 イ に該当するものを、次の選択肢から1つ選んで、解答欄にマークせよ。(**解答番号：28**)

A　アドリア海　　B　エーゲ海　　C　カスピ海　　D　黒海

問5　下線部②に関して、フィンランドとスウェーデンは、ロシアのウクライナ侵攻を受けてこれまでの中立政策を転換し、2022年5月にNATOへの加盟を申請した。この時点でNATOに加盟していない国を、次の選択肢から1つ選んで、解答欄にマークせよ。(**解答番号：29**)

A　エストニア　　　　B　オーストリア

C　トルコ　　　　D　ノルウェー

問6　空欄 ウ に該当するものを、次の選択肢から1つ選んで、解答欄にマークせよ。**(解答番号：30)**

A　イスラーム　　　　B　カトリック

C　正教会　　　　D　プロテスタント

問7　下線部③に関し、2019年の天然ガスの生産と輸出入について説明した文として**誤っているもの**を、次の選択肢から1つ選んで、解答欄にマークせよ。**(解答番号：31)**

A　アメリカは生産量が1位、輸出が2位であり、輸入量では4位である

B　ドイツの輸入先は、1位がロシア、2位がノルウェーである

C　日本の輸入先は、1位がオーストラリア、2位がロシアである

D　ロシアは生産量では2位であり、輸出量では1位である

問8　空欄 エ の海に面した国として**適切でないもの**を、次の選択肢から1つ選んで、解答欄にマークせよ。**(解答番号：32)**

A　アゼルバイジャン　　　　B　ウクライナ

C　ジョージア　　　　D　トルコ

問9　下線部④に関して、ドナウデルタを北緯45度線が通過している。この緯度に最も近い都市を、次の選択肢から1つ選んで、解答欄にマークせよ。**(解答番号：33)**

A　シャンハイ(上海)　　　　B　バグダッド

C　ミネアポリス　　　　D　リスボン

問10 空欄 オ に該当するものを、次の選択肢から1つ選んで、解答欄にマークせよ。(**解答番号:34**)

A ウィーン B ワシントン C バーゼル D ラムサール

〔Ⅳ〕 次の**表6**は、日本のプロ野球12球団について、球団名や主力選手で構成される「一軍」の本拠地などを整理したものである。**表6**に関して次の設問に答えよ。

表6

	球団名	本拠地	本拠地所在都市
セントラル・リーグ	読売ジャイアンツ	東京ドーム	東京都文京区
	阪神タイガース	阪神甲子園球場	兵庫県西宮市
	中日ドラゴンズ	バンテリンドーム ナゴヤ	愛知県名古屋市
	横浜 DeNA ベイスターズ	横浜スタジアム	神奈川県横浜市
	広島東洋カープ	MAZDA Zoom-Zoom スタジアム広島	広島県広島市
	東京ヤクルトスワローズ	明治神宮野球場	東京都新宿区
パシフィック・リーグ	オリックス・バファローズ	京セラドーム大阪	大阪府大阪市
	福岡ソフトバンクホークス	福岡 PayPay ドーム	福岡県福岡市
	北海道日本ハムファイターズ	札幌ドーム	北海道札幌市
	千葉ロッテマリーンズ	ZOZO マリンスタジアム	千葉県千葉市
	埼玉西武ライオンズ	ベルーナドーム	埼玉県所沢市
	東北楽天ゴールデンイーグルス	楽天生命パーク宮城	宮城県仙台市

資料:日本野球機構ウェブサイト。

問1 **表6**の北海道日本ハムファイターズの本拠地のある札幌市の緯度は北緯43度04分、経度は東経141度21分である。また、福岡ソフトバンクホークスの本拠地のある福岡市の緯度は北緯33度36分、経度は東経130度25分である。2つの都市の直線距離として最も近いものを、次の選択肢から1つ選んで、マークせよ。(**解答番号:35**)

A　500 km　　B　1, 000 km　　C　1, 500 km　　D　2, 000 km

問 2　**表 6** の阪神タイガースの本拠地のある兵庫県西宮市の日の出が 4 時 54 分、日の入が 19 時 14 分である日の、札幌市の日の出、日の入の時刻の組み合わせとして適切なものを、次の選択肢から 1 つ選んで、マークせよ。(**解答番号：36**)

	日の出		日の入
A	4 時 06 分	－	18 時 15 分
B	4 時 06 分	－	19 時 15 分
C	5 時 06 分	－	18 時 15 分
D	5 時 06 分	－	19 時 15 分

問 3　**表 6** のように、各球団の「一軍」のチームは、セントラル・リーグとパシフィック・リーグの 2 グループに分かれているのに対して、「二軍」のチームは、イースタン・リーグとウェスタン・リーグの 2 グループに分かれている。ウェスタン・リーグに属するのは名古屋市以西(名古屋市を含む)のチームである。ここで、ウェスタン・リーグのチーム数として適切なものを、次の選択肢から 1 つ選んで、マークせよ。なお、二軍チームと一軍チームの本拠地所在都市が同一都道府県内でない 5 球団の二軍チーム本拠地所在都市は、以下の通りである。(**解答番号：37**)

・読売ジャイアンツ(神奈川県川崎市)
・広島東洋カープ(山口県岩国市)
・東京ヤクルトスワローズ(埼玉県戸田市)
・北海道日本ハムファイターズ(千葉県鎌ケ谷市)
・千葉ロッテマリーンズ(埼玉県さいたま市)

A　4 チーム　　B　5 チーム　　C　6 チーム　　D　7 チーム

問 4 **図5**は、**表6**の横浜DeNAベイスターズ、広島東洋カープ、東北楽天ゴールデンイーグルスの本拠地がある横浜市、広島市、仙台市の雨温図を示したものである。①～③の都市名の組み合わせとして適切なものを、次の選択肢から1つ選んで、マークせよ。(**解答番号：38**)

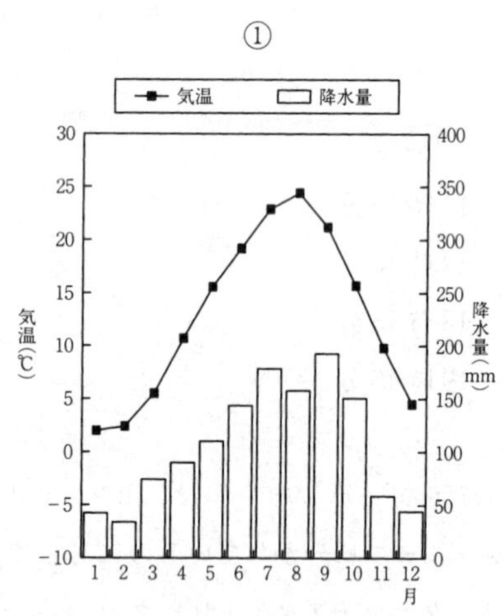

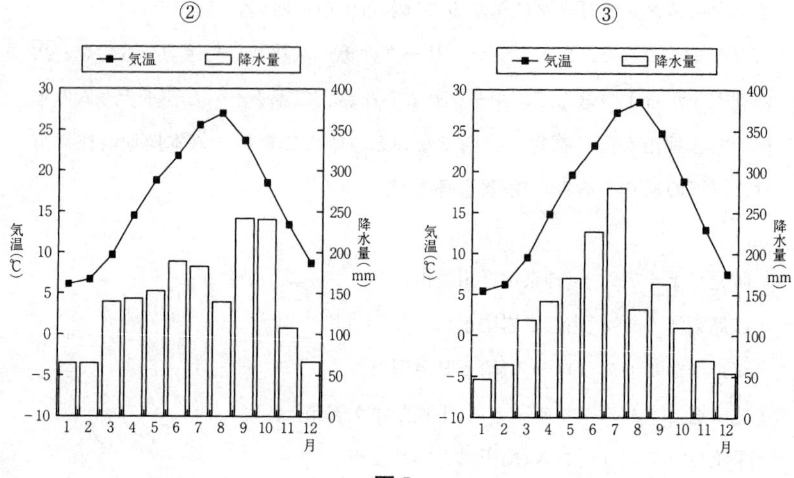

図5

資料：『理科年表プレミアムデータ』。

	①	②	③
A	横浜市	広島市	仙台市
B	横浜市	仙台市	広島市
C	広島市	横浜市	仙台市
D	広島市	仙台市	横浜市
E	仙台市	横浜市	広島市
F	仙台市	広島市	横浜市

問 5　**表 6** の 12 球団の本拠地所在都市は、いずれも、東京特別区や政令指定都市、それらへの通勤圏内の都市であり、多くの人口を擁している。ここで、12 球団の本拠地所在都市がある 11 都道府県の日本全体に占める人口割合(2020 年国勢調査によるもの)として最も近いものを、次の選択肢から 1 つ選んで、マークせよ。(**解答番号：39**)

A　20 %　　B　40 %　　C　60 %　　D　80 %

問 6　**表7**は、**表6**の12球団の本拠地所在都市がある11都道府県の製造品出荷額等を示したものである。①〜③の都県名の組み合わせとして適切なものを、次の選択肢から1つ選んで、マークせよ。(**解答番号：40**)

表7

都道府県名	製造品出荷額等
①	47兆9,244億円
②	17兆7,461億円
大阪府	16兆9,384億円
兵庫県	16兆2,633億円
埼玉県	13兆7,582億円
千葉県	12兆5,183億円
福岡県	9兆9,122億円
広島県	9兆7,415億円
③	7兆1,608億円
北海道	6兆　489億円
宮城県	4兆5,336億円

注：従業者4人以上の事業所に関するデータ。
資料：経済産業省『工業統計表(2020年確報)』。

	①	②	③
A	愛知県	神奈川県	東京都
B	愛知県	東京都	神奈川県
C	神奈川県	愛知県	東京都
D	神奈川県	東京都	愛知県
E	東京都	愛知県	神奈川県
F	東京都	神奈川県	愛知県

問 7　読売ジャイアンツは、宮崎市と那覇市において2022年度春季キャンプを行った。**図6**は、東京都、宮崎県、沖縄県の人口と65歳以上人口割合の推移を示したものである。①〜③の都県名の組み合わせとして適切なものを、次の選択肢から1つ選んで、マークせよ。(**解答番号：41**)

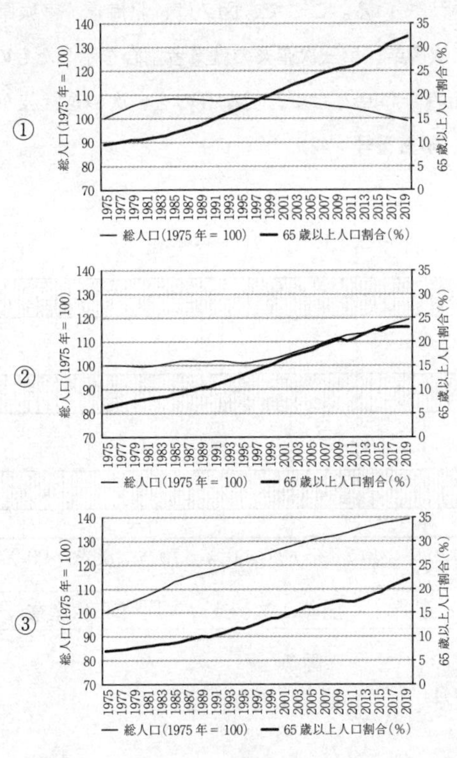

図6

資料：総務省統計局『統計でみる都道府県のすがた(2022年)』。

	①	②	③
A	東京都	宮崎県	沖縄県
B	東京都	沖縄県	宮崎県
C	宮崎県	東京都	沖縄県
D	宮崎県	沖縄県	東京都
E	沖縄県	東京都	宮崎県
F	沖縄県	宮崎県	東京都

問 8　**表6**の北海道日本ハムファイターズ、東北楽天ゴールデンイーグルスのオーナー企業は、それぞれ食品製造業、情報産業である。また、広島東洋カープのオーナーは自動車産業のマツダの創業者一家の関係者であり、本拠地もMAZDAの名を冠している。ここで、**図7**は、北海道、宮城県、広島県の第一次産業、第二次産業、第三次産業の就業者割合を示したものである。①～③の道県名の組み合わせとして適切なものを、次の選択肢から1つ選んで、マークせよ。(**解答番号：42**)

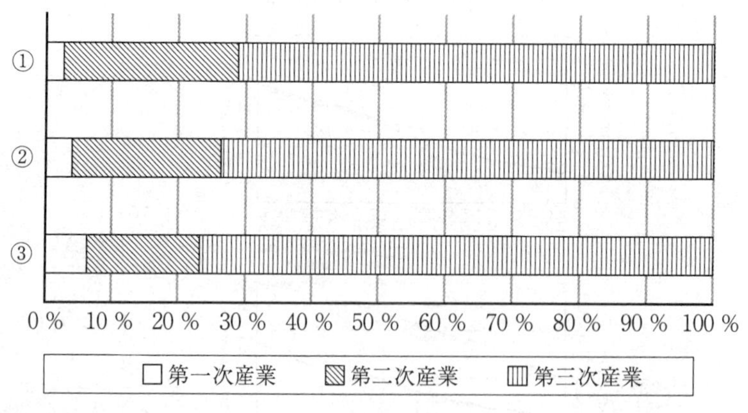

図7

資料：『国勢調査(2020年)』。

	①	②	③
A	北海道	宮城県	広島県
B	北海道	広島県	宮城県
C	宮城県	北海道	広島県
D	宮城県	広島県	北海道
E	広島県	北海道	宮城県
F	広島県	宮城県	北海道

問 9　北海道日本ハムファイターズのオーナー企業は、食品製造業であり、畜産加工品が主力商品である。ここで、**図 8** は、北海道、宮城県、埼玉県の農業産出額を米、米以外の耕種、畜産の 3 部門に分けた場合の構成を示したものである。①～③の道県名の組み合わせとして適切なものを、次の選択肢から 1 つ選んで、マークせよ。(**解答番号：43**)

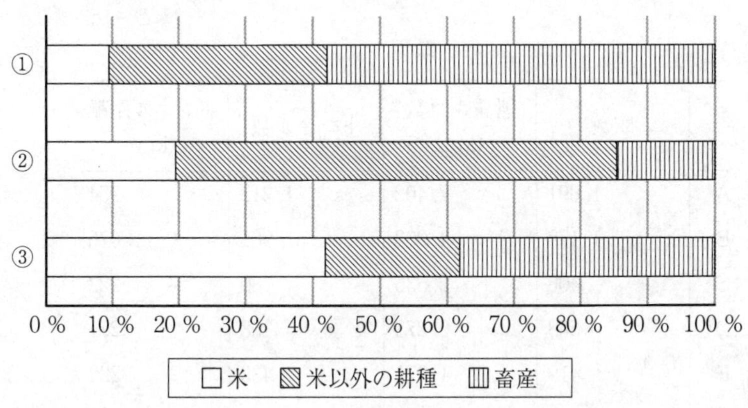

図 8

資料：農林水産省「令和 2 年　生産農業所得統計」。

	①	②	③
A	北海道	宮城県	埼玉県
B	北海道	埼玉県	宮城県
C	宮城県	北海道	埼玉県
D	宮城県	埼玉県	北海道
E	埼玉県	北海道	宮城県
F	埼玉県	宮城県	北海道

問10　東京ヤクルトスワローズは、かつては国鉄スワローズという球団名で、当時の国鉄（日本国有鉄道）がオーナー企業であった。国鉄は1987年に分割民営化され、JR各社に経営移行されたが、**表8**は、JR各社（JR貨物を除く）の駅数などを整理したものである。このうち、JR北海道に該当するものとして適切なものを、表中のA～Fの選択肢から1つ選んで、マークせよ。
（解答番号：44）

表8

	駅数	営業キロ数（km）	トンネル数	トンネル距離（km）
A	1,691	7,402	1,218	954
B	1,178	4,903	961	676
C	406	2,536	180	222
D	568	2,273	468	271
E	419	1,971	433	223
F	260	855	277	93

資料：国土交通省『鉄道統計年報（令和元年度）』。

問11　横浜DeNAベイスターズは、かつては横浜大洋ホエールズという球団名で、遠洋漁業を営む会社がオーナー企業であった。**図9**は、日本の漁業種類(海面養殖業、沿岸漁業、沖合漁業、遠洋漁業)ごとの漁業・養殖業生産量の推移を示したものである。このうち、遠洋漁業に該当するものとして適切なものを、図中のA～Dの選択肢から1つ選んで、マークせよ。(**解答番号：45**)

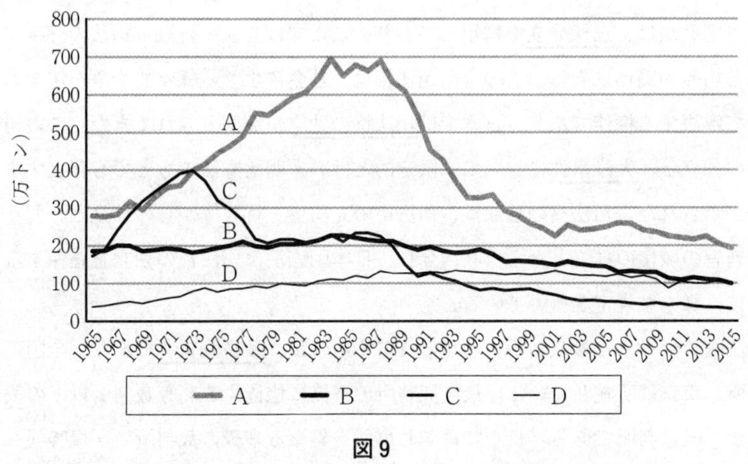

図9

資料：農林水産省『漁業・養殖業生産統計』。

問12　アメリカ合衆国のワシントン州にある水産都市を本拠地とする、メジャーリーグの球団名として適切なものを、次の選択肢から1つ選んで、マークせよ。(**解答番号：46**)

A　シアトル・マリナーズ

B　ピッツバーグ・パイレーツ

C　フロリダ・マーリンズ

D　ワシントン・ナショナルズ

政治・経済

(60分)

〔Ⅰ〕 次の文章を読み、設問1～10(**解答番号1～10**)に答えなさい。

日本国憲法は、三権分立(ア)を採用しており、ここでは立法・行政・司法の三権が抑制と均衡の関係にある。このうち司法権は、社会に生じる様々な紛争を法を適用して解決する権能であり、日本では司法権の独立(イ)が原則とされてきた。この司法権の独立は、大津事件(ウ)において、限定的とはいえ明治憲法のもとでも存在することが示された。司法権の独立は、司法権の立法権・行政権からの独立と、個々の裁判官の職権の独立とからなり、今日、日本国憲法は司法権の独立を確保するために、様々な規定を置いている。

司法権をつかさどる裁判所の頂点に位置するのが、最高裁判所(エ)であり、全国に一か所、東京に所在している。最高裁判所の下位に位置する高等裁判所以下の裁判所(オ)が下級裁判所である。日本では同じ事件を異なる審級の裁判所に反復審判させる制度が採られており、しばしば、地方裁判所から高等裁判所へ、さらに高等裁判所から最高裁判所へと上訴が行われている。

裁判所が行う裁判(カ)には、民事裁判と刑事裁判とがある。このうち民事裁判は、取引などにおける私人間の権利義務(キ)に関する紛争を解決するための裁判であり、家族関係をめぐる争いもここに含まれる。刑事裁判は、犯罪を疑われて起訴された者について、法を適用して刑罰を科す裁判である。刑事裁判においては1人の冤罪(えんざい)(ク)も出さないことが何よりも重要である。このほかに、裁判には、政府や地方公共団体の行った行政行為に対して国民が権利救済を求める行政裁判もある。

裁判は今日の国民生活にとって極めて重要な役割を果たしている。21世紀に入り、我が国では、社会の複雑・多様化、国際化などに加えて、規制緩和などの改革による社会の変化に伴い、司法の役割はより重要なものになっている。そこで、司法の機能を充実強化し、国民が身近に利用することができ、社会の法的ニーズに的確にこたえることができるよう、司法制度改革(ケ)という一連の改革が行われた。その一環として裁判員制度(コ)が導入されたのである。

設問 1　下線部(ア)に関連し、権力分立を主張し、『法の精神』を著した者に影響を与えたとされる人物名として、もっとも適切なものを一つ選び、(**解答番号 1**)にマークしなさい。

A　コーク　　B　ホッブズ

C　ロック　　D　リンカン

設問 2　下線部(イ)に関する記述として、適切でないものを一つ選び、(**解答番号 2**)にマークしなさい。

A　裁判官は弾劾裁判所の裁判によっては罷免されない。

B　行政機関は裁判官の懲戒処分を行うことができない。

C　最高裁判所は裁判所の内部規律などについての規則制定権を有する。

D　裁判所のみが司法権を有する。

設問 3　下線部(ウ)に関連し、大津事件のときの大審院長は誰か。もっとも適切なものを一つ選び、(**解答番号 3**)にマークしなさい。

A　河上肇　　B　児島惟謙

C　河合栄治郎　　D　植木枝盛

設問 4　下線部(エ)に関する記述として、もっとも適切なものを一つ選び、(**解答番号 4**)にマークしなさい。

A　違憲立法審査権は、最高裁判所のみが行使することができる権限である。

B　最高裁判所の裁判官は長官と 15 名の裁判官で構成される。

C　最高裁判所の裁判官の国民審査は、任命後最初の衆議院議員総選挙のさいにおこなわれ、その後 10 年を経過するごとにおこなわれる。

D　下級裁判所の裁判官は、最高裁判所が任命する。

設問 5　下線部(オ)に関する記述として、もっとも適切なものを一つ選び、(**解答番号 5**)にマークしなさい。

A　下級裁判所には行政裁判所も含まれる。

B　第一審判決に対して上訴することを上告という。

C　裁判所のなす判断は判決のみである。

D　高等裁判所は全国に8か所ある。

設問 6　下線部(カ)に関する記述として、もっとも適切なものを一つ選び、(**解答番号 6**)にマークしなさい。

A　裁判にかかわる裁判官、検察官、司法書士を法曹三者とよぶ。

B　民事裁判では、訴えた側を原告、訴えられた側を被告といい、刑事裁判では、犯罪を疑われて起訴された者を被告人という。

C　警察は、犯罪が発生すると事件を取り調べ、被疑者を起訴するかそれとも不起訴とするかを判断する。

D　民事裁判では原則として故意の場合に責任を問われるのに対し、刑事裁判では故意でも過失でも責任を問われるのが普通である。

設問 7　下線部(キ)に関連し、私人相互の関係を規律する私法に属する法律はどれか。もっとも適切なものを一つ選び、(**解答番号 7**)にマークしなさい。

A　会社法　　B　日本国憲法

C　地方自治法　　D　民事訴訟法

設問 8　下線部(ク)に関連し、再審によって無罪となった冤罪事件として、適切でないものを一つ選び、(**解答番号 8**)にマークしなさい。

A　免田事件　　B　財田川事件

C　松山事件　　D　砂川事件

設問 9　下線部(ケ)によって実現したこととして、もっとも適切なものを一つ選び、(**解答番号 9**)にマークしなさい。

A　法科大学院(ロースクール)の設置

B　検察審査会制度の導入

C　代用刑事施設(代用監獄)の廃止

D　14歳以上の犯罪少年についての実名報道の解禁

設問10　下線部(コ)に関する記述として、もっとも適切なものを一つ選び、(**解答番号 10**)にマークしなさい。

A　裁判員制度の対象となるのはすべての刑事裁判である。

B　有罪か無罪かは裁判員だけで判断する。

C　裁判員は第一審だけでなく控訴審以降も裁判に関与する。

D　裁判員裁判は、原則として裁判員6名、裁判官3名で構成される。

〔Ⅱ〕次の文章を読み、設問1～10(**解答番号 11～20**)に答えなさい。

昨今ニュースや新聞で「物価」という言葉を頻繁に目にするようになった。ロシアによるウクライナ侵攻を背景に、2022年初頭から原油・肥料価格が高騰し、6月の消費者物価指数(ア)(生鮮食品を除いた指数)は10か月連続で上昇することになった。一方、物価上昇に対して賃金水準は伸び悩んでおり、個人消費の冷え込み、景気への悪影響が懸念されている。これを受けて、政府は物価高騰対策(イ)の一環として、農家への支援策、節電ポイントの付与、地方創生臨時交付金の活用等を進めている。

このように最近注目を集める物価問題であるが、歴史を辿れば物価の継続的な上昇、いわゆるインフレーションは珍しい現象ではなかった。第二次世界大戦直後、日本ではハイパーインフレーションが発生した。これによって政府債務残高の対GDP比は急落し、実質的な政府債務は圧縮された。政府は預金封鎖、高い財産税、超均衡予算、いわゆる［　1　］を実施し、これによりハイパーインフレーションは収束した。

高度経済成長期には総需要が総供給を上回る状況が続いたため、消費者物価の上昇傾向が見られた。この当時、企業物価は安定していたが、石油ショック直後に原油価格の高騰と賃金上昇によって企業物価も上昇した。この現象は ［ 2 ］ といわれた。その後、高度経済成長の終焉に伴って日本経済は不況に陥り、インフレーションと不況が同時に進むスタグフレーションに直面することになった。

1980年代に入ると、プラザ合意によって急激な円高が進行したことを受けて、円高対策として、公定歩合の引き下げが繰り返し行われた。その結果、不動産価格と株価が高騰し、日本経済はいわゆるバブル景気(ウ)に突入することになった。

だが、バブル経済の崩壊によって資産価格が急落し、総需要が落ち込んだことでデフレーションと不況が相互に悪循環する現象、いわゆるデフレスパイラル現象が発生した。デフレ下における賃金水準の伸び悩み、新自由主義的な政策路線を背景に、2000年代以降は格差拡大(エ)や貧困問題が表面化するようになった。

長らく続くデフレ状態からの脱却のため、第二次安倍内閣で新たにインフレターゲットが設定された。いわゆるアベノミクスと呼ばれる政策のもと、2013年に量的・質的金融緩和政策(オ)、2016年にマイナス金利政策が導入された。

2020年初頭に世界的な大流行となった新型コロナウイルス感染症では、マスクの高額転売や物の買いだめによる供給ショックで、部分的な価格上昇が起こった。だが、新型コロナウイルス感染症の影響による需要ショックで、2020年初頭の消費者物価指数はむしろ低下することになった。一時的な供給不足はその後解消されたが、依然としてパンデミック(カ)の収束はみえていない。

このように日本経済の歴史は物価との闘いでもあった。この30年、日本経済はデフレ脱却のために様々な政策を取ってきたが、昨今では生活に悪影響を及ぼすインフレをいかに抑制するかという課題に直面している。政府は直近では物価高騰対策を行いつつ、長期的には再生可能エネルギー(キ)の普及等によってエネルギーの安定的・持続可能な供給確保を目指している。だが、日本は化石資源に恵まれず、国際的にエネルギー自給率が低い状況にある。また、炭素税や排出権取引などのカーボンプライシング(ク)への取り組みも欧州諸国と比べると十分に進んでいるとはいえない。物価上昇に対応しつつも、持続可能な経済を確立していくという難しい課題に日本経済は直面しているのである。

設問 1　下線部(ア)に関連して、経済指標に関する説明として、もっとも適切なものを一つ選び、(**解答番号 11**)にマークしなさい。

A　GDP デフレーターとは、GDP を用いた物価指数のことであり、実質 GDP をこのデフレーターで割って名目 GDP を算出する。

B　消費者物価指数とは、消費者が日常的に購入している財・サービスの価格動向を示すものであり、消費や生計費の動きを調べることが狙いとされている。

C　生産者出荷段階や卸売出荷段階で扱われる財やサービスは、企業物価指数の対象とならない。

D　購買力平価とは、外国為替相場を物価水準の比率で算出するものであり、一国の購買力平価は商品にかかわらず一つである。

設問 2　下線部(イ)に関連して、物価(価格)と需要・供給の法則に関する記述として、もっとも適切なものを一つ選び、(**解答番号 12**)にマークしなさい。

A　超過供給が生じると価格は上昇方向に動き、超過需要が生じると価格は下落方向に動く。

B　需要曲線は右上がりの曲線、供給曲線は右下がりの曲線であり、需要と供給が一致したときに成立する価格を均衡価格という。

C　需要が増加すると需要曲線は左に移動し、供給が増加すると供給曲線は右に移動する。

D　一般的にぜいたく品は生活必需品よりも価格の変化に対して需要が大きく反応し、反対に生活必需品はぜいたく品よりも価格の変化に対して需要が小さく反応する。

設問 3　文中の空欄 [1] に入るもっとも適切なものを一つ選び、(**解答番号 13**)にマークしなさい。

A　プライマリー・バランス　　B　シャウプ勧告

C　ドッジ・ライン　　D　デノミネーション

設問 4 文中の空欄 [2] に入るもっとも適切なものを一つ選び、(**解答番号 14**)にマークしなさい。

A 狂乱物価　　B 物価統制

C 大恐慌　　D 財政破綻

設問 5 下線部(ウ)に関連する記述として、もっとも適切なものを一つ選び、(**解答番号 15**)にマークしなさい。

A 2008 年の米国での不動産バブル崩壊の端緒となったサブプライムローンは、ローンの信用度が高い高所得者を主な対象とする住宅ローンのことである。

B 世界で最も古いバブル景気としては、1630 年代に米国で起きたチューリップ・バブルがあげられる。

C 通貨供給量が経済活動に必要かつ適切な水準を超えて物価が上昇する状態のことを「過剰流動性」と呼ぶ。

D 日本ではバブル経済崩壊後に金融機関の多くが事前に不良債権処理を実施していたので、経営不振に陥ることはなかった。

設問 6 下線部(エ)に関連する記述として、もっとも適切なものを一つ選び、(**解答番号 16**)にマークしなさい。

A 2015 年の調査によれば、日本の子どもの相対的貧困率は OECD 諸国平均より非常に低い。

B ジニ係数は所得格差の大きさを表す指標の一つであり、1に近づくほど所得格差が大きいことを意味する。

C ローレンツ曲線は富の集中度をはかる曲線であり、所得格差が大きいほど 45 度線に接近するようになる。

D 1980 年代と比べて 2000 年代以降の日本の当初所得(再分配前の所得)のジニ係数は低下してきている。

設問 7 下線部(オ)に関連して、金融政策に関する記述として、もっとも適切なものを一つ選び、(**解答番号17**)にマークしなさい。

A　マイナス金利政策のもとでは、市中銀行に預金をすると利子を支払わなければならず、預金額が徐々に目減りしていくことになる。

B　ゼロ金利政策とは、政策金利を限りなくゼロに誘導する金融政策であり、日本では1999年以降導入されてきたが、2022年初頭に物価高騰対策として金利引き上げが実施された。

C　日本で実施されたインフレターゲット政策とは、穏やかなインフレを目指し、消費者物価指数の前年比上昇率の目標を2％とした金融政策のことである。

D　日本銀行総裁は内閣からは独立して任命されるため、中央銀行の独立性は実質的に担保されている。

設問8　下線部(カ)に関連する記述として、もっとも適切なものを一つ選び、(**解答番号18**)にマークしなさい。

A　新型コロナウイルス感染症のワクチン接種は、WHOの協力体制のもと、2021年において世界各国で進んだ。その結果、2021年中に途上国と先進諸国のワクチン接種率の格差はほとんど解消された。

B　2020年初頭、新型コロナウイルス感染症の拡大を受けて、日本政府は欧州諸国と同様にロックダウン(都市封鎖)を実施した。

C　19世紀に世界で大流行した結核は、2022年時点でもワクチンの開発は行われておらず、有効な治療方法も見つかっていない。

D　新型コロナウイルス感染症に対する政府の初期対応は国によって大きく異なる。例えばスウェーデンでは、ロックダウン(都市封鎖)を実施しない対応を取った。

設問9　下線部(キ)に関連する記述として、もっとも適切なものを一つ選び、(**解答番号19**)にマークしなさい。

A　2015年12月、フランスのパリで開催された第21回国連気候変動枠組条約締約国会議(COP 21)において、温室効果ガス排出削減目標を定めたパリ協定が採択された。パリ協定は一部の国が参加する国際的な合意枠組みである。

B 2019年の日本の一次エネルギー供給割合をみると、原子力エネルギーが最も大きな割合を占めている。

C 固定価格買い取り制度は再生可能エネルギーで発電した電気のすべてを、電力会社が強制的に買い取る制度のことである。

D 日本では発送電分離のため、2020年から大手電力会社の送配電部門が分社化された。

設問10 下線部(ク)に関連する記述として、もっとも適切なものを一つ選び、(**解答番号 20**)にマークしなさい。

A 炭素税は、石油や石炭などの化石燃料に価格を上乗せして使用者に課す税金のことであり、化石燃料の価格が上昇することでその使用を抑制するため、環境改善効果が期待できる。

B 炭素税は、直接税の一つであり、所得が高い人ほどより高い税率が適用される税金のことである。

C 炭素税は、先進諸国間の排出量売買の際に課す税金のことであるが、排出権の価格が需要供給バランスによって変動するため、排出削減目標を達成することができる。

D 炭素税は、2022年時点で北欧諸国においても導入されていない状況である。

〔Ⅲ〕 次の文章を読み、設問1～10(**解答番号21～30**)に答えなさい。

パーキンソンの法則というものがある。これはイギリスの歴史・政治学者のパーキンソンが唱えた法則で、公務員(ア)の数は、なすべき仕事の軽重や仕事の有無に関係なく、一定の割合で増加すると説く。したがって、どの国も行政組織のあり方について不断の見直しを迫られることになる。

戦後の日本でも行政改革の取り組みは継続的になされてきた。行政のスリム化は1970年代以降の財政状況の悪化(イ)からも避けられなかった。今世紀に入っても「聖域なき構造改革」(ウ)の呼びかけとともに郵政三事業が民営化されるなど公務員数の削減が図られた。いまでは日本の人口あたりの公務員数の比率は国際比較でみた場合決して高くない。この点は国会議員の数(エ)についても同様である。

数を減らすばかりでなく、公務員とりわけ国の行政の基幹的仕事を担う上級公務員、言い換えれば官僚の役割を再検討する議論も1990年代以降盛んに行われてきた(オ)。これを受けて、政治と官僚の関係を改めるいくつかの法律が制定され、新たな制度が創設された。中でも内閣人事局の設置(カ)は幹部官僚の人事権を政権中枢に委ねるもので、彼らの意識を変化させるほどの効果があったとの指摘もある。背景には「一強多弱」とよばれる政治状況(キ)があることも無視できない。

政治主導を担保するために内閣総理大臣(ク)の権限は法的に強化された。たとえば、内閣法第4条が改正され、閣議(ケ)における内閣総理大臣の発議権が明記された。一方で、政治主導が官邸主導となり、その行きすぎ(コ)をいかにコントロールするかが問われている。

設問1　下線部(ア)に関連して、日本国憲法第99条は「天皇又は摂政及び国務大臣、国会議員、裁判官その他の公務員は、この憲法を［1］し［2］する義務を負ふ。」と定めている。空欄［1］と空欄［2］に入る語句の組み合わせとして、もっとも適切なものを一つ選び、(**解答番号21**)にマークしなさい。

A　［1］　尊　重　　［2］　擁　護

B　［1］　遵　守　　［2］　行　動

C [1] 自 覚 [2] 執 行

D [1] 承 認 [2] 維 持

設問 2 下線部(イ)に関連する記述として、もっとも適切なものを一つ選び、(**解答番号 22**)にマークしなさい。

A 1979年の衆議院議員総選挙後に新たな間接税として一般消費税が導入され、その後名称が消費税に改められて今日に至っている。

B 政府は赤字国債の発行で財源不足を補っていったが、赤字国債依存体質からの脱却が目指され、それが発行されない年度もあった。

C 赤字国債の発行にはその都度特例法の成立が必要になるので、それが不要な建設国債の発行に比べてその発行額は抑えられた。

D 消費税の税率が次第に引き上げられるとともに、その逆進性を緩和するために直接税である所得税の累進度が一貫して高められた。

設問 3 下線部(ウ)に関連して、この政策の背景にある新自由主義を批判した近年の経済学者はだれか。もっとも適切なものを一つ選び、(**解答番号 23**)にマークしなさい。

A フリードマン　　B スティグリッツ

C ハイエク　　D サミュエルソン

設問 4 下線部(エ)に関連して、衆議院議員と参議院議員のそれぞれの定数に関する記述として、もっとも適切なものを一つ選び、(**解答番号 24**)にマークしなさい。

A 衆議院では「1票の格差」を是正するために小選挙区部分の定数を増員し、その分比例代表部分の定数を大幅に削減してきた。

B 衆議院では死票の多い小選挙区部分の定数を大幅に削減して、その分比例代表部分の定数を増員してきた。

C 参議院では近年、比例代表区に「特定枠」を導入するために、選挙区に「合区」を導入して定数を削減した。

D　参議院では近年、比例代表区に「特定枠」を導入したことなどにより、定数を増員した。

設問 5　下線部(オ)に関連する記述として、もっとも適切なものを一つ選び、(**解答番号 25**)にマークしなさい。

A　官主導の傾向を転換するために、2012年の政権再交代後の自民党政権においては政策形成過程から官僚を排除する方針がとられた。

B　官僚の企業・業界団体への「天下り」を監視するために、オンブズ－パーソン(行政監察官)制度が導入された。

C　官僚の役割が大きくなったことに対抗するため、官僚に立案を委任しない議員立法が多く制定されるようになった。

D　官僚が国会質疑にまで強く関与するのを抑止するため、閣僚の代わりに官僚が答弁する政府委員制度が廃止された。

設問 6　下線部(カ)の根拠となった法律はどれか。もっとも適切なものを一つ選び、(**解答番号 26**)にマークしなさい。

A　中央省庁改革関連法　　B　改正国家公務員法

C　国家公務員制度改革基本法　　D　国家公務員倫理法

設問 7　下線部(キ)に関連して、「一強多弱」の政治状況は2022年の参院選の結果により継続・強化された。その結果、憲法改正も現実的な政治的争点になっている。憲法改正の手続きについて、衆議院を先議とした場合、次の流れになる。そこにおける空欄 [3] から空欄 [6] に入る語句の組み合わせとして、もっとも適切なものを一つ選び、(**解答番号 27**)にマークしなさい。

憲法改正原案の衆議院への提出⇒衆議院の憲法審査会で [3] の [4] の賛成で可決⇒衆議院の本会議で [5] の3分の2以上の賛成で可決⇒参議院の憲法審査会で [3] の [4] の賛成で可決⇒参議院の本会議で [5] の3分の2以上の賛成で可決⇒国会

が憲法改正を国民に発議⇒ 6 の過半数の賛成で承認⇒憲法改正成立

A	3	出席議員	4	過半数
	5	総議員	6	投票者数
B	3	出席議員	4	過半数
	5	総議員	6	有効投票総数
C	3	総委員	4	3分の2
	5	出席議員	6	投票者数
D	3	総委員	4	3分の2
	5	出席議員	6	有効投票総数

設問 8　下線部(ク)に関連して、天皇が国事行為として任命する者は内閣総理大臣以外にも存在する。その者についてもっとも適切なものを一つ選び、(**解答番号 28**)にマークしなさい。

A　衆議院議長、参議院議長、および最高裁判所長官

B　衆議院議長および参議院議長

C　衆議院議長

D　最高裁判所長官

設問 9　下線部(ケ)の説明として、もっとも適切なものを一つ選び、(**解答番号 29**)にマークしなさい。

A　閣議を主宰するのは内閣官房長官である。

B　閣議には内閣総理大臣、国務大臣が出席するほか、副大臣も陪席する。

C　閣議決定された内閣の公式見解を発表するのは、内閣広報官である。

D　閣議決定は内閣総理大臣および国務大臣の全員一致を慣行としている。

設問10　下線部(コ)に関連して、「強すぎる首相」の下での閣議決定として国民の一

部から強く懸念する声が上がった憲法解釈の変更について、もっとも適切なものを一つ選び、(**解答番号 30**)にマークしなさい。

A　憲法上、必要最小限の範囲で個別的自衛権の行使のみが認められるとしてきた政府の従来の憲法解釈を変更して、限定的な集団的自衛権の行使も可能だとした。

B　憲法上、必要な範囲で個別的自衛権の行使のみが認められるとしてきた政府の従来の憲法解釈を変更して、限定的な集団的自衛権の行使も可能だとした。

C　憲法上、必要最小限の範囲で個別的自衛権の行使のみが認められるとしてきた政府の従来の憲法解釈を変更して、必要な範囲での集団的自衛権の行使も可能だとした。

D　憲法上、必要な範囲での個別的自衛権の行使のみが認められるとしてきた政府の従来の憲法解釈を変更して、必要な範囲での集団的自衛権の行使も可能だとした。

〔Ⅳ〕　次の文章を読み、設問1～10(**解答番号 31～40**)に答えなさい。

中小企業と農業は、どちらも日本経済や国民生活を支える重要な企業群・産業である。

中小企業(ア)は、中小企業基本法のなかで、業種別に定義されている(イ)。中小企業は、我が国の経済成長を担い、私たちの生活を豊かにし、日本の経済社会とともに発展してきた。しかし、中小企業と大企業との間には、二重構造(ウ)と呼ばれるような、労働生産性や賃金などで大きな格差がある。また、生産、流通、販売を通じて中小企業と大企業とが密接に結合して、中小企業が特定の大企業と長期継続的な取引関係に組み込まれる［　1　］も自動車産業などでみられ、中小企業は大企業の意向によって大きな影響を受ける存在であるといえる。

中小企業基本法は、国の中小企業政策の基本的考え方と方針を定めている法律であり、1963年に制定された。しかし、同法は、その後の中小企業を取り巻く環境変化なども踏まえ、1999年に改正(エ)された。中小企業は、グローバル化や産業構造の変化の中で総じて厳しい経営環境にあるものの、なかには、大企業にはない独自の製品や生産技術を開発し、グローバルな市場で活躍する企業も少なくない。こうした意味で、前述した二重構造のように中小企業を一概に弱者とみなすのではなく、多様性のある存在(オ)とみることが適切であろう。

一方、農業(カ)は、日本の食料生産を支える重要な産業であるが、現在、耕作放棄地の増加や担い手(キ)の確保などが課題となっている。こうした新たな問題にも対応するため、国は1961年に制定された農業基本法(ここでは「旧法」という)に代わり、1999年に食料・農業・農村基本法(ここでは「新法」という)を制定した。(ク)農業の担い手である農家は、こうした国の法律とも歩調を合わせながら、グローバル化や食の安全への意識の高まりなどに対応するため、さまざまな工夫や経営改善(ケ)が求められているといえよう。

設問1　下線部(ア)に関する以下の記述のうち、もっとも適切なものを一つ選び、(**解答番号31**)にマークしなさい。

A　日本の中小企業の売上高の総合計は、大企業の総合計の2倍以上となっており、中小企業は日本経済において重要な役割を担っている。しかし、2010年以降、中小企業の倒産が年々増加しており、倒産防止対策が重要となっている。

B　日本の中小企業の数は、2010年には約380万社であったが、2010年以降の起業ブームによって増加し、2014年には450万社を上回っており、現在もその数は増え続けている。

C　日本の中小企業は、2016年において企業数で全企業の99.7％を占めているとともに、付加価値額では全企業の約5割を占めている。しかし近年では、後継者不足により休廃業や解散が増加傾向にあり、事業承継が大きな問題となっている。

D　大規模小売店舗立地法(大店立地法)は、小規模な小売店の経営基盤を保護するために、大規模な売場面積を持つスーパーマーケットなどの出店を規制する法律であったが、2010年に廃止された。

設問 2　下線部(イ)に関連して、製造業、小売業における中小企業基本法上の中小企業の定義として、もっとも適切なものを一つ選び、(**解答番号 32**)にマークしなさい。

A　製造業においては、資本の額または出資の総額が3億円以下、かつ、常時使用する従業員数が300人以下の事業者

B　小売業においては、資本の額または出資の総額が1億円以下、または、常時使用する従業員数が100人以下の事業者

C　製造業においては、資本の額または出資の総額が1億円以下、かつ、常時使用する従業員数が300人以下の事業者

D　小売業においては、資本の額または出資の総額が5000万円以下、または、常時使用する従業員数が50人以下の事業者

設問 3　文中の［ 1 ］に入る語句として、もっとも適切なものを一つ選び、(**解答番号 33**)にマークしなさい。

A　カルテル　　B　寡占化
C　系列化　　D　地産地消

設問 4　下線部(ウ)に関する説明として、もっとも適切なものを一つ選び、(**解答番号 34**)にマークしなさい。

A　日本の従業者数総合計において大多数を占める近代的な大企業が存在する一方で、企業数総合計において大多数を占める前近代的な中小企業が存在し、両者の間にさまざまな格差がみられる。

B　中小企業、とりわけ下請け企業は、景気変動による生産調整の手段として利用されてきた。

C　日本経済の二重構造は、高度経済成長の過程でその格差が拡大した。それは、大企業が急成長し、大企業労働者の賃金の上昇率が中小企業労働者のそれを上回ったからである。

D　一般的に、中小企業は、大企業よりも生産性、従業員の賃金などの面で劣るものの、大企業よりも資本装備率や収益性が高い。

設問 5 下線部(エ)に関連して、1999 年に改正される前の中小企業基本法と改正後の同法の比較に関する以下の記述のうち、もっとも適切なものを一つ選び、(**解答番号 35**)にマークしなさい。

A 改正前においては中小企業を一律に弱者と位置づけていたが、改正後においては中小企業を大企業よりも強固な経営基盤を有するものと位置づけている。

B 改正前においては中小企業経営の近代化に主眼が置かれていたが、改正後においては老舗などにみられるような伝統的な経営を重視することに主眼が置かれるようになった。

C 改正前においては中小企業と大企業との格差是正を重視していたが、改正後においては中小企業の自主的な努力の助長などへとその重心が移った。

D 改正前においては中小企業における労働組合の組織率が大企業に比べて高く、労働争議が起きやすいことを課題としていたが、改正後においてはむしろ労働組合の組織率が大企業に比べて低いことを課題としている。

設問 6 下線部(オ)に関連して、多様性のある中小企業のさまざまな類型に関する説明として、もっとも適切なものを一つ選び、(**解答番号 36**)にマークしなさい。

A ベンチャー・ビジネスとは、主に旺盛な起業家精神をもって社会的課題を解決することを第一に考え、利益を追求しない非営利の組織をさす。

B ニッチ型中小企業とは、需要の規模が小さい、あるいは潜在的であるため商品やサービスが供給されにくい分野において活路を見いだす中小企業のことである。

C 地場産業とは、伝統的な技術と技法で、日本の文化や生活に結びついている製品などを作り出す中小企業を中心とした産業のことであり、一般的に 100 年以上の伝統があることがその要件となっている。

D 中堅企業とは、中小企業のうち、その業界で指導的役割を果たし、業績もよく、安定した企業をさし、その多くは大企業の下請けや関連会社となっており、大企業からは独立していない。

設問 7　下線部(カ)に関する以下の記述のうち、もっとも適切なものを一つ選び、(**解答番号 37**)にマークしなさい。

A　2018年において、国内総生産に占める農業生産額の割合は約3％、全就業者数に占める農業就業者数の割合は約1％にすぎないが、農業は、食料生産だけでなく、土壌の保全、環境や景観の維持などの機能を持つ重要な産業と認識されている。

B　農業に従事している者は全体として高齢化が進んでいるが、近年の牛肉や果物をはじめとする農作物輸出の拡大により、農業就業人口は2010年から増加に転じ、農業に従事する30歳未満の若者も増えつつある。

C　GATT(関税及び貿易に関する一般協定)のウルグアイ・ラウンドで農産物の関税化が合意されたことに伴い、1999年から日本も米(コメ)の関税化を実施した。国内でも、新食糧法によって米の流通や価格について自由化が図られた。

D　日本の食料自給率(カロリーベース)は低下傾向にあり、2018年では20％を下回っている。これは、オーストラリア、フランス、ドイツ、米国などの先進国が100％を超えている状況と比較すると、極めて厳しい状況であるといえる。

設問 8　下線部(キ)に関連し、農家の各形態の説明として、もっとも適切なものを一つ選び、(**解答番号 38**)にマークしなさい。

A　主業農家とは、販売農家のうち、農業所得が主で、1年間に自営農業に183日以上従事している農家をいう。

B　副業的農家とは、販売農家のうち、1年間に自営農業に60日以上従事している65歳未満の人がいない農家をいう。

C　兼業農家とは、家族の中に兼業従事者が過半数を占める農家をいう。

D 第一種兼業農家とは、兼業農家のうち、農業所得を従とする農家をいう。

設問 9 下線部(ク)にある旧法と新法との目的や理念の違いに関する以下の記述のうち、もっとも適切なものを一つ選び、(**解答番号 39**)にマークしなさい。

A 旧法では、地主制度の復活を防止する観点から自作農主権をうたい、農地の転用制限などを具体的に規定していたが、新法では、「農業への活発な新規参入」が基本理念として掲げられ、株式会社による農地取得が認められるようになった。

B 旧法では、農業・農村に期待されるものとして「食料の安定供給の確保」「多面的機能の十分な発揮」が基本理念として掲げられているのに対し、新法では「農業の持続的な発展」と「農村の振興」が基本理念となっている。

C 旧法では、農業と他産業との間の生産性と従事者の生活水準の格差是正を目指したのに対し、新法では「食料の安定供給の確保」「多面的機能の十分な発揮」「農業の持続的な発展」「農村の振興」などの基本理念が掲げられている。

D 旧法では、大規模農家と小規模農家との格差是正を目指したのに対し、新法では「高付加価値な農作物への転換」と「農産物の輸出振興」によって経営規模に関係なく農家の所得を向上させることが基本理念として掲げられている。

設問10 下線部(ケ)に関連し、農業の新たな動きの説明として、もっとも適切なものを一つ選び、(**解答番号 40**)にマークしなさい。

A ミニマム・アクセスとは、消費者が誰でも、どのような農産品であっても、国内で生産されたものを購入できるようにする目標のことをいう。

B トレーサビリティシステムとは、生産者の情報収集活動を支援するため、主に、食品や薬品がいつ、どのように、誰によって消費されたかをチェックするシステムのことである。

C　TPP(環太平洋パートナーシップ協定)は、日米を含む環太平洋の国々 12 か国で締結をめざした包括的な経済協定である。しかし、日本は、農業への影響を考慮して締結せず、米国など残り 11 か国で 2018 年に発効した。

D　六次産業化とは、農業や水産業(第一次産業)が製品の製造・加工(第二次産業)や販売(第三次産業)まで展開していくようになることをいう。現在では、地域活性化の有効な手法のひとつとされている。

数学

（注）　1．分数形で解答する場合は，既約分数で答えること。

2．根号を含む形で解答する場合は，根号の中に現れる自然数が最小となる形で答えること。

◀数学Ⅰ・Ⅱ・A・B▶

（60分）

〔Ⅰ〕　次の空欄中アからチに当てはまる0から9までの数字を解答用紙の所定の欄にマークせよ。ただし、$\boxed{\text{タチ}}$ は2桁の数である。

(1)　数列 $\{a_n\}$ について次の条件が与えられている。

$$a_{n+2} = 4(a_{n+1} - a_n) \qquad (n = 1, 2, 3, \cdots\cdots)$$

ただし、$a_1 = 2,\ a_2 = 16$ とする。このとき、

$$b_n = a_{n+1} - 2a_n \qquad (n = 1, 2, 3, \cdots\cdots)$$

とおくと、$b_{n+1} = \boxed{\text{ア}}\,b_n$ となるので、$b_n = \boxed{\text{イ}}\cdot\boxed{\text{ア}}^{n+1}$ と表せる。これにより

$$a_{n+1} = \boxed{\text{ウ}}\,a_n + \boxed{\text{イ}}\cdot\boxed{\text{ア}}^{n+1}$$

となり、数列 $\{a_n\}$ の一般項は

$$a_n = \left(\boxed{\text{エ}}\,n - \boxed{\text{オ}}\right)\boxed{\text{カ}}^{n}$$

である。

(2)　k を実数とする。x についての等式

$$x^2-(4-3i)x+(4-ki)=0$$

を満たす実数 x があるとき、$k=$ [キ] である。このとき、上の等式を満たす x の値は2つあり、[ク] と [ケ] − [コ] i である。ただし、i を虚数単位とする。

(3)　データ A の大きさは15であり、データ A の値は $1,2,3,4,5$ のいずれかであるとする。$1,2,3,4,5$ のそれぞれを階級値であると考えたとき、その度数はどれも1以上であるとする。階級値1の度数が2、データ A の中央値が2、データ A の平均値がちょうど3であるとき、階級値5の度数は [サ] である。

(4)　自然数 m,n があり、$1<m<n$ とする。

$$\left(m+\frac{1}{n}\right)\left(n+\frac{1}{m}\right)\leqq 12$$

を満たす (m,n) は ([シ], [ス]) と ([セ], [ソ]) である。ただし、[ス] < [ソ] とする。

(5)　原点をOとする座標平面上に点Aと点Bがある。点Aの座標は $(40,0)$ であり、点Bは OB$=37$, AB$=13$ を満たす。この座標平面上で OB を直径とする円を C_1 とし、AB を直径とする円を C_2 とする。このとき、C_1 と C_2 の交点を結ぶ線分の長さは [タチ] である。

〔II〕 次の空欄中ア、キ、テに当てはまるものを解答群の中から選びその記号をマークせよ。それ以外の空欄には当てはまる0から9までの数字を解答用紙の所定の欄にマークせよ。ただし、［ウエ］、［オカ］、［コサ］は2桁の数で、［タチツ］は3桁の数である。

kを正の実数とし、xの関数$f(x)$を

$$f(x) = x^3 - 3kx^2 + 9(k^2 + 2k - 3)$$

により定める。

関数$f(x)$は$x =$［ア］で極大値［イ］$k^2 +$［ウエ］$k -$［オカ］をとり、$x =$［キ］で極小値$-$［ク］$k^3 +$［イ］$k^2 +$［ウエ］$k -$［オカ］をとる。

以下、$f(x)$の極小値が0となるkの値をa, b（ただし、$a < b$）、$f(x)$の極大値が0となるkの値をcとする。このとき、

$$a = \frac{［ケ］\left(\sqrt{［コサ］} - ［シ］\right)}{［ス］}, \quad b = ［セ］, \quad c = ［ソ］$$

である。座標平面において、$k =$［セ］のとき、x軸の$x \geqq 0$の部分とy軸の$y \geqq 0$の部分と$y = f(x)$のグラフとで囲まれた図形の面積は［タチツ］である。

方程式$f(x) = 0$が異なる3つの実数解を持つための必要十分条件は［テ］である。

ア、キの解答群

⓪ 0　① $\frac{k}{2}$　② $\frac{2k}{3}$　③ k　④ $\frac{4k}{3}$

⑤ $2k$　⑥ $-\frac{k}{2}$　⑦ $-\frac{2k}{3}$　⑧ $-k$　⑨ $-2k$

テの解答群

⓪ $k < a, b < k < c$　① $k < a, c < k < b$　② $k < c, a < k < b$

③ $a<k<b, c<k$　④ $a<k<c, b<k$　⑤ $c<k<a, b<k$

⑥ $a<k<c$　⑦ $c<k<a$　⑧ $b<k<c$　⑨ $c<k<b$

〔Ⅲ〕 次の空欄中カに当てはまるものを解答群の中から選びその記号をマークせよ。それ以外の空欄には当てはまる 0 から 9 までの数字を解答用紙の所定の欄にマークせよ。ただし、[ウエ]、[キク]、[ケコ]、[サシ] は 2 桁の数である。

1 辺の長さが 6 の正四面体 ABCD において、点 A から 3 点 B,C,D を通る平面に垂線 AH を下ろす。また辺 AB を 1 : 2 に内分する点を P、辺 AC を 2 : 1 に内分する点を Q、辺 AD を $t : 1-t$ に内分する点を R とする。ただし、$0<t<1$ とする。

(1) AH の長さは [ア]$\sqrt{[イ]}$ であり、正四面体 ABCD の体積は [ウエ]$\sqrt{[オ]}$ である。

(2) AH と三角形 PQR の交点を X とすると、$\overrightarrow{AX}=$ [カ] $\overrightarrow{AH}$ である。

(3) 三角形 PQR の面積は $\sqrt{[キク]t^2-[ケコ]t+[サシ]}$ と表せる。

(4) $t=\dfrac{1}{2}$ のとき、四面体 APQR の体積は [ス]$\sqrt{[セ]}$ で、点 A から 3 点 P,Q,R を通る平面に垂線 AY を下ろすと、AY の長さは $\dfrac{[ソ]\sqrt{[タ]}}{[チ]}$ である。

カの解答群

⓪ $\dfrac{2}{3t+2}$　① $\dfrac{t}{3t+2}$　② $\dfrac{2t}{3t+2}$　③ $\dfrac{3t}{3t+2}$　④ $\dfrac{6t}{3t+2}$

⑤ $\dfrac{2}{9t+2}$　⑥ $\dfrac{t}{9t+2}$　⑦ $\dfrac{2t}{9t+2}$　⑧ $\dfrac{3t}{9t+2}$　⑨ $\dfrac{6t}{9t+2}$

◀数 学 Ⅲ▶

(60分)

〔Ⅰ〕次の空欄 ア に当てはまるものを指定された解答群の中から選び、解答用紙の所定の欄の番号をマークせよ。それ以外の空欄には、当てはまる0から9までの数字を解答用紙の所定の欄にマークせよ。以下、log は自然対数とする。

(1) 無限級数 $\displaystyle\sum_{n=1}^{\infty}\log\frac{(n+1)(n+2)}{n(n+3)}$ の和は ア である。

(2) 複素数 z の方程式 $z^2-3|z|+2=0$ を考える。この方程式は イ 個の解をもち、このうち実数でない解の個数は ウ 個である。

アの解答群

⓪ 0　① log 2　② log 3　③ log 5　④ 2 log 2　⑤ 2 log 3
⑥ 2 log 5　⑦ 3 log 2　⑧ 3 log 3　⑨ 3 log 5

〔Ⅱ〕次の空欄 ア 、 イ 、 ウ 、 エ 、 オ 、 カ に当てはまるものをそれぞれ指定された解答群の中から選び、解答用紙の所定の欄の番号をマークせよ。なお、解答群から同じものを2回以上選んでもよい。

$t>0$ に対して、次の2つの定積分を考える。

$$I=\int_0^{\frac{\pi}{2}}e^{-tx}\sin x\,dx,\quad J=\int_0^{\frac{\pi}{2}}e^{-tx}\cos x\,dx$$

部分積分を用いれば、

$$I=\boxed{\text{ア}}-tJ,\quad J=\boxed{\text{イ}}+tI$$

が成り立つことがわかるので、

$$I=\frac{\boxed{\text{ウ}}}{\boxed{\text{エ}}},\quad J=\frac{\boxed{\text{オ}}}{\boxed{\text{エ}}}$$

を得る。したがって、$\displaystyle\lim_{t\to\infty}\frac{\log\left(\boxed{\text{エ}}\right)}{t}=0$ を用いれば、

$$\lim_{t\to\infty}\frac{1}{t}\log\left(\int_0^{\frac{\pi}{2}}e^{-tx}\cos x\,dx-\frac{t}{\boxed{\text{エ}}}\right)=\boxed{\text{カ}}$$

となる。

ア、イ、エの解答群

⓪ -1　① 1　② $-\pi$　③ π　④ $1-t$　⑤ $1+t$

⑥ $1-t^2$　⑦ $1+t^2$　⑧ $-e^{-\frac{\pi}{2}t}$　⑨ $e^{-\frac{\pi}{2}t}$

ウ、オの解答群

⓪ t　① 1　② $-1-te^{-\frac{\pi}{2}t}$　③ $-1+te^{-\frac{\pi}{2}t}$　④ $1-te^{-\frac{\pi}{2}t}$

⑤ $1+te^{-\frac{\pi}{2}t}$　⑥ $-t-e^{-\frac{\pi}{2}t}$　⑦ $-t+e^{-\frac{\pi}{2}t}$　⑧ $t-e^{-\frac{\pi}{2}t}$　⑨ $t+e^{-\frac{\pi}{2}t}$

カの解答群

⓪ 0　① $-\frac{\pi}{2}$　② $-\frac{\pi}{3}$　③ $-\frac{\pi}{4}$　④ $-\frac{\pi}{6}$　⑤ $\frac{\pi}{12}$　⑥ $\frac{\pi}{6}$

⑦ $\frac{\pi}{4}$　⑧ $\frac{\pi}{3}$　⑨ $\frac{\pi}{2}$

〔Ⅲ〕 次の空欄に当てはまる 0 から 9 までの数字を解答用紙の所定の欄にマークせよ。ただし、空欄 $\boxed{\text{サシ}}$ は2桁の数を表す。

座標平面上の双曲線 $x^2-4y^2=5$ を C とおき、点 $(1,0)$ を通り傾き m が正となる直線を l とおく。

C の漸近線は $y=\dfrac{\boxed{\text{ア}}}{\boxed{\text{イ}}}x$ と $y=-\dfrac{\boxed{\text{ア}}}{\boxed{\text{イ}}}x$ である。また、l と C の共有点がただ1つとなるのは、m が $\dfrac{\sqrt{\boxed{\text{ウ}}}}{\boxed{\text{エ}}}$ または $\dfrac{\boxed{\text{オ}}}{\boxed{\text{カ}}}$ のときである。$m=\dfrac{\sqrt{\boxed{\text{ウ}}}}{\boxed{\text{エ}}}$ ならば l は C の接線となる。

ここで $a=\dfrac{\boxed{\text{オ}}}{\boxed{\text{カ}}}$ とおく。$m<a$ であるときに、l と C の共有点の y 座標のうち最大のものを y_m とすれば、

$$y_m=\frac{m}{\boxed{\text{キ}}-\boxed{\text{ク}}\,m^2}\left(-\boxed{\text{ケ}}+\sqrt{\boxed{\text{コ}}-\boxed{\text{サシ}}\,m^2}\right)$$

となる。このとき、

$$\lim_{m\to a-0}y_m=\boxed{\text{ス}}$$

が成り立つ。

〔Ⅳ〕 次の空欄 ア 、 イ 、 カ 、 キ に当てはまるものをそれぞれ指定された解答群の中から選び、解答用紙の所定の欄の番号をマークせよ。なお、解答群から同じものを2回以上選んでもよい。それ以外の空欄には、当てはまる 0 から 9 までの数字を解答用紙の所定の欄にマークせよ。

座標平面において、2点 $(-2, 0)$, $(2, 0)$ からの距離の積が 4 であるような点 P の軌跡を考える。点 P の座標を (x, y) とすると、x, y は次の方程式をみたす。

$$y^4 + \boxed{\text{ア}}\,y^2 + \left(\boxed{\text{イ}}\right)^2 = 16 \qquad \cdots\cdots (1)$$

方程式 (1) が表す曲線を C とおき、C の概形を描くことにしよう。まず、曲線 C と x 軸との共有点の x 座標は $\boxed{\text{ウ}}$ と $\pm\boxed{\text{エ}}\sqrt{\boxed{\text{オ}}}$ である。次に、(1) を y^2 に関する2次方程式とみて解けば、$y^2 \geqq 0$ であるので、

$$y^2 = \boxed{\text{カ}} + 4\sqrt{\boxed{\text{キ}}} \qquad \cdots\cdots (2)$$

となり、また x のとりうる値の範囲は

$$-\boxed{\text{ク}}\sqrt{\boxed{\text{ケ}}} \leqq x \leqq \boxed{\text{ク}}\sqrt{\boxed{\text{ケ}}}$$

となる。$x \geqq 0, y \geqq 0$ とすれば、方程式 (2) は $0 \leqq x \leqq \boxed{\text{ク}}\sqrt{\boxed{\text{ケ}}}$ を定義域とする x の関数 y を定める。このとき、$0 < x < \boxed{\text{ク}}\sqrt{\boxed{\text{ケ}}}$ において、$y' = 0$ となるのは $x = \sqrt{\boxed{\text{コ}}}$ のときである。したがって、$x \geqq 0, y \geqq 0$ の範囲で C の概形を描くことができ、C が x 軸および y 軸に関して対称であることから、C 全体の概形がわかる。

以上の議論から、$a \geqq 0$ としたとき、直線 $y = a$ と曲線 C の共有点の個数を求めることができる。$a > \boxed{\text{サ}}$ のとき共有点はなく、$0 \leqq a \leqq \boxed{\text{サ}}$ のとき共有点がある。共有点の個数は、$a = 0$ のとき $\boxed{\text{シ}}$ 個、$0 < a < \boxed{\text{サ}}$ のとき $\boxed{\text{ス}}$ 個、$a = \boxed{\text{サ}}$ のとき $\boxed{\text{セ}}$ 個となる。

ア、イ、カ、キの解答群

⓪ $x^2 + 1$　① $-(x^2 + 1)$　② $x^2 - 1$　③ $-(x^2 - 1)$　④ $x^2 + 4$
⑤ $2(x^2 + 4)$　⑥ $x^2 - 4$　⑦ $2(x^2 - 4)$　⑧ $-(x^2 + 4)$　⑨ $-2(x^2 - 4)$

物理

(60分)

〔Ⅰ〕　次の文中の 1 から 8 に最も適するものをそれぞれの解答群から一つ選び，解答用紙の所定の欄にその記号をマークせよ。

図1のように，水平面上を回転できるなめらかな円板の上に，ばね定数k，自然の長さLの軽いばねがあり，その一端に質量mの小球が取り付けられている。ばねのもう一方の端点Aは，円板の回転軸上にある細い支柱に取り付けられている。小球は円板の直径上に設置されたガイドレールに沿って運動する。小球やばねとガイドレールの間の摩擦は無視できる。

はじめ，円板を回転軸のまわりに周期T_1で回転させた。このときのばねの伸びは$\dfrac{L}{2}$であった。小球の速さは 1 であり，小球の向心加速度の大きさは 2 である。小球が振動しないように円板の回転速度を緩やかに変え，ばねの伸びがLとなったとき，円板の回転周期はT_2であった。T_2はばね定数kを用いて$T_2 =$ 3 と表すことができる。円板の回転周期がT_1からT_2に変わる間に，小球とばねを合わせた物体系の力学的エネルギーは 4 だけ変化する。

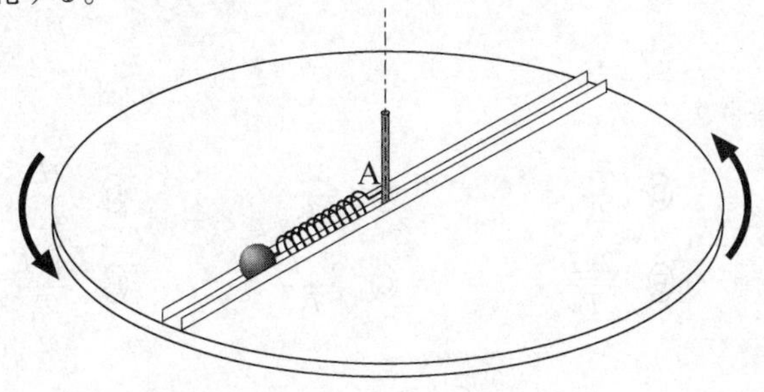

図1

次に，円板の回転周期を T_2 に保ったまま，回転軸上の支柱を鉛直方向にゆっくりと持ち上げる。図2のように，点Aの高さが h であるとき，小球は円板に接したまま運動していた。小球の円運動の半径を R とおけば，小球にはたらく向心力の大きさは [5] である。一方，重力加速度の大きさを g とすれば，小球が円板から受ける垂直抗力の大きさは [6] である。支柱をさらに持ち上げていくと，点Aの高さが $\frac{3}{2}L$ を超えた瞬間に小球は円板を離れた。このことから，周期 T_2 は L，g を用いて $T_2 =$ [7] と表すことができる。$T_2 =$ [3] を考慮すると，小球が円板から離れる瞬間の小球の円運動の半径は [8] であることがわかる。

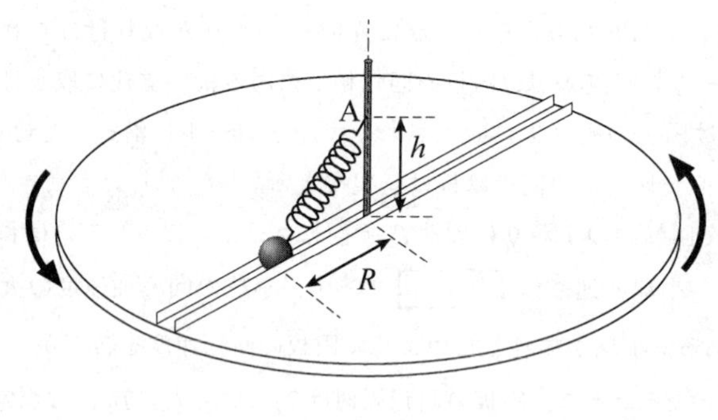

図2

[1] の解答群

Ⓐ $\frac{L}{2T_1}$　Ⓑ $\frac{L}{T_1}$　Ⓒ $\frac{3L}{2T_1}$　Ⓓ $\frac{2L}{T_1}$

Ⓔ $\frac{\pi L}{T_1}$　Ⓕ $\frac{2\pi L}{T_1}$　Ⓖ $\frac{3\pi L}{T_1}$　Ⓗ $\frac{4\pi L}{T_1}$

[2] の解答群

Ⓐ $\frac{L}{2T_1^2}$　Ⓑ $\frac{L}{T_1^2}$　Ⓒ $\frac{3L}{2T_1^2}$　Ⓓ $\frac{2L}{T_1^2}$

Ⓔ $\frac{2\pi^2 L}{T_1^2}$　Ⓕ $\frac{4\pi^2 L}{T_1^2}$　Ⓖ $\frac{6\pi^2 L}{T_1^2}$　Ⓗ $\frac{8\pi^2 L}{T_1^2}$

3 の解答群

Ⓐ $\pi\sqrt{\frac{m}{k}}$　Ⓑ $\pi\sqrt{\frac{2m}{k}}$　Ⓒ $2\pi\sqrt{\frac{m}{k}}$　Ⓓ $2\pi\sqrt{\frac{2m}{k}}$

Ⓔ $\pi\sqrt{\frac{k}{m}}$　Ⓕ $\pi\sqrt{\frac{k}{2m}}$　Ⓖ $2\pi\sqrt{\frac{k}{m}}$　Ⓗ $2\pi\sqrt{\frac{k}{2m}}$

4 の解答群

Ⓐ kL^2　Ⓑ $\frac{3}{4}kL^2$　Ⓒ $\frac{1}{2}kL^2$　Ⓓ $\frac{1}{4}kL^2$

Ⓔ $-kL^2$　Ⓕ $-\frac{3}{4}kL^2$　Ⓖ $-\frac{1}{2}kL^2$　Ⓗ $-\frac{1}{4}kL^2$

5 の解答群

Ⓐ $kR\left(1-\frac{L}{\sqrt{h^2+R^2}}\right)$　Ⓑ $kR\left(\frac{L}{\sqrt{h^2+R^2}}-1\right)$

Ⓒ $kL\left(1-\frac{R}{\sqrt{h^2+R^2}}\right)$　Ⓓ $kL\left(\frac{R}{\sqrt{h^2+R^2}}-1\right)$

Ⓔ $kh\left(1-\frac{L}{\sqrt{h^2+R^2}}\right)$　Ⓕ $kh\left(\frac{L}{\sqrt{h^2+R^2}}-1\right)$

Ⓖ $kL\left(1-\frac{h}{\sqrt{h^2+R^2}}\right)$　Ⓗ $kL\left(\frac{h}{\sqrt{h^2+R^2}}-1\right)$

6 の解答群

Ⓐ $mg+kR\left(1-\frac{L}{\sqrt{h^2+R^2}}\right)$　Ⓑ $mg+kR\left(\frac{L}{\sqrt{h^2+R^2}}-1\right)$

Ⓒ $mg+kL\left(1-\frac{R}{\sqrt{h^2+R^2}}\right)$　Ⓓ $mg+kL\left(\frac{R}{\sqrt{h^2+R^2}}-1\right)$

Ⓔ $mg+kh\left(1-\frac{L}{\sqrt{h^2+R^2}}\right)$　Ⓕ $mg+kh\left(\frac{L}{\sqrt{h^2+R^2}}-1\right)$

Ⓖ $mg+kL\left(1-\frac{h}{\sqrt{h^2+R^2}}\right)$　Ⓗ $mg+kL\left(\frac{h}{\sqrt{h^2+R^2}}-1\right)$

[7] の解答群

Ⓐ $\pi\sqrt{\dfrac{L}{g}}$　Ⓑ $\pi\sqrt{\dfrac{2L}{g}}$　Ⓒ $\pi\sqrt{\dfrac{3L}{g}}$　Ⓓ $\pi\sqrt{\dfrac{6L}{g}}$

Ⓔ $2\pi\sqrt{\dfrac{L}{g}}$　Ⓕ $2\pi\sqrt{\dfrac{2L}{g}}$　Ⓖ $2\pi\sqrt{\dfrac{3L}{g}}$　Ⓗ $2\pi\sqrt{\dfrac{6L}{g}}$

[8] の解答群

Ⓐ $\dfrac{\sqrt{2}}{2}L$　Ⓑ $\dfrac{\sqrt{3}}{2}L$　Ⓒ L　Ⓓ $\dfrac{\sqrt{5}}{2}L$

Ⓔ $\dfrac{\sqrt{6}}{2}L$　Ⓕ $\dfrac{\sqrt{7}}{2}L$　Ⓖ $\sqrt{2}L$　Ⓗ $\dfrac{3}{2}L$

〔Ⅱ〕　次の文中の [9] から [16] に最も適するものをそれぞれの解答群から一つ選び，解答用紙の所定の欄にその記号をマークせよ。

真空中に，点Oを中心とする半径R〔m〕の不導体球Iがある。この球の内部は一様に正に帯電しており，全体で電気量Q〔C〕をもつ。クーロンの法則の比例定数をk〔$\mathrm{N \cdot m^2/C^2}$〕とする。

1.　図1のように，点Oを中心とする不導体球Iより大きな半径r〔m〕の球面Sを考える。電場（電界）の強さがE〔N/C〕のとき，電場に垂直な面を単位面積あたりE本の電気力線が貫くと定めると，球面Sを貫く電気力線の本数Nは，S内に含まれる電気量を用いて$N=$ [9] である。球面S上の電場は面に垂直であるので，S上の電場の強さは [10] 〔N/C〕となる。このように，帯電体の外側の電場は，帯電体を囲む曲面の内部にある電気量で定まり，点Oに同じ電気量をもつ点電荷があるとみなすことができる。

この不導体球Iを，図2のように点Oを中心とする中空の導体球殻IIで囲んだ。導体球殻IIに電荷を与えて帯電させると，導体球殻IIの外側の電場は，点Oに電気量$\dfrac{Q}{3}$の点電荷があるときの電場と等しくなった。導体球殻IIに与えた電気量は [11] である。また，不導体球Iの外側の電気力線を描いた図は [12] である。

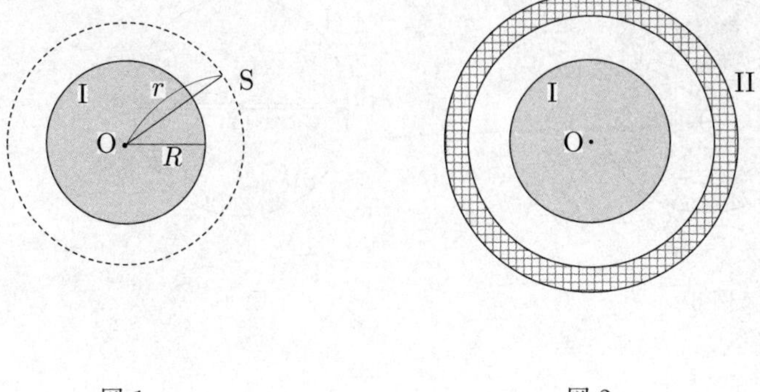

図 1　　図 2

2.　不導体球Iの内部の電場も前問と同様にして求められる。図3のように，不導体球Iの内部に点Oを中心とする半径rの球面S′を考えると，S′上の電場は面に垂直であり，S′を貫く電気力線の本数はS′内に含まれる電気量で定まる。したがって，点Oから距離rの地点での電場の強さは$E' = ar$〔N/C〕とrに比例し，比例定数は$a =$ [13] 〔N/(C·m)〕となる。

図4のように，不導体球Iに点Oを通る直線状の細い穴をあける。穴の両端の点をP，P′とする。穴は非常に細く，球の電荷分布に影響しない。点Pに電気量$-q$〔C〕$(q > 0)$の荷電粒子を静かにおくと，荷電粒子は不導体球に接することなく，点Pと点P′の間で運動した。荷電粒子によって不導体球の電荷分布は変わらないとすると，この運動は単振動であり，点Oから距離z〔m〕の点Aで，荷電粒子は [14] 〔N〕の力を受ける。点Oを基準とした点Aでの単振動の位置エネルギーは，荷電粒子が点Aから点Oまで移動するとき，静電気力がする仕事に等しい。この関係は，点Aでの電位V〔V〕と点Oでの電位V_0〔V〕を用いて [15] と表すことができる。ただし，電位の基準は無限遠の点にとる。このことから，点P，P′での電位をV_R〔V〕とすれば，点Aでの電位は$V = V_R +$ [16] となる。

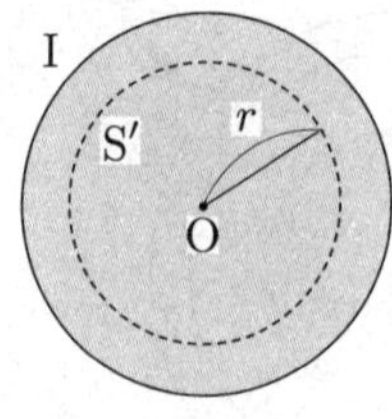

図 3

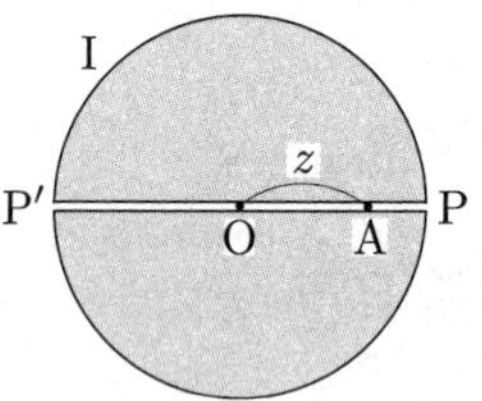

図 4

9 の解答群

Ⓐ kQ　Ⓑ k^2Q　Ⓒ $4\pi kQ$　Ⓓ $4\pi k^2Q$

Ⓔ $\dfrac{Q}{k}$　Ⓕ $\dfrac{Q}{k^2}$　Ⓖ $\dfrac{Q}{4\pi k}$　Ⓗ $\dfrac{Q}{4\pi k^2}$

10 の解答群

Ⓐ $\dfrac{kQ}{r}$　Ⓑ $\dfrac{kQ^2}{r}$　Ⓒ $\dfrac{Q}{kr}$　Ⓓ $\dfrac{Q^2}{kr}$

Ⓔ $\dfrac{kQ}{r^2}$　Ⓕ $\dfrac{kQ^2}{r^2}$　Ⓖ $\dfrac{Q}{kr^2}$　Ⓗ $\dfrac{Q^2}{kr^2}$

11 の解答群

Ⓐ $\dfrac{4}{3}Q$　Ⓑ Q　Ⓒ $\dfrac{2}{3}Q$　Ⓓ $\dfrac{Q}{3}$

Ⓔ $-\dfrac{4}{3}Q$　Ⓕ $-Q$　Ⓖ $-\dfrac{2}{3}Q$　Ⓗ $-\dfrac{Q}{3}$

12 の解答群

Ⓐ

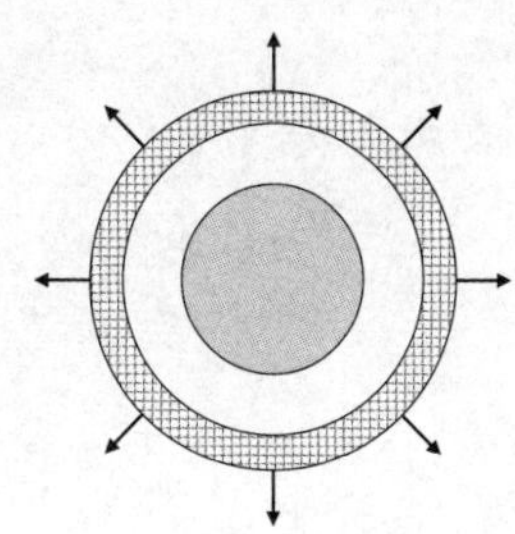

Ⓑ

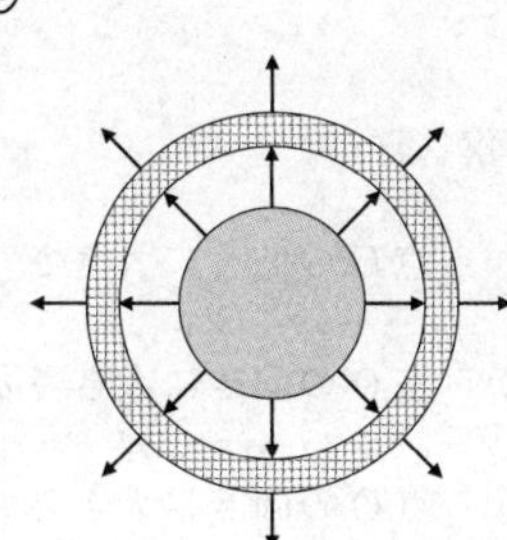

Ⓒ

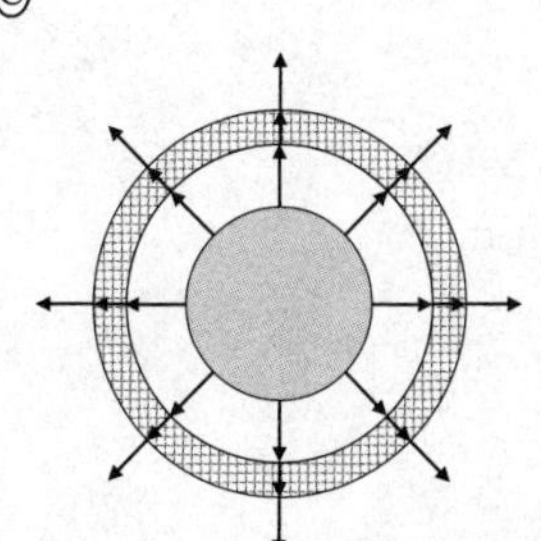

Ⓓ

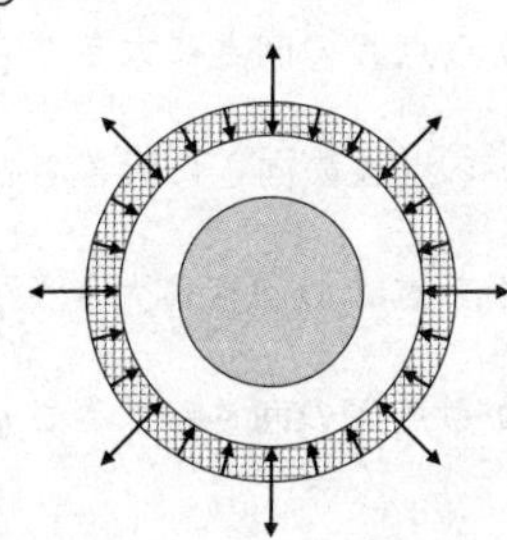

Ⓔ

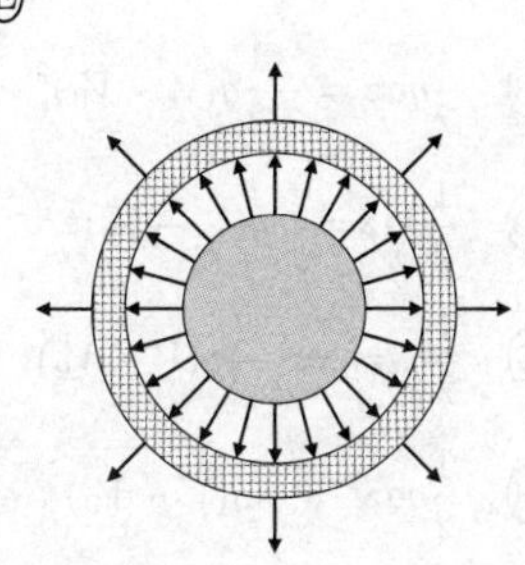

Ⓕ

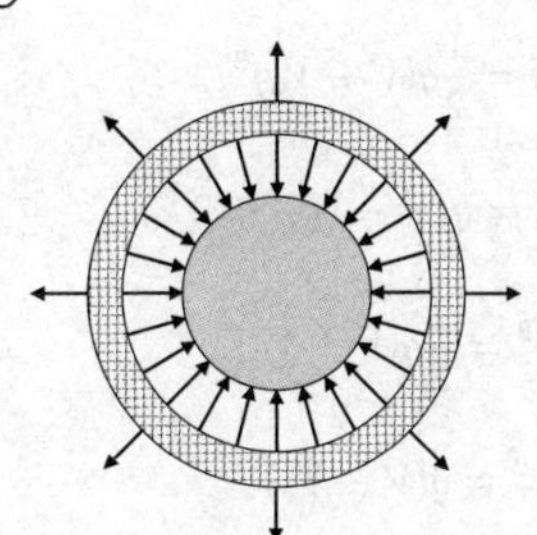

13 の解答群

Ⓐ kQR　　Ⓑ kQR^2　　Ⓒ kQR^3

Ⓓ $\frac{kQ}{R}$　　Ⓔ $\frac{kQ}{R^2}$　　Ⓕ $\frac{kQ}{R^3}$

Ⓖ $\dfrac{kQ}{4\pi R}$　Ⓗ $\dfrac{kQ}{4\pi R^2}$　Ⓘ $\dfrac{kQ}{4\pi R^3}$

14 の解答群

Ⓐ 点Aから点Oの向きに大きさ $\frac{1}{2}qaz$

Ⓑ 点Aから点Oの向きに大きさ qaz

Ⓒ 点Aから点Oの向きに大きさ $\frac{1}{2}qaz^2$

Ⓓ 点Aから点Oの向きに大きさ qaz^2

Ⓔ 点Oから点Aの向きに大きさ $\frac{1}{2}qaz$

Ⓕ 点Oから点Aの向きに大きさ qaz

Ⓖ 点Oから点Aの向きに大きさ $\frac{1}{2}qaz^2$

Ⓗ 点Oから点Aの向きに大きさ qaz^2

15 の解答群

Ⓐ $\frac{1}{2}qaz = \frac{1}{2}q(V-V_0)^2$　Ⓑ $\frac{1}{2}qaz = -\frac{1}{2}q(V-V_0)^2$

Ⓒ $\frac{1}{2}qaz = q(V-V_0)^2$　Ⓓ $\frac{1}{2}qaz = -q(V-V_0)^2$

Ⓔ $\frac{1}{2}qaz^2 = \frac{1}{2}q(V-V_0)$　Ⓕ $\frac{1}{2}qaz^2 = -\frac{1}{2}q(V-V_0)$

Ⓖ $\frac{1}{2}qaz^2 = q(V-V_0)$　Ⓗ $\frac{1}{2}qaz^2 = -q(V-V_0)$

16 の解答群

Ⓐ $\dfrac{a}{z-R}$　Ⓑ $\dfrac{a}{R-z}$

Ⓒ $\dfrac{a}{2(z-R)}$　Ⓓ $\dfrac{a}{2(R-z)}$

Ⓔ $a(z^2 - R^2)$　　　　Ⓕ $a(R^2 - z^2)$

Ⓖ $\frac{a}{2}(z^2 - R^2)$　　　　Ⓗ $\frac{a}{2}(R^2 - z^2)$

〔Ⅲ〕 次の文中の [17] から [22] に最も適するものをそれぞれの 解答群から一つ選び，解答用紙の所定の欄にその記号をマークせよ。

図のように，なめらかに動く質量 m のピストンのついた断面積 S のシリンダーが，鉛直に立てて置かれている。シリンダーには物質量1モルの単原子分子理想気体が閉じ込められている。シリンダーとピストンは熱を通さない。大気圧は P_0 である。気体定数を R，重力加速度の大きさを g とする。また，$|a|$ が1より十分小さいとき，$(1+a)^n \fallingdotseq 1+na$ の近似を用いてよい。

はじめ，ピストンはシリンダー底面から高さ h の位置で静止しており，気体の温度は T であった。ピストンの高さ h は [17] である。

ピストンに力を加えてゆっくりと動かし，高さを $h+\Delta h$ とした。単原子分子理想気体の断熱変化では，その圧力を P，体積を V として $PV^{\frac{5}{3}}=$一定 が成り立つ。h に対して $|\Delta h|$ が十分に小さいとき，気体の圧力変化は [18] ，温度変化は [19] と表すことができる。

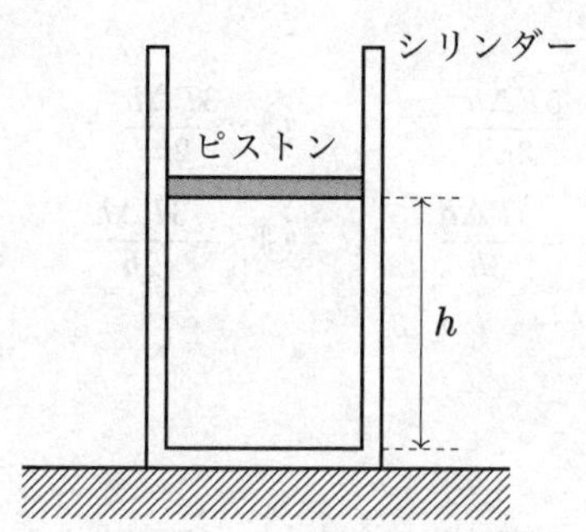

次に，ピストンに力を加えてはじめの高さ h から h_0 だけゆっくりと押し下げた。ただし h_0 は h に比べて十分に小さい。ピストンに加えていた力をなくすと，ピストンは動きはじめた。ピストンの高さが $h+\Delta h$ のとき，ピストンに

は [20] の力がはたらくので，ピストンの運動は周期 [21] の単振動である。ピストンが運動をはじめてから最も高い位置まで移動する間に，気体がする仕事は [22] である。

[17] の解答群

Ⓐ $\frac{RT}{P_0+mg}$　Ⓑ $\frac{RT}{P_0-mg}$　Ⓒ $\frac{RT}{mg-P_0}$　Ⓓ $\frac{RT}{mg}$

Ⓔ $\frac{RT}{P_0S+mg}$　Ⓕ $\frac{RT}{P_0S-mg}$　Ⓖ $\frac{RT}{mg-P_0S}$

[18] の解答群

Ⓐ $-\frac{5\Delta h}{3h}(mg+P_0)$　Ⓑ $-\frac{5\Delta h}{3h}(mg-P_0)$　Ⓒ $-\frac{5mg\Delta h}{3h}$

Ⓓ $-\frac{5\Delta h}{3h}\left(\frac{mg}{S}+P_0\right)$　Ⓔ $-\frac{5\Delta h}{3h}\left(\frac{mg}{S}-P_0\right)$　Ⓕ $-\frac{5mg\Delta h}{3Sh}$

[19] の解答群

Ⓐ $\frac{8T\Delta h}{3h}$　Ⓑ $\frac{5T\Delta h}{3h}$　Ⓒ $\frac{3T\Delta h}{2h}$　Ⓓ $\frac{2T\Delta h}{3h}$

Ⓔ $-\frac{8T\Delta h}{3h}$　Ⓕ $-\frac{5T\Delta h}{3h}$　Ⓖ $-\frac{3T\Delta h}{2h}$　Ⓗ $-\frac{2T\Delta h}{3h}$

[20] の解答群

Ⓐ $\frac{5RT\Delta h}{3h}$　Ⓑ $\frac{5RT\Delta h}{3h^2}$　Ⓒ $\frac{5RT\Delta h}{3Sh}$　Ⓓ $\frac{5RT\Delta h}{3Sh^2}$

Ⓔ $-\frac{5RT\Delta h}{3h}$　Ⓕ $-\frac{5RT\Delta h}{3h^2}$　Ⓖ $-\frac{5RT\Delta h}{3Sh}$　Ⓗ $-\frac{5RT\Delta h}{3Sh^2}$

[21] の解答群

Ⓐ $2\pi S\sqrt{\dfrac{3m}{5RT}}$　Ⓑ $2\pi h\sqrt{\dfrac{3m}{5RT}}$　Ⓒ $2\pi Sh\sqrt{\dfrac{3m}{5RT}}$

Ⓓ $2\pi S\sqrt{\dfrac{5RT}{3m}}$　Ⓔ $2\pi h\sqrt{\dfrac{5RT}{3m}}$　Ⓕ $2\pi Sh\sqrt{\dfrac{5RT}{3m}}$

[22] の解答群

Ⓐ $\dfrac{2RTh_0}{h}$　Ⓑ $\dfrac{5RTh_0}{3h}$　Ⓒ $\dfrac{RTh_0}{h}$　Ⓓ $\dfrac{2RTh_0}{3h}$

Ⓔ $-\dfrac{2RTh_0}{h}$　Ⓕ $-\dfrac{5RTh_0}{3h}$　Ⓖ $-\dfrac{RTh_0}{h}$　Ⓗ $-\dfrac{2RTh_0}{3h}$

化学

(60分)

原子量が必要な場合は、次の数値を用いなさい。

H = 1.0　C = 12.0　O = 16.0　Na = 23.0　S = 32.1

Cu = 63.5

必要な場合は、次の定数を用いなさい。

ファラデー定数　$F = 9.65 \times 10^4$ C/mol

〔Ⅰ〕 次の文章を読み、文中の空欄 [1] ～ [8] に入る最もふさわしいものを各解答群の中から一つ選び、その記号をマークしなさい。

1　元素の周期表の [1] 族に属する鉄 Fe は、多くの岩石に酸化物や硫化物として含まれる。鉄には酸化数 + 2 と + 3 の化合物が存在するが、空気中では酸化数 [ア] の化合物の方が安定である。単体の鉄は光沢のある金属で、銅 Cu と比較してイオン化傾向が [イ] 、希硫酸と反応して [ウ] になる。[ア] ～ [ウ] に入る最もふさわしいものの組合せは [2] である。

鉄(Ⅱ)イオン Fe^{2+} を含む水溶液に水酸化ナトリウム NaOH 水溶液を加えると [エ] 色の沈殿を、鉄(Ⅲ)イオン Fe^{3+} を含む水溶液に水酸化ナトリウム NaOH 水溶液を加えると [オ] 色の沈殿をそれぞれ生じる。また、鉄(Ⅱ)イオン Fe^{2+} を含む水溶液に [カ] 水溶液を加えると濃青色の沈殿を、鉄(Ⅲ)イオン Fe^{3+} を含む水溶液に [キ] 水溶液を加えると濃青色の沈殿をそれぞれ生じる。[エ] ～ [キ] に入る最もふさわしいものの組合せは [3] である。

[1] の解答群

A　5　　B　6　　C　7　　D　8　　E　9

F　10　　G　11　　H　12　　I　13　　J　14

[2] の解答群

	ア	イ	ウ
A	+2	大きく	鉄(Ⅱ)イオン Fe^{2+}
B	+2	大きく	鉄(Ⅲ)イオン Fe^{3+}
C	+2	小さく	鉄(Ⅱ)イオン Fe^{2+}
D	+2	小さく	鉄(Ⅲ)イオン Fe^{3+}
E	+3	大きく	鉄(Ⅱ)イオン Fe^{2+}
F	+3	大きく	鉄(Ⅲ)イオン Fe^{3+}
G	+3	小さく	鉄(Ⅱ)イオン Fe^{2+}
H	+3	小さく	鉄(Ⅲ)イオン Fe^{3+}

[3] の解答群

	エ	オ	カ	キ
A	赤褐	緑白	$K_4[Fe(CN)_6]$	$K_3[Fe(CN)_6]$
B	赤褐	緑白	$K_3[Fe(CN)_6]$	$K_4[Fe(CN)_6]$
C	緑白	赤褐	$K_4[Fe(CN)_6]$	$K_3[Fe(CN)_6]$
D	緑白	赤褐	$K_3[Fe(CN)_6]$	$K_4[Fe(CN)_6]$

2　水酸化ナトリウム NaOH は、塩化ナトリウム NaCl 水溶液の電気分解により得られる。塩化ナトリウム NaCl 水溶液を、5.00 A の電流で 32 分 10 秒間電気分解したとき、生成した水酸化ナトリウム NaOH の物質量は、a と b と c を 0～9の整数として、$(a + 0.1b + 0.01c)$ mol である。b の値は [4] である。また、この電気分解において陽極と陰極からそれぞれ 1 種類の気体が発生した。両極から発生した気体の標準状態(0℃、1.013×10^5 Pa)での体積の合計は d と e と f を 0～9の整数として、$(d + 0.1e + 0.01f)$ L である。

e の値は [5] である。ただし、発生した気体は、理想気体であるものとし、水に溶解しないものとする。

[4] の解答群

A 0　B 1　C 2　D 3　E 4
F 5　G 6　H 7　I 8　J 9

[5] の解答群

A 0　B 1　C 2　D 3　E 4
F 5　G 6　H 7　I 8　J 9

3 酸化数は、物質中の原子の酸化の程度を表す数値である。下線を引いた原子の酸化数が－1であるものは [6] 、酸化数が0であるものは [7] 、酸化数が＋1であるものは [8] である。

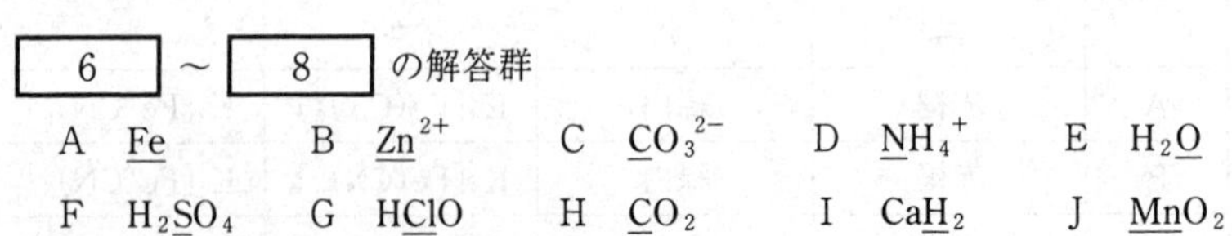

[6] ～ [8] の解答群

A $\underline{Fe}$　B $\underline{Zn}^{2+}$　C $\underline{C}O_3^{2-}$　D $\underline{N}H_4^{+}$　E $H_2\underline{O}$
F $H_2\underline{S}O_4$　G $H\underline{Cl}O$　H $\underline{C}O_2$　I $Ca\underline{H}_2$　J $\underline{Mn}O_2$

〔Ⅱ〕 次の文章を読み、文中の空欄 [9] ～ [15] に入る最もふさわしいものを各解答群の中から一つ選び、その記号をマークしなさい。

1 硫酸銅(Ⅱ)$CuSO_4$水溶液中では、Cu^{2+}に [9] 個の水分子H_2Oが配位結合して、錯イオンを生じている。

[9] の解答群

A 0　B 1　C 2　D 3　E 4
F 5　G 6　H 7　I 8　J 9

2 100 gの硫酸銅(Ⅱ)五水和物$CuSO_4 \cdot 5H_2O$を、900 gの水に溶かして、硫酸銅(Ⅱ)水溶液を1000 g調製した。硫酸銅(Ⅱ)水溶液の質量パーセント濃度は、aとbとcを0～9の整数として、$(10a + b + 0.1c)$%である。bの値は [10] である。

[10] の解答群

A 0　B 1　C 2　D 3　E 4
F 5　G 6　H 7　I 8　J 9

3 100 gの硫酸銅(Ⅱ)五水和物$CuSO_4 \cdot 5H_2O$を、水に溶かして、硫酸銅(Ⅱ)水溶液を1.000 L調製した。硫酸銅(Ⅱ)水溶液のモル濃度は、dとeとfを0～9の整数として、$(10d + e + 0.1f)$ mol/Lである。fの値は [11] である。

[11] の解答群

A 0　B 1　C 2　D 3　E 4
F 5　G 6　H 7　I 8　J 9

4　硫酸銅(Ⅱ)$CuSO_4$の水に対する溶解度曲線を下図に示した。0℃の硫酸銅(Ⅱ)の溶解度は、gとhを0～9の整数として、($10g + h + 0.0$) g/水100 gである。($g + h$)の値は 12 である。80℃の硫酸銅(Ⅱ)の溶解度は、iとjを0～9の整数として、($10i + j + 0.0$) g/水100 gである。($i + j - 10$)の値は 13 である。80℃の硫酸銅(Ⅱ)飽和水溶液100 gを、0℃まで冷却したところ、 14 色の結晶が析出した。析出した結晶の質量は、kとmとnを0～9の整数として、($10k + m + 0.1n$) gである。kの値は 15 である。

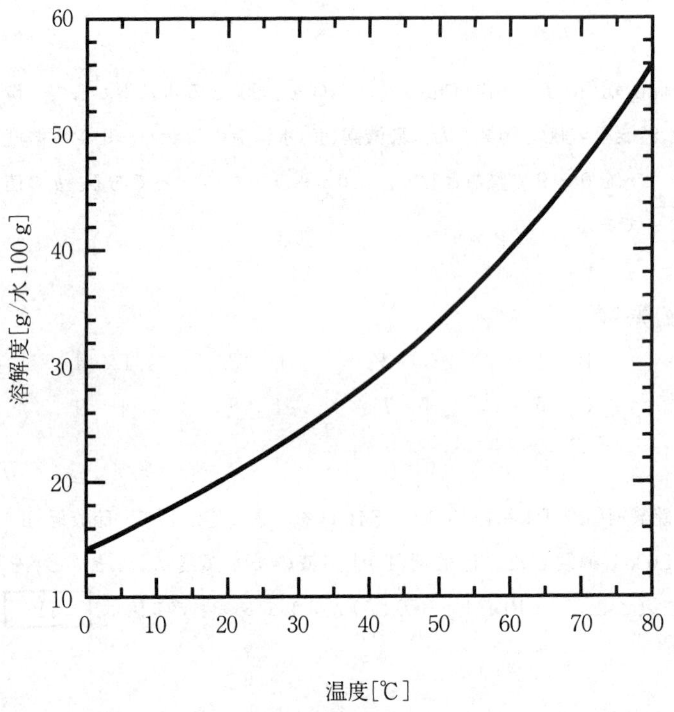

硫酸銅(Ⅱ)$CuSO_4$の水に対する溶解度曲線

12 の解答群

A　0　　B　1　　C　2　　D　3　　E　4
F　5　　G　6　　H　7　　I　8　　J　9

13 の解答群

A　0　　B　1　　C　2　　D　3　　E　4
F　5　　G　6　　H　7　　I　8　　J　9

14 の解答群

A　白　　B　黒　　C　金　　D　銀　　E　赤
F　橙　　G　黄　　H　緑　　I　青　　J　紫

15 の解答群

A　0　　B　1　　C　2　　D　3　　E　4
F　5　　G　6　　H　7　　I　8　　J　9

〔Ⅲ〕 次の文章を読み、文中の空欄 [16] ～ [21] に入る最もふさわしいものを各解答群の中から一つ選び、その記号をマークしなさい。

1 炭素、水素、酸素だけからなる有機化合物 15.0 mg を完全に燃焼したところ、二酸化炭素 22.0 mg、水 9.0 mg が得られた。この有機化合物の組成式は、[16] である。また、この有機化合物の分子量は 90 である。この有機化合物の分子式は、[17] である。

[16] の解答群

A CHO　B C_2HO　C CH_2O　D CHO_2

E C_2HO_2　F CH_2O_2　G C_2H_2O　H $C_2H_2O_2$

[17] の解答群

A $C_2H_2O_2$　B $C_2H_4O_2$　C $C_2H_6O_2$

D $C_3H_3O_3$　E $C_3H_6O_3$　F $C_3H_9O_3$

G $C_4H_4O_4$　H $C_4H_8O_4$　I $C_4H_{12}O_4$

2 マレイン酸とフマル酸は、いずれも C=C 結合の両端に [ア] 基が結合した化合物であり、[イ] 異性体の関係にある。また、水に対する溶解度は、マレイン酸の方がフマル酸よりも [ウ] 。[ア] ～ [ウ] に入る最もふさわしいものの組合せは [18] である。

18 の解答群

	ア	イ	ウ
A	アミノ	構造	小さい
B	アミノ	構造	大きい
C	カルボキシ	構造	小さい
D	カルボキシ	構造	大きい
E	アミノ	鏡像	小さい
F	アミノ	鏡像	大きい
G	カルボキシ	鏡像	小さい
H	カルボキシ	鏡像	大きい
I	アミノ	シス-トランス	小さい
J	アミノ	シス-トランス	大きい
K	カルボキシ	シス-トランス	小さい
L	カルボキシ	シス-トランス	大きい

3　カルボン酸とアルコールが縮合すると、エステル結合をもつ化合物が生成する。このような化合物をエステルという。油脂は、 エ と オ からなるエステルである。 エ と オ に入る最もふさわしいものの組合せは 19 である。

[19] の解答群

	エ	オ
A	グリセリン	高級脂肪酸
B	グリセリン	乳酸
C	グリセリン	酒石酸
D	フェノール	高級脂肪酸
E	フェノール	乳酸
F	フェノール	酒石酸
G	エチレングリコール	高級脂肪酸
H	エチレングリコール	乳酸
I	エチレングリコール	酒石酸

4　サリチル酸は、医薬品の原料となる。アセチルサリチル酸は、解熱鎮痛剤として用いられ、[20] の化学式で表される。また、サリチル酸メチルは、消炎鎮痛剤として用いられ、[21] の化学式で表される。[20] と [21] の空欄に入る最もふさわしい化学式を解答群の中から一つ選び、その記号をマークしなさい。

[20]、[21] の解答群

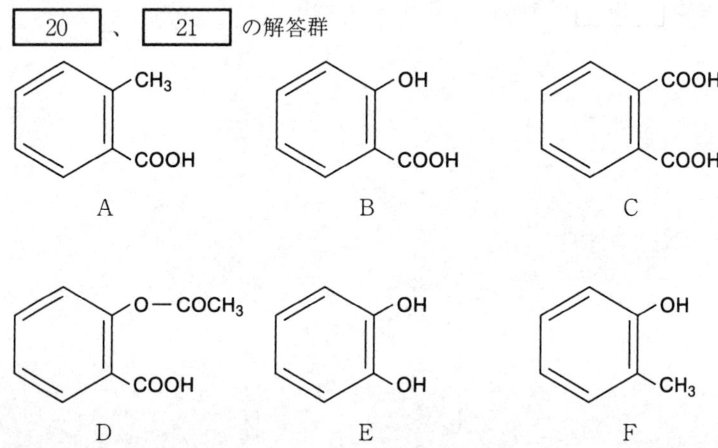

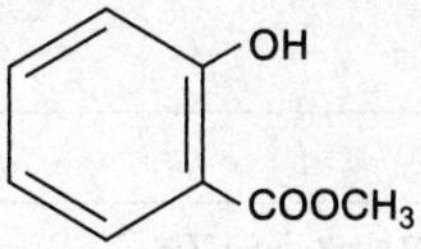

〔Ⅳ〕 次の文章を読み、文中の空欄 22 ～ 28 に入る最もふさわしいものを各解答群の中から一つ選び、その記号をマークしなさい。

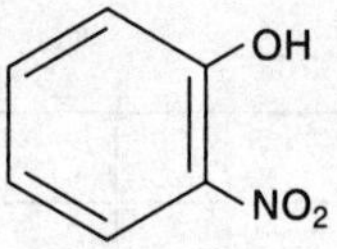

1　二糖は、2分子の単糖が 22 したものである。二糖には水に溶けて還元作用を示す還元糖と、還元作用を示さない非還元糖がある。 ア は非還元糖であり、希硫酸と加熱し加水分解すると、グルコースと イ の等量混合物が生じる。 ア と イ に入る最もふさわしいものの組合せは 23 である。

22 の解答群

A　複製　　B　付加重合　　C　開環重合
D　脱水縮合　　E　変性　　F　転化
G　アルコール発酵　　H　けん化

［23］の解答群

	ア	イ
A	ラクトース	フルクトース
B	ラクトース	ガラクトース
C	ラクトース	スクロース
D	フルクトース	ラクトース
E	フルクトース	ガラクトース
F	フルクトース	スクロース
G	スクロース	フルクトース
H	スクロース	ガラクトース
I	スクロース	ラクトース

2　グルコース水溶液にフェーリング液を加えて加熱すると、［ウ］の［エ］色沈澱を生じる。これは、グルコース水溶液中に存在するグルコースの［オ］構造の中に［カ］基が存在し、還元性を示すためである。［ウ］と［エ］に入る最もふさわしいものの組合せは［24］である。［オ］と［カ］に入る最もふさわしいものの組合せは［25］である。

24 の解答群

	ウ	エ
A	CuO	青
B	CuO	赤
C	CuO	白
D	Cu_2O	青
E	Cu_2O	赤
F	Cu_2O	白
G	$CuSO_4$	青
H	$CuSO_4$	赤
I	$CuSO_4$	白

25 の解答群

	オ	カ
A	五員環	ヒドロキシ
B	五員環	ホルミル
C	五員環	スルホ
D	六員環	ヒドロキシ
E	六員環	ホルミル
F	六員環	スルホ
G	鎖状	ヒドロキシ
H	鎖状	ホルミル
I	鎖状	スルホ

3　生ゴムの主成分はポリイソプレンである。生ゴムのイソプレン単位にある二重結合は キ 形である。一方、グタペルカ(グッタペルカ)とよばれるポリイソプレンからなる物質のイソプレン単位にある二重結合は、 ク 形

である。グタペルカ(グッタペルカ)は［キ］形の生ゴムに比べて、弾性に［ケ］。［キ］～［ケ］に入る最もふさわしいものの組合せは［26］である。

［26］の解答群

	キ	ク	ケ
A	シス	トランス	富む
B	シス	トランス	乏しい
C	トランス	シス	富む
D	トランス	シス	乏しい

4　タンパク質のポリペプチド鎖は、通常、ペプチド結合の部分で［コ］結合が形成されることで安定化し、α-ヘリックス構造やβ-シート構造がつくられることが多い。このようなポリペプチド鎖に見られる基本構造を、タンパク質の［サ］という。［コ］と［サ］に入る最もふさわしいものの組合せは［27］である。

［27］の解答群

	コ	サ
A	ジスルフィド	一次構造
B	ジスルフィド	二次構造
C	ジスルフィド	三次構造
D	ジスルフィド	四次構造
E	水素	一次構造
F	水素	二次構造
G	水素	三次構造
H	水素	四次構造

5　アミノ酸の水溶液を電気泳動すると、アミノ酸の電荷によって陽極側、または陰極側に移動する。あるpHでは、アミノ酸はどちらの極へも移動しない。このときのpHをそのアミノ酸の等電点という。

pHが6.0の緩衝液で湿らせたろ紙の中心に、等電点の異なる3種類のアミノ酸(アラニン、リシン、グルタミン酸)を混合した水溶液をつけ、直流電圧をかけ、電気泳動を行った。このとき、陽極側へ移動するアミノ酸は［シ］、陰極側へ移動するアミノ酸は［ス］、どちらの極へも移動しないアミノ酸は［セ］であった。［シ］～［セ］に入る最もふさわしいものの組合せは［28］である。

［28］の解答群

	シ	ス	セ
A	アラニン	リシン	グルタミン酸
B	アラニン	グルタミン酸	リシン
C	リシン	アラニン	グルタミン酸
D	リシン	グルタミン酸	アラニン
E	グルタミン酸	アラニン	リシン
F	グルタミン酸	リシン	アラニン

生物

（60分）

〔Ⅰ〕　次の文章を読み、該当する解答番号の解答欄にマークしなさい。一つの解答欄に一つだけマークすること。

生物のからだを構成する細胞は、共通した基本的な物質を有している。例えば、遺伝情報を担うDNA(ア)、エネルギーの受け渡しにはたらくATP(イ)、生命活動の中心となってはたらくタンパク質(ウ)、そして、細胞膜(エ)の脂質などである。細胞には、核をもたない原核細胞と、核をもつ真核細胞(オ)がある。真核細胞では、ミトコンドリアや葉緑体(カ)が、エネルギーをつくる場として重要なはたらきをしている。原核細胞からなる生物を原核生物、真核細胞からなる生物を真核生物という。3ドメイン説によると、原核生物は細菌と古細菌に大別され、それ以外の生物はすべて真核生物にまとめられる(キ)。生物の体内では、遺伝情報の発現(ク)や、エネルギーの出入りを伴うさまざまな代謝が行われている。

問1　下線部(ア)に関する記述として、最も適切な組み合わせを選びなさい。

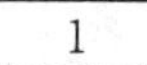

① DNAを構成するヌクレオチドの糖は、リボースである。

② DNAのヌクレオチド鎖では、ヌクレオチドどうしの結合は、一方のヌクレオチドの3′の炭素と、他方のヌクレオチドの5′の炭素につながったリン酸との間に形成される。

③ DNAの2本のヌクレオチド鎖では、互いに逆向きのものが平行に並んでおり、これがらせん状にねじれている。

④ DNAの2本のヌクレオチド鎖では、アデニンとチミンは3か所の水素結合で、グアニンとシトシンは2か所の水素結合で結ばれている。

⑤　ある生物のDNAに含まれる全塩基のうち、グアニンの割合が20％の場合、アデニンの割合は40％と考えられる。

A　①と②　　B　①と③　　C　①と④　　D　①と⑤
E　②と③　　F　②と④　　G　②と⑤　　H　③と④
I　③と⑤　　J　④と⑤

問2　下線部(イ)に関する記述として、最も適切な組み合わせを選びなさい。 [2]

①　RNAを構成するヌクレオチドのうち、塩基にアデニンをもつものにさらにリン酸が3個結合したものが、ATPである。
②　ADPとリン酸からATPが合成されるときには、エネルギーが放出される。
③　ADPは1個の高エネルギーリン酸結合をもつ。
④　解糖系におけるATPの合成は、基質レベルのリン酸化とよばれ、ミトコンドリアの内膜で起こる酸化的リン酸化とは異なったしくみで起こる。

A　①と②　　B　①と③　　C　①と④
D　②と③　　E　②と④　　F　③と④
G　①と②と③　　H　①と②と④　　I　①と③と④
J　②と③と④　　K　①と②と③と④

問3　下線部(イ)に関して、ヒトの場合、1日に細胞1個当たり約0.83 ng（1 ng = 10^{-9} g）のATPを使用し、からだ全体では約31 kgのATPを消費しているとして計算すると、からだは何個の細胞からできているか、最も適切なものを選びなさい。 [3]

A　37億個　　B　60億個　　C　100億個
D　37兆個　　E　60兆個　　F　100兆個

問４　下線部(ウ)に関して、細胞骨格とモータータンパク質に関する記述として、最も適切な組み合わせを選びなさい。 [4]

① 原形質流動は、アクチンフィラメントと、その上を移動するミオシンによって起こる。

② 鞭毛は、アクチンフィラメントと、その上を移動するミオシンによって屈曲する。

③ 微小管は、ニューロン内の細胞小器官の移動や物質輸送の際のレールになっており、キネシンとダイニンは微小管をレールとしてその上を移動する。

④ 動物細胞の場合、収縮環の細胞膜直下にある微小管とダイニンのはたらきによって細胞がくびれ、２個の細胞となる。

A　①と②	B　①と③	C　①と④
D　②と③	E　②と④	F　③と④
G　①と②と③	H　①と②と④	I　①と③と④
J　②と③と④	K　①と②と③と④	

問５　下線部(エ)に関する記述として、最も適切な組み合わせを選びなさい。
[5]

① 酸素や二酸化炭素は、細胞膜を構成するリン脂質二重層を通過できない。

② イオンや親水性の分子などの粒子は、細胞膜を構成するリン脂質二重層を透過しにくい。

③ 水分子のほとんどは、アクアポリンとよばれるチャネルの一種を介して細胞膜を透過している。

④ 細胞膜と小胞の融合による物質の取りこみをエキソサイトーシス、物質の分泌をエンドサイトーシスという。

A　①と②　　B　①と③　　C　①と④
D　②と③　　E　②と④　　F　③と④
G　①と②と③　　H　①と②と④　　I　①と③と④
J　②と③と④　　K　①と②と③と④

問6　下線部(オ)に関する記述として、最も適切な組み合わせを選びなさい。
[6]

①　核の大きさは細胞によって異なるが、直径はおよそ5 nmである。
②　中間径フィラメントは細胞の形を保つ役割を担っているが、核の形を保つ役割は担っていない。
③　核の内部には1～数個の核小体が見られ、リボソームRNAなどが合成される。
④　核膜には核膜孔とよばれる小さな孔が多数あり、核の内部は核膜孔を通して細胞質基質とつながっている。
⑤　核膜の内側の膜は、一部の小胞体膜と直接つながっている。

A　①と②　　B　①と③　　C　①と④　　D　①と⑤
E　②と③　　F　②と④　　G　②と⑤　　H　③と④
I　③と⑤　　J　④と⑤

問7　下線部(カ)に関する記述として、最も適切な組み合わせを選びなさい。
[7]

①　細菌やシアノバクテリアが原始的な原核細胞の内部に共生することによって生じたと考えられている。
②　二重膜構造をしている。
③　細胞とは別に、独自に分裂して増殖する。
④　核のDNAとは異なる独自のDNAをもっており、環状構造をしている。

A　①と②　　B　①と③　　C　①と④
D　②と③　　E　②と④　　F　③と④
G　①と②と③　　H　①と②と④　　I　①と③と④
J　②と③と④　　K　①と②と③と④

問8　下線部(キ)に関する記述として、最も適切な組み合わせを選びなさい。
8

①　古細菌は、細菌よりも真核生物に近縁である。
②　古細菌の細胞膜は、真核生物と同様に、エステル脂質とよばれる脂質で構成されている。
③　古細菌の細胞壁は、ペプチドグリカンからなり、細菌の細胞壁よりも厚い。
④　古細菌には、極限環境に生息する種が含まれるが、土壌や海水などのふつうの環境に生息する種も数多く含まれている。

A　①と②　　B　①と③　　C　①と④
D　②と③　　E　②と④　　F　③と④
G　①と②と③　　H　①と②と④　　I　①と③と④
J　②と③と④　　K　①と②と③と④

問9　下線部(ク)に関する記述として、最も適切な組み合わせを選びなさい。
9

①　原核生物のRNAポリメラーゼが直接プロモーターを認識して結合するのに対し、真核生物のRNAポリメラーゼは通常、単独ではプロモーターに結合できない。
②　真核生物の多くの遺伝子では、イントロンの領域が除かれ、エキソンの領域がつながれるスプライシングの過程は、核の外で行われる。

③　原核生物の多くの遺伝子では、1つの遺伝子でも選択的スプライシングによって、複数種類のmRNAがつくられ、その結果、複数種類のタンパク質が合成される。

④　真核生物では、転写されたRNAの5′末端には、ポリA鎖とよばれる構造が付加される。

⑤　原核生物では、転写が始まると、転写途中のmRNAに次々とリボソームが付着して翻訳が始まる。

A　①と②　　B　①と③　　C　①と④　　D　①と⑤

E　②と③　　F　②と④　　G　②と⑤　　H　③と④

I　③と⑤　　J　④と⑤

〔Ⅱ〕　次の文章を読み、該当する解答番号の解答欄にマークしなさい。一つの解答欄に一つだけマークすること。

動物の発生では、細胞質決定因子や細胞間のシグナル(ア)の受け渡しによって、胚の細胞は、発生の進行とともに分化していく。胚の細胞の分化は、発生の早い時期には、分化の方向を変更し得るが、しだいに不可逆的になっていく(イ)。そして、形もはたらきも異なる多種類の細胞が、動物のからだをつくっていく。では、このような発生や細胞の分化の過程で、(　ウ　)は変わっていないのだろうか。この疑問に答える実験が、1960年代にガードンによって行われている。

ガードンは、アフリカツメガエルを用いて、分化した細胞から核を取り出して、紫外線を当てて核を不活性化した卵に移植して発生させる実験を行った。分化した細胞として、おたまじゃくしの腸の上皮細胞(エ)が用いられた。その核を移植すると、大部分の核移植胚が発生の途中で死んでしまった。しかし、2％未満の割合で、正常なおたまじゃくしになるものがあった。その後、成体のカエルの水かきの表皮細胞(オ)から取り出した核を用いた場合でも、同様な結果が得られている。

問1　下線部(ア)に関する記述として、最も適切な組み合わせを選びなさい。
10

① ショウジョウバエの未受精卵では前方の細胞質にナノス、後方にビコイドという遺伝子のmRNAがそれぞれ局在し、受精後に翻訳されたタンパク質の濃度勾配が胚の前後軸を形成する。

② カエルの受精卵では植物極側にVegTのmRNAがかたよって存在することで、胞胚期には予定内胚葉域で合成されたノーダルタンパク質が、隣接する予定外胚葉域へはたらきかけて、その領域を中胚葉に分化させる。

③ βカテニンのmRNAは、母性因子としてカエル卵の植物極に局在しており、これが翻訳されることによって植物極側でβカテニンが蓄積し、背側の形成に関与する。

④ ニワトリ神経板の細胞表面に細胞接着分子であるN-カドヘリンとE-カドヘリンの発現がある。神経胚の中期に左右の神経しゅうが正中線で出会うと、N-カドヘリンとE-カドヘリンが接着し、神経管が形成される。

⑤ イモリの胞胚のうち外胚葉へ分化する領域と中胚葉へ分化する領域を組み合わせて培養すると、外胚葉組織と中胚葉組織に加えて内胚葉組織が分化してくる。

⑥ 精子の侵入によってカエル卵の表層が、内部の細胞質に対して約30°回転し、これによって灰色三日月環が生じる。この部分が背側になり、反対側が腹側となる。

A　①と④　　B　①と⑤　　C　①と⑥
D　②と④　　E　②と⑤　　F　②と⑥
G　③と④　　H　③と⑤　　I　③と⑥

問2　下線部(イ)に関する記述として、最も適切な組み合わせを選びなさい。
11

① 二卵性双生児とは、発生の早い時期に２つに分かれ、それぞれが完全な個体に発生を続けた結果生じたものである。両者は、全く同じゲノムをもっており、非常によく似ている。

② 黒いマウスと白いマウスからそれぞれ４～８細胞期の胚を採取し透明層を酵素で除去した後、２つの胚を接着させて培養し母親の子宮に移植すると、全身が均一にグレー色のマウスが生じる。

③ 受精直後の卵細胞質に存在する精子核へ組換えDNAを微量注入し、そのまま発生させ続けると、全身の細胞に外来遺伝子が組み込まれたトランスジェニック動物をつくることができる。

④ イモリ卵の第一卵割は、卵割面が灰色三日月環を通る場合と通らない場合がある。２細胞期に２つの割球を毛髪でしばって分割すると、どちらの場合も完全な個体が発生する。

A ①のみ　B ②のみ　C ③のみ　D ④のみ
E ①と②　F ①と③　G ①と④　H ②と③
I ②と④　J ③と④

問３ 空欄（ ウ ）に入る語として、最も適切なものを選びなさい。 12

A 細胞質　B 細胞小器官　C ゲノム
D タンパク質　E 細胞膜

問４ ガードンが下線部(エ)と(オ)を材料に実験を行った理由として、最も適切な組み合わせを選びなさい。 13

① 紫外線を卵に当てることが核移植に影響しないことを証明するため。

② 紫外線を卵に当てることが核移植に影響することを証明するため。

③ おたまじゃくしのような若い幼生の細胞核を用いたから核移植が成功したのではないことを証明するため。

④ おたまじゃくしのような若い幼生の細胞核を用いたから核移植が成功したことを証明するため。

⑤ 表皮細胞の核では核移植が成功しないことを証明するため。

⑥ 表皮細胞の核を用いても核移植が成功することを証明するため。

A ①と③	B ①と④	C ①と⑤	D ①と⑥
E ②と③	F ②と④	G ②と⑤	H ②と⑥
I ③と⑤	J ③と⑥	K ④と⑤	L ④と⑥

問 5 アフリカツメガエルを用いたガードンの研究から得られた実験結果の解釈として、最も適切な組み合わせを選びなさい。 [14]

① 約98％の胚が発生停止することから、分化をとげた細胞の核にあるゲノムは、発生の過程で基本的に変化することなく保持されている。

② 約98％の胚が発生停止することから、分化をとげた細胞の核にあるゲノムは、発生の過程で基本的に変化しており保持されていない。

③ 約2％の胚が発生することから、分化をとげた細胞の核にあるゲノムは、発生の過程で基本的に変化することなく保持されている。

④ 約2％の胚が発生することから、分化をとげた細胞の核にあるゲノムは、発生の過程で基本的に変化しており保持されていない。

⑤ 細胞の分化によって細胞質が変化した細胞でも、卵の細胞質に置かれると、受精卵と同様に発生を進めることができる。

⑥ 細胞の分化によって遺伝子発現が変化した核でも、卵の細胞質に置かれると、受精卵の核と同様に発生を進めることができる。

⑦ 細胞の分化によってゲノムの塩基配列が変化した核でも、卵の細胞質に置かれると、受精卵の核と同様に発生を進めることができる。

A ①と⑤	B ①と⑥	C ①と⑦	D ②と⑤
E ②と⑥	F ②と⑦	G ③と⑤	H ③と⑥
I ③と⑦	J ④と⑤	K ④と⑥	L ④と⑦

問 6　アフリカツメガエルを用いたガードンの研究以降、さまざまな研究が行われた。それらに関する次の説明文を読み、問(1)と(2)に答えなさい。

<説明文>

1996年、ウィルムットらは、成体の乳腺細胞の核を用いてクローン(カ)羊ドリーをつくった。

1981年、エヴァンズやマーティンらは、マウスの胚盤胞から内部細胞塊を取り出して(　キ　)を維持した細胞を樹立した。この細胞は培養条件によってさまざまな組織や器官に分化させることができる。

2006年、山中伸弥らは、マウスの皮膚の細胞に4種類の遺伝子を導入し、(　ク　)をもつ細胞を作製した。この細胞を(　ケ　)という。翌年にはヒトの皮膚の細胞からの作製にも成功した。この細胞の作製に用いた4種類の初期化遺伝子は、(　コ　)で特徴的に発現する遺伝子から選び出されたものである。

(　ケ　)は患者本人の細胞から作製できるため移植する際の拒絶反応が起こりにくい。また胚の破壊という倫理上の問題も生じない。一方、(　ケ　)には、初期化のしくみが未解明であることや、移植後に(　サ　)する可能性があることなどの問題があり、現在も研究が進められている。

(1)　下線部(カ)に関する記述として、**誤っているもの**の組み合わせを選びなさい。 15

①　酵母やヒドラなど、からだにできた小さなふくらみが成長して増殖した集団は、クローンとよばない。

②　クローン動物は、そのドナーである動物とゲノムは同一でも、ドナーの完全なコピーにはならない。

③　家畜生産の分野では、16～32細胞期の割球をばらばらに分解し、除核した別のウシの未受精卵に割球を移植することで、受精卵クローンのウシが数多く生まれている。

④　大腸菌を寒天培地で培養した際に形成される1つのコロニーは、元は1個体の大腸菌が分裂増殖したもので、1つのコロニーに含まれる大腸菌はすべて同じ遺伝子型をもつクローンである。

A　①のみ　B　②のみ　C　③のみ　D　④のみ
E　①と②　F　①と③　G　①と④　H　②と③
I　②と④　J　③と④

(2)　空欄(キ)、(ク)、(ケ)、(コ)、(サ)に入る最も適切なものを選びなさい。ただし、同じ選択肢を何度使ってもよい。

(キ) 16　(ク) 17　(ケ) 18
(コ) 19　(サ) 20

A　ES細胞　B　始原生殖細胞　C　分化
D　全能性　E　iPS細胞　F　受精卵
G　多能性　H　成体幹細胞　I　がん化
J　異化　K　多様性

〔Ⅲ〕 次の文章を読み、該当する解答番号の解答欄にマークしなさい。一つの解答欄に一つだけマークすること。

ヒトの神経系$_{(ア)}$には、情報の統合や整理、判断、命令をするなどの中枢としてはたらく中枢神経系と、からだの各部と中枢神経系をつなぐ末梢神経系がある。

神経系は、ニューロンとそれを取り囲むグリア細胞$_{(イ)}$などによって構成される。ニューロンは、核のある細胞体と、多数の突起からできている。短い多数の突起は、(　ウ　)突起とよばれ、他のニューロンからの情報を受け取る。細長く伸びた突起は、(　エ　)とよばれ、隣接するニューロンや効果器に情報を伝える。(　エ　)には、グリア細胞が巻きついてできた(　オ　)をもつものがあり、何重にも巻きつくと(　カ　)とよばれる構造となる。(　カ　)をもつ(　エ　)には、ランビエ絞輪$_{(キ)}$とよばれるくびれが存在する。

ニューロン内に微小な電極を挿入すると、細胞内外の電位差を測定することができる。この電位差を膜電位という。細胞が刺激されていないときの膜電位を静止電位といい、細胞外を0mVとすると、細胞内は多くの場合(　ク　)mVの値を示す。静止電位は細胞内外のイオン組成$_{(ケ)}$によって生じる。ニューロンが刺激されて一定の大きさの(　コ　)が起こるとその影響で瞬間的に膜電位が変化する。この変化を(　サ　)といい、(　サ　)が生じることを興奮という。

興奮は、(　エ　)を伝導$_{(シ)}$し末端部まで到達する。(　エ　)の末端には、他のニューロンや筋肉などの効果器が隙間を空けて接続している部分がある。この部分をシナプスといい、興奮を次の細胞に伝達$_{(ス)}$する役割がある。

問１ 下線部(ア)に関する記述として、最も適切な組み合わせを選びなさい。

21

① 中枢神経系は、脳と脳幹からなる。

② 中枢神経系は、介在ニューロンが多く集まってできている。

③ 末梢神経系は、機能によって体性神経系と交感神経系に大きく２つに分けられる。

④ 末梢神経系は、12対の脳神経と32対の脊髄神経からなる。

⑤ 末梢神経系の障害は、感覚や運動の障害としてあらわれる。

A ①と② B ①と③ C ①と④ D ①と⑤
E ②と③ F ②と④ G ②と⑤ H ③と④
I ③と⑤ J ④と⑤

問2 下線部(イ)に含まれるものとして、最も適切な組み合わせを選びなさい。 22

① ケラチノサイト

② オリゴデンドロサイト

③ アストロサイト

④ メラノサイト

⑤ エリスロサイト

A ①と② B ①と③ C ①と④ D ①と⑤
E ②と③ F ②と④ G ②と⑤ H ③と④
I ③と⑤ J ④と⑤

問3 空欄(ウ)、(エ)に入る語の組み合わせとして、最も適切なものを選びなさい。ただし、選択肢の語はウ・エの順に示してある。 23

A 枝状・桿体細胞 B 枝状・軸索 C 枝状・感覚毛
D 束状・桿体細胞 E 束状・軸索 F 束状・感覚毛
G 樹状・桿体細胞 H 樹状・軸索 I 樹状・感覚毛
J 線状・桿体細胞 K 線状・軸索 L 線状・感覚毛

問4 空欄(オ)、(カ)に入る語の組み合わせとして、最も適切なものを

選びなさい。ただし、選択肢の語はオ・カの順に示してある。 [24]

A　髄鞘・神経鞘　　B　髄鞘・神経堤　　C　髄鞘・髄質
D　神経鞘・髄鞘　　E　神経鞘・神経堤　　F　神経鞘・髄質
G　神経堤・神経鞘　　H　神経堤・髄鞘　　I　神経堤・髄質
J　髄質・神経鞘　　K　髄質・髄鞘　　L　髄質・神経堤

問5　下線部(キ)に関する記述として、最も適切なものを選びなさい。 [25]

A　0.3～2.0 nm ごとに約 1.0 nm の幅で存在する。
B　0.3～2.0 nm ごとに約 10 nm の幅で存在する。
C　0.3～2.0 μm ごとに約 10 nm の幅で存在する。
D　0.3～2.0 μm ごとに約 1.0 μm の幅で存在する。
E　0.3～2.0 mm ごとに約 1.0 μm の幅で存在する。
F　0.3～2.0 mm ごとに約 10 mm の幅で存在する。
G　0.3～2.0 m ごとに約 1.0 mm の幅で存在する。
H　0.3～2.0 m ごとに約 10 mm の幅で存在する。

問6　空欄(　ク　)、(　コ　)、(　サ　)に入る数字と語の組み合わせとして、最も適切なものを選びなさい。ただし、選択肢の語はク・コ・サの順に示してある。 [26]

A　80・過分極・終板電位　　B　80・脱分極・終板電位
C　－35・過分極・終板電位　　D　－35・脱分極・終板電位
E　－70・過分極・終板電位　　F　－70・脱分極・終板電位
G　80・過分極・活動電位　　H　80・脱分極・活動電位
I　－35・過分極・活動電位　　J　－35・脱分極・活動電位
K　－70・過分極・活動電位　　L　－70・脱分極・活動電位

問 7 下線部(ケ)に関して、ヤリイカの巨大軸索における静止電位時の細胞内外のイオン組成を調べた結果が表1である。空欄(セ)、(ソ)、(タ)、(チ)に入る数字の組み合わせとして、最も適切なものを選びなさい。ただし、選択肢の数字はセ・ソ・タ・チの順に示してある。

27

表1

イオン	細胞内(ミリ mol)	細胞外(ミリ mol)
カリウムイオン	(セ)	(ソ)
ナトリウムイオン	(タ)	(チ)
塩化物イオン	52	560

A 400・20・50・440
B 400・20・50・50
C 400・20・440・440
D 400・20・440・50
E 400・400・50・440
F 400・400・50・50
G 400・400・440・440
H 400・400・440・50
I 20・400・50・440
J 20・400・50・50
K 20・400・440・440
L 20・400・440・50

問 8 下線部(シ)に関して、問(1)と(2)に答えなさい。

(1) 下線部(シ)に関する記述として、最も適切なものを選びなさい。

28

① 無髄神経繊維は、有髄神経繊維と比べて伝導速度が速い。

② 興奮の伝導では、膜電位の変化は伴わない。

③ 伝導速度は、温度によって変化しない。

④ 神経繊維に沿って流れる電流を活動電流(局所電流)という。

⑤ 不応期があるため、いったん興奮が終わった部分へ逆方向に興奮が伝わることはない。

A　①と②　B　①と③　C　①と④　D　①と⑤
E　②と③　F　②と④　G　②と⑤　H　③と④
I　③と⑤　J　④と⑤

(2)　カエルのふくらはぎの筋肉に坐骨神経をつけた神経筋標本をつくり、刺激や筋収縮を記録する装置を用いて、興奮の伝導速度についての実験を行った。その結果、神経筋接合部から、坐骨神経上のA点およびB点の距離はそれぞれ4.5 cm、9.5 cmであり、A点での刺激から筋収縮が起こるまでの時間は、7ミリ秒であり、B点での刺激では9ミリ秒であった。この時の坐骨神経の伝導速度(m/秒)として、最も適切なものを選びなさい。 29

A　0.7　B　7　C　70　D　0.9
E　9　F　90　G　1.7　H　17
I　170　J　2.5　K　25　L　250

問9　下線部(ス)に関する記述として、最も適切な組み合わせを選びなさい。 30

①　神経伝達物質は、シナプス前細胞のシナプス小胞に存在し、カリウムイオン濃度の上昇によって放出される。
②　シナプス間隙とは、シナプス前細胞とシナプス後細胞との20～50 nmの隙間のことをさす。
③　アセチルコリンは、興奮性の神経伝達物質であり、ナトリウムイオンをシナプス後細胞内に流入させる。
④　γ-アミノ酪酸(GABA)は、抑制性の神経伝達物質であり、水素イオンをシナプス後細胞内に流入させる。
⑤　複数のニューロンから同時に刺激を受け、シナプス後細胞の膜電位の変化が加算されることを時間的加重という。

A　①と②　　B　①と③　　C　①と④　　D　①と⑤
E　②と③　　F　②と④　　G　②と⑤　　H　③と④
I　③と⑤　　J　④と⑤

〔Ⅳ〕 次の文章を読み、該当する解答番号の解答欄にマークしなさい。一つの解答欄に一つだけマークすること。

植物の特性を考えてみた。まず、植物は、寄生植物などの一部の例外を除いて、栄養素として無機化合物のみを体内に取り込んで生育繁殖し得る能力をもっている。例えば、光合成(ア)では、光エネルギーを利用して水と二酸化炭素からデンプンなどの有機物を合成している。また、植物は、根から吸収した無機窒素化合物をもとに、タンパク質や核酸、ATP、クロロフィルなどの有機窒素化合物を合成している(イ)。次に、植物の特性として繁殖様式があげられる。動物と同様に有性生殖で繁殖するが、栄養繁殖をするものもある。栄養繁殖とは、受精することなしに塊根・地下茎から芽を出し植物個体が形成される繁殖様式である。さらに特徴的なのは、種子植物に限るが、種子を形成し、後生を残す点である。種子を形成することで、周りの環境が生育に適するまで発芽(ウ)せず、さまざまな環境ストレスを耐え忍ぶ戦略である。固着性の植物にとって、これは非常に重要な生存戦略の一つといえる。くわえて、植物は、光受容体などによって周囲の環境の変化に的確に対応している。例えば、光の強さや土壌中の水分量などといった環境要因の変化に応じて気孔(エ)を開いたり閉じたりする。また、植物はどの器官からでも元の個体に戻ることができる。葉を切り取り、植物ホルモン(オ)のオーキシンとサイトカイニンの入った培地中で培養すると、それらホルモンの混合量比によって葉や根が再生して元の個体に戻ることができる。

問１　下線部(ア)に関する次の実験の説明文を読み、問(1)と(2)に答えなさい。

＜実験の説明文＞

イギリスの生化学者ヒルは、煮沸して二酸化炭素を除去した水に葉緑体片を懸濁し、これにシュウ酸鉄(Ⅲ)を加えた後、空気を抜いて光を照射する実験を行った。その結果、懸濁液から酸素が発生するとともに、シュウ酸鉄(Ⅲ)はシュウ酸鉄(Ⅱ)に還元された。

(1) この実験で直接証明されたことの記述として、最も適切な組み合わせを選びなさい。 31

① 光合成で発生する酸素は二酸化炭素由来ではなく、水由来である。
② 光合成で発生する酸素はシュウ酸鉄(Ⅲ)由来である。
③ 光合成には水を分解して酸素を発生する反応がある。
④ 光合成における酸素の発生には二酸化炭素を必要としない。

A ①のみ　B ②のみ　C ③のみ　D ④のみ
E ①と②　F ①と③　G ①と④　H ②と③
I ②と④　J ③と④　K ①と②と③　L ①と③と④

(2) この実験において観察された反応はヒル反応とよばれ、葉緑体に人工的電子受容体を加えて光を照射したときに見られる酸素発生反応であり、無傷葉緑体内での反応を再現している。この実験で使用されたシュウ酸鉄(Ⅲ)は、実際の光合成過程における分子のうちどれに相当するのか、最も適切なものを選びなさい。 32

A 水　B クロロフィル
C ATP　D 光化学系Ⅱのタンパク質
E 光化学系Ⅰのタンパク質　F $NADP^+$
G NADPH　H ADP
I 二酸化炭素　J Rubisco
K RuBP

問 2 下線部(イ)に関する次の説明文を読み、空欄 [33] に該当する最も適切なものを選びなさい。

<説明文>

グルタミン合成酵素を特異的・不可逆的に阻害するグルホシネートという化合物を主成分とする除草剤がある。この除草剤で植物を処理すると、植物体内では無機窒素化合物を出発材料にした有機窒素化合物の合成が妨げられると同時に、[33] の蓄積が起こり、その結果、最終的には光合成が停止し、植物は枯死すると考えられている。

A ピルビン酸　　B オキサロ酢酸
C グルタミン酸　　D グルタミン
E α-ケトグルタル酸　　F 硝酸イオン
G 亜硝酸イオン　　H アンモニウムイオン

問 3 下線部(ウ)に関する次の説明文を読み、空欄 [34] ～ [38] に入る最も適切なものを選びなさい。ただし、同じ選択肢を何度使ってもよい。

<説明文>

植物の葉を透過した太陽光は、[34] 光を含む大部分の光が葉のクロロフィルに吸収されるため、透過率の高い [35] 光の割合が高くなる。そのため、森林の [36] のような環境では、相対的に [35] 光が多くなる。このような環境下では [37] のフィトクロムの割合が大きくなっており、光発芽種子は発芽が [38] される。

A 遠赤色　　B Pfr 型　　C 赤色　　D Pr 型
E 促進　　F 抑制　　G 林冠　　H 林床

問 4 下線部(エ)に関する次の実験結果を読み、問に答えなさい。

<実験結果>

青色光によって気孔が開くしくみを明らかにするために、シロイヌナズナの葉からはがした表皮を培地に浸し、培地中のpHを測定しながら青色光を照射し、pHの変化を追跡した。その結果、野生型では、青色光を照射すると、すみやかなpHの低下がみられた。一方、青色光受容体フォトトロピン欠損株では、そのようなpHの低下はみられなかった。

この実験結果と他の知見から、次の一連のしくみａ)～ｃ)が考えられた。

ａ）孔辺細胞のフォトトロピンは、青色光を感知すると、いくつかの反応を介して、ATPのエネルギーを使って、細胞外へH^+を輸送する。

ｂ）細胞膜内外の電位差が大きくなり、カリウムチャネルが開き、大量のK^+が孔辺細胞内に流入して、孔辺細胞の浸透圧が高まる。

ｃ）水が孔辺細胞内に流入して、孔辺細胞の膨圧が増すことで気孔が開く。

<問>

カビ毒フシコクシンは、細胞内から細胞外へH^+を輸送するはたらきをもつ細胞膜プロトンポンプを不可逆的に活性化する。このカビ毒をもつカビがシロイヌナズナに感染するとどうなるか。予想される結果の記述として、**誤っているもの**の組み合わせを選びなさい。 39

① 気孔が閉じっぱなしになり枯死する。

② 孔辺細胞の浸透圧が上昇したままになる。

③ 水が孔辺細胞内に流入したままになる。

④ 孔辺細胞の浸透圧が低下したままになる。

⑤ 大量のK^+が孔辺細胞内に流入したままになる。

⑥ 水が孔辺細胞内から流出したままになる。

⑦ 気孔が開きっぱなしになり枯死する。

⑧ 大量のK^+が孔辺細胞内から流出したままになる。

A　①と②と③	B　②と⑥と⑧	C　④と⑦と⑧
D　⑥と⑦と⑧	E　①と②と③と⑧	F　④と⑥と⑦と⑧
G　①と④と⑥と⑧	H　①と③と④と⑧	I　④と⑤と⑥と⑦
J　②と③と⑤と⑦	K　③と④と⑤と⑦	L　①と④と⑤と⑥

問5　下線部(オ)に関する記述として、最も適切な組み合わせを選びなさい。

40

① いくつかの植物では、受粉の刺激により、めしべ内のジベレリンが増加し、ジベレリンの作用で果実の形成が始まる。このようなジベレリンのはたらきは、種なしスイカの生産に応用されている。

② 植物の落葉や落果は、葉柄や果柄の基部に形成される離層とよばれる特殊な細胞層で起きる。落葉・落果期になると、離層付近の細胞のオーキシンとエチレンの濃度が高くなり、その結果、細胞壁を分解する酵素の遺伝子の発現が上昇し、離層が分離し、落葉・落果する。

③ 果実の成長には、オーキシンも重要な役割を果たしている。受精が起きて種子が形成されると、種子内でオーキシンがつくられるようになり、このオーキシンが果実の肥大成長を促進する。

④ ジベレリンとブラシノステロイドは、細胞骨格の微小管の方向を制御して、細胞壁のセルロース繊維を縦方向にそろえることで、細胞の肥大成長を抑え、茎の伸長成長を促進する。

⑤ ジベレリンは種子の発芽促進に関与しており、イネなどの種子では、水や温度、酸素などの条件が発芽に適するようになると胚で合成され、胚乳の外側にある糊粉層の細胞に作用してアミラーゼ遺伝子などの発現を誘導する。

A　①と②	B　①と③	C　①と④	D　①と⑤
E　②と③	F　②と④	G　②と⑤	H　③と④
I　③と⑤	J　④と⑤	K　①と②と③	L　①と②と④

〔V〕 次の文章を読み、該当する解答番号の解答欄にマークしなさい。一つの解答欄に一つだけマークすること。

生態系は、さまざまな個体群(ア)で構成される生物群集(イ)と、それらを取り巻く非生物的環境で構成されている(ウ)。さらに生物群集は、生産者、消費者、分解者に分けられる。生産者は無機物から有機物を合成する（　エ　）栄養生物であり、消費者は合成された有機物を取り込む（　オ　）栄養生物である。生産者が有機物を合成する過程を物質生産とよぶ(カ)。合成された有機物は生態系内の食物網(キ)を通って上位の栄養段階へ移動する。土壌(ク)中の菌類(ケ)や細菌は消費者であるが、分解者としてはたらく場合もある。

問１　下線部(ア)に関して、キャベツ圃場におけるモンシロチョウの調査を行った。１回目の調査では120頭が捕獲され、全個体の前翅に番号を記して放った。２日後の同じ時間帯に２回目の調査を行ったところ125頭が捕獲され、このうち100頭の前翅に番号が記されていた。この圃場におけるモンシロチョウの総個体数を推定し、最も適切なものを選びなさい。 41

A　100頭　　B　120頭　　C　125頭　　D　145頭
E　150頭　　F　220頭　　G　245頭　　H　500頭

問２　下線部(イ)における生態的地位に関する記述として、最も適切な組み合わせを選びなさい。 42

① ニッチとは、生態的地位が似た種の間に生じる種間競争のことである。
② すみ分けとは、生態的地位の異なる種が共存するために空間や時間を使い分けることである。
③ 競争的排除とは、種間競争の結果、一方の種が排除されることである。
④ 生態的同位種とは、地理的に大きく離れた地域において生態的地位が似た種のことである。

A　①と②　　B　①と③　　C　①と④　　D　②と③
E　②と④　　F　③と④　　G　①と②と③　　H　①と②と④
I　①と③と④　　J　②と③と④

問 3　下線部(ウ)の一つである窒素の循環に関する記述として、最も適切な組み合わせを選びなさい。 43

①　植物が有機窒素化合物を合成するはたらきを窒素固定とよぶ。
②　アンモニウムイオンの一部が硝酸イオンや亜硝酸イオンに変わることを脱窒とよぶ。
③　ダイズの根に共生する根粒菌は、大気中の窒素からアンモニウムイオンをつくることができる。

A　①のみ　　B　②のみ　　C　③のみ　　D　①と②
E　①と③　　F　②と③　　G　①と②と③

問 4　空欄(　エ　)、(　オ　)に入る語の組み合わせとして、最も適切なものを選びなさい。ただし、選択肢の語はエ・オの順に記してある。 44

A　一次・二次　　B　二次・一次　　C　富・貧
D　貧・富　　E　独立・従属　　F　従属・独立

問 5　下線部(カ)に関する記述として、最も適切な組み合わせを選びなさい。
45

①　生産者の光合成によって生産される有機物の総量を総生産量とよぶ。
②　総生産量から生産者の呼吸による消費を差し引いた有機物の量を純生産量とよぶ。
③　総生産量から消費者による被食や枯死を差し引いた有機物の量が成長量

である。

④　森林の純生産量は遷移によって変化し、極相で最大となる。

A　①と②　　B　①と③　　C　①と④　　D　②と③
E　②と④　　F　③と④　　G　①と②と③　　H　①と②と④
I　①と③と④　　J　②と③と④

問 6　下線部(キ)における上位の捕食者であり、その生態系のバランスを保つ重要なはたらきを果たす種を何とよぶか。最も適切なものを選びなさい。

46

A　優占種　　B　外来種　　C　在来種
D　導入種　　E　キーストーン種　　F　パイオニア種

問 7　下線部(ク)に関する記述として、最も適切な組み合わせを選びなさい。

47

①　森林では地表に近い層に落葉や落枝が堆積し、これを分解するミミズなどが生息している。

②　ミミズなどによって分解された有機物と風化した岩石が混じった層を腐植土層とよぶ。

③　草原では土壌が形成されない。

④　腐植土層の菌類や細菌などのはたらきで有機物は無機物に変わる。

A　①と②　　B　①と③　　C　①と④　　D　②と③
E　②と④　　F　③と④　　G　①と②と③　　H　①と②と④
I　①と③と④　　J　②と③と④

問 8　下線部(ケ)に分類されるものとして、最も適切な組み合わせを選びなさい。

48

① クモノスカビ

② ミドリムシ

③ シャジクモ

④ アゾトバクター

⑤ シイタケ

A ①と②	B ①と③	C ①と④	D ①と⑤
E ②と③	F ②と④	G ②と⑤	H ③と④
I ③と⑤	J ④と⑤		

問十　伊勢の大輔の和歌「いにしへの奈良の都の八重桜けふ九重ににほひぬるかな」が載る勅撰和歌集を次の中から一つ選び、その符号をマークせよ。解答番号は 30 。

A　『古今和歌集』
B　『伊勢大輔集』
C　『詞花和歌集』
D　『夫木和歌抄』

A　まったくひどい者たち ― 豪勢きわまる者たち
B　きわめて無知な者たち ― 恐ろしい者たち
C　丁重に扱うべき者たち ― すばらしい者たち
D　少しも縁のない者たち ― 縁起が悪い者たち

問八　傍線部7「伊勢の大輔の子孫」は本文中に何人登場しているか。最も適切なものを次の中から一つ選び、その符号をマークせよ。解答番号は 28 。

A　一人
B　二人
C　三人
D　四人

問九　本文の内容と**合致しないもの**を次の中から一つ選び、その符号をマークせよ。解答番号は 29 。

A　常陸から上京した多気の大夫は越前守の邸で経を聞く機会があった。
B　伊勢の大輔の娘が多気の大夫に盗まれて乳母とともに常陸に下った。
C　常陸守の二人の姪は多気の大夫の娘たちであり、とても美しかった。
D　常陸守は経済的に豊かな姪たちが仏に功徳を施さないことを嘆いた。

C　東風の返しの西風につけて送った都の花の香りは、東路のほうに匂ったでしょうか。
D　西風の返しの東風につけて送った都の花の香りは、東路のほうに匂ったでしょうか。

問五　傍線部3「昔の人」とは誰を指すか。最も適切なものを次の中から一つ選び、その符号をマークせよ。解答番号は 25 。

A　多気の大夫
B　越前守
C　伊勢の大輔
D　大姫君

問六　傍線部4「名聞にも思ひたらず」の解釈として最も適切なものを次の中から一つ選び、その符号をマークせよ。解答番号は 26 。

A　うわさを気にもかけない
B　名誉なこととも思わない
C　体裁を整えようともしない
D　名声を得ようとも思わない

問七　傍線部5「無下なりける者ども」と傍線部6「ゆゆしかりける者ども」は、どちらも「女二人」に対する常陸守の評である。両者の意味の組み合わせとして最も適切なものを次の中から一つ選び、その符号をマークせよ。解答番号は 27 。

問二　傍線部1「奉りたる」と同じ意味で用いられている「奉る」はどれか。最も適切なものを次の中から一つ選び、その符号をマークせよ。解答番号は 22 。

A　女御殿、対の上は一つに奉りたり
B　御袴着のこと、一の宮の奉りしに劣らず
C　一人の天人言ふ、壺なる御薬奉れ
D　君の御許よりは、惟光を奉れ給へり

問三　波線部a・b・c・dの動作主の組み合わせとして最も適切なものを次の中から一つ選び、その符号をマークせよ。解答番号は 23 。

A　a　上童　b　上童　c　多気の大夫　d　乳母
B　a　上童　b　上童　c　乳母　d　多気の大夫
C　a　多気の大夫　b　乳母　c　上童　d　上童
D　a　多気の大夫　b　上童　c　上童　d　乳母

問四　傍線部2「匂ひきや都の花は東路にこちのかへしの風のつけしは」の和歌の解釈として最も適切なものを次の中から一つ選び、その符号をマークせよ。解答番号は 24 。

A　東路から吹き返す風につけて送った花の香りは、都のほうに匂ったでしょうか。
B　東路へと吹き返す風につけて送った花の香りは、都のほうに匂ったでしょうか。

やりたりければ、「承りぬ。参り候はん」とて、明後日上らんとての日、参りたりけり。えもいはぬ馬、一つを宝にする程の馬十疋づつ、二人して、また皮籠負ほせたる馬ども百疋づつ、二人して奉りたり。何とも思ひたらず、かばかりの事したりとも思はず、うち奉りて帰りにけり。常陸守の、「ありける常陸四年が間の物は何ならず。その皮籠の物どもしてこそ万の功徳も何もし給ひけれ。6ゆゆしかりける者どもの心の大きさ広さかな」と語られけるとぞ。

7この伊勢の大輔の子孫は、めでたきさいはひ人多く出で来給ひたるに、大姫君のかく田舎人になられたりける、哀れに心憂くこそ。

(『宇治拾遺物語』による)

(注)

1伯の母――神祇伯康資王の母。後冷泉天皇の皇后寛子(四条宮)に仕えた。

2伊勢の大輔――神祇伯・祭主大中臣輔親の娘。紫式部らとともに一条天皇の中宮彰子に仕えた。

問一　二重傍線部ア・イの文法的説明として最も適切な組み合わせを次の中から一つ選び、その符号をマークせよ。解答番号は 21 。

A　ア　所有を表す格助詞　―　イ　並列を表す格助詞

B　ア　同格を表す格助詞　―　イ　主語を表す格助詞

C　ア　主語を表す格助詞　―　イ　所有を表す格助詞

D　ア　並列を表す格助詞　―　イ　同格を表す格助詞

（三）　次の文章を読んで、後の問に答えよ。

今は昔、多気の大夫といふ者の、常陸より上りて愁へする比、向ひに越前守といふ人のもとに経誦しけり。この越前守は伯の母(注1)とて世にめでたき人、歌よみの親なり。妻は伊勢の大輔、姫君たちあまたあるべし。多気の大夫つれづれに覚ゆれば、聴聞に参りたりけるに、御簾を風の吹き上げたるに、なべてならず美しき人の、紅の一重がさね着たるを見るより、「この人を妻にせばや」といりもみ思ひければ、その家の上童を語らひて問ひ聞けば、「大姫御前の、紅は奉りたる」と語りければ、それに語らひつきて、「我に盗ませよ」といふに、「思ひかけず、えせじ」といひければ、「さらば、その乳母を知らせよ」といひければ、「それは、さも申してん」とて知らせてけり。さていみじく語らひて金百両取らせなどして、「この姫君を盗ませよ」と責めいひければ、さるべき契りにやありけん、盗ませてけり。

やがて乳母うち具して常陸へ急ぎ下りにけり。跡に泣き悲しめど、かひもなし。程経て乳母おとづれたり。あさましく心憂しと思へども、いふかひなき事なれば、時々うちおとづれて過ぎけり。伯の母、常陸へかくいひやり給ふ。

匂ひきや都の花は東路にこちのかへしの風のつけしは

返し、姉、

吹き返すこちのかへしは身にしみき都の花のしるべと思ふに

年月隔りて、伯の母、常陸守の妻にて下りけるに、姉は失せにけり。女二人ありけるが、かくと聞きて参りたりけり。田舎人とも見えず、いみじくしめやかに恥づかしげによかりけり。常陸守の上を、「昔の人に似させ給ひたりける」とて、いみじく泣き合ひたりけり。四年が間、名聞にも思ひたらず、用事などもいはざりけり。

任果てて上る折に、常陸守、「無下なりける者どもかな。かくなん上るといひにやれ」と男にいはれて、伯の母、上る由いひに

C　塵埃箱の中の原稿とは、円タクの中に原稿を置き忘れたと思った「僕」が、円タクの運転手の視点に立って遺失した原稿を想像したものである。そこではこま切れのように裂いて修復不可能な状態で捨てられていた。その後「僕」は新たに書き直すことでその原稿の存在を意識しなくなっていくが、書き直したことによって人生に対する過失を感じ始め、そのきっかけとなった原稿を再び意識するようになっている。

D　塵埃箱の中の原稿とは、二度と「僕」の目の前に現れることのないものであり、その喪失感が生み出した想像上のものである。それを拾得した円タクの運転手が、同じ風呂敷包の中の西洋剃刀でこま切れのように切り裂いてしまう様子を思い描くことによって、「僕」がいかに自身の創作態度がでたらめだったかということを、運転手の立場を通して自らを相対化して捉える自己批評の象徴となっている。

問七　本文に登場する作家のうち、明治大学の教壇に**立ったことがない**人物を次の中から一人選び、その符号をマークせよ。解答番号は 20 。

A　久保田万太郎

B　萩原朔太郎

C　佐藤春夫

D　室生犀星

B　原稿遺失によって、特に入念に書いた原稿ならば短時間で書き直すことが可能であることを発見し、入念に書くことの重要性を知る機会を得ることになったから。

C　原稿遺失によって、出鱈目な文章をやむを得ず書いてきたような作家人生を自身は送ってこなかったということを改めて確認する機会を持つことになったから。

D　原稿遺失によって、これまで原稿を書き直す機会を持たず、原稿ができあがるとすぐに金に換えてしまう自身の作家人生を顧みる機会を得ることになったから。

問六　傍線部5「塵埃箱にくしゃくしゃになっている筈の、微かな悲鳴を上げているような原稿」とあるが、本文においてこの「原稿」はどのようなものとして表現されているか。その説明として最も適切なものを次の中から一つ選び、その符号をマークせよ。解答番号は 19 。

A　塵埃箱の中の原稿とは、上野駅から大阪ビルディングへ向かう時に利用した円タクに置き忘れたものであり、その運転手が拾得したものである。運転手は「僕」を吝な乗客と判断し、懲らしめるためにその原稿をこま切れのように切り裂いてしまった。円タクに置き忘れたという過失にさいなまれた「僕」は、書き直した原稿が完成した後も元の原稿に対する未練が残っており、それをいつまでも忘れまいと思っている。

B　塵埃箱の中の原稿とは、信州から上野へ向かう汽車の中で直していた原稿であり、その後レインボーグリルに這入るまでの間で遺失したものである。青い服を着た事務員に所在を尋ねても明らかにならず、「僕」は想像の世界でしか原稿を見ることができなかった。最初はこま切れのように切り裂かれた状態で捨てられていた事を意識していたが、書き直した原稿が完成した際にはすっかりその存在を忘れてしまっている。

問三　傍線部2「故友」とあるが、「故友」の書いた作品として最も適切なものを次の中から一つ選び、その符号をマークせよ。解答番号は 16 。

A　「蜜柑」
B　「西瓜」
C　「檸檬」
D　「桜桃」

問四　傍線部3「僕はやっと諦めかねる気持でいながら無理にあきらめることに努力した」とあるが、それはどういうことか。その説明として最も適切なものを次の中から一つ選び、その符号をマークせよ。解答番号は 17 。

A　遺失した原稿よりも書き直した原稿の方が良い内容に仕上がった場合の精神的負担や絶望感を軽減しようとすること。
B　書き直している最中に原稿が発見されたとしても、その原稿は使わずに書き直した原稿を採用しようとすること。
C　原稿が見つかることへの期待よりも、既に存在しないものとして新たに書き直すことに意識を集中しようとすること。
D　遺失した原稿と同程度の内容の文学が新たに書けなかった場合、それは仕方のないこととして割り切ろうとすること。

問五　傍線部4「僕は何か人生に過失をしていたような気になった」とあるが、それはなぜか。その説明として最も適切なものを次の中から一つ選び、その符号をマークせよ。解答番号は 18 。

A　原稿遺失によって、書き直すことで原稿料も増えていくことに気づき、これまでの自身の作家人生に金銭的な損害があったことを知る機会を持つことになったから。

3指物師――板材を差し合わせて、箱、机、たんす、椅子などを組み立てる家具職人のこと。
4三文文士――いっこうに原稿が売れない文士、つまらない作品しか書けない文士のこと。
5手巾――てぬぐい、ハンカチのこと。
6閾――板戸、障子、ふすまなどの引戸を開け閉めするための溝をつけた敷居のこと。

問一　傍線部1「原稿に振り仮名のある分だけに振り仮名を付けたらどうか」とあるが、この提案の意図とは何か。その説明として最も適切なものを次の中から一つ選び、その符号をマークせよ。解答番号は 14 。

A　振り仮名をつける、つけないは編輯委員の見解に基づくものではなく、著者に尋ねながら決めるべきだということ。
B　対立する主張を持つ編輯委員たちの見解に折り合いをつけ、その場の雰囲気をこれ以上乱さないようにすること。
C　振り仮名をつける際、原稿がかすれて読めない部分については、資料保存のため手を入れるべきではないということ。
D　相反する意見を持った委員の議論の終息に向けて、さらに異なる見解を提示して議論を活発化させようとすること。

問二　空欄 ア ～ エ に当てはまる語の組み合わせとして最も適切なものを次の中から一つ選び、その符号をマークせよ。解答番号は 15 。

A　ア　油くさい　イ　無邪気な　ウ　馬鹿くさい　エ　虫のよい
B　ア　無邪気な　イ　馬鹿くさい　ウ　虫のよい　エ　油くさい
C　ア　馬鹿くさい　イ　虫のよい　ウ　油くさい　エ　無邪気な
D　ア　虫のよい　イ　油くさい　ウ　無邪気な　エ　馬鹿くさい

哀の情を僕のまわりに感じて、遙に眼をあげてそれを謝まり眺めるような気持であった。そんな悲しい切ない経験は僕には始めてであった。

僕はその遺失を謹慎している最中に萩原朔太郎君が山中の仮寓に訪ねて来てくれ、この親友とあちこちを歩き廻ることを喜んだ。或晩沓掛という町にでかけて行くとうそ寒い雨がしょぼついて、荒廃した田舎の町は鰯の腹がやぶれて見えるように、赤茶けた灯を点けてくろぐろと家なみをつづけていた。

僕らはその一軒の飲屋に酒を飲みに這入って雨の音を聞いていたが、女が二人いて、ひとりは軍鶏の脚に着物を着せてお白粉と口紅とつけたようなのと、ひとりは唇から上が四十くらいのお婆さんのように見える若い女であった。それはとても悲しくて見ていられぬ人達で、その女だちの垢じみた畳からすぐ近いところに東京という都会があるようであった。上野停車場、停車場前、円タク、大阪ビルディング、レインボーグリル、それから原稿、そんなふうに僕は畳の目を見つめながら考えて行った。考えまいとしながらまだ過失をかんがえているのだ。

女は梨の皮をむいて冷たい夜の水につけていた。平鉢の底に食塩がしらじらと沈んでいて、ここではこれ以上に清いものが見られなかった。僕はそれを見ながら例の塵埃箱にくしゃくしゃになっている筈の、微かな悲鳴を上げているような原稿を思い出していた。

（注）

1円タク――大正末期から昭和初期にかけて、都市部を一円均一で走ったタクシーのこと。場合によって運転手と値段交渉も可能だった。

2大阪ビルディング――東京都千代田区内幸町にあったビル。現在の日比谷ダイビルのこと。

た。友人に聞いて見れば分る筈のアダリンと書いた薬品をポケットに入れて、いつもよりずっと元気になって出掛けて行った。自動車置場の隣にある薬局でこれは何の薬かとたずねると、これは催眠薬でよく眠れない人間が服む薬だ。そんなものを忘れた奴があるのかねと薬局生がいうと、その［　エ　］人は高い薬かとたずねるとそれは高い薬だ薬局の人が答えた。昨夜乗った奴は昨夜ひとばん眠れなかったのであろうと、何か少々しんみりした気持になって［　エ　］人はぼんやりとそう考えた。

二週間経ったが原稿はとうとう届出がなく、3僕はやっと諦めかねる気持でいながら無理にあきらめることに努力した。そして二週間目の翌朝からまた失くした原稿を書きはじめた。文学というものは一度書いたものを再度書きなおせるものであるか、書き直しても同じい文学がもう一遍出来あがるものかどうか。そんな同じい努力が果して続けられるものであろうか。全然違ったものが出来上っても仕方のないことだ。僕は少し怖いような気がしながら書きはじめた。そして一週間後には四十枚の原稿を書きあげることが出来たのである。

事件のすじや会話のようなものが先に書いた覚えが出て来て、それは慕わしげに僕の胸にじゃれついていた。失くした原稿は特に入念に書いていたせいか、原稿紙の上にみんな失われた文字が畳み込まれて、作中人物と暫く振りで邂逅したような懐かしさを感じた。そして消すべきところを独りでに直してゆき書き落しをしたところを埋めて、却って先の原稿にくらべると頭のよいものが出来たような気がした。絵画なんかは同じいものは書けないであろうが、小説なぞは書き直してゆくとむだのないものが出来るようであった。只、出駄羅目を厭々でかいていたら二度と書けなかったであろうし、そうでなかったことが嬉しかった。

二度目の原稿ができあがると、原稿を失くした事実についてそんなこともあったかな、というような清爽な気がし出した。それは原稿を遺失したということであるよりも、4僕は何か人生に過失をしていたような気になったのである。僕はうっすりした悲風呂敷包みのなかに西洋剃刀があったことと、西洋剃刀というものは甚だ便利な使い途があることを僕は考えた。それから万年筆というものも即刻に使われるものであることも同様に便利であった。歯ブラシも練歯磨も新調であるから熱湯をかけてすぐに用いることが出来るものである。只、何やら訳の分らぬ小説のようなものはきっと三文文士(注4)の真似ごとを書いたものであろう。

名前を見ると室生犀星と書いてあるが、そんな人の小説なぞ読んだことはない。だから先ず小説家の卵のような奴であろう。それにしても叮嚀(注5)に手巾にまでつつんであるが或いは大切なものかも知れない。初まりを読んで見ると、「もんには三人の子供があった。」とあるが二枚三枚と読んでみても一向面白くも可笑しくもない小説であった。よほど下手な小説らしく思われた。上野から乗ったが言葉つきや面つきは田舎者らしく大阪ビルの前に来て、大阪ビルの分らないほど頭の悪い男であった。それに乗車賃を定めて乗るほど吝な奴だから少しは懲らしめた方がよいかも知れないのだ。

この原稿をこのままに持っていることは、後に面倒な証拠になるから裂いて捨ててしまわねばならぬ。そこでその人は四十枚綴の原稿を鷲摑みにして、油のしみた指さきにちからを入れて裂こうとしたが、一遍には紙質が厚くて裂き切れなかった。今度は改めて紙の耳の方から裂いて、それを裂目からこま切れのように裂いてしまった。丸められた紙切れが起き上ろうとする奴を一挙にまとめると、裏の塵埃箱のなかに投げ込んだが、殆ど塵埃箱一杯に白い菊のように重なり散って、そのまま身悶えもしない観念した静かさであった。蓋をしめるとその人は大阪ビルへたずねて行ったら幾らかになったかも知れぬという考えを頭に置いたが、もう原稿を裂いたあとでどうにもなるものではなかった。こんな下手くそな小説の真似ごとを持って行っても金にはならないであろう。それより剃刀で髭でもあたってやろうとその人は閾(注6)に鏡を立てて徐ろに剛い髭をあたり出した。

よく切れらあ畜生、円タクを値切りやがってそれの十倍もする剃刀やら万年筆やらを忘れるなんて、何てトンカツ野郎だと、その人は剃って了うとさっぱりした顔つきになって秋近い冷たい水道で顔を洗うと、そのまま気持よく仕事に出かけるのであっんな相談に一言も説を挿まないで、勝手に人の顔を写生しているような［ア］人であった。僕はそれを見ると僕の泣面のように見えた。佐々木茂索氏に小穴氏がその写生画を見せると、これは落選だぞと、佐々木氏らしくたしなめるように云った。僕は原稿を落したというと、小島政二郎氏はそれは出ますよきっと、といってくれた。

署名した原稿のほかに西洋剃刀が一挺、万年筆が一本、アダリンが一筒、歯ブラシと髭刷毛が一本、それらは皮の袋におさめて風呂敷包みにした軽いものであった。僕は悲観したままに心が落ちついてゆくと、急に体力の衰えを呼吸の間にまで感じ溜息ばかり出て来た。何かお落しになったのですかと2故友の未亡人がそういわれたが、僕は付元気の声で大したものではありませんと云った。原稿は明日はすぐに金に換える心算だったし、ひと月くらいかかって原稿の枠に両手をかけて、がたぴしする奴を指(注3)物師のように毎日はめ込むものをはめ込んで仕上げたものであった。作中の人物がごちゃごちゃした町の中にまぎれ込んで夕方から罩めた霧のあいだを逍うているような気にさえなった。おれは少々薄野呂だぞ。ここにいる諸君よりもよほど［イ］男だぞと僕は益々悲観した。

相談が終ると先刻の預り品のかかりの女事務員に、若し明朝運転手君が風呂敷包みを届けてくれたら郵税先払いでこれこれのところに送って下さいと、［ウ］僕は名刺を出してから、運転手君の住所姓名を中に書付にして入れてくれるように託した。すると背後から久保田万太郎氏がこのあいだわたしも落し物をしましたよ、しかしそれは出なかったといわれ、お金ですといわれた。佐々木茂索氏が新選小説集の原稿を七百枚落したが、それも出なかったといった。

翌朝、眼をさますと昨夜レインボーグリルの食堂にはいって、食卓のイスにつく前に風呂敷包みを隅の方の空いたテーブルの上に置いてから食事をし、そのまま会議室に這入ったような気がした。それなら原稿は安全なわけである。とにかく電話をかけて見ようと公衆電話をかけて見ると、わざわざ調べてくれたが矢張り風呂敷包みはないとのことであった。僕は又新しい絶望を感じて電話室を出ると警察へ届を出して置いた。

（二）

次の文章は室生犀星「原稿遺失」（一九三四年発表）の全文である。これを読んで、後の問に答えよ。

上野駅で降りると信州の山の中で暮していた僕は、久潤振りで東京の煤くさい臭いをかいで、円タク（注1）を大阪ビルディング（注2）の前で下りた。今夜、芥川君の全集普及版の下相談があるのだ。レインボーグリルに這入ってゆくと、編輯委員は僕をのぞく外はみんな集まっていて料理を食べている最中であった。久保田万太郎氏は普及版には振仮名をつけた方がよいといわれ、僕はその反対の説であった。応酬している間にこうなるとあなたと議論をするような面倒なことになるがというと、佐藤春夫君が久保田君も君と議論をすると面倒になるんだと、出なくともよい時にこの君が出しゃ張って喋った。

すると小島政二郎氏が1原稿に振り仮名のある分だけに振り仮名を付けたらどうか、原稿にない分は……と、僕の耳に原稿という言葉がことさらに大きい注意力を呼びさました。はあてと、おれも原稿を持っていた筈だが、先刻、汽車のなかで直していた原稿を風呂敷に入れると、それをかかえて夜になった上野駅で円タクに乗り込んだ筈だが、此所の建物の前で下りたときにあの風呂敷包みをかかえていたか知らと、僕の頭は非常な急速度の回転作用で円タクを降りた折の状態をやたらに反芻して考えて行った。

そうっと風呂敷包みをかかえると階段を登って帽子をあずけた時に、洋杖と一しょに風呂敷包を青い服を着た女のひとに手渡した。たしか女の人がそれを受取ったようであった。いや風呂敷包はあのとき渡さなかったようだぞ——僕はこう考えると慌てて食堂から階下に下りて行った。所持品の預かり所に行くと青い服を着た女事務員に、番号の札を示してこの番号の預かり品に風呂敷包みがあった筈だが、それを鳥渡調べて貰いたいと申し述べた。あってくれればいいがと待っていると、帽子と洋杖だけしかございませんと女事務員がいい、僕は始めて腹の底まで青くなって了った。

相談が少しずつ進行していたが、隣に坐っている小穴隆一氏は誰かの顔を写生して僕に示した。大切な相談会にも小穴氏はそ

C　テクノロジーの出現以来、あらゆる物事が有用性という基準で測られるようになり、それは人間をも他の目的の手段として見なす事態を招来したが、そこでは目的が不在となるため、何一つ有用ではなくなる。

D　世界というものは、人間の存在以前から存在するものであり、そこに人間がなんらかの目的や手段を持ち込んだとしても、結局は本来の無意味性から免れることはできず、どんな努力も無為に終わることになる。

問八　本文の内容に合致するものを次の中から一つ選び、その符号をマークせよ。解答番号は 13 。

A　美術は本来人間が生きていくためには必要のないものであるが、このように無用なものをわざわざ作り出すことこそが人間が他の動物と異なる所以であり、美術を否定すれば、人間存在の基盤は揺らぐことになる。

B　作るということは他の生物も行うが、テクノロジーは人間のみが生み出したものであるばかりでなく、逆にそれに支配されることで、人間の生き方や存在そのもののありようが影響を受けるようになった。

C　日本のテクノロジー化は、精神面における近代的自我の確立と軌を一にしており、その両方に抵抗するために立ち上がった柳宗悦は、個性的な美術を捨て、工芸の中にひたすら有用性を求めるようになった。

D　人間は、他の動物とは異なり、たんに自然の命ずるままにでなく、作ることの中で他者と異なることを目指す生き物であるため、自身の刻印を遺そうとして自然を回復不能なまでに改変してしまうことがありうる。

A　有用性の連関が発する軋み(きし)を和らげるオイル
B　無用性をあたかも有用であるかのように装うマスク
C　無用性を有用性へと転換させるハンドル
D　有用性をその内部にひっそりと隠し持つポケット

問六　空欄 Y に入れるのに最も適切なものを次の中から一つ選び、その符号をマークせよ。解答番号は 11 。

A　あらゆる手段がその存在を目的とするものとして世界の終着駅
B　世界に目的というものを付与する唯一の手段として人生の出発点
C　無用なものが意味を与えられて飛躍するためのものとして存在の踏切板
D　無用と有用がその中で融合するためのものとして社会のるつぼ

問七　傍線部2「この世界の根本的な無用性」とあるが、その説明として最も適切なものを次の中から一つ選び、その符号をマークせよ。解答番号は 12 。

A　他人を自分の目的の手段としてしか考えない世界においては、社会にとって役立つ人間になろうとする努力自体が、そのような人間の手段化をより一層推し進めることに繋がるという悪循環が生じている。
B　人間は世界に有用／無用の区別を与える存在であるはずだったが、近代になり、自分自身を非手段として扱うようになったために、有用性の巨大な連関にひびが入り、世界全体が無用なものと化している。

D　反復的

（中略）

問三　文中の［（中略）］の箇所には、次のA～Dのいずれかの内容が記されている。その内容として最も適切なものを、次の中から一つ選び、その符号をマークせよ。解答番号は［8］。

A　十九世紀後半のヨーロッパ美術に対するテクノロジーの影響の実例。

B　ヨーロッパで産業革命が十七世紀以降になぜ発展したかに関する考察。

C　古今東西を問わない工芸と美術の相即不離の状況の概観。

D　日本の工芸が近代化に対してどのように抵抗したかの経緯。

問四　傍線部1「夏目漱石が見て取っていた空疎さ」とあるが、その説明として最も適切なものを次の中から一つ選び、その符号をマークせよ。解答番号は［9］。

A　近代的自我を身に着ける必要を自覚しつつ、急激な近代化についていけずに脱落していく一部の人間存在。

B　共同体から自立したいと願いつつも、人間関係のもつれによって、完全には自立できない人間本来のありかた。

C　故郷と切り離され、一方で肉体労働を必要としない都市でも生活できず、身体という人間性の根本を失った存在。

D　個性の確立を迫る近代が、実は同時に個性を奪うものであったことにより新たに生まれた人間のありかた。

問五　空欄［X］に入れるのに最も適切なものを次の中から一つ選び、その符号をマークせよ。解答番号は［10］。

用な人士であっても、2この世界の根本的な無用性と無縁ではない。いや有用度が高ければ高いほど、他の存在へと差し向けられるわけだから、それだけ手段化し、いっそう已れ自身にとどまりえないのであり、したがって運び去られていく先の底知れぬ無用に、より近い存在だといえるのかもしれない。知識を不可避的に要求する産業化社会のなかで有用な存在といえばインテリゲンチアだが、漱石の描き出す人々の多くが、役に立つことを露骨に軽蔑して見せた『それから』の代助をはじめ、ソフィスティケーションと無用性の化合物であるのは、こうした事態を圧縮して示しているように私には思われる。

（伊藤徹『作ることの哲学』による）

問一　傍線部(1)〜(3)を漢字に改めた場合、それと同じ漢字を用いる語を、それぞれの群から一つずつ選び、その符号をマークせよ。解答番号は、(1)が 1 、(2)が 2 、(3)が 3 。

(1)　A　格別　B　確認　C　画数　D　角逐

(2)　A　急激　B　勤勉　C　多忙　D　労務

(3)　A　問責　B　苛酷　C　攻撃　D　悲哀

問二　空欄 ア 〜 エ に入る語として最も適切なものを、それぞれ次の中から一つ選び、その符号をマークせよ。ただし、同じものを二度以上用いてはならない。解答番号は、アが 4 、イが 5 、ウが 6 、エが 7 。

A　逆説的

B　中立的

C　暫定的

しかしながら、こうして支配する作ることのテクノロジカルな地平は、ほかならぬその支配の徹底ゆえに、その底に虚無を宿している。あらゆるものが有用性という存在意味を要求される。すなわちあらゆるものが手段となる。目的なき手段が考えられないかぎり、手段は必然的に目的の表象を伴う。だが、ある手段が目的として目指すものもまた、有用性の支配の徹底化のうちにある以上、手段でなければならない。だとすると、考えられた目的は、［　イ　］に目的であるにすぎないのであり、そこに到達してみれば、それもまたやはり手段にほかならず、したがってすでに別の目的に差し向けられている。そういう意味で、この連関は、それ以上は行くところのない終わりたる目的に到達することを許さない。ここには原理的に終わり（テロス）、つまり目的がないのだ。そのように見るならば、この連関に出現するものたちは、たしかに役に立つような素振りを装ってはいるのだが、根本のところで目的が欠落しているかぎり、実はもう無用なものとなっているといわねばならない。あらゆるものを有用化していくテクノロジーの支配の根本のところで生じているのは、実は［　ウ　］なことに、一切が有用性から外れていくという事態、輝かしい有用性の真昼のさなかに、無用の夜の闇が広がっているといった事態だと考えられるのである。

　有用性の徹底が有用性を裏切るというこの事態は、とくに人間存在が従来もってきた意味の瓦解となって現れる。人間は、［　Y　］と表象されてきた。だが、そうして他の手段の目的となり、ひいては世界に意味を与えてきた人間存在が、テクノロジーの時代において「人材」として、つまり一個の手段として、有用性の連関の内部に位置付けられることとなる。つまり、この連関をまとめ上げていた中心点が他の手段の群れのなかに紛れ、消失していくことになるわけで、そういう意味で人間は、世界の無目的化・非手段化の震源地、いわば夜の闇がもっとも深い地点となっていくのである。このことを思うと、「テクノロジーは［　エ　］な道具であって、それをどう使うかは人間次第なのだ」という発想など、人間がなお目的を付与しうる位置に立っているとする古風な幻想に立った安易なものだといわざるをえない。テクノロジーを統御するはずの人間は、それがもたらす一切の手段化の進行につれて、目的の不在にさらされ、ついには無用性を帯びるに至る。たとえ社会にとって有

『こころ』の主人公「先生」に代表されるように、近代化の流れのなかで共同体から切り離された都市の浮遊民である。立脚すべき地盤を失った彼らは、たとえば人間関係のもつれによって都市から脱落し鉱山へと送り込まれていく青年の経験を描いた『坑夫』の一節を思い起こしながらいえば、基本的に矛盾しまとまりのつかない内実を、社会から呼びかけられることによってかろうじてまとめ上げている「身体」にすぎない。この「身体」は、汽車に乗せられ運搬され使いつくされて、ついには「ジャンボー」という名の奇怪な死体処理の対象となるのを待つばかりである。自由で個性的な人間存在を基軸にして形成されてきたはずの近代は、日清・日露両戦争の勝利を経て、遅ればせながらその進行に追いついたかに思えた日本の場合も、ほかならぬその個性を(3)サイナむ装置に変質していたのであった。

おおまかに回顧してみた歴史の流れは、作ることへの問いにとっての出発点であり、この連関の各項目の関係をさらに立ち入って詳細に踏査する作業は、精神史的にも興味深く、問いの進行にとって必要な仕事である。けれども、ただその作業に終始するならば、思索はなお表層にとどまっているといわねばなるまい。問いが哲学的なものとして生きるためには、この連関をその発生源へと向けて、考えねばならない。この連関の根本で起こっていること、人間存在の基盤を希薄化させている運命とは、いったい何なのか。この運命は、作ることに対して、さらに人間の生き方に対して、どのような方向性を指し示しているのだろうか。

テクノロジーという形態をとって時代を支配している作ることは、あらゆるものを有用性の地平に現出させる。ここにおいて存在しているのは役立つものなのであって、それ以外のものは許されない。遊興のように有用性を直接示さないものであっても、そこでは［X］として、その役割を与えられているし、それすらできないものたちは、役立たないもの・無用なものとして、あくまでこの地平の「内部」に位置づけられて処理されていく。有用性こそ、この世界における存在の意味なのだ。

出て造形する人間の能力の副産物ともいえようが、ここ百年余りの経過を振り返ってみたとき、作ることの歴史性は、そのような見方を楽観的なものとして退けさせかねないような暗い影となって、作ることを覆い、ついには人間存在そのものを危うくさせているように思える。

十九世紀の後半は、そういった点からすると、時代を(1)カクした時期だったのかもしれない。というのも、十七世紀ヨーロッパに始まった産業革命は、テクノロジーの出現という、作ることの一大変革であったが、この時期に至ると、それによって人間の在り方が大きく変わり、その存在根拠の希薄ささえもたらされていることを、人々は察知し始めたからである。

（中略）

テクノロジー支配への応答がけっしてヨーロッパに限定されたものでないことは、この支配のグローバルな展開を思えば、自明な事柄に属している。先述の美術・工芸の融合に着目していえば、日本の場合、そのことを伝統の特徴としつつ、押し寄せる欧化の波に対抗しようとした世紀末のナショナリスト岡倉天心がいるが、よりいっそう自覚的にこのラインに沿って「工芸の道」を歩んだという点からすると、彼より遅れること三十年、「用即美」の理念を掲げて民芸運動を展開していった柳宗悦（やなぎむねよし）の名を挙げなければなるまい。柳自身はモリスの影響を否定しているが、そのことは措くとしても、彼もまた、作ることに独自な視覚を定着させていった人物である。本書では第5章で柳の「直観」概念の検討を行なうことになるが、そこでも描かれているように、彼はテクノロジーの支配という同じ時代の流れに応答していった思想家として、大正期という個性賛美の時代に成長しながら、そこから一八〇度の転回を遂げ、個性を否定して、伝統と自然に支えられて［ア］製作に(2)イソしむ無名の職人たちに、作り手としての人間の理想像を求めていくことになる。

彼のそのような転回を促したのは、近代的自我の確立の必要を切実に感じながら、現実に生まれつつある人間存在の奥底に夏目漱石が見て取っていた空疎さだと私は考えている。漱石が造形した人間たちは、故郷の親戚に裏切られ財産を奪い取られた

国語

（六〇分）

（一）　次の文章は、伊藤徹の「作ることの場所」という文章の冒頭部分である。これを読んで、後の問に答えよ。

ローマに通ずるすべての道のなかで、もっとも有名なアッピア街道の上を、最新の自動車が走り抜けていく。タイヤの下の石畳には、かつて戦士や物資を載せて往来した馬車の轍（わだち）が刻まれている。作るという人間の根本的な営みの上に生じた二千年の変化が重なって見える光景に、眩暈（めまい）にも似た思いを覚えた記憶が私のなかにはある。

作るということ――ほうっておいたら何も変わらないものに働きかけ、それまでなかったものを生成させる働きは、たしかに人間だけのものではない。他の生物もまた自然に働きかけ、自らの生存を養う。けれども、己れの作業そのものを自覚的に反省し大きく変更を加えてきた生物、その痕跡を自ら歴史として編纂しうる生物は、少なくとも地球上、人間だけだ。作ることが歴史性を帯びるのは、人間を他の生物に対して際立たせる点であることはまちがいない。

だが、同じそのことは、作ることを自然との対立へと導きもする。この対立は、作ることの歪みとしても現われよう。自然の命ずるところにしたがって作る生物は、ビーバーやハチのように、教えられることもないのに、その生産物にまちがいなく精巧で美しいかたちを与えるが、人間の場合、ともするといびつで醜い産物を残してしまうことも少なくない。それは、自然を越え

解答編

英語

I　**解答**　問1．D　問2．B　問3．D　問4．C　問5．A
問6．D　問7．C　問8．D　問9．A　問10．B
問11．D　問12．D　問13．B　問14．A　問15．C　問16．B
問17．A　問18．A　問19．B　問20．C　問21．D　問22．D
問23．C　問24．A　問25．B　問26．B　問27．A　問28．A
問29．D　問30．B　問31．C

◆全　訳◆

≪養子縁組を行ったある家族の話≫

私の母と父は，結婚生活の最初の数年間をニュージーランドで過ごした後にスコットランドに戻ってきたのだが，それは，その地で彼ら2人と一緒に過ごそうとして移住してきていた祖父にとっては大きな嘆きの種となった。この時までに，彼ら夫妻は子供を授かるのに躍起だった。彼ら夫妻は何度も何度も試みては，運に恵まれることがなかったのである。これは体外受精（の実用化）の前の時のことであった。彼ら夫妻は，検査を受けたが，それでもなお運に恵まれることはなかった。とうとう，父親の方が養子縁組をやってみてはどうかと提案をした。父は，考えられる最良の方策の多くを思いついた――結婚指輪というよりはリュックサックを，子供のいない結婚生活よりも養子縁組された子供を，という具合にである。何年もかかって――母が言うには5年とのことであるが――彼ら夫妻は，政治観に関わらず自分たちを受け入れてくれる養子縁組機関を見つけた。当時において，1950年代後半のことであるが，養子縁組機関というものは，宗教的組織によって大半が運営されていた。グラスゴー・ソーシャル・サービスという機関が存在していたが，その機関が知りたがったのは，両親がどのくらいの頻度で教会に足を運ぶかということと，教会からどれくらいの距離のところに住んでいるかということだった。両親はこの質問にたいして，嘘をつこうとはしなかった。父は憤慨しながらこう言う，「こんなふうに言う女性がいたんだよ『なんでもいいから記入用紙に書いてしまってください，上手く取り繕ってしまって結構です』と。彼女は気が触れていたね」。「『週に1回のお祈りに参加しているとだけ言ってくだされば，それで十分なんですよ』ってね」

母は言う。「そのようなことでどうして私たちが嘘をつくというの？」と。「いい？　もしも，私たちが週に3回教会に行っていますとか告げて，それから，彼ら施設の人が私たちのことを調べて，嘘をついていると気づいたら？　そのときはどうなるの？　私たちから子供を取り上げてしまうのではないかしら？　私たちが初めてマックスウェルとあなたを引き取ったとして，2年間あなたと一緒にいて初めて公認されるのよ。その期間中なら，どんな時でも，どんな時でもよ，彼らがやってきて，私たちからあなたを引き離すことをしようと思えば出来てしまったのよ。それから当時は，生みの親が，6カ月以内だったら考えを変えることだって許されたわ」と。

「もしかしたら，彼女は，あなた方が良い人だとわかったから，単に助けようとしてくれただけなのかも」と私は告げる。

「まさか！」と母は言う。「それがどんな助けになるの？」

「もしかしたら，そんなに正直に話してくれる人に彼女が慣れていなかったのかも。養子縁組出来ずに終わってしまうことだってあったかもしれないし」

「私たちは嘘をつけなかった，ジョン，そうでしょう？」と母は言う。父は怒りながら首を横に振った。その思い出がすべて，彼にとっては苦痛なのだ。それはあまりに間違っているように思えるのだ。「どのくらいの頻度で教会に行くか嘘をつくなんて，とんでもない！　それは本当のことじゃない。そうじゃないだろう」と。

「でも，嘘をつかないでくれてよかった」と私は言った，なぜなら，突然，今まで何回もこの話を聞いた後で初めて思い浮かんだのが，もしも両親が嘘をついていたなら，もっと早い段階で法的に適格な里親として認可されていただろうし，全然違う子供を引き取っていたかもしれないからだ。私の兄ではなく。私でもなく。彼ら夫妻，ヘレンとジョン=ケイを私の両親として持てなかったかもしれないという考えは，私の心をかき乱す。あまりに多くのことが，偶然とタイミングによっていた。この恐ろしい道筋をもっと辿ってみようと私はこう言う，「もしも，あなた方がニュージーランドにいたままだったとしたら，違う子供を養子に迎えていたでしょうね」と。母はうなずく。「その子たちはどんな見た目をしていたことでしょうね」 母は再びうなずく。「もしかしたら，マオリ人の子供を養子に迎えていたかもしれないでしょう？」

「そうかもね」と，母はこの「もしもそうだとしたら」というゲームにはあまり興味なさげに述べる。母はこう続ける，「まさしく，くじと同じよ」と。「まったくの運だわ」

スコットランド養子縁組機関によって，両親がようやくにして認可を与えられ，自分たちの側についてくれると感じた素敵な女性を見つけた後で，彼らはミーティングに出向き，そこで更なる質問を受けた。そのミーティングから出ていく際に母は，ほぼ思いつきのような何気ない発言の形で，「ところで，私たちはどんな肌の色の子供でも気にはしませんよ」と述べた。するとその女性はこう言った，「本当ですか？　そういうことでしたら，孤児院に少年が１人おりますので，今日彼に会えるように取り計らえますよ」と。だから，もし母が去り際にそのようなことを言おうとする考えを持たなかったならば，私の兄は残りの人生をずっと孤児院で過ごすことになったかもしれないし，私もまた同じであったかもしれない，というのも，１人の「有色の子供」を引き取って，両親は兄の相手になるようもう１人養子を取ることを決めたからである。そのことは，今振り返ってみてわかることではあるが，1960年代当時にしては進歩的な考えであった。母は，未だにこのことに憤慨しながらこう述べる。「私たちにマクシーのことを言おうともしなかったことを思うと，赤ちゃんだと考えられてもいなかったのねえ」と。

彼らが兄を養子として引き取ってから２年後，母はスコットランド養子縁組機関に勤める例の女性から電話を受け取った。「スコットランド高地地方出身の女性がいるのですが，その赤ん坊の父親は，ナイジェリア出身なのです。あなた方ご夫妻が，同じ肌の色の子供がもう１人欲しいとおっしゃっていたので，お伝えするべきかと考えました」 そうして，私の生みの親が私を出産する数カ月前に，私の母は，自分が私を養子として受け入れることになるとわかっていたのだ。彼女が私によく話してくれた。「それは，私が自分で子供を産むのとほとんど同じようなものだった」と。「女の子か男の子かどうかも，健康かどうかもわからなかった。それは，どんな母親も知りえない類のことだけど。それは現実的な経験だった。それは，本物であるかに感じたの。あなたの誕生の知らせを待って待って待ち続けて，毎日電話をかけて，あなたがまだ生まれていないかどうかを確認しようとしたことを覚えているわ。そしてとうとう，あなたが生まれた，女の子だ，だけど，健康体じゃないと告げられたのよ。そして私に，こちらに来て別の赤ちゃんを引き取った方がいい，生きられる望みはないから，と勧めてくれたの。かんしが脳に損傷を引き起こしてしまって，顔の下の方に切り傷も残ってた。脳の傷がまだ見えるわね」と，母は笑いながら言った。私はこのおとぎ話を聞くのが好きで，何度も聞いた。母は別の赤ちゃんを引き取ろうとはしなかった。彼女は，想像上の妊娠をしていた数カ月の間，私への想いに愛着を持つようになっていた。その間，彼女は私の生みの親を，想像の中で追い続け，多分，自分のおなかがどんどん大きくなっていく様を思い描いていたのだ。彼女はすでに，私が彼女のものであると考えていたようだった。彼女は毎週，毎月――彼女がこの話をするときによって変わってしまうのだけど――父と一緒にグラスゴーからエディンバラまで40マイル運転してやってきた。そして，私に病気をうつさないようにするために，彼女はマスクをしなくてはならなかったが，私を取り上げて，抱いてくれた。おそらく，この関心，この愛が，予想外に私を生き長らえさせた要因だった。医者は私の回復に驚いたらしかった。

そして，5カ月後，彼女はとうとう私を家に連れ帰る許可を与えられた。妹になる赤ちゃんを迎えに行ってくると，兄は聞かされていたから，彼はそのことにワクワクしていた，と母は述べた。「(兄は) 初めからあなたを守ろうとしていたわ。彼は，あの大きな紺色のシルバークロス社の乳母車を守って，そして，誰かが覗き込んだ場合には，この子は自分の妹だと言ったものだった。私たちは，あなたに特別な食事を与える必要があった――それがうまくいったのよ！　ああ。本当にとてもうまくいったの――ポリッジにビタミン剤で，あなたに体力をつけさせようとしたのよ。数週間たって，あの機関に勤める女性がまた電話をかけてきて，生みの親が赤ちゃんの写真が欲しいとリクエストをしてきたと言ったわ」

「あの人が？」と，私は聞いた。

母はうなずいた。「そうなのよ。だから，私たちはあなたを裏庭に立たせたの。その裏庭は，芝生を植える前で，奥はほとんどぬかるみだった。写真を撮りに行ったのだけど，あなたは逃げ帰ってしまうの。それが私たちがあなたを写した最初の写真よ。逃げようとしている写真ね」

「だから，私たちは，別のもっと良い写真を撮って，その写真をポストに投函したわ。だけど，何も音沙汰はなかった。ただ，その手紙が彼女に転送されたことはわかってる。あの女性は信頼できるし，それに親切だから。しばらくして，あなた用のちっちゃな黄色いカーディガンをポストで受け取ったのだけど，それはあなたの生みの親によって編まれたものだったわ」

◀解　説▶

問1．下線部(1)の直後に注目する。すると，内容としては「結婚指輪というよりはリュックサックを，子供のいない結婚生活よりも養子縁組された子供を」といった内容であるとわかるから，正解はD.「高い宝飾品ではなく，実用的な品物にお金を費やす」となる。なお，正解選択肢中に使用される *A*, not *B* という形にも注意したい。これは not *B* but *A* と同義である。

問2．下線部(2)が含まれている文章に注目する。本文中において，run は S were … run by *A* の形で使用されている。文法的には受動態の形で run が使用されているから，今回の run は他動詞の意味で使用されていることに気付きたい。run は他動詞として使用されると「～を経営する」という意味になる。よって，正解はB. managed となる。

問3．下線部のイディオム gloss over ～ は「～を体裁よくごまかす，～のうわべを飾る」という意味。gloss には「つや，光沢（をつける）」に加えてこのような意味がある。これは英検で言えば1級レベルで見かけるイディオムであると思われるので，知っている受験生は多くないだろう。そこで文脈にしたがって意味を推測することにする。下線部は，Just put anything down on the form「記入用紙にどんなことでもいいから書いてしまってください」と言った趣旨の発言の後にきていることと，同じ段落の最終文（"Just say you …）に，嘘でもいいから週1回お祈りに来ていると言えばそれでいい，という趣旨のことを言われたとあることから，下線部も「何か適当にごまかしておけばよい」といった意味に近くなることが想定できよう。よって，正解はD.「好ましくないことを隠そうとしたり，ごまかそうとする」となる。

問4．下線部では，養子縁組をする際に，筆者の両親が正式に親として認められるまでにかかる期間が2年であることが書かれている。この内容に最も近い選択肢はC.「養子縁組をしてからの最初の2年は，試しの期間であった」となる。

問5．下線部では，産みの親が，6カ月以内であれば考えを変えることが許されている，と書かれている。文脈を正確におさえることさえ出来ていれば，この箇所で言われているのは，仮に養子縁組が成立した後でも6カ月以内であれば，産みの親が親権を取り返すことが可能であるということが推察される。よって，この解釈に最も意味内容が近い選択肢を選ぶ。正解はA.「産みの母親は6カ月以内なら，自身の決定を覆し，子供を自分のものにしておくと決定できた」となる。

問6．下線部の she は，会話の内容から，筆者の母親が養子縁組の申し込みを行う際に担当となった女性であることがわかる。第1段後半部で登場した she であるが，次の第2段で一度登場しなくなるため，she が第1段で登場した職員の女性と同一人物だと気づくことがポイントである。安易に内容把握のみを「スキャニング」等で行おうとすると失敗する問題といえる。正解はD.「グラスゴー・ソーシャル・サービスの女性」となる。

問7．下線部の that がさしているのは，第1段最後の内容から第2段の内容である。この箇所において，筆者の両親は，養子縁組を請け負う施設の職員の女性から，養子縁組を容易に実現できるようにと，嘘をつくことを勧められる話が展開されている。その後筆者が，その職員の女性は両親を助けようとしていただけではないかと言ったことに対し，下線部で「それがどんなに助けになるの？」と母親が問い返したという流れである。上記の内容に沿う選択肢はC.「教会通いについて尋ねられたら，必要だとされることは何でも言う」となる。ここで述べられているのは信仰に関する嘘のことであり，D.「赤ん坊の性別に関しての夫婦の好みについて嘘をつく」は本文内容から見て不適。

問8．下線部の内容は，筆者の母親の嘘をつけなかったという発言を受けて，父親である John も「どのくらいの頻度で教会に行くか嘘をつくなんて」と，嘘はつけなかったことに同意する場面である。もしこれが日本語であれば，首を縦に振って相手の発言への同意の気持ちを示し，「そう，自分たちは嘘がつけなかった」ということになるのが普通であろう。しかし英語では，自分も We couldn't lie. という否定の内容を述べるのであれば，首を横に振りながら「いいえ，自分たちは嘘がつけなかった」ということになるのである。よって，D.「私たちにはそれができなかったと言うための方法として，首を横に動かす」が正解になる。

問 9．下線部「嘘をつかないでくれてよかった」と筆者が両親に述べた理由としては，下線部を含む文である第 7 段第 1 文の because 以下にある it occurred to me that had they lied, they would have been passed as eligible adoptive parents sooner, and would have adopted different children altogether「ふと思い浮かんだのが，もしも両親が嘘をついていたなら，もっと早い段階で法的に適格な里親として認可されていただろうし，全然違う子供を引き取っていたかもしれないからだ」の箇所がヒントになる。この箇所において，両親が養子縁組を行う際に正直でいてくれたからこそ，受け入れに時間がかかり，結果として筆者が養子として迎えられたことが判明する。この内容に最も近い選択肢は，A.「筆者と彼女の兄が家族の一員となれたのは，他の子供が紹介されなかったから」となる。なお，正解選択肢を選ぶ際の本文該当箇所（第 7 段第 1 文）には，had they lied という語句の並びがあるが，これはいわゆる if 節のない仮定法の条件節である。英語には，（簡単にいえば）「疑問文」の語順で仮定法の条件節の役割を果たすことがあることは基本事項なのでおさえておきたいところである。もしも本文が that, had they lied, they would have … となっていたら，仮定法条件節の挿入に気付いたかもしれないが，コンマがつかずに that の後ろに直接 had がおかれているため，受験生によっては，仮定法の条件節と気付かずに，that を関係代名詞として読んでしまったかもしれない。しかしながら，仮に that を関係代名詞としてとらえたとしても，they would have been … と would have adopted … の形を見た段階で，その「予測」を修正することが出来ればよい。

問 10．下線部の「物語」とは，文脈をしっかりと読めていれば，筆者の両親が，最初の養子縁組がなかなか進まなかったことで結果的に筆者とその兄を養子として迎えられたといういきさつであることは明らかである。

よって，正解はB.「どのようにして，筆者の両親が，彼女とマックスウェルの両親となったのか」となる。

問11．下線部の内容としては「私の心を乱す」ということである。よって，D.「私を不安な気持ちにさせる」が正解となる。

問12．下線部のtheyが指しているのは，２つ前の文に登場するdifferent children「(筆者と筆者の兄とは) 違う子供」となる。この内容に最も近いD.「筆者の両親が，合法的な形で家族に迎え入れたかもしれない別の子供たち」が正解となる。

問13．下線部の内容は，続く母の発言 "It's all pure luck."「まったくの運だわ」もあわせて考えれば，解答は容易だろう。正解はB.「成功や結果が偶然によって支配されている状況」となる。lottery「くじ，運次第のもの」

問14．下線部の意味は「ほぼ思いつきのような何気ない発言」となるから，その意味に最も近い選択肢を選ぶ。正解はA.「言い方が理由で重要ではないように聞こえる発言」となる。

問15．下線部のthatが指している内容は，筆者の母親が去り際に述べたとあることから，第９段第２文（On the way …）にある発言「子供の肌の色を気にしない」であると考えられる。よって，正解はC.「筆者の両親は，子供の人種的・民族的背景について気にしていなかった」となる。

問16．問６と同様，指示語の内容を問う問題である。文脈をおさえると，主人公の両親が，有色の男の子を１人養子として迎えると，その男の子と一緒にいられるように，さらにもう１人養子を迎えようとしたことがわかる。なお，keep *A* company は「*A* と一緒にいる」という意味である。以上からhimとは養子として筆者の両親が最初に迎えたマックスウェルであるとわかる。よって，正解はBとなる。

問17．下線部の意味をforwardとthinkingという２つの構成要素に分けて考えると「先を考える」というニュアンスであると推察できる。直前の関係代名詞which以下を考えると，I see now looking backという挿入句が入り込んでいるが，骨格としてはwhich was forward-thinking for the 1960sとなり，「1960年代にしては進んだ考えであった」という意味が読み取れるので，正解はA.「現代的かつ進歩的」となる。

問18．下線部は「憤慨した」という意味であるから，この意味と異なる選択肢を探すと正解はA．disappointed「がっかりした」となる。ほかの選択肢はすべて怒りにまつわる英単語となる。いずれも大切な単語なので覚えておきたい。

問19．下線部の意味としては，「彼女が私を養子として受け入れることになる」となる。よって，正解はB．「ヘレン=ケイは，筆者を自分の赤ん坊として受け入れることが出来るだろう」となる。

問20．下線部の指示語itが指している内容は，その直前部分の母親の発言 'It was the closest …' からあわせて考えれば，想像上の妊娠の話であると想定できる。母親は筆者の産みの母親ではないものの，産みの母親と同じような気持ちで筆者の誕生を期待していたことが本文から読み取れる。よって，正解はC．「精神的，感情的な側面においての妊娠の経験」となる。

問21．下線部の内容としては，筆者は産まれた当初，長くは生きられないと予想されるような傷を負っていたが，母親の献身的愛情も手伝って，今も元気に生きていることが想定される場面である。生まれた当初は深刻視された頭の傷も，筆者がここまで大きくなったことを受けて，今では笑って済ませられるようなものになったということだろう。よって，この解釈に最も近い選択肢を選べば，D．「筆者の母親は，新生児だった頃に著者が抱えた問題について，冗談を言っているに過ぎない」が正解になる。

問22．下線部は「見込みがないにもかかわらず，予想外に」という意味のイディオムである。筆者は頭の傷のせいで長くは生きられないと思われていたが，その予想に反して生きながらえたということである。よって，この意味に最も近い選択肢を選べばよい。正解はD．「深刻な困難にもかかわらず」となる。

問23．下線部を直訳すれば「はじめから保護的な」となるが，理解をするには文法面・内容面の両面からの視点が必要になる。from the word go はイディオムであり「最初から」という意味。受験生にはこのイディオムは未知語かと思うので，go の意味に必要以上にとらわれずに，前後の文脈から意味を推察するしかない。また，protective という言葉も注意を要する必要がある。この単語は形容詞であるのだから，形容詞のみが独立して一文を形成するのはおかしいと考えて，解決策を探す。すると，protective の前には and があり，さらにその前には he was excited about itという文章がある。等位接続詞andは文法的・品詞的に等位の，すなわち同形の言葉を並列させるので，今回の英文においては，protectiveはexcitedという言葉と並列させられていると推定できるはずだ。すると，下線部の英文はAnd (he was) protective from the word goとなり，ここにきてようやく意味内容の解釈に入る準備が整う。続く英文からも明らかな通り，兄のマックスウェルは新しく養子として迎えられた妹を守ろうと奮闘していたのである。よって，正解はC.「はじめから赤ん坊を守ろうと躍起になっていた」となる。

問24. 下線部のrangは，主語がthe womanであることから「電話をかける」という意味の自動詞ringの過去形であると判断できる。よって，正解はA.「電話をかけた」となる。

問25. 下線部の意味としては「その写真をポストに投函した」となる。この内容に最も近い選択肢を選ぶ。よって，正解はB.「写真を投函した」となる。

問26. 本文の内容と合致しないものを選ぶ問題である。A.「筆者の両親は筆者が産まれる前はニュージーランドに住んでいた」は，第1段第1・2文（My mum and …）に，筆者の両親がニュージーランドからスコットランドに帰り，そのときに子供が欲しいと思っていたとあり，また，それから何年も経って養子縁組をした経緯が本文で語られているので，正しい。C.「筆者の両親は，特段信心深いということはなかったが，両親は教会通いについて嘘をつくことは拒んだ」は，第1段後半部から始まる養子縁組機関の女性職員とのやり取りと続く第2段の内容から正しい。D.「グラスゴー・ソーシャル・サービスは，孤児や子供のいない夫婦に救いの手を差し伸べる宗教的機関の一つである」は，第1段後半部の内容から正しいとわかる。よって，正解はB.「筆者の両親は，子供をひどく欲しがっており，とうとう最新の技術を用いて，子供を授かった」となる。第1段の内容から，夫婦が子供が出来ずに養子縁組を行ったこと，また，筆者の両親が養子縁組をすることに決めたのは，いわゆる体外受精などの措置がとれない時代の話であったということがわかるので，「最新の技術を用いて，子供を授かった」という趣旨では本文内容に合わないことになる。

問27.「筆者の両親が合法的に子供を家族のところに連れてきて，その子供を自分自身の子供として育てることにしたのは誰の考えか？」

該当箇所となるのは，第１段第６文（Eventually, it was …）の内容である。Aが正解。

問 28.「筆者の両親が教会に行くことについて嘘をつかなかったという事実によって，何が引き起こされたか？」

第１段後半部と第２段の内容から，両親が嘘をつかないことによって，最初はなかなか養子縁組が認められなかったことがわかる。正解はA.「はじめのうち，そうすることで子供を養子縁組する可能性が減った」となる。

問 29.「マックスウェルを養子縁組する際に筆者の両親にとって，誰が非常に手助けしてくれたか？」

第９段にマックスウェルの養子縁組の話が登場する。マックスウェルの養子縁組の話で手助けをしてくれたのは，スコットランド養子縁組機関の女性であることが，同段第１文（After my parents …）でわかる。よって，正解はD.「スコットランド養子縁組機関の女性」となる。

問 30.「何が筆者の産みの親の背景か？」

第 10 段第２文（'There's a woman …）において，著者の産みの両親の話が登場する。その記述を参考にすれば，正解はB.「ナイジェリア人とスコットランド高地人」となる。

問 31.「筆者の両親が裏庭で筆者の写真を撮ったのはなぜか？」

第 11 段最終文（A few weeks …）にて，筆者の母親のもとに養子縁組機関から電話がかかってきて，筆者の産みの親が筆者の写真を要求していることがわかる。この要求を受けて，続く段落にて筆者の写真を両親が撮ろうとする描写がある。よって，正解はC.「両親が，産みの母親が筆者の写真を欲しがっていると聞いた」となる。

Ⅱ 解答

問 32. B　問 33. B　問 34. A　問 35. D
問 36. C　問 37. A　問 38. B　問 39. B
問 40. A　問 41. C　問 42. C　問 43. B　問 44. B　問 45. C
問 46. C　問 47. D　問 48. D

◆全　訳◆

≪白人女性の涙がもたらす人種差別≫

警察官による非武装の黒人男性へのさらなる銃撃事件が起きた時，私の職場は，つながりと支援を必要とする人々による非公式のランチ・ミーティングを呼び掛けた。そのミーティングの直前になって，ある１人の黒人女性が私を脇に連れていき，参加したいのだけれど，「今日は白人女性の涙を見る気にはなれない」のだ，と私に告げた。私は彼女にうまく対処すると請け合った。会議が始まると，私は白人の同僚たちに向かって，もしも涙を流したい気分に駆られた際には，部屋を出ていくようお願いした。私は支援のために同僚と協力するつもりだったが，黒人が混在する集団にあっては泣かないようにお願いをしたのだった。会議の後，私は次の１時間を費やして，怒り心頭の白人女性に対し，なぜ彼女が黒人を前にして泣かないようにお願いされたのか，説明することになった。

私の理解では，心から感じた感情を表明すること――その感情が人種的不公平に触れている際には特に――は，社会的正義を前進させるような大切な価値である。感情を押し殺すことは，その場にいて，同情し，そして，支援的であるという状態に直感的に反するものであるかのように思われる。だったらなぜ，私の黒人の同僚は，そのような要求を行ったのだろうか？　一言で言えば，白人女性の涙というものは，このような状況において強い影響力があり，実質的には，人種差別を改善するよりはむしろ，それを再始動させてしまうのだ。

我々の多くは，感情が自然に湧き上がってくるものとみなしている。しかし，感情というものは，２つの重要な点において，政治的なものである。第一に，我々の感情というものは，偏見や信条，すなわち，我々の持つ文化的枠組みによって形成されるのだ。例えば，もしも私が――意識的であれ，無意識的であれ――男性が怒りを見せることは通常かつ適切なことであるが，女性はそうではない，と信じていたとすれば，私は，男性と女性の怒りの表明に対して，それぞれ大変に異なる感情的な反応をすることになってしまう。怒りを表明する男性のことを有能で責任のある人だとみなし，その人に対して尊敬の念を感じてしまうかもしれないが，その一方で，怒りを表明する女性を子供っぽく，抑えがきかない人だとみなして，その人に軽蔑の念を抱いてしまうかもしれない。もしも私が，悪人だけが人種差別主義者であると信じていたら，私が無意識に抱いている人種差別的考えが指摘されようものなら，傷つき，不快に感じ，恥を覚えるだろう。そうではなく，もしも，人種差別的考えを持ってしまうことは避けられない（しかし，それを変えることは可能である）と信じているなら，無意識に抱いている人種差別的考えが指摘されようとも，感謝の気持ちを持つことになるだろう。そしてもうその考えに気付けば，その考えを変えることが出来るのである。こういうわけで，感情というものは自然なものではない。感情とは，社会的関係を理解するために私たちが使っている枠組みの産物なのである。そして，もちろん，社会的関係というものは政治的なものである。我々の感情というものも，しばしば外在化されるので，政治的なものである。感情が，他の人間に影響を及ぼす行動を駆り立てるのだ。

異人種間交流において，白人女性の涙というものは，それら涙が他者に及ぼす影響の有様に関連するいくつかの理由で問題のあるものとなる。たとえば，白人女性の苦しみによって，黒人男性が拷問され，殺されるという長い歴史的背景が存在していて，我々白人女性はその歴史を背負っている。我々白人女性の涙というものは，この歴史のテロリズムを引き起こしてしまうものであり，それはとりわけアフリカ系アメリカ人にとって当てはまる。説得力のある衝撃的な事例は，エメット=ティルの事例であり，彼は，1955年ミシシッピ州のある食糧雑貨店において，白人女性であるキャロライン=ブライアントをナンパしたことが報告された14歳の少年であった。彼女はこのナンパの疑惑を夫のロイ=ブライアントに報告し，そして，数日後に，ロイと彼の異母兄弟であるJ・W・ミラムは，ティルを大叔父の家から誘拐してリンチしたのである。彼ら2人は，ティルを死に至らしめるまで殴り続け，遺体を切断してタラハチー川に沈めたのであった。全員が白人であった陪審は彼ら2人を無罪放免としたのだが，後になって，彼ら2人は殺人を認めた。キャロライン=ブライアントは，2017年，死の床にて，この話を撤回し，自分が嘘をついていたと白状した。エメット=ティルの殺人は，私の同僚のアフリカ系アメリカ人からしばしば繰り返される警告を伝える歴史の一例に過ぎないが，その警告とは，「白人女性が泣けば，黒人男性は傷つけられる」というものだ。この歴史を知らないか，あるいは，この歴史に敏感でないということは，白人の中心主義，個人主義，そして，人種的謙遜の欠落を示す別の一例となる。

無害なものに思えるが故に，異人種間交流における，よかれと思ってなされる白人女性の嘆きが，白人の脆弱性を有害な方の形で示す一例となる。このような交流にて我々が泣く理由は様々である。おそらく，私たちは，自分たちの人種主義に関してのフィードバックを与えられてきた。無意識のうちの白人による人種差別が避けられないものであると理解していないと，我々はそのフィードバックを道徳的判断として聞いてしまい，心は傷つく。ある典型的な事例が，私が共同で運営していたワークショップで起きた。要点を説明するのに苦労しているある黒人男性が自身をバカだと言及した。私の共同進行役であった1人の黒人女性が，彼はバカではなく，社会が彼にそのように思わせようとしているのだ，と優しく反論した。彼女が内在化された人種差別主義の持つ力を説明していると，ある白人女性がこう言って遮った，「彼が言おうとしていることって…ですよ」と。共同進行役の女性が，その白人女性は自分が黒人男性を最もうまく代弁できるといった人種差別的考えを助長した，と指摘すると，その女性は泣き崩れた。部屋の大部分の参加者が彼女をなぐさめに走り，黒人の共同進行役に不公平だと責め立てる中で，ワークショップが完全に機能停止してしまった。その間，白人女性が代弁した方の黒人男性はというと，ひとり置き去りにされて，彼女が慰めを受けるのをじっと見ていたのである。

◀解　説▶

問32. 下線部で言われるところの「要求」とは，筆者の黒人同僚による「要求」である。その具体的中身は第1段第2文（Just before the …）で登場する，白人女性の涙を見たくないといった要求である。よって正解はB.「その同僚は，会議の最中に白人女性が涙を流すのを見たくないのだ」となる。

問33. 下線部は「人種差別を改善するよりはむしろ，それを再始動させてしまうのだ」という意味内容である。ameliorate という単語は「～を改良する」という意味である。この単語の意味さえわかれば，*A* rather than *B* の形を上手に活用して，「改善するというよりはむしろ悪化させる」という意味になるはずだと推測して，選択肢を絞りこめる。もちろん，文脈的に見て，白人女性の涙というものが差別主義を助長させるものだというのが本文の趣旨であるから，その趣旨から下線部の意味を推察もできるだろう。よって正解はB.「状況を改善させる代わりに人種差別を強化させる」となる。

問34. 下線部は「避けられない」という意味。よって，正解はA. unavoidable「避けられない」となる。inevitable は，大学受験の英単語集を学習していれば必ず覚える単語なので，ここは確実かつ素早く解答したい。

問35. 下線部は「外在化された」という意味である。感情が外在化される，ということは，換言すれば，感情を表に出すということである。よって正解はD.「言葉や行動で表される」となる。

問36. 下線部は「背景」という意味である。よって，この意味に最も近い選択肢はC. backgroundとなる。

問37. 下線部は「しばしば繰り返される警告」という意味になる。oft-repeatedという単語の一部を形成するoftという単語がoftenの短縮された語形であることに気付けば，正解はA. a frequent warningだとわかるはずだ。

問38. 下線部の意味は「謙遜，卑下」である。よって，この意味に最も近い選択肢はB. humblenessとなる。

問39. 下線部の意味は「道徳的な判断」となるが，言いたい内容としては「道徳的観点から判断をつける」ということだろう。よって，正解はB.「何が善で何が悪なのかについての判断」となる。

問40. 下線部の語句は「内在化された」という意味であり，問35で登場したexternalizedの対義語とでも言うべき言葉である。この意味に最も近いA.「人の態度や考え方の一部とされている」が正解となる。

問41. 下線部の意味は「～を強化する」である。この単語の意味に最も近い選択肢はC. strengthenedとなる。

問42. 設問の意味は「筆者は，感情が…という意味において政治的であると考える」となる。

第3段を参照すると，まず第2文（But emotions are political …）に，感情というものは，2つの点において政治的なものだとある。第3文（First, our emotions …）では，感情というものは偏見や信条，すなわち，我々の持つ文化的枠組みによって形成されるとあり，第8文（In this way, …）では，感情とは社会的関係を理解するために我々が使っている枠組みの産物と書かれている。さらに第10文（Our emotions are …）には，感情が，他の人間に影響を及ぼす行動を駆り立てるとある。これらのことから考えて，正解はC.「人々の感情というものは，文化的ならびに社会的背景と経験に基づいている」となる。この段落では，感情というものが自然に出来上がるものではなく，社会的関係の中でいわば「人工的」

に作り上げられることが述べられている。社会的関係が政治的ならば，社会的関係の中で作られた感情というものも，表に出すと政治的な性質を帯びるというのが筆者の持論であるように思われる。

問43. 設問の意味は「筆者の職場におけるカジュアルなランチ・ミーティングにおいて，白人の参加者は何をすることが求められていたか？」である。

この内容は第1段にて登場する。黒人女性が白人女性の涙を見たくないと筆者に要求したことがきっかけとなって，同段第4文（As the meeting …）で筆者はランチ・ミーティングにて白人の参加者に涙を見せないようにお願いをしていた。よって，この内容に合致する選択肢を選べばよい。正解はB.「彼らは感情を押し殺すことを求められていた」となる。

問44. 設問の意味は「なぜ，異人種間交流において，白人女性の涙は歴史的に見て問題となるのか？」となる。

この話題は第4段にて登場する。第2・3文（For example, …）に，白人女性の涙によって，黒人男性が拷問され，殺されるという歴史的背景が存在していると述べられ，続いてその有名な例として黒人男性のエメット=ティルにまつわる事件が詳しく語られている。ティルによってナンパをされたと主張する白人女性の夫と夫の異母兄弟が，ティルを惨殺したという事件である。よって，この内容に合致する選択肢を選べばよい。B.「白人男性が，白人女性の涙に激昂し，黒人の人々に報復しようとする」が正解となる。

問45. 本文内容に合致する内容の選択肢を選ぶ問題である。A.「若きエメット=ティルは潔白であったが，彼は有罪の判決を受けて，牢獄で死亡した」は，第4段の内容から見て不適。エメット=ティルは殺害されたのである。B.「1950年代の人種差別が原因で，ロイ=ブライアントは裁判から逃れることが出来なかった」も，第4段の内容から見て不適。第5～7文（She reported …）にて，ロイ=ブライアントは異母兄弟とともにエメット=ティルをリンチし，死に至らしめたが，裁判では無罪を言い渡された旨が記されている。D.「陪審は，ロイ=ブライアントとJ・W・ミラムが誘拐と殺害の罪があるとした」は，Bですでに考察しているように，2人ともエメット=ティルの殺害に関与しながらも無罪を言い渡されているので不適。よって，正解はC.「1955年におけるキャロライン=ブライアントの主張は嘘であり，そのことを彼女は死の前に告白した」となる。この内容は第 8 文（On her deathbed …）で述べられている。

問 46. 設問の意味は「白人女性が，筆者が共同で運営していたワークショップにて泣き出した主たる理由は何か？」となる。
彼女が泣き出した理由は，共同進行役であった黒人女性から人種差別だと指摘されたことが原因となっていることが，第 5 段第 9 文（When my co-facilitator …）で語られている。よって，この内容に合致する選択肢を選べばよい。正解はC.「彼女は自分が誤解されていると考え，自分が人種差別で非難されていると感じた」となる。

問 47.「人種差別」の状況説明としてふさわしくないものを選ぶ問題である。正解はD.「人種に対して寛容になること」となる。

問 48. 筆者の背景について答える問題である。最大のヒントとなる箇所は，第 4 段第 2 文（For example, …）に登場する we white women「我々白人女性」という表記だろう。この箇所にて，筆者が「我々」という言葉を用いて，自分も「白人女性」の 1 人であることを述べている。よって，正解はD.「白人女性」となる。

❖講　評

2023 年度は，読解問題 2 題の出題となった。文法問題が出題された 2022 年度に比べると大問数が減ったものの，設問数は 48 問となりむしろ増加した。

Ⅰ　物語文からの出題であった。筆者がある家族のところに養子として引き取られる経緯が語られる話の内容であり，文全体の筋をとらえるのはさほど難しくはないように思われた。しかし，物語文に特徴的な話の流れがあり，例えば指示語が指摘している内容を具体的に問う問題も出ていることから，細部の理解も求められていた。誰がいつ発言をしたのか，そのあたりの読みをおろそかにしてしまうと得点は得にくかったと思われる。

Ⅱ　評論的な文章からの出題であった。白人女性の涙がどのような形で差別主義的なものとなるのか，内容的に非常に興味深い文章であった。英文自体は，普段から社会的問題に関する英文を読む訓練をしていれば，内容理解をするのにさほど大きな支障はなかったと思われる。しかしながら，語句や語彙に一部難と思われる箇所もあり，読むのに苦労をした受験生もいたことだろう。

試験時間 60 分で長文 2 題と見れば，2022 年度よりも負担は減ったかのように思われるが，実際は大問 1 つあたりの総語数が増えており，特に大問 I においては，物語文の読み取りが約 4 ページ続くことを考えれば，物語文に慣れていない受験生は大変に苦労をしたと考えられる。問題自体には癖がなく，一文一文をしっかりと理解していくといった英語学習を普段からしていれば，解答に支障の出る問題はほぼなく，むしろ読解力を問う試験としては，非常によく練られた問題である。しかしながら，60 分という制限時間内で情報処理能力がかなりの程度で求められていると思われる点において，やや難と言える問題であろう。受験生に求められているのは，まずは精読を意識した学習で，一文一文をしっかりと読み取っていく作業を確実に行い，その上で精読の時と同等の読解力をもって，理解の速度を上げていく速読に移っていくといった正攻法な語学学習である。いわゆる付け焼刃的な速読では太刀打ちできないことを付記しておきたい。

日本史

I 解答

問1．C　問2．B　問3．A　問4．D　問5．D
問6．BまたはD※　問7．D　問8．D　問9．A

※問6については，正解が複数存在することが判明したため，正解の選択肢を解答した場合，いずれも加点する措置が取られたことが大学から公表されている。

◀解　説▶

≪原始・古代の政治・社会≫

問1．C．誤り。青銅祭器については，共通の祭器を用いる地域圏がいくつか存在し，銅矛は九州北部を中心に分布していた。

問2．B．誤り。四隅突出型墳丘墓は山陰地方・北陸地方に分布する墳丘墓である。

問3．A．正しい。ミサンザイ古墳（石津丘古墳）は百舌鳥古墳群を構成する古墳の一つである。

B．造山古墳は岡山県にある全国第4位の規模の前方後円墳，C．太田天神山古墳は群馬県にある東日本最大規模の前方後円墳，E．箸墓古墳は奈良県桜井市にある出現期最大規模の前方後円墳である。D．江田船山古墳は熊本県にある前方後円墳で，出土鉄刀で有名。

問4．D．正しい。4世紀（古墳時代前期）には円筒埴輪や家形埴輪，盾・靫・蓋などの器材埴輪が用いられ，まだ人物埴輪・動物埴輪などの形象埴輪は製作されていない。

問5．D．正しい。6世紀（古墳時代後期）になると，従来の竪穴式の埋葬施設にかわって横穴式石室が一般化した。

問6．B．誤り。四天王寺は593年の創建と伝わっているので，6世紀に建立された寺院である。

D．誤り。興福寺は669年の藤原鎌足の死に際し創建された山階寺が起源とされるが，現在の興福寺は710年に藤原不比等が開創した。

Aの法隆寺は607年の創建，Cの広隆寺は秦氏の氏寺であり603年または622年の創建，Eの百済大寺は639年の創建とそれぞれ伝わっている。

問7．D．正しい。孝徳天皇は，大化改新に際して難波長柄豊碕宮へ遷都した。→667年に中大兄皇子は飛鳥から大津宮へ遷都した。→大海人皇子は壬申の乱後に飛鳥浄御原宮へ遷都した。

問8．D．正しい。藤原宮は持統・文武・元明の三代の天皇の宮として機能した。持統天皇は藤原宮遷都よりも前に即位しているので，選択肢の中では藤原宮で即位した天皇は文武天皇のみである。

問9．A．誤り。三関とは都の防衛のために設置された関所のことで，伊勢の鈴鹿関，美濃の不破関，越前の愛発関の3つを指していた。

II 解答

問1．C　問2．F　問3．E　問4．D　問5．B
問6．B　問7．A　問8．C

◀解　説▶

≪中世・近世の一揆・騒動・騒擾≫

問1．C．正しい。畠山義就と争っていたのは畠山政長である。この畠山氏の相続争いは応仁の乱の導火線にもなっていた。

問2．F．正しい。山城の国一揆について記した史料『大乗院寺社雑事記』には「今日山城国人，平等院に会合す」とある。

問3．E．誤文。守護赤松氏の家臣を国外に追放するという政治的な要求を掲げた土一揆は，播磨の土一揆と呼ばれている。

問4．D．正文。蓮如は惣村ぐるみで門徒とする布教方針をとっていた。

A．誤文。御文を通じて北陸での布教活動を展開したのは蓮如である。

B．誤文。加賀一向一揆によって，富樫政親が自害した後，守護として擁立されたのは富樫泰高である。

C．誤文。石山本願寺を守って織田信長と戦ったのは顕如である。

問5．B．正文。実際には，質流れによって土地が他人にわたる事実上の売買は行われていた。

A．誤文。不在地主の増加がみられるのは近代である。

C．誤文。幕府は1722年に質流れ禁令を出したが，土地の取戻しなどを求めて越後や出羽で騒動がおこった（質地騒動）ため，翌年これを撤回している。

問6．B．誤文。平安時代初期に綿花が伝来したとされるが，栽培はすぐに中絶した。その後，木綿は輸入に頼ることになるが，室町時代に開始された日朝貿易で大量の木綿が輸入されたことで衣料など人びとの生活様式に大きな影響を与えた。戦国時代後期になると綿布の需要拡大にともなって三河などで栽培が始まり，江戸時代に入ると西日本を中心に栽培が拡大した。

問 7．A．正しい。養和の飢饉は治承・寿永の乱（1180～85 年）の時期の前半期におこった。→寛喜の飢饉により社会不安と訴訟の増加があり，1232 年の御成敗式目制定の一つの背景となった。→寛正の飢饉は長雨や低温が要因となっているが，1454 年から関東で続いていた享徳の乱も原因の一つとなっている。

問 8．C．誤文。歌川広重の「伊勢参宮宮川の渡し」は御蔭参りの様子を描いている。なお，広重は 1858 年に没している。

Ⅲ　解答

問 1．A　問 2．C　問 3．C　問 4．B　問 5．C
問 6．C　問 7．B　問 8．A

◀解　説▶

≪第一次世界大戦後の経済≫

問 1．A．正文。鞍山製鉄所の設置は日本の資本輸出の典型例とされる。

B．誤文。大戦景気の時期に国内の重化学工業の本格的な発展がみられたが，重化学工業の生産額が軽工業とほぼ同額になるのは，1930 年代に高橋是清大蔵大臣が重化学工業化を推進していた頃である。

C．誤文。電力国家管理法は 1938 年に第 1 次近衛文麿内閣が公布した。

D．誤文。日本郵船会社は明治時代の 1885 年に三菱汽船会社と共同運輸会社が合併して創立された。

問 2．C．正文。米騒動が主な理由で総辞職した内閣とは寺内正毅内閣である。寺内正毅内閣のもとで，袁世凱のあとを継いだ北方軍閥の段祺瑞政権に巨額の経済借款を与えた（西原借款）。

A．誤文。日本が国際連盟に加盟し，常任理事国になったのは原敬内閣の時（1920 年）である。

B．誤文。ドイツに対して宣戦布告し，第一次世界大戦に参戦したのは第 2 次大隈重信内閣の時（1914 年）である。

D．誤文。日ソ基本条約を締結し，ソ連との国交を樹立したのは加藤高明内閣の時（1925 年）である。

問 3．C．正文。震災手形には震災とは関係のない不良手形が混入しており，金融恐慌の遠因となった。

A．誤文。大杉栄と伊藤野枝が殺害された事件は甘粕事件である。

B．誤文。台湾の民政局長を務め，内相および帝都復興院総裁として，震災後の東京復興計画を立案したのは後藤新平である。

D．誤文。日比谷焼打ち事件を想起できれば，日比谷公園が関東大震災前から存在したことがわかる。

問4．B．正文。アメリカ大統領ハーディングの提唱により開催されたワシントン会議は，アメリカが主催する初めての国際会議であった。

A．誤文。ワシントン海軍軍縮条約では補助艦に関する問題が除外されていた。

C．誤文。九カ国条約により石井・ランシング協定が廃棄された。

D．誤文。ワシントン海軍軍縮条約は 1934 年に廃棄を通告し，1936 年に失効した。盧溝橋事件ではなく，満州国に関する国際連盟の勧告案可決が要因となっていた。

問5．C．正しい。宇垣一成が加藤高明内閣の陸相として断行した陸軍の軍縮と軍の近代化は宇垣軍縮と呼ばれる。1937 年の広田弘毅内閣辞職後に組閣の命を受けたが，陸軍の反対により内閣発足にいたらなかった。

問6．C．正文。D．誤文。第1次若槻礼次郎内閣は緊急勅令で台湾銀行を救済しようとしたが，枢密院が勅令案を否定したことで，内閣総辞職に追い込まれる事態となった。

A．誤文。片岡直温は当時の大蔵大臣である。

B．誤文。五大銀行には勧銀ではなく第一銀行が含まれる。

問8．A．正しい。田中内閣は，張作霖爆殺事件（満州某重大事件）の処分をめぐって天皇に叱責されたことを受けて，その後ただちに総辞職した。

Ⅳ 解答

問1．B　問2．C　問3．A　問4．D　問5．D
問6．B　問7．B　問8．C　問9．C

◀解　説▶

≪戦後日本における在留外国人≫

問1．B．正しい。加藤高明内閣・若槻礼次郎内閣で外務大臣を務めた幣原喜重郎は，列国との協調方針をとり，中国での軍閥間の抗争や民族運動に対して不干渉の政策を維持した（幣原外交）。金融恐慌で若槻内閣が退陣し，立憲政友会の田中義一内閣が誕生すると，東方会議で満蒙権益保持のために積極的な行動をとる方針を決定し，山東出兵をおこなった（積極外交）。その後，満州事変，日中戦争により日本軍の行動が拡大していくと，1938 年に近衛文麿首相が「東亜新秩序声明」を発表し，戦争目的を示した。さらにアジア・太平洋戦争が開始されると，1943 年に「大東亜会議」を開催し，戦争目的を明確にした。

問 2．C．正しい。1995 年に国会で戦後 50 年の決議がなされ，村山富市首相が談話を発表した（「村山談話」）。談話では日本の植民地支配と侵略を反省し，アジア諸国民への謝罪が表明された。

問 3．A．誤文。プラザ合意によって認められたのはドル高の是正であり，これによって円高ドル安が進んだ。

問 4．D．正しい。1972 年に田中角栄・周恩来両首相間で日中共同声明が調印されて日中国交正常化が達成され，さらに 1978 年の福田赳夫内閣のときに，日中平和友好条約を締結した。

問 5．D．誤り。ガダルカナル島は南太平洋にあるソロモン諸島最大の島である。

問 6．B．正文。カリフォルニアに移住する日本人移民は 1900 年代初頭に増えていた。しかし，黄色人種の成長が西欧文明の脅威になるとする黄禍論の影響が日露戦争後から強くなり，アメリカで日本人移民排斥が活発化し，サンフランシスコでは日本人学童排斥事件も発生した。

問 7．B．正文。ボートピープルとは，紛争などがおこった地域から小型船に乗って逃げた人々のことである。ベトナム戦争終結の前後から，社会主義の新体制に不安を抱く人々が大量に国外へ脱出を始めた。

問 8．C．正しい。小泉純一郎内閣退陣後，自民・公明両党は安倍晋三，福田康夫，麻生太郎内閣を成立させた。2009 年の政権交代後は，民主党の鳩山由紀夫，菅直人，野田佳彦が組閣した。しかし，2012 年の衆議院議員総選挙で民主党は大敗し，第 2 次安倍晋三内閣にかわった。

問 9．C．正しい。1858 年に安政の五カ国条約を締結した際に，日本は内地雑居を認めず，外国人居留地を設定した。陸奥宗光外務大臣が 1894 年に調印に成功した日英通商航海条約で，内地雑居を代償として，領事裁判権の撤廃，関税自主権の一部回復，最恵国待遇の双務化などが実現している。

❖講　評

Ⅰは「原始・古代の政治・社会」が題材とされた。問3の「ミサンザイ古墳」は細かい知識だが，他の選択肢の古墳の地域が特定できれば消去法で解答できる。

Ⅱは「中世・近世の一揆・騒動・騒擾」が題材とされた。問7では中世の飢饉を時代順に並べることが求められた。名称と西暦年をただ暗記するような学習方法よりも，飢饉を他の出来事と関連づけて理解している方が解答にたどりつきやすいと言えるだろう。

Ⅲは「第一次世界大戦後の経済」が題材とされた。すべて基礎・標準問題なので，ここでの取りこぼしは避けたい。

Ⅳは「戦後日本における在留外国人」が題材とされた。「ボートピープル」について問われた問7はやや難問だったが，他は標準的な問題であった。

正文・誤文選択問題の中にやや難問がいくつかみられ，世界史や現代社会の知識などを必要とする設問が一部で出題されることはあるが，全体を通じて，教科書中心の学習で合格点がとれるようにつくられた問題と言える。近現代史を中心に，教科書を精読して内容をしっかり把握しておきたい。

世界史

I 解答

問1．B 問2．C 問3．A 問4．D 問5．C
問6．B 問7．A 問8．D 問9．A 問10．C

◀解 説▶

≪古代～17世紀におけるクレタ島の歴史≫

問1．B．クレタ島はペロポネソス半島南東に位置するギリシア最大の島である。他の島は，A．エヴィア島，C．ロードス島，D．キプロス島である。

問4．D．誤文。サン=ヴィターレ聖堂は北イタリアのラヴェンナにある。

問5．A・B．誤文。トゥールーン朝はアッバース朝のエジプト総督が建てた王朝でエジプト・シリアを支配した。サーマーン朝は中央アジアのソグディアナ地方に成立したイラン系のイスラーム王朝で，ブハラを首都としている。

D．誤文。イドリース朝を滅ぼしたのはセルジューク朝ではなく，ファーティマ朝である。

問6．B．誤文。フィリッポス2世はギリシア世界を制圧し，ペルシア遠征を計画中に暗殺された。ペルシア遠征を行ったのはアレクサンドロス大王。

問7．B．誤文。第1回十字軍はフランス諸侯を中心に編成された。

C．誤文。ルイ9世は第6回・第7回十字軍を主導した。

D．誤文。サラーフ=アッディーンは第3回十字軍と戦った。

問8．A．誤文。ヴィスコンティ家が支配していたのはミラノ。

B．誤文。ハンザ同盟はリューベックを盟主とする北ドイツの都市同盟。ヴェネツィアは北イタリアの都市でハンザ同盟に加わっていない。

C．誤文。毛織物業と金融業で繁栄したのはフィレンツェ。

問9．A．ルーベンスは17世紀のバロック絵画の代表的画家で，外交官としても活躍した。

問10．A．誤文。マムルーク朝はセリム1世によって滅ぼされた。

B．誤文。バヤジット1世はアンカラの戦いでティムールに敗北した。

D．誤文。コソヴォの戦いではオスマン帝国のムラト1世がバルカン諸国軍に勝利した。

Ⅱ　解答

問11．C　問12．A　問13．D　問14．B
問15．C　問16．C　問17．D　問18．B
問19．B　問20．D

◀解　説▶

≪仏教の伝播≫

問14．B．誤文。イスラーム教の成立は7世紀。6世紀に西北インドに侵入したエフタルはイスラーム教を信奉していない。

問15．C．誤文。敦煌は河西回廊の西端に位置している。

問16．C．「五胡」とは鮮卑の他，匈奴，羯，羌，氐のこと。

問18．B．正文。北魏の前期の都は平城で現在の大同。近郊の雲崗石窟の仏像はガンダーラ・グプタ様式の特徴をもつ。孝文帝の時に洛陽に都が遷され，新たに竜門石窟が造営された。竜門石窟の仏像は中国的な特徴をもっている。

問19．A．誤文。高麗版大蔵経は版木に彫造されており，金属活字の技術とは異なる。

C．誤文。高麗版大蔵経はモンゴル退散を祈願して編纂された。

D．誤文。高麗版大蔵経は漢文でまとめられている。ハングル（訓民正音）が作成されたのは後の朝鮮王朝の時代であり，高麗時代には存在していない。

Ⅲ　解答

問21．C　問22．A　問23．C　問24．B
問25．B　問26．C　問27．C　問28．D
問29．A　問30．B

◀解　説▶

≪産業革命と社会主義の発展≫

問21．C．力織機はカートライトが発明した。アークライトは水力紡績機を発明した。

問22．A．誤文。第1次囲い込みは牧羊のために行われた。

問23．C．マルサスは『人口論』で過剰人口がもたらす貧困の発生をとなえた。

問24. B．オーウェンはスコットランドのニューラナークに紡績工場を経営し，労働者の生活環境と労働条件の改善に取り組んだ。

問25. A．誤文。二月革命後の臨時政府には社会主義者のルイ=ブランが参加した。

C．誤文。第1インターナショナルはポーランドでの民族蜂起（1863年）を支援するために，1864年にロンドンで結成された。

D．誤文。オーストリアで発生したウィーン三月革命によってメッテルニヒが失脚し，ウィーン体制は崩壊した。

問26. C．誤文。フランスでは20世紀初頭（1905年）にフランス社会党（統一社会党）が結成された。

問28. D．誤文。コミンフォルム（共産党情報局）は第二次世界大戦後の1947年に結成された。ソヴィエト政権が結成したのはコミンテルン（第3インターナショナル：1919年結成）である。

問30. A．誤文。スターリンは一国社会主義論を主張し，世界革命論（永久革命論）を主張したトロツキーを排除した。

C．誤文。農業の集団化や国営化は第1次五カ年計画の時から開始されており，集団農場のコルホーズや国営農場のソフホーズが組織された。

D．誤文。ソ連は日本やドイツが脱退した後の1934年に国際連盟に加盟した。

Ⅳ　解答

問31. D　問32. （設問省略）　問33. A　問34. D　問35. C　問36. C　問37. D　問38. A　問39. B　問40. C

◀解　説▶

≪「移民国家」アメリカ≫

問31. A．誤文。コンゴ動乱は旧宗主国のベルギーが鉱物資源の豊かなカタンガ州の分離独立を図ったために，混乱が拡大した。

B．誤文。ルワンダはドイツとベルギーが植民地支配を行い，1990年代に多数派のフツ人が少数派のツチ人を虐殺した。

C．誤文。ソマリアに派遣された国連平和維持活動（PKO）は治安を回復できないまま撤退した。

問 34. D. 誤文。ワスプ（WASP）とは白人（White），アングロ=サクソン系（Anglo-Saxon），プロテスタント（Protestant）の頭文字を組み合わせた造語で，アメリカ社会の支配層を指す名称である。新移民は東欧や南欧出身者が多かった。

問 35. C. 誤文。イギリスは 1925 年に金本位制に復帰したが，世界恐慌の影響を受けて 1931 年に金本位制を停止した。アメリカ合衆国も 1933 年に金本位制を停止している。

問 36. A. 誤文。ソ連をはじめとする東欧諸国は，ユーゴスラヴィアを除いてマーシャル=プランの受け入れを拒絶した。

B. 誤文。1955 年に西ドイツが北大西洋条約機構（NATO）に加盟すると，同年，東欧諸国は対抗してワルシャワ条約機構（WTO）を組織した。コメコン（COMECON）は 1949 年に結成された東欧諸国による経済協力機構のこと。

D. 誤文。人工衛星の打ち上げはソ連のスプートニク 1 号の方が早く成功し（1957 年），対抗したアメリカが翌年エクスプローラー 1 号の打ち上げに成功した。

問 37. A. 誤文。フランス領インドシナでは，第二次世界大戦後にホー=チ=ミンがベトナム民主共和国の独立を宣言した。スカルノを指導者とするインドネシア共和国は，オランダから独立を宣言した。

B. 誤文。ガンディーは統一インドを主張し，全インド=ムスリム連盟のジンナーはパキスタンの分離・独立を求めた。

C. 誤文。モサデグは民族主義的な思想を持ち，1951 年に首相になるとイギリス系が支配していた石油資源の国有化を図った。しかしかえって財政難を招いたため，国王派のクーデタで失脚した。

問 38. A. 誤文。キューバ危機後に中国はソ連を大国主義と批判し，中ソ対立は拡大した。

問 39. 難問。A. 誤文。チェルノブイリ原子力発電所の事故は 1986 年に発生したが，国連人間環境会議の開催はそれに先立つ 1972 年である。

C. 誤文。「温室効果ガス削減の数値目標と，取組に対する法的拘束を定めた」のは京都議定書（1997 年）である。

D. 誤文。パリ協定（2015 年）では，「21 世紀後半に温室効果ガスの排出量を実質ゼロにすることを目標に」主要排出国を含むすべての参加国が温室効果ガス削減目標を5年ごとに更新することになった。

問40. A．誤文。「平常への復帰」を掲げて大統領に当選し，ワシントン会議を主催したのはハーディングである。クーリッジはハーディングの次の大統領。

B．誤文。ニクソンは中華人民共和国を訪問して，米中国交正常化の道筋をつけたが，両国が国交を正常化させたのはカーター大統領時代の1979年である。

D．誤文。北米自由貿易協定（NAFTA）はブッシュ（父）政権で調印され（1992年），クリントン政権下で発効した（1994年）。このため貿易が促進されたのはクリントンの時代である。

❖講　評

Ⅰ　クレタ島の歴史を題材として，古代から近世のヨーロッパ史とイスラーム史から出題された。地図を利用した出題や文化史からも出題されている。問9は画家の名前を知っていても，活躍した時期が判断できないと解答できない。選択肢の判断基準は基本的な事項が多いので，ミスを減らすことが大切だろう。

Ⅱ　仏教が各地に広がっていく様子をテーマに南アジア，東南アジア，東アジアなどアジア史から出題された。語句選択問題が多いので，知識量が得点に直結する大問であった。また文化史や東南アジア・朝鮮史など周辺地域からの出題が多いため，学習量の差が顕著に出たと思われる。

Ⅲ　産業革命と社会主義体制の発展がテーマの出題。19世紀から20世紀にかけてのヨーロッパ史から出題されたが，社会経済史を中心に問われているため，得点に差がついた出題だと思われる。

Ⅳ　アメリカ合衆国への移民問題をテーマにした大問。設問は19～20世紀から出されているが，第二次世界大戦後史の問題が6問あり，しかも選択肢の文章に判断に迷う部分が多いので難度は高く得点が伸びない可能性がある。特に環境問題に関する問39は難問であった。教科書だけでなく，用語集の説明文まで丁寧に読んでおくことが求められる出題であった。

地理

I　解答

問1．(1)—C　(2)—D　(3)—C　(4)—A　(5)—C
問2．B　問3．D　問4．A　問5．A　問6．B
問7．A　問8．C

◀解　説▶

≪自然環境と自然災害・防災≫

問1．(1)Cが適切。Aは㋛の北緯10～20度。Bは㋒の北緯20～30度。Dは㋐の北緯60～70度。北緯40～70度は陸地面積の割合が高い。

(2)Dのアパラチア山脈は古期造山帯に属するので変動帯に位置しない。

(4)都市W（オタワ）は大陸東岸の高緯度に位置する都市で亜寒帯気候に属するBが該当する。Bは最寒月平均気温が－3℃未満であり降水量が年間を通してみられる亜寒帯湿潤気候である。都市X（マイアミ）は熱帯気候に属する。Cの雨温図は最寒月平均気温が18℃以上で弱い乾季のある熱帯モンスーン気候である。都市Y（ラスヴェガス）は乾燥気候に属する。Dの雨温図は年間を通して降水量が少ない砂漠気候である。都市Z（サンフランシスコ）は地中海性気候に位置する。Aの雨温図は最寒月平均気温が－3℃以上18℃未満の温帯気候で気温が上がった時期に降水量が少ない地中海性気候である。

(5)A．グランチャコは南米大陸中央のアンデス山脈とブラジル高原の間に広がる平野の名称。B．セルバはアマゾン川流域の熱帯雨林のこと。D．ツンドラはタイガより北方の樹木の成育しない地域の総称。

問3．被災の死者の主な死因に注目する。①の圧死・損壊死が特徴的なのは阪神・淡路大震災。②の溺死は津波によるもので東日本大震災。③の火災による死者が多かったのは関東大震災である。

問4．Aが適切。福徳岡ノ場は小笠原諸島の海底火山である。近年100年の中では桜島の大正噴火に次ぐ規模の噴火が起こった。噴火でできた新島が海の波で削られ軽石が流出し南西諸島に漂着した。新島は半年で海没した。

問5．Aが適切でない。河川水があふれ堤防決壊で起こる洪水は外水氾濫という。内水氾濫は短時間の局地的な大雨で下水道や排水路からあふれた雨水で起こる洪水のことをいう。

問６．大きな津波によって２度集落が全滅したが東日本大震災では人的被害がなかったことから，家屋を低地に建てない教訓であったと判断する。

問７．Ｂは城跡，Ｃは博物館，Ｄは風車の地図記号である。

問８．Ｃが適切でない。ハザードマップの「災害が及ぶ範囲は正確である」という部分が不適切。ハザードマップは災害発生時にどこのリスクが高いかを表している。あくまで目安であり想定外の災害により被害に遭う可能性も考える必要がある。

Ⅱ　解答

問１．Ａ　問２．Ｄ　問３．Ｃ　問４．⑴―Ｃ　⑵―Ａ
問５．⑴―Ｂ　⑵―Ｂ　問６．⑴―Ｂ　⑵―Ｃ　⑶―Ｃ
問７．Ａ　問８．Ｂ

◀解　説▶

≪東南アジアの地誌≫

問１．経線ⓐは東経120度。Ｂ．パースとＣ．ペキンは東経115度近くに位置する。Ｄ．ピョンヤンは東経125度に位置する。

問２．Ｄが不適切。緯線ⓑは北緯15度線でサウジアラビアは通らない。

問４．⑴アはＤ．ユーラシア，イはＡ．インド・オーストラリアが入る。

問５．⑴カにはＣ．北東，キはＤ．北西，クはＡ．南東があてはまる。

⑵下線ａの気候は熱帯モンスーン気候のことである。Ｂ．コルカタは明瞭な乾季と雨季があるサバナ気候に位置する。Ａ．ケアンズはオーストラリア北東部，Ｃ．マイアミはアメリカ合衆国フロリダ半島南端，Ｄ．マカパはブラジルのアマゾン川河口に位置する都市である。

問６．輸出総額と商品名から，Ａ国がマレーシア，Ｂ国がタイ，Ｃ国がインドネシア，Ｄ国がフィリピンと判断する。経済の発展が見られると輸出商品の付加価値も高くなるので，輸出総額も高くなる傾向がある。

⑴タイは先進国の自動車企業の工場進出が見られ，輸出商品で自動車が上位に台頭してきた。

⑵Ｃ．パーム油はマレーシアとインドネシアが世界の生産の約８割を占めている（2019年）。

⑶Ｃ国のインドネシアでは，石炭の生産量が急増している。1990年に733

万トンだったのが 2018 年には 54800 万トンとなった。現在，世界の石炭輸出量の 3 割を占めている。

問 7．A．ラオス。農林水産業就業者人口割合が約 63％，人口が約 730 万人である。B．ベトナム。人口が約 9730 万人で 4 カ国の中で経済発展が進んでいる。C．カンボジア。国際河川はメコン川のことである。D．ミャンマー。ミャンマーは長期間軍事政権が続いたことから国際社会から経済制裁を受け，経済発展が遅れている。

問 8．j にはC．中国，k にはB．インドが入る。マレー半島ではイギリス植民地支配の時に天然ゴムの栽培が行われるようになり，その労働者として同じイギリス植民地のインドから多く移住した。

III 解答

問 1．B　問 2．C　問 3．D　問 4．A　問 5．B
問 6．C　問 7．C　問 8．A　問 9．C　問 10．D

◀解　説▶

≪ドナウ川流域国の地誌≫

1 はハンガリー。ウラル語族の言語がハンガリー語であり，大平原での農業，難民政策に対する反発が特徴。2 は旧ユーゴスラビア社会主義連邦共和国構成国で 2013 年の EU 加盟からクロアチア。沿岸部の入り組んだ海岸線と島々がダルマチア式海岸で背後の山脈がディナルアルプスである。3 は 2007 年に EU に加盟したブルガリア。オスマン帝国支配下のスラブ系でバラの栽培も盛んである。4 はドナウ川河口に位置するルーマニア。ラテン系民族で東欧では珍しい石油・天然ガス産出国である。

問 2．C．プスタはレスが堆積した肥沃な土壌で，灌漑が進み農業が盛んになり東欧の穀倉と呼ばれるようになった。A．カンポはブラジル高原のサバナの草原の呼称。B．パンパはアルゼンチンやウルグアイに広がる肥沃な平原の呼称。D．プレーリーはアメリカ合衆国中央平原に広がる肥沃な長草草原の呼称。

問 3．X．中国は生産量が多いが国内需要が多く，輸入の必要があるため輸出量は多くならない。生産量が多いY．ブラジルやZ．ウクライナは，その多くを輸出に回している。

問 5．B．オーストリアは中立政策をとりEU 加盟国であるが軍事同盟的 NATO に加盟していない。D．ノルウェーは NATO 原加盟国であり，

EU には非加盟である。

問 6．C．スラブ圏の正教会が信仰されている地域では，聖書の記述に用いられたキリル文字が使用されている。

問 7．C．誤文。日本の輸入先 2 位はマレーシアである。ロシアは 4 位である。

問 8．エは黒海でA．アゼルバイジャンが不適切。アゼルバイジャンはカスピ海に面している。

問 9．A．シャンハイは北緯 31 度，B．バグダッドは北緯 33 度，D．リスボンは北緯 38.5 度に位置している。

Ⅳ　解答

問 1．C　問 2．B　問 3．B　問 4．E　問 5．C
問 6．A　問 7．C　問 8．F　問 9．B　問 10．C
問 11．C　問 12．A

◀解　説▶

≪日本プロ野球本拠地に関する地誌≫

問 1．札幌市と福岡市の緯度差は約 10 度である。地球全周約 4 万 km × $\frac{1}{36}$ = 約 1111 km。経度差は約 10 度で北緯 33 度の位置なので 1111 km よりは短いが約 800 km 程度はあると考える（北緯 60 度での経度 10 度差の長さは赤道全周の半分となる）。南北 1111 km，東西 800 km の直角三角形と見立てて札幌から福岡が斜辺となる。B．1000 km より長く D．2000 km より短いと判断できるのでC．1500 km となる。

問 2．兵庫県西宮市の日の出，日の入の時刻から夏と判断できる。札幌市は西宮市より東で高緯度に位置しているので，夏の日照時間は西宮市より長くなると判断できる。日の出時刻は西宮市より早くなり，日の入時刻は西宮市と変わらない時刻となる。

問 3．名古屋市以西のチームは，中日・阪神・オリックス・広島・ソフトバンクの 5 チームである。

問 4．①は 3 つの雨温図の中で最寒月平均気温が低いことから高緯度に位置する仙台市。②は③と降水量を比較すると 9・10 月が多く台風の影響が見られる東日本型に対して③は 6・7 月で梅雨の影響の方が大きい西日本型である。全体的な降水量は③が少なく瀬戸内型の雨温図である。したがって，②横浜市，③広島市となる。

問5．東京都が約1300万人，神奈川県が約900万人，大阪府が約850万人，埼玉・愛知県が各約700万人，千葉県が約600万人，北海道・兵庫・福岡県が各約500万人，宮城・広島県が各約200万人で約7000万人となり日本全体の約60％の人口となる。

問6．①愛知県。自動車工業，電気，鉄鋼，食料品の生産が盛んである。②神奈川県。自動車工業，石油石炭，化学，食料品の生産が盛んである。③東京都。工場が他地域へ移転していったことから出荷額は多くはない。

問7．①宮崎県。65歳以上人口割合が他より高い。②東京都。2000年頃から人口が増加しているのは人口の都心回帰の影響など社会増加の影響である。③沖縄県。1975年から一貫して人口が増加しているのは自然増加の影響である。沖縄県だけ自然増加がみられる理由は，親族や地域のコミュニティの結びつきが強く相互扶助の精神が高いことであると言われている。

問9．①北海道。酪農など畜産業が盛んで畜産の割合が高い。②埼玉県。近郊農業が盛んであることから野菜の割合が高い。③宮城県。東北地方は稲の品種改良が進み，日較差が大きいことが収量を増やすこと，冬の積雪や寒さから他の作物より経営が安定することから米の割合が高い。

問10．北海道は面積が広いので営業キロ数は長い。人口密度が低い地域であることから営業キロ数に対して駅数が少ない。他に比べて平地や台地が広がっているためトンネル数も少ない。

問11．日本の遠洋漁業は，各国が排他的経済水域を採用したことや石油危機による燃料費高騰もあって，1970年代半ばから縮小していった。

問12．D．ワシントン・ナショナルズはワシントンD.C.を本拠地とする。連邦政府所在地のワシントンD.C.とワシントン州は別の場所にある。

❖講　評

Ⅰ　自然環境（北アメリカ大陸）と地震・火山災害や防災について出題されている。緯線から陸海面積比を問う問題があったほか，北アメリカ大陸では山脈の地帯構造や三角州の地形，雨温図からの都市の気候判定など基本的内容も問われた。災害・防災については，主要な災害統計や災害用語の知識が問われたほか，津波災害の教訓から碑文内容を考えさせる問題や，近年の報道で扱われた海底火山噴火の被害についての問題も出題された。

Ⅱ　東南アジアの地誌が出題され，経緯線から他地域と比較する問題があった。プレートの位置関係やモンスーンと気候，ASEAN各国の統計から国名を判断させる問題や産物を答えさせる問題も出題されており，世界的なプレートの位置関係（海溝・海嶺の位置なども），風などの気候要素や気候の分布を確認しておくことが必要である。東南アジア地域だけではなく，主要国の統計資料から各国毎の特徴を把握しておくことも大切である。

Ⅲ　ドナウ川流域の国別の地誌と関連して世界の農産物，エネルギー資源統計が出題されている。受験生が苦手としがちな地域で難しく感じたかもしれない。EUやNATOなど国際機構の加盟国についての知識も問われた。

Ⅳ　日本のプロ野球チーム本拠地に関連して出題されたユニークな問題である。経緯度差のおおよその距離から2都市間の距離を考えさせたり，日の出，日の入時刻を季節と経緯度の違いから考えさせたりしている。日本各都道府県の農業，工業，人口統計など出題範囲は広い。日本に関する統計・グラフ，地誌は見落としがちであるので注意したい。

政治・経済

I 解答

設問1．C　設問2．A　設問3．B　設問4．C
設問5．BまたはD※　設問6．B　設問7．A
設問8．D　設問9．A　設問10．D

※設問5については，正解が複数存在することが判明したため，正解の選択肢を解答した場合，いずれも加点する措置が取られたことが大学から公表されている。

◀解　説▶

≪三権分立と日本の司法≫

設問1．C．適切。『法の精神』を著したのは，シャルル=ルイ=ド=モンテスキュー（1689〜1755年）である。これに影響を与えたのがジョン=ロック（1632〜1704年）であり，国家の権力を執行権，同盟（連合）権，立法権に分立させる権力分立論を説いた。

設問3．B．適切。児島惟謙（1837〜1908年）は，大津事件当時の大審院長であり，犯人である津田三蔵の死刑を求める政府の干渉を退け司法権の独立を守ったとされる。

設問4．C．適切。

A．不適。違憲立法審査権は最高裁判所のみならず，下級裁判所も行使できる。

B．不適。最高裁判所の裁判官は長官を含め15名の裁判官で構成される。

D．不適。下級裁判所の裁判官は最高裁判所の指名した者の名簿にもとづき，内閣が任命する。

設問6．B．適切。

A．不適。日本における法曹三者とは，裁判官，検察官，弁護士である。

C．不適。被疑者の取り調べは警察が行うが，被疑者を起訴するか起訴しないかを決定するのは検察の役割である。

D．不適。民事裁判でも刑事裁判でも，故意および過失の場合に責任を追及される。

設問8．D．不適。砂川事件で対象になったのは，在日米軍の存在が合憲か違憲か，であった。冤罪とは無関係である。

設問10．D．適切。

A・C．不適。裁判員制度で対象となるのは，重大な刑事事件の第一審のみである。

B．不適。裁判員裁判で有罪か無罪かの判断は，裁判官と裁判員の合議で決定される。

II 解答

設問1．B　設問2．D　設問3．C　設問4．A
設問5．C　設問6．B　設問7．C　設問8．D
設問9．D　設問10．A

◀解　説▶

≪世界と日本の経済と環境問題≫

設問1．B．適切。

A．不適。GDPデフレーターの定義は正しい。しかし，実質GDPは名目GDPをGDPデフレーターで割って算出する。

C．不適。企業物価指数は，それ以前の卸売物価指数から引き継がれたものであり，生産者出荷段階や卸売出荷段階で扱われる財やサービスは，企業物価指数の対象となる。

D．不適。購買力平価は，ある品物の外国の物価水準に対して自国の物価水準がどのくらいかを求めるものである。したがって，一国の購買力平価は，品物ごとに異なる。

設問2．D．適切。

A．不適。超過供給が生じると，価格は下落方向に動き，超過需要が生じると価格は上昇方向に動く。

B．不適。需要曲線は右下がりの曲線であり，供給曲線は右上がりの曲線である。

C．不適。需要が増大すると需要曲線は右に移動する。

設問5．C．適切。

A．不適。サブプライムローンとは，低所得者向けの住宅ローンのことである。

B．不適。チューリップ・バブルは1630年代にオランダで起こったバブル景気である。

D．不適。日本では，バブル経済崩壊後，銀行の不良債権処理がうまくいかず，長期にわたって経済が低迷する一つの要因となった。

設問 6．B．適切。

A．不適。2015 年の調査では，日本の子どもの相対的貧困率は OECD 平均よりも高かった。

C．不適。ローレンツ曲線では，所得格差が小さいほど 45 度線に接近する。

D．不適。日本のジニ係数は 1980 年代と比較して，2000 年代以降は上昇の傾向を示している。

設問 7．C．適切。

A．不適。マイナス金利政策は，個人が銀行にお金を預ける場合には適用されない。

B．不適。日本における金利引き上げは，2022 年初頭ではなく，2022 年末のことである。

D．不適。日銀総裁は国会の同意を得たうえで，内閣が任命する。

設問 8．D．適切。

A．不適。途上国と先進国の新型コロナワクチンの接種率は，いまだに格差のある状況である（2023 年 2 月現在）。

B．不適。日本ではこれまで，ロックダウンは実施されていない（2023 年 2 月現在）。

C．不適。結核に関しては，すでに有効なワクチンや治療法が見つかっている。

設問 10．A．適切。

B．不適。炭素税は間接税の一種である。

C．不適。炭素税ではなく，「排出権取引」に関する記述である。

D．不適。炭素税は 1990 年代から北欧諸国で導入されている。

III 解答

設問 1．A　設問 2．B　設問 3．B　設問 4．D
設問 5．D　設問 6．C　設問 7．B　設問 8．D
設問 9．D　設問 10．A

◀解　説▶

≪第二次世界大戦後の日本の行政改革≫

設問 2．B．適切。

A．不適。消費税は 1989 年に導入された。

C．不適。赤字国債の発行額は，現在，建設国債の発行額を大きく上回っている（2022 年度現在）。

D．不適。日本の所得税の累進度は，強化の動きが見られるものの，一貫して高められたとまでは言えない。

設問 4．D．適切。

A・B．不適。日本の衆議院における選出議員の定数は，2000 年以降，小選挙区においても，比例代表においても削減の傾向があり，両選択肢の「増員」という部分は当てはまらない。

C．不適。日本の参議院は，定数を 6 名増員させることが決定された（2018 年）。

設問 5．D．適切。

A．不適。2012 年以降の自民党を中心とする日本の政権では，政策形成過程から官僚を排除するという政策は行われていない。

B．不適。オンブズ−パーソン制度は，国レベルでは未導入である（2023 年 2 月現在）。

C．不適。議員立法の数は増加の傾向にあるものの，内閣提出法案の制定数の方が多い（2023 年現在）。

設問 6．C．適切。内閣人事局は，2014 年に幹部公務員の人事を内閣が一元管理する目的で設置され，その根拠法は国家公務員制度改革基本法である。

設問 8．D．適切。最高裁判所長官を天皇が任命することは，日本国憲法第 6 条に規定されている。

設問 9．D．適切。

A．不適。閣議を主宰するのは内閣総理大臣である。

B．不適。閣議には内閣総理大臣の他，各国務大臣が出席し，副大臣級は出席しない。

C．不適。閣議決定された内閣の公式見解を発表するのは，内閣官房長官である。

IV **解答**　設問1．C　設問2．D　設問3．C　設問4．B
設問5．C　設問6．B　設問7．C　設問8．B
設問9．C　設問10．D

◀解　説▶

≪日本の中小企業と農業問題≫

設問1．C．適切。

A．不適。日本の中小企業の売上高は大企業の売上高より少ない金額である（2022年版『中小企業白書』）。

B．不適。日本の中小企業の数は年々減少傾向にある（2022年版『中小企業白書』）。

D．不適。法律に関する記述は，大規模小売店舗立地法ではなく，大規模小売店舗法に関するものである。また，大規模小売店舗法は2000年に廃止された。

設問4．B．適切。

A．不適。日本において，従業者数の大多数を占めるのは大企業ではなく，中小企業である。

C．不適。日本の経済の二重構造問題は，そもそも高賃金であった大企業と，低賃金ながらも生産性を向上させてきた中小企業との，銀行等金融機関からの資金の借り入れにおける格差が根底に存在するものであった。

D．不適。一般的に日本の中小企業は，大企業よりも資本装備率や収益性が低い。

設問6．B．適切。

A．不適。ベンチャー・ビジネスは，大企業とは異なる創造的・革新的な事業を行う中小企業群であり，「第一に」，「社会的課題を解決すること」や「利益を追求しない非営利の組織」であるという点は当てはまらない。

C．不適。地場産業の要件に「100年以上の伝統があること」は含まれない。

D．不適。中堅企業は，大企業から独立している例が多数存在する。

設問7．C．適切。

A．不適。2015年において，日本の国内総生産に占める農業生産額の割合は約1％であった。一方，2016年の農業就業人口は全体の3％程度であった。したがって，選択肢の数字は，農業生産額の割合と農業就業人口の割合が逆である。

B．不適。日本の農業就業人口は2010年においても減少傾向であった。

D．不適。日本のカロリーベースの食料自給率は，2018年は37％程度であった。

設問8．B．適切。

A．不適。主業農家とは，販売農家のうち，65歳未満の人がおり，農業所得が主で1年間に60日以上農業に従事している農家のことをいう。

C．不適。兼業農家とは，その世帯の中に農業以外の兼業に従事している人が1人以上いる農家のことをいう。

D．不適。第一種兼業農家とは，兼業農家のうち，農業所得を主とする農家のことをいう。

設問9．C．適切。

A．不適。旧法に関する記述の自作農を中心とした規定は，戦後すぐの農地改革に関する記述である。

B．不適。旧法は自立経営農家の育成を目指したものであった。

D．不適。新法は食料の安定供給の確保や，農業の持続的な発展を目指したものであり，農家の所得の向上を目指したものではない。

設問10．D．適切。

A．不適。ミニマム・アクセスとは，GATT（関税と貿易に関する一般協定）のウルグアイ=ラウンドによって合意された，日本側の米の最低輸入量のことである。

B．不適。トレーサビリティとは，その農産物の産地がどこで，どのような経路をたどって消費者まで届いたかを追跡することを目的とした概念である。

C．不適。TPPは，アメリカが不参加を表明し，日本やカナダなどが合意して締結された。

❖講　評

I　三権分立と日本の司法について，比較的基礎的な知識が問われた。教科書や資料集の地道な学習と，その基本的事項を単なる暗記で終わらせず，しっかりと背景知識まで整理して理解を重ねたかが試された。

II　世界と日本の経済と環境問題に関して，基礎から発展まで総合的な知識が問われた。設問 7 や設問 8 に見られるようにゼロ金利政策や新型コロナ対策など，時事的な出題も見られた。日ごろからニュースに親しみ，学習を心がけていたかどうかが試された。

Ⅲ　第二次世界大戦後の日本の行政改革に関して，発展的な知識が問われた。特に設問 2 や設問 6 などは，教科書の基本的事項をここ 10 年くらいの時事問題といかに連携させて細かい部分まで整理したかが問われた。また，設問 3 に見られるように，政治と経済の知識を密接に関連付けて総合的に選択肢を判断する力も試された。

Ⅳ　日本の中小企業と農業問題に関して，基礎から発展まで幅広い知識が問われた。設問 1 や設問 2，設問 3 などに見られるように，教科書レベルの知識を，単なる暗記で終わらせず，しっかりと背景知識まで掘り下げた学習を心がけたかが試された。また，設問 5 や設問 9 などの発展的レベルの問題については，資料集やインターネットなどを活用した学習が効果的であった。

以上のことから，2023 年度は過去の出題と比較して，標準的なレベルであったと考えられる。

数学

◀数学Ⅰ・Ⅱ・A・B▶

I **解答** (1) ア．2　イ．3　ウ．2　エ．3　オ．2　カ．2
(2) キ．6　ク．2　ケ．2　コ．3
(3) サ．4　(4) シ．2　ス．3　セ．2　ソ．4　(5) タチ．12

◀解　説▶

≪小問5問≫

(1) 漸化式 $a_{n+2}=4(a_{n+1}-a_n)$ を変形すると

$$a_{n+2}-2a_{n+1}=2(a_{n+1}-2a_n)$$

$b_n=a_{n+1}-2a_n$ とおくと

$$b_{n+1}=2b_n \quad →ア$$

と表せるので，数列 $\{b_n\}$ は，初項 $b_1=a_2-2a_1=12$，公比2の等比数列となる。したがって

$$b_n=12\cdot 2^{n-1}=3\cdot 2^{n+1} \quad →イ$$

よって，$a_{n+1}-2a_n=3\cdot 2^{n+1}$ であるから

$$a_{n+1}=2a_n+3\cdot 2^{n+1} \quad →ウ$$

両辺を 2^{n+1} で割って

$$\frac{a_{n+1}}{2^{n+1}}=\frac{a_n}{2^n}+3$$

したがって，数列 $\left\{\frac{a_n}{2^n}\right\}$ は，初項 $\frac{a_1}{2}=1$，公差3の等差数列となり

$$\frac{a_n}{2^n}=1+3(n-1)=3n-2$$

よって　$a_n=(3n-2)2^n$　→エ～カ

(2) 方程式 $x^2-(4-3i)x+4-ki=0$ の実数解を α とすると

$$\alpha^2-(4-3i)\alpha+4-ki=0$$

$$(\alpha^2-4\alpha+4)+(3\alpha-k)i=0$$

α, k は実数であるから

$$\alpha^2-4\alpha+4=0 \quad \text{かつ} \quad 3\alpha-k=0$$

より　$\alpha=2,\ k=6$　→キ

このとき，方程式 $x^2-(4-3i)x+4-6i=0$ を解くと

$$(x-2)\{x-(2-3i)\}=0$$

より　$x=2,\ 2-3i$　→ク〜コ

(3)　階級値 2，3，4，5 の度数をそれぞれ a, b, c, d とおく。

データ A の大きさは 15 であるから

$$2+a+b+c+d=15$$

より　$a+b+c+d=13$　……①

また，大きさが 15 であるデータ A の中央値が 2 であるから

$$2+a\geqq 8$$

より　$a\geqq 6$　……②

さらに，データ A の平均値が 3 であるから，データ A の各値から 3 を引いたデータ B の平均値は 0 になる。すなわち

$$(-2)\cdot 2+(-1)a+0\cdot b+c+2d=0$$

より　$a+4=c+2d$　……③

②，③より $c+2d\geqq 10$ であり，$c\geqq 1$ より

$$c+(c+2d)\geqq 1+10 \qquad 2(c+d)\geqq 11$$

$c+d$ は正の整数であるから

$$c+d\geqq 6 \quad \cdots\cdots④$$

であり，このとき①，②，④および $b\geqq 1$ であるから

$$a=6,\ b=1,\ c+d=6$$

となる場合に限る。よって，③より $c+2d=10$ となるので

$$c=2,\ d=4$$

以上より，階級値 5 の度数は

4　→サ

(4)　$\left(m+\dfrac{1}{n}\right)\left(n+\dfrac{1}{m}\right)=mn+2+\dfrac{1}{mn}$ であり，$0<\dfrac{1}{mn}<1$ であるから，$\left(m+\dfrac{1}{n}\right)\left(n+\dfrac{1}{m}\right)\leqq 12$ となることは

$$mn+2\leqq 11$$

より　　$mn \leqq 9$

となることと同値である。

このような自然数の組 $(m,\ n)$ は $1<m<n$ に注意して

$$(m,\ n)=(2,\ 3),\ (2,\ 4)\quad \rightarrow シ〜ソ$$

(5) 円 C_1 と円 C_2 の共有点の１つはBであり，もう１つの共有点をHとおく。C_1 は辺OBを直径とする円であるから，$\angle \mathrm{BHO}=90°$ であり，同様に $\angle \mathrm{BHA}=90°$ となる。よって，３点O，H，Aは同一の直線上にあり，HはBから直線OAに下ろした垂線の足である。

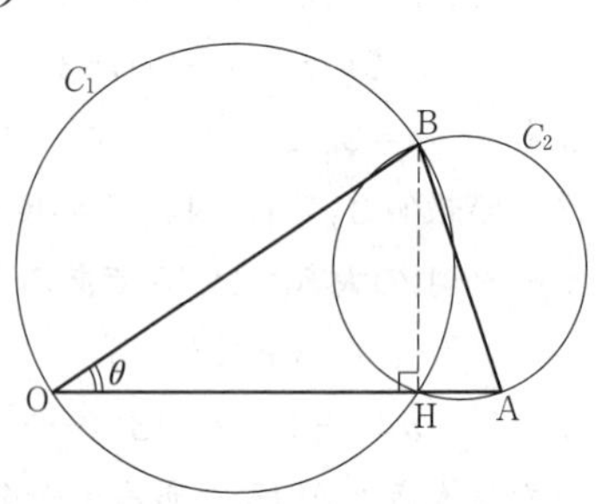

$\angle \mathrm{BOA}=\theta$ として，△BOAについて余弦定理より

$$\cos\theta=\frac{40^2+37^2-13^2}{2\cdot 40\cdot 37}=\frac{35}{37}$$

このとき，$\sin\theta=\sqrt{1-\cos^2\theta}=\dfrac{12}{37}$ であるから，求める線分BHの長さは

$$\mathrm{BH}=\mathrm{OB}\sin\theta=37\cdot\frac{12}{37}=12\quad \rightarrow タチ$$

II　解答

ア―⓪　イ．9　ウエ．18　オカ．27　キ―⑤　ク．4　ケ．3　コサ．17　シ．1　ス．8　セ．3　ソ．1　タチツ．324　テ―⑤

◀解　説▶

≪３次関数の微分法と積分法≫

関数 $f(x)=x^3-3kx^2+9(k^2+2k-3)$ を微分して

$$f'(x)=3x^2-6kx=3x(x-2k)$$

$2k>0$ であり，$f(x)$ の増減は右のようになる。

x	$\cdots$	0	$\cdots$	$2k$	$\cdots$
$f'(x)$	+	0	−	0	+
$f(x)$	↗	極大	↘	極小	↗

よって，$f(x)$ は

$x=0$ で　　極大値 $f(0)=9k^2+18k-27\quad \rightarrow ア〜カ$

をとり

$x=2k$ で　　極小値 $f(2k)=-4k^3+9k^2+18k-27\quad \rightarrow キ，ク$

をとる。

$f(x)$ の極小値が 0 となるのは

$$-4k^3+9k^2+18k-27=0$$

$$(k-3)(4k^2+3k-9)=0$$

$k>0$ より　$k=\dfrac{3(\sqrt{17}-1)}{8}$

$a<b$ より　$a=\dfrac{3(\sqrt{17}-1)}{8}$　→ケ～ス

$b=3$　→セ

$f(x)$ の極大値が 0 となるのは

$$9k^2+18k-27=0$$

$k>0$ より　$k=1$

よって　$c=1$　→ソ

$k=3$ であるとき，右図の網かけ部分の面積 S は

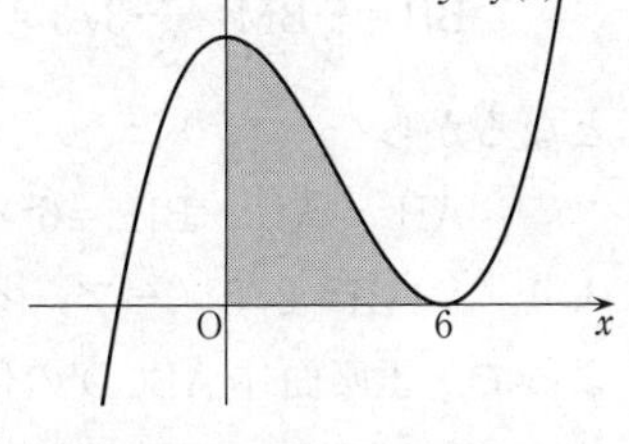

$$S=\int_0^6 (x^3-9x^2+108)\,dx$$

$$=\left[\frac{x^4}{4}-3x^3+108x\right]_0^6$$

$$=324$$　→タ～ツ

さらに，方程式 $f(x)=0$ が異なる 3 つの実数解をもつのは

（$f(x)$ の極大値）>0　かつ　（$f(x)$ の極小値）<0

（$f(x)$ の極大値）>0 となるのは

$$9k^2+18k-27>0$$

$$9(k-c)(k+3)>0$$

これより　$k>c$　（$k>0$ より）　……①

（$f(x)$ の極小値）<0 となるのは

$$-4k^3+9k^2+18k-27<0$$

$$4(k-a)(k-b)(k-d)>0 \quad \left(ただし，d=\frac{-3-3\sqrt{17}}{8}\right)$$

$k>0$ より $k-d>0$ であるから

$0<k<a$　または　$k>b$　……②

$a=\dfrac{3(\sqrt{17}-1)}{8}>\dfrac{3(\sqrt{16}-1)}{8}=\dfrac{9}{8}>c$ に注意して，①かつ②を満たす k の範囲は

$$c<k<a,\ b<k \quad \to テ$$

Ⅲ　解答

ア．2　イ．6　ウエ．18　オ．2　カ－⑨　キク．99　ケコ．36　サシ．12　ス．2　セ．2　ソ．4　タ．6　チ．5

◀解　説▶

≪空間ベクトル，正四面体≫

(1)　AB＝AC＝ADであるから，BH＝CH＝DHでありHは三角形BCDの外心である。三角形ABCは正三角形であるからHは三角形ABCの重心でもある。よって，辺CDの中点をMとすると

$$\mathrm{BH}=\frac{2}{3}\mathrm{BM}=\frac{2}{3}\cdot 3\sqrt{3}=2\sqrt{3}$$

となるから

$$\mathrm{AH}^2=\mathrm{AB}^2-\mathrm{BH}^2=6^2-(2\sqrt{3})^2=24$$

より　$\mathrm{AH}=2\sqrt{6}$　→ア，イ

よって，正四面体ABCDの体積は

$$\frac{1}{3}\cdot\triangle\mathrm{BCD}\cdot\mathrm{AH}=\frac{1}{3}\cdot\left(\frac{1}{2}\cdot 6^2\cdot\sin 60^\circ\right)\cdot 2\sqrt{6}$$

$$=18\sqrt{2}\quad →ウ〜オ$$

(2)　$\overrightarrow{\mathrm{AB}}=\vec{b}$，$\overrightarrow{\mathrm{AC}}=\vec{c}$，$\overrightarrow{\mathrm{AD}}=\vec{d}$ とする。このとき

$$\overrightarrow{\mathrm{AP}}=\frac{1}{3}\vec{b},\ \overrightarrow{\mathrm{AQ}}=\frac{2}{3}\vec{c},\ \overrightarrow{\mathrm{AR}}=t\vec{d},\ \overrightarrow{\mathrm{AH}}=\frac{\vec{b}+\vec{c}+\vec{d}}{3}$$

点Xは直線AH上にあるから

$$\overrightarrow{\mathrm{AX}}=k\overrightarrow{\mathrm{AH}}=\frac{k}{3}\vec{b}+\frac{k}{3}\vec{c}+\frac{k}{3}\vec{d}\quad \cdots\cdots ①$$

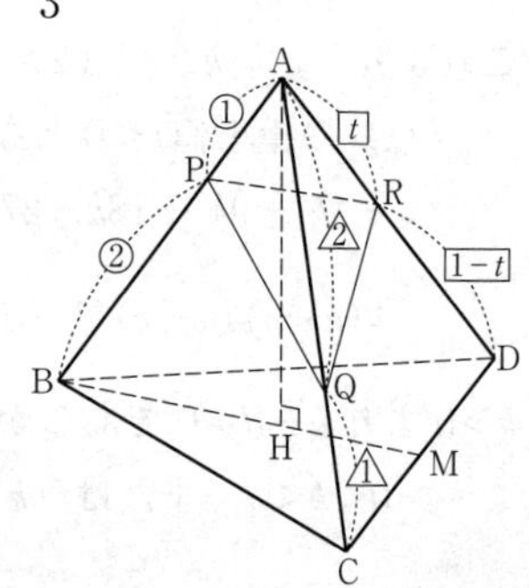

と表せる。さらに，Xは平面PQR上にもあるから

$$\overrightarrow{\mathrm{AX}}=\alpha\overrightarrow{\mathrm{AP}}+\beta\overrightarrow{\mathrm{AQ}}+\gamma\overrightarrow{\mathrm{AR}}$$

$$(\alpha+\beta+\gamma=1)$$

$$=\frac{\alpha}{3}\vec{b}+\frac{2\beta}{3}\vec{c}+t\gamma\vec{d}\quad\cdots\cdots②$$

とも表せる。$\vec{b}$, $\vec{c}$, $\vec{d}$ は一次独立であるから，①，②より

$$\begin{cases}\dfrac{k}{3}=\dfrac{\alpha}{3}\quad(\alpha=k)\\[2mm] \dfrac{k}{3}=\dfrac{2\beta}{3}\quad\left(\beta=\dfrac{k}{2}\right)\\[2mm] \dfrac{k}{3}=t\gamma\quad\left(\gamma=\dfrac{k}{3t}\right)\\[2mm] \alpha+\beta+\gamma=1\end{cases}$$

これより

$$k+\frac{k}{2}+\frac{k}{3t}=1$$

よって　　$k=\dfrac{6t}{9t+2}$

したがって，①より

$$\overrightarrow{\mathrm{AX}}=k\overrightarrow{\mathrm{AH}}=\frac{6t}{9t+2}\overrightarrow{\mathrm{AH}}\quad\to カ$$

(3)　三角形 PQR の面積を S とすると

$$S=\frac{1}{2}\sqrt{|\overrightarrow{\mathrm{PQ}}|^2|\overrightarrow{\mathrm{PR}}|^2-(\overrightarrow{\mathrm{PQ}}\cdot\overrightarrow{\mathrm{PR}})^2}\quad\cdots\cdots③$$

ここで

$$\overrightarrow{\mathrm{PQ}}=\overrightarrow{\mathrm{AQ}}-\overrightarrow{\mathrm{AP}}=\frac{2}{3}\vec{c}-\frac{1}{3}\vec{b}$$

$$\overrightarrow{\mathrm{PR}}=\overrightarrow{\mathrm{AR}}-\overrightarrow{\mathrm{AP}}=t\vec{d}-\frac{1}{3}\vec{b}$$

であり

$$|\overrightarrow{\mathrm{PQ}}|^2=\left|\frac{2}{3}\vec{c}-\frac{1}{3}\vec{b}\right|^2=\frac{|\vec{b}|^2}{9}-\frac{4}{9}\vec{b}\cdot\vec{c}+\frac{4}{9}|\vec{c}|^2$$

$$|\overrightarrow{\mathrm{PR}}|^2=\left|t\vec{d}-\frac{1}{3}\vec{b}\right|^2=\frac{|\vec{b}|^2}{9}-\frac{2t}{3}\vec{b}\cdot\vec{d}+t^2|\vec{d}|^2$$

$$\overrightarrow{\mathrm{PQ}}\cdot\overrightarrow{\mathrm{PR}}=\left(\frac{2}{3}\vec{c}-\frac{1}{3}\vec{b}\right)\cdot\left(t\vec{d}-\frac{1}{3}\vec{b}\right)$$

$$=\frac{|\vec{b}|^2}{9}-\frac{t}{3}\vec{b}\cdot\vec{d}-\frac{2}{9}\vec{b}\cdot\vec{c}+\frac{2t}{3}\vec{c}\cdot\vec{d}$$

ここで，$|\vec{b}|=|\vec{c}|=6$，$\vec{b}\cdot\vec{c}=\vec{b}\cdot\vec{d}=\vec{c}\cdot\vec{d}=6^2\cos 60°=18$ であるから

$$|\overrightarrow{PQ}|^2=\frac{6^2}{9}-\frac{4}{9}\cdot 18+\frac{4}{9}\cdot 6^2=12$$

$$|\overrightarrow{PR}|^2=\frac{6^2}{9}-\frac{2t}{3}\cdot 18+t^2\cdot 36=36t^2-12t+4$$

$$\overrightarrow{PQ}\cdot\overrightarrow{PR}=\frac{6^2}{9}-18\left(\frac{t}{3}+\frac{2}{9}-\frac{2}{3}t\right)=6t$$

よって，③より

$$S=\frac{1}{2}\sqrt{12(36t^2-12t+4)-(6t)^2}=\sqrt{99t^2-36t+12}\quad \to キ〜シ$$

(4)　平面 ABC と点D，点Rの距離をそれぞれ h_1，h_2 として

$$\frac{h_2}{h_1}=\frac{AR}{AD}=\frac{1}{2}$$

であるから

$$h_2=\frac{1}{2}h_1=\sqrt{6}\quad (h_1=AH より)$$

よって，四面体 APQR の体積を V とすると

$$V=\frac{1}{3}\left(\frac{1}{2}AP\cdot AQ\sin 60°\right)h_2=\frac{1}{3}\left(\frac{1}{2}\cdot 2\cdot 4\cdot\frac{\sqrt{3}}{2}\right)\cdot\sqrt{6}$$

$$=2\sqrt{2}\quad \to ス，セ$$

さらに，$t=\frac{1}{2}$ のとき

$$S=\sqrt{\frac{99}{4}-\frac{36}{2}+12}=\frac{5\sqrt{3}}{2}$$

よって，$V=\frac{1}{3}\cdot S\cdot AY$ と表せるから

$$2\sqrt{2}=\frac{1}{3}\cdot\frac{5\sqrt{3}}{2}AY$$

より　　$AY=\frac{4\sqrt{6}}{5}$　→ソ〜チ

◀数　学　Ⅲ▶

Ⅰ　解答　ア―②　イ．6　ウ．2

◀解　説▶

≪小問2問≫

(1)　正の整数Nに対して，$S_N=\sum_{n=1}^{N}\log\frac{(n+1)(n+2)}{n(n+3)}$とおく。

$$S_N=\sum_{n=1}^{N}\{\log(n+1)-\log n\}+\sum_{n=1}^{N}\{\log(n+2)-\log(n+3)\}$$
$$=\log(N+1)-\log 1+\log 3-\log(N+3)$$
$$=\log 3+\log\frac{1+\frac{1}{N}}{1+\frac{3}{N}}$$

と表せる。

$\lim_{N\to\infty}S_N=\log 3+\log 1=\log 3$であるから，無限級数$\sum_{n=1}^{\infty}\log\frac{(n+1)(n+2)}{n(n+3)}$は収束して，その和は$\log 3$である。　→ア

(2)　$z^2-3|z|+2=0$であるから

$$z^2=3|z|-2$$

右辺は実数となるので，z^2が実数となる。

よって

「zは実数」または「$z=ki$（kは実数）」

(i)　zが実数のとき

- $z\geqq 0$のときは，$z^2-3z+2=0$より

　$z=1,\ 2$　（いずれも$z\geqq 0$を満たす）

- $z<0$のときは，$z^2+3z+2=0$より

　$z=-1,\ -2$　（いずれも$z<0$を満たす）

(ii)　zが実数でない，つまり$z=ki$（kは0以外の実数）であるとき

$z^2-3|z|+2=0$より　　$(ki)^2-3|ki|+2=0$

すなわち　　$-k^2-3|k|+2=0$

が成り立つ。

• $k>0$ のときは，$-k^2-3k+2=0$ であり，これを満たす正の k の値は $k=\dfrac{-3+\sqrt{17}}{2}$ の1個である。

• $k<0$ のときは，$-k^2+3k+2=0$ であり，これを満たす負の k の値は $k=\dfrac{3-\sqrt{17}}{2}$ の1個である。

以上(i)(ii)より，方程式 $z^2-3|z|+2=0$ の複素数解は全部で6個あり，このうち実数でないものは2個ある。 →イ，ウ

II 解答　ア—①　イ—⑨　ウ—④　エ—⑦　オ—⑨　カ—①

◀解　説▶

≪$e^{-tx}\cos x$ と $e^{-tx}\sin x$ の積分と極限≫

$$I=\int_0^{\frac{\pi}{2}} e^{-tx}\sin x dx$$

$$=\int_0^{\frac{\pi}{2}} e^{-tx}(-\cos x)' dx$$

$$=\Big[e^{-tx}(-\cos x)\Big]_0^{\frac{\pi}{2}}-\int_0^{\frac{\pi}{2}}(e^{-tx})'(-\cos x)dx$$

$$=1-t\int_0^{\frac{\pi}{2}} e^{-tx}\cos x dx=1-tJ \quad \rightarrow ア$$

$$J=\int_0^{\frac{\pi}{2}} e^{-tx}\cos x dx$$

$$=\int_0^{\frac{\pi}{2}} e^{-tx}(\sin x)' dx$$

$$=\Big[e^{-tx}(\sin x)\Big]_0^{\frac{\pi}{2}}-\int_0^{\frac{\pi}{2}}(e^{-tx})'(\sin x)dx$$

$$=e^{-\frac{\pi}{2}t}+t\int_0^{\frac{\pi}{2}} e^{-tx}\sin x dx=e^{-\frac{\pi}{2}t}+tI \quad \rightarrow イ$$

したがって

$$I=\frac{1-te^{-\frac{\pi}{2}t}}{1+t^2},\quad J=\frac{t+e^{-\frac{\pi}{2}t}}{1+t^2} \quad \rightarrow ウ\sim オ$$

である。よって

$$\lim_{t\to\infty}\frac{1}{t}\log\left(\int_0^{\frac{\pi}{2}}e^{-tx}\cos x dx-\frac{t}{1+t^2}\right)$$

$$=\lim_{t\to\infty}\frac{1}{t}\log\left(\frac{e^{-\frac{\pi}{2}t}}{1+t^2}\right)$$

$$=\lim_{t\to\infty}\left\{\frac{1}{t}\log\left(e^{-\frac{\pi}{2}t}\right)-\frac{\log(1+t^2)}{t}\right\}$$

$$=\lim_{t\to\infty}\left(-\frac{\pi}{2}-\frac{\log(1+t^2)}{t}\right)$$

$$=-\frac{\pi}{2}\quad\left(\lim_{t\to\infty}\frac{\log(1+t^2)}{t}=0\ \text{より}\right)\quad\to カ$$

III 解答

ア．1　イ．2　ウ．5　エ．4　オ．1　カ．2
キ．1　ク．4　ケ．1　コ．5　サシ．16　ス．1

◀解　説▶

≪双曲線と直線の共有点≫

双曲線 $C: x^2-4y^2=5$ の漸近線の方程式は

$$x^2-4y^2=0$$

すなわち　$y=\frac{1}{2}x$ と $y=-\frac{1}{2}x$　→ア，イ

また，l の方程式は $y=m(x-1)$ であり，C と l の共有点が1個であるための条件は，x の方程式

$$x^2-4\{m(x-1)\}^2=5$$

すなわち

$$(1-4m^2)x^2+8m^2x-4m^2-5=0 \quad \cdots\cdots①$$

の実数解の個数が1になることである。

(i)　$1-4m^2=0$，すなわち $m=\frac{1}{2}$ のとき

このとき，①は

$$2x-6=0 \qquad x=3$$

となり，実数解の個数は1である。

(ii)　$1-4m^2\neq 0$，すなわち $m\neq\frac{1}{2}$ のとき

①を満たす実数 x の個数が 1 となるのは

$$(\text{①の判別式})=0$$

$$16m^4-(1-4m^2)(-4m^2-5)=0$$

$$-16m^2+5=0$$

$$m=\frac{\sqrt{5}}{4}\quad\left(m\neq\frac{1}{2}\text{ を満たす}\right)$$

このとき，l は C の接線である。

以上より，l と C の共有点がただ 1 つとなるのは

$$m=\frac{\sqrt{5}}{4}\quad\text{または}\quad m=\frac{1}{2}\quad\rightarrow\text{ウ～カ}$$

のときである。

また，$m<\frac{1}{2}$ のとき①を満たす実数 x は 2 つ存在して，l と C の共有点も 2 つ存在する。l の傾きは正であるから，①の大きい方の実数解を α とすると

$$y_m=m(\alpha-1)$$

と表せる。$1-4m^2>0$ より $\alpha=\frac{-4m^2+\sqrt{5-16m^2}}{1-4m^2}$ であり

$$y_m=m\left(\frac{-4m^2+\sqrt{5-16m^2}}{1-4m^2}-1\right)$$

$$=\frac{m}{1-4m^2}(-1+\sqrt{5-16m^2})\quad\rightarrow\text{キ～シ}$$

さらに，y_m の分母分子に $\sqrt{5-16m^2}+1$ をかけて

$$y_m=m\frac{(\sqrt{5-16m^2})^2-1}{(1-4m^2)(\sqrt{5-16m^2}+1)}$$

$$=\frac{4m}{\sqrt{5-16m^2}+1}$$

と表せる。したがって

$$\lim_{m\to\frac{1}{2}-0}y_m=\frac{4\cdot\frac{1}{2}}{\sqrt{5-16\cdot\left(\frac{1}{2}\right)^2}+1}=1\quad\rightarrow\text{ス}$$

が成り立つ。

参考　$m=\dfrac{1}{2}$ のとき，l と C のただ1つの共有点の座標は（3，1）であり，$m\to\dfrac{1}{2}-0$ とすると，l と C の y 座標が大きい方の共有点も（3，1）に近づく。

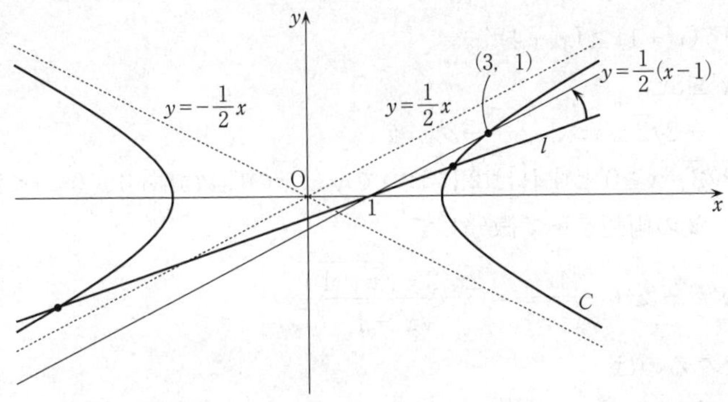

Ⅳ　解答

アー⑤　イー⑥　ウ．0　エ．2　オ．2　カー⑧
キー⓪　ク．2　ケ．2　コ．3　サ．1　シ．3
ス　4．セ．2

◀解　説▶

≪レムニスケート（2点からの距離の積が一定である点の軌跡）≫

点 $\mathrm{P}(x,\ y)$ と2点（-2，0），（2，0）からの距離の積が4であるから

$$\sqrt{(x+2)^2+y^2}\cdot\sqrt{(x-2)^2+y^2}=4$$

$$y^4+\{(x+2)^2+(x-2)^2\}y^2+(x+2)^2(x-2)^2=16$$

よって

$$y^4+2(x^2+4)y^2+(x^2-4)^2=16\quad\cdots\cdots(1)\quad\to ア，イ$$

曲線 C と x 軸の共有点の x 座標は，$y=0$ として

$$(x^2-4)^2=16\qquad (x^2-4)=\pm 4$$

これより　　$x=0,\ \pm 2\sqrt{2}$　→ウ～オ

さらに，(1)を y^2 に関する2次方程式とみて

$$y^2=-(x^2+4)\pm\sqrt{(x^2+4)^2-\{(x^2-4)^2-16\}}$$

$y^2\geqq 0$ であるから

$$y^2=-(x^2+4)+4\sqrt{x^2+1}\quad\cdots\cdots(2)\quad\to カ，キ$$

また，x のとりうる値の範囲は，(2)を満たす実数 y が存在する条件を考えて

$$-(x^2+4)+4\sqrt{x^2+1}\geqq 0$$
$$4\sqrt{x^2+1}\geqq (x^2+4)$$

両辺正であるから

$$16(x^2+1)\geqq (x^2+4)^2$$
$$x^4\leqq 8x^2$$

より　　$-2\sqrt{2}\leqq x\leqq 2\sqrt{2}$　→ク，ケ

$0\leqq x\leqq 2\sqrt{2}$，$y\geqq 0$ とすれば(2)において y は x の関数であり，$0<x<2\sqrt{2}$ において，(2)の両辺を x で微分して

$$2yy'=-2x+\frac{4x}{\sqrt{x^2+1}}=\frac{2x(2-\sqrt{x^2+1})}{\sqrt{x^2+1}}$$

$y'=0$ となるのは

$$\sqrt{x^2+1}=2 \qquad x=\sqrt{3} \quad \text{→コ}$$

のときであり，y' の符号は $2-\sqrt{x^2+1}$ の符号と一致するから y の $0\leqq x\leqq 2\sqrt{2}$ における増減は右表のようになる。

x	0	…	$\sqrt{3}$	…	$2\sqrt{2}$
y'		+	0	−	
y	0	↗	1	↘	0

x 軸および y 軸に関する対称性から，C の概形は右図のようになる。

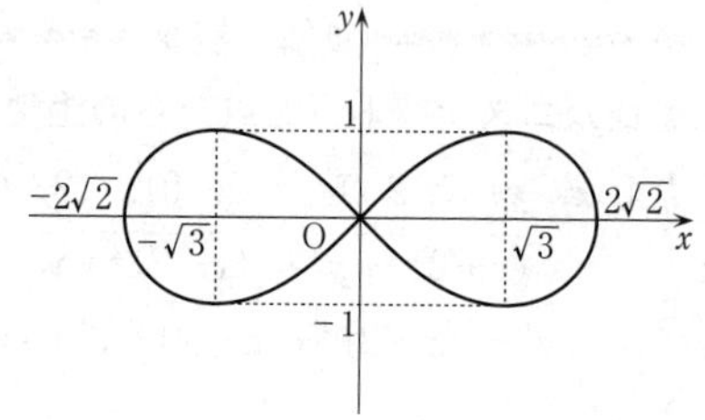

よって，直線 $y=a$　$(a\geqq 0)$ と C の共有点の個数は

$$\begin{cases} a>1 \text{ のとき} & \text{共有点はない} \\ a=0 \text{ のとき} & 3\text{ 個} \\ 0<a<1 \text{ のとき} & 4\text{ 個} \\ a=1 \text{ のとき} & 2\text{ 個} \end{cases}$$

→サ～セ

❖講　評

＜数学Ⅰ・Ⅱ・A・B＞

Ⅰ　小問5問構成である。(1)は丁寧な誘導がなされているものの，一問一答の問題が多く，それなりの数学力が要求されている。

Ⅱ　微分法と積分法について基本的な理解が問われている。計算ミス

がないように慎重に解答したい。

Ⅲ　空間ベクトルの問題であるが，初等幾何的な要素も含まれており，空間図形の総合力が問われている。

基本的な問題を中心に，手際よく，ミスなく解答する力を普段から養っておきたい。

＜数学Ⅲ＞

Ⅰ　小問２問構成である。(1)は無限級数についての理解が問われ，(2)では条件を満たす複素数の構造を見抜く力が問われている。

Ⅱ　指数関数と三角関数の積の定積分を部分積分法を用いて計算する問題であり，積分の計算練習をしておくべき関数である。

Ⅲ　双曲線と直線の共有点について考察する問題であり，方程式の解の個数や，極限計算など様々なことが問われている。

Ⅳ　条件を満たす点Ｐが描く曲線の概形を調べる問題である。誘導にしたがって丁寧に考察すれば形がわかるように出題されている。

超難問はないものの，微・積分や極限計算など様々な要素が複合して出題されており，数学Ⅲの総合力が問われるセットになっている。

物理

I　解答　1―Ⓖ　2―Ⓖ　3―Ⓓ　4―Ⓐ　5―Ⓐ　6―Ⓕ　7―Ⓓ　8―Ⓕ

◀解　説▶

≪円運動する台上のばね振り子≫

1．小球の速さ v_1 は

$$v_1=\frac{3L}{2}\times\frac{2\pi}{T_1}=\frac{3\pi L}{T_1}$$

2．向心加速度の大きさ a は

$$a=\frac{3L}{2}\times\left(\frac{2\pi}{T_1}\right)^2=\frac{6\pi^2L}{T_1{}^2}$$

3．向心加速度の大きさを $a'\left(=2L\times\left(\frac{2\pi}{T_2}\right)^2\right)$ としたとき，半径方向の運動方程式は

$$ma'=kL$$

$$m\left\{2L\times\left(\frac{2\pi}{T_2}\right)^2\right\}=kL$$

$$\therefore\quad T_2=2\pi\sqrt{\frac{2m}{k}}\quad\cdots\cdots①$$

4．ばねのエネルギーの変化量 $\varDelta U$ は

$$\varDelta U=\frac{1}{2}kL^2-\frac{1}{2}k\left(\frac{L}{2}\right)^2=\frac{3}{8}kL^2$$

円板の回転周期が T_2 のときの小球の速さ v_2は，①より

$$v_2=2L\times\frac{2\pi}{T_2}=2L\sqrt{\frac{k}{2m}}$$

また，回転周期 T_1 は，3と同様に運動方程式を立てると

$$m\left\{\frac{3L}{2}\times\left(\frac{2\pi}{T_1}\right)^2\right\}=k\times\frac{L}{2}$$

$$\therefore\quad T_1=2\pi\sqrt{\frac{3m}{k}}$$

小球の速さ v_1 は

$$v_1=\frac{3L}{2}\times\frac{2\pi}{T_1}=\frac{3L}{2}\sqrt{\frac{k}{3m}}$$

小球の運動エネルギーの変化量 ΔK は

$$\Delta K=\frac{1}{2}mv_2{}^2-\frac{1}{2}mv_1{}^2=\frac{m}{2}\left\{\left(2L\sqrt{\frac{k}{2m}}\right)^2-\left(\frac{3L}{2}\sqrt{\frac{k}{3m}}\right)^2\right\}$$

$$=\frac{5}{8}kL^2$$

求める力学的エネルギーの変化量は

$$\Delta U+\Delta K=\frac{3}{8}kL^2+\frac{5}{8}kL^2=kL^2$$

5．ばねの伸びは　　$\sqrt{h^2+R^2}-L$

ばねが小球を引く力の大きさは

$$k(\sqrt{h^2+R^2}-L)$$

よって，求める向心力は

$$k(\sqrt{h^2+R^2}-L)\times\frac{R}{\sqrt{h^2+R^2}}=kR\left(1-\frac{L}{\sqrt{h^2+R^2}}\right)$$

6．垂直抗力の大きさを N とした，鉛直方向についての小球にはたらく力のつり合いの式は

$$N+k(\sqrt{h^2+R^2}-L)\times\frac{h}{\sqrt{h^2+R^2}}=mg\quad\cdots\cdots②$$

$$N=mg-k(\sqrt{h^2+R^2}-L)\times\frac{h}{\sqrt{h^2+R^2}}=mg+kh\left(\frac{L}{\sqrt{h^2+R^2}}-1\right)$$

7．$h=\frac{3}{2}L$，$N=0$ を②へ代入して

$$mg=k\left\{\sqrt{\left(\frac{3L}{2}\right)^2+R^2}-L\right\}\times\frac{\frac{3}{2}L}{\sqrt{\left(\frac{3L}{2}\right)^2+R^2}}\quad\cdots\cdots③$$

半径方向の運動方程式は

$$mR\left(\frac{2\pi}{T_2}\right)^2=k\left\{\sqrt{\left(\frac{3L}{2}\right)^2+R^2}-L\right\}\times\frac{R}{\sqrt{\left(\frac{3L}{2}\right)^2+R^2}}\quad\cdots\cdots④$$

③，④より

$$\frac{R\left(\frac{2\pi}{T_2}\right)^2}{g}=\frac{R}{\frac{3}{2}L}$$

$$\therefore\quad T_2=\pi\sqrt{\frac{6L}{g}}$$

8．①より

$$\frac{2\pi}{T_2}=\sqrt{\frac{k}{2m}}$$

これを④へ代入し，R を求めると

$$mR\left(\sqrt{\frac{k}{2m}}\right)^2=k\left(\sqrt{\left(\frac{3L}{2}\right)^2+R^2}-L\right)\times\frac{R}{\sqrt{\left(\frac{3L}{2}\right)^2+R^2}}$$

$$\therefore\quad R=\frac{\sqrt{7}}{2}L$$

Ⅱ　解答

9―Ⓒ　10―Ⓔ　11―Ⓖ　12―Ⓔ　13―Ⓕ　14―Ⓑ
15―Ⓗ　16―Ⓗ

◀解　説▶

≪帯電した不導体球や導体球殻の周りの電場・電位≫

10．球面S上の電場の強さ E は，点電荷がつくる電場の公式より

$$E=k\frac{Q}{r^2}$$

9．ガウスの法則より

$$E=\frac{N}{4\pi r^2}$$

$$\therefore\quad N=4\pi r^2E=4\pi r^2\times k\frac{Q}{r^2}=4\pi kQ$$

11．導体球殻Ⅱに与えた電気量を Q' とする。

点Oに電気量 $\frac{Q}{3}$ があるときの電場と等しいので

$$Q+Q'=\frac{Q}{3}$$

$$\therefore\quad Q'=-\frac{2Q}{3}$$

12. 9より，電気力線数は電気量に比例する。
導体球殻Ⅱの内側と外側の電気力線数をそれぞれ N_1，N_2 とすると

$$N_1 : N_2 = 3 : 1$$

また，導体球殻Ⅱの内側・外側の電場の向きはともに不導体球Ⅰから外向き。

13. 不導体球Ⅰの内部は一様に帯電しているので，点Oを中心とする半径 r の球内部の電気量は

$$\frac{r^3}{R^3}Q$$

点Oから距離 r 離れた点の電場の強さ E' は

$$E' = k\frac{\frac{r^3}{R^3}Q}{r^2} = \left(k\frac{Q}{R^3}\right)r$$

$$\therefore \quad a = \frac{kQ}{R^3}$$

14. 求めるクーロン力（静電気力）の大きさ F は

$$F = qE' = qaz$$

また，クーロン力の向きは，点Aから点Oの向き。

15. 点Oを基準とした点Aでの単振動の位置エネルギーは

$$\frac{1}{2}qaz^2$$

荷電粒子が点Aから点Oに移動するとき，クーロン力がする仕事 W は

$$W = -\{-qV_0 - (qV)\} = -q(V - V_0)$$

$$\therefore \quad \frac{1}{2}qaz^2 = -q(V - V_0) \quad \cdots\cdots ①$$

16. 15と同様に，点Pと点Oで考えて

$$\frac{1}{2}qaR^2 = -q(V_R - V_0) \quad \cdots\cdots ②$$

①，②より

$$\frac{1}{2}a(z^2 - R^2) = V_R - V$$

$$\therefore \quad V = V_R + \frac{1}{2}a(R^2 - z^2)$$

III

解答　17―Ⓔ　18―Ⓓ　19―Ⓗ　20―Ⓕ　21―Ⓑ　22―Ⓐ

◀解　説▶

≪気体の断熱変化とピストンの単振動≫

17. 気体の圧力を P とする。ピストンにはたらく力のつり合いより

$$PS=P_0S+mg$$

$$P=P_0+\frac{mg}{S}\quad\cdots\cdots①$$

気体の状態方程式より

$$\left(P_0+\frac{mg}{S}\right)Sh=RT\quad\cdots\cdots②$$

$$\therefore\quad h=\frac{RT}{P_0S+mg}$$

18. 気体の圧力変化を ΔP とする。ポアソンの式より

$$(P+\Delta P)\{S(h+\Delta h)\}^{\frac{5}{3}}=P(Sh)^{\frac{5}{3}}$$

$$P+\Delta P=P\left(\frac{h}{h+\Delta h}\right)^{\frac{5}{3}}=P\left(\frac{1}{1+\frac{\Delta h}{h}}\right)^{\frac{5}{3}}=P\left(1+\frac{\Delta h}{h}\right)^{-\frac{5}{3}}$$

$$P+\Delta P\fallingdotseq P+P\left(-\frac{5}{3}\right)\times\frac{\Delta h}{h}$$

①を代入して

$$\Delta P=-\frac{5\Delta h}{3h}\left(\frac{mg}{S}+P_0\right)\quad\cdots\cdots③$$

19. ポアソンの式（$TV^{\frac{2}{3}}=$ 一定）より

$$(T+\Delta T)\{S(h+\Delta h)\}^{\frac{2}{3}}=T(Sh)^{\frac{2}{3}}$$

$$T+\Delta T=T\left(1+\frac{\Delta h}{h}\right)^{-\frac{2}{3}}$$

$$=T\left(1-\frac{2\Delta h}{3h}\right)$$

$$\therefore\quad \Delta T=-\frac{2T\Delta h}{3h}\quad\cdots\cdots④$$

20. ピストンの高さが $h+\Delta h$ のとき，ピストンにはたらく力 F は鉛直上

向きを正として

$$F=(P+\Delta P)S-P_0S-mg$$

①と③を代入して

$$F=\left\{\left(P_0+\frac{mg}{S}\right)-\frac{5}{3}\left(P_0+\frac{mg}{S}\right)\frac{\Delta h}{h}\right\}S-(P_0S+mg)$$

$$=-\frac{5}{3}\left(P_0+\frac{mg}{S}\right)S\frac{\Delta h}{h}$$

$$=-\frac{5}{3}\left\{\left(P_0+\frac{mg}{S}\right)Sh\right\}\frac{\Delta h}{h^2}$$

②を代入して

$$F=-\frac{5}{3}(RT)\frac{\Delta h}{h^2}=-\frac{5RT}{3h^2}\Delta h \quad \cdots\cdots⑤$$

ピストンは，高さ h を中心とした振幅 h_0 の単振動をする。

21. 求める周期を t とする。

単振動の公式より，復元力 F は

$$F=-m\left(\frac{2\pi}{t}\right)^2\Delta h \quad \cdots\cdots⑥$$

⑤，⑥より

$$\frac{5RT}{3h^2}=m\left(\frac{2\pi}{t}\right)^2$$

$$\sqrt{\frac{5RT}{3mh^2}}=\frac{2\pi}{t}$$

$$\therefore \quad t=2\pi h\sqrt{\frac{3m}{5RT}}$$

22. 断熱変化なので，熱力学第一法則より

0＝内部エネルギーの変化量 ΔU＋気体がした仕事 W

$$W=-\Delta U$$

ピストンが動き始めてから最高点までに移動する間の温度変化を $\Delta T'$ とする。

④に $\Delta h=2h_0$ を代入して

$$\Delta T'=-\frac{2\times 2h_0}{3h}T$$

内部エネルギーの変化量 ΔU は

$$\Delta U=\frac{3}{2}R\Delta T'=\frac{3}{2}R\left(-\frac{2\times 2h_0}{3h}T\right)=-\frac{2h_0}{h}RT$$

求める仕事 W は

$$W=-\Delta U=\frac{2RTh_0}{h}$$

❖講　評

2023年度も例年同様，大問3題，試験時間60分で，すべて解答群から正しい答えを選択してマークする形式であった。解答個数は22個。

I　回転板上の小球のついたばねの問題で，円運動の基礎から力学的エネルギー変化量や板から小球が離れる条件までを問う。力のつり合いの式・運動方程式をつくり，正確に計算する。日頃から丁寧な演習が必要である。

II　帯電した不導体球や導体球殻の周りの電場・電位の問題である。前半は，球体からでる電気力線数や電場の合成，後半は，荷電粒子が電場から受ける静電気力による単振動や仕事と静電気力による位置エネルギーの関係について問われた。電場や電位の定義を確認すること。

III　気体の断熱変化に関する問題である。前半は，圧力変化や温度変化の計算，後半は，ピストンの単振動の周期や熱力学第一法則から気体の仕事を問う。近似計算もあり，日頃からの演習で慣れておきたい。

化学

I

解答　1－D　2－E　3－D　4－B　5－C　6－I　7－A　8－G

◀解　説▶

≪鉄の性質，塩化ナトリウム水溶液の電気分解，酸化数≫

1～3．鉄 Fe は元素の周期表の 8 族に位置する元素である。鉄には酸化数 +2 と +3 のイオンがあるが，Fe^{2+} は空気中では酸化されて Fe^{3+} となることから，Fe^{3+} の化合物の方が安定である。また，単体の鉄 Fe は銅 Cu と比べてイオン化傾向は大きく，希硫酸と反応して Fe^{2+} になる。

$$Fe + H_2SO_4 \longrightarrow FeSO_4 + H_2$$

Fe^{2+} を含む水溶液に水酸化ナトリウム水溶液を加えると，緑白色の $Fe(OH)_2$ の沈殿を，Fe^{3+} を含む水溶液に水酸化ナトリウム水溶液を加えると，赤褐色の $Fe(OH)_3$ の沈殿をそれぞれ生じる。Fe^{2+} を含む水溶液に $K_3[Fe(CN)_6]$ 水溶液を加えると，あるいは Fe^{3+} を含む水溶液に $K_4[Fe(CN)_6]$ 水溶液を加えるといずれも濃青色の沈殿を生じる。この濃青色の沈殿は同一化合物である。

4・5．水酸化ナトリウム NaOH は，塩化ナトリウム NaCl 水溶液の電気分解により得られる。各極で起こる反応の反応式は次の通り。

陽極：$2Cl^- \longrightarrow Cl_2 + 2e^-$

陰極：$2H_2O + 2e^- \longrightarrow H_2 + 2OH^-$

この水溶液に 5.00 A の電流で 32 分 10 秒間電気分解すると，流れる電子の物質量は

$$\frac{5.00\times(32\times60+10)}{9.65\times10^4} = 0.100\,[\text{mol}]$$

また，電気分解により塩素と水素が発生した。両極から発生した気体の標準状態（0℃，1.013×10^5 Pa）での体積の合計は，化学反応の係数比より

$$\left(\frac{0.10}{2}+\frac{0.10}{2}\right)\times22.4 = 2.24\,[\text{L}]$$

6～8．各化合物の下線を引いた原子の酸化数は以下の通り。

A　$\underline{Fe}$（0）　B　$\underline{Zn}^{2+}$（+2）　C　$\underline{C}O_3^{2-}$（+4）　D　$\underline{N}H_4^{+}$（−3）

E　$H_2\underline{O}$（−2）　F　$H_2\underline{S}O_4$（+6）　G　$H\underline{Cl}O$（+1）　H　$\underline{C}O_2$（+4）

I　$Ca\underline{H}_2$（−1）　J　$\underline{Mn}O_2$（+4）

酸化数が+1であるのはHClOの塩素，酸化数が0であるのは単体中の原子であるFe，酸化数が−1であるのは金属の水素化物であるCaH_2の水素となる。

Ⅱ　解答

9−E　10−G　11−E　12−F　13−B　14−I　15−E

◀解　説▶

≪硫酸銅(Ⅱ)の錯イオン，濃度，溶解度≫

9．硫酸銅(Ⅱ) $CuSO_4$水溶液中では，Cu^{2+}に4個の水H_2Oが配位結合して，錯イオン$[Cu(H_2O)_4]^{2+}$を生じており，青色の水溶液となる。

10．100gの硫酸銅(Ⅱ)五水和物$CuSO_4 \cdot 5H_2O$（式量249.6）を水に溶かして1000gの水溶液を調製すると，硫酸銅(Ⅱ)の無水物$CuSO_4$（式量159.6）の部分が溶質となるため，この水溶液の質量パーセント濃度は

$$\frac{100\times\frac{159.6}{249.6}}{1000}\times 100 = 6.394 \fallingdotseq 6.39\,[\%]$$

11．100gの硫酸銅(Ⅱ)五水和物$CuSO_4 \cdot 5H_2O$を水に溶かして1.000Lの水溶液を調製すると，水和物と無水物の物質量は等しく，この水溶液のモル濃度は

$$\frac{\frac{100}{249.6}}{1.000} = 0.4006 \fallingdotseq 0.401\,[\mathrm{mol/L}]$$

12・13．硫酸銅(Ⅱ) $CuSO_4$の水に対する溶解度曲線の図より，0℃および80℃の硫酸銅(Ⅱ)の溶解度はそれぞれ14.0，56.0とわかる。

14・15．80℃の硫酸銅(Ⅱ)飽和水溶液100gを0℃まで冷却すると，青色の結晶$CuSO_4 \cdot 5H_2O$が析出する。冷却により析出した結晶の質量をx〔g〕とすると，冷却後の0℃の飽和溶液における溶液：溶質の質量比と，

0℃の溶解度のそれが一致するので

$$(100-x):\left(100\times\frac{56.0}{156}-x\times\frac{159.6}{249.6}\right)=114:14.0$$

これを解くと　$x=45.71\fallingdotseq45.7$〔g〕

Ⅲ 解答　16―C　17―E　18―L　19―A　20―D　21―G

◀解　説▶

≪有機化合物の元素分析，マレイン酸とフマル酸，油脂，医薬品≫

16・17. この有機化合物の元素分析を行うと，有機化合物中の炭素C，水素Hおよび酸素Oの質量はそれぞれ

$$\text{C の質量}=22\times\frac{12.0}{44.0}=6.0\text{〔mg〕}$$

$$\text{H の質量}=9.0\times\frac{2.0}{18.0}=1.0\text{〔mg〕}$$

$$\text{O の質量}=15-(6.0+1.0)=8.0\text{〔mg〕}$$

この化合物の原子の数の比は

$$\text{C}:\text{H}:\text{O}=\frac{6.0}{12.0}:\frac{1.0}{1.0}:\frac{8.0}{16.0}=1:2:1$$

よって，組成式は CH_2O である。また，この化合物の分子量は90，組成式の式量は30.0であることから

$30.0\times n=90$　　$n=3$

したがって，分子式は $C_3H_6O_3$ とわかる。

18. マレイン酸とフマル酸はいずれも分子式 $C_4H_4O_4$ で，C=C 結合の両端にカルボキシ基が結合した2価カルボン酸で，シス-トランス異性体の関係にある。

```
 H        H                    O
  ＼C=C／                      ‖
HO-C    C-OH            H      C-OH
   ‖    ‖                ＼C=C／
   O    O            HO-C     ＼H
                        ‖
                        O
```

マレイン酸（シス形）　　フマル酸（トランス形）

シス形のマレイン酸は極性分子であるのに対し，トランス形のフマル酸は極性が打ち消された無極性分子である。極性溶媒である水にはマレイン酸

の方が溶けやすく，両者の性質は異なる。

19. 油脂は，3価のアルコールであるグリセリン $C_3H_8O_3$ と，高級脂肪酸 R−COOH からなるエステルで，エステル結合を3つもつトリエステルである。

20・21. サリチル酸は医薬品の原料となる。サリチル酸に無水酢酸を作用させるとアセチル基 CH_3CO- が導入されるアセチル化が起こり，アセチルサリチル酸が生成する。これは解熱鎮痛剤として用いられる。一方，サリチル酸にメタノールと少量の濃硫酸を作用させるとエステル化が起こり，サリチル酸メチルが生成する。これは消炎鎮痛剤（湿布薬）として用いられる。

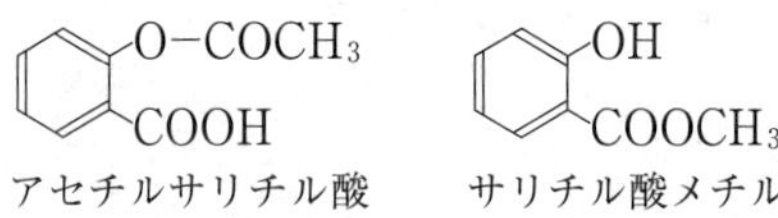

アセチルサリチル酸　　サリチル酸メチル

Ⅳ 解答

22−D　23−G　24−E　25−H　26−B　27−F　28−F

◀解　説▶

≪二糖類，グルコースの還元性，生ゴム，タンパク質，アミノ酸≫

22・23. 二糖は2分子の単糖が脱水縮合したものである。二糖のなかでも，スクロースは還元作用を示さない非還元糖である。スクロースを希硫酸と加熱し加水分解すると，グルコースとフルクトースの等量混合物である転化糖が生じる。

24・25. グルコース水溶液にフェーリング液を加えて加熱すると，酸化銅（Ⅰ）Cu_2O の赤色沈殿を生じる。グルコースは水溶液中で鎖状構造，α-グルコース，β-グルコースの平衡状態にあり，このうち鎖状構造の中にホルミル基 −CHO が存在するため，グルコース水溶液は還元性を示す。

26. 生ゴム（天然ゴム）の主成分はポリイソプレンで，イソプレン単位には二重結合が残っており，この二重結合はシス形の配置をとっている。このため，ゴムは通常は分子全体が丸まった形をとっているが，ゴムを引っ張ると単結合部分が回転して伸びた形となるため，ゴム弾性がある。一方，グタペルカはトランス形で，分子鎖が直線上に伸び切った形状で分子鎖どうしの結晶性が高く，ゴムと比べて弾性に乏しい。

27. タンパク質のポリペプチド鎖は，ペプチド結合 −NHCO− の部分で水素結合が形成されることで安定化し，α-ヘリックス構造や β-シート構造がつくられる。この水素結合によるタンパク質の高次構造は，二次構造とよばれる。

28. アミノ酸は等電点よりも酸性側の条件下では陽イオン状態，塩基性側の条件下では陰イオン状態をとる。中性アミノ酸であるアラニンの等電点は中性付近（pH は約 6.0），酸性アミノ酸であるグルタミン酸の等電点は酸性側（pH は約 3.2），塩基性アミノ酸であるリシンの等電点は塩基性側（pH は約 9.8）である。pH6.0 の緩衝液で湿らせたろ紙の中心にこの 3 種類のアミノ酸を混合した水溶液をつけると，アラニンは双性イオン状態をとるためどちらの極へも移動せず，グルタミン酸は陰イオン状態をとるため陽極側へ，リシンは陽イオン状態をとるため陰極側へそれぞれ移動する。

❖講　評

2023 年度も例年通り大問 4 題で全問マークシート方式での出題であった。設問数は 2022 年度の 25 から 28 へと増加し，数値計算が煩雑な問題も一部含まれていたが，出題内容が理論・有機メインであることも難易度も変化はなかった。

Ⅰ　鉄に関する性質で，鉄(Ⅱ)イオンと鉄(Ⅲ)イオンの沈殿といった，無機化学で頻出のテーマが出題された。また，塩化ナトリウム水溶液の電気分解は計算もしやすく，酸化数も標準的な出題であったため，得点しやすい大問であったと思われる。

Ⅱ　硫酸銅(Ⅱ)を中心とした理論計算の出題が中心であった。硫酸銅(Ⅱ)五水和物を水に溶かすと，無水物の部分が溶質となることを理解し，落ち着いて計算できれば水溶液の濃度計算は解けたであろう。しかし，固体の溶解度で，冷却による硫酸銅(Ⅱ)五水和物の析出量の計算は煩雑で，難易度の高いものであった。

Ⅲ　有機化合物の元素分析，マレイン酸とフマル酸の性質の違い，油脂の基本的な知識，アセチルサリチル酸とサリチル酸メチルの構造式を選ぶ出題であった。いずれも基本的な出題であったため，確実に正答したい。

Ⅳ　代表的な二糖類および単糖類の名称と性質は覚えておきたい。合成高分子からは生ゴムの知識，天然高分子からはタンパク質の二次構造に関する出題であり，いずれも基本的なものであった。また，アミノ酸の等電点に関する出題はやや難易度が高く，等電点の定義を理解し，代表的なアミノ酸の等電点をある程度覚えておく必要があり，典型的な出題ではあるが難しいと感じる受験生も多かったと思われる。

全体的に目新しい出題はなく，典型的な問題であるので，過去問演習などで力をつけて挑んでほしい。

生物

I 解答

問1．E　問2．F　問3．D　問4．B　問5．D
問6．H　問7．DまたはJ※　問8．C　問9．D

※問7については，正解が複数存在することが判明したため，正解の選択肢を解答した場合，いずれも加点する措置が取られたことが大学から公表されている。

◀解　説▶

≪核酸の構造，細胞の構造とはたらき，細胞膜の構造とはたらき，共生説，ドメイン，遺伝情報の発現≫

問1．①誤り。DNAを構成するヌクレオチドの糖は，デオキシリボースである。

④誤り。アデニンとチミンは2か所の，グアニンとシトシンは3か所の水素結合で結ばれている。

⑤誤り。DNAに含まれる全塩基において，アデニンの数とチミンの数，グアニンの数とシトシンの数はそれぞれ等しい。DNAに含まれる全塩基のうち，グアニンの割合が20％の場合，シトシンの割合も20％であり，合計で40％となる。このため，アデニンとチミンの割合の合計は

$$100-40=60〔\%〕$$

であることから，アデニンの割合は

$$60\div 2=30〔\%〕$$

問2．①誤り。RNAを構成するヌクレオチドのうち，塩基にアデニンをもつものは，アデニン，リボース，リン酸がこの順に結合している。したがって，このヌクレオチドにさらにリン酸を2個結合したものが，ATP（アデノシン三リン酸）である。

②誤り。ADPとリン酸からATPが合成されるときには，エネルギーが吸収される。

問3．1日の細胞1個当たりのATP消費量が約0.83×10^{-9}g，からだ全体では約31×10^{3}gであることから，体を構成する細胞の数は

$$\frac{31\times10^{3}}{0.83\times10^{-9}}\fallingdotseq 3.7\times10^{13}=37\text{兆個}$$

問4．②誤り。鞭毛は，微小管と，その上を移動するダイニンによって屈曲する。

④誤り。動物細胞の場合，収縮環の細胞膜直下にあるアクチンフィラメントとミオシンのはたらきによって細胞がくびれ，２個の細胞となる。

問5．①誤り。酸素や二酸化炭素などの非常に小さな分子は，リン脂質二重層を通過できる。

④誤り。細胞膜と小胞の融合による物質の取り込みをエンドサイトーシス，物質の分泌をエキソサイトーシスという。

問6．①誤り。核の直径はおよそ5μmである。

②誤り。中間径フィラメントには核の形を保つ役割もある。

⑤誤り。小胞体膜と直接つながっているのは，核膜の外側の膜である。

問7．①誤り。葉緑体は，シアノバクテリアが原始的な真核細胞の内部に共生することによって生じたと考えられている。

問8．②誤り。古細菌の細胞膜は，真核生物と異なり，エーテル脂質とよばれる脂質で構成されている。

③誤り。古細菌の細胞壁は，ペプチドグリカンをもっておらず，細菌の細胞壁よりも薄い。

問9．②誤り。スプライシングは，核内で行われる。

③誤り。スプライシングは，真核生物のみで行われる。

④誤り。ポリA鎖とよばれる構造が付加されるのは，転写されたRNAの3′末端側である。ポリA鎖は，mRNAの安定化や，mRNAの核外への移行に関与している。

Ⅱ　解答

問1．F　問2．C　問3．C　問4．J　問5．H

問6．(1)―A　(2)(キ)―G　(ク)―G　(ケ)―E　(コ)―A　(サ)―I

◀解　説▶

≪発生のしくみ，選択的遺伝子発現，幹細胞≫

問1．①誤り。ショウジョウバエの未受精卵では前方の細胞質にビコイド，後方にナノスという遺伝子のmRNAがそれぞれ局在し，受精後に翻訳されたタンパク質の濃度勾配が胚の前後軸を形成する。

③誤り。βカテニンは卵全体で合成される。

④誤り。神経胚の中期に左右の神経しゅうが正中線で出会うと，同じタイプのカドヘリンをもつ細胞どうしが接着し，表皮の内側に神経管が形成される。

⑤誤り。イモリの胞胚のうち外胚葉へ分化する領域と内胚葉へ分化する領域を組み合わせて培養すると，外胚葉組織と内胚葉組織に加えて中胚葉組織が分化してくる。

問２．①誤り。これは，一卵性双生児に関する記述である。二卵性双生児は，同時に排卵された２つの卵にそれぞれ別の精子が受精することによって生じるものである。

②誤り。黒と白の領域が入り混じった模様のマウスが生じると考えられる。

④誤り。２細胞期に２つの割球を灰色三日月環を通る面で分割すると，灰色三日月環を含む割球は完全な個体へと発生するが，灰色三日月環を含まない割球は未分化な細胞塊になる。

問３．発生や細胞の分化の過程では，ゲノムは変わることなく，細胞ごとに異なる組み合わせで遺伝子が発現していく。これを選択的遺伝子発現という。

問４．おたまじゃくしの腸の上皮細胞や成体のカエルの水かきの表皮細胞は，分化した細胞である。ガードンがこれらを材料に用いたのは，このような分化した細胞の核でもその発生段階によらず個体の発生に必要なすべての遺伝子をもっていることを証明するためである。したがって，③と⑥は正しく，④と⑤は誤りである。さらに，この材料を用いた理由は，紫外線が核移植に与える影響の有無を証明する目的ではないため，①と②は誤りである。

問５．ガードンの実験では，約２％と成功率は低いものの，核移植胚が正常に発生したことから，分化した細胞の核にあるゲノムは，発生の過程で基本的に変化することなく保持されていることがわかった。したがって，③が正しく，①，②，④は誤りである。また，細胞が分化するとき，細胞質やゲノムの塩基配列が変化することなく，その細胞に必要な遺伝子のみが発現する選択的遺伝子発現が起こる。ガードンの実験では，このような分化した細胞の核でも，卵の細胞質に置かれると，受精卵の核と同様に発生を進めることがわかった。したがって，⑥が正しく，⑤，⑦は誤りである。

問6．(1)　①誤り。このような無性生殖によって増殖した集団は遺伝的に同じ個体からなり，クローンである。

(2)　(キ)・(ク)　受精卵のように，1個の細胞から個体をつくりだせる能力を全能性とよぶ。一方で，ES細胞やiPS細胞は個体を構成するほとんどの細胞に分化できるが，それ単体から個体をつくりだすことはできない。したがって，ES細胞やiPS細胞がもつ能力は多能性とよばれる。

III　解答

問1．G　問2．E　問3．H　問4．D　問5．E
問6．L　問7．A　問8．(1)―J　(2)―K　問9．E

◀解　説▶

≪ニューロンの構造，興奮の伝導と伝達，膜電位，興奮の伝導速度≫

問1．①誤り。中枢神経系は，脳と脊髄からなる。脳幹は間脳・中脳・延髄を合わせた脳の一部である。

③誤り。末梢神経系は，体性神経系と自律神経系からなり，体性神経系は運動神経と感覚神経から，自律神経系は交感神経と副交感神経からなる。

④誤り。脳神経と脊髄神経は中枢神経系に含まれ，脊髄神経は31対ある。

問2．オリゴデンドロサイトとアストロサイトは中枢神経系に存在するグリア細胞である。

問7．ナトリウムポンプのはたらきによって，カリウムイオンは細胞内に，ナトリウムイオンは細胞外に輸送されている。

問8．(1)　①誤り。髄鞘は電気的な絶縁体となるため，髄鞘をもつ有髄神経繊維では，興奮が髄鞘の切れ目であるランビエ絞輪を飛び飛びに伝わる跳躍伝導が起こる。このため，有髄神経繊維は無髄神経繊維と比べて伝導速度が速い。

②誤り。興奮の伝導では，興奮部から隣接部への活動電流によって隣接部の膜電位が変化し，脱分極が生じる。この電位変化が閾値を超えると，ニューロンの細胞膜にある電位依存性ナトリウムチャネルが開き，細胞外から細胞内にNa^+が流入することで，隣接部に活動電位（興奮）が生じる。この繰り返しで興奮は伝導するため，興奮の伝導には膜電位の変化が伴う。

③誤り。伝導速度は，温度が上昇すると速くなる。

(2)　刺激から筋収縮が起こるまでの時間には，興奮が神経を伝導する時間，興奮が神経終末から筋肉に伝達される時間，筋肉が興奮を受け取ってから収縮するまでの時間の3種類の時間が含まれている。このことから，伝導速度を算出するためには，興奮が神経を伝導する時間のみを用いて計算を行う必要がある。A点からB点までの距離は9.5−4.5=5.0〔cm〕=50〔mm〕であり，この距離を興奮が伝導する時間は9−7=2〔ミリ秒〕である。したがって，この時の坐骨神経の伝導速度は

50÷2=25〔mm/ミリ秒〕=25〔m/秒〕

問9．①誤り。興奮によって電位依存性カルシウムチャネルが開き，カルシウムイオンが軸索末端に流入する（カルシウムイオン濃度が上昇する）ことでシナプス小胞が刺激され，神経伝達物質がシナプス間隙に放出される。

④誤り。γ-アミノ酪酸（GABA）は，シナプス後細胞にCl^-（クロライドイオン）を流入させる。

⑤誤り。シナプス後細胞において複数の膜電位が同時に加算されることを空間的加重という。一方，シナプス後細胞において複数の膜電位が短い間隔を置いて加算されることを時間的加重という。

Ⅳ　解答

問1．(1)―D　(2)―F　問2．H

問3．34―C　35―A　36―H　37―D　38―F

問4．G　問5．I

◀解　説▶

≪光合成の反応，窒素同化，光受容体，植物ホルモン≫

問1．(1)　ヒルの実験では，二酸化炭素を除去した条件でも，シュウ酸鉄(Ⅲ)を加えると酸素が発生した。このことから，光合成で発生する酸素は二酸化炭素由来ではないことが判明した。なお，酸素がどの物質に由来するかをこの実験のみから判断することはできない。したがって，①，②，③は誤りであり，④のみが正しい。

(2)　ヒルの実験では葉緑体が破壊されており，ストロマのカルビン・ベンソン回路が機能していない。このため，$NADP^+$が光化学系Ⅱで水素イオンと電子を受け取り変化したNADPHは，カルビン・ベンソン回路に水素を渡して$NADP^+$に戻ることができず，チラコイド膜における電子の流れが止まっている。したがって，ヒルは$NADP^+$の代わりとなる電子受容体としてシュウ酸鉄(Ⅲ)を加えることで，チラコイド膜における電子

の流れを復活させた。

問2．窒素同化では，根から吸収したアンモニウムイオンが硝酸イオンに還元され，まずグルタミン合成酵素によってグルタミン酸とアンモニウムイオンが反応し，グルタミンが合成される。この反応が阻害されると，生物にとって有害な物質であるアンモニウムイオンが蓄積するため，光合成が停止し，植物は枯死してしまう。

問4．孔辺細胞において，細胞内から細胞外への H^+ の輸送が不可逆的に活性化されると，カリウムチャネルが開いたままになり，K^+ が孔辺細胞内に流入し続ける（⑤は正しく，⑧は誤り）。この結果，孔辺細胞の浸透圧が上昇したままになり（②は正しく，④は誤り），水が孔辺細胞内へ流入したままになる（③は正しく，⑥は誤り）。したがって，気孔が開きっぱなしになり，植物体は枯死する（⑦は正しく，①は誤り）。

問5．①誤り。ジベレリンのはたらきによる単為結実は，種なしブドウの生産に応用されている。一方，種なしスイカは，コルヒチン処理による倍数化を応用してつくられている。

②誤り。落葉・落果期になると，離層付近の細胞のオーキシン濃度が低下し，エチレン濃度が上昇することによって，離層が分離する。

④誤り。ジベレリンとブラシノステロイドは，細胞壁のセルロース繊維を横方向にそろえることで，細胞の肥大成長を抑え，茎の伸長成長を促進する。

V　解答

問1．E　問2．F　問3．C　問4．E　問5．A
問6．E　問7．H　問8．D

◀解　説▶

≪標識再捕法，ニッチ，窒素循環，物質生産，生態系，系統≫

問1．標識再捕法では「総個体数：1回目の捕獲時に標識した個体数＝再捕獲数：2回目の捕獲時に標識されていた個体数」が成り立つため，キャベツ圃場におけるモンシロチョウの総個体数を x とおくと

$x : 120 = 125 : 100$

$x = 150$ 頭

となる。

問2．①誤り。ニッチとは，ある生物が利用する生活空間や，食物連鎖に

おける位置などの，生態系における地位のことである。
②誤り。すみ分けとは，生態的地位の似た複数の種が，種間競争の結果，生活空間を違えて共存することである。
問3．①誤り。植物が有機窒素化合物を合成するはたらきを窒素同化という。一方，細菌などの原核生物が空気中の窒素（N_2）を固定し，アンモニウムイオンに変えるはたらきを窒素固定という。
②誤り。脱窒素細菌が硝酸イオンを吸収し，空気中に窒素（N_2）を放出するはたらきを脱窒という。
問5．③誤り。総生産量から生産者の呼吸による消費および消費者による被食や枯死を差し引いた有機物の量が成長量である。
④誤り。森林が幼齢林のうちは純生産量が増加していき，森林全体が成長していくが，葉の現存量（総生産量）の減少と，幹や枝の呼吸量の増加に伴って，純生産量は減少していく。老齢林になると総生産量と全呼吸量が等しくなり，純生産量が0に近づくため，森林は成長しなくなる。
問7．③誤り。草本の死骸が分解者によって分解されることで，土壌の形成が進行する。
問8．クモノスカビとシイタケは菌類に，ミドリムシは原生生物に，シャジクモは藻類（原生生物）に，アゾトバクターは細菌に分類される。

❖講　評

Ⅰ　細胞と遺伝情報に関する一問一答形式の出題であった。多くが教科書レベルの基本的な知識問題であるが，教科書を隅々まで読み込まないと身につかない詳細な知識が問われる問題も散見される。また，計算問題も出題されたが，平易な問題である。

Ⅱ　生殖と発生に関する知識問題と考察問題であった。問4では，実験の目的を問う問題，問5では，実験結果の解釈を問う問題が出題された。問6の(1)ではやや詳細な知識が問われた。

Ⅲ　動物の反応に関する一問一答形式の出題であった。多くが教科書レベルの基本的な知識問題であるが，問2・問5では発展的な知識が問われた。また，計算問題も出題されたが，典型問題であり，類題を解いた経験があれば難なく正答できたであろう。

Ⅳ　代謝と植物の応答に関する知識問題と考察問題であった。問1の

(1)は，実験結果から「直接証明されたこと」のみを選択する必要があるが，多くの受験生が「推測された」ことも選んでしまったと思われる。問 2 は，「グルタミン酸」を正答として考えた受験生もいるだろうが，生物にとって有害な物質であるアンモニウムイオンを選ぶ必要がある。

V 生態，進化・系統に関する一問一答形式の出題であった。多くが教科書レベルの基本的な知識問題であるが，物質生産や系統など，多くの受験生が敬遠しがちな範囲からの出題もみられた。また，計算問題も出題されたが，典型問題であり，類題を解いた経験があれば難なく正答できたであろう。

大問数が 2022 年度の 4 題から 2021 年度と同じ 5 題に戻った。内容は例年通り，基本的な知識問題を中心とする出題であるが，教科書をどれだけ読み込んでいるかで解答速度が大きく変わるだろう。計算問題は典型問題が多く，類題を解いた経験があれば難なく正答できる。また一部に詳細な知識を必要とする知識問題がみられるが，そのような問題に時間をかけすぎず，取捨選択を意識しながら，解ける問題を確実に解く，という意識をもっておいてほしい。

❖講　評

例年通り、標準的な難易度で、分量と試験時間との関係を考えると選択肢についての手早い判断が要求される。

一の現代文では、近代に発達したテクノロジーが、結果として人間を含むすべてを疎外している現状を指摘する文章が出題された。「西欧近代批判」に分類される主題だが、それほど複雑な論理ではないので、冷静に判断できれば難問はない。少々特徴的だったのは問三、問五、問六に見られるように、本文で示されている例示の内容やレトリカルな表現に着目した空欄補充問題が複数設けられたことである。

二の現代文は自分の原稿を紛失した筆者の経験を記したいかにも随筆らしい本文であるが、注意が必要と思われるのは問六。各選択肢が四行にわたる長さで、漫然と読んでいると判断に迷うかもしれない。本文中の事実関係を前提に各選択肢の内容についてアラ探し（つまり消去法）をするのが手早く判断するコツである。なお、問七は明治大学の歴史についての知識を要求する設問だが、だからといってあわてる必要はなく、しっかりした国語力の養成に注力すべきである。

三の古文では、二〇二二年度に続いて説話『宇治拾遺物語』からの出題で、本文は主語や「何について語っているのか」という基本的事実関係に注意して読んでいけば十分対応できるレベル。設問も語意や文法、敬語、文学史的知識などの基本知識を前提に対応できるものが多かった。注意が必要なのは問四の和歌の解釈。初句切れだが、二句三句と四句五句がそれぞれ倒置で初句に繋がるという変わった構文と判断できるかどうか。

直後に「用事などもいはざりけり」と続くことがポイント。「四年」とは国守の任期である。この一文の主語は直前の一文との繋がりからも大姫君の二人の娘であるから、〈二人の娘は叔母の夫の常陸守の在任中、『名聞』にも思わず用事も言わなかった〉ということで、〈自分たちが国守の縁戚であることを名誉とも思わない〉という内容であることがわかる。

問七　「無下」とは〝それより下がない〟から〝程度・身分が最低〟であることを意味する語。「ゆゆし」は良くも悪くも〝程度が甚だしい〟ことを意味する。傍線部5は、同じ会話文で直後に「かくなん上るといひにやれ」と言っていることからわかるように、任期が果てて上京し、自分に会う機会もなくなるのに挨拶に来ない態度についての評価を語る言葉であり、この上なく豪華な餞別を贈られた後に傍線部6に続けて「心の大きさ広さかな」と言っていることからAが正解である。

問八　本文冒頭の記述を整理すれば「越前守」は「伯の母」の親であり、「越前守」の妻が「伊勢の大輔」で、その「あまたある」姫君の中の長女が「大姫御前」＝「この姫君」＝「姉」＝「大姫君」（「大姫」「大君（おほいぎみ）」は一般に貴族の娘の中の長女を指す）ということだから、「伯の母」は「大姫君」の妹、これも「伊勢の大輔」の娘である。したがって「大姫君」とその「女（むすめ）二人」、「伯の母」が本文中に登場する「伊勢の大輔の子孫」である。

問九　Dの「仏に功徳を施さない」が誤り。本文では特に「仏」を問題とする記述はないし、「功徳」についても常陸守の言葉で「万の功徳も何もし給ひけれ」と逆のことを言っている。

問十　選択肢で勅撰和歌集はA『古今和歌集』とC『詞花和歌集』の二つ。B『伊勢大輔集』は題名通り伊勢大輔の家集であり、D『夫木和歌抄』は鎌倉時代の藤原長清による私撰集。伊勢大輔は一条天皇の中宮彰子に出仕した女房の一人なので、紫式部や和泉式部、清少納言と同時期の人である。『古今和歌集』はその百年近く前に編纂されているので、正解は『詞花和歌集』である。なお、伊勢大輔とは別人の「伊勢」という有名歌人もいるので混同しないように。こちらは『古今和歌集』以下の勅撰和歌集に多数入集している。

る」「乗る」の尊敬語で〝召し上がる〟〝お召しになる〟〝お乗りになる〟という意味の用例がある。この場合は傍線部直前の「紅」がその前の部分の「紅の一重がさね着たる」の「紅」なので「着る」の尊敬語。正解はB。Aは「乗る」の尊敬語、Cは「食ふ・飲む」の尊敬語、Dはまれに用例がある下二段活用の「奉る」で謙譲語である。

問三　「なべてならず美しき人」に心奪われた多気の大夫が「その家の上童」に問うた答えが「大姫御前の……」で、それを聞いて「我に盗ませよ」と言ったのは大夫である。したがってそれに対して「思ひかけず、えせじ」と答えたのは上童であり、続く「さらば、その乳母を……」は大夫の言葉、それに「それは、さも申してん」と答えたのは上童ということになる。したがって次の一文は〈乳母の所在を知った多気の大夫が乳母を一所懸命に口説いて「金百両」を渡して大姫君をさらう手引きをさせた〉という内容と判断できるだろう。なお、波線部dは使役の助動詞が用いられているので主語は乳母である。

問四　歌の内容については、「匂ひきや」の「や」が、係助詞であるなら意味上繋がってゆくはずの述語がない点で疑問の終助詞と判断できる。したがって初句切れ。また、「東路に」の格助詞「に」、「つけしは」の係助詞「は」がそれぞれどの述語に繋がってゆくかを確認すれば、「匂ひきや」と「都の花は東路に」とが倒置の関係となっており、さらに下の句と「匂ひきや」も倒置となっていることがわかる。「こち」とは〝東風〟の意味で、したがって「こちのかへしの風」とは東から吹いてくる風に対して返す風、つまり西風である。

問五　傍線部を含む一文の直前の文「田舎人とも……よかりけり」は大姫君の忘れ形見の二人の娘についての説明となっている。したがってその直後の「常陸守の上を……いみじく泣き合」っていたのも二人の娘である。人物を表す言葉の後ろに続く「～の上」という表現は、その人物に対する敬称の場合もあるが、その妻をいう場合もある。亡くなった大姫君の二人の娘が「常陸守の上」について語る言葉が「昔の人に似させ給ひたりける」なのだから、「常陸守の上」は常陸の守の妻つまり伯の母であり、「昔の人」とはその姉で二人の母である大姫君ということになる。

問六　「名聞」とは〝世間の評判〟〝名誉〟〝名声〟などの意味の語だが、この場合、傍線部直前に「四年が間」とあり、方（＝伯の母）を、「昔の人（＝亡き母）に似ていらっしゃること」と言ってひどく泣き合っていた。（国守の任期の）四年の間、（自分たちが国守の縁戚であることを）名誉にも思っておらず、頼み事なども言わなかった。（国守の）任期が終わって上京する折に、常陸守（が言うことには）、「（私たちが上京するのに何も言ってこないとは）あきれた者たちだなあ。このように（私たちはもう）上京すると言いにやれ」と夫に言われて、伯の母は上京する旨を（姉の二人の娘に）言いにやったところ、（二人の娘は）「わかりました。参りましょう」と言って、明後日上京するという日に参上してきた。いいようもないほどの（素晴らしい）馬で、一頭でも宝にするほどの馬を十頭ずつ二人で、また皮籠を負わせた馬を百頭ずつ、（これも）二人で（常陸守に）差し上げた。（これほどの進物を）何とも思っておらず、これほどのこと（＝こんなに豪勢な贈り物）をしたとも思わず、（二人の娘は常陸守に）差し上げて帰ってしまった。常陸守は、「これまでの常陸（在任中の）四年の間の物（＝四年の間に手に入れたもの）など物の数ではない。その皮籠（の中に入っている）品物によって、（あの二人の娘は）あらゆる功徳も何もかもなさったのだ。驚くほど豪勢な者たちの心の大きさ広さなのだなあ」と語られたということだ。

この（姉妹の母である）伊勢の大輔の子孫には、素晴らしい幸福な人がたくさん出てきなさったが、大姫君がこのように田舎人になってしまわれたのは、気の毒で残念なことだ。

▲解　説▼

問一　格助詞「の」の用法として覚えておくべきものは「連体修飾格」「準体格」「同格」「比喩」「主格」の五つだが、アは後の「着たるを見る」という連体形＋格助詞「を」という表現でうけられているので同格。イは傍線部1「奉りたる」に繋がるが、ここの「奉る」は「着る」の意味（問二解説参照）なので、「の」が接続した「大姫御前」は主語ということになる。

問二　敬語動詞「奉る」は補助動詞である場合は謙譲語で〝……申し上げる〟〝……してさしあげる〟の意味。本動詞の場合、用例の多くが謙譲語〝差し上げる〟〝献上する〟〝（使者を）差し上げる〟の意味だが、時折「食ふ・飲む」「着大輔との間には）姫君たちがたくさんいたようだ。多気の大夫は退屈を感じていたので、（越前守の邸の読経を）聴聞しに伺っていたところ、御簾を風が吹き上げた時に、並々ならず美しい人で、紅の一重がさねを着ている人を見て以来、「この人を妻にしたい」と切実に思い詰めたので、その家の召使いの少女を口説き（事情を）問い聞くと、「大姫様が、紅（のお召し物）を着ていらっしゃった」と語ったので、その少女を手懐けて「私に（大姫君を）盗ませてくれ」と言うが、（少女は）「とんでもない、（そんなことは）できないだろう」と言うので、「それなら、その（大姫君の）乳母を教えてくれ」と言うと、（少女は）「それは、きっとそのようにも申し上げよう（＝大姫君を盗ませることはできないが、乳母について知らせるのは構わない）」と言って（多気の大夫に乳母について）知らせた。そうして（多気の大夫は乳母を）一所懸命に口説いて金百両を与えたりなどして、「この姫君を（私に）盗ませてくれ」と執拗に言ったので、そうなるはずの（前世からの）縁があったのだろうか、（乳母は大姫君を多気の大夫に）盗ませてしまった。

（多気の大夫は）そのまま乳母も連れて常陸（の国）へ急いで下ってしまった。残された家の者たちは泣き悲しんだが、どうしようもない。しばらく経って乳母が消息をよこした。情けなく悲しいと思っても、（大姫君はすでに多気の大夫の妻になってしまったので、いまさら）言っても仕方のないことなので、時々便りを交わして過ぎていった。（大姫君の妹である）伯の母は、常陸（の国にいる姉のもと）へこのように言っておやりになる。

匂ったでしょうか。都の花（の香り）は（あなたのいる）東路のほうに。東風の返しの西風につけて送ったものは。

返事（の歌）、姉（より）

（そちらから）吹き返してきた東風の返し（の西風に乗って匂ってきた花の香り）は身にしみました。（懐かしい）都の花のゆかりと思いますと。

年月が過ぎて、伯の母は常陸守の妻として（常陸に）下ったが、（そのときにはもう）姉は亡くなっていた。（姉と多気の大夫との間には）娘が二人いたが、そのように（叔母にあたる伯の母が常陸国に下ってきたと）聞いて訪ね参ってきた。（二人の娘は）田舎の人とも見えず、とてもしとやかでこちらの気の引けるほど優れて（容貌も）良かった。常陸守の奥対比して捉えているわけではない以上無理がある。

問七　この設問は、明治大学で学びたい受験生にとっては、明治大学の歴史を知ることも重要である、という出題者からのメッセージかもしれない。正解はCの佐藤春夫である。

三

出典　『宇治拾遺物語』〈上　巻三ノ九　伯の母の事〉

解答

問一　B
問二　B
問三　A
問四　C
問五　D
問六　B
問七　A
問八　D
問九　D
問十　C

◆全　訳◆

今となっては昔のことだが、多気の大夫という者が、常陸（の国）より上京して訴訟を起こしている時、（滞在先の）向かいの越前守という人の家でお経を読誦していた。この越前守は伯の母というまことに優れた人で、歌人である人の親である（＝優れた歌人である「伯の母」は、この越前守の娘である）。（越前守の）妻は伊勢の大輔で、（越前守と伊勢のう描写がある。したがってア「無邪気な」、イ「馬鹿くさい」、ウ「虫のよい」、エ「油くさい」となっているBが正解。

問三　芥川龍之介の没年（一九二七年）を知らなくとも、傍線部の「故友」の後は「の未亡人」と続いていて、編集委員が集う場に顔を出している「未亡人」である。また第一段落から第二段落にかけて、「芥川君」の全集普及版に施す振り仮名について作者本人に意見を徴することなく議論しており、「原稿に振り仮名のある分だけに振り仮名を付け」るという提案がなされているので、「芥川君」つまり芥川龍之介がすでに故人、つまり「故友」であることは容易に推察できるだろう。したがってA「蜜柑」が正解。C「檸檬」は梶井基次郎、D「桜桃」は太宰治の作品である。

問四　傍線部の「諦めかねる」「あきらめる」が遺失した原稿を取り戻すことを「諦め」ることであり、また傍線部直後に「そして二週間目の翌朝からまた失くした原稿を書きはじめた」と続いている点からCが正解。A「遺失した原稿よりも書き直した原稿の方が良い内容に仕上がった場合」、D「遺失した原稿と同程度の内容の文学が新たに書けなかった場合」はこの時点で想定されていることではなく、B「（発見された）原稿は使わずに……」は「あきらめる」の内容ではない。

問五　傍線部の感慨は書き直した原稿が出来上がった直後のものであり、原稿の書き直しの経験について語っている直前の第十二～十三段落の内容を見れば、筆者が今まで書き直した経験がないことや、今回は書き直した結果、より良いものが出来上がったことがわかる。したがって傍線部でいう「過失」とは今まで書き直して推敲する習慣を持たなかったことである。A「書き直すことで原稿料も増えていく」、C「出鱈目な文章を……送ってこなかった」は本文に根拠がない。B「入念に書くことの重要性」を知ったのではなく、原稿を書き直すことの重要性を知ったのである。

問六　A「書き直した原稿が完成した後も元の原稿に対する未練が残っており」、B「書き直した原稿が完成した際にはすっかりその存在を忘れてしまっている」、D「西洋剃刀でこま切れのように切り裂いてしまう様子」が本文の内容と齟齬を来している。また、D「運転手の立場を通して自らを相対化」というのは、筆者が自己と円タクの運転手を

問三　A
問四　C
問五　D
問六　C
問七　C

◆要　旨◆

故芥川龍之介の全集の編集委員として上京したが、その途中で自作の原稿の入った風呂敷包みを紛失してしまった。手を尽くして探したが見つからず、駅から利用した円タクの運転手が風呂敷包みを着服して原稿を引き裂いて捨ててしまったような空想にもとらわれたが、見つけ出すのを諦めて再び原稿を書き直したことで、今まで自分は書き飛ばしては金に換えてしまい、書き直して推敲する機会を持たなかったことに気づいて、過去の姿勢を反省する機会となった。

▲解　説▼

問一　ここで話題になっているのが作品の本文に施す振り仮名をどうすべきかであり、本文の筆者室生犀星と久保田万太郎とで意見が対立し、そこに佐藤春夫が余分な口出しをしているという状況（第一段落）である。そこで出てきた発言が傍線部の「提案」なので、Bが穏当。A「著者に尋ねながら決めるべき」というのは、著者が故人である（問三解説参照）以上不可能なことであり、Cの「資料保存のため」云々というのはまったく次元が違う。D「さらに異なる見解を提示して議論を活発化させよう」では「議論の終息に向」かわなくなってしまう。

問二　アには「大切な相談会にも……勝手に人の顔を写生しているような」という修飾部があり、イは「薄野呂」という言葉と並列の関係になっている。またウは「若し明朝運転手君が……送って下さいと」と風呂敷包みが見つかるという自分にとって都合の良い展開を期待する記述で修飾されており、エに入る言葉が修飾する「人」とは（筆者の想像上で）風呂敷包みを着服した円タクの運転手のことだが、この人物については第十段落に「油のしみた指さき」とい役割を与えられている」とあるので、空欄に入るのは「遊興」のような直接的に「有用」でないものが、有用性に支配された世界で与えられる「役割」を説明したものである。空欄を含む文の直前の文に「ここにおいて存在しているのは役立つものなのであって、それ以外のものは許されない」とある点から、有用性に支配された世界で有用でないものがどのような点で役立つのかと考えればA「有用性の……軋みを和らげるオイル」が最も適切である。

問六　空欄を含む一文が「人間は、［Y］と表象されてきた」であり、直後の文が「だが、そうして他の手段の目的となり、……一個の手段として、有用性の連関の内部に位置付けられる」と逆接で繋がれていることに鑑みれば、空欄を含む一文は〈かつては人間は手段ではなく目的であった〉という内容のはずで、それに相応しいのはAである。

問七　第八段落以降、テクノロジーのもたらす有用性の支配が、人間存在を含むすべてを目的の存在しない手段としてしまった逆説を語る展開となっていることを考えれば、Cが最も整合性が高い。Aは、傍線部は「この世界」とあるのに対して「人間」に限定した内容となっている点でCに劣り、B「人間は世界に有用／無用の区別を与える存在であるはずだった」は本文に根拠がない。Dはそもそも「世界」が「無意味」なものだったという内容が本文にそぐわない。

問八　A「美術を否定すれば、人間存在の基盤は揺らぐことになる」・D「人間は……自身の刻印を遺そうとして自然を回復不能なまでに改変してしまう」は本文の趣旨と関わりのない内容であり、C「日本のテクノロジー化は、精神面における近代的自我の確立と軌を一にしており」は本文にない。Bは本文の内容と齟齬がない。

二

出典　室生犀星「原稿遺失」（竹村書房『慈眼山随筆』所収）

解答

問一　B

問二　B

▲解　説▼

問二　ア、空欄の直前の部分に「個性賛美の時代に……個性を否定し」とあるので、「[ア]製作」とは「職人たち」の没個性的な作業ということになり、Ｄ「反復的」が入る。

イ・ウ、二つの空欄を含む段落では、有用性に支配された世界ではすべてが手段化し、有用性の追求が逆に目的の存在を否定して有用性を無効にしてしまうという趣旨が語られている。したがってイには〝一時的な〟〝仮の〟を意味するＣ「暫定的」が入り、ウには結果が前提を否定することを意味するＡ「逆説的」が入る。

エ、空欄を含む引用文について、筆者が「人間がなお……安易なもの」と評している点から、空欄の前後は〈テクノロジー自体は目的を指示しない〉という意味となるはずなので、Ｂ「中立的」が入る。

問三　空欄直前の第四段落に「作ること」の「一大変革」であった「テクノロジーの出現」によって、「人間の在り方が大きく変わり、その存在根拠の希薄ささえもたらされていることを、人々は察知し始めた」とあるので、空欄部分で説明されているのは十九世紀後半以降の人間存在とテクノロジーとの関係である。さらに空欄に続く第五段落で「先述の美術・工芸の融合に着目していえば、日本の場合……」とあるので、空欄部分では日本以外の地域の、「美術・工芸の融合」が紹介されているはず（リード文に「文章の冒頭」とあるので、本文より前の部分は存在しない）である。以上の条件から、Ａが正解。

問四　傍線部と同じ段落で例示されている『こころ』の「先生」や『坑夫』の「青年」についての記述をうけて、筆者は「自由で個性的な人間存在を基軸にして……ほかならぬその個性をサイナむ装置に変質していた」と捉えている。したがってＡ「近代化についていけずに脱落していく一部の人間存在」、Ｂ「完全には自立できない人間本来のありかた」よりも、Ｄ「個性の確立を迫る近代が、実は同時に個性を奪うものであった」のほうが傍線部の「空疎さ」の具体化として適切。Ｃ「身体という人間性の根本を失った」は本文に根拠がない。

問五　空欄Ｘは「遊興のように有用性を直接示さないもの」についての記述だが、空欄の直後に「[Ｘ]として、その

国語

一

出典　伊藤徹『作ることの哲学　科学技術時代のポイエーシス』〈第1章　作ることの場所〉（世界思想社）

解答

問一　(1)－C　(2)－B　(3)－B
問二　ア－D　イ－C　ウ－A　エ－B
問三　A
問四　D
問五　A
問六　A
問七　C
問八　B

◆要　旨◆

作るという自己の行為を自覚的に反省し、それに歴史性を与えられる生物は人間しかいないが、それがかえって自然との対立を呼び、人間存在そのものの危機を招く側面がある。十七世紀ヨーロッパに始まった産業革命はテクノロジーの出現という、作ることの一大変革であったが、十九世紀後半に至ってすべてを有用性という基準で価値づける傾向を生む。有用性〈＝何かの役に立つ〉に支配された世界では、目的と思われたものも他の目的を達成する手段にすぎず、その結果、人間存在を含むすべてが目的の存在しない手段と化し、有用性も目的のない無用性へと転化してしまっている。

・memo・

2022年度

問題と解答

■全学部統一入試

問題編

▶試験科目・配点

学部・学科・方式	教　科	科　目	配　点
法・文	外国語	コミュニケーション英語Ⅰ・Ⅱ・Ⅲ，英語表現Ⅰ・Ⅱ	100点
	選　択	日本史B，世界史B，地理B，政治・経済，「数学Ⅰ・Ⅱ・A・B」，「物理基礎・物理」，「化学基礎・化学」，「生物基礎・生物」から1科目選択	100点
	国　語	国語総合（漢文を除く）	100点
商	外国語	コミュニケーション英語Ⅰ・Ⅱ・Ⅲ，英語表現Ⅰ・Ⅱ	200点
	選　択	日本史B，世界史B，地理B，政治・経済，「数学Ⅰ・Ⅱ・A・B」から1科目選択	100点
	国　語	国語総合（漢文を除く）	150点
政治経済	外国語	コミュニケーション英語Ⅰ・Ⅱ・Ⅲ，英語表現Ⅰ・Ⅱ	150点
	選　択	日本史B，世界史B，地理B，政治・経済，「数学Ⅰ・Ⅱ・A・B」，「物理基礎・物理」，「化学基礎・化学」，「生物基礎・生物」から1科目選択	100点
	選　択	数学Ⅲ，「国語総合（漢文を除く）」から1科目選択	100点
理工	外国語	コミュニケーション英語Ⅰ・Ⅱ・Ⅲ，英語表現Ⅰ・Ⅱ	100点
	数　学	数学Ⅲ	100点
		数学Ⅰ・Ⅱ・A・B	100点
	理　科	機械工・物理学科：「物理基礎・物理」 応用化学科：「化学基礎・化学」 その他の学科：「物理基礎・物理」，「化学基礎・化学」，「生物基礎・生物」から1科目選択	100点

学部	学科	方式	教科	科目	配点
農	農・農芸化・生命科	3科目方式	外国語	コミュニケーション英語Ⅰ・Ⅱ・Ⅲ，英語表現Ⅰ・Ⅱ	100点
			選　択	「数学Ⅰ・Ⅱ・A・B」，「国語総合（漢文を除く）」から1科目選択	100点
			理　科	「物理基礎・物理」，「化学基礎・化学」，「生物基礎・生物」から1科目選択	100点
		英語4技能3科目方式	外国語	「英語4技能資格・検定試験」のスコアを利用	100点
			選　択	「数学Ⅰ・Ⅱ・A・B」，「国語総合（漢文を除く）」から1科目選択	100点
			理　科	「物理基礎・物理」，「化学基礎・化学」，「生物基礎・生物」から1科目選択	100点
	食料環境政策	3科目方式	外国語	コミュニケーション英語Ⅰ・Ⅱ・Ⅲ，英語表現Ⅰ・Ⅱ	100点
			選　択	日本史B，世界史B，地理B，政治・経済，「数学Ⅰ・Ⅱ・A・B」，「物理基礎・物理」，「化学基礎・化学」，「生物基礎・生物」，「国語総合（漢文を除く）」から2科目選択	各100点（計200点）
		英語4技能3科目方式	外国語	「英語4技能資格・検定試験」のスコアを利用	100点
			選　択	日本史B，世界史B，地理B，政治・経済，「数学Ⅰ・Ⅱ・A・B」，「物理基礎・物理」，「化学基礎・化学」，「生物基礎・生物」，「国語総合（漢文を除く）」から2科目選択	各100点（計200点）
経営		3科目方式	外国語	コミュニケーション英語Ⅰ・Ⅱ・Ⅲ，英語表現Ⅰ・Ⅱ	150点
			選　択	日本史B，世界史B，地理B，政治・経済，「数学Ⅰ・Ⅱ・A・B」から1科目選択	100点
			国　語	国語総合（漢文を除く）	100点
		英語4技能3科目方式	外国語	「英語4技能資格・検定試験」のスコアを利用	150点
			選　択	日本史B，世界史B，地理B，政治・経済，「数学Ⅰ・Ⅱ・A・B」から1科目選択	100点
			国　語	国語総合（漢文を除く）	100点

学部等	方式	教科	科目	配点
情報コミュニケーション		外国語	コミュニケーション英語Ⅰ・Ⅱ・Ⅲ，英語表現Ⅰ・Ⅱ	150点
		選　択	日本史B，世界史B，地理B，政治・経済，「数学Ⅰ・Ⅱ・A・B」，「物理基礎・物理」，「化学基礎・化学」，「生物基礎・生物」，「国語総合（漢文を除く）」から2科目選択	各100点（計200点）
国際日本	3科目方式	外国語	コミュニケーション英語Ⅰ・Ⅱ・Ⅲ，英語表現Ⅰ・Ⅱ	200点
		選　択	日本史B，世界史B，地理B，政治・経済，「数学Ⅰ・Ⅱ・A・B」，「物理基礎・物理」，「化学基礎・化学」，「生物基礎・生物」から1科目選択	100点
		国　語	国語総合（漢文を除く）	100点
	英語4技能3科目方式	外国語	「英語4技能資格・検定試験」のスコアを利用	200点
		選　択	日本史B，世界史B，地理B，政治・経済，「数学Ⅰ・Ⅱ・A・B」，「物理基礎・物理」，「化学基礎・化学」，「生物基礎・生物」から1科目選択	100点
		国　語	国語総合（漢文を除く）	100点
総合数理	3科目方式	外国語	コミュニケーション英語Ⅰ・Ⅱ・Ⅲ，英語表現Ⅰ・Ⅱ	100点
		数　学	数学Ⅰ・Ⅱ・A・B	200点
		国　語	国語総合（漢文を除く）	100点
	4科目方式	外国語	コミュニケーション英語Ⅰ・Ⅱ・Ⅲ，英語表現Ⅰ・Ⅱ	150点
		数　学	数学Ⅲ	100点
			数学Ⅰ・Ⅱ・A・B	100点
		理　科	「物理基礎・物理」，「化学基礎・化学」，「生物基礎・生物」から1科目選択	150点
	英語4技能4科目方式	外国語	「英語4技能資格・検定試験」のスコアを利用	50点
		数　学	数学Ⅲ	100点
			数学Ⅰ・Ⅱ・A・B	100点
		理　科	「物理基礎・物理」，「化学基礎・化学」，「生物基礎・生物」から1科目選択	150点

▶備　考

- 「外国語」は学部によりドイツ語，フランス語も選択可（本書では省略）。
- 選択科目において，必要な科目数より多く受験した場合には，高得点の科目が採用される。ただし，「地歴・公民・理科」「数学Ⅲと国語」は同一試験時間内に実施されるため，それぞれいずれか１科目を選択する。
- 総合数理学部３科目方式は，現象数理・先端メディアサイエンス学科のみで実施。
- 英語４技能資格・検定試験を活用した外国語得点換算方法について

　英語４技能３科目方式（農・経営・国際日本学部）と英語４技能４科目方式（総合数理学部）では，英語資格・検定試験（実用英語技能検定，TEAP，TOEFL iBT®，IELTS™〈アカデミックモジュールに限る〉，TOEIC® L&R & TOEIC® S&W，GTEC〈CBT タイプに限る〉，ケンブリッジ英語検定）において所定の基準を満たし，出願時に所定の証明書類を提出できる場合，「外国語」の試験は免除とし，所定の等級またはスコアに応じた得点を「外国語『英語』」の得点として付与する（換算点は学部により異なる――詳細は省略）。

▶出題範囲

- 「数学Ｂ」は「数列，ベクトル」から出題。
- 政治経済学部，理工学部，総合数理学部４科目方式・英語４技能４科目方式の「数学Ⅲ」は「数学Ⅰ・Ⅱ・Ａ・Ｂ（数列，ベクトル）」の範囲を含む。

英語

（60分）

〔Ⅰ〕 1～22の空欄に入れるのに最も適切なものを，それぞれ下のA～Dの中から1つ選び，その記号を解答欄にマークしなさい。

1 We need to go to the store. We have completely run (　　) of tea.

A. down　B. out　C. through　D. up

2 I am sorry to bother you, but may I (　　) about your shoes? I would like to know where you bought them.

A. question whether　B. request a question

C. ask you something　D. get to know anything

3 (　　) than upset her mother, the girl did her homework as soon as she got home.

A. Better　B. More　C. Other　D. Rather

4 The president's secretary will not be here today. In fact, she (　　) attends these types of meetings.

A. frequently　B. often　C. once　D. rarely

5 I have studied French for many years, but I am not familiar (　　) that proverb. What does it mean?

A. about　B. in　C. on　D. with

6 I think you would be happy using (　　) of these two smartphones

because both work well.

A. couple B. double C. either D. neither

7 It is quite a ( ) to raise a family and have a successful career at the same time.

A. challenge B. disagreement

C. trouble D. work

8 The temperature in these mountains always ( ) below freezing at night.

A. falls B. levels C. loses D. reduces

9 Lucy ( ) her report by this coming Friday.

A. has finished B. is finished

C. will be finished D. will have finished

10 If I were you, I ( ) to him for help. You should find someone else.

A. could not have gone B. do not go

C. will not have gone D. would not go

11 Amy ( ) a lot of good in her community.

A. do B. does C. has made D. makes

12 You do not have to thank me. I am simply glad that I could be ( ) help.

A. but B. for C. in D. of

13 I know that this restaurant is expensive, but don't worry. The dinner is ( ) me.

A. on B. at C. since D. become

14　My computer broke down so I couldn't (　　) the deadline.

A. end　　B. meet　　C. put　　D. take

15　Dan had to wait (　　) the doctor was ready to see him.

A. how　　B. lest　　C. unless　　D. until

16　A (　　) many people were aware of the issue.

A. great　　B. large　　C. big　　D. huge

17　The passengers were (　　) stay at the airport for hours because of the bad weather.

A. let to　　B. let　　C. made to　　D. made

18　We had no choice (　　) to the plan.

A. from agreeing　　B. but to agree

C. than agree　　D. less than agree

19　This article is worth (　　).

A. read　　B. reading　　C. to be read　　D. to read

20　She doesn't care (　　) coffee without milk. She never has her coffee black.

A. for　　B. of　　C. on　　D. with

21　(　　) had they returned home than the police called.

A. No matter　　B. No sooner　　C. Not only　　D. Not until

22　Just let me know if you (　　) need help.

A. any　　B. ever　　C. many times　　D. whenever

〔Ⅱ〕 空欄(23)～(25)に入る最も適切なものをそれぞれ１つ選び，その記号を解答欄にマークしなさい。

Risa: Hi, Lacey. Are you ok? You look hurt. What happened?

Lacey: The doors of that elevator over there just closed on me right as I was getting off. I was trapped between them for a few seconds.

Risa: (23) Didn't that happen to you on the day of freshman orientation?

Lacey: Yes, but that happened with a different elevator.

Risa: Really? Elevator doors should not close when people are between them, and if they do, it shouldn't hurt. They are designed to open again immediately when they touch someone or something. Maybe those elevators are broken.

Lacey: I don't think so. Automatic doors, like elevator and supermarket doors, don't like me. If there are two doors that automatically open and close, then I am almost sure to (24). It's been that way my whole life.

Risa: Is that so? Well, in that case, remind me to never walk next to you whenever you go through automatic doors. I don't (25).

23

A. Again?

B. Is it?

C. My fault!

D. It's none of your business!

24

A. want them repaired

B. close in on them

C. be caught between them

D. shut myself up

25

A. think that you can trick me into avoiding elevators at all costs

B. have to be tricked into the same trap

C. want to experience what you keep going through

D. believe you when you say that stairs are less dangerous

〔Ⅲ〕 次の文章を読み，設問に答えなさい。なお，＊の付いた語句には文末に注があります。

The desperate search for ways to help the world's coral reefs rebound from the devastation of climate change has given rise to some radical solutions.

In the Caribbean, researchers are cultivating coral "nurseries" so they can reimplant fresh coral on degraded(32) reefs. And in Hawaii, scientists are trying to specially breed corals to be more resilient against rising ocean temperatures.

On Friday, British and Australian researchers rolled out another unorthodox strategy they say could help restoration efforts: broadcasting the sounds of healthy reefs in dying ones.

In a six-week field experiment, researchers placed underwater loudspeakers in patches of dead coral in Australia's Great Barrier Reef and played audio recordings taken from healthy reefs. The goal was to see whether they could lure back the diverse communities of fish that are essential to counteracting reef degradation.

The results were promising, according to the researchers. The study, published in the journal *Nature Communications*, found twice as many fish flocked to the dead coral patches where healthy reef sounds were played compared with the patches where no sound was played.

"Fish are crucial for coral reefs to function as healthy ecosystems," said the study's lead author, Timothy A. C. Gordon, of the University of Exeter. "Boosting fish populations in this way could help to kick-start natural recovery processes, counteracting the damage we're seeing on many coral reefs around the world."

According to the study, the number of species present in the reef patches where healthy sounds were played increased by 50 percent over the other patches. The new fish populations included species from all parts of the food web, such as *scavengers, *herbivores and predatory fish. Importantly, the fish that arrived at the patches tended to stay there.

"Healthy coral reefs are remarkably noisy places — the crackle of snapping shrimp and the *whoops and grunts of fish combine to form a dazzling biological soundscape," said Stephen D. Simpson, a marine biology professor at the University of Exeter and a senior author of the study. "Juvenile (33) fish *home in on these sounds when they're looking for a place to settle."

The technique, if it can be replicated on larger scales, could offer scientists another tool to revive coral reefs around the world that have been ravaged by climate change, overfishing and pollution. Scientists have warned that climate change may already be accelerating too fast for some reefs to recover and that conservation efforts are not keeping pace with the devastation.

Severe coral bleaching triggered by extreme heat waves killed off 50 percent of the Great Barrier Reef, the planet's largest coral reef, in 2016 and 2017. Such bleaching events — which happen when the nutrient-rich and color-providing *algae that live in corals are expelled (34) because of heat stress — are occurring four times as frequently as they did in the 1980s, as *The Washington Post* has reported.

The researchers worked from October through December 2017 in a lagoon in the northern part of the Great Barrier Reef that has a large, shallow reef that runs along the coastline.

At the start of fish recruitment season, when fish *spawn and mature, the team built 33 experimental reef patches out of dead coral on open sand about 27 yards from the naturally occurring reef. They then fixed (35) underwater loudspeakers to the center of the patches, angling them upward to ensure the sound was distributed evenly in all directions.

Over 40 nights, the team played recordings from a healthy reef in some of the patches. In other patches, they used dummy(36) speakers that emitted no sounds, and they left a third group of patches untouched.

The process, called "acoustic enrichment," had a "significant positive impact on juvenile fish recruitment throughout the study period," the researchers wrote. The acoustically enriched reefs attracted fish faster and maintained them longer than the reefs without a healthy soundtrack, according to the study.

The researchers acknowledged that drawing fish back to dead or dying reefs will not reverse the damage by itself. Degraded reefs have a better shot at recovery if they have robust populations of fish, which play a variety of roles in keeping the coral healthy.

"Reefs become ghostly quiet when they are degraded, as the shrimps and fish disappear," Simpson said, "but by using loudspeakers to restore this lost soundscape, we can attract young fish back again."

（出典：Derek Hawkins, "Scientists used loudspeakers to make dead coral reefs sound healthy. Fish flocked to them." *The Washington Post*, 1 Dec. 2019）
著作権保護の観点から，設問に必要な下線などを施す以外，綴字ならびに句読点などに変更，修正を加えず，本文を出典元の表記のまま使用している。

* scavengers：清掃動物
* herbivores：草食動物
* whoops and grunts：いろいろな鳴き声
* home in on：～に向かって行く
* algae：藻類
* spawn：卵を産む

(1) 26～29の質問に対する答えとして，最も適切なものをそれぞれ1つ選び，その記号を解答欄にマークしなさい。

26 What is one method the article explains researchers are using to bring

back coral reefs?

A. Breeding coral that can live in warmer water.

B. Growing new patches of dead or dying coral.

C. Increasing the loudness of coral reef fish sounds by 50 percent.

D. Teaching adult fish near healthy coral to sing to younger fish.

27 Based on the article, which of the following must one assume to be true?

A. Fish and shrimp ghosts prefer degraded coral reefs to healthy ones.

B. Only fish that like music were attracted to the researchers' loudspeakers.

C. The experimental reef patches were built by 33 researchers.

D. The soundtrack used in the study had been recorded underwater.

28 What does the word <u>them</u> refer to in the third-to-last paragraph?

A. study periods

B. fish

C. damaged corals

D. the acoustically enriched reefs

29 Which pair of words could best be used to replace the word <u>robust</u> in the second-to-last paragraph?

A. clean and innocent

B. flavorful and delicious

C. neat and tidy

D. strong and sound

(2) 本文の内容に即して，30～31の英文を完成させるのに最も適切なものをそれぞれ１つ選び，その記号を解答欄にマークしなさい。

30 When the researchers played healthy coral reef sounds in patches of dead

coral,

A. most fish did not stay at those patches, even though some did.

B. most fish arrived at those patches, although some did not.

C. many of the fish that arrived at those patches did not leave.

D. more fish left those patches than arrived there.

31 There was severe coral bleaching in the Great Barrier Reef in 2016 and 2017 because

A. it has happened four times previously since the 1980s.

B. the algae growing on the coral reef could only be colored white.

C. the region experienced extreme heat waves in those years.

D. *The Washington Post* reported that it had happened.

(3) 32～36の語について，本文で使われている意味に最も近いものをそれぞれ1つ選び，その記号を解答欄にマークしなさい。

32 degraded

A. damaged　　B. defined

C. delighted　　D. depressed

33 Juvenile

A. Aged　　B. Criminal

C. Rough　　D. Young

34 expelled

A. attracted　　B. driven out

C. lured　　D. plucked out

35 fixed

A. attached　　B. focused

C. moved D. repaired

36 dummy

A. basic B. broken

C. fake D. smart

〔Ⅳ〕 次の文章を読み，設問に答えなさい。なお，* の付いた語句には文末に注があります。

If you were to walk along the streets of your neighborhood with your face up and an open expression, how many of those who passed you would smile, or greet you in some way?

Smiling is a universal human practice, although readiness to smile at strangers varies according to culture. In Australia, where being open and friendly to strangers is not unusual, the city of Port Phillip, an area covering some of the bayside suburbs of Melbourne, has been using volunteers to find out how often people smile at those who pass them in the street. It then put up signs that look like speed limits, but tell pedestrians that they are in, for example, a "10 Smiles Per Hour Zone."

*Frivolous nonsense? A waste of taxpayers' money? Mayor Janet Bolitho says that putting up the signs is an attempt to encourage people to smile or say "G'day" — the standard Australian greeting — to both neighbors and strangers as they stroll down the street. Smiling, she adds, encourages people to feel more connected with each other and safer, so it reduces fear of crime — an important element in the quality of life of many neighborhoods.

In a related effort to get its residents to know each other, the city government also facilitates street parties. It leaves the details to the locals, but offers organizational advice, lends out barbecues and sun umbrellas, and covers the public *liability insurance. Many people who have lived in the same street for many years meet each other for the first time at a street party.

All of this is part of a larger program that attempts to measure changes in the city's quality of life, so that the city council can know whether it is taking the community in a desirable direction. The council wants Port Phillip to be a sustainable community, not merely in an environmental sense, but also in terms of social equity, economic viability, and cultural vitality.

Port Phillip is serious about being a good global citizen. Instead of seeing private car ownership as a sign of prosperity, the city hails a *declining* number of cars — and rising use of public transport — as a sign of progress in reducing greenhouse gas emissions while encouraging a healthier lifestyle in which people are more inclined to walk or ride a bike. The city is also seeking designs for new buildings that are more energy efficient.

Some local governments see their role as being to provide basic services like collecting the trash and maintaining the roads — and of course, collecting the taxes to pay for this. Others promote the area's economy, by encouraging industry to move to the area, thus increasing jobs and the local tax base. The Port Phillip city government takes a broader and longer-term view. It wants those who live in the community after the present generation has gone to have the same opportunities for a good quality of life as today's residents have. To protect that quality of life, it has to be able to measure all the varied aspects that contribute to it — and friendliness is one of them.

For many governments, both national and local, preventing crime is a far higher priority than encouraging friendship and cooperation. But, as Professor Richard Layard of the London School of Economics has argued in his recent book *Happiness: Lessons from a New Science*, promoting friendship is often easy and cheap, and can have big payoffs in making people happier. So why shouldn't that be a focus of public policy?

Very small positive experiences can make people not only feel better about themselves, but also be more helpful to others. In the 1970s, American psychologists Alice Isen and Paula Levin conducted an experiment in which some randomly selected people making a phone call found a ten-cent coin left behind by a previous caller, and others did not. All subjects were then given an opportunity to help a woman pick up a folder of papers she dropped in front of them.

Isen and Levin claimed that of the 16 who found a coin, 14 helped the woman, while of the 25 who did not find a coin, only one helped her. A further study found a similar difference in willingness to mail an addressed letter that had been left behind in the phone booth: those who found the coin were more likely to mail the letter.

Although later research has cast doubt on the existence of such dramatic differences, there is little doubt that being in a good mood makes people feel better about themselves and more likely to help others. Psychologists refer to it as the "glow of goodwill." Why shouldn't taking small steps that may produce such a glow be part of the role of government?

Here is one measure of success: over the past year and a half, the proportion of people who smile at you in Port Phillip has risen, from 8 percent to 10 percent.

（出典：Peter Singer, "No Smile Limit," *Ethics in the Real World: 86 Brief Essays on Things That Matter*, The Text Publishing Company, 2016）

著作権保護の観点から，設問に必要な下線などを施す以外，綴字ならびに句読点などに変更，修正を加えず，本文を出典元の表記のまま使用している。

* Frivolous：くだらない

* liability insurance：賠償責任保険

(1)　37〜40の質問に対する答えとして，最も適切なものをそれぞれ1つ選び，その記号を解答欄にマークしなさい。

37　In the second paragraph, what does the author mean when he states that <u>smiling is a universal human practice</u>?

A. Humans are not naturally good at smiling.

B. Humans learn how to smile properly.

C. Our universe requires smiling humans.

D. Smiling is something that all humans do.

38 Why does the city government facilitate street parties in Port Phillip?

A. To give people a chance to interact with their neighbors.

B. To improve neighborhood organizational advice.

C. To provide food to people in its neighborhoods.

D. To teach people how to be happy at neighborhood parties.

39 Based on the article, which of the following would the Port Phillip city government likely prefer its residents do?

A. Stay home if they cannot travel to street parties by using public transport.

B. View private car ownership as something to be avoided if possible.

C. Inform the city government about the details of their street parties.

D. Stop walking or riding bicycles to buildings that are not energy efficient.

40 According to the article, which of the following affects neighborhood quality of life?

A. How long the street parties last.

B. How much volunteers are paid with taxpayer money.

C. How often greeting standards like "G'day" are used.

D. How safe residents feel living there.

(2) 本文の内容に即して，41～44の英文を完成させるのに最も適切なものをそれぞれ1つ選び，その記号を解答欄にマークしなさい。

41 If you walk with your face up and have an open expression in Port Phillip,

then you will probably be thought of as being

A. sensitive and shocked to meet new people.

B. decisive and determined to be judged by people.

C. approachable and approving of others.

D. recognizable and ready to debate with strangers.

42 It is understood that the Port Phillip police cannot give fines or arrest pedestrians for not smiling in a "10 Smiles Per Hour Zone" because

A. it is simply impossible for anyone to smile that much in an hour.

B. it is too difficult for the police to confirm if all pedestrians are actually smiling.

C. the police are not allowed to attend any neighborhood street parties.

D. those pedestrians would not be breaking any laws.

43 In the research conducted by Isen and Levin, the finding of money in a phone booth is meant to represent

A. a positive experience.

B. a random selection.

C. an act of theft.

D. an opportunity for friendship.

44 The Port Phillip city government's program to change the city's quality of life is likely working because people there

A. glow brightly with goodwill.

B. have been found to smile more now than they did previously.

C. calculate their yearly success rates of smiles.

D. are more willing than ever to mail addressed letters whenever coins are found.

日本史

（60分）

〔Ⅰ〕 日本の原始・古代に関する以下の設問に答えよ。

(1) 以下は，本学博物館が所蔵する日本の考古資料である（縮尺不統一）。イは群馬県みどり市岩宿遺跡から出土した，国指定重要文化財である。これらの資料について，設問に答えよ。

ア　イ　ウ　エ

出典追記：明治大学博物館所蔵

問 1　これらを，年代の古い資料から新しい資料に並べた順として**正しいもの**を，次のA～Eのうちから一つ選べ。(**解答番号 1**)

A　ア→イ→ウ→エ

B　イ→エ→ウ→ア

C　ウ→エ→ア→イ

D　エ→ウ→イ→ア

E　イ→ウ→エ→ア

問 2　アが使用された時代に関する記述として**誤っているもの**を，次のA～Dのうちから一つ選べ。(**解答番号 2**)

A　水稲耕作を行っていた。

B　鉄製の鎧や冑を製作していた。

C　文字を木簡に記していた。

D　中国と外交関係を維持していた。

問 3　ウが製作された時代に関する記述として**誤っているもの**を，次のA～Dのうちから一つ選べ。(**解答番号 3**)

A　前方後円墳を築造していた。

B　木製の鋤，鍬を使用していた。

C　環濠集落が営まれた。

D　狩猟や漁労が盛んだった。

問 4　エが製作，使用された時代に関する記述として**誤っているもの**を，次のA～Dのうちから一つ選べ。(**解答番号 4**)

A　定住していた。

B　青銅器・鉄器を使用していた。

C　土器を製作，使用していた。

D　黒曜石や翡翠を遠隔地から獲得していた。

(2)　以下は，古代日本の都の地図である。これについて，設問に答えよ。

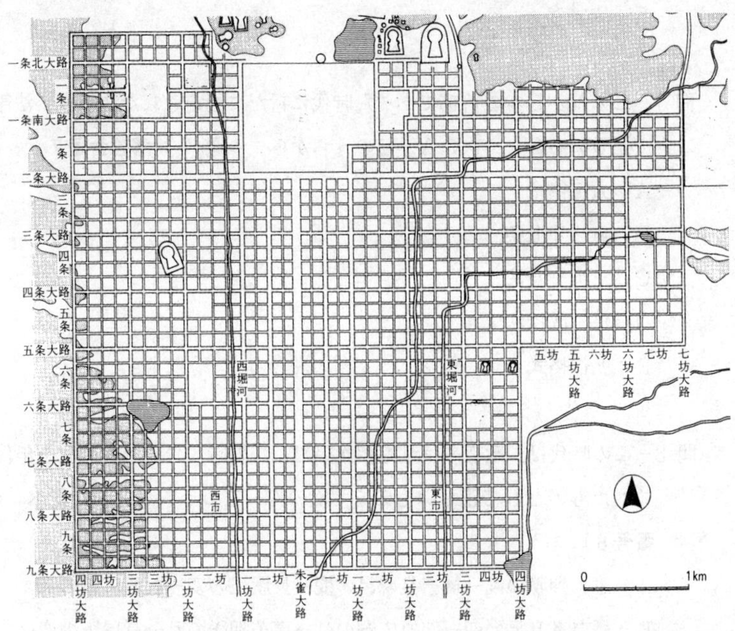

問 5　この都が日本の首都であった時代は「女帝の世紀」とも呼ばれる。この都で在位していた女性天皇として**正しい人物**を，次のA～Eのうちから一人選べ。（**解答番号 5**）

A　推古天皇

B　聖武天皇

C　持統天皇

D　称徳天皇

E　斉明天皇

問 6　この時代は仏教を大切にした時代でもあった。この都のなかに建立された寺として**正しいもの**を，次のA～Eのうちから一つ選べ。（**解答番号 6**）

A　東大寺

B　薬師寺

C　教王護国寺

D　大官大寺

E　円覚寺

問 7　この都が日本の首都であった時代に新たに制定された法制度・法律として**正しいもの**を，次のA～Eのうちから一つ選べ。(**解答番号 7**)

A　大宝律令

B　憲法十七条

C　三世一身法

D　班田収授法

E　弘仁格式

問 8　この時代は，政変や反乱も相次いだ。この時代の政変，反乱を年代順に並べたものとして**正しいもの**を，次のA～Eのうちから一つ選べ。(**解答番号 8**)

A　恵美押勝の乱→橘奈良麻呂の変→長屋王の変→藤原広嗣の乱

B　橘奈良麻呂の変→藤原広嗣の乱→恵美押勝の乱→長屋王の変

C　藤原広嗣の乱→長屋王の変→橘奈良麻呂の変→恵美押勝の乱

D　長屋王の変→藤原広嗣の乱→橘奈良麻呂の変→恵美押勝の乱

E　藤原広嗣の乱→長屋王の変→恵美押勝の乱→橘奈良麻呂の変

〔Ⅱ〕　次の文章を読み，設問に答えよ。

太閤検地(ア)は一地一作人を原則とし，農地一筆ごとに耕作する農民を確定した。このことは小農の自立を促し，家族を単位として耕作する近世農村社会への道を開いた。生産力の上昇と消費の拡大が近世の諸制度改革，農業器具の革新(イ)，あるいは農書の発行(ウ)による知識の広範な伝播などにより促進された。

江戸時代初期には，中世の農村構造(エ)が残り，名主的な有力農民の下に下人等の隷属農民，名子や被官，半隷属的傍系親族らが大規模な合同家族を形成する地域も多かった。このような複合的な世帯からなる経営単位は徐々に分解され，単婚自営の本百姓を核とした直系家族が普及し，世帯規模は両親と子供，孫を標準とする規模まで縮小した。それまでは結婚を許されなかった隷属的農民は婚姻(オ)を許され，嫡子へ一定の農地を相続させることができるようになったため，農村部では江戸時代中期以降は，ほぼ「皆婚」に近い社会が生まれた。このことが可能となった背景には17世紀の急激な需要の拡大があった。平地の城郭を中心とした近世城下町(カ)が各地で出現し，兵農分離により，武士や町人などの食料需要がこれをけん引した。社会全体の需要を満たすため，各地で新田開発があいついだ。干潟や湖沼では大規模な干拓が実施された。このうち湖沼干拓では下総の［ 1 ］が代表的である。この結果，人口は増大し，現代において伝統的と考えられている直系家族が成立した。

ただし，彼らの相続は分割相続を基本としていたため，経営を維持できない小規模な百姓も続出した。彼ら百姓の小経営をできるだけ安定させ，一方で貨幣経済(キ)にあまり巻き込まれないようにして年貢・諸役の徴収を確実にしようと幕府は，1643年の田畑永代売買の禁止令に続き，1673年，将軍［ 2 ］の代に分地制限令を出した。

問1　下線部(ア)にまつわる記述について**誤っているもの**を，次のA～Dのうちから一つ選べ。(**解答番号9**)

A　太閤検地は土地の面積表示を新しい基準のもとに定めた町・段・畝・歩に統一するとともに，それまでまちまちであった枡の容量を統一し，村ごとに田畑・屋敷地の面積・等級を調査してその石高を定めた。

B　これ以前の1歩は6尺5寸(約197cm)四方であり，360歩を1畝としていたのに対して，太閤検地では6尺3寸(約191cm)四方を1歩とし，300歩を1畝とした。

C　石高(村高)の決定方法は，田畑に上・中・下・下下などの等級をつけ，たとえば上田1段は1石5斗などとその生産力を米の収穫量で表示し，これに面積を乗じて算出した。

D　太閤検地では検地と並行して村の境界を画定する村切もおこなわれた。この結果，中世以来の惣村が分割されたり，耕地開発によって新たな村が生まれた。

問2　下線部(イ)について，この時期に普及した千石簁の説明として**正しいもの**を，次のA～Dのうちから一つ選べ。(**解答番号10**)

A　17世紀後半より広まった選別農具である。木枠に金網を張った大きな篩を傾斜上にして，これに穀類を流し，穀粒の大きさによってふるいわけるもの。

B　元禄ごろに考案された脱穀具であり，扱箸に代わり能率が倍増したという。寡婦の扱箸による仕事を奪う結果となったため，一名「後家倒し」とも呼ばれた。

C　17世紀半ばに発明された足踏式の灌漑用小型の揚水車であり，それまでの二人一組の人力でくみ上げるなげつるべや龍骨車に代わって普及した。

D　穀類・豆類の脱穀具である。竿の先に短い竿をつけてあり，これを回転して打つので，「くるり」ともいう。

問3　下線部(ウ)の著書とその著者の組み合わせについて**誤っているもの**を，次のA～Dのうちから一つ選べ(**解答番号11**)

A　『会津農書』－佐瀬与次右衛門　　B　『農業全書』－宮崎安貞

C　『農具便利論』－二宮尊徳　　D　『広益国産考』－大蔵永常

問4　下線部(エ)にまつわる以下の記述の空欄に入る語句として**正しいもの**を，次

のＡ～Ｆのうちから一つ選べ。(**解答番号 12**)

鎌倉時代後期，荘園や公領の内部で自然発生した自立的・自治的な村を惣または惣村と呼ぶ。惣村は［　　］という村民の会議の決定に従って，おとな・沙汰人などと呼ばれる村の指導者によって運営されていた。

Ａ　隣組　　Ｂ　五人組　　Ｃ　寄合

Ｄ　講　　Ｅ　仲間　　Ｆ　結

問 5　下線部(オ)にまつわる記述について**誤っているもの**を，次のＡ～Ｄのうちから一つ選べ。(**解答番号 13**)

Ａ　律令国家の時代，結婚ははじめ男性が女性の家に通う妻問婚として始まったが，夫婦は結婚しても別姓のままで，また自分の財産をもっていた。律令では家父長制的な相続を重んじたものの，一般民衆の家族では生業の分担や育児などの側面で女性の発言力が強かったとみられている。

Ｂ　1871 年に制定された戸籍法にもとづいて翌年，壬申戸籍が編成された。ここでは戸籍に苗字と名が登録され，一人一名主義の原則が打ち出され，個人が特定される時代になっていった。これ以降，婚姻関係は戸籍に記載されるようになっていった。

Ｃ　伊東巳代治，金子堅太郎らによって起草された明治民法が 1890 年と 1892 年にそれ以前のものを大幅に修正されて公布された。これによってはじめて法的に夫婦同姓が規定され，戸主の家族員に対する絶大な支配権や家督相続制度が確立した。

Ｄ　1947 年 12 月に改正された民法(新民法)は，家中心の戸主制度を廃止し，男女同権の新しい家族制度を定めた。戸主の家族員に対する支配権は否定され，家督相続にかえて財産の均分相続が定められ，婚姻・家族関係における男性優位の諸規定は廃止された。

問 6　下線部(カ)にまつわる記述について**誤っているもの**を，次のＡ～Ｄのうちから一つ選べ。(**解答番号 14**)

Ａ　城郭建築はふすま・壁・屏風に様々な意匠を施すことが多く，狩野派などが活躍した。金箔地に青・緑を彩色する豪奢な障壁画が描かれることなどもあり，このうち二条城二の丸御殿の松鷹図は海北友松の作として知られている。

B　この時代の城郭は中世の防塞としての役割を果たす山城ではなく，領国支配の利便を考慮して，平山城や平城となり，軍事施設としての機能と城主の居館・政庁としての機能を併せ持つものとなった。

C　1609年に竣工した姫路城とその城下は，天守を中心とする内曲輪の城郭を中曲輪の武家地が取り囲み，外曲輪に町人地，そしてその周りに足軽・中間町や寺町が配置されており，近世城下町の一つの典型とされる。

D　幕末にかけて砲戦を中心とする戦術の変化が進行し，これに対応して下関など各地に砲台が設置されるようになった。また，五稜郭や長野県佐久の龍岡城のように西洋式要塞の影響を受けた稜堡式の城郭もつくられるようになった。

問7　空欄 [1] にあてはまる語句として**正しいもの**を，次のA～Eのうちから一つ選べ。(**解答番号15**)

A　椿海　　B　有明海　　C　八代海　　D　霞ヶ浦　　E　象潟

問8　下線部(キ)にまつわる記述について**誤っているもの**を，次のA～Dのうちから一つ選べ。(**解答番号16**)

A　日米修好通商条約による開港後，日本と外国との金銀比価の相違から大量の金貨が海外に流出した。幕府は金貨の品質を大幅に引き下げる改鋳(万延の改鋳)を行ったが，これにより物価の下落に拍車がかかった。

B　三貨制下の経済活動は複雑であったため，18世紀には計数銀貨の鋳造も開始された。この結果，南鐐二朱銀8片は小判1両に相当する価値を持つものとされた。

C　三都や各城下町の両替商により貨幣の流通は促進された。両替商のうち，江戸には金銀，為替，新古金銀の引き換えを行う本両替のほか，銭両替などが金・銀と銭との交換を行っていた。

D　幕臣である旗本と御家人へ支給される蔵米は札差によって現金化された。札差はこの購入価格と江戸市中に売却するときの価格の差益などにより蓄財し，貸金業などで巨利を得ていた。

問9　空欄 2 にあてはまる将軍名として**正しいもの**を，次のA～Eのうちから一つ選べ。(**解答番号 17**)

A　綱吉　　B　家綱　　C　家宣　　D　家継　　E　吉宗

〔Ⅲ〕　次の文章を読み，設問に答えよ。

19世紀の終わりから20世紀の初めにかけて工場制工業が拡大するにつれて工場労働者の数も急増した。その中心であった繊維産業では労働者の多くが女性であり，劣悪な労働環境の下で低賃金の長時間労働に従事していた。一方，重工業における男性熟練工の数はまだ限定的で，鉱山業や運輸業など工場以外で多くの男性労働者が働いていた。この当時の状況は1899年に刊行された『 1 』で詳しく報告されている。また，1897年の鉄工組合や1898年の日本鉄道矯正会の結成などは，熟練工を中心として労働者が団結して資本家に対抗する動きの始まりである。これに対して政府は1900年に治安警察法(ア)を制定して労働運動を取り締まった。

その一方，1911年には日本で最初の労働者保護法である工場法が制定された。労働者の最低年齢を12歳，女子および年少者の労働時間を 2 時間に制限し，原則として女子および年少者の深夜労働を禁止するなどを事業者の義務(イ)とするものであったが，期限付きで 3 時間労働を認めるなどきわめて不備な内容であり，またその実施も1916年まで延期された。この工場法が廃止されるのは労働基準法が制定された1947年である(ウ)。

第一次世界大戦中に工業生産は急速に拡大するが，物価の上昇などによって労働者の生活は苦しくなり，労働争議件数および参加人数は急増した。1912年に 4 が会長となり組織された友愛会は1919年には大日本労働総同盟友愛会と名称を変え，さらに1921年に日本労働総同盟と改称される(エ)。

第二次世界大戦後，ＧＨＱの五大改革指令(オ)に労働組合の結成奨励が含まれた。労働組合法は1945年にいち早く制定され，次いで1946年に労働関係調整法，1947年に先に述べた労働基準法が制定された。労働組合法では，労働者の団結権・団体交渉権・争議権が保障された。第二次世界大戦後の労働組合は［　5　］組合が中心で，終身雇用・年功賃金・労使協調を特徴とする日本的経営の確立に貢献した。

問 1　空欄1にあてはまる著書として**正しいもの**を，次のA～Dのうちから一つ選べ。(**解答番号 18**)

A　貧乏物語　　　　B　女工哀史

C　日本之下層社会　　　　D　職工事情

問 2　下線部(ア)の治安警察法に関する説明として**正しいもの**を，次のA～Dのうちから一つ選べ。(**解答番号 19**)

A　労働者の団結権・争議権を事実上制限し，警察権の強化を図ったもので，1945年に廃止された。

B　労働者の団結権には制限を加えなかったが，争議権を制限するなど警察権の強化を図ったもので，1945年に廃止された。

C　労働者の団結権・争議権を事実上制限し，警察権の強化を図ったもので，1925年の治安維持法制定に伴い廃止された。

D　労働者の団結権には制限を加えなかったが，争議権を制限するなど警察権の強化を図ったもので，1925年の治安維持法制定に伴い廃止された。

問 3　空欄2～3にあてはまる数字の組み合わせとして**正しいもの**を，次のA～Dのうちから一つ選べ。(**解答番号 20**)

A　2－10，3－14

B　2－10，3－16

C　2－12，3－14

D　2－12，3－16

問 4　下線部(イ)に関連して，工場法の対象となる工場の職工の人数の条件について**正しいもの**を，次のA～Dのうちから一つ選べ。(**解答番号 21**)

A　5人以上　　B　15人以上　　C　30人以上　　D　50人以上

問 5　下線部(ウ)に関連する以下の説明のうち**誤っているもの**を，次のA～Dのうちから一つ選べ。（**解答番号 22**）

A　1947年に制定された労働基準法では，女性の深夜労働については，看護職や保育士なども含めて全面的に禁止された。

B　労働基準法の女性保護規定は1999年にほぼ撤廃され，坑内作業などの特定作業を除いて男性と同じ扱いとなった。

C　1947年に制定された労働基準法では，労働時間については1日8時間労働制が規定され，監督機関として，労働基準局，労働基準監督署がおかれた。

D　1947年には教育の機会均等や男女共学の原則をうたった教育基本法も制定された。

問 6　空欄4にあてはまる人名として**正しいもの**を，次のA～Dのうちから一つ選べ。（**解答番号 23**）

A　賀川豊彦　　B　鈴木文治　　C　山川均　　D　堺利彦

問 7　下線部(エ)に関連する記述のうち**正しいもの**を，次のA～Dのうちから一つ選べ。（**解答番号 24**）

A　大日本労働総同盟友愛会が中心となって1920年に第1回メーデーが実施された。

B　1921年に日本労働総同盟に改称されたのちに，1925年に右派を除名するなど日本共産党の影響が続いた。

C　同時期に普通選挙権の獲得を求める運動が盛り上がり，1922年に普通選挙法が成立した。

D　1930年代の戦時体制形成時に産業報国会の成立に同調し，1935年に解散した。

問 8　下線部(オ)の五大改革指令に**ないもの**を，次のA～Dのうちから一つ選べ。（**解答番号 25**）

A　婦人参政権の付与　　B　経済機構の民主化

C　戦争犯罪人などの公職追放　　D　教育制度の自由主義的改革

問 9　空欄5にあてはまる語句として**正しいもの**を，次のA～Dのうちから一つ選べ。(**解答番号 26**)

A　職種別　　B　地域別　　C　産業別　　D　企業別

〔Ⅳ〕 次の文章を読み，設問に答えよ。

戦後日本の税制の骨格は直接税中心主義をとった占領期のシャウプ勧告(ア)により作られた。この中心主義の影響は大きく，その後，大型間接税を導入するのに半世紀近い時間がかかることになった。政治家にとって新たな課税や負担について選挙で有権者から理解を得て勝利することは非常に難しいことである。選挙戦で敗れれば政党の指導者は当然，その責任を党内から問われることになる。第二次石油危機(イ)に際し自民党の［ 1 ］内閣は一般消費税の導入を閣議決定し，解散総選挙に臨んだ。しかし，公認候補の当選は248人と過半数(256)を割れ，10名の追加公認を加えることでかろうじて過半数を維持することとなり，間接税の導入は廃案となった。

その後，間接税導入を試みたのが［ 2 ］内閣であった。1986年の衆参同日選挙での大勝利を受けて間接税の法案提出を試みた。しかし，同選挙戦では間接税は行わないと表明していたために公約違反として大きな批判を受けた。党内からも批判が続出し，参議院補欠選挙や統一地方選挙で敗北を招くこととなり，結局，同法案は廃案となった。自民党総裁の後継として［ 2 ］の裁定を受けて成立した［ 3 ］内閣は，その所信表明演説において消費税導入を明言し，ようやく大型間接税を導入することができた。

シャウプ勧告を出した当時，米国は日本経済に自立を求める(ウ)ようになった。またアメリカは日本を反共主義の政治的，軍事的な砦の一つとして独立させることを意図した。この日本の独立講和のあり方をめぐり国論は二分し，日本社会党は分裂することとなった(エ)。国内冷戦の対立は特に大学紛争などの一部で過激化していったが，政党政治については社会党再統一を機に保守勢力も所謂，保守合同により自由民主党が結党され，55年体制と呼ばれる政党政治が続くこととなった。その他方，日本経済の成長は著しく1968年には国民総生産で世界第2位となった。このため60年代後半からアメリカの対日貿易は赤字となり，80年代以降，経済大国化した日本とアメリカの間で貿易摩擦がおこるようになった。

問1　下線部(ア)について，この年の日本経済について説明した文章として**正しいもの**を，次のA～Dのうちから一つ選べ。(**解答番号27**)

A　朝鮮戦争の勃発による特需景気で好況となっていた。

B　経済安定本部が設立された。

C　ジョゼフ・ドッジが特別公使として来日した。

D　贈収賄事件である昭和電工事件などがおきた。

問2　下線部(イ)について説明した文章として**正しいもの**を，次のA～Dのうちから一つ選べ。(**解答番号28**)

A　イランのイスラム革命のために原油価格が高騰した。

B　第四次中東戦争の勃発を受け原油価格が高騰した。

C　イラクのイスラム革命のために原油価格が高騰した。

D　第三次中東戦争の勃発を受け原油価格が高騰した。

問3　空欄［1］［2］［3］に入る名前の組み合わせとして**正しいもの**を，次のA～Dのうちから一つ選べ。(**解答番号29**)

A　1－大平正芳，2－鈴木善幸，3－橋本龍太郎

B　1－福田赳夫，2－鈴木善幸，3－竹下登

C　1－大平正芳，2－中曽根康弘，3－竹下登

D　1－福田赳夫，2－鈴木善幸，3－海部俊樹

問4　下線部(ウ)について説明した文章として**誤ったもの**を，次のA～Dのうちから一つ選べ。(**解答番号30**)

A　ドッジは日本経済のことを竹馬経済と評した。

B　歳入・歳出を均衡させることを求めた。

C　円の為替レートを1ドル360円に固定した。

D　基幹産業の発展を期すために起債することを奨励した。

問5　下線部(エ)について説明した文章として**正しいもの**を，次のA～Dのうちから一つ選べ。(**解答番号31**)

A　日本社会党はサンフランシスコ講和条約に賛成するが，日米安全保障条約には反対であるという左派と，両条約ともに賛成であるという右派に分裂した。

B　日本社会党はサンフランシスコ講和条約に反対するが，日米安全保障条約には賛成であるという左派と，両条約ともに賛成であるという右派に分裂した。

C　日本社会党はサンフランシスコ講和条約に賛成するが，日米安全保障条約には反対であるという右派と，両条約ともに賛成であるという左派に分裂した。

D　日本社会党はサンフランシスコ講和条約に賛成するが，日米安全保障条約には反対であるという右派と，両条約ともに反対であるという左派に分裂した。

問6　下線部(オ)の政党について，最初の総裁の人名として**正しいもの**を，次のA～Dのうちから一つ選べ。(**解答番号32**)

A　吉田茂

B　鳩山一郎

C　岸信介

D　緒方竹虎

問7　下線部(カ)の55年体制で最後の内閣総理大臣となった人として**正しいもの**を，次のA～Dのうちから一つ選べ。(**解答番号33**)

A　細川護熙

B　村山富市

C　宇野宗佑

D　宮澤喜一

問 8　下線部(キ)と関連して起こった事柄を年代順に記した説明として**正しいもの**を，次のA～Dのうちから一つ選べ。(**解答番号 34**)

A　プラザ合意→海外渡航者数が 1,000 万人を超えた→ウルグアイラウンドの開始

B　プラザ合意→ウルグアイラウンドの開始→海外渡航者数が 1,000 万人を超えた

C　海外渡航者数が 1,000 万人を超えた→プラザ合意→ウルグアイラウンドの開始

D　ウルグアイラウンドの開始→プラザ合意→海外渡航者数が 1,000 万人を超えた

世界史

（60 分）

〔Ⅰ〕 次の文章を読み，下記の問いに答えなさい。

最近注目されるようになった歴史学(1)の新しい分野に，感情史がある。人間には喜怒哀楽といった感情があり，感情自体はどの時代の人間も持つものだが，どんなことに対してどのような感情を持つのかは，それぞれの人間が置かれた社会によって異なる。

フレーフェルトという研究者によれば，歴史とともに感情を表す言葉，あるいは感情そのものも変わる。アケーディアという言葉は，古代のギリシア(2)では，ある種の無気力状態を意味していた。この世での己の立場や状況にかまわず，無関心である状態のことだ。この言葉は中世ヨーロッパ(3)にもたらされ，トマス・アクィナス(4)は，これは「この世の悲しみ」であり，「精神の喜び」の対極にあるものだと定義している。アケーディアの状態は，何らかの魔物によるものだと考えられていた。このような状態をあらわす言葉そのものが，現在のヨーロッパや日本には存在しない。

古代医学の四体液説(5)に由来するメランコリアという言葉も，現代ではうつ病と関連付けられているが，近世(6)では，創造や発明につながるものと考えられ，単なる憂鬱とは異なるものと理解されていた。デューラー(7)の描いた「メランコリアⅠ」という作品に描かれた女性の目は，強い意志を感じさせるものとなっている。

「名誉」という言葉も，現代ではかつて持っていた力を失っている。16 世紀(8)以降のヨーロッパでは，名誉を汚される，すなわち何らかの侮辱を受けたときには，決闘(9)を行なわなければならなかった。イタリア(10)では 16 世紀に公の場で，公に行われる決闘のルールができあがっていたし，トリエント公会議(11)によって禁止されてからは，秘密裏に決闘が行われるようになり，その習慣は 20 世紀まで続く。「名誉」は命を懸けて守らなければいけないものだったのである。

「恥じらい」もまた，社会によって異なる。女性は古代以来長いスカートをはいており，とくに貴族(12)の女性などは，脚をさらすことはまずなかった。したがって，ふくらはぎを見せることにさえ，恥じらいを感じたはずである。騎士道物語(13)の中には，乙女のかかげたすそから見える脚は，不治の病をも治してしまうという詩があるほどである。

問 1　下線部(1)に関連して，歴史にかかわる著作を書いた人物について述べた文として，もっとも適切なものを一つ選びなさい。 1

A．アテネ出身のトゥキディデスは，ペルシア戦争を主題とした『歴史』を執筆した。

B．バグダードで活躍したタバリーが，『世界史序説』を執筆した。

C．ローマの世界支配実現の過程を説明した『歴史』を書いたポリビオスは，第３回ポエニ戦争に参加した。

D．ギリシア出身の歴史家リウィウスは，『ローマ建国史』を書いた。

問 2　下線部(2)に関連して，古代ギリシア人の植民市として，**誤っているもの**を一つ選びなさい。 2

A．マッサリア　　B．ネアポリス

C．ティリンス　　D．ミレトス

問 3　下線部(3)に関連して，中世ヨーロッパにおけるイスラーム勢力について述べた文として，**誤っているもの**を選びなさい。 3

A．後ウマイヤ朝のアブド＝アッラフマーン３世は，アンダルス地方を支配下におさめた。

B．両シチリア王国建設以前には，シチリアはイスラーム勢力の支配下にあった。

C．イベリア半島に進出したムラービト朝は，ムワッヒド朝を滅ぼした。

D．ムラービト朝とムワッヒド朝の都は，マラケシュであった。

問 4　下線部(4)をはじめとする西欧のスコラ学者は，イスラームの学問から大きな影響を受けていた。イスラームの学芸について述べた文として，もっとも適切なものを一つ選びなさい。 4

A．ウマル＝ハイヤームが，『旅行記』を執筆した。

B．イブン＝シーナーが，『医学典範』を執筆した。

C．フワーリズミーが，『医学大全』を執筆した。

D．ガザーリーが，『シャー＝ナーメ』を執筆した。

問 5　下線部(5)では，体液は循環しないと考えられていた。では，血液循環説を唱えた人物として，もっとも適切なものを一つ選びなさい。 5

A．ハーヴェー　　　　　　　　B．ラプラース

C．ジェンナー　　　　　　　　D．ヒューム

問 6　下線部(6)に関連して，17～19 世紀に存在していたアフリカの国家について述べた文として，**誤っているもの**を一つ選びなさい。 6

A．アフリカ西岸に位置するダホメ王国が，奴隷貿易によって強大化した。

B．ニジェール川流域を支配したソンガイ王国が，サハラ縦断交易で栄えた。

C．現在のナイジェリア西部に位置するベニン王国が，ヨーロッパ商人との間で奴隷を含む交易を行なった。

D．現在のウガンダ南部に位置するブガンダ王国では，象牙や黒人奴隷の取引が盛んに行なわれていた。

問 7　下線部(7)はドイツの画家であるが，同じドイツ出身の画家で，イギリス宮廷で活躍した画家として，もっとも適切なものを一つ選びなさい。

7

A．ファン＝アイク兄弟　　　　B．ホルバイン

C．フェルメール　　　　　　　D．レンブラント

問8　下線部(8)に関連して，16世紀のオスマン帝国について述べた文として，もっとも適切なものを選びなさい。 8

A．オスマン帝国とサファヴィー朝の戦いが，チャルディラーンで行われた。

B．プレヴェザの海戦で，オスマン帝国が敗北した。

C．地方有力者に徴税を請け負わせる徴税請負制が，普及・拡大した。

D．イクター制によって，シパーヒーに封土を与えていた。

問9　下線部(9)は，フランスではアンリ4世の時代にとくによく行われたという。アンリ4世の治世に起こったことを述べた文として，もっとも適切なものを選びなさい。 9

A．リシュリューが宰相となった。

B．彼の治世以降1789年まで，三部会は開かれなかった。

C．オランダが，独立を宣言した。

D．イギリスのテューダー朝が終わった。

問10　下線部(10)に関連して，イタリアに侵入してイタリア戦争の発端をつくったフランス王の名前として，もっとも適切なものを一つ選びなさい。 10

A．フランソワ1世　　B．シャルル8世

C．アンリ3世　　D．シャルル9世

問11　下線部(11)について述べた文として**誤っているもの**を一つ選びなさい。 11

A．新旧両派の調停を目的に開かれた。

B．イエズス会を認可した。

C．教皇の至上権を確認した。

D．最初の禁書目録を制定した。

問12　下線部(12)に関連して，中世ヨーロッパの封建制度について述べた文として**誤っているもの**を一つ選びなさい。 12

A．封建的主従関係を結ぶ時には，臣従礼と呼ばれる儀式が行われる。

B．主君と家臣の契約は双務的なものだったため，主君が保護を怠った場合，家臣は主君を訴えることができた。

C．家臣が結婚する場合は，結婚税を主君に払わなければならなかった。

D．領主が所有する荘園では，王の課税権や裁判権の行使を拒否することができた。

問13　下線部(13)に関連して，中世ヨーロッパの文学について述べた文として**誤っているもの**を一つ選びなさい。 13

A．騎士ローランの活躍と死を描く『ローランの歌』は，イタリアを代表する武勲詩である。

B．英雄ジークフリートと妻クリームヒルトの復讐を描く『ニーベルンゲンの歌』は，ドイツを代表する英雄叙事詩である。

C．『アーサー王物語』は，ブリトン人の英雄アーサー王を題材とした騎士道物語である。

D．吟遊詩人たちは，騎士道を背景とした貴婦人への愛をうたった。

〔Ⅱ〕 次の文章を読み，下記の問いに答えなさい。

ナポレオン戦争以降，ウィーン体制のもとで産業革命(1)を進展させつつ，一応の安定を得ていたヨーロッパ諸国であったが，フランス二月革命(2)を端緒とする1848年革命(3)によりふたたび揺れ動くこととなった。各国で発生した革命運動それ自体はほとんどが挫折を余儀無くされたものの，それは自由主義(4)・ナショナリズム・社会主義の運動が拡大する転換点となった。

革命の影響はオーストリアにも及んだ。コシュートの指導するハンガリーの民族運動はロシアの援助を得て鎮圧したものの，1859年のサルデーニャ王国との戦争(5)と1866年のプロイセンとの戦争に敗れ，国内体制の動揺からオーストリア＝ハンガリー帝国が成立(6)することとなったのである。「二重帝国」とも称されるこの国では，オーストリアとハンガリーがそれぞれ独自の政府を持ちつつも，外交・軍事およびこれらにかかわる限りでの財政を共通とし，オーストリア皇帝にしてハンガリー国王たる一人の君主，すなわちハプスブルク家(7)の当主のもとに束ねられた。またそれは，ドイツ人，マジャール人，チェコ人，ポーランド人(8)，ルテニア人など，多種多様な民族を包摂した多民族国家でもあり，実現されたかどうかは別としても，オーストリア基本法第19条では各民族の平等が規定された。世紀末の首都ウィーンの独特の文化(9)は広く知られるところである。

オーストリア＝ハンガリー帝国の外交政策にとって，バルカン半島はきわめて重要であった。オスマン帝国(10)は弱体化しつつあったものの，それにかわってロシアの勢力が伸長するとともに，諸民族の運動も活発になったのだった。ボスニア・ヘルツェゴヴィナの領有権をめぐって，バルカン半島の情勢は急激に悪化した。1912年の第1次バルカン戦争，翌年の第2次バルカン戦争を経て，オーストリア皇太子夫妻が暗殺されると，第一次世界大戦(11)が勃発した。この戦争の結果，オーストリア＝ハンガリー帝国は崩壊し，民族自決の原則にのっとって後継国家群が樹立されたが，それはバルカン半島における民族紛争の最終的な解決とはならず，その後も各地で衝突が続いた(12)。

問14　下線部(1)の説明として，もっとも適切なものを一つ選びなさい。

14

A．フランスでは1830年の七月革命を契機に産業革命が本格化し，小農民層の労働力への転換と資本の蓄積が急激に進行した。

B．1830年にオランダから独立したベルギーは，イギリスが機械技術の輸出を解禁すると，それに次いで産業革命を成し遂げた。

C．アメリカでは，アメリカ＝イギリス戦争後の保護関税政策により，1830年代から南部の工業化および機械化が本格的に進行した。

D．ドイツでは1834年，自由貿易主義を唱えるドイツ関税同盟により国内市場の統合が進み，重化学工業を主体に産業革命が進行した。

問15　下線部(2)の説明として，もっとも適切なものを一つ選びなさい。

15

A．パリの共和派市民・労働者・学生などが蜂起して臨時政府を組織し，第二共和政を樹立した。

B．共和主義者に率いられたパリ市民が復古王政を打倒し，立憲君主としてルイ＝フィリップを迎えた。

C．臨時政府軍によるパリ国民兵の武装解除を契機にパリ民衆が蜂起し，パリ＝コミューンを打ち立てた。

D．フランス革命の理念を原点として国民統合を目指し，ティエールが大統領に就任して第三共和政が成立した。

問16　下線部(3)の革命を題材とした絵画として，もっとも適切なものを一つ選びなさい。　16

A．

B．

C. 

D. 

問17　下線部(4)に関連して，1815年に制定されたイギリスの穀物法に関する説明として，もっとも適切なものを一つ選びなさい。 17

A．ナポレオンに対抗して，輸入穀物に高関税を課すことで国内農業の保護を図ったが，保守党ピール内閣のもとで廃止された。

B．ナポレオンに対抗して，輸入穀物に高関税を課すことで国内農業の保護を図ったが，自由党グラッドストン内閣のもとで廃止された。

C．ナポレオン没落後，輸入穀物に高関税を課すことで国内農業の保護を図ったが，保守党ピール内閣のもとで廃止された。

D．ナポレオン没落後，輸入穀物に高関税を課すことで国内農業の保護を図ったが，自由党グラッドストン内閣のもとで廃止された。

問18　下線部(5)に関する説明として，もっとも適切なものを一つ選びなさい。
18

A．サルデーニャ王国はナポレオン3世と密約を結んでオーストリアに勝利し，ロンバルディアを獲得した。

B．サルデーニャ王国はナポレオン3世と密約を結んでオーストリアに勝利し，南チロルを獲得した。

C．サルデーニャ王国はアレクサンドル2世と密約を結んでオーストリアに勝利し，ロンバルディアを獲得した。

D．サルデーニャ王国はアレクサンドル2世と密約を結んでオーストリアに勝利し，南チロルを獲得した。

問19　下線部(6)が成立するきっかけとなった，オーストリアとハンガリーのあいだの協定として，もっとも適切なものを一つ選びなさい。 19

A．アーヘン条約　　　　　　B．コンコルダート
C．アウスグライヒ　　　　　D．金印勅書

問20　下線部(7)の家系に連なる人物を生年の古い順に並べた順序として，もっとも適切なものを一つ選びなさい。 20

A．フランツ＝ヨーゼフ１世 → マリア＝テレジア → ヨーゼフ２世 → カール５世

B．フランツ＝ヨーゼフ１世 → ヨーゼフ２世 → マリア＝テレジア → カール５世

C．カール５世 → マリア＝テレジア → ヨーゼフ２世 → フランツ＝ヨーゼフ１世

D．カール５世 → ヨーゼフ２世 → マリア＝テレジア → フランツ＝ヨーゼフ１世

問21　下線部(8)の歴史に関する説明として，**誤っているもの**を一つ選びなさい。 21

A．カジミェシュ大王はユダヤ人の移住を奨励して経済を発展させ，農民の待遇改善，法律の整備，大学の設立などを行った。

B．ポーランド大公ヤゲウォとリトアニア女王ヤドヴィガが結婚してうまれたヤゲウォ朝のもとで，東欧の強国として繁栄した。

C．ヤゲウォ朝が断絶すると選挙王制によって王国は継続したが，後にロシア，オーストリア，プロイセンによって分割された。

D．ナポレオンによりワルシャワ大公国が建てられたが，ウィーン会議でポーランド立憲王国となると，事実上ロシア帝国に併合された。

問22　下線部(9)に関連して，19 世紀における近代諸科学の発展についての説明として，もっとも適切なものを一つ選びなさい。 22

A．ヘルムホルツは「力の保存」においてエネルギー保存の法則を提唱し，自然科学の多岐にわたる分野を研究した。

B．レントゲンは透過力の強い放射線であるX線を発見し，この業績により

最初のノーベル生理学・医学賞を受賞した。

C．メンデルは動植物の変異の観察から，種は自然淘汰によって進化したとする進化論を『種の起源』で例証した。

D．スタインは，南部アフリカ奥地を探検したのち消息を絶ったリヴィングストンと遭遇した。

問23　下線部⑽に関する説明として，もっとも適切なものを一つ選びなさい。

23

A．セリム３世はイェニチェリ軍団を廃止し，軍事・行政・社会全般の西欧化を進めたが，ギリシアの独立などの課題にも直面した。

B．マフムト２世は西欧式の新軍隊ニザーム＝ジェディットを設立するなどして西欧化改革に取り組んだが，保守派勢力により廃位された。

C．アブデュルメジト１世のもとでタンジマートが進められたが，ヨーロッパ工業製品の流入により，外国資本への従属が進んだ。

D．アブデュルハミト２世は憲法を停止して専制政治を行ったが，クリミア戦争に敗れ，ヨーロッパ側領土を大幅に失った。

問24　下図は，下線部⑾の戦争が勃発する直前のバルカン半島の状況である。ベオグラードとソフィアはそれぞれ地図中の都市①～④のどれか，もっとも適切な組み合わせを一つ選びなさい。　24

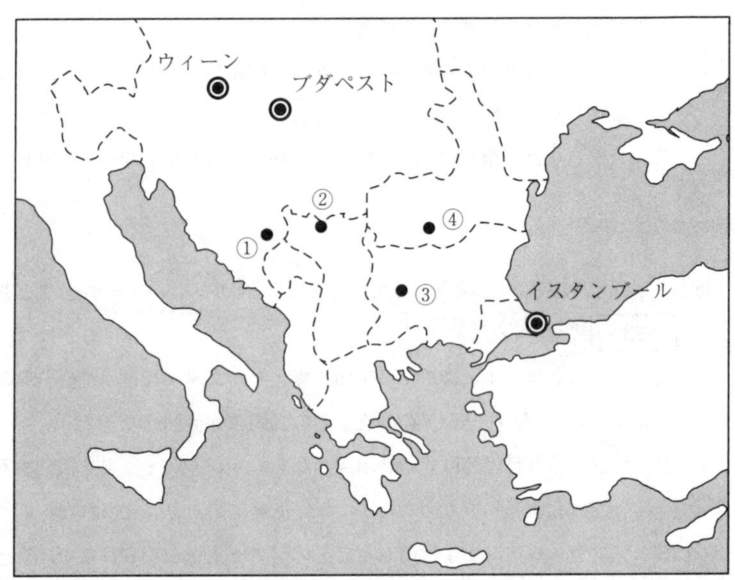

A．ベオグラードー① ソフィアー③

B．ベオグラードー① ソフィアー④

C．ベオグラードー② ソフィアー③

D．ベオグラードー② ソフィアー④

問25 下線部⑿に関する説明として，もっとも適切なものを一つ選びなさい。

25

A．「南スラヴ人」の国家として出発したユーゴスラヴィアでは，1991年，ブルガリア・スロヴェニア・マケドニアが独立を宣言した。

B．ボスニアの独立をめぐって内戦が発生し，ムスリム・セルビア人・モルドヴァ人が激しく対立したが，1995年のデイトン協定で終結した。

C．コソヴォ自治州においてアルバニア系住民をセルビア勢力が弾圧したため，国連の承認を受けずにＮＡＴＯ軍がセルビアを空爆した。

D．セルビアとクロアティアは1992年に新ユーゴスラヴィア連邦を結成したが，同年国連から追放され，2003年には連邦を解消した。

〔Ⅲ〕 次の文章を読み，下記の問いに答えなさい。

中国革命は一般に，1911年の［ (ア) ］蜂起に始まる辛亥革命がその発端とされることが多い。ただそれは，北洋軍(1)をにぎる清朝の実力者袁世凱(2)との妥協の産物(3)でもあり，のちに臨時大総統となった袁世凱は専制化を進めた。1913年の第二革命(4)が失敗したのち，袁世凱の専制色はさらに強まり，1915年に帝政復活を宣言，翌年1月には皇帝に即位する。しかし，帝政復活反対の第三革命が起こり，袁世凱は1916年3月に退位したのち，6月に病死する。

袁世凱死後，その部下の軍人たちが各地に割拠し，民衆からの搾取や帝国主義列強からの支援(5)をたのみに，北京政府の実権を争奪する軍閥の時代を迎える。それに対して，軍閥打倒を課題として明確化した1919年の五・四運動が，北京の学生から全国の市民・労働者へと拡大し，最終的にはヴェルサイユ条約調印拒否を勝ち取ることとなる。

五・四運動の高揚を文化面で準備したのは，1910年代におこった新文化運動(6)である。辛亥革命後の政治の混迷に失望した中国知識人は，民衆の自覚に基づく社会改革をめざす立場から，文語体の文学を否定した文学革命を展開する。たとえば，胡適は「文学改良芻議」で白話文学をとなえ，魯迅(7)は小説を通じ中国人の心理の暗黒面を描き出した。

魯迅は，混沌とする中国革命の紆余曲折を以下のように描写している。

> 革命派は反革命派に殺される。反革命派は革命派に殺される。不革命派は革命派だとまちがえられて反革命派に殺され，反革命派だとまちがえられて革命派に殺される，べつにまちがえられていなくても革命派や反革命派に殺されたりもする[1]。

暗殺や獄死，戦死などの死がいわば常態化していた中国革命の道程(8)は，近代化の「先生」であるはずの列強の中国侵略とあいまって，西洋近代への模倣から中国独自の近代への模索へと変容していった。毛沢東(9)は後にこう振り返っている。

帝国主義の侵略は，西洋に学ぼうとする中国人の迷夢をうちやぶった。ふしぎなことだ，なぜ先生はいつも生徒を侵略するのか。中国人は西洋からたくさんのものを学んだが，それは通用しなかったし，理想はいつも実現できなかった[2]。

かかる中国革命の問題認識は，1949年の中華人民共和国成立後も確認できる。たとえば，社会主義国の「本家」として見習うべきとされた(10)ソ連との深刻な対立がそうだろう。朝鮮戦争以降，強硬な対米対決路線をとった中国共産党は，1960年前後よりソ連の平和共存路線を厳しく批判するようになる。

魯迅は，中国における近代化の暗中模索について，「人生でもっとも苦しいのは，夢が醒めて行くべき道のないことです[3]」，「じつは地上にはもともと道はない，歩く人が多くなれば，道もできるのだ[4]」と形容した。(11)1978年に始まる改革・開放政策が展開するなかで提起された社会主義市場経済にも，社会主義と市場経済の同居という，「道」のない近代化の苦悩が垣間見える。そういう意味では，中国の近代化は今につづくプロジェクトであるともいえるのかもしれない。

注：

1：以下訳文より引用。魯迅「小雑感」，松井博光訳（代表）『魯迅全集』5，学習研究社，1985年，146頁。

2：以下訳文より一部改訳して引用。毛沢東「人民民主主義独裁について」，『毛沢東選集』第四巻，外文出版社，1968年，542頁。

3：以下訳文より一部改訳して引用。魯迅「ノラは家出してからどうなったか」，伊藤虎丸訳（代表）『魯迅全集』1，学習研究社，1984年，221頁。

4：以下訳文より引用。魯迅「故郷」，丸山昇訳（代表）『魯迅全集』2，学習研究社，1984年，92頁。

問26 空欄(ア)に入る地名として，もっとも適切なものを一つ選びなさい。

| 26 |

A．南京　B．長沙　C．武昌　D．武漢

問27 下線部(1)に関する説明として，もっとも適切なものを一つ選びなさい。 27

A．湖南の郷勇を発展させる形で太平天国鎮圧のためにつくられた軍隊である。

B．淮軍を基盤として洋務運動期に李鴻章によってつくられた軍隊である。

C．変法を断行するために光緒帝によってつくられた軍隊である。

D．日清戦争開戦後に海軍とともにつくられた陸軍である。

問28 下線部(2)に関連して，辛亥革命勃発後に袁世凱が清朝によって登用された官職名として，もっとも適切なものを一つ選びなさい。 28

A．直隷総督　　B．外務大臣

C．総理大臣　　D．軍機大臣

問29 下線部(3)に関連して，袁世凱が孫文から臨時大総統の地位をゆずりうけた条件の内容として，もっとも適切なものを一つ選びなさい。 29

A．宣統帝の退位と共和政の維持

B．国民党の解散と孫文の国外追放

C．鉄道の国有化と外国からの借款実現

D．科挙の廃止と国会開設

問30 下線部(4)に関連して，1913年の政治状況の説明として，もっとも適切なものを一つ選びなさい。 30

A．宋教仁は，国民党が勝利した国会議員選挙の直後に暗殺された。

B．中国は露中宣言で，外モンゴルの独立を承認した。

C．毛沢東は，井崗山に根拠地を建設した。

D．孫文は中国国民党を創設し，国共合作を実行した。

問31 下線部(5)に関連して，列強と軍閥との関係に関する説明として，もっとも適切なものを一つ選びなさい。 31

A．直隷派は，イギリスやアメリカに支えられ，1920年の安直戦争では安徽派を破った。

B．安徽派は，西原借款など日本の援助を受けて軍事力を強化したが，第一次世界大戦では局外中立を維持した。

C．奉天派は，フランスと結んで勢力をのばし，1927年に北京政府を掌握した。

D．奉天派は，北伐中の国民革命軍に山東省を占領された結果，日本政府に済南奪回の出兵を要請した。

問32　下線部(6)に関する説明として，もっとも適切なものを一つ選びなさい。
32

A．胡適は五・四運動後に，マルクス主義に傾倒することとなった。

B．新文化運動の指導者宋慶齢は，「民主と科学」を運動の旗印に掲げた。

C．新文化運動を推進した雑誌の名称は，1916年創刊の『民報』であった。

D．新文化運動では，旧い道徳や文化を打破することが，陳独秀らによって提唱された。

問33　下線部(7)に関する説明として，もっとも適切なものを一つ選びなさい。
33

A．魯迅は『狂人日記』において，被害妄想患者の日記の形をとり，中国国民党をきびしく批判した。

B．魯迅は，蔡元培が学長だった時代の北京大学に教授として招かれ，マルクス主義擁護の論陣を張った。

C．魯迅は『阿Q正伝』において，工場労働者の阿Qを主人公として，きびしい現実を直視しない中国人の実態をきびしく批判した。

D．魯迅は，左翼作家連盟の中心的人物となり，国民党政府の弾圧に抵抗しつづけた。

問34　下線部(8)に関連して，張作霖に逮捕され処刑された人物として，もっとも適切なものを一つ選びなさい。　34

A．胡適　　B．李大釗　　C．魯迅　　D．陳独秀

問35　下線部(9)に関連して，毛沢東の著作でないものを一つ選びなさい。

35

A．『矛盾論』　B．『持久戦論』

C．『世界革命論』　D．『新民主主義論』

問36　下線部(10)に関する説明として，もっとも適切なものを一つ選びなさい。

36

A．ソ連共産党第20回大会で発表された平和共存政策はその後，中国から「修正主義」と非難を受けることとなった。

B．ソ連に反発した中国は，中ソ技術協定を一方的に破棄し，国内のソ連人技術者を追放した。

C．1963年に公開論争となった中ソ対立において，東側で中国を支持する国はユーゴスラヴィアのみであった。

D．最終的に中ソ対立は，1989年のエリツィン訪中によって終止符が打たれた。

問37　下線部(11)に関する説明として，もっとも適切なものを一つ選びなさい。

37

A．1978年頃から，農家は請負料を政府におさめ，余剰生産物を自由に販売できる生産責任制が開始された。

B．改革・開放政策の具体化のために，農業・工業・国防・科学技術の「四つの現代化」が提起された。

C．農産物価格自由化や「経済特区」の設置などを盛り込んだ改革・開放政策は周恩来によって始められ，鄧小平に引き継がれた。

D．人民公社の解体は1990年代に開始され，全農家がすみやかに単独経営に移行した。

〔Ⅳ〕 次の文章を読み，下記の問いに答えなさい。

ラテンアメリカと呼ばれるメキシコ以南の地域は，古代より独自の文明(1)を形成していたが，約500年前に大航海時代(2)の幕開けによって「発見」されて以降，欧米諸国の支配と収奪の場となってきた。その先陣を切ったのが，アジアへの進出ではポルトガル(3)に遅れをとったスペイン(4)であった。16世紀には，スペインから次々と「征服者」の率いる軍隊が乗り込み，先住民の諸国家を侵略・破壊し，植民地化していった。アメリカ大陸の先住民と西アフリカからの黒人奴隷を酷使した鉱山開発によって，大量の銀を獲得したスペイン(5)は全盛期を迎えた。

18世紀後半になると，フランス革命の影響を受け，ラテンアメリカにも独立の気運が高まった。ナポレオンのスペイン占領の影響でスペイン本国の植民地支配が弱まったことをきっかけに，1810年代～20年代にかけて多くのラテンアメリカ諸国が独立した(6)。

その一方で，ラテンアメリカへの影響力を拡大しつつあったのがアメリカ合衆国であった。西部開拓による領土拡大(7)を進めるアメリカ合衆国が1845年にテキサスを併合すると，メキシコとの対立が激化し，1846年にアメリカ＝メキシコ戦争が起こった。19世紀後半になると，アメリカ合衆国は海外進出を目指す帝国主義的政策を展開し始めた。1889年以来，合衆国主催でパン＝アメリカ会議を定期的に開催し，ラテンアメリカへの影響力の拡大をはかっていった。さらに，1898年のアメリカ＝スペイン戦争の勝利後は，アメリカ合衆国はカリブ海政策を推進し，「裏庭」としてラテンアメリカ諸国を勢力下に置いていく(8)ことになった。その一方で，この時代のラテンアメリカ諸国では，英米の経済的支配や少数の大地主層や大商人層の支配に対して，農民や労働者層の抵抗運動(9)も強まっていた。

第二次世界大戦後もラテンアメリカ諸国はアメリカ合衆国の強い影響下に置かれた。これらの地域への共産主義勢力の浸透を阻止するために，アメリカ合衆国は，1948年に米州機構の結成を導いた。このころ，親米の軍事独裁政権による長期支配が続く一方で，アメリカ合衆国の干渉に対し，ブラジルやグアテマラ，キューバ(10)などは反発し，反米的な政権が誕生する動きも現れた。1980年代以降になると，ラテンアメリカ諸国では金融通貨危機などの結果，開発独裁政権が倒され民政移行(11)が実現していった。

21世紀初頭以降，ラテンアメリカ諸国の中には高い経済成長を続ける国(12)もある。しかし，「近代世界システム」論(13)によれば，ラテンアメリカの多くの国々は，大航海時代以降，世界的な分業システムの下で資本主義体制に組み込まれ経済的従属を強いられてきた。その結果，いまだに貧困が解消されておらず，不安定な情勢が続いている。

問38　下線部(1)に関連して，アメリカ大陸の文明についての説明として，**誤っているもの**を一つ選びなさい。 [38]

A．ユカタン半島で栄えたマヤ文明では，ピラミッド状の建築物や文字，二十進法による数の表記法が発達した。

B．メキシコ中央高原では，北方から進出してきたアステカ人によって，テノチティトランを首都にしたアステカ王国が発達した。

C．アステカ文明やマヤ文明では，鉄を用いた武器や武具を作り，馬に戦車を引かせて近隣諸国と戦争していた。

D．アンデス地帯で繁栄したインカ帝国は，文字を持たず，キープで情報を伝えていた。

問39　下線部(2)に関連して，ヨーロッパによるラテンアメリカ大陸の征服についての説明として，もっとも適切なものを一つ選びなさい。 [39]

A．トスカネリの説を信じたコロンブスは，アジアに到達するために，東回り航路を開拓した。

B．ピサロは1533年にインカ帝国を滅ぼし，クスコを破壊したのちに，新しい首都リマを建設した。

C．スペインの植民地では，イエズス会修道士のラス＝カサスが，植民地の惨状を本国に訴え先住民の救済につとめた。

D．スペインは，植民地経営形態として，先住民をキリスト教に改宗させることを条件に，先住民の労働力の使用を認めるアシエンダ制を取り入れた。

問40　下線部(3)に関連して，大航海時代に対外進出の基地となり一時は世界商業の中心として繁栄したポルトガルの首都として，もっとも適切なものを一つ選びなさい。 40

A．リスボン　　B．セビリャ

C．セウタ　　D．パロス

問41　下線部(4)に関連して，15 世紀のイベリア半島の情勢の説明として，**誤っているもの**を一つ選びなさい。 41

A．カスティリャ王女のイサベルとアラゴン王子フェルナンドが結婚し，スペイン王国が成立した。

B．約 800 年間続いたレコンキスタの戦いは，ナスル朝の都グラナダの陥落によって完了した。

C．絶対王権の確立をはかったポルトガル王国の国王ジョアン 2 世は，インド航路の開拓を支援した。

D．フェリペ 2 世はポルトガルの王家断絶を機にポルトガルを併合し，「太陽の沈まぬ国」を実現するに至った。

問42　下線部(5)に関連して，当時のスペイン商人が行ったアカプルコ貿易についての説明として，もっとも適切なものを一つ選びなさい。 42

A．アカプルコ貿易では，アカプルコへは東南アジア・インド産の大量の香辛料が運ばれた。

B．アカプルコ貿易では，鉱山での強制労働や伝染病で激減した先住民に代わる労働力として，アフリカから黒人奴隷が連れてこられた。

C．アカプルコ貿易によって運ばれたメキシコ銀は中国に大量に流入し，アジアの経済に大きな影響を与えた。

D．アカプルコ貿易は，スペイン商人が，アカプルコとマカオを大型の帆船であるガレオン船によって結んで行った貿易である。

問43　下線部(6)に関連して，1810 年代～ 1820 年代に起こった独立運動とそれに関わる動向の説明として，もっとも適切なものを一つ選びなさい。

43

A．フランス革命の影響を受けて，ハイチでは，トゥサン＝ルベルチュールを指導者に奴隷解放運動が始まったが，フランス軍に鎮圧された。

B．シモン＝ボリバルやサン＝マルティン，イダルゴなど，植民地生まれの白人であるクリオーリョが独立運動の中心となった。

C．スペインの植民地統治に対し，ホセ＝マルティの呼びかけでキューバ住民が蜂起し，キューバは独立を実現した。

D．イギリスのカニング外相は，ラテンアメリカ市場の開拓をねらってラテンアメリカ諸国の独立運動を妨害した。

問44　下線部(7)に関連して，アメリカ合衆国がテキサスやカリフォルニアなど西部開拓の正当性を主張するために強調した言葉として，もっとも適切なものを一つ選びなさい。　44

A．フロンティア＝スピリット　　B．涙の旅路

C．最大多数の最大幸福　　D．明白な天命

問45　下線部(8)に関連して，アメリカ合衆国が行ったラテンアメリカ諸国に対する政策として，**誤っているもの**を一つ選びなさい。　45

A．セオドア＝ローズヴェルト大統領は，「棍棒外交」と呼ばれる武力干渉を行い，パナマ運河建設などカリブ海と中米地域における覇権を目指した。

B．アメリカ＝スペイン戦争の勝利により，アメリカ合衆国はフィリピンやプエルトリコを獲得し，キューバを保護国化した。

C．1914年にパナマ運河が完成すると，ウッドロー＝ウィルソン大統領は「宣教師外交」に基づき，その管理権をパナマに返還した。

D．フランクリン＝ローズヴェルト大統領は，ラテンアメリカ諸国をドル経済圏に組み入れるため，善隣外交政策を取った。

問46　下線部(9)に関連して，1910年に起こった民主主義革命によりディアス独裁政権が打倒された国として，もっとも適切なものを一つ選びなさい。

46

A．ニカラグア　　B．チリ

C．メキシコ　　D．アルゼンチン

問47　下線部⑽に関連して，キューバ革命とキューバ危機に関する出来事が起こった順として，もっとも適切なものを一つ選びなさい。 47

①米ソ間のホットライン協定

②キューバの社会主義宣言

③バティスタ政権の打倒

④ソ連の支援によるミサイル基地建設の発覚

A．①→④→②→③　　B．②→③→④→①

C．③→②→④→①　　D．④→②→①→③

問48　下線部⑾に関連して，1980年代以降のチリの民政移行についての説明として，もっとも適切なものを一つ選びなさい。 48

A．ピノチェト大統領は，人権侵害を行ったとの国際的な批判を浴び，国民投票でも不信任となった。

B．民政に移行するきっかけとなったのは，イギリスとの間で起こったフォークランド戦争での大敗だった。

C．40年以上に及ぶソモサ親子らの独裁政権が，サンディニスタ民族解放戦線によって打倒された。

D．アジェンデによる左翼連合政権の成立によって，史上初の選挙による社会主義政権が成立した。

問49　下線部⑿に関連して，ＢＲＩＣＳの中に入るラテンアメリカの国として，もっとも適切なものを一つ選びなさい。 49

A．チリ　　B．ブラジル

C．メキシコ　　D．キューバ

問50　下線部⒀を提唱した歴史社会学者として，もっとも適切なものを一つ選び

なさい。 50

A. ソルジェニーツィン　　B. ウォーラーステイン

C. トインビー　　D. ケインズ

地理

（60分）

〔Ⅰ〕 南アメリカに関する以下の設問に答えなさい。

1．南アメリカの地図と自然に関する次の文章を読んで，以下の設問に答えなさい。

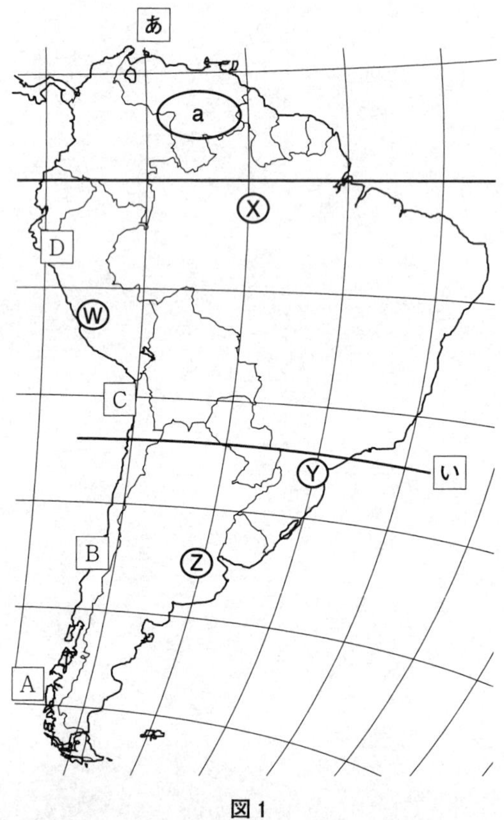

図1

南アメリカの太平洋側には，変動帯に属するアンデス山脈が南北にはしる。ここでは<u>高度に伴って気候や植生，作物が変化する</u>(ア)。アンデス山脈東麓から東には，なだらかな高原や低平な構造平野が広がる。アマゾン川流域を中心に熱帯が内陸の奥深くまで分布し，熱帯雨林が広がる。その南北両側にはサバナ気候の地域が広がり，<u>熱帯草原</u>(イ)がみられる。ブラジル高原の南側には，温帯に属する広大な平野が広がり，特にアルゼンチン中央部の大平原は<u>パンパ</u>(ウ)と呼ばれる。その西側のアンデス山脈東麓から南部のパタゴニアでは乾燥して，ステップ気候や砂漠気候がみられる。

これに対して，アンデス山脈の西側の海岸部では，南部から西岸海洋性気候，そして<u>地中海性気候</u>(エ)が狭く帯状に伸び，中央部では寒流のペルー海流の影響を受けて<u>砂漠気候</u>(オ)が広がり，さらに北に進むと温暖冬季少雨気候，サバナ気候，そして熱帯雨林へと移っていく。

(1)　**図1**の経線 [あ] が付近を通るアメリカ合衆国の都市として適当なものを次から1つ選んで，解答欄にマークせよ。(**解答番号：1**)

A　ピッツバーグ　　　B　ニューオーリンズ
C　ボストン　　　　　D　マイアミ

(2)　**図1**の [い] は南回帰線である。南回帰線が**通過しない**国の首都として適当なものを次から1つ選んで，解答欄にマークせよ。(**解答番号：2**)

A　アンタナナリボ　　B　ウェリントン
C　キャンベラ　　　　D　プレトリア

(3)　下線部**ア**に関して，アンデス山脈において，標高が最も高い地域で栽培されている作物として適当なものを次から1つ選んで，解答欄にマークせよ。(**解答番号：3**)

A　小麦　　　　　　　B　じゃがいも

C　とうもろこし　　　D　綿花

(4)　下線部**イ**のうち**図1**の**a**にある熱帯草原の名称として適当なものを次から1つ選んで，解答欄にマークせよ。(**解答番号：4**)

A　カンポ　　　B　グランチャコ
C　セルバ　　　D　リャノ

(5)　下線部**ウ**に関して，パンパは年降水量の違いによって湿潤パンパと乾燥パンパに分けられる。この境界となる年降水量として適当なものを次から1つ選んで，解答欄にマークせよ。(**解答番号：5**)

A　200～250mm　　　B　500～550mm
C　700～750mm　　　D　900～950mm

(6)　下線部**エ**に関して，この気候が出現する地域として適当なものを，**図1**のA～Dから1つ選んで，解答欄にマークせよ。(**解答番号：6**)

(7)　次の**図2**中のA～Dは，**図1**中の4つの都市**W**～**Z**のいずれかのものである。都市**Y**の雨温図として適当なものをA～Dから1つ選んで，解答欄にマークせよ。(**解答番号：7**)

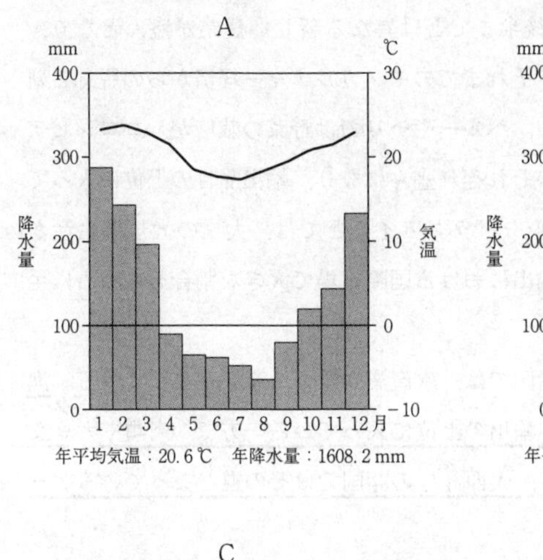

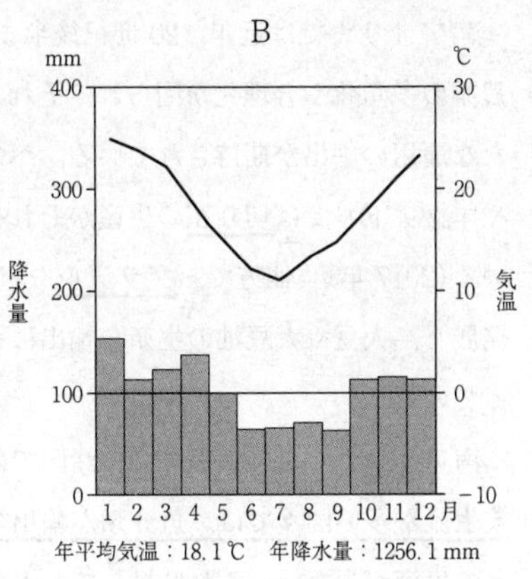

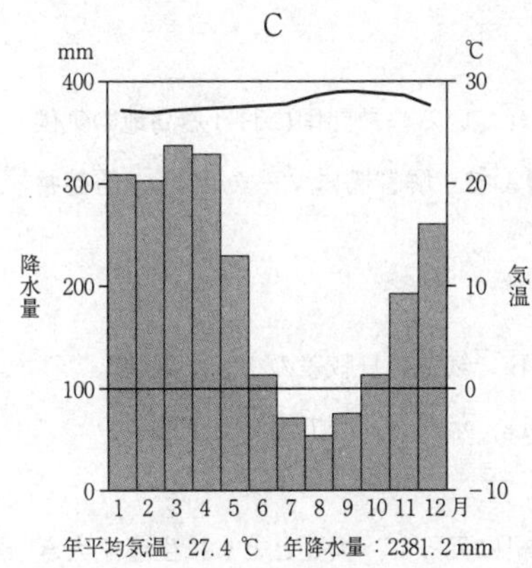

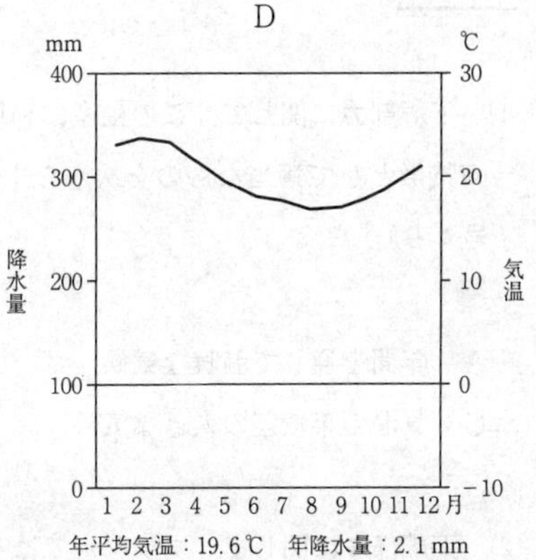

図2

資料：気象庁「地上月気候値気象通報」により作成。

(8)　下線部**オ**に関して，この砂漠と同様の成因で形成されたアフリカの砂漠として適当なものを次から1つ選んで，解答欄にマークせよ。（**解答番号：8**）

A　カラハリ砂漠　　B　ナミブ砂漠

C　ネフド砂漠　　D　リビア砂漠

2．南アメリカの農業・水産業に関する次の文章を読んで，設問に答えなさい。

南アメリカでは近年，20世紀後半までとは異なる新しい農業が盛んとなり，農業の多角化や合理化が図られ，それまでのモノカルチャー経済からの脱却と新たな雇用の創出が期待されている。ペルーやチリでは野菜の栽培が，コロンビアやエクアドルでは切り花（カ）の生産がそれぞれ盛んになり，輸出品目の上位に入っている(2017年)。他方で，ブラジル（キ）やパラグアイなどでは，大豆の大規模生産が発展し，大豆や大豆油の生産・輸出における国際市場で大きな割合を占めるに至っている。

南アメリカの主に太平洋側の諸国では，水産業も重要な産業となっている。漁業生産が多い国々では，魚介類が輸出の上位に入っている一方で，肉類や大豆などの生産が少ない。これに対して，大西洋岸の諸国ではその逆となっているケースが多い（ク）。

(1)　下線部**カ**に関して，この生産に利用されている当該諸国における高地の気候の特徴として適当なものを次から1つ選んで，解答欄にマークせよ。(**解答番号：9**)

A　年間を通じて温暖な気候　　B　気温の日較差の小さな気候

C　気温の年較差の大きな気候　　D　年間を通じて湿潤な気候

(2)　下線部**キ**に関して，ブラジルでは今世紀に入って，大豆とともに生産を大きく伸ばしている作物がある。この作物として適当なものを次から1つ選んで，解答欄にマークせよ。(**解答番号：10**)

A　小麦　　B　コーヒー　　C　さとうきび　　D　バナナ

(3)　下線部**ク**に関して，次の**表1**は南アメリカの太平洋側の3か国の，**表2**は同じく大西洋側の3か国の，それぞれの輸出品目の上位5位までの割合を示したものである。

表 1　太平洋側 3 か国の商品別輸出比率(上位 5 位，2018 年)

①

商品	%
原油	36.3
魚介類	22.2
Q	17.5
石油製品	4.4
装飾用切花	4.0

②

商品	%
銅鉱	24.8
銅	23.8
Q	9.5
魚介類	8.3
パルプ・古紙	4.8

③

商品	%
銅鉱	27.2
金(非貨幣用)	14.7
Q	9.1
石油製品	6.3
銅	4.7

表 2　大西洋側 3 か国の商品別輸出比率(上位 5 位，2018 年)

④

商品	%
植物性油かす	14.6
自動車	7.8
とうもろこし	6.9
大豆油	4.6
Q	4.5

⑤

商品	%
肉類	25.3
木材	11.6
酪農品	9.0
大豆	7.0
米	5.3

⑥

商品	%
大豆	13.8
原油	10.5
鉄鉱石	8.4
機械類	7.7
肉類	6.0

資料：**表 1・2** ともに『世界国勢図会 2020－21』により作成。

(3)－1　**表 1** 中の①および**表 2** 中の④，⑤の国名の組合せとして適当なものを次から 1 つ選んで，解答欄にマークせよ。(**解答番号：11**)

	①	④	⑤
A	エクアドル	アルゼンチン	ウルグアイ
B	エクアドル	ウルグアイ	アルゼンチン
C	チリ	アルゼンチン	ウルグアイ
D	チリ	ウルグアイ	アルゼンチン
E	ペルー	アルゼンチン	ウルグアイ
F	ペルー	ウルグアイ	アルゼンチン

(3)－2　**表1**および**表2**中の［　Q　］に当てはまる商品として適当なものを次から1つ選んで，解答欄にマークせよ。(**解答番号：12**)

A　カカオ豆　　B　コーヒー豆

C　砂糖　　D　野菜・果実

〔Ⅱ〕国家とグローバリゼーションに関する次の文章を読んで，設問に答えなさい。

国家は，領域，国民，主権（ア）を三要素とする政治的共同体である。領域とは，国家の主権が及ぶ範囲であり，それぞれの国家の領域は国境によって隔てられる。国境は，自然障壁に沿った自然的国境（イ）と，それによらない人為的国境（ウ）とに区分される。

17世紀以降の近代国家は，この政治的共同体としての「国家」と，そこに帰属意識をもつ文化的共同体としての「民族」が一致した状態である「国民国家」を理想的な形態としてきた。しかし，「一民族一国家」はあくまで理想に過ぎず，国内での民族対立（エ）や国家を持たない民族（オ）が迫害を受ける悲劇は，今も後を絶たない。

グローバル化は近代国家をどのように変えていくのだろうか。地理学者のみならず，多くの研究者がこの問いに関心を寄せている。ここでいうグローバル化とは，ヒト・モノ・カネ・情報などの世界的な流動が，量的に増大するだけでなく，質的にも多様化（カ）する傾向である。グローバル化が国家の役割を弱体化させると考える人は，国際化とグローバル化を区別する傾向にある。ヒト・モノ・カネ・情報の世界的な流動はかつてもあったが，それはあくまで国と国との間の関係すなわち国際関係であった。しかし，そうした流動を操る主役が多国籍企業に移る（キ）と，国家が弱体化するとともに国境の意義が薄れ，文字通り全地球が1つになるグローバル化の段階が訪れたというのである。

グローバル化と呼びうる現象が起こっていることは認めるとしても，現実には国家と国境の役割は依然として大きい。世界的には自由貿易が推進されているが，国内の産業保護や他国への政治的圧力のために保護貿易政策に頼る国（ク）は多く，特定の国家間で結ばれた自由貿易協定は，世界をいくつかの経済圏にブロッ（ケ）

ク化する働きをしている。国境を越えた人の移動のコントロールは，今でも国家の最大の関心事である。とりわけ先進国では，不足する労働力と移民に対する国民感情の両方に慎重に配慮しながら，移民政策のかじ取りをしている。いかにそれが現実とはかけ離れていようとも，「一民族一国家」という理想は，いまだに国家と国民を縛り続けているのである。

問１　下線部**ア**に関して，**適当でないもの**を次から１つ選んで，解答欄にマークせよ。（**解答番号：13**）

A　海底ケーブルは，公海内であれば自由に敷設できる。

B　サンフランシスコ平和条約によって，日本における領海12海里の原則が認められた。

C　排他的経済水域が国連海洋法条約によって認められたのは，第二次世界大戦後である。

D　領土と領海の上空のどこまでが領空かはあいまいである。

問２　下線部**イ**に関して，自然的国境とそれが隔てる国家の組合せとして**適当でないもの**を次から１つ選んで，解答欄にマークせよ。（**解答番号：14**）

	自然的国境	左の国境が隔てる国家	
A	リオグランデ川	アメリカ合衆国	メキシコ
B	紅海	サウジアラビア	スーダン
C	タンガニーカ湖	タンザニア	コンゴ民主共和国
D	インダス川	インド	パキスタン

問３　下線部**ウ**に関して，人為的国境の直線的部分およびその付近についての記述として**適当でないもの**を次から１つ選んで，解答欄にマークせよ。（**解答番号：15**）

A　アメリカ合衆国とカナダの国境は，春小麦地帯を通過する。

B　インドネシアとパプアニューギニアの国境は，標高2,000メートルを超える山脈を横切る。

C　ウズベキスタンとカザフスタンの国境は，アラル海およびその跡を横切る。

D　ケニアとタンザニアの国境は，ほぼ全域が熱帯雨林気候区に属する。

問4　下線部**エ**に関して，ヨーロッパにおける国内での民族対立について**適当でないもの**を次から1つ選んで，解答欄にマークせよ。(**解答番号：16**)

A　キプロスは，事実上国家が南北に二分されているが，北側の領域を国家として承認しているのはトルコのみである。

B　スコットランドでは，2014年にイギリスからの独立の是非を問う国民投票が行われたが，僅差で否決された。

C　スペインでは，経済発展が遅れていることに対する不満が，カタルーニャ州とバスク州における独立運動を激しくしている。

D　ベルギーでは，言語によって境界線が引かれ，地域ごとに公用語が定められている。

問5　下線部**オ**に関して，国家を持たない民族についての記述として適当なものを次から1つ選んで，解答欄にマークせよ。(**解答番号：17**)

A　クルド人は，クルディスタンという国家を構成していたが，植民地宗主国間の覇権争いの結果，その国家は消滅した。

B　パレスチナ人は，ムスリムであり，テルアビブを拠点として，ユダヤ教徒中心のイスラエル政府に対する抵抗運動を繰り広げている。

C　ロヒンギャは，ミャンマー西部に居住するムスリムであるが，ミャンマー政府はバングラデシュからの不法移民とみなしている。

D　ロマは，ヨーロッパ全域で移動生活を行っていたが，東欧革命以降，起源地とされるルーマニアへの帰還と定住が進んでいる。

問 6　下線部**カ**に関して，国際人口移動は量的に増大するとともに，質的に多様化している。次の**図 1** は，留学生の出身地と留学先を示したものであり，A～Dはアメリカ合衆国，EU 15 か国，オーストラリア，日本のいずれかである。EU 15 か国とオーストラリアに該当するものを，それぞれ1つ選んで，解答欄にマークせよ。(**EU 15 か国　解答番号：18，オーストラリア　解答番号：19**)

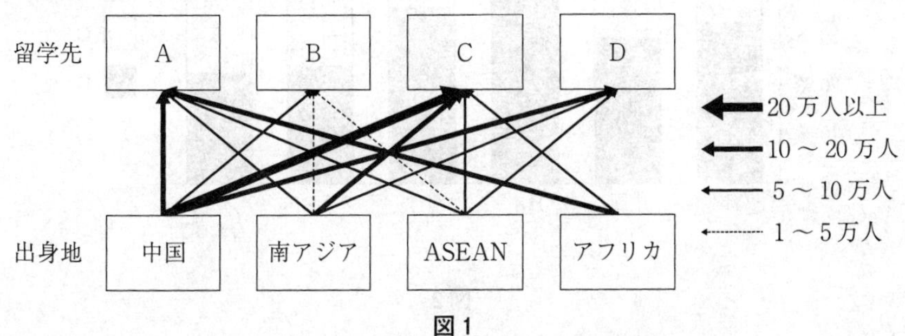

図 1

EU 15 か国：ベルギー，デンマーク，ドイツ，アイルランド，ギリシャ，スペイン，フランス，イタリア，ルクセンブルク，オランダ，オーストリア，ポルトガル，フィンランド，スウェーデン，イギリス。
統計年次は 2016 年。
資料：『通商白書 2019』により作成。

問 7　下線部**カ**に関して，技術のグローバルな流動も著しい。次の**図 2** は，各国の国際特許の出願件数の分野別内訳を示したものであり，A～Dは医療・医薬品・バイオ，自動車関連，通信・コンピュータ技術，電気機械のいずれかである。自動車関連と，通信・コンピュータ技術に該当するものを，それぞれ1つ選び，解答欄にマークせよ。(**自動車関連　解答番号：20，通信・コンピュータ技術　解答番号：21**)

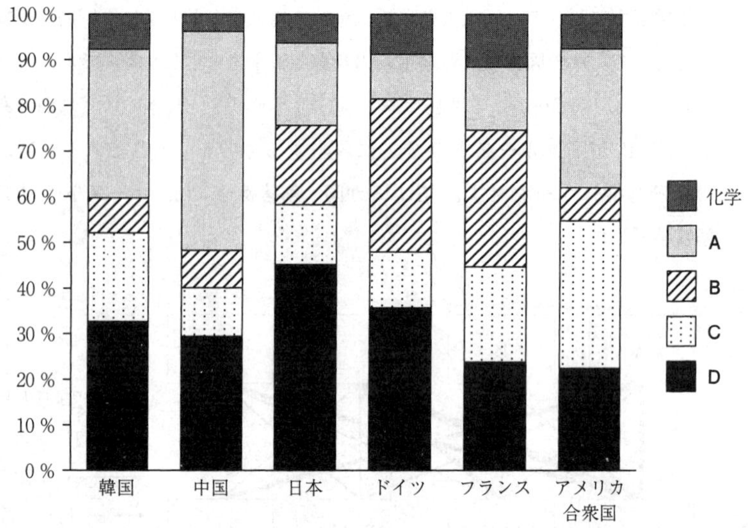

図 2

資料：『世界国勢図会 2020/21』により作成。

問 8　下線部**キ**に関して，次の**表 1** は，日本の海外現地法人数とその従業員数および売上を示したものであり，A～Dはアメリカ合衆国，オーストラリア，シンガポール，タイのいずれかである。タイに該当するものを１つ選び，解答欄にマークせよ。(**解答番号：22**)

表 1

	海外現地法人数	従業員数(人)	売上(億円)	事業所当たり従業員数(人)	従業員１人当たり売上(百万円)
A	3, 223	652, 922	881, 177	203	135
B	487	42, 132	58, 363	87	139
C	1, 150	111, 953	142, 740	97	127
D	2, 271	689, 540	205, 202	304	30

統計年次は 2015 年。

資料：独立行政法人経済産業研究所『海外直接投資データベース 2020』により作成。

問 9　下線部**ク**に関して，日本の牛肉の輸入量を示した**図 3** に関する記述として適当なものを 1 つ選び，解答欄にマークせよ。(**解答番号：23**)

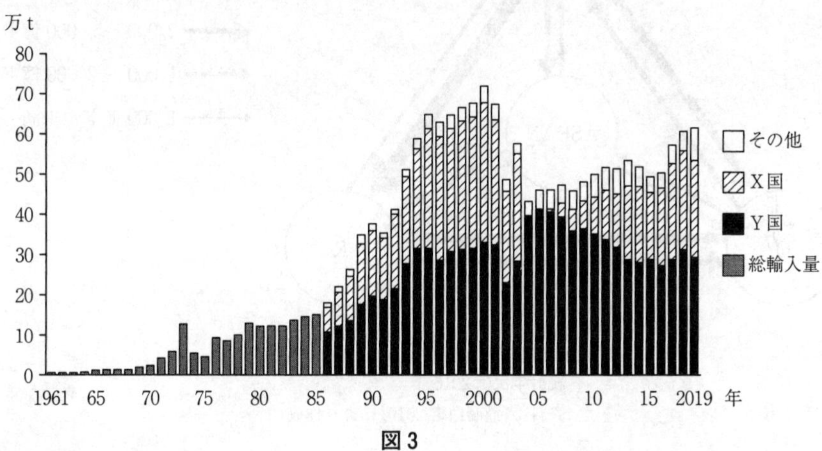

図 3

牛肉の輸入量は，Meat，cattle と Meat，cattle，boneless(beef & veal)の合計。1985 年以前は，国別のデータなし。
資料：FAOSTAT により作成。

A　1970 年代半ばには，世界的な家畜感染症の蔓延によって輸入量が減少した。

B　1991 年には，Y 国との貿易交渉によって牛肉はオレンジとともに輸入が自由化され，輸入量が増大した。

C　2000 年代初頭には，BSE による健康被害への懸念から牛肉の消費量が低迷し，X 国からの輸入は一時禁止された。

D　2000 年以降，X 国，Y 国以外からの輸入量が増加傾向にあり，日本の商社による中国からの開発輸入がその多くを占める。

問10　下線部**ケ**に関連して，次の**図 4** は主要な経済ブロック間の貿易額を示したものであり，P～R は，アメリカ合衆国，中国，EU のいずれかである。P～R に該当する組合せとして適当なものを 1 つ選び，解答欄にマークせよ。(**解答番号：24**)

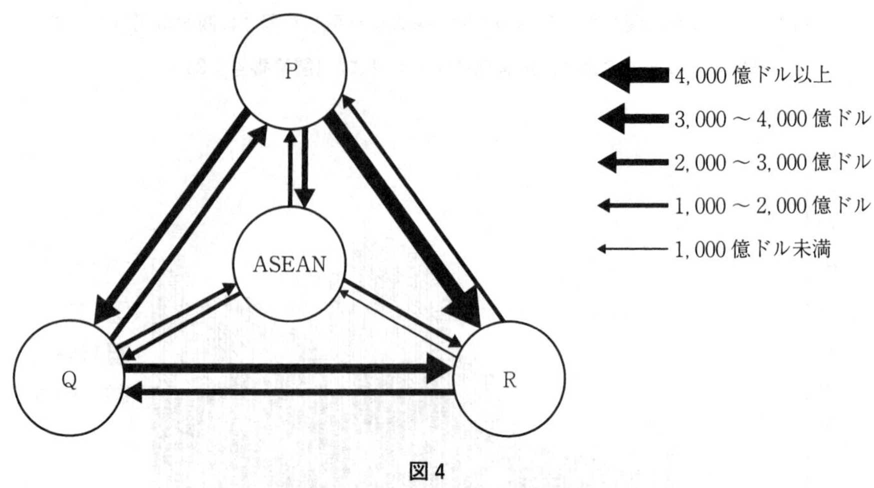

図4

統計年次は2016年。
資料：『通商白書2019』により作成。

	P	Q	R
A	アメリカ合衆国	中国	EU
B	アメリカ合衆国	EU	中国
C	中国	アメリカ合衆国	EU
D	中国	EU	アメリカ合衆国
E	EU	アメリカ合衆国	中国
F	EU	中国	アメリカ合衆国

問11　下線部**コ**に関して，各国の移民・外国人労働力政策として**適当でないもの**を次から１つ選び，解答欄にマークせよ。(**解答番号：25**)

A　イギリスのEU離脱の背景には，EU加盟国の国民に対して入国審査をすることができず，結果として大量の移民を受け入れざるを得なかったことがある。

B　オーストラリアは，白人以外の移民を厳しく規制する白豪主義を採っていたが，労働力不足を１つの背景として，移民を積極的に受け入れる多文化主義に転じた。

C　シンガポールでは，家事や育児，介護のために外国人のメイドを雇用する世帯が多く，メイドの多くはインドネシアやフィリピンの出身である。

D　日本の技能実習生は，施設園芸には従事できるが，コンビニエンスストアの店員の仕事には従事できないなど，従事可能な職種が定められている。

〔Ⅲ〕　西アジアに関する以下の設問に答えなさい。

問1　次の文章中の空欄 [a] ～ [e] のうち，[b] と [c] に当てはまる語の組合せを1つ選んで，解答欄にマークせよ。（**解答番号：26**）

西アジアとは，アフガニスタンから地中海までの地域をいい，国別にみると，面積では約220万 km^2 の [a] に次いで約160万 km^2 の [b] が続き，人口では8,000万人台の [b] と [c] に次いで，3,000～4,000万人台の [d] と [a] が続く。西アジアに住む人々は，おもに [b] ，[c] ，[e] の3つの民族から成り立っている。民族の違いは言語によるもので，それぞれインド・ヨーロッパ語族，アルタイ諸語，アフロ・アジア語族に属する。

	b	c
A	イラク	イラン
B	イラク	トルコ
C	イラン	イラク
D	イラン	トルコ
E	トルコ	イラク
F	トルコ	イラン

問 2　西アジアには，イスラム教を信仰するムスリムが多く住む。イスラム教についての記述として適当なものを次から 1 つ選んで，解答欄にマークせよ。
(解答番号：27)

A　イスラム教の聖典コーラン(クルアーン)はアラビア語で書かれており，それが汎アラブ主義に結びつく素地になっている。

B　イスラム教のスンナ(スンニ)派は，ムハンマド以来の慣行に従い，戒律を厳しく守る傾向にあり，イランやイラク南部で信仰されている。

C　紅海沿岸のメディナはメッカ巡礼の中継地として発達し，サウジアラビア最大の人口を有する都市である。

D　イスラム教では酒や豚肉が禁忌とされているが，その他の食品でも加工や調理に一定の作法が要求され，作法が遵守された食品がハラールとされる。

問 3　次の(1)，(2)の文章が説明する国の首都を 1 つ選んで，解答欄にマークせよ。

(1)　この国は，古代フェニキア人の根拠地で通商の中継地として発達し，第一次世界大戦後にフランスの統治下におかれ，独立後も貿易中継地，中東の金融センターとして栄えた。イスラム教，キリスト教の各宗派が複雑に入り組んだモザイク国家であり，国内の宗派対立や周辺国の介入が内戦を招きやすい環境にある。**(解答番号：28)**

A　アンマン　　　B　ダマスカス

C　エルサレム　　　D　ベイルート

(2)　この国は，古代から通商と東西交易の要衝として繁栄し，王朝の首都も置かれていた。しかし今日では，イスラム少数派出身の大統領による反体制派の弾圧に対して反政府活動が活発化し，超大国や周辺各国・勢力の介入もあり内戦が混迷化している。**(解答番号：29)**

A　アンマン　　B　ダマスカス

C　エルサレム　　D　ベイルート

問４　西アジアの地形についての記述として適当なものを次から１つ選んで，解答欄にマークせよ。(**解答番号：30**)

A　アラビア半島は，先カンブリア時代の造山運動でつくられた安定陸塊の楯状地であり，標高は100m以下である。

B　アラビア半島をのせるアラビアプレートは，北側のインド・オーストラリアプレートに衝突して険しい山脈をつくり，地震を誘発させている。

C　アラビア半島の北部にはヌビア砂漠，南部にはルブアルハーリー砂漠が広がっている。

D　ヨルダン地溝帯は，死海を経てアカバ湾にまで達する陥没地で，アフリカ大陸から続く大地溝帯の一部である。

問５　メソポタミアの河川についての記述として適当なものを次から１つ選んで，解答欄にマークせよ。(**解答番号：31**)

A　ユーフラテス川やティグリス川は湿潤地帯に水源をもち，乾燥地帯を流れる内陸河川である。

B　ユーフラテス川はメソポタミアの東部を流れているため，ティグリス川に比べて流量は豊富である。

C　ユーフラテス川は源流からティグリス川と合流するまで，３つの国を流れている。

D　ユーフラテス川は上流域の取水により，下流域の流量低下が著しく，河岸のバクダッドではたびたび水不足に陥っている。

問６　次の**表１**は，トルコ，イラン，イラクの３国について，国土面積に占める農地の割合と，主要農作物の収穫量，家畜の飼育頭数を示したものである。KとMの正しい組合せを１つ選んで，解答欄にマークせよ。(**解答番号：32**)

表1

	K	L	M
耕地(%)	10.0	12.1	29.4
牧場・牧草地(%)	16.9	9.2	18.6
森林(%)	6.2	1.9	28.1
トマト(万t)	525	62	1,285
なつめやし(千t)	1,308	639	42
羊(万頭)	4,130	669	3,519

統計年次は2019年。
資料：FAOSTATにより作成。

A　K：トルコ　M：イラン　　B　K：トルコ　M：イラク
C　K：イラン　M：トルコ　　D　K：イラン　M：イラク

問7　化石燃料についての記述として適当なものを次から1つ選んで，解答欄にマークせよ。(**解答番号：33**)

A　石油は，地殻変動などの圧力や熱によって過去の動植物の遺骸が炭化・液化したもので，深海底や地中奥深くの変成作用が起きやすい場所に多く分布している。

B　石炭は，中生代に海面が上昇した際に，海洋性の微生物の遺骸が炭化したもので，その後隆起し，褶曲を受けた地質構造の中に集積していることが多い。

C　天然ガスは，液化してLNGを製造する際，硫黄や窒素などの不純物が取り除かれ，また燃焼時に二酸化炭素の発生量が少ないので，比較的クリーンなエネルギーとされている。

D　オイルサンドやオイルシェールから天然ガスや石油を取り出す技術が開発され，中東の産油国でも，将来的な石油資源の枯渇に備えて，産出が本格化している。

問 8　次の**表 2** は原油と天然ガスの，埋蔵量(2019 年)，生産量(2019 年)，輸出量(2017 年)について上位 5 か国の世界に占める割合を示したものである。**表 2** をみて，次の設問(1)，(2)に答えなさい。

表 2

	S		T	
X	ベネズエラ	(19.6 %)	ロシア	(19.1 %)
	a	(16.7 %)	b	(16.1 %)
	カナダ	(11.2 %)	e	(12.4 %)
	b	(8.7 %)	トルクメニスタン	(9.8 %)
	c	(8.0 %)	アメリカ	(6.5 %)
Y	アメリカ	(16.7 %)	アメリカ	(23.1 %)
	ロシア	(12.7 %)	ロシア	(17.0 %)
	a	(12.4 %)	b	(6.1 %)
	カナダ	(6.1 %)	e	(4.5 %)
	c	(5.2 %)	中国	(4.5 %)
Z	a	(15.8 %)	ロシア	(17.8 %)
	ロシア	(11.5 %)	e	(11.1 %)
	c	(8.5 %)	ノルウェー	(10.6 %)
	カナダ	(6.6 %)	アメリカ	(7.6 %)
	d	(5.4 %)	カナダ	(7.2 %)

資料：『地理統計 2021 年版』により作成。

(1)　**表 2** 中のＳ，Ｔは原油と天然ガスのいずれかであり，Ｘ，Ｙ，Ｚは埋蔵量，生産量，輸出量のいずれかである。Ｘ，Ｙ，Ｓの正しい組合せを次から１つ選んで，解答欄にマークせよ。(**解答番号：34**)

	X	Y	S
A	埋蔵量	生産量	原油
B	埋蔵量	輸出量	原油
C	生産量	埋蔵量	原油
D	生産量	輸出量	天然ガス
E	輸出量	生産量	天然ガス
F	輸出量	埋蔵量	天然ガス

(2) **表2**中のa～eは西アジアの国々である。このうちeに該当する国を次から1つ選んで，解答欄にマークせよ。(**解答番号：35**)

A　アラブ首長国連邦　　B　イラン
C　カタール　　D　サウジアラビア

問9　ペルシャ湾岸の国々は，湾岸協力会議(正式名称は湾岸アラブ諸国協力会議)を構成し，域内の通貨統合や経済・軍事協力などについて議論する機会を設けている。次の**表3**は，湾岸協力会議のメンバー国について，いくつかの指標をまとめたものである。この表を見て，次の設問(1)～(3)に答えなさい。

表3

	人口 (2020年) (万人)	一人当たりGDP (2018年) (ドル)	アラブ人 比率 (%)	輸出額に占める 原材料・燃料の割合 (2018年)(%)
あ	989	41,470	48	29.3
い	511	14,160	48	74.3
う	288	61,150	40	87.9
え	427	34,290	80	91.1
お	3,481	21,600	90	76.5*
か	170	21,900	62	69.0

アラブ人比率は，概ね2000年代の数値であり，一部は概数である。
＊原油と石油製品。
資料：『データブック・オブ・ザ・ワールド2021年版』により作成。

(1)　次の国家群に記す6か国のうち，湾岸協力会議の構成国でない国は何か国あるか。その数字に該当する選択肢を1つ選び，解答欄にマークせよ。**(解答番号：36)**

国家群：アラブ首長国連邦　イエメン　イラン
　　　　カタール　クウェート　バーレーン

A　0か国　　B　1か国　　C　2か国　　D　3か国

(2)　**表3**中のあ国，い国，う国では，アラブ人比率が半分に満たない。これらの国でアラブ人に次いで多く住む人種・民族を次から1つ選んで，解答欄にマークせよ。**(解答番号：37)**

A　アフリカ系　　B　東南アジア系
C　南アジア系　　D　ヨーロッパ系

(3) **表3**中のあ国は，経済の脱石油依存をはかっているため，中東産油国にあっては輸出額に占める原材料・燃料の割合が著しく低い。この国の経済戦略のうち，**適当でないもの**を次から1つ選んで，解答欄にマークせよ。
(解答番号：38)

A　対外投資を行う金融センターの育成をはかっている。

B　商業・輸送のハブとして，流通や交通の一大拠点をめざしている。

C　観光開発に力を入れ，世界的なリゾート地をめざしている。

D　工業化をめざし，とくに鉄鋼や自動車産業の育成に努めている。

〔Ⅳ〕　食糧生産と農産物貿易に関する次の文章を読んで，設問に答えなさい。

地球上で営まれているさまざまな農牧業を理解する方法として，ホイットルセイの農業地域区分による地域類型化が広く知られている。ホイットルセイは5つの指標(ア)に基づいて農牧業を13に類型化し，その地域的分布(イ)を示した。農牧業は経営形態によって大別されるが，ホイットルセイの分類に即していえば，まず，焼畑や [A] などの自給を主とする農業類型を設定することができる。

また，農産物流通の広がりとともに商業的農業，さらには大規模な生産を特徴とする企業的農業が発達してきた。農産物貿易(ウ)で大きな役割を果たしているのが，穀物メジャー(エ)と呼ばれる企業群であり，4大企業が世界の穀物取引の約7割を占めているといわれている。しかし，近年は，世界的穀物企業の経営多角化や企業再編が進み，日本の商社や中国をはじめとするアジアの企業も台頭するようになった。

世界規模での農産物市場の変化に対応して，農業に関する施策(オ)も変化してきている。企業的農業ではさまざまな機械設備の導入(カ)が進められてきた。近年は，国連を中心に小農・家族農業の意義に関心が向けられるようになり，近代的農業から転換する潮流もみられるようになった。生産面のみにとどまらない農業の役割の見直し(キ)の重要性が示されているのである。第二次世界大戦後の世界では食料の安定供給(ク)という目的が一定程度達成されてきた一方で，6.7億人が肥満であるが(ケ)

8.2億人は飢餓に苦しんでいるともいわれる。持続可能な開発目標(SDGs)で掲げられているような地球的課題に対する持続可能な農業・農村の担い手として，小規模な農業のあり方にも期待が寄せられている。
コ

問1　下線部アに関して，5つの指標に**該当しないもの**を次から1つ選んで，解答欄にマークせよ。(**解答番号：39**)

A　作物と家畜の組み合わせ
B　作物栽培・家畜飼養の生態系への影響
C　住居・農業施設の状態
D　生産物の仕向け先
E　労働・資本投下の程度と収益性

問2　下線部イに関して，企業的穀物農業の分布に関する記述として**適当でないもの**を次から1つ選んで，解答欄にマークせよ。(**解答番号：40**)

A　アメリカ合衆国では，ミシシッピ州やジョージア州を中心とするプレーリーに広がり，黒人奴隷労働によるプランテーションとして成立した。
B　アルゼンチンでは，湿潤パンパを中心に分布し，北半球との収穫期の差を利用した小麦栽培のほか，遺伝子組換え品種の大豆栽培も盛んである。
C　オーストラリアでは，スノーウィーマウンテンズ計画により灌漑が進んだマリー川流域に分布し，小麦やコメの栽培が盛んになった。
D　ロシアでは，主にチェルノーゼムに分布し，主として集団農場を引き継ぐ農業企業が，穀物や工芸作物であるてんさいやひまわりを栽培している。

問3　空欄［　A　］に該当する自給を主とする農牧業の類型を次から1つ選んで，解答欄にマークせよ。(**解答番号：41**)

A　混合農業　　B　地中海式農業
C　遊牧　　D　酪農

問 4　下線部**ウ**に関して，次の**表 1** は，大豆，とうもろこし，小麦の輸出入上位5か国を示したものであり，①〜③は，エジプト，メキシコ，ロシアのいずれかである。①〜③と国名との組合せとして適当なものを1つ選んで，解答欄にマークせよ。(**解答番号：42**)

表 1

	大豆		とうもろこし		小麦	
	輸出	輸入	輸出	輸入	輸出	輸入
1位	ブラジル	中国	アメリカ合衆国	①	②	インドネシア
2位	アメリカ合衆国	①	ブラジル	日本	アメリカ合衆国	③
3位	アルゼンチン	オランダ	アルゼンチン	韓国	カナダ	アルジェリア
4位	パラグアイ	スペイン	ウクライナ	③	オーストラリア	イタリア
5位	カナダ	日本	②	ベトナム	ウクライナ	バングラデシュ

統計年次は2017年。
資料：FAOSTATにより作成。

	①	②	③
A	エジプト	メキシコ	ロシア
B	エジプト	ロシア	メキシコ
C	メキシコ	エジプト	ロシア
D	メキシコ	ロシア	エジプト
E	ロシア	エジプト	メキシコ
F	ロシア	メキシコ	エジプト

問 5　下線部**エ**に関して，穀物メジャーの特徴として適当なものを次から1つ選んで，解答欄にマークせよ。(**解答番号：43**)

A　アメリカ合衆国に本社を置く企業群である。

B　種子や農薬，農業機械の開発事業に携わる企業群を含む。

C　所有する大規模農場での穀物生産から事業が始まった。

D　本社のある国で生産事業を行う企業群である。

問 6　下線部**オ**に関して，現在の日本国内で行われている農業に対する施策として，**下線部が適当でないもの**を次から1つ選んで，解答欄にマークせよ。(**解答番号：44**)

A　灌漑施設の整備や排水溝の改善，土壌改良，耕地の交換分合によって<u>農業生産力を高めるための土地改良事業</u>が行われている。

B　傾斜地などの生産条件の劣る耕地を耕作する場合には，<u>生産量にかかわらずその面積に応じた耕作者に対する国の補助</u>が行われている。

C　戦後の食糧難を背景として行われてきた食糧管理特別会計の赤字などから，<u>減反によるコメの生産調整</u>が行われている。

D　食料の安全性に対する消費者の需要に対応するとともに，農産物流通に要するエネルギー削減にも配慮した<u>地産地消の取り組み</u>が各地で行われている。

問 7　下線部**オ**に関して，EU における CAP(共通農業政策)に関する記述として**適当でないもの**を次から1つ選んで，解答欄にマークせよ。(**解答番号：45**)

A　EU 域内で農産物の共同市場を運営するために，EU 加盟国が行っている共通政策のことである。

B　EU 域内での農地管理に基づく補助が行われてきたが，生産高に応じた制度に変更されてきている。

C　EU 加盟国それぞれの農業経営による生態系保全や伝統文化の継承，動物福祉などが考慮されている。

D　EU から輸出される農産物に対する輸出補助金が EU 財政を圧迫しており，問題になっている。

問 8　下線部**カ**に関して，企業的農業で用いられる設備や農法等についての説明として**適当でないもの**を次から1つ選んで，解答欄にマークせよ。(**解答番号：46**)

A カントリーエレベーターは，穀物産地に近接して立地する大型貯蔵施設である。

B スマートアグリは，主に花卉や野菜など園芸作物産地で広がるICTを活用した農産物出荷方法である。

C センターピボット方式は，乾燥帯・半乾燥帯にみられる散水，施肥，農薬散布を自動的に行う農法である。

D フィードロットは，出荷前の家畜の運動量を制限し，濃厚飼料など飼料管理を行うことで家畜を肥育する設備である。

問 9 下線部**キ**に関して，生産面にとどまらない見直しの例として**適当でないもの**を次から１つ選んで，解答欄にマークせよ。(**解答番号：47**)

A 遺伝子組換え作物の導入に対する規制

B 大型機械の導入による効率化

C 化学肥料や農薬の投入による土壌汚染の防止

D フードロスなど食料の廃棄の削減

問10 下線部**ク**に関して，**図２**中の①～③は，イギリス，オランダ，日本のいずれかの穀物自給率の推移を示したものである。①～③と国名との組合せとして適当なものを１つ選んで，解答欄にマークせよ。(**解答番号：48**)

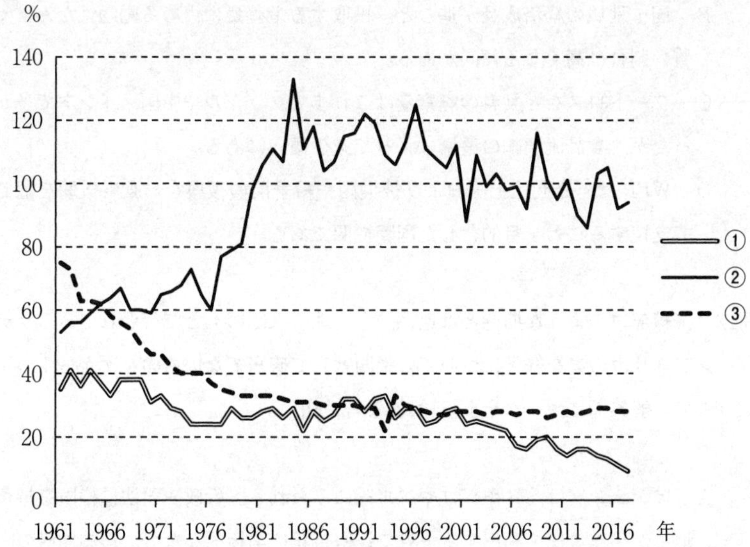

重量ベースによる試算。
資料：農林水産省資料により作成。

図2

	①	②	③
A	イギリス	オランダ	日本
B	イギリス	日本	オランダ
C	オランダ	イギリス	日本
D	オランダ	日本	イギリス
E	日本	イギリス	オランダ
F	日本	オランダ	イギリス

問11　下線部**ケ**に関して，食料の分配についての記述として**適当でないもの**を次から1つ選んで，解答欄にマークせよ。(**解答番号：49**)

A　栄養不足人口とは，健康と適切な体重を維持し軽度の活動を行うために必要な栄養を，摂取できない人口のことである。

B　国・地域の経済成長が進むと，摂取する栄養量に占める動物性たんぱく質の割合は高くなる傾向がある。

C　フードロスなど食料の廃棄量はこれまでブラジルや中国，インドで多かったが，食品流通網の整備によって減少傾向にある。

D　WFP は，発展途上国および被災国や紛争国の復興を，食料援助を通じて支援することを目的とした国際機関である。

問12　下線部**コ**のような期待とは逆に，大土地所有制のもとで行われているラテンアメリカの農業経営についての説明として**適当でないもの**を次から１つ選んで，解答欄にマークせよ。(**解答番号：50**)

A　アシェンダは，メキシコやペルーにみられる。行政や司法に権限を持つ地主が小作農民を利用する一方で技術革新に消極的なため，農業停滞の一因とされている。

B　エスタンシアは，アルゼンチンにみられる。地主経営の農場と小作経営の農場があるが，機械化が進まず土地生産性も低いため，農牧業停滞の一因となっている。

C　ファゼンダは，ブラジルにみられる。地主はコロノという労働者と契約して耕作を請け負わせ，コーヒー，サトウキビ，綿花などを栽培させる。

D　ラティフンデュオは，エクアドルやコロンビアでみられる。移民を使用してブドウやバナナ，パイナップルなどの輸出用作物を栽培している。

政治・経済

(60 分)

〔Ⅰ〕 次の文章を読み，設問 1 ～10(**解答番号 1 ～10**)に答えなさい。

日本国憲法では，三権分立原理(ア)に基づきつつ，立法府である国会を「国権の最高機関」と位置づけた。大日本帝国憲法(イ)の下では天皇に直属する行政府が中心であり，帝国議会は天皇の立法権に同意する協賛機関として位置づけられていたことを考えると重大な考えの転換を意味する。国会には法律案の議決，条約の承認，憲法改正の発議，などの権限が与えられ，さらに国の財政の処理は，すべて国会の議決に基づいて行われなければならないとされる。

議会には大きく分けて一院制議会と二院制議会があるが，日本では帝国議会の時代から二院制を採用してきた。帝国議会は貴族院と衆議院から構成され，貴族院は非民選議員から構成された。日本国憲法下の国会では貴族院に代わり参議院が設置され，参議院は衆議院と同様に民選議員から構成されることとなった。両院はともに「全国民を代表する選挙された議員」で組織され，両院の議員にはいくつかの特権が保障されている(ウ)。衆議院と参議院との違いは任期や解散の有無などがあり，法律案，予算案，条約の承認など，いくつかの点で衆議院が優越している。参議院は「良識の府」として，衆議院の行き過ぎを抑制することなどの役割が期待されている。また，両院は国政に関する調査権を有している(エ)。

国会の種類(オ)としては，毎年一回召集される常会(通常国会)，臨時の必要により召集される臨時会(臨時国会)，衆議院の解散に伴う総選挙後に召集される特別会(特別国会)，がある。また，衆議院の解散中，緊急の必要があるときは参議院の緊急集会が開かれる。法案審議などについては委員会制度(カ)を採用している。議案はまず該当する委員会に付託され，実質審議のほとんどは委員会で行われている。委員会で可決後，本会議で議決される。実質的な審議は委員会で行われており，本会議における審議・議決は形式的なものになることが多い。両議院はそれぞれ総議員の3分の1以上の出席で，通常はその過半数の賛成で法案が可決されるが，(キ)出席議員の3分の2以上の特別多数決で行われるものもある。

選挙制度に関しては，衆議院と参議院は当初は大きく異なっていた。衆議院議員の選挙は1994年までは(ク)中選挙区制という選挙制度で行われていた。中選挙区制は日本独特の選挙制度ともいわれ，原則として一つの選挙区から3～5名の代表を選出する制度であった。しかし，中選挙区制下で発生した「政治とカネ」の問題などから1990年代はじめには廃止を求める声が大きくなり，1994年に廃止が決定され，新たな選挙制度として小選挙区比例代表並立制が導入された。それに対して(ケ)参議院議員の選挙制度は，1982年までは地方区と全国区でそれぞれ票を投じる2票制が採用され，1983年通常選挙以降も2票制は維持されつつ，選挙区と比例区で構成されるようになった。

設問 1　下線部(ア)に関連して，日本の三権分立における立法府から司法府へのチェック機能に関して，もっとも適切なものを一つ選び，(**解答番号 1**)にマークしなさい。

A　最高裁判所長官の指名

B　裁判官の任命

C　行政訴訟の終審裁判

D　裁判官の弾劾

設問 2　下線部(イ)に関連して，大日本帝国憲法下における統治機構に関する記述として，もっとも適切なものを一つ選び，(**解答番号 2**)にマークしなさい。

A　内閣は天皇の輔弼機関であることが憲法に明記された。

B　究極的には三権はすべて「統治権の総攬者」としての天皇に属する。

C　「枢密院」は形式的な機関にすぎず，立法権は実質的には帝国議会のみに属していた。

D　貴族院議員は皇族・華族のみから構成された。

設問 3　下線部(ウ)に関連して，国会議員の特権のなかに不逮捕特権がある。これに関する記述として，もっとも適切なものを一つ選び，(**解答番号 3**)にマークしなさい。

A　不逮捕特権は国会会期中に限定されており，会期前に逮捕された場合は会期が開始されても釈放されることはない。

B　不逮捕特権は日本国憲法第14条の法の下の平等の原則に照らして，違憲であるとの裁判所の判断が下されたことがある。

C　当該国会議員は所属する議院による逮捕許諾請求があれば逮捕することができる。

D　現行犯であっても，会期中であれば逮捕されない。

設問 4　下線部(エ)に関連して，国政調査権に関する記述として，誤った記述を一つ選び，(**解答番号 4**)にマークしなさい。

A　審査や調査のために議員を派遣する権限を有する。

B　内閣などに報告や記録の提出を求める。

C　証人に出頭を求め，証言や記録の提出を求める。

D　証人喚問において証人が虚偽の証言をしても刑罰は科されない。

設問 5　下線部(オ)に関連して，国会の種類に関する記述として，もっとも適切なものを一つ選び，(**解答番号 5**)にマークしなさい。

A　参議院の緊急集会は一度も開かれたことがない。

B　内閣総理大臣の指名が通常国会で行われたことがある。

C　臨時会の開会を要求できるのは内閣のみである。

D　常会は毎年1月に召集されることが日本国憲法で明記されている。

設問 6　下線部(カ)に関連して，日本の委員会制度に関する記述として，もっとも適切なものを一つ選び，(**解答番号 6**)にマークしなさい。

A　委員会制度はイギリスにならって第二次大戦後に導入された。

B　委員会は，常任委員会のみが存在し，特別委員会の設置は認められない。

C　原則として全議員がいずれかの常任委員会に所属する。

D　公聴会は委員会ではなく全議員が参加する本会議で行われる。

設問 7　下線部(キ)に関連して，議決方式が出席議員の 3 分の 2 以上の特別多数決に該当しないものはどれか。もっとも適切なものを一つ選び，(**解答番号 7**)にマークしなさい。

A　憲法改正の発議

B　衆議院における法案の再議決

C　議員の除名

D　秘密会の開催

設問 8　下線部(ク)に関連して，中選挙区制の特徴としてもっとも適切なものを一つ選び，(**解答番号 8**)にマークしなさい。

A　派閥政治を促進しやすい。

B　死票が多い。

C　政党中心の選挙キャンペーンが行われやすい。

D　選挙区が広いため，候補者と有権者との関係が疎遠になりやすい。

設問 9　下線部(ケ)に関連して，現行の参議院議員選挙の選挙制度に関する記述としてもっとも適切なものを一つ選び，(**解答番号 9**)にマークしなさい。

A　選挙区は 1 人区から 6 人区まで存在するが，最も多いのは 4 人区である。

B　選挙区と比例区との重複立候補は認められない。

C　比例区において投票者は政党名を書かなければならない。

D　比例区で選出される議員数の方が，選挙区で選出される議員数よりも多い。

設問10　日本における参政権に関する記述として，もっとも適切なものを一つ選び，(**解答番号 10**)にマークしなさい。

A　1925 年の普通選挙法の制定により，25 歳以上の男女に選挙権が与えられた。

B　衆議院議員選挙の選挙権に関する納税要件は1910年まで存在していた。

C　外国に居住する日本人は選挙区が確定できないために，現在においても衆議院議員選挙の投票権を有しない。

D　地方自治体の住民投票において，18歳に満たない者に投票権が付与された事例が存在する。

〔Ⅱ〕　次の文章を読み，設問1～10(**解答番号11～20**)に答えなさい。

近年，地球温暖化の進行が懸念されている。人間の経済活動の拡大に伴って排出される二酸化炭素(CO_2)などの温室効果ガス(ア)が地球温暖化を促すとされる。IPCC(気候変動に関する政府間パネル)の予測によれば温室効果ガスの増加によって21世紀中に地球の平均気温は0.3～4.8℃上昇する(イ)と予測されている。こうした地球規模の温暖化問題に対しては国際的な協調(ウ)によって対応しようという動きも活発になっている。さらに，日本政府は2020年に，「排出を全体としてゼロ」とする脱炭素社会を目指す(エ)ということを宣言した。ここでの「排出を全体としてゼロ」とは，二酸化炭素(CO_2)をはじめとする温室効果ガスの排出量から，森林などによる吸収量を差し引いた，実質ゼロを意味する。

温室効果ガスの排出には化石燃料の燃焼が大きく影響している。温暖化対策のためには化石燃料使用の抑制と化石燃料に代わるエネルギーの開発・利用の促進が欠かせない。そのための経済的な手段としては市場制度を利用するもので，代表的な方法としては環境税や排出量取引制度など(オ)がある。さらにはスマートグリッド(カ)などの新しい技術も注目されつつある。化石燃料に代わるエネルギー源として注目を集めるのが再生可能エネルギーである。2011年の福島第一原子力発電所の事故以来，再生可能エネルギーが改めて注目を集めており，小規模分散型事業として地域作りの核(キ)としても期待が集まっている。

地球規模の環境問題は温暖化だけではない。1972年のストックホルムでの国連人間環境会議以来，地球環境問題はもっとも重要な国際的課題となった。オゾ(ク)

ン層の破壊や森林の減少，生物多様性の減少，砂漠化の進行，また水資源の減少といった課題も多い。こうした環境の悪化は人口問題や食糧供給などとともに人類の命運をかけた課題となっている。また，環境問題や人口・食糧問題は経済社会のさまざまな側面と関連している。持続可能な社会を構築するため，国連では2000年に「ミレニアム開発目標」を，また2015年には2030年までに達成すべき17の目標を定めた「持続可能な開発目標(SDGs)」を採択した。
　　　　　　　　　　　(ケ)

わが国の環境問題への関心は，高度経済成長下で生じた公害問題を契機に高まってきた。1967年には公害対策を総合的に推進する公害対策基本法が制定されるなど，産業公害はかなり減少したが，大気汚染や土壌汚染，あるいは先端産業におけるハイテク汚染も新しい公害・環境問題となっている。政府はこれまでも公害・環境問題に対応してきたが，今後さらにその重要性を増すことが考えられる。
(コ)

設問 1　下線部(ア)に関連して，二酸化炭素(CO_2)排出量の多い国を並べた図から，日本を示すものを一つ選び，(**解答番号 11**)にマークしなさい。

二酸化炭素(CO_2)排出量の多い国(2018年，100万トン)

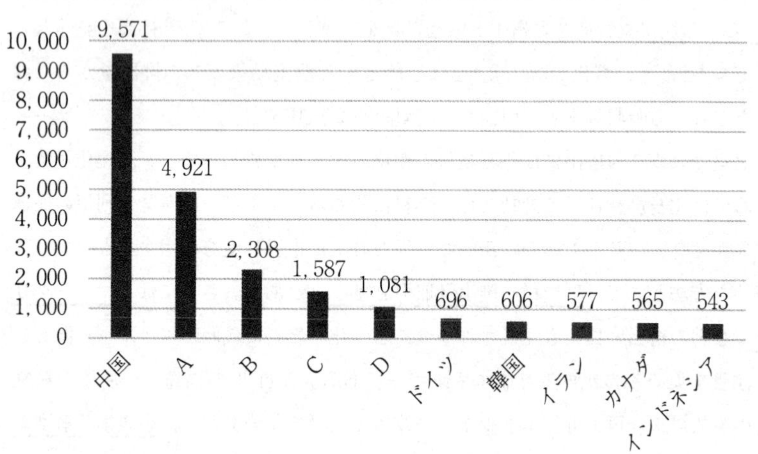

(出所)外務省資料

設問 2　下線部(イ)に関連して，温度上昇を2℃以内にとどめるために必要な目標として，もっとも適切なものを一つ選び，(**解答番号 12**)にマークしなさい。

A　2025年までに二酸化炭素(CO_2)を30%削減しなければならない。

B　2030年までに二酸化炭素(CO_2)を50%削減しなければならない。

C　2050年までに二酸化炭素(CO_2)を80%削減しなければならない。

D　2070年までに二酸化炭素(CO_2)を90%削減しなければならない。

設問 3　下線部(ウ)に関連して，気候変動への対応として，もっとも適切なものを一つ選び，(**解答番号 13**)にマークしなさい。

A　1992年にカイロで開かれた国連環境開発会議(地球サミット)において気候変動枠組条約(地球温暖化防止条約)が締結された。

B　1997年の気候変動枠組条約の第3回締約国会議(京都会議)では，日本は二酸化炭素(CO_2)排出量を1990年に比べ2008～2012年までに10%引き下げることなどを決めた。

C　京都議定書では中国やインドなどの発展途上国に削減義務がなく，アメリカも離脱するなど大きな成果をあげられなかった。

D　2015年の第21回締約国会議ではすべての国と地域が参加する新たな枠組みが決められ(パリ協定)，削減目標の達成の義務化が定められた。

設問 4　下線部(エ)に関連して，「排出を全体としてゼロ」とする政府の目標年度として，もっとも適切なものを一つ選び，(**解答番号 14**)にマークしなさい。

A　2035年

B　2050年

C　2065年

D　2070年

設問 5　下線部(オ)に関連した説明として，もっとも適切なものを一つ選び，(**解答番号 15**)にマークしなさい。

A　環境税はイギリスやEU諸国で広く採用されており，日本でも既に導入されている。

B　排出量取引制度は温室効果ガスの排出量に価格を付して，政府が買い取る仕組みである。

C　発展途上国の温室効果ガス削減に協力した先進国は，その分の削減量について高い排出量価格を付けることができる。

D　環境税とは，電力事業者の法人税率に一定の環境対策費を上乗せして徴収する仕組みをいう。

設問 6　下線部(カ)に関連して，スマートグリッドに関する説明として，もっとも適切なものを一つ選び，(**解答番号 16**)にマークしなさい。

A　環境にやさしい材料を用いて発電施設を建設すること。

B　二酸化炭素(CO_2)の排出量を自動的に抑制するシステムのこと。

C　スマートフォンや携帯の素材をリサイクルできるようにする社会的仕組みのこと。

D　情報通信技術(ICT)を活用して電力の需給をコントロールすること。

設問 7　下線部(キ)に関連して，再生可能エネルギー導入プロジェクトとその実施地域の組合わせとして，適切でないものを一つ選び，(**解答番号 17**)にマークしなさい。

	プロジェクト		実施地域
A	洋上風力発電所	－	北海道せたな町
B	菜の花プロジェクト	－	山梨県都留市
C	地熱発電所	－	大分県九重町
D	木質バイオマスの活用	－	高知県梼原町

設問 8　下線部(ク)に関連した説明として，もっとも適切なものを一つ選び，(**解答番号 18**)にマークしなさい。

A　地球環境の保護を目的として1980年代には国連で「ラムサール条約」や「ワシントン条約」が採択された。

B　オゾン層を破壊するフロンガスについては1987年の「モントリオール議定書」により国際的に規制されることになった。

C　環境保護を巡っては発展途上国と先進国の間の対立もあり，1997年の「持続可能な開発に関する世界首脳会議(ストックホルム会議)」でも利害対立が表面化した。

D　世界の森林面積は熱帯林を主として2000～2010年のあいだに日本の面積の約140倍の5,211万ヘクタールが失われた。

設問 9　下線部(ケ)に関連して，持続可能な開発目標(SDGs)の17の目標に含まれないものを一つ選び，(**解答番号 19**)にマークしなさい。

A　人口増加の抑制

B　ジェンダー平等

C　働きがいと経済成長

D　安全な水とトイレ

設問10　下線部(コ)に関連した説明として，もっとも適切なものを一つ選び，(**解答番号 20**)にマークしなさい。

A　1970年のいわゆる公害国会では改正公害対策基本法等が制定され，翌年には環境省が発足した。

B　公害が発生したときの被害者救済における金銭的補償については，被害と企業活動の間の因果関係がなくても企業は賠償責任を負うという無過失責任の原則がある。

C　1973年に制定された公害健康被害補償法によって，裁判を待たなくても被害者は療養費等の給付を受けることができることになった。

D　1993年に制定された環境基本法は，国内の公害問題と一線を画し，地球規模の環境問題のみを扱うために制定されたものである。

〔Ⅲ〕 次の文章を読み，設問1～10(**解答番号 21～30**)に答えなさい。

新型コロナウイルス感染症の拡大は，世界経済に深刻な影響を及ぼしている。こうした中で，各国政府による経済対策や，中央銀行(ア)による金融緩和策が講じられてきた。これまでの政策対応の特徴をみると，財政政策と金融政策(イ)が実体経済と金融システムの安定化のために，より迅速かつ大規模に連携していることが挙げられる。すなわち，政府が所得補償や債務保証を含めた大胆な経済対策を実施するとともに，中央銀行が強力な金融緩和策(ウ)による積極的な資金供給を通じて，金融市場の安定化(エ)を図っている。

さらに各国では，2008年のリーマン・ショックを契機とした世界的な金融危機(オ)の教訓を踏まえた国際的な金融規制・監督上の様々な措置(カ)が講じられてきたことから，金融機関が十分な資本や流動性を備えていたことも挙げられる。このため，金融システムの不安定化が実体経済に悪影響を及ぼすという負の相乗効果は回避し得てきている。

感染症の影響が収束するには，しばらく時間がかかるとみられるが，やや長い目でみると，経済や社会の構造的な変化への対応を進めていくことも重要である。わが国では，政府が2021年6月に決定した成長戦略の実行計画において，日本経済の新たな成長の原動力としてデジタル化の推進が掲げられている。その中には，分散台帳(ブロックチェーン)等の新しいデジタル技術の活用(キ)に向けた方策を検討することや，1,900兆円を超える個人金融資産(ク)を生かして国際金融センターの実現を目指すことといった取り組みが含まれている。

デジタル化の推進に加え，将来にわたって経済や社会に幅広い影響がおよぶ気候変動問題への対応を進めることも重要である。わが国では，政府主導の下で，エネルギー計画が見直されているほか，民間企業の中にはこの問題への対応を巡って株主との対話を図るところがある。日本銀行(ケ)においても資金供給制度(コ)を活用しながら，気候変動問題への対応を支援するための取り組みを行っている。今後とも，こうしたグローバルな課題に対しては，官民が知恵を出しながら，それぞれの立場からの対応をしっかりと進めていくことが求められている。

設問 1　下線部(ア)に関連して，主要国の中央銀行制度に関する以下の記述のうち，誤っているものを一つ選び，(**解答番号 21**)にマークしなさい。

A　日本銀行は，わが国唯一の中央銀行である。

B　アメリカの中央銀行は，連邦準備制度と呼ばれる。

C　欧州中央銀行の誕生によって，ユーロ導入国の中央銀行は廃止されている。

D　中国人民銀行は，中国政府の一部門と位置付けられている。

設問 2　下線部(イ)に関連して，景気の安定化を図るために，金融・財政政策を組み合わせることを何と呼ぶか。もっとも適切なものを一つ選び，(**解答番号 22**)にマークしなさい。

A　ビルト・イン・スタビライザー

B　グローバル・ポリシー

C　インフレーション・ターゲティング

D　ポリシー・ミックス

設問 3　下線部(ウ)に関連して，以下のグラフは，わが国の国債等の保有者の内訳(2020年12月末)を表したものである。AからDの中から，日本銀行を表すものを一つ選び，(**解答番号 23**)にマークしなさい。

<国債等の保有者内訳>

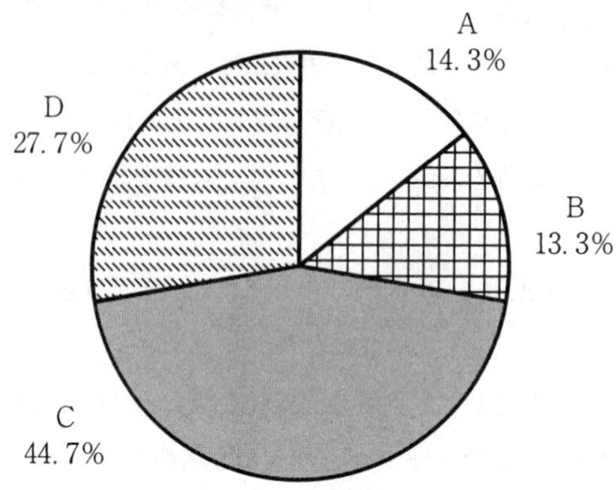

(注)データには，日本銀行のほか，預金取扱機関，海外，その他(家計，保険・年金基金等)が含まれる。

(出所)日本銀行資料

設問 4　下線部(エ)に関連して，日本銀行による公開市場操作に関する以下の記述のうち，もっとも適切なものを一つ選び，(**解答番号 24**)にマークしなさい。

A　窓口指導を通じて，金融機関が保有する国債を強制的に買い入れること。

B　金融機関が保有する国債を買い入れることによって，金融市場への資金を供給すること。

C　政府から国債を直接買い入れることによって，金融市場への資金を供給すること。

D　日本銀行が保有する国債を売却することによって，金融市場への資金を供給すること。

設問 5　下線部(オ)に関連して，預金者を保護するために設けられている「預金保険制度」に関する記述として，もっとも適切なものを一つ選び，(**解答番号 25**)にマークしなさい。

A　この制度は，1990年代後半に，大手金融機関の破綻が相次いだことから導入されたものである。

B　この制度の下で，預金者 1 人につき，預金元本 1,000 万円とその利息を限度として，破綻した金融機関に代わって払い戻しが行われる「ペイオフ」が発動された事例はない。

C　1990 年代後半には，預金者による金融不安の拡大を抑えるため，政府が預金を全額保護する措置を講じた。

D　預金保険の原資は，家計や企業等の預金者が納める預金保険料である。

設問 6　下線部(カ)に関連して，金融機関の経営の健全性を維持するために，リスクのある資産に対する自己資本を一定水準以上にすることを求めた国際的な合意が成立した。その名称として，もっとも適切なものを一つ選び，(**解答番号 26**) にマークしなさい。

A　バーゼル合意　　B　オスロ合意

C　パリ合意　　D　ジュネーブ合意

設問 7　下線部(キ)に関連して，主要国の中央銀行では，紙幣や硬貨を補完する「中央銀行デジタル通貨」を巡る取り組みが進められている。将来，中央銀行デジタル通貨が発行された場合，これを貸借対照表(バランスシート)上では，どのように計上すべきか。もっとも適切なものを一つ選び，(**解答番号 27**) にマークしなさい。

A　中央銀行デジタル通貨を利用する家計や企業の「負債」として計上される。

B　中央銀行デジタル通貨を発行する中央銀行の「資産」として計上される。

C　中央銀行デジタル通貨を利用する家計や企業の「資本」として計上される。

D　中央銀行デジタル通貨を発行する中央銀行の「負債」として計上される。

設問 8　下線部(ク)に関連して，わが国では，家計の安定的な資産形成を促進するための非課税制度が2014年1月にスタートした。この制度の名称として，もっとも適切なものを一つ選び，(**解答番号 28**)にマークしなさい。

A　ETF　　B　FSB

C　iDeCo　　D　NISA

設問 9　下線部(ケ)に関連して，日本銀行が1990年代以降に講じてきた非伝統的な金融政策に該当するものを一つ選び，(**解答番号 29**)にマークしなさい。

A　量的な金融緩和を推進するため，操作目標を，短期金利からマネーストックに変更した。

B　国債以外に，社債や投資信託を買い入れることを決定した。

C　金融機関が日本銀行に保有するすべての当座預金に，マイナス金利を適用することを決めた。

D　2％の物価安定目標の実現を目指して，これを安定的に持続するため，2025年度まで金融緩和を継続することを決めた。

設問10　下線部(コ)に関連して，日本銀行において導入されている様々な資金供給の枠組みに関する記述として，もっとも適切なものを一つ選び，(**解答番号 30**)にマークしなさい。

A　わが国経済の成長に資する取り組みを講じている企業に対して，資金を供給すること。

B　わが国経済の成長基盤の強化に向けた取り組みを支援するため，金融機関に対して，資金を供給すること。

C　貸出残高を減らした金融機関に対して，積極的な貸出を促すため，資金を供給すること。

D　新たに住宅ローンの借入を行った個人に対して，資金を供給すること。

〔Ⅳ〕 次の文章を読み，設問１～10(**解答番号 31～40**)に答えなさい。

近代市民革命以前の社会は，人を「うまれ」により差別することを前提とした身分制社会であった。革命を推し進めた市民階級は身分制を打破し，自由と平等を勝ち取った。その成果といえるいくつかの宣言(ア)では，現実の社会における人間の自由と平等を高らかにうたっている。しかしながら，この時代の平等観は，現実の差異を無視した形式的な平等観であった。これに対し現代の平等観は，現実に存在する社会的・経済的その他の不平等を是正することの要求，すなわち実質的平等(イ)をも要求するものと理解されている。

日本国憲法では，第13条が「個人の尊重」を掲げ，第14条(ウ)は国が国民を不合理に差別することを禁止する原則を定めている。第14条の掲げる原則は，立法権，行政権，司法権のすべての国家行為を拘束するものとして理解される。そして第14条は，個々の国民に対する関係においては，平等権，すなわち法的に平等に取り扱われることを定めた権利ないし不合理な差別(エ)をされない権利を保障するものと考えられる。

国際連合では，1979年に女子差別撤廃条約を採択し，これに様々な条約(オ)が続いている。日本国憲法は国民に裁判を受ける権利を保障し，違憲審査制(カ)を導入していることから，不合理な差別を受けることにより平等原則違反が疑われる場合には，権利の救済を求め，裁判所において争うことが可能である。

非嫡出子の相続分を嫡出子の相続分の２分の１とする規定は，「個人の尊厳」よりも「法律婚の尊重」を重視するものであるが，長らく合憲とされていた。しかし最高裁判所は，結婚や家族の形態が多様化したこと，嫡出子と非嫡出子とを差別する他の規定の改正が進んでいることから，相続において差別する合理的根拠(キ)は失われているとして同規定を違憲(ク)であると判断した。

民法第733条は女性のみに［　1　］という再婚禁止期間を定めていた。この規定は父性の特定のために必要とされていた。最高裁判所は［　1　］は長すぎるとし，［　2　］を超える部分は合理性を欠いた過剰な制約のため違憲と判断している。法の下の平等をめぐる状況は改善されているが，取組むべき課題も残されている。

設問 1 下線部(ア)に関し，自然権思想に基づいていないものを一つ選び，(**解答番号 31**)にマークしなさい。

A フランス人権宣言 B ヴァージニア権利章典

C アメリカ独立宣言 D マグナ・カルタ

設問 2 下線部(イ)に関し，平等権については，形式的平等と実質的平等という考え方がある。形式的平等と実質的平等に関する以下の説明のうち，適切でないものを一つ選び，(**解答番号 32**)にマークしなさい。

A ポジティブ・アクションは，機会均等を実現するための措置である。

B 形式的平等は均しく機会均等を提供するものである。

C 実質的平等の実現は重要であるが，形式的平等の実現も重要である。

D ポジティブ・アクションは，逆差別を生じさせる危険を伴うものである。

設問 3 下線部(ウ)に関し，日本国憲法の定める平等原則と関わりのないものを1つ選び，(**解答番号 33**)にマークしなさい。

A 第11条 B 第15条3項

C 第24条 D 第44条

設問 4 下線部(エ)に関する記述として，適切でないものを一つ選び，(**解答番号 34**)にマークしなさい。

A 男女別定年制は性別のみを理由とする不合理な差別を定めたものであり，無効である。

B 勤続年数を基準とする昇格措置を女性労働者に対して実施しないことは，性別を理由とする差別である。

C 男女コース別人事は，法の下の平等を定め，差別を禁じた憲法第14条の趣旨に反する。

D 妊娠や出産を理由とした降格は，本人の意思に基づかずとも問題ない。

設問 5　下線部(オ)に関する記述について，日本が未だ批准していないものを一つ選び，(**解答番号 35**)にマークしなさい。

A　難民の地位に関する条約

B　集団殺害罪の防止及び処罰に関する条約

C　障害者権利条約

D　人種差別撤廃条約

設問 6　下線部(カ)に関連し，日本国憲法下において実際に行われている違憲審査制の説明としてもっとも適切なものを一つ選び，(**解答番号 36**)にマークしなさい。

A　憲法第81条は最高裁判所を「憲法の番人」と定めているので，具体的な事件の裁判と関係なしに，違憲審査権を行使することができる。

B　憲法第81条は最高裁判所が抽象的違憲審査権を行使することができるのか否かについては触れていない。したがって，法律により最高裁判所に抽象的違憲審査権を付与することは認められる。

C　憲法第81条は最高裁判所に対し付随的違憲審査権の他に，法律などの合憲性を抽象的・一般的に審査する権限を与えている。

D　日本国憲法下の司法権はアメリカ型である。アメリカでは付随的違憲審査権のみが行われているのであるから，日本の違憲審査制もそれに倣っていると考えるのが妥当である。

設問 7　下線部(キ)に関連し，合理的区別とはいえないものを一つ選び，(**解答番号 37**)にマークしなさい。

A　歴史的に差別されてきた人々への優遇措置

B　学校教育における男女別更衣室

C　栄典に伴う特権を認めること

D　地方公共団体の条例による独自の取り扱いや罰則

設問 8　下線部(ク)に関連し，最高裁判所の違憲判断を年代の古いものを左から並べた順番として正しい時系列になっているものを一つ選び，(**解答番号

38)にマークしなさい。

A　婚外子相続差別違憲決定　・尊属殺人重罰規定違憲判決　・再婚禁止期間違憲訴訟　・国籍法婚外子差別規定違憲訴訟

B　国籍法婚外子差別規定違憲訴訟　・婚外子相続差別違憲決定　・尊属殺人重罰規定違憲判決　・再婚禁止期間違憲訴訟

C　尊属殺人重罰規定違憲判決　・国籍法婚外子差別規定違憲訴訟　・婚外子相続差別違憲決定　・再婚禁止期間違憲訴訟

D　尊属殺人重罰規定違憲判決　・国籍法婚外子差別規定違憲訴訟　・再婚禁止期間違憲訴訟　・婚外子相続差別違憲決定

設問 9　文中の［　1　］に入れる語句として，もっとも適切なものを一つ選び，(**解答番号 39**)にマークしなさい。

A　5ヶ月　B　6ヶ月　C　8ヶ月　D　10ヶ月

設問10　文中の［　2　］に入れる語句として，もっとも適切なものを一つ選び，(**解答番号 40**)にマークしなさい。

A　60日　B　90日　C　100日　D　120日

数学

（注）　1．分数形で解答する場合は，既約分数で答えなさい。

2．根号を含む形で解答する場合は，根号の中に現れる自然数が最小となる形で答えなさい。

◀数学Ⅰ・Ⅱ・A・B▶

（60 分）

〔Ⅰ〕　次の空欄中ア, イ, ウ, エ, オ, カに当てはまるものを解答群の中から選びその記号をマークせよ。それ以外の空欄には当てはまる 0 から 9 までの数字を解答用紙の所定の欄にマークせよ。ただし，［キク］，［コサ］，［チツ］は 2 桁の数であり，［シスセ］は 3 桁の数である。

(1)　右図のような正六面体 ABCD–EFGH において，辺 FG の中点を M とする。

このとき，三角形 CHM の重心を X とすると，

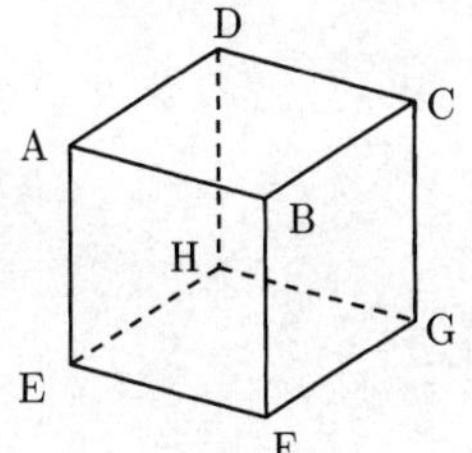

$$\overrightarrow{AX} = \boxed{\text{ア}}\,\overrightarrow{AB} + \boxed{\text{イ}}\,\overrightarrow{AD} + \boxed{\text{ウ}}\,\overrightarrow{AE}$$

と表せ，直線 AG と三角形 CHM の交点を Y とすると，

$$\overrightarrow{AY} = \boxed{\text{エ}}\,\overrightarrow{AB} + \boxed{\text{オ}}\,\overrightarrow{AD} + \boxed{\text{カ}}\,\overrightarrow{AE}$$

と表せる。

アイウエオカの解答群

⓪ 1　① $\frac{1}{2}$　② $\frac{1}{3}$　③ $\frac{2}{3}$　④ $\frac{1}{4}$

⑤ $\frac{3}{4}$　⑥ $\frac{1}{5}$　⑦ $\frac{4}{5}$　⑧ $\frac{1}{6}$　⑨ $\frac{5}{6}$

(2)　1ではない正の実数 x, y が次の条件を満たすとする。

$$\begin{cases} xy = \dfrac{1}{4} \\ \dfrac{1}{\log_2 x} + \dfrac{1}{\log_2 y} = \dfrac{8}{21} \end{cases}$$

このとき，$x + y = \dfrac{\boxed{\text{キク}}\sqrt{\boxed{\text{ケ}}}}{\boxed{\text{コサ}}}$ である。

(3)　4個の文字A，B，C，Dから，重複を許して5個取り出して1列に並べる。このとき，AとBが隣り合わず，CとDが隣り合わないような並べ方は $\boxed{\text{シスセ}}$ 通りある。

(4)　三角形ABCの∠Aの二等分線と辺BCとの交点をDとする。AB = 8，AC = 3，AD = 4とするとき，BD : CD = $\boxed{\text{ソ}}$: $\boxed{\text{タ}}$ であり，BC = $\dfrac{\boxed{\text{チツ}}\sqrt{\boxed{\text{テ}}}}{\boxed{\text{ト}}}$ である。

〔Ⅱ〕　次の空欄中アからソに当てはまる 0 から 9 までの数字を解答用紙の所定の欄にマークせよ。

x の関数 $f(x)$ を $f(x)=x^2$ とする。

(1)　x の関数 $g(x)$ を $g(x)=x^3-2x^2-x+3$ とする。曲線 $y=f(x)$ と $y=g(x)$ は 3 個の交点をもつ。それら交点を x 座標が小さい順に A，B，C とすると，点 A，B，C の x 座標はそれぞれ $-$ ア ， イ ， ウ である。曲線 $y=g(x)$ の接線の傾きが最小となるのは，接点の x 座標が $\dfrac{\text{エ}}{\text{オ}}$ のときで，その最小値は $-\dfrac{\text{カ}}{\text{キ}}$ である。また，点 B を通る $y=g(x)$ の接線の傾きの最小値は $-\dfrac{\text{ク}}{\text{ケ}}$ である。

(2)　x の関数 $h(x)$ が

$$h(x)=-x^2+\frac{x}{6}\int_0^3 h(t)\,dt+4$$

を満たすとき，

$$h(x)=-x^2+\boxed{\text{コ}}\,x+4$$

である。曲線 $y=f(x)$ と $y=h(x)$ の交点の中点は $\left(\dfrac{\text{サ}}{\text{シ}},\ \dfrac{\text{ス}}{\text{セ}}\right)$ であり，$y=f(x)$ と $y=h(x)$ で囲まれる図形の面積は原点を通る直線 $y=$ ソ x で 2 等分される。

〔Ⅲ〕 次の空欄中ア，カ，キに当てはまるものを解答群の中から選びその記号をマークせよ。それ以外の空欄には当てはまる 0 から 9 までの数字を解答用紙の所定の欄にマークせよ。ただし，[エオ] は2桁の数である。

(1) 三角形 ABC の内接円が辺 AB と接する点を P とし，辺 BC と接する点を Q とし，辺 CA と接する点を R とする。∠A の大きさを θ とすると，∠APR = [ア] であり，∠PQR = [ア] である。

(2) 三角形 T_1 の 3 つの角のうち，角の大きさが最小のものは $\frac{\pi}{6}$ で，最大のものは $\frac{\pi}{2}$ であるとする。$n = 1, 2, 3, \cdots\cdots$ について，三角形 T_n の内接円を O_n とし，T_n と O_n とが接する 3 つの点を頂点とするような三角形を T_{n+1} とする。このとき，三角形 T_2 の 3 つの角のうち，角の大きさが最小のものは $\frac{\pi}{\boxed{イ}}$ で，最大のものは $\frac{\boxed{ウ}\pi}{\boxed{エオ}}$ である。

$n = 1, 2, 3, \cdots\cdots$ について，三角形 T_n の 3 つの角のうち，角の大きさが最小のものを a_n とし，最大のものを b_n とする。三角形 T_{n+1} について

$$a_{n+1} = \boxed{カ}, \quad b_{n+1} = \boxed{キ}$$

と表せる。この式より

$$a_n + b_n = \frac{\boxed{ク}}{\boxed{ケ}}\pi$$

$$b_n - a_n = \frac{\pi}{\boxed{コ} \cdot \boxed{サ}^{n-1}}$$

であり，

$$a_n = \frac{\pi}{\boxed{シ}}\left(1 - \frac{1}{\boxed{ス}^{n}}\right)$$

である。

アの解答群

⓪ 0 ① $\frac{\pi}{2}$ ② θ ③ $\frac{\theta}{2}$

④ $\frac{\pi}{2} - \theta$ ⑤ $\frac{\pi - \theta}{2}$ ⑥ $\pi - \frac{\theta}{2}$

⑦ $\pi - \theta$ ⑧ $\frac{\pi - 3\theta}{2}$ ⑨ $\frac{\pi}{2} - 3\theta$

カキの解答群

⓪ $\dfrac{a_n}{2}$　① $\dfrac{b_n}{2}$　② $\dfrac{\pi}{2}-a_n$　③ $\dfrac{\pi}{2}-b_n$

④ $\dfrac{\pi-a_n}{2}$　⑤ $\dfrac{\pi-b_n}{2}$　⑥ $\pi-\dfrac{a_n}{2}$

⑦ $\pi-\dfrac{b_n}{2}$　⑧ $\pi-a_n$　⑨ $\pi-b_n$

◀数　学　Ⅲ▶

(60分)

〔Ⅰ〕次の空欄 カ に当てはまるものを指定された解答群の中から選び，解答用紙の所定の欄の番号をマークせよ。それ以外の空欄には，当てはまる 0 から 9 までの数字を解答用紙の所定の欄にマークせよ。

(1)　曲線 $y=1+\sin^2 x$ と x 軸，y 軸，および直線 $x=\pi$ で囲まれた図形の面積は $\dfrac{\boxed{\text{ア}}}{\boxed{\text{イ}}}\pi$ となる。

(2)　log を自然対数とするとき，次の等式が成り立つ。

$$\lim_{h\to 0}\int_{\frac{\pi}{3}}^{\frac{\pi}{3}+h}\log\left(|\sin t|^{\frac{1}{h}}\right)dt=\frac{1}{\boxed{\text{ウ}}}\log\frac{\boxed{\text{エ}}}{\boxed{\text{オ}}}$$

(3)　k を自然数として，

$$f(x)=\sum_{n=1}^{\infty}\frac{x^{2k}}{(1+4x^{2k})^{n-1}}$$

とおく。このとき，$\displaystyle\lim_{x\to 0}f(x)=\boxed{\text{カ}}$ となる。

カの解答群

⓪ 0　① 1　② 2　③ $\frac{1}{2}$　④ 4　⑤ $\frac{1}{4}$　⑥ 2^k

⑦ $\frac{1}{2^k}$　⑧ 4^k　⑨ $\frac{1}{4^k}$

〔Ⅱ〕次の空欄 ウ ， エ ， オ ， カ に当てはまるものをそれぞれ指定された解答群の中から選び，解答用紙の所定の欄の番号をマークせよ。なお，解答群から同じものを2回以上選んでもよい。それ以外の空欄には，当てはまる0から9までの数字を解答用紙の所定の欄にマークせよ。以下，log は自然対数であり，e はその底とする。

a は $0<a<1$ を満たす定数とする。次の方程式の異なる実数解の個数を求めよう。

$$x^2=a^{-x}$$

$f(x)=x^2a^x$ とおけば，$f(x)$ は $x=$ ア で極小値 イ をとり，$x=$ ウ で極大値 エ をとる。また，$\lim_{x\to-\infty}f(x)=$ オ であり，$\lim_{x\to\infty}f(x)=0$ である。

したがって，求める実数解の個数は，$0<a<$ カ のとき キ 個，$a=$ カ のとき ク 個，カ $<a<1$ のとき ケ 個となる。

ウ，エの解答群

⓪ $\dfrac{1}{\log a}$　① $\dfrac{2}{\log a}$　② $-\dfrac{1}{\log a}$　③ $-\dfrac{2}{\log a}$　④ $\dfrac{1}{e\log a}$

⑤ $\dfrac{2}{e\log a}$　⑥ $\dfrac{1}{e^2\log a}$　⑦ $\dfrac{4}{e^2\log a}$　⑧ $\dfrac{1}{(e\log a)^2}$　⑨ $\dfrac{4}{(e\log a)^2}$

オ，カの解答群

⓪ a　① a^2　② 0　③ ∞　④ e^{-1}　⑤ $2e^{-1}$　⑥ e^{-2}

⑦ $2e^{-2}$　⑧ $e^{\frac{-1}{e}}$　⑨ $e^{\frac{-2}{e}}$

〔Ⅲ〕次の空欄 ア ， イ ， ウ ， エ ， オ ， キ ， ク ， ケ に当てはまるものをそれぞれ指定された解答群の中から選び，解答用紙の所定の欄の番号をマークせよ。なお，解答群から同じものを2回以上選んでもよい。それ以外の空欄には，当てはまる0から9までの数字を解答用紙の所定の欄にマークせよ。

a, h を正の実数とする。座標平面において，原点Oからの距離が，直線 $x=h$ からの距離の a 倍であるような点Pの軌跡を考える。点Pの座標を (x, y) とすると，x, y は次の方程式を満たす。

$$\left(1-\boxed{\text{ア}}\right)x^2+2\boxed{\text{イ}}x+y^2=\boxed{\text{ウ}} \qquad \cdots\cdots (1)$$

次に，座標平面の原点Oを極，x 軸の正の部分を始線とする極座標を考える。点Pの極座標を (r, θ) とする。$r \leqq h$ を満たすとき，点Pの直交座標 (x, y) を a, h, θ を用いて表すと

$$(x, y)=\left(\frac{\boxed{\text{エ}}}{\boxed{\text{オ}}}\cos\theta,\ \frac{\boxed{\text{エ}}}{\boxed{\text{オ}}}\sin\theta\right) \qquad \cdots\cdots (2)$$

となる。

(1) から，$a=\boxed{\text{カ}}$ のとき，点Pの軌跡は放物線 $x=\boxed{\text{キ}}y^2+\boxed{\text{ク}}$ となる。この放物線と y 軸で囲まれた図形の面積 S は，

$$S=2\int_0^{\boxed{\text{ケ}}} x\,dy=2\int_0^{\boxed{\text{ケ}}}\left(\boxed{\text{キ}}y^2+\boxed{\text{ク}}\right)dy=\frac{\boxed{\text{コ}}}{\boxed{\text{サ}}}h^2$$

である。したがって，(2) を利用すれば，置換積分法により次の等式が成り立つことがわかる。

$$\int_0^{\frac{\pi}{2}}\frac{\cos\theta}{(1+\cos\theta)^2}d\theta=\frac{\boxed{\text{シ}}}{\boxed{\text{ス}}}$$

ア，イ，ウの解答群

⓪ a^2　① h^2　② a^3　③ a^2h　④ ah^2　⑤ h^3　⑥ a^4
⑦ a^2h^2　⑧ ah^3　⑨ h^4

エ，オの解答群

⓪ h　① ah　② h^2　③ ah^2
④ $1+a\cos\theta$　⑤ $1+a\sin\theta$　⑥ $a\cos\theta-1$　⑦ $a\sin\theta-1$
⑧ $1-a\cos\theta$　⑨ $1-a\sin\theta$

キ，ク，ケの解答群

⓪ h　① $2h$　② $\frac{h}{2}$　③ $-\frac{h}{2}$　④ $\frac{1}{h}$
⑤ $-\frac{1}{h}$　⑥ $\frac{1}{2h}$　⑦ $-\frac{1}{2h}$　⑧ h^2　⑨ $-h^2$

〔Ⅳ〕 次の空欄に当てはまる 0 から 9 までの数字を解答用紙の所定の欄にマークせよ。ただし，空欄 アイ ， ウエ ， オカ は 2 桁の数を表し，空欄 キクケ ， コサシ ， スセソ は 3 桁の数を表す。

i を虚数単位とし，$z=\dfrac{1}{2}+\dfrac{\sqrt{3}}{2}i$ とおく。さいころを 3 回ふり，出た目を順に a, b, c とする。このとき，積 abc が 3 の倍数となる確率は $\dfrac{\boxed{アイ}}{\boxed{ウエ}}$ である。また，$z^{abc}=-1$ となる確率は $\dfrac{\boxed{オカ}}{\boxed{キクケ}}$ であり，$z^{abc}=1$ となる確率は $\dfrac{\boxed{コサシ}}{\boxed{スセソ}}$ である。

物理

（60分）

〔Ⅰ〕　次の文中の［ 1 ］から［ 8 ］に最も適するものをそれぞれの解答群から一つ選び，解答用紙の所定の欄にその記号をマークせよ。

図のように，なめらかな斜面を持つ質量Mの台が，なめらかな水平面上に固定されている。水平面と斜面のなす角はθである。斜面上には，ばね定数kの軽いばねがあり，その一端は台の上端に固定されている。ばねのもう一端には質量mの小球が取り付けられており，小球は斜面上に静止している。小球のつり合いの位置を原点Oとして，斜面に沿って上向きにx軸をとる。重力加速度の大きさをgとする。

小球が静止しているとき，ばねは自然の長さから$d =$［ 1 ］だけ伸びている。ばねが自然の長さとなる位置で小球を静かに放すと，小球は斜面に沿って単振動をはじめた。この振動の周期Tは［ 2 ］である。また，小球が原点を通過するときの速さは［ 3 ］である。

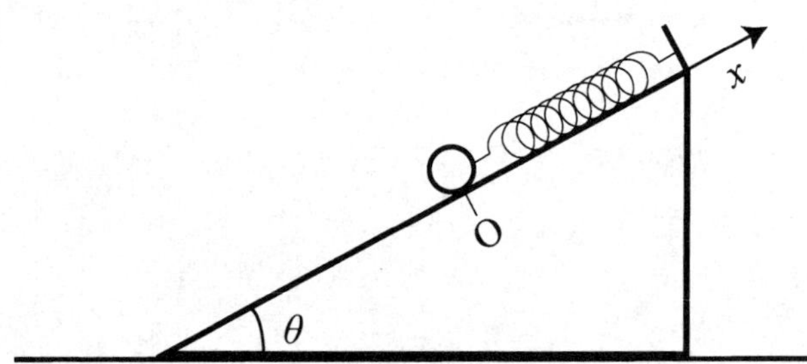

単振動している小球の速さが0になる瞬間に台の固定を静かに外した。この後，小球は斜面に沿って，台は水平面に沿ってともに単振動した。小球と台の振動の周期は同じであり，以下のようにして求められる。

水平右向きを正として台が加速度Aで運動しているとき，台とともに動く立場で小球の運動を考える。小球にはたらく力の斜面に垂直な成分はつり合っているので，斜面から受ける垂直抗力の大きさを N として，［ 4 ］が成り立つ。このときの小球の位置を x とすると，小球はばねから x 軸方向に $F =$ ［ 5 ］の弾性力を受ける。また，小球の x 軸方向の加速度を a とすると，運動方程式は $ma =$ ［ 6 ］となる。

一方，台の水平方向の運動方程式は $MA =$ ［ 7 ］である。上で得られた関係式を用いると，小球の x 軸方向の運動方程式は，K を正の定数として $ma = -Kx$ のように書き表すことができる。このことより，小球は原点を中心として単振動することがわかる。この振動の周期は，台を水平面上に固定したときの単振動の周期 T の［ 8 ］倍になる。

［ 1 ］の解答群

Ⓐ $\dfrac{mg}{k}$　Ⓑ $\dfrac{mg\sin\theta}{k}$　Ⓒ $\dfrac{mg\cos\theta}{k}$

Ⓓ $\dfrac{2mg}{k}$　Ⓔ $\dfrac{2mg\sin\theta}{k}$　Ⓕ $\dfrac{2mg\cos\theta}{k}$

［ 2 ］の解答群

Ⓐ $2\pi\sqrt{\dfrac{m}{k}}$　Ⓑ $2\pi\sqrt{\dfrac{m\sin\theta}{k}}$　Ⓒ $2\pi\sqrt{\dfrac{m\cos\theta}{k}}$

Ⓓ $2\pi\sqrt{\dfrac{k}{m}}$　Ⓔ $2\pi\sqrt{\dfrac{k}{m\sin\theta}}$　Ⓕ $2\pi\sqrt{\dfrac{k}{m\cos\theta}}$

［ 3 ］の解答群

Ⓐ $d\sqrt{\dfrac{m}{3k}}$　Ⓑ $d\sqrt{\dfrac{m}{k}}$　Ⓒ $d\sqrt{\dfrac{m\sin\theta}{3k}}$　Ⓓ $d\sqrt{\dfrac{m\sin\theta}{k}}$

Ⓔ $d\sqrt{\dfrac{3k}{m}}$　Ⓕ $d\sqrt{\dfrac{k}{m}}$　Ⓖ $d\sqrt{\dfrac{3k}{m\sin\theta}}$　Ⓗ $d\sqrt{\dfrac{k}{m\sin\theta}}$

［ 4 ］の解答群

Ⓐ $N - mg\sin\theta = 0$　Ⓑ $N - mg\cos\theta = 0$

Ⓒ $N - mg\sin\theta + mA\cos\theta = 0$　Ⓓ $N - mg\cos\theta + mA\sin\theta = 0$

Ⓔ $N - mg\sin\theta - mA\cos\theta = 0$　Ⓕ $N - mg\cos\theta - mA\sin\theta = 0$

Ⓖ $N - mg\sin\theta + MA\cos\theta = 0$　Ⓗ $N - mg\cos\theta + MA\sin\theta = 0$

Ⓘ $N - mg\sin\theta - MA\cos\theta = 0$　Ⓙ $N - mg\cos\theta - MA\sin\theta = 0$

| 5 | の解答群

Ⓐ $k(x + d)$　Ⓑ kx　Ⓒ $k(x - d)$

Ⓓ $-k(x + d)$　Ⓔ $-kx$　Ⓕ $-k(x - d)$

| 6 | の解答群

Ⓐ $F - mg\sin\theta$　Ⓑ $F - mg\cos\theta$

Ⓒ $F - mg\sin\theta + mA\cos\theta$　Ⓓ $F - mg\cos\theta + mA\sin\theta$

Ⓔ $F - mg\sin\theta - mA\cos\theta$　Ⓕ $F - mg\cos\theta - mA\sin\theta$

Ⓖ $F - mg\sin\theta + MA\cos\theta$　Ⓗ $F - mg\cos\theta + MA\sin\theta$

Ⓘ $F - mg\sin\theta - MA\cos\theta$　Ⓙ $F - mg\cos\theta - MA\sin\theta$

| 7 | の解答群

Ⓐ $N\sin\theta + F\cos\theta$　Ⓑ $N\cos\theta + F\sin\theta$

Ⓒ $N\sin\theta - F\cos\theta$　Ⓓ $N\cos\theta - F\sin\theta$

Ⓔ $-N\sin\theta + F\cos\theta$　Ⓕ $-N\cos\theta + F\sin\theta$

Ⓖ $-N\sin\theta - F\cos\theta$　Ⓗ $-N\cos\theta - F\sin\theta$

| 8 | の解答群

Ⓐ 1　Ⓑ $\sqrt{\dfrac{m}{M}}$　Ⓒ $\sqrt{\dfrac{M}{m}}$

Ⓓ $\sqrt{\dfrac{1+\sin^2\theta}{2}}$　Ⓔ $\sqrt{\dfrac{m+M\sin^2\theta}{m+M}}$　Ⓕ $\sqrt{\dfrac{M+m\sin^2\theta}{M+m}}$

Ⓖ $\sqrt{\dfrac{2}{1+\sin^2\theta}}$　Ⓗ $\sqrt{\dfrac{m+M}{m+M\sin^2\theta}}$　Ⓘ $\sqrt{\dfrac{M+m}{M+m\sin^2\theta}}$

〔II〕　次の文中の [9] から [16] に最も適するものをそれぞれの解答群から一つ選び，解答用紙の所定の欄にその記号をマークせよ。

図のように，真空中の領域 I ($x \geqq 0$, $y \geqq 0$) には紙面に垂直で裏から表へ向かう磁束密度 B の一様な磁場（磁界）が，領域 II ($-b < y < 0$, ただし $b > 0$) には x 軸の正の向きに一様な電場（電界）E が存在している。

このような磁場や電場の存在する領域に，$x < 0$ の領域から $y = a$ ($a > 0$) に沿って，質量 m，正電荷 q の粒子を x 軸の正の向きに速さ v_0 で入射させた。粒子は時刻 0，t_1，t_2 にそれぞれ，座標 $(x, y) = (0, a)$，$\left(\dfrac{a}{\sqrt{3}}, 0\right)$，$(c, -b)$ を通過し，領域 II から y 軸に平行に飛び出した。

領域 I に入った直後，粒子は [9] の力を受ける。このような磁場が粒子に及ぼす力によって，粒子は領域 I において等速円運動を行う。粒子は $(0, a)$ と $\left(\dfrac{a}{\sqrt{3}}, 0\right)$ を通過したので，この運動の中心座標は [10] であり，$v_0 =$ [11] であったことがわかる。また，この等速円運動の周期を T とすると，粒子が x 軸を通過する時刻は $t_1 =$ [12] である。

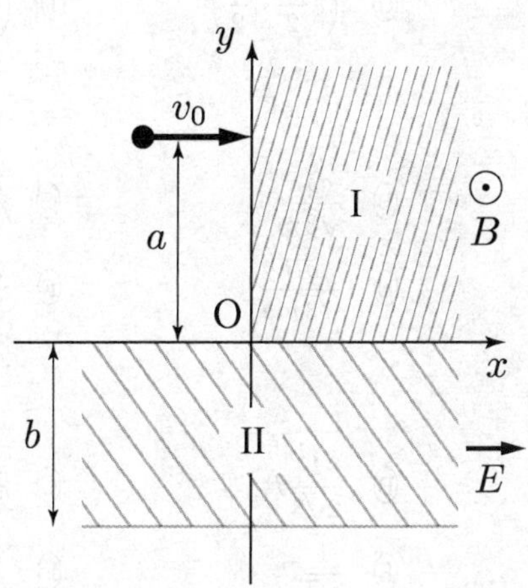

粒子が領域 II を通過するのに要する時間は $t_2 - t_1 =$ [13] である。領域 II を飛び出すときの粒子の進行方向が y 軸に平行であったことから，$b =$ [14] のように表される。以上の結果を用いると，粒子が領域 II を飛び出すときの x 座標 c は [15] となる。

これらの運動の過程において，時刻0からt_2の間に粒子のもつ運動エネルギーは［16］。

［9］の解答群

Ⓐ x軸の負の向きに大きさqv_0B　Ⓑ x軸の負の向きに大きさ$\dfrac{qB}{mv_0}$

Ⓒ x軸の正の向きに大きさqv_0B　Ⓓ x軸の正の向きに大きさ$\dfrac{qB}{mv_0}$

Ⓔ y軸の負の向きに大きさqv_0B　Ⓕ y軸の負の向きに大きさ$\dfrac{qB}{mv_0}$

［10］の解答群

Ⓐ $\left(0, \dfrac{a}{3}\right)$　Ⓑ $\left(0, \dfrac{a}{2}\right)$　Ⓒ $\left(0, \dfrac{\sqrt{3}a}{2}\right)$

Ⓓ $\left(\dfrac{a}{2}, \dfrac{a}{3}\right)$　Ⓔ $\left(\dfrac{a}{2}, \dfrac{a}{2}\right)$　Ⓕ $\left(\dfrac{a}{2}, \dfrac{\sqrt{3}a}{2}\right)$

Ⓖ $\left(\dfrac{\sqrt{3}a}{2}, \dfrac{a}{3}\right)$　Ⓗ $\left(\dfrac{\sqrt{3}a}{2}, \dfrac{a}{2}\right)$　Ⓘ $\left(\dfrac{\sqrt{3}a}{2}, \dfrac{\sqrt{3}a}{2}\right)$

［11］の解答群

Ⓐ $\dfrac{aqB}{3m}$　Ⓑ $\dfrac{aqB}{\sqrt{3}m}$　Ⓒ $\dfrac{2aqB}{3m}$

Ⓓ $\dfrac{qB}{3ma}$　Ⓔ $\dfrac{qB}{\sqrt{3}ma}$　Ⓕ $\dfrac{2qB}{3ma}$

［12］の解答群

Ⓐ $\dfrac{1}{4}T$　Ⓑ $\dfrac{1}{2\sqrt{3}}T$　Ⓒ $\dfrac{1}{3}T$

Ⓓ $\dfrac{1}{2}T$　Ⓔ $\dfrac{1}{\sqrt{3}}T$　Ⓕ $\dfrac{\sqrt{3}}{2}T$

［13］の解答群

Ⓐ $\dfrac{b}{\sqrt{3}v_0}$　Ⓑ $\dfrac{2b}{3v_0}$　Ⓒ $\dfrac{2b}{\sqrt{3}v_0}$

Ⓓ $\dfrac{b^2}{\sqrt{3}v_0a}$　Ⓔ $\dfrac{2b^2}{3v_0a}$　Ⓕ $\dfrac{2b^2}{\sqrt{3}v_0a}$

14 の解答群

Ⓐ $\dfrac{\sqrt{3}mv_0{}^2}{4qE}$　Ⓑ $\dfrac{mv_0{}^2}{qE}$　Ⓒ $\dfrac{\sqrt{3}mv_0{}^2}{qE}$

Ⓓ $\dfrac{4qE}{\sqrt{3}mv_0{}^2}$　Ⓔ $\dfrac{qE}{mv_0{}^2}$　Ⓕ $\dfrac{qE}{\sqrt{3}mv_0{}^2}$

15 の解答群

Ⓐ $a-b$　Ⓑ $a-\dfrac{b}{2}$　Ⓒ $\dfrac{a}{2}-b$

Ⓓ $\dfrac{a}{\sqrt{3}}-\dfrac{b}{\sqrt{3}}$　Ⓔ $\dfrac{a}{\sqrt{3}}-\dfrac{b}{2\sqrt{3}}$　Ⓕ $\dfrac{a}{2\sqrt{3}}-\dfrac{b}{\sqrt{3}}$

16 の解答群

Ⓐ $\dfrac{mv_0{}^2}{8}$ だけ減少する　Ⓑ $\dfrac{mv_0{}^2}{8}$ だけ増加する

Ⓒ $\dfrac{mv_0{}^2}{4}$ だけ減少する　Ⓓ $\dfrac{mv_0{}^2}{4}$ だけ増加する

Ⓔ $\dfrac{mv_0{}^2}{\sqrt{3}}$ だけ減少する　Ⓕ $\dfrac{mv_0{}^2}{\sqrt{3}}$ だけ増加する

Ⓖ 変化しない

〔Ⅲ〕　次の文中の 17 から 23 に最も適するものをそれぞれの解答群から一つ選び，解答用紙の所定の欄にその記号をマークせよ。

図のように，物質の表面に広がった屈折率n，厚さdの薄膜に，平面波の単色光（波長λ）が空気中から入射角θで入射した。入射光の一部は薄膜の上面で反射し，残りはθよりも小さい屈折角ϕで屈折した。

空気の屈折率を 1 とすると，薄膜の屈折率nは入射角θ，屈折角ϕと$n=$ 17 の関係にある。また，空気中での光の速さをcとすると，薄膜中での光の振動数は 18 である。

〔A〕物質の屈折率がnより大きい場合を考える。薄膜の上面で屈折した光①は，物質の表面で反射して薄膜の上面に向かって進行し，薄膜上面の点Pで屈折して空気中へ戻る。この光①は点Pで反射する光②と干渉する。その光路差Δlは 19 である。また，物質の表面および薄膜の上面で光①，②が反射する際，位相は 20 。したがって，干渉により光①と②が弱め合うための条件は，mを0以上の整数として$\Delta l=$ 21 となる。$n=\sqrt{2}$，$\lambda=630\,\mathrm{nm}$，$\theta=45°$のとき，干渉により光①と②が弱め合うために必要な薄膜の厚さの最小値d_Aは，約 22 nm である。

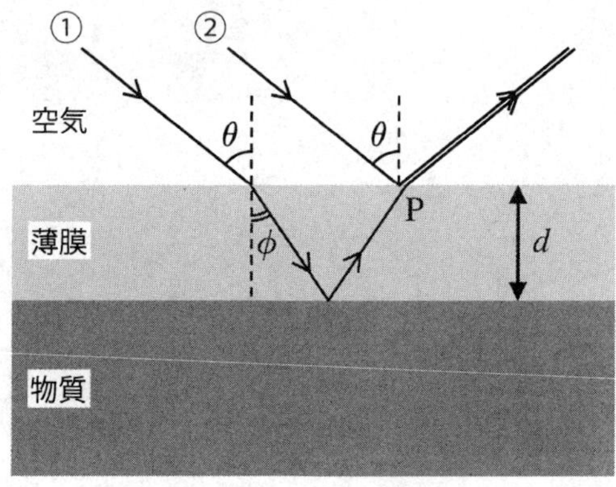

〔B〕物質の屈折率が1より大きく薄膜の屈折率nより小さい場合を考える。n，λ，θが〔A〕と同じ値のとき，干渉により光①と②が強め合うために必要な薄膜の厚さの最小値は，d_Aの 23 倍である。

17 の解答群

Ⓐ $\dfrac{\sin\phi}{\sin\theta}$　Ⓑ $\dfrac{\sin\phi}{\cos\theta}$　Ⓒ $\dfrac{\cos\phi}{\sin\theta}$　Ⓓ $\dfrac{\cos\phi}{\cos\theta}$

Ⓔ $\dfrac{\sin\theta}{\sin\phi}$　Ⓕ $\dfrac{\cos\theta}{\sin\phi}$　Ⓖ $\dfrac{\sin\theta}{\cos\phi}$　Ⓗ $\dfrac{\cos\theta}{\cos\phi}$

18 の解答群

Ⓐ $\dfrac{c}{\lambda}$　Ⓑ $\dfrac{nc}{\lambda}$　Ⓒ $\dfrac{c}{n\lambda}$　Ⓓ $\dfrac{c\lambda}{n}$

Ⓔ $\dfrac{\lambda}{c}$　Ⓕ $\dfrac{\lambda}{nc}$　Ⓖ $\dfrac{n\lambda}{c}$　Ⓗ $\dfrac{n}{c\lambda}$

19 の解答群

Ⓐ $2nd\sin\phi$　Ⓑ $\dfrac{2d\sin\phi}{n}$　Ⓒ $\dfrac{2nd}{\sin\phi}$　Ⓓ $\dfrac{2d}{n\sin\phi}$

Ⓔ $2nd\cos\phi$　Ⓕ $\dfrac{2d\cos\phi}{n}$　Ⓖ $\dfrac{2nd}{\cos\phi}$　Ⓗ $\dfrac{2d}{n\cos\phi}$

20 の解答群

Ⓐ ①，②ともに変化しない

Ⓑ ①，②ともに $\dfrac{\pi}{2}$ だけ変化する

Ⓒ ①，②ともに π だけ変化する

Ⓓ ①は変化せず，②は $\dfrac{\pi}{2}$ だけ変化する

Ⓔ ①は変化せず，②は π だけ変化する

Ⓕ ①は $\dfrac{\pi}{2}$ だけ変化し，②は変化しない

Ⓖ ①は π だけ変化し，②は変化しない

21 の解答群

Ⓐ $m\lambda$　Ⓑ $2m\lambda$　Ⓒ $(2m+1)\lambda$

Ⓓ $m\frac{\lambda}{2}$　　Ⓔ $\left(m+\frac{1}{2}\right)\frac{\lambda}{2}$　　Ⓕ $(2m+1)\frac{\lambda}{2}$

22 の解答群

Ⓐ 100　Ⓑ 129　Ⓒ 223　Ⓓ 258
Ⓔ 315　Ⓕ 387

23 の解答群

Ⓐ $\frac{1}{3}$　Ⓑ $\frac{1}{2}$　Ⓒ $\frac{2}{3}$　Ⓓ $\frac{1}{\sqrt{2}}$　Ⓔ 1
Ⓕ $\sqrt{2}$　Ⓖ $\frac{3}{2}$　Ⓗ 2　Ⓘ 3

化学

(60 分)

原子量が必要な場合は，次の数値を用いなさい。

H = 1.0　C = 12.0　N = 14.0　O = 16.0　F = 19.0

Na = 23.0　Ca = 40.1

必要な場合は，次の定数を用いなさい。

気体定数　$R = 8.31 \times 10^3\ \mathrm{Pa \cdot L/(K \cdot mol)}$

アボガドロ定数　$N_A = 6.02 \times 10^{23}\ \mathrm{/mol}$

〔Ⅰ〕次の文章を読み，文中の空欄 [1] ～ [7] に入る最もふさわしいものを各解答群の中から一つ選び，その記号をマークしなさい。

1　10 種類の元素がある。

Al　Ba　Cs　Fe　K　Li　Na　Rb　Sr　Ti

単体の密度が最も小さい典型元素は [1] である。
単体の密度が最も小さい遷移元素は [2] である。
単体の密度が最も大きい遷移元素は [3] である。
質量比で，地殻中に酸素，ケイ素に次いで多く存在する元素は [4] である。

[1] の解答群

A　Al　　B　Ba　　C　Cs　　D　Fe　　E　K
F　Li　　G　Na　　H　Rb　　I　Sr　　J　Ti

| 2 | の解答群

A	Al	B	Ba	C	Cs	D	Fe	E	K
F	Li	G	Na	H	Rb	I	Sr	J	Ti

| 3 | の解答群

A	Al	B	Ba	C	Cs	D	Fe	E	K
F	Li	G	Na	H	Rb	I	Sr	J	Ti

| 4 | の解答群

A	Al	B	Ba	C	Cs	D	Fe	E	K
F	Li	G	Na	H	Rb	I	Sr	J	Ti

2　CaF_2の結晶は，ホタル石型のイオン結晶である。下図に示すように，1個のホタル石型構造の単位格子(立方体)には，Ca^{2+}が4個，F^-が8個含まれている。Ca^{2+}の配位数は | 5 | である。F^-の配位数は | 6 | である。単位格子の一辺の長さは0.545 nm（1 nm = 10^{-9} m）である。CaF_2の密度は3.2×10^x g cm^{-3}である。xは | 7 | である。

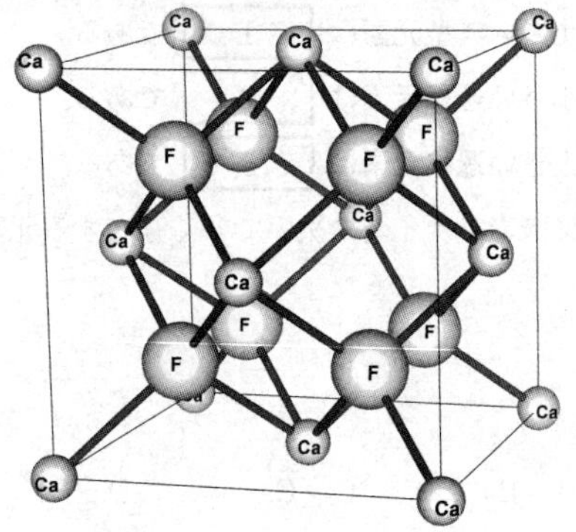

CaF_2の構造(ホタル石型構造)

[5] の解答群

A　0　　B　1　　C　2　　D　3　　E　4

F　5　　G　6　　H　7　　I　8　　J　9

[6] の解答群

A　0　　B　1　　C　2　　D　3　　E　4

F　5　　G　6　　H　7　　I　8　　J　9

[7] の解答群

A　0　　B　1　　C　2　　D　3　　E　4

F　5　　G　6　　H　7　　I　8　　J　9

〔Ⅱ〕 次の文章を読み，文中の空欄 [8] ～ [11] に入る最もふさわしいものを各解答群の中から一つ選び，その記号をマークしなさい。

1　298 K で，次の水溶液Ⅰ，Ⅱ，Ⅲの水素イオン濃度をそれぞれ α，β，γ とすると，水素イオン濃度の大きさの関係は [8] である。酢酸の電離度は 0.010，アンモニアの電離度は 0.010，水酸化ナトリウムの電離度は 1.0 とする。水のイオン積は 1.0×10^{-14} $(\mathrm{mol/L})^2$ とする。

水溶液Ⅰ　0.10 mol/L の酢酸水溶液

水溶液Ⅱ　0.10 mol/L のアンモニア水

水溶液Ⅲ　0.010 mol/L の水酸化ナトリウム水溶液

[8] の解答群

A　$\alpha = \beta = \gamma$　　B　$\alpha > \beta = \gamma$

C　$\beta = \gamma > \alpha$　　D　$\alpha > \beta > \gamma$

E　$\alpha > \gamma > \beta$　　F　$\beta > \alpha > \gamma$

G　$\beta > \gamma > \alpha$　　H　$\gamma > \alpha > \beta$

I　$\gamma > \beta > \alpha$

2　1.013×10^5 Pa において，273 K の氷の融解熱は 6.0 kJ/mol であり，次の熱化学方程式で表される。氷は H_2O (固)，水は H_2O (液)とする。

H_2O (固) = H_2O (液) [ア]

1.013×10^5 Pa において，298 K の水の蒸発熱は 44 kJ/mol であり，次の熱化学方程式で表される。水は H_2O (液)，水蒸気は H_2O (気)とする。

H_2O (液) = H_2O (気) [イ]

[ア] と [イ] に入る最もふさわしいものは，それぞれ [9] と [10] である。

[9]，[10] の解答群

A　− 44 kJ/mol　　B　− 44 kJ　　C　− 6.0 kJ/mol
D　− 6.0 kJ　　E　+ 6.0 kJ/mol　　F　+ 6.0 kJ
G　+ 44 kJ/mol　　H　+ 44 kJ

3　313 K で 1.00×10^5 Pa の窒素 N_2 は，平衡状態で水 1.00 L に 5.40×10^{-4} mol 溶ける。ヘンリーの法則が成り立つとすると，313 K で 2.00×10^5 Pa の窒素 N_2 は，平衡状態で水 5.00 L に $(0.1x + 0.01y)$ g 溶ける。x と y は 0 から 9 までの整数である。x は [11] である。窒素 N_2 は理想気体であるとする。

[11] の解答群

A　0　　B　1　　C　2　　D　3　　E　4
F　5　　G　6　　H　7　　I　8　　J　9

〔Ⅲ〕 次の文章を読み，文中の空欄 12 ～ 19 に入る最もふさわしいものを各解答群の中から一つ選び，その記号をマークしなさい。

1　以下の化合物のうち，不斉炭素原子を最も多く含むものは 12 である。

12 の解答群

A　$CH_3-CH(CH_2CH_3)-CH_2-CH(CH_2CH_3)-CH_3$

B　$CH_3-CH(CH_2CH_3)-CH_2-CH_2-CH(OH)-CH_2-CH_3$

C　$HO-C(CH_2OH)(CH_3)-CH_2OH$

D　$CH_3-CH(NH_2)-COOH$

E　$CH_3-CH_2-CH(CH_3)-CH(NH_2)-COOH$

F　$CH_2OH-CHOH-CH_2OH$

G　$CH_2(OH)-CH(OH)-CH(OH)-CH(OH)-CHO$

2　以下の化合物のうち，分子内脱水反応により互いに幾何異性体の関係にあるアルケンを生じるものは 13 である。

の解答群

A: $CH_3-CH(OH)-CH(CH_3)-CH_3$

B: $CH_3-CH(OH)-CH_2-CH_3$

C: $CH_3-CH(CH_3)-CH(OH)-CH(CH_2CH_3)-CH_2-CH_3$

D: CH_3-CH_2-OH

E: $CH_3-CH_2-CH_2-OH$

F: $CH_3-CH_2-CH(CH_3)-CH_2-OH$

3　以下の化学式で表される脂肪酸のうち，不飽和脂肪酸であるものは 14 である。

14 の解答群

A　$C_9H_{19}COOH$　　B　$C_{11}H_{23}COOH$　　C　$C_{13}H_{27}COOH$

D　$C_{15}H_{31}COOH$　　E　$C_{17}H_{33}COOH$　　F　$C_{19}H_{39}COOH$

4　酢酸50.0 g に脱水剤を加えて加熱し，完全に反応させると $(10x+y+0.1z)$ g の無水酢酸を生じる。x と y と z は0～9の整数である。x は 15 である。

15 の解答群

A　0　　B　1　　C　2　　D　3　　E　4

F　5　　G　6　　H　7　　I　8　　J　9

5　以下の芳香族化合物の反応において， 16 ～ 19 の空欄に入る最もふさわしい化合物の化学式を解答群の中から一つ選び，その記号をマークしなさい。

16 をスズと塩酸で還元すると，アニリン塩酸塩が得られる。

17 を濃硫酸と濃硝酸の混合物(混酸)と反応させると，*o*−位と*p*−位にニトロ基が結合したピクリン酸が得られる。

18 の希塩酸溶液を冷却しながら亜硝酸ナトリウムと反応させた。この反応の生成物をナトリウムフェノキシドと反応させると，橙赤色のアゾ化合物が得られる。

19 を酸素で酸化した後，硫酸で分解すると，フェノールとアセトンが得られる。

16 ～ 19 の解答群

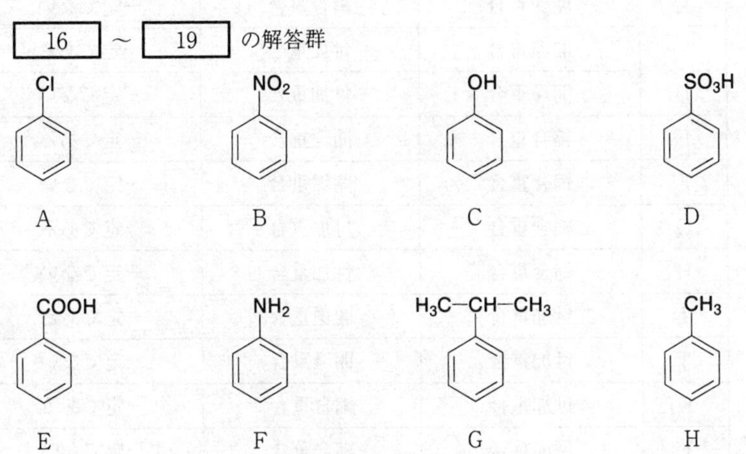

〔Ⅳ〕 次の文章を読み，文中の空欄 20 ～ 25 に入る最もふさわしいものを各解答群の中から一つ選び，その記号をマークしなさい。

1　多くの高分子化合物は，小さな構成単位が繰り返し共有結合した構造をしている。この構成単位となる小さな分子を単量体という。2つ以上の官能基をもつ単量体どうしが，水などの小さな分子をつくりながら繰り返して結びつく反応を， ア という。また，炭素原子どうしの不飽和結合が開裂し，単量体が繰り返して結びつく反応を， イ という。高分子化合物はタンパク質など一部をのぞき重合度は ウ ので，高分子化合物の分子量は平均分子量で表される。 ア ～ ウ に入る最もふさわしいものの組合せは 20 である。

20 の解答群

	ア	イ	ウ
A	開環重合	縮合重合	一定である
B	開環重合	縮合重合	一定でない
C	開環重合	付加重合	一定である
D	開環重合	付加重合	一定でない
E	縮合重合	開環重合	一定である
F	縮合重合	開環重合	一定でない
G	縮合重合	付加重合	一定である
H	縮合重合	付加重合	一定でない
I	付加重合	開環重合	一定である
J	付加重合	開環重合	一定でない
K	付加重合	縮合重合	一定である
L	付加重合	縮合重合	一定でない

2　ビニロンは適度な吸湿性を示す合成繊維である。ポリ酢酸ビニル 43.0 g から，40 %のヒドロキシ基がアセタール化された次の構造をもつビニロンは，

理論上($10x + y + 0.1z$) g得られる。x と y と z は0～9の整数である。y は［21］である。

$$
\left[\begin{array}{l} -CH_2-CH-CH_2-CH-CH_2-CH-CH_2-CH-CH_2-CH- \\ \quad\quad\quad | \quad\quad\quad\quad | \quad\quad\quad\quad | \quad\quad\quad\quad | \quad\quad\quad\quad | \\ \quad\quad\quad O-CH_2-O \quad\quad\quad OH \quad\quad\quad OH \quad\quad\quad OH \end{array} \right]_n
$$

［21］の解答群

A　0　　B　1　　C　2　　D　3　　E　4

F　5　　G　6　　H　7　　I　8　　J　9

3　グルコースやフルクトース，ガラクトースなどの炭素数6の六炭糖の分子式は，$C_6H_xO_6$ である。xは［エ］である。フルクトースはグルコースの［オ］で，ガラクトースはグルコースの［カ］である。［エ］～［カ］に入る最もふさわしいものの組合せは［22］である。

［22］の解答群

	エ	オ	カ
A	6	構造異性体	立体異性体
B	6	立体異性体	構造異性体
C	8	構造異性体	立体異性体
D	8	立体異性体	構造異性体
E	10	構造異性体	立体異性体
F	10	立体異性体	構造異性体
G	12	構造異性体	立体異性体
H	12	立体異性体	構造異性体

4　生物の細胞には，デオキシリボ核酸(DNA)とリボ核酸(RNA)の2種類の核酸が存在している。以下の記述(1)～(4)のうち，DNAとRNAの両方に該当するものの組合せは［23］である。

(1)　構成単位は，糖とリン酸と窒素を含む塩基が共有結合したヌクレオチドである。

(2)　構成する塩基は，アデニン(A)，グアニン(G)，シトシン(C)，チミン(T)の 4 種類である。

(3)　構成する糖は，五炭糖のリボースである。

(4)　ヌクレオチドどうしが糖の -OH とリン酸の -OH の間で脱水縮合してできた鎖状の高分子化合物である。

[23] の解答群

A　(1)と(2)　　B　(1)と(3)　　C　(1)と(4)　　D　(2)と(3)

E　(2)と(4)　　F　(3)と(4)

5　α-アミノ酸の分子間で，カルボキシ基とアミノ基が脱水縮合してできた化合物をペプチドという。2 分子のグリシン，1 分子のフェニルアラニン，1 分子のアラニンの 4 分子のアミノ酸が脱水縮合してできた鎖状のペプチドには全部で($10x + y$)種類の構造異性体がある。x と y は 0 ～ 9 の整数である。y は [24] である。

[24] の解答群

A　0　　B　1　　C　2　　D　3　　E　4

F　5　　G　6　　H　7　　I　8　　J　9

6　生体内で起こるさまざまな化学反応で，触媒としてはたらくタンパク質を酵素という。一般の無機触媒での化学反応では，温度が高くなるほど反応速度は [キ] 。人体内の酵素が働く反応でも 40 ℃くらいまでは反応速度は [キ] が，60 ℃以上では多くの場合で反応速度は [ク] 。これは，60 ℃以上では酵素のタンパク質が熱により [ケ] からである。[キ] ～ [ケ] に入る最もふさわしいものの組合せは [25] である。

25 の解答群

	キ	ク	ケ
A	大きくなる	大きくなる	安定化する
B	大きくなる	大きくなる	変性する
C	大きくなる	小さくなる	安定化する
D	大きくなる	小さくなる	変性する
E	小さくなる	大きくなる	安定化する
F	小さくなる	大きくなる	変性する
G	小さくなる	小さくなる	安定化する
H	小さくなる	小さくなる	変性する

生物

(60分)

〔Ⅰ〕 次の文章を読み，該当する解答番号の解答欄にマークしなさい。一つの解答欄に一つだけマークすること。

生体内では，物質の合成反応や分解反応など，非常に多くの化学反応が進行している。この生体内での化学反応全体を代謝という。代謝では多くの場合，さまざまな酵素(ア)が個々の反応の触媒としてはたらき，エネルギーの変化や出入りが伴う。代謝のうち，複雑な物質を単純な物質に分解する過程を異化(イ)といい，単純な物質から複雑な物質を合成する過程を同化(ウ)という。

一般的に，細胞内で代謝におけるエネルギーのやりとりは，ATPを仲立ちとして行われている。ATPは，アデニンとリボースが結合したアデノシンに，3個のリン酸が結合した化合物である。ATPは，リン酸どうしの結合(高エネルギーリン酸結合)が切れて，ADPとリン酸になるとき，エネルギーを放出する。このエネルギーが，生体内での物質の合成・筋肉の収縮(エ)・能動輸送(オ)・発光などのさまざまな生命活動を進めるために使われる。一方，ADPからATPを合成するためには，ATPがADPに分解されるときとは逆に，エネルギーが必要となる。

このように，ATPが生体内でエネルギーの受け渡しを仲立ちしていることは，すべての生物に共通しており，ATPは生体内における「エネルギーの通貨」として重要な役割を果たしている。

生物は光合成(カ)や呼吸(キ)を行うことによって，生命活動に必要なエネルギーを獲得している。植物などは，太陽からの光エネルギーを利用してATPをつくり，そのATPのエネルギーを使ってデンプンなどの有機物を合成する光合成を行う。また，この有機物を呼吸によって分解し，そのとき取り出されるエネルギーを利用してATPを合成している。一方，光合成を行うことのできない動物は，植物がつくった有機物を取り込み，呼吸によってATPを合成し，生命活動のエネルギー源として利用している。このように，ATP は生物のさまざまな生命活動にエネルギーを直接供給する物質として，重要なはたらきをしている。

問 1　下線部(ア)に関する記述として，最も適切な組み合わせを選びなさい。

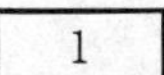

① 酵素が作用する物質を基質といい，反応によってつくられた物質を生成物という。

② 酵素の活性部位に基質が結合して，酵素－基質複合体を形成する。

③ 最終産物が代謝経路の初期段階の反応に作用する酵素にはたらいて，反応系全体の進行を調節することで最終産物の量を調節するしくみがある。

④ 酵素反応を阻害する物質が，活性部位とは異なる場所に結合し，阻害作用を引き起こすことがあり，これを競争的阻害という。

A ①と②　　B ①と③　　C ①と④

D ②と③　　E ②と④　　F ③と④

G ①と②と③　　H ①と②と④　　I ①と③と④

J ②と③と④　　K ①と②と③と④

問 2　下線部(イ)に関する次の説明文を読み，空欄(　ク　)，(　ケ　)，(　コ　)，(　サ　)に入る語の組み合わせとして，最も適切なものを選びなさい。ただし，選択肢の語はク・ケ・コ・サの順に示してある。 2

＜説明文＞

酵母は，酸素の供給が十分でない環境では，グルコースを(　ク　)と二酸化炭素に分解し，その過程で ATP を合成する。この反応経路がアルコール発酵である。アルコール発酵では，まず解糖系によって，グルコースがピルビン酸になる。また，(　ケ　)反応の過程で，化合物からの水素が NAD^+ に移され，(　コ　)の NADH を生じる。そして，ピルビン酸の脱炭酸と(　サ　)によりエタノールが生じる。この最後の(　サ　)のときに，NADH

からの水素の移動があり，(　コ　)のNADHがNAD^+に戻されるので，アルコール発酵の反応全体としては，NADHの正味の出入りはゼロということになる。

A　C_2H_4O・酸化・2分子・還元
B　C_2H_4O・還元・4分子・還元
C　C_2H_4O・酸化・2分子・酸化
D　C_2H_4O・還元・4分子・酸化
E　C_2H_5OH・酸化・2分子・還元
F　C_2H_5OH・還元・4分子・還元
G　C_2H_5OH・酸化・2分子・酸化
H　C_2H_5OH・還元・4分子・酸化
I　$C_3H_4O_3$・酸化・2分子・還元
J　$C_3H_4O_3$・還元・4分子・還元
K　$C_3H_4O_3$・酸化・2分子・酸化
L　$C_3H_4O_3$・還元・4分子・酸化

問3　下線部(ウ)に関する記述として，最も適切な組み合わせを選びなさい。
[3]

①　シアノバクテリアは，光合成色素としてクロロフィルaを持ち，光化学系ⅠとⅡを使い，酸素を発生する。
②　硫黄細菌は，硫化水素などの無機物を酸化し，このとき放出されたエネルギーを用いてATPを合成している。
③　硝化細菌は無機窒素化合物を利用する化学合成細菌で，アンモニアを酸化して亜硝酸にする亜硝酸菌と，亜硝酸を酸化して硝酸にする硝酸菌がある。
④　窒素固定細菌は，大気中の窒素を体内に取り入れて，これを酸化してアンモニウムイオンに変えることができる。

A　①と②　　B　①と③　　C　①と④
D　②と③　　E　②と④　　F　③と④
G　①と②と③　　H　①と②と④　　I　①と③と④
J　②と③と④　　K　①と②と③と④

問4　下線部(エ)に関する記述として，最も適切な組み合わせを選びなさい。

4

① 筋原繊維は太いアクチンフィラメントと細いミオシンフィラメントから構成されている。

② 運動神経末端から分泌されたアセチルコリンが筋細胞の膜にある受容体に結合すると，筋収縮が起こる。

③ カルシウムイオンがトロポニンと結合すると，それに伴ってトロポミオシンの立体構造が変わってアクチンフィラメントがミオシン頭部と結合できるようになり，その結果，筋収縮が起こる。

④ クレアチンリン酸は，ATPを渡すとクレアチンとなり，安静時に再びクレアチンリン酸となる。

A　①と②　　B　①と③　　C　①と④
D　②と③　　E　②と④　　F　③と④
G　①と②と③　　H　①と②と④　　I　①と③と④
J　②と③と④　　K　①と②と③と④

問5　下線部(オ)に関する記述として，最も適切な組み合わせを選びなさい。

5

① 担体と呼ばれる膜タンパク質は，アミノ酸や糖などの高分子を運搬するはたらきを担う。

② 担体の中には，濃度勾配に逆らって物質を輸送するポンプのはたらきをもつものがある。

③ 動物細胞の細胞膜には，ナトリウム-カリウムATPアーゼと呼ばれる輸送タンパク質が存在する。

④ 動物細胞の内側はナトリウムイオンが多く，外側はカリウムイオンが少ない。

A ①と②　B ①と③　C ①と④
D ②と③　E ②と④　F ③と④
G ①と②と③　H ①と②と④　I ①と③と④
J ②と③と④　K ①と②と③と④

問6 下線部(カ)に関する次の説明文を読み，空欄 [6]，[7]，[8]，[9]，[10]，[11] に入る最も適切なものを選びなさい。ただし，同じ選択肢を何度使ってもよい。

＜説明文＞

ストロマでは，二酸化炭素が固定され，有機物が合成される。この反応経路は，多くの酵素が関与する化学反応からなり，カルビン・ベンソン回路と呼ばれる。カルビン・ベンソン回路では，二酸化炭素は，まず [6] 化合物であるリブロースビスリン酸(RuBP)と反応する。その結果，[7] 化合物であるホスホグリセリン酸(PGA)が2分子できる。この反応はRuBPカルボキシラーゼ／オキシゲナーゼ(RubisCO，ルビスコ)と呼ばれる酵素によって促進される。

PGAは，ATPを用いてリン酸化されたのち，NADPHによって還元され，C_3化合物であるグリセルアルデヒドリン酸(GAP)となる。ここで，生じたGAPの多くは，いくつかの反応を経た後，RuBPに戻る。このように，カルビン・ベンソン回路の反応過程は，二酸化炭素の有機物への固定，PGAの還元，RuBPの再生の3つの段階に分けることができる。

カルビン・ベンソン回路では，[8] 分子の二酸化炭素が固定されると，[9] 分子のATPと [10] 分子のNADPHが消費され，[11] 分子のGAPが同化産物として得られる。

A　C_2　　B　C_3　　C　C_4　　D　C_5

E　C_6　　F　2　　G　4　　H　6

I　12　　J　14　　K　16　　L　18

問 7　下線部(キ)に関する反応式として，最も適切な組み合わせを選びなさい。

12

① $C_6H_{12}O_6 + 2\,NAD^+$

$\rightarrow 2\,C_3H_4O_3 + 2\,NADH + 2\,H^+$ ＋エネルギー（2 ATP）

② $2\,C_3H_4O_3 + 6\,H_2O + 8\,NAD^+ + 2\,FAD$

$\rightarrow 6\,CO_2 + 8\,NADH + 8\,H^+ + 2\,FADH_2$ ＋エネルギー（2 ATP）

③ $10\,NADH + 10\,H^+ + 2\,FADH_2 + 6\,O_2$

$\rightarrow 12\,H_2O + 10\,NAD^+ + 2\,FAD$ ＋エネルギー（最大 34 ATP）

④ $C_6H_{12}O_6 + 6\,O_2 + 6\,H_2O$

$\rightarrow 6\,CO_2 + 12\,H_2O$ ＋エネルギー（最大 38 ATP）

A　①と②　　B　①と③　　C　①と④

D　②と③　　E　②と④　　F　③と④

G　①と②と③　　H　①と②と④　　I　①と③と④

J　②と③と④　　K　①と②と③と④

〔Ⅱ〕 次の文章を読み，該当する解答番号の解答欄にマークしなさい。一つの解答欄に一つだけマークすること。

ヒトの体は体外環境の変動を敏感に感知して，できるだけ体内環境を一定に保とうとする恒常性(ホメオスタシス)というしくみがある。このしくみを担うのは，自律神経系(ア)や内分泌系である。自律神経系は神経系の一部であり，神経系では，恒常性のほかに感覚(イ)や運動などのさまざまな機能を担う。内分泌系は，ホルモン(ウ)という化学物質による調節系であり，成長や発育などの持続的な調節を担う。また，体温の調節(エ)や血糖量の調節(オ)などのように自律神経系と内分泌系が協調的にはたらく場合もある。

問１　下線部(ア)に関する記述として，最も適切な組み合わせを選びなさい。 13

①　自律神経系の主たる中枢は大脳である。
②　交感神経の活動は，緊張時や運動時に高まる。
③　交感神経の末端からは，ノルアドレナリンが分泌される。
④　自律神経系は，感覚器官や骨格筋を支配する末梢神経系を含む。
⑤　交感神経は，中脳と延髄からでる。

A　①と②　　B　①と③　　C　①と④　　D　①と⑤
E　②と③　　F　②と④　　G　②と⑤　　H　③と④
I　③と⑤　　J　④と⑤

問２　下線部(イ)に関する次の文章を読み，問(1)～(5)に答えなさい。

ヒトの耳は，外耳，中耳，内耳からできており，聴覚と平衡感覚(カ)の２種類の感覚受容器を備えている。音波は(　キ　)で集められ外耳道を通って鼓膜を振動させる。その振動は中耳(ク)の三つの耳小骨を介して，内耳の卵円窓からうずまき管に伝えられる。うずまき管はらせん状の管で，引き延ばすと約35 mmの長さになる。この管は前庭階，(　ケ　)細管，鼓室階からなり，

(ケ)細管と鼓室階の間の基底膜上に(コ)がある。卵円窓から前庭階に入った音波は鼓室階を経て正円窓に抜ける。この間に基底膜が振動して，その上の(コ)にある聴細胞が刺激されて興奮する。この興奮は聴神経から大脳にある聴覚野(サ)に達して音として認識される。

一方，平衡感覚は内耳にある前庭と三つの(シ)により生じる。頭が回転すると(シ)もそれに伴って動き，(シ)膨大部の中にある(ス)は慣性の法則により留まろうとするため，結果的に感覚細胞の(セ)毛が倒れる。このようにして生じた興奮は，前庭神経から主に脳幹や小脳に伝達されるとともに，脊髄から動眼神経へ伝達されるため，回転や傾きがあっても姿勢や運動の調節が適切に行われる。

(1) 下線部(カ)に関する記述として最も適切な組み合わせを選びなさい。 14

① 高音の振動はうずまき管のより奥にある基底膜を振動させる。
② ヒトは 200 ～ 20,000 Hz(Hz：1秒間の振動数)の範囲の音を聞くことができる。
③ 前庭には感覚細胞がありその上に硝酸カルシウムでできた平衡石(耳石)がのっている。
④ 筋紡錘は平衡感覚を担う自己受容器としてはたらいている。
⑤ コウモリの聴覚器は超音波を受容することができる。

A ①と②　B ①と③　C ①と④　D ①と⑤
E ②と③　F ②と④　G ②と⑤　H ③と④
I ③と⑤　J ④と⑤

(2) 空欄(キ)，(ケ)，(コ)に入る語の組み合わせとして，最も適切なものを選びなさい。ただし，選択肢の語はキ・ケ・コの順に示してある。 15

A 耳腔・前庭・コルチ器　B 耳腔・前庭・グリア
C 耳腔・うずまき・コルチ器　D 耳腔・うずまき・グリア
E 耳腔・鼓室・コルチ器　F 耳腔・鼓室・グリア

G　耳殻・前庭・コルチ器　　H　耳殻・前庭・グリア

I　耳殻・うずまき・コルチ器　　J　耳殻・うずまき・グリア

K　耳殻・鼓室・コルチ器　　L　耳殻・鼓室・グリア

(3)　下線部(ク)には咽頭とつながる耳管(エウスタキオ管またはユースタキー管)が接続されているが，その役割として最も適切なものを選びなさい。 16

A　中耳で不要になったリンパ液を排出する。

B　耳小骨と卵円窓の間に空気の層があり，その圧力を高める。

C　外耳から流入する水分を排出する。

D　中耳内部と外部の気圧を等しくする。

E　うずまき管内のリンパ液を生成する。

(4)　下線部(サ)とは図1のどこか，最も適切なものを選びなさい。 17

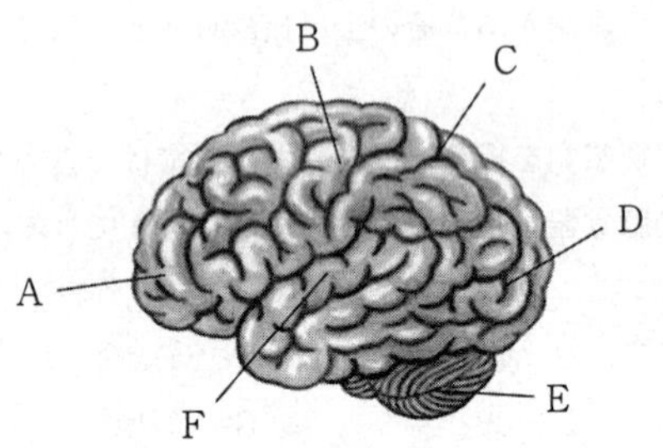

図1　ヒトの左脳の側面

(5)　空欄(　シ　)，(　ス　)，(　セ　)に入る語の組み合わせとして，最も適切なものを選びなさい。ただし，選択肢の語はシ・ス・セの順に示してある。 18

A　回転管・リンパ液・感覚　　B　回転管・リンパ液・神経

C　回転管・耳液・感覚　　D　回転管・耳液・神経

E　回転管・間質液・感覚　　F　回転管・間質液・神経

G　半規管・リンパ液・感覚　　H　半規管・リンパ液・神経

I　半規管・耳液・感覚　　J　半規管・耳液・神経

K　半規管・間質液・感覚　　L　半規管・間質液・神経

問 3　下線部(ウ)に関連して，次の文はラット（ドブネズミ，*Rattus norvegicus*）を用いた甲状腺に関する実験の方法と結果である。問(1)～(4)に答えなさい。

＜方法と結果＞

成熟したラットの甲状腺を除去し，その２週間後より，ある溶媒に溶かしたホルモンＡを毎日同時刻に一定量投与したところ，ホルモンＡおよびＢの血中濃度は図２のようになった。

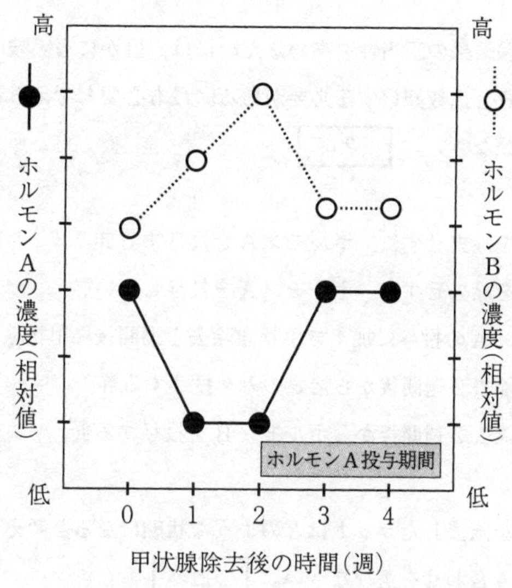

図２　ホルモンＡとＢの濃度変化

(1)　ホルモンＡとＢは何か，最も適切な組み合わせを選びなさい。ただし，選択肢の語はホルモンＡ・ホルモンＢの順に示してある。 19

A　アドレナリン・成長ホルモン
B　アドレナリン・甲状腺刺激ホルモン
C　アドレナリン・チロキシン
D　成長ホルモン・アドレナリン
E　成長ホルモン・甲状腺刺激ホルモン
F　成長ホルモン・チロキシン
G　甲状腺刺激ホルモン・アドレナリン
H　甲状腺刺激ホルモン・チロキシン
I　甲状腺刺激ホルモン・成長ホルモン
J　チロキシン・アドレナリン
K　チロキシン・甲状腺刺激ホルモン
L　チロキシン・成長ホルモン

(2)　この実験結果の正当性を高めるためには，ほかにも実験群(対照群)をいくつか用意し比較観察する必要がある。最も必要と考えられる対照群はどれか，選びなさい。 20

A　甲状腺を除去せずに，ホルモンAを投与する群
B　甲状腺を除去せずに，ホルモンAを投与しない群
C　ホルモンAの投与に加えて甲状腺除去1週間後に甲状腺を移植する群
D　甲状腺除去2週間後から溶媒のみを投与する群
E　甲状腺除去2週間後からホルモンBを投与する群

(3)　甲状腺を除去したラットはどのような状態になると考えられるか，最も適切な組み合わせを選びなさい。 21

①　動作が緩慢になり，呼吸数が減少する。
②　活動が活発になるが，やがて体重が減少し衰弱する。
③　血糖量が減少し，体重が減少する。
④　飲水量と尿量がともに増加する。

⑤　体温が低下する。

A　①と②　　B　①と③　　C　①と④　　D　①と⑤
E　②と③　　F　②と④　　G　②と⑤　　H　③と④
I　③と⑤　　J　④と⑤

(4)　上記の実験とは別に，次の実験XとYを行った。下の<結果>の文章の空欄(　ソ　)，(　タ　)に入る語の組み合わせとして，最も適切なものを選びなさい。ただし，選択肢の語はソ・タの順に示してある。 22

実験X：ラットの脳下垂体前葉を除去しホルモンAの血中濃度を調べた。
実験Y：甲状腺を除去していない正常ラットにホルモンAを阻害する薬剤を投与して，ホルモンAを抑制したときのホルモンBの血中濃度を調べた。

<結果>
実験Xでは，ホルモンAの血中濃度は(　ソ　)，実験Yでは，ホルモンBの血中濃度は(　タ　)。

A　増加し・増加する　　B　増加し・減少する
C　増加し・変化しない　　D　減少し・増加する
E　減少し・減少する　　F　減少し・変化しない
G　変化なく・増加する　　H　変化なく・減少する
I　変化なく・変化しない

問 4　下線部(エ)に関連して，体温が上昇したときの体温調節に関する記述として最も適切な組み合わせを選びなさい。 23

①　中脳の視床下部で温度を感知し体温を低下させる。

② 自律神経系がはたらき，皮膚の毛細血管の血流を増加させる。

③ 発汗によって皮膚温度を低下させる。

④ 甲状腺や腎臓の活動を抑え，代謝による発熱を抑える。

⑤ 運動神経の活性を高め筋肉をふるわせる。

A ①と②　　B ①と③　　C ①と④　　D ①と⑤

E ②と③　　F ②と④　　G ②と⑤　　H ③と④

I ③と⑤　　J ④と⑤

問５ 下線部(オ)に関連する問(1)と(2)に答えなさい。

(1) 血糖量を調節するホルモンの多くはペプチドホルモンと呼ばれるアミノ酸がつながってできたホルモンである。図３はあるペプチドホルモンの突然変異の例を示したものである。この変異はアラニンに対応するDNAの塩基配列のうち，Gが一つ欠失することによって生じたと考えられる。図３の突然変異型ホルモンのアスパラギンおよび正常型ホルモンの合成の停止にそれぞれ対応するmRNA(伝令RNA)はどれか，最も適切なものを選びなさい。ただし，図のDNAは２本鎖のうちの伝令RNAに転写される１本鎖のみを示している。なお，伝令RNAは左から右へ翻訳される。

アスパラギン［ 24 ］，停止［ 25 ］

	1	2	3	4	5	6	7	8	9	10	11	12	13	14	15
													合成を停止させる配列		
正常型の塩基配列 DNA	C	G	G	T	T	T				G	C	A	A		
正常型の塩基配列 伝令RNA			C			A	U	A	C		G				
正常型ホルモンのアミノ酸配列	アラニン			リシン			チロシン			アルギニン					
突然変異型ホルモンのアミノ酸配列	アラニン			アスパラギン			トレオニン			バリン			リシン		

図３　あるペプチドホルモンの塩基配列とアミノ酸配列

A　AAC　　B　AAT　　C　AAU　　D　AUC
E　CCG　　F　GGC　　G　UAA　　H　UAC
I　UGA　　J　UGG　　K　UUU　　L　AAA

(2)　血糖量が低下したときの血糖量の調節に関する次の説明文の空欄 [26]，[27] に入る最も適切なものを選びなさい。

<説明文>

血糖量が低下すると，[26] がそれを感知して，[27] が興奮する。その結果，すい臓のランゲルハンス島のA(α)細胞から，グルカゴンが分泌され血糖量が増加する。

A　小脳　　B　下垂体　　C　運動神経　　D　視床下部
E　副交感神経　　F　感覚神経　　G　肝臓　　H　交感神経
I　大脳皮質　　J　腎臓　　K　介在神経　　L　甲状腺

〔Ⅲ〕 次の文章を読み，該当する解答番号の解答欄にマークしなさい。一つの解答欄に一つだけマークすること。

生物の基本単位である細胞にはさまざまな形や大きさ(ア)がある。細胞は真核細胞と原核細胞に分けられ，細胞内部の構造(イ)や構成成分(ウ)が大きく異なる。また，真核細胞の内部には細胞小器官(エ)が存在する。さらに，同じような特徴の細胞が集まって組織をつくり，組織が集まって，特定のはたらきをする器官をつくっている。これらの組織や器官がまとまって一つの個体となる。

植物の基本となる器官は，根，葉，茎の三つである。植物の器官を形成する活動が起きているのは分裂組織である茎頂分裂組織，根端分裂組織や形成層(オ)である。また，植物の器官は，表皮系，維管束系，基本組織系(カ)の三つの組織系から構成される。

植物は，発芽(キ)，成長(ク)，気孔の開閉，ストレス応答(ケ)，花芽形成(コ)，果実の成長・成熟，老化・落葉などの一生を通して，さまざまな環境要因を受けながら，それに対応して生活している。

問1 下線部(ア)に関して，図1ではいろいろな細胞の大きさを①～④で示している。最も適切な順を示すものを選びなさい。ただし，選択肢の語は①・②・③・④の順に示してある。 28

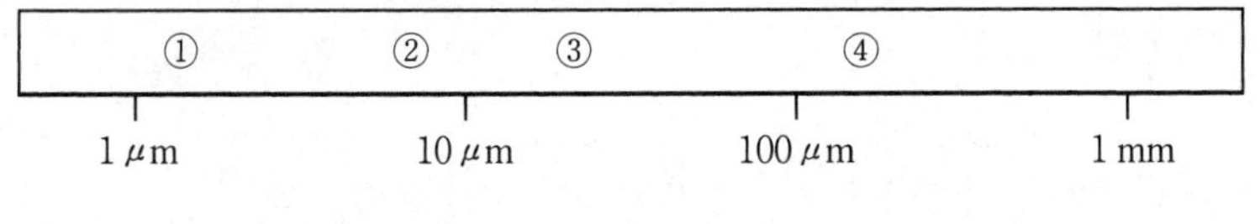

図1 いろいろな細胞の大きさ

A ウニの受精卵の直径・ヒトの白血球の直径・ヒトの肝細胞の長径・ミドリムシの長径

B ウニの受精卵の直径・ヒトの白血球の直径・ヒトの血小板の直径・ミドリムシの長径

C ウニの受精卵の直径・ヒトの白血球の直径・ヒトの肝細胞の長径・ゾウリムシの長径

D ウニの受精卵の直径・ヒトの赤血球の直径・ヒトの肝細胞の長径・

ミドリムシの長径

E　ウニの受精卵の直径・ヒトの赤血球の直径・ヒトの血小板の直径・ミドリムシの長径

F　ウニの受精卵の直径・ヒトの赤血球の直径・ヒトの肝細胞の長径・ゾウリムシの長径

G　大腸菌の長径・ヒトの白血球の直径・ヒトの肝細胞の長径・ミドリムシの長径

H　大腸菌の長径・ヒトの白血球の直径・ヒトの血小板の直径・ミドリムシの長径

I　大腸菌の長径・ヒトの白血球の直径・ヒトの肝細胞の長径・ゾウリムシの長径

J　大腸菌の長径・ヒトの赤血球の直径・ヒトの肝細胞の長径・ミドリムシの長径

K　大腸菌の長径・ヒトの赤血球の直径・ヒトの血小板の直径・ミドリムシの長径

L　大腸菌の長径・ヒトの赤血球の直径・ヒトの肝細胞の長径・ゾウリムシの長径

問 2　下線部(イ)に関して，図 2 はさまざまな生物の細胞における，核，ミトコンドリア，細胞壁，葉緑体の有無についてまとめたものである。図 2 の①～⑤に当てはまる細胞の組み合わせとして，最も適切なものを選びなさい。ただし，選択肢の語は①・②・③・④・⑤の順に示してある。 29

	核	ミトコンドリア	細胞壁	葉緑体
①	無	無	有	無
②	有	有	無	有
③	有	有	無	無
④	有	有	有	無
⑤	有	有	有	有

図 2　さまざまな生物の細胞における，核，ミトコンドリア，細胞壁，葉緑体の有無

A　大腸菌・ミドリムシ・アメーバ・酵母・タマネギの表皮細胞

B　大腸菌・ミドリムシ・アメーバ・酵母・ゾウリムシ

C　大腸菌・アメーバ・ミドリムシ・酵母・タマネギの表皮細胞

D　大腸菌・アメーバ・ミドリムシ・酵母・ゾウリムシ

E　酵母・ミドリムシ・アメーバ・大腸菌・タマネギの表皮細胞

F　酵母・ミドリムシ・アメーバ・大腸菌・ゾウリムシ

G　酵母・アメーバ・ミドリムシ・大腸菌・タマネギの表皮細胞

H　酵母・アメーバ・ミドリムシ・大腸菌・ゾウリムシ

問 3　下線部(ウ)に関する記述として，最も適切な組み合わせを選びなさい。
[30]

①　大腸菌の細胞を構成する物質は，水が一番多く，次いでタンパク質，炭水化物，核酸である。

②　核酸には，遺伝情報を担うDNAやタンパク質の合成などにはたらくRNAがあり，生命を維持するための重要な役割を担っている。

③　赤血球に含まれるヘモグロビンや，筋肉を構成するアクチンやミオシン，軟骨の構成成分であるコラーゲンはタンパク質である。

④　炭水化物は生体内においてエネルギー源となり，また，炭水化物の一つであるデンプンは細胞壁の主成分である。

A　①と②	B　①と③	C　①と④
D　②と③	E　②と④	F　③と④
G　①と②と③	H　①と②と④	I　①と③と④
J　②と③と④	K　①と②と③と④	

問 4　下線部(エ)に関して，細胞小器官のはたらきを調べるために，細胞を破砕して細胞小器官やそれ以外の構造体などを分ける方法を細胞分画法という。細胞分画法について最も適切な組み合わせを選びなさい。 [31]

①　組織片をすりつぶすときには低温で行う。

②　細胞小器官の変形・破壊を防ぐためにスクロース溶液を用いる。

③　ホモジェネート(細胞破砕液)に遠心力をかけて上澄みと沈殿物に分け，その上澄みにさらに弱い遠心力をかける操作を繰り返し，細胞小器官を分ける。

④　植物細胞の場合，細胞小器官は最初に核が分離され，次いで葉緑体，ミトコンドリア，その他の順である。

A　①と②	B　①と③	C　①と④
D　②と③	E　②と④	F　③と④
G　①と②と③	H　①と②と④	I　①と③と④
J　②と③と④	K　①と②と③と④	

問 5　下線部(オ)に関する記述として，最も適切な組み合わせを選びなさい。

32

①　茎頂分裂組織の周縁部では，葉の形成が起きる。このとき葉の下側(裏側)の付け根には側芽の茎頂分裂組織ができる。

②　根端分裂組織で分裂した細胞の一部は先端部に残り，分裂を続けるが，その他の部分は細胞分裂を停止し，急激に伸長して根が伸びる。

③　双子葉植物の茎や根の木部と師部の間には形成層がある。

④　根冠細胞は重力の方向を感じ取るはたらきがある。

A　①と②	B　①と③	C　①と④
D　②と③	E　②と④	F　③と④
G　①と②と③	H　①と②と④	I　①と③と④
J　②と③と④	K　①と②と③と④	

問 6　下線部(カ)に関する記述として，最も適切な組み合わせを選びなさい。

33

①　表皮系組織である葉の表皮の表面にはクチクラ層が発達しており，植物

体内の水分の蒸発を防いでいる。

② 葉の表側付近の葉肉細胞は海綿状組織，葉の裏側付近の葉肉細胞はさく状組織という。

③ 道管は，根から吸収した水や無機塩類の通り道，師管は葉の光合成でつくられた有機物を，ほかの器官に届ける通り道である。

④ 一部の表皮細胞は孔辺細胞に変化し，気孔を形成している。

A ①と②　B ①と③　C ①と④
D ②と③　E ②と④　F ③と④
G ①と②と③　H ①と②と④　I ①と③と④
J ②と③と④　K ①と②と③と④

問 7 下線部(キ)に関する次の説明文を読み，空欄（ サ ），（ シ ），（ ス ），（ セ ），（ ソ ）に入る語の組み合わせとして，最も適切なものを選びなさい。ただし，選択肢の語はサ，シ，ス，セ，ソの順に示してある。 34

＜説明文＞

発芽能力を有する種子は水，温度，酸素などの環境条件が適切であれば発芽する。イネやコムギなどの植物の種子では，（ サ ）が発芽を促進し，（ シ ）が発芽を抑制する。イネやコムギの種子が十分に吸水すると，（ ス ）で（ サ ）の合成が起き，糊粉層の細胞にはたらきかけて（ セ ）の発現を誘導する。アミラーゼは糊粉層から（ ソ ）に分泌され，デンプンを分解する。分解で生じた糖を利用し，発芽する。

A アブシシン酸・ジベレリン・胚・アミラーゼ・胚乳

B アブシシン酸・ジベレリン・胚・アミロプラスト・胚乳

C アブシシン酸・オーキシン・胚・アミラーゼ・胚乳

D アブシシン酸・ジベレリン・胚乳・アミラーゼ・胚

E アブシシン酸・ジベレリン・胚乳・アミロプラスト・胚

F　アブシシン酸・オーキシン・胚乳・アミラーゼ・胚
G　ジベレリン・アブシシン酸・胚・アミラーゼ・胚乳
H　ジベレリン・アブシシン酸・胚・アミロプラスト・胚乳
I　ジベレリン・オーキシン・胚・アミラーゼ・胚乳
J　ジベレリン・アブシシン酸・胚乳・アミラーゼ・胚
K　ジベレリン・アブシシン酸・胚乳・アミロプラスト・胚
L　ジベレリン・オーキシン・胚乳・アミラーゼ・胚

問 8　下線部(ク)に関する記述として，最も適切な組み合わせを選びなさい。
35

①　エチレンは，細胞の伸長成長を抑え，茎の肥大成長を促進する。
②　茎の先端部に片側から光を当てた場合，光が当たらない側にオーキシンが移動することで細胞は大きく成長する。
③　茎の伸長成長は赤色光や青色光で促進され，遠赤色光で抑えられる。とくに，赤色光と遠赤色光の作用にかかわっているのは，フィトクロムである。
④　頂芽を除いた切り口にオーキシンを塗ると，側芽の伸長は促進されるが，頂芽を除かずに側芽部分にサイトカイニンを塗ると，側芽の伸長が始まる。

A　①と②　　B　①と③　　C　①と④
D　②と③　　E　②と④　　F　③と④
G　①と②と③　　H　①と②と④　　I　①と③と④
J　②と③と④　　K　①と②と③と④

問 9　下線部(ケ)に関する記述として，最も適切な組み合わせを選びなさい。
36

①　植物が乾燥状態におかれると，孔辺細胞の水分が減少し，膨圧の減少に

より気孔が閉じる。

② 傷害を受けた植物では，ジャスモン酸がつくられ，またさまざまなタンパク質の合成を誘導し，そのなかには昆虫の成長を妨げるタンパク質が合成される。

③ 植物が病原体に感染すると，ファイトアレキシンと呼ばれる抗菌物質の合成が誘導される。

④ 低温にさらされた植物では，細胞内に糖やアミノ酸などを蓄積することで，細胞内のそれらの濃度が高まり凍結しにくくなる。

A ①と②　　B ①と③　　C ①と④
D ②と③　　E ②と④　　F ③と④
G ①と②と③　　H ①と②と④　　I ①と③と④
J ②と③と④　　K ①と②と③と④

問10 下線部(コ)に関して，図3では日長と花芽形成の関係についてA～Lで示している。短日植物の花芽形成について，最も適切なものを選びなさい。

37

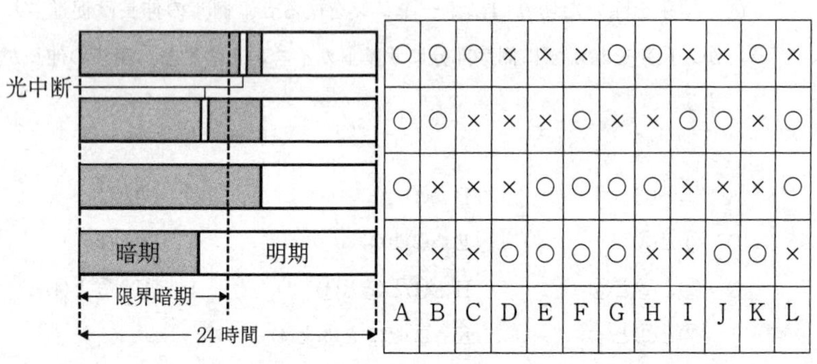

A	B	C	D	E	F	G	H	I	J	K	L
○	○	○	×	×	×	○	○	×	×	○	×
○	○	×	×	×	○	×	×	○	○	×	○
○	×	×	×	○	○	○	○	×	×	×	○
×	×	×	○	○	○	○	×	×	○	○	×

×：花芽を形成しない。　○：花芽を形成する。

図3　日長と花芽形成

〔Ⅳ〕 次の文章を読み，該当する解答番号の解答欄にマークしなさい。一つの解答欄に一つだけマークすること。

著作権の都合上，省略。

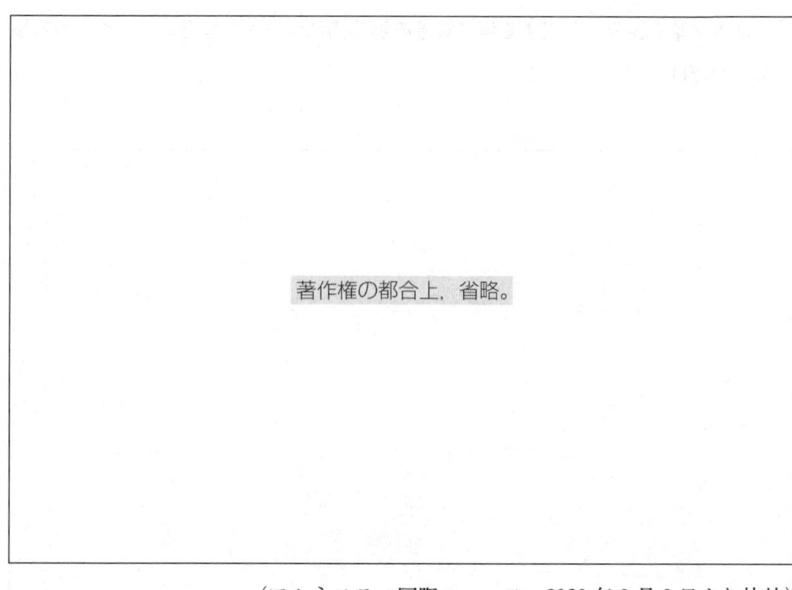
著作権の都合上，省略。

（アムネスティ国際ニュース　2020年9月3日より抜粋）

問1　アマゾンについて述べたA～Fの文章のうち最も適切なものを二つ選びなさい。 38 39

A　アマゾンのバイオームは，熱帯雨林・亜熱帯雨林・高原植生・夏緑雨林などを含み，きわめて多様である。

B　アマゾンの森林は，南アメリカ大陸の全域に及ぶ広大なエリアに広がっている。

C　アマゾンのバイオームは，森林の階層構造が複雑で，植物の種類が多い。

D　アマゾンの森林の北側には，雨季に葉を茂らせ乾季に葉を落とす広葉樹の森が広がっている。

E　アマゾンの森林は，赤道直下の広大なエリアに分布している。

F　アマゾンのバイオームは，少数の優占種が占めており，構成する植物の種類は密度に比べて多くない。

問2　森林の焼き払いと伐採による生態系の破壊に関して記述した本文中の下線

部の文章について，次の問(1)と(2)に答えなさい。

(1) 「かく乱」に**該当しないもの**を次のA～Jから三つ選びなさい。 [40] [41] [42]

A　大雨による河川の増水　　B　自然に発生した土砂崩れ
C　人為的な土木工事　　D　火山の噴火
E　湿性遷移による陸地化　　F　温暖化による気候変動
G　小規模な森林伐採　　H　台風による倒木
I　大気中の温室効果ガスの増加　　J　突発的な人為的野焼き

(2) 本文中の(　ア　)について，次のA～Fの文章のうち最も適切なものを二つ選びなさい。 [43] [44]

A　生態系を支える重要な種で，その種がいなくなると生態環境に大きな影響を及ぼす。
B　人間活動によってもたらされる過度な改変に対して，常にもとの状態に戻す力としてはたらく。
C　ある一定の範囲で，環境変化に対してバランスを保つ力となる。
D　人為的な環境改変，自然による環境変化に関わらず，永続的にバランスを保つ力となる。
E　過度な自然の改変に対して，限度を超えるともとに戻ることはできない。
F　環境が変化してもそれに適応した形態的な特徴をもち，厳しい環境に耐えることができる。

問 3　本文に関連した次の＜文章＞を読み，問(1)と(2)に答えなさい。

＜文章＞

ある研究によれば，ブラジルのアマゾン川流域で森林の成長に伴い吸収・

貯留されたCO_2量と，森林伐採や火災，野焼きなどにより大気中に排出されたCO_2量を分析したところ，2010年から2019年までの10年間に排出されたCO_2量は166億トンに上った一方，吸収量は139億トンにとどまったと結論した。

(1)　アマゾン川流域の森林について述べたA～Fの文章のうち，**誤っている**記述を二つ選びなさい。［45］［46］

A　アマゾン川流域の森林の純生産量が際立って多くないのは，現存量の多くがCO_2の吸収には直接関与しない幹や枝などでできているためである。

B　アマゾン川流域の熱帯雨林は，純生産量においてサバンナのような草原を数倍以上も上回るので，緊急に伐採や野焼きを止めさせなければならない。

C　アマゾン川流域の熱帯雨林は非光合成器官である幹や枝などが多いが，現存量が大きく，膨大な炭素を蓄積している。

D　近年の研究によれば，アマゾン川流域の森林はすでにCO_2の排出量が吸収量を上回っているので，保全の重要性は年々低下している。

E　アマゾン川流域の森林は膨大な炭素を蓄積しているが，サバンナなどの草原と比べて純生産量は推計で2倍程度であり，それほど多くない。

F　アマゾン川流域の森林の特性を考えれば，森林伐採よりも火災や野焼きの方が，地球環境により大きな影響を及ぼすと考えられる。

(2)　2010年から2019年までの10年間の記録において，森林伐採や火災・野焼き等によるCO_2排出がなかった場合，アマゾンの森林が1年間に吸収する炭素の量は，全ての人間が1年間に排出する全炭素量(CO_2の形で計算した場合の放出量)の何パーセント程度か，最も近い値を選びなさい。［47］

A　約0.2～0.4パーセント　　B　約1.0～1.6パーセント

C　約 2.4 ～ 5.0 パーセント　　D　約 7 ～ 12 パーセント

E　約 14 ～ 28 パーセント　　F　約 36 ～ 42 パーセント

問 4　本文に関する下記のA～Hのうち最も適切なものを三つ選びなさい。
48　49　50

A　ボルソナーロ政権が直ちに森林伐採や火災を止めさせても，アマゾンから排出される CO_2 の量は長期にわたって減少することはない。

B　狩猟採集で生活してきた先住民族の伝統的生活スタイルは，急激な森林破壊は伴わないものの，いずれ生態系のバランスを崩す。

C　グリレイロを除く入植者による森林伐採と焼き払いは，生態系が回復する速度を上回るかく乱ではないので，直ちに抑制する必要はない。

D　先住民族が長年伝統的に行ってきた小規模の焼畑農業は，生態系が回復する速度を上回らないので，直ちに抑制する必要はない。

E　グリレイロによる森林破壊を抑えるには，環境保全の専門家よりも軍による強制力のほうが有効である。

F　サプライチェーンによりつながったアマゾンと都市の関係を生態ピラミッドにたとえると，アマゾンの膨大な生産量を都市の人口が消費している。

G　アマゾンの生態系の破壊は，伝統的な生活を守ってきた先住民族の生活域を奪うという人権侵害にも関係している。

H　サプライチェーンを考えれば，経済的に豊かな国の人々が食する牛肉が，アマゾンの生態系の破壊と直接関係する証拠はない。

C 金葉和歌集

D 千載和歌集

問八　波線c・d・e・fの「人」はそれぞれ誰をさしているか、次の中から正しい組み合わせを一つ選び、その符号をマークせよ。解答番号は 28 。

A　c 通俊　d 北の方　e 北の方　f 親族
B　c 世間の人　d 通俊　e 北の方　f 世間の人
C　c 通俊　d 親族　e 女童　f 親族
D　c 世間の人　d 北の方　e 女童　f 世間の人

問九　傍線6「これがことなり」には、どのような気持ちが込められているか。その説明として最も適切なものを次の中から一つ選び、その符号をマークせよ。解答番号は 29 。

A　この少女のことだったのだ、とからかい笑う気持ち。
B　この少女のことだったのだ、と恐れおののく気持ち。
C　この少女のことだったのだ、と讃嘆する気持ち。
D　この少女のことだったのだ、と非難する気持ち。

問十　文章Ⅰ中の「後拾遺」は勅撰和歌集であるが、それより前に編纂された勅撰和歌集を次の中から一つ選び、その符号をマークせよ。解答番号は 30 。

A　詞花和歌集
B　後撰和歌集

クせよ。解答番号は 25 。

A　侍に恥をかかせたくなかったから。
B　侍に対して腹を立てたから。
C　兼久の意見が正しかったから。
D　兼久の意見が間違っていたから。

問六　文章Ⅰの内容と**合致しないもの**を次の中から一つ選び、その符号をマークせよ。解答番号は 26 。

A　兼久は『後拾遺和歌集』の撰者である通俊のもとに赴き歌を披露した。
B　通俊は後三条院亡きあとの花を詠んだ兼久の歌をたいしてほめなかった。
C　通俊は兼久の歌について「花こそ」という言葉だけを高く評価した。
D　兼久は通俊のような人物が勅撰和歌集の撰者となったことを嘆いた。

問七　傍線5「あながちに」の意味として適切なものを次の中から一つ選び、その符号をマークせよ。解答番号は 27 。

A　珍しく
B　一心不乱に
C　気ままに
D　無理やり

D　去年見たのと変わらず美しく咲く花には何の物思いもないのだなぁ、と詠むことで、後三条院亡きあとの自分の哀傷の思いを表現している。

問三　傍線3「この殿はおほかた歌の有様知り給はぬにこそ」の現代語訳として最も適切なものを次の中から選び、その符号をマークせよ。解答番号は 23 。

A　こちらの殿は、すこしも歌のことをご存じない方だ。
B　こちらの殿は、おそらく歌のことをご存じない方だ。
C　こちらの殿は、おおむね歌のことをご存じない方だ。
D　こちらの殿は、そもそも歌のことをご存じない方だ。

問四　波線a・bの「は」の文法的違いの説明として適切な組み合わせのものはどれか、次の中から一つ選び、その符号をマークせよ。解答番号は 24 。

A　a　順接の仮定条件 ―― b　感動・詠嘆
B　a　感動・詠嘆 ―― b　主題・題目の提示
C　a　主題・題目の提示 ―― b　強調
D　a　強調 ―― b　順接の仮定条件

問五　傍線4「物ないひそ」と通俊が言ったのはなぜか。その説明として最も適切なものを次の中から一つ選び、その符号をマー

＊注
1秦兼久（はだの　かねひさ）―伝未詳。他書の傍証から、この話は父の兼方のことかと言われている。そのため、Ⅱでは兼方に変えられている。
2本―手本

問一　傍線1「おのづから」の意味として最も適切なものを次の中から一つ選び、その符号をマークせよ。解答番号は 21 。
A　ひとりでに
B　ひょっとすると
C　たまたま
D　自分の力で

問二　傍線2「去年見しに色もかはらず咲きにけり花こそ物は思はざりけれ」の和歌の説明として最も適切なものを次の中から選び、その符号をマークせよ。解答番号は 22 。
A　去年見たのと変わらず美しく咲く花を少女にたとえて、何の物思いもないのだなぁ、と詠むことで、少女の突き抜けた明るさを表現している。
B　去年見たのと変わらず美しく咲く花を少女にたとえて、何の物思いもないのだなぁ、と詠むことで、ひとつ年を取った自分の悲しみを表現している。
C　去年見たのと変わらず美しく咲く花には何の物思いもないのだなぁ、と詠むことで、後三条院亡きあともめぐってくる春のすばらしさを表現している。

するはあさましき事かな。四条大納言の歌に、

　春来てぞ人も訪ひける山里は花こそ宿のあるじなりけれ

と詠み給へるは、めでたき歌とて世の人口（ひとぐち）にのりて申すめるは。その歌に、「人も訪ひける」とあり、また、「宿のあるじなりけれ」とあめるは[a]、「花こそ」といひたるは[b]、それには同じさまなるに、いかなれば四条大納言のはめでたくて、兼久がはわろかるべきぞ。かかる人の撰集承りて選び給ふ、あさましき事なり」といひて出でにけり。

侍、通俊のもとへ行きて、「兼久こそかう〳〵申して出でぬれ」と語りければ、治部卿うち頷きて、「さりけり、さりけり。[4]物ないひそ」とぞいはれける。

（『宇治拾遺物語』より）

Ⅱ　治部卿通俊卿のもとに、花こそといへる女童ありけり。本書きてさづけ給へれど[*注2]、手習をきらひて、机によりては筆のしりくはへ、つら杖つき、あくびうちして打睡（ねぶ）り居り。北の方常にいさめ給へども、聞入れず。或時は鬼のかほを書き、又はみみずがきのみやくとしつつ、すこしも心に入れて習はざりければ、北の方ちかく呼びすゑ給ひて、「物書かぬ人は鳥獣（とりけもの）にもおとりて、人[c]にあなづらはれ、笑はるるぞかし。おとなになりて悔いごとせんより、今のほど心に入れてよく習ひおぼえよ。人[d]の教ふること、つれなくうけひかぬも事によるぞ」とて、少しひきつみなどし給へば、声うちあげ、よよと泣きて、簀子（すのこ）の方に走り出でて、しやくりあげつつ立ちて、独言（ひとりごと）に言ひけるは、「[5]われにあながちに手習を教へ給ひて、よく書きおほせなば、御親族のわたりの御文のゆきかひのたび〳〵、せんじがきせさせんの御心なるべし。御みづからの用にたてんとて、人[e]にくるしき目みせ給ふよ。せんじがきの用にはわれはたたじを」とて、はな打ちすすりて、ふづくみ泣きいさちけり。「通俊卿、秦兼方が歌を難じ給へる時、花こそとは女童の名の様なりと宣ひしは、[6]これがことなり」と人[f]のいひたる。

（『しみのすみか物語』より）

B　今日のいわゆる原稿用紙の基本的なスタイルは、近世の板本文化と出版事業のなかに兆してきたものであり、特に近代以降の人文・社会における文筆活動に不可欠の要因となったことは定説と捉えてよい。

C　夏目漱石「心」は、十九字詰十行の漱石山房原稿用紙の下一枡を空白にして、十八字詰で万年筆によって書かれており、この執筆スタイルが朝日新聞の紙面を十七字に変更することになったことは注目に値する。

D　漱石の文体と表現の変容が松屋製の原稿用紙から漱石山房用紙への移行とどのように関わるのかについての論証は難しいが、漱石の執筆活動で、ほとんど四百字詰の原稿用紙を使わなかったことは事実である。

（三）

次の文章Ⅰは『宇治拾遺物語』の一話で、文章Ⅱは Ⅰを元に創作された『しみのすみか物語』の一話である。これを読んで、後の問いに答えよ。

Ⅰ　これも今は昔、治部卿通俊卿、後拾遺を選ばれける時、秦兼久[*注1]行き向ひて、[1]「おのづから歌などや入る」と思ひてうかがひけるに、治部卿出であひて物語して、「いかなる歌か詠みたる」といはれければ、「はかばかしき歌候はず。後三条院かくれさせ給ひて後、円宗寺に参りて候ひしに、花の匂ひ、昔にもかはらず侍りしかば、つかうまつりて候ひしなり」とて、[2]「去年(こぞ)見しに色もかはらず咲きにけり花こそ物は思はざりけれ」とこそつかうまつりて候ひしか」といひければ、通俊卿、「よろしく詠みたり。ただし、けれ、けり、けるなどいふ事は、いとしもなき言葉なり。それはさることにて、花こそといふ文字こそ女童(めのわらは)などの名にしつべけれ」とて、いともほめられざりければ、言葉少なにて立ちて、侍どもありける所によりて、[3]「この殿はおほかた歌の有様知り給はぬにこそ。かかる人の撰集承りておは

問七　傍線4「抽象的な書き手としての「作家」を誕生させた」とあるが、それはどういうことか。その説明として最も適切なものを次の中から一つ選び、その符号をマークせよ。解答番号は 19 。

A　枡目によって字数・行数が区切られた原稿用紙に文字を記すことは、原稿用紙を用いなかったかつての和文の文脈を寸断していく過程に他ならない。それによって画一的な文体を近代の人々が手に入れることとなり、誰もが小説家を目指すことができたということ。

B　枡目によって字数・行数が区切られた原稿用紙に文字を記すことは、その字数・行数ごとに決められた文体を築き上げることである。やがて書き手は原稿用紙の枡目に応じた「文」を書くことに適応していき、「作家」としての文体を手に入れることになったということ。

C　枡目によって字数・行数が区切られた原稿用紙に文字を記すことは、西洋の句読法の導入を前提とし、英語の文体のリズムを生み出していく。それが漢文の文体に慣れ親しんだ人々の文章に変革をもたらし、近代日本文学の発展に大きく貢献したということ。

D　枡目によって字数・行数が区切られた原稿用紙に文字を記すことは、経験したことのない苦痛を伴うものである。たった四枚の原稿用紙を埋める小学生の作文ですらそのような苦しみを伴うものであるのだから、「作家」になるためには相当の忍耐を強いられるということ。

問八　本文の内容と**合致しないもの**を次の中から一つ選び、その符号をマークせよ。解答番号は 20 。

A　ワープロが普及してからも原稿用紙は書き手にとって執筆の基本単位であり、出版社の支払う原稿料の基本単位でもあるため、「原稿用紙」という思想、あるいは制度としての原稿用紙は、現在も健在である。

A　近代の言説の形成に決定的な役割をはたしたのではないかという視点
B　近代文学における私小説の典型的な型を作ったのではないかという視点
C　小説家とその他の文筆家を区別する基準となったのではないかという視点
D　古典文学と近代文学を切り分けるきっかけになったのではないかという視点

問五　空欄 ウ 、 エ に入る語の組み合わせとして最も適切なものを次の中から一つ選び、その符号をマークせよ。解答番号は 17 。

A　服従・加筆
B　順応・追随
C　応答・反対
D　敵対・追記

問六　傍線3「横光利一」とあるが、横光とともに文芸雑誌『文芸時代』を創刊した作家とそれらの同人たちが呼ばれていた名称の組み合わせとして最も適切なものを次の中から一つ選び、その符号をマークせよ。解答番号は 18 。

A　太宰治 ―― 耽美派
B　芥川龍之介 ― 新思潮派
C　井伏鱒二 ―― 新興芸術派
D　川端康成 ―― 新感覚派

D　人に読んでもらう文章を書くのに適さない「もの」になりつつある

問二　傍線1「原稿用紙の発想が、市場経済下における米づくりの過程をなぞっているように思われてならない」とあるが、それはなぜか。その説明として最も適切なものを次の中から一つ選び、その符号をマークせよ。解答番号は 14 。

A　近世以前から続く農耕文化社会においては、すべての市場経済が米づくりを手本とすることが期待されていたから。
B　近世から続く出版文化において、原稿用紙の枡目に文字を書き入れて収入を得るプロセスが米づくりと重なるから。
C　江戸後期の町人文化の中で胚胎した原稿用紙の形態が、やがて米づくりをしのぐ市場を獲得することになるから。
D　米づくりを想起させる原稿用紙の登場により、近代以降の人々は誰もが簡単にものを書くことが可能となったから。

問三　傍線2「志賀直哉」とあるが、志賀と関わりのある雑誌名とその同人の作家名の組み合わせとして最も適切なものを次の中から一つ選び、その符号をマークせよ。解答番号は 15 。

A　『新思潮』――有島武郎
B　『三田文学』――永井荷風
C　『スバル』――森鷗外
D　『白樺』――武者小路実篤

問四　空欄 イ に入る表現として最も適切なものを次の中から一つ選び、その符号をマークせよ。解答番号は 16 。

る。

つまり私の関心は、前掲の沢野氏がいうように、「小学生の時の作文」以来、「人に読んでもらう文章を書く」ときには原稿用紙を使うことが自然であると考えられるほど、私たちのなかに深く浸透してきたこの原稿用紙という制度が、近代の日本語とその表現に何をもたらしたか、という点にある。とりあえず本稿で私が考えたいことの第一は、原稿用紙に設けられた枡目が和文脈を寸断し、西洋の句読法の導入を不可避とする、従来とは異質な「文」の成立を促したのではないか、ということである。そしてもう一つは、当初は雑誌や新聞などの媒体の字詰や行数を反映し、それに従属していた原稿用紙が、四百字詰というフォーマットを獲得することによって媒体から独立し、ここに4抽象的な書き手としての「作家」を誕生させたのではないか、ということである。

（宗像和重「制度としての原稿用紙――その予備的考察――」より）

注

＊ここでは一段組みのこと

問一　空欄　ア　に入る語句として最も適切なものを次の中から一つ選び、その符号をマークせよ。解答番号は 13 。

A　ワープロに代替され、市場での流通が不確かな「もの」になりつつある

B　実用品というよりも、郷愁をもって語られる「もの」になりつつある

C　希少価値の高い骨董品として、作家が愛蔵する「もの」になりつつある

美人草」(明治四十年六月～十月)や「三四郎」(明治四十一年九月～十二月)は、十九字詰そのままを使って執筆されていることも、残された原稿によって確認できる。

しかし朝日新聞社では、明治四十二年の改革によって、紙面が十九字詰七段から十八字詰八段に変更され、漱石も「それから」(明治四十二年六月～十月)以後においては、原稿用紙の下一枡を空白にして、十八字詰で執筆することになる。つまり彼は、媒体の条件に［ウ］しながら書いているわけだが、ここで注意したいのは、「心」連載の直前にあたる大正三年四月から、朝日新聞社がさらに改革を行い、紙面が十八字詰八段から十七字詰九段に変更されていることである。にもかかわらず、「心」の原稿はそれに［エ］せず、十八字詰のままで執筆されているわけで、これは最後の「明暗」(大正五年五月～十二月)まで変わらない。考えてみれば、下一枡あけるというのはかなり面倒なことであるはずだが、そのようにして十八字ごとに行を折り返し、十行ごとに頁を改めて書くことが、中期以降の漱石にとっては小説を書くスタイルであった。いや、それはスタイルというよりも、横光利一[3]の言葉を借りれば、「そのやうなスタイルをとらねばゐられぬ肉体が作者の中に潜んでゐて、ときにはその特別の生物のごときものが考へをスタイルとして押し出していくことが多い」ということであって、漱石という書く肉体の生理そのものになっていたといっても過言ではない。

ちなみに、漱石山房の原稿用紙を使う前の漱石は、「吾輩は猫である」(『ホトトギス』明治三十八年一月～三十九年八月)や「坊つちやん」(『ホトトギス』明治三十九年四月)において、松屋製の二十四字詰二十四行の原稿用紙を用いている。これは、当時の『ホトトギス』の紙面が、二十四字詰二十一行二段であったことに由来していると思われるが(ただし「坊つちやん」は、附録として*段ヌキで組まれている)、この五百七十六字詰原稿用紙から、百九十字詰の漱石山房用紙への移行は、漱石の文体と表現の変容にどう関わっているのか、論証することがきわめて難しいとはいえ、私としては気にかかる。また視点をかえれば、漱石がその執筆活動のなかで、ほとんど四百字詰の原稿用紙を使わなかったということも、あらためて検討してみたい問題の一つであ野氏も名前をあげている藤原貞幹が、寛政九年(一七九七)に刊行した『好古目録』の草稿(二十字詰二十行、四百字詰)や、頼山陽が文政十年(一八二七)に成稿の『日本外史』に用いたもの(二十二字詰二十行、四百四十字詰)などが、現在のところ年代の推定できる最も古い原稿用紙であることを、先行の研究から教えられているだけである。その源流をさらに明らかにする努力が、今後も必要であることはいうまでもないが、ここではとりあえず、今日のいわゆる原稿用紙が、近世の板本文化と出版事業のなかで胚胎(はいたい)し、とりわけ近代の文筆活動に不可欠の要因となったことを、確認しておけばいいのではないかと思う。

いずれにしても、その枡目に等間隔に文字を植え込んで、二十字ごとに行をかえ、二十行(ないし十行)ごとに頁(ページ)を改めるという書きかたを自明の前提として、近代の日本人はものを書いてきたのである。たとえば、2志賀直哉が「原稿用紙三十枚」の短編小説を書くということは、そういう営為を原稿用紙一枚ごとに繰り返して三十枚に達するということであって、ただ一万二千字の小説を書くということではない。そしてその前提のもとで、センテンスやパラグラフの布置結構が行われてきたのであって、仮に原稿用紙のフォーマットが異なっても、そのセンテンスやパラグラフが何の変容も被らないと考えるとすれば、ものを書くという行為をあまりに抽象的に考えているといわざるを得ないだろう。そうではなくて、むしろこの原稿用紙のフレームとフォーマットこそが、［　イ　］が、必要なのではないか。

そうした、書くことの生理とフォーマットとの関係という点で、夏目漱石「心」の原稿を例にあげてもいい。周知のようにこれは、大正三年(一九一四)四月から八月まで、東京・大阪の両『朝日新聞』に連載されたもので、十九字詰十行の漱石山房原稿用紙に万年筆で書かれているが、漱石はこの十九字詰の下一枡を空白にして、十八字詰で執筆していることが目を惹(ひ)く。「文士の生活」(『大阪朝日新聞』大正三年三月)において、「原稿紙は十九字詰十行の洋罫(けい)紙で、輪廓(かく)は橋口五葉君に書いて貰(もら)つたのを春陽堂に頼んで刷らせて居る。十九字詰にしたのは、此原稿紙を拵(こし)らへた時に、新聞が十九字詰であつたからである」と語っているように、この原稿用紙は、明治四十年(一九〇七)に漱石が入社した当時の『朝日新聞』の紙面にあわせて拵えたもので、実際に「虞が、原稿料の基本単位にもなっている。

私が初めて原稿用紙を使ったのは、小学生の時の作文であった。遠足に行った思い出を宿題で書かされたのだが、たった四枚の原稿用紙を埋めるのに、死ぬ思いがした。人に読んでもらう文章を書くのが、これほど苦しいものかと、その時深く悟った。

これは、「沢野ひとしの「もの」がたり」と題する連載の一編であって、以下、愛用の原稿用紙の由来を語りながら、「ワープロの発達によっていよいよ原稿用紙が消えていく時代も近付いてきた。私はあと何枚原稿用紙を無駄にできるのだろうか」と結ばれている。原稿用紙が、［　ア　］、ということなのであろう。たしかに私自身も、原稿用紙を使う機会がほとんどなくなって久しい。しかし、「もの」としての原稿用紙は次第に姿を消しつつあるとはいえ、沢野氏のいうように、原稿用紙は依然として執筆の基本単位であり、稿料の基本単位でもあって、「原稿用紙」という思想、ないし制度としての原稿用紙は、なお健在であるといわなければならない。

ひるがえって、ごく大雑把にいえば明治末期以降、近代の日本においてものを書くということは、まさにこの四百字詰（ないし二百字詰）の原稿用紙に文字を記すということを意味していた。ひとり文芸の領域に限らず、少なくとも人文・社会にかかわる言説は、あの原稿用紙の、田圃（たんぼ）の畦（あぜ）のように区画された四角い枡目のなかに、一字ずつ植え込まれていったのである。しかもその文字は、丹精して育てられ、雑草を抜き取られ、やがて活字という黄金の穂を実らせることによって、貨幣と交換されることが期待されているわけだから、どうも私には、1原稿用紙の発想が、市場経済下における米づくりの過程をなぞっているように思われてならない。

――というのは、もとより冗談の域を出ないし、こうした原稿用紙の起源について、私も詳（つまび）らかにしているわけではない。沢擦を生む原因となっている。

C 「おのずから」も「みずから」も、「から」は同根だが、「おのれ」と「み」の語意の違いによって、二つの異なる語として分離してきた。

D 日本語の「自然」という語は、本来主客の区別なく自己発生した現象を、どちらかと言えば対象の側に即してとらえたときに用いられるものである。

(二)

次の文章を読んで、後の問に答えよ。

私が関心をもっているせいか、このところ原稿用紙を話題にした文章を目にすることが多い。つい最近も、出版社のPR雑誌で、沢野ひとし氏の「原稿用紙」(『本の窓』一九九七年十二月)と題するエッセイを読んだばかりなので、その冒頭の一節を引いてみたい。

文字を扱う人で原稿用紙に一度も触ったことのない人はいないはずである。原稿用紙の特長は書かれた文字の量が一目瞭然にわかることだ。便箋と違うところはここである。これは活字で組む時に便利である。いろいろな説があるが、もっとも古い原稿用紙を使用したのは、寛政年間に活躍した藤原貞幹とされている。木版で二〇字×二〇行の枡(ます)目を紙に刷ったという。どうもこのあたりから、四百字詰めを一枚と数えるようになったらしい。

ワープロの発達した現在でも、出版社からの原稿依頼はほとんどが「四百字詰め一〇枚」などと書かれている。そしてこれ

C　誰にとっても一様に自然であり、人間一般に対しての外的実在である

D　一度作り上げられれば、もはや人間一般を必要としない独立した存在である

問七　傍線3「これとは逆の考え方」とあるが、その説明として最も適切なものを、次の中から一つ選び、その符号をマークせよ。解答番号は 11 。

A　二つの異なる現象を、「自」という一つの文字で表わせると気づいたというよりも、もともと一つであったある事態を示すのに「自」という文字が当てられたと考えること。

B　自然の成り行きを表わす二つの日本語は、中国語の「自」という概念の介入によってはじめて二つの異なるものとして意識されるようになることで生まれたと考えること。

C　「おのずから」と「みずから」とが示す本質は、表面的な現象学的理解によってはとらえられず、表現の向こう側にある自然の問題に注目しなければならないと考えること。

D　「おの」も「み」も自分自身のことである以上、「おのずから」と「みずから」の間に見られる現象的な違いは本質ではなく、むしろ「から」の語源の方が重要だと考えること。

問八　本文の内容に合致するものとして最も適切なものを次の中から一つ選び、その符号をマークせよ。解答番号は 12 。

A　フランス式庭園は極めて人為的であり、イギリス式庭園が人工を極力排するのに対し、日本の庭園はちょうどその中間に位置するものと言える。

B　日本語には、人間と対峙し、対象として認識されるものとしての「自然」を表わす語は存在せず、それが西洋との間に摩

C　日本語の「自然」には不安が色濃く反映しているため、どんな死であれ「自然」と表現しうるものだということ。

D　死の不安を排除してきた西洋人にとって、不慮の死は、ありうるものであっても「自然」死とは言えないということ。

問五　傍線2「日本の庭は、そこに表意されている自然の真意を鋭敏に感じとる主体の側の感受性を期待して作られる」とあるが、その説明として最も適切なものを、次の中から一つ選び、その符号をマークせよ。解答番号は 9 。

A　日本の庭を造るには、たんに自然の外形を写しとるだけではなく、自然の真意をそのまま反映する高度な能力が求められるということ。

B　日本の庭とは、造る側にも見る側にも共通して、自然に関するある感性を持っていることが前提として求められるものだということ。

C　日本の庭は、それを見た誰しもが、あたかも「おのずから」そこに生じたかのように感じとれるように作られているということ。

D　日本の庭は、人間の側ではなく自然の側に立ち、「みずから」ではなく「おのずから」という自然の真意に沿って作られているということ。

問六　空欄 Y に入る表現として最も適切なものを、次の中から一つ選び、その符号をマークせよ。解答番号は 10 。

A　人間一般がそこで寛ぐことを第一に考えられた、ゆとりの空間である

B　自らに改変をもたらすものとしての人間一般を必要としない存在である

問二　空欄［ア］〜［ウ］に入る語として最も適切なものを、それぞれ次の中から一つ選び、その符号をマークせよ。ただし同じものを二度以上用いてはならない。解答番号はアが［4］、イが［5］、ウが［6］。

A　感情的
B　具体的
C　閉鎖的
D　象徴的

問三　空欄［X］に入る表現として最も適切なものを、次の中から一つ選び、その符号をマークせよ。解答番号は［7］。

A　それらを抽象化した「山」や「川」といった共通概念を排除して
B　それらを意識とは無関係にそこに現実として存在させる「自然」
C　それらを個別の山や川として具体的特徴を明示したかたちで
D　それらを下位概念として包摂する上位概念としての「自然」

問四　傍線1「それが死を指しているときには、それは明らかに「不自然死」である」とあるが、その説明として最も適切なものを、次の中から一つ選び、その符号をマークせよ。解答番号は［8］。

A　予測できなかった死を「自然」とする日本語表現は、西洋人の「自然」という語の用法と相容れないということ。
B　西洋人にとって死とは不条理なものであり、日本人のように「自然」として受け入れることができないということ。

「自分自身」のことである。「から」は、大野晋氏によると「国柄」「山柄」などの「柄」であり、国や山の「本来の性質を意味するとともに、それらの社会的な格をも意味する。〈やから〉〈はらから〉なども血筋のつながりを共有する社会的な一つの集りをいう。この血族・血筋の意から、自然のつながり、自然の成り行きの意に発展し、そこから、原因・理由を表わし、動作の出発点・経由地、動作の直接つづく意、手段の意を表わすに至ったものと思われる」（岩波古語辞典）。したがって、「おのずから」も「みずから」も、もとは「自分自身に起源を有する本性」を指す言葉であって、同一の漢字「自」で訳出することのできるものなのである。注目すべき点はむしろ、ある自己発生的な事態が生じている場合に、その動きをより客体側へ押しやって眺めると「おのずから」と言われ、より主体側へ引き寄せて感じると「みずから」と言われる、この表現の分離が行われえたということのほうにあるのかもしれない。

（木村敏『自分ということ』による）

注

＊中世において「自然」に「万一、もしも、不慮のこと」を意味する用法があったことが本文の別の箇所で説明されている。

問一　傍線部(1)～(3)を漢字に改めた場合、それと同じ漢字を用いるものを、それぞれの群から一つ選び、その符号をマークせよ。解答番号は(1)が［1］、(2)が［2］、(3)が［3］。

(1)　A　アンソク　B　ジュウソク　C　ソクリョウ　D　ソクダン

(2)　A　ショウモン　B　ショウフク　C　ショウゲキ　D　ショウサン

(3)　A　ジョウケイ　B　チョッケイ　C　ケイサイ　D　ケイヤク

園が本来の自然のコピーとして、不特定多数の人びとのために手軽な代用的自然を提供する「公園」であるのに対して、2日本の庭は、そこに表意されている自然の真意を鋭敏に感じとる主体の側の感受性を期待して作られるものであって、したがって当然のことながら、鑑(2)ショウ能力を有する少数の人だけのための私的・［ ウ ］な芸術作品という性格を帯びる。

この庭園の例によってもわかるように、西洋の自然が［ Y ］のとちがって、日本の自然は、心の一種の緊張感においてそれを自然として感じとる個人を必要とし、人間一般の外にあるのではなくて一人一人の個人の心の内にある。というよりはむしろ、自己がその心の動きを、張りつめた集中性において、しかもそれでいながら一切の束縛を離れたありのままの自在性において感じとっているという事態、あるいはそのような事態を出現させる(3)ケイ機となっている事物、そういったものが日本人にとっては「自然」の語の意味内容となっているのである。

「自然」が「おのずからそうであること」を指すという場合、この意味はもっぱら「自」の文字の方に託されている。ところが、「自」は「おのずから」を意味するだけではなく、同時に「みずから」をも意味する。「おのずから」が、主体の営為が加わらないで、ものごとがひとりでに生成存在することであるのに対して、「みずから」は主体の側の感情的な能動的行為に関していわれることであるから、これは一見正反対の事態を一つの文字で表しているようにみえる。

古代から、日本人は「おのずから」と「みずから」との二つの言葉を持っていて、これを使いわけてきた。つまり私たちにとって、この二つの言葉がそれぞれ表記している二つの対象領域は、現象的には一応ことなったものであるはずである。ところが私たちの祖先は、古代中国から漢字を学んだときに、この二つの対象領域のいずれもが「自」という文字で表記できるものと考えた。ということは、「おのずから」と「みずから」とは、一応の現象的な区別はあっても、根本においては一つの事柄を指しているという、いわば現象学的な理解がそこにはたらいていたからに違いない。

あるいは、この語源的ないきさつは、3これとは逆の考え方をしなければならないのかもしれない。「おの」(己)も「み」(身)も、山水をその中に一括するかわりに、自然のひとこまひとこまを、いわば自己の主観的情態性の面に反映させて「自然さ」という情感において、みずからの心でそれを感じとってきたのである。

日本語の「自然」は、「おのずから」という情態性を表している。それは主語として立てられうる名詞的実体ではなくて、どこまでも述語的に、自己の内面的な心の動きを捲き込んだあり方を示している。私たちは、人為的なはからいの及ばない、「おのずからそうであり」、「ひとりでにそうなる」事態に出会った場合に、そこに一種不安にも似た情感を抱く。この情感において、私たちの祖先は自然を「あはれ」と感じ、そこに無常を見て取っていた。

この不安の情態性がきわめて強調された形で言語化されたものが「万一のこと」*、「不慮のこと」を意味する「自然」の用法であろう。「自然」が「不ソク(1)の偶発事」を意味しうるということは、西洋人の理解を全く超えたことである。ここで1「自然のこと」といわれているような事態は、西洋人の眼から見ればきわめて不自然な、自然の摂理に反するような椿事である。それが死を指しているときには、それは明らかに「不自然死」である。ところが日本人にとっては、自然はつねに「もしも」という仮定法的な心の動きをうながすというところがある。西洋の自然が主として人間の心に安らぎを与え、緊張を解除するように働くものだとするならば、日本の自然は自己の一種の緊張感において成立しているといってもよいだろう。

この対比が鋭く現れているいまひとつの例として、西洋の庭園と日本の庭園との差異について触れておこう。西洋の庭園の代表的様式としては、フランス式庭園とイギリス式庭園がある。前者は左右対称の幾何学的図形を基本とする人工的装飾の趣きの強いものであるのに対して、後者はできるかぎり人工を排して自然の風景そのままの再現を旨としている。一方これに対して、日本の庭園では、狭い空間にいわば［　イ　］に天地山水を配する技法が重んじられ、その意味では人為の極致とも考えられるけれども、しかもその人為を人為として、技術を技術として感じさせず、自然の真意をそのままに表した庭が最高の庭とされている。イギリス式庭園が自然に対して写実的であるとするならば、日本の庭園は自然に対して表意的である。イギリス式庭

国語

（六〇分）

（一）

次の文章を読んで、後の問に答えよ。

西洋語の「自然(ネイチユア)」は、どこまでも客体的・対象的なもの、内なる主体的自己に対して外部から対峙(たいじ)するものである。人為を排し、主観的恣意を超えているという点では、東洋語の「自然」と一致しているように思えるけれども、その超人為性も、結局は客観的・対象的に認識される合法則性・規則性としてとらえられていて、親鸞が「わがはからざるを自然とまうすなり」といったのとは、かなり趣きをことにしている。

古来の日本語が、こういった客観的・超越的な対象一般としての「自然(ネイチユア)」を表現する名詞を持っていなかったということ（大野晋『日本語の年輪』）は、たいへん重要な意味を含んでいる。古代の日本人にとっては、「自然一般」という対象世界は存在しなかった。存在しないものに名前をつけられるはずがない。山や川や草木のそれぞれは、［ア］個物として知覚や認識の対象となりえたし、労働、芸術、宗教などの実践的行為の対象ともなりえただろう。しかしそれらはあくまでも山として、川として、草木として人間の意識にのぼりえたのであって、［X］、それらを組み込み、配列する枠組としての「自然」が、普遍的対象概念として形成されるには至らなかった。日本人は、「自然というもの」を客体的総称名詞として立てて花鳥

解答編

英語

I　解答

1－B　2－C　3－D　4－D　5－D　6－C
7－A　8－A　9－D　10－D　11－B　12－D
13－A　14－B　15－D　16－A　17－C　18－B　19－B　20－A
21－B　22－B

◀解　説▶

1.「お店に行く必要がある。完全にお茶が切れている」
これはイディオムを知っているかどうかの問題である。run out of ～ で「～を切らす」という意味になるので，正解はBの out となる。

2.「迷惑をかけて申し訳ありませんが，あなたの靴について，お聞きしてもよろしいですか？　どこでその靴を買ったのか知りたいのです」
2文目で「どこでその靴を買ったか知りたい」と述べているので，靴についての質問がしたいことがわかる。May I ask you ～? で「～を聞いてもよろしいですか？」という表現になるので，Cの ask you something が正解である。

3.「その少女は，母親をうろたえさせる代わりに，帰宅後すぐに宿題をした」
問題文の意図は，upset her mother と did her homework のつながりをつかめるかどうかである。選択肢の中では Rather を入れると，*A* rather than *B*「*B* よりむしろ *A*」の rather than *B* 以下を文頭に置いた形で意味が成り立つ。よって，正解はDとなる。

4.「社長秘書は今日この場にはいないだろう。それどころか，彼女はこの種の会議にはめったに出席しない」
空所を含む文の冒頭に In fact とあり，これは前の文を補足する際に用いる。前文で「社長秘書は今日この場にいない」とあり，空所の後ろには動詞の attends があるので，空所には否定の意味合いを持つ rarely「めったに～ない」しか入らない。よって，正解はDとなる。

5.「長年フランス語を学習していますが，そのことわざにはなじみがありません。どういう意味なのですか？」

これはイディオムの問題である。be familiar の後に続くものとして with を入れると，be familiar with ～ で「～になじみがある」という意味になる。よって，正解はDである。なお，人が物事に精通していることを表す際には with を用いるが，物事を主語にして，それが「～(人) によく知られている」という意味では be familiar to ～ と，to を用いることも知っておこう。

6.「この二つのスマートフォンのどちらを使ってもうれしく思うだろう。両者ともうまく機能しているからだ」

because 以下で「両者ともうまく機能している」とあるので，二台あるスマートフォンのうち，どちらでも良いというニュアンスがうかがえる。よって，正解はCの either と決まる。

7.「家族を養い，かつ同時に，仕事で成功していくことは，大変な難題だ」

家族を養うことと仕事で成功していくことについて，Aの challenge を入れると，両立は難しいとなって意味が通じる。「チャレンジ」というとカタカナでなじみのある言葉になっているが，英文では「難題」という意味で用いられる。しっかりと押さえておこう。

8.「この山の気温は，夜になるといつも氷点下まで落ち込む」

空所の後ろに below freezing「氷点より下に」とあるので，温度が下がる，すなわち「落ちる」の意味で，選択肢の中では falls があてはまる。よって，正解はAとなる。

9.「ルーシーは，次の金曜までには，レポートを終わらせているだろう」

時制を問う問題である。this coming Friday「次の金曜」という言葉があることにより，問われている時間軸は「未来」の話となるので，選択肢はCかDかに絞られる。Cだと受け身が使用されているが，後ろに目的語の her report が残っているため不適。よって，正解はDの will have finished しかないとわかる。いわゆる「未来完了形」の用法が問われている。

10.「もしも私があなただったら，助けを求めに彼のもとには行かない。

だれか他の人を探すべきだ」
if 節内が I were you となっていて，were が使用されていることに気づけば，これは仮定法を問う問題であることがわかるだろう。よって，帰結節には，助動詞の過去形が入るのが普通であるので，正解はDの would not go となる。

11.「エイミーは，彼女の住む地域で大いに尽くしている」
これはイディオムを聞いている。do a lot of good で「大いに尽くす」という意味になるので，正解はAの do かBの does かに絞られる。主語はエイミーであるので，正解は三人称単数形のBとなる。

12.「私にお礼を言う必要はありません。助けになれて，ただただうれしいのです」
空所の前後を見ると，be（　　）help となっている。helpful の意味で，（　　）help の意味になる語法はないか，と考えて選択肢を見ると of がある。本問は，of importance＝important の意味になるといった，いわゆる〈of＋抽象名詞〉の用法を問うものであると思われる。よって，正解はDとなる。

13.「このレストランが高いことは知っていますが，心配しないでください。この夕食は，私のおごりです」
１文目でレストランが高いけれど，心配しなくて良いと述べているわけだから，話し手が代金を負担してくれると考えられる。このような意味を取れるのは，on しかない。The dinner is on me. の on は「～のおごりで」の意味。よって，正解はAとなる。

14.「私のコンピュータが壊れてしまったので，締め切りに間に合わなかった」
コロケーションの問題である。meet the deadline で「締め切りに間に合う」という意味なので，正解はBとなる。

15.「ダンは，医者が彼を見てくれる準備が整うまでずっと，待たなければならなかった」
「ダンは待たなければならなかった」の後に続くものとして，until を入れると「～までずっと」として意味が通じる。よって，正解はDとなる。

16.「非常に多くの人々が，その問題に気づいていた」
これはイディオムの問題である。a great many で「かなり多くの」という意味。よって，正解はAとなる。

17.「天候不順のため，乗客は数時間の間，空港で待機させられた」
使役動詞 make は能動態では make *A do* の形を取るのが基本である。しかしながら，本問のように make を受け身で使用すると，be made to *do* と to *do* の形にする必要がある。よって，正解はCとなる。

18.「私たちは，その計画に賛同する以外，他に選択肢がなかった」
これはイディオムの問題である。have no choice but to *do* で「～する以外に選択肢がない」という意味になる。よって，正解はBとなる。

19.「この記事は読む価値がある」
worth の語法を問う問題である。worth の後ろに動名詞を置いて，「～する価値がある」という意味になる。よって，正解はBの reading となる。

20.「彼女は，ミルクなしのコーヒーが嫌いだ。コーヒーをブラックで飲んだことが決してないのだ」
care for ～ は，通例否定文や疑問文で用いて，「～を好む，望む」の意味となる。よって，正解はAの for となる。

21.「彼らが家に帰るやいなや，警察が訪れた」
イディオムを問う問題である。後半部分に than the police called とあるので，比較を表す語が入ると考えられる。比較級になっているのはBの No sooner だけであり，no sooner ～ than … で「～するとすぐに…」という意味になる。よって，正解はBとなる。

22.「いつか助けを必要とすることがあったら，私に知らせてください」
if 節内に入る語句を探す問題である。ever は if 節内で使用されると，「いつか」という意味になり，文意が通じる。よって，正解はBの ever となる。

Ⅱ　**解答**　23－A　24－C　25－C

◆全　訳◆

≪友人の会話≫

リサ　　：やあ，レーシー。大丈夫なの？　けがしているように見えるけど。何かあったの？

レーシー：向こうのエレベーターのドアが，降りようとしたまさにその瞬間に閉まってきたんだよ。数秒の間，ドアの間に挟まれちゃった。

リサ　：またなの？　それって，新入生オリエンテーションの日にも起きなかった？

レーシー：そうなんだよ，だけど，それは別のエレベーターだった。

リサ　：本当？　エレベーターのドアって，人がその間にいる時には閉じないはずだし，仮にドアが閉じたとしても，人にけがをさせるはずがないんだけど。エレベーターのドアって，人や物に触れるとすぐに，再び開くように設計されてるのよ。おそらく，そのエレベーターは壊れているわ。

レーシー：私はそうは思わないな。エレベーターやスーパーのドアのような自動ドアとは相性が悪いんだよ。自動で開いたり，閉じたりする二つのドアがあると，必ず挟まれちゃうんだ。私の人生，ずっとそうだった。

リサ　：そうなの？　じゃあ，それなら，あなたが自動ドアを通るときにはいつでも，隣を歩いては絶対にいけないって私に知らせてね。私，あなたが立て続けに経験していることを経験したくはないから。

◀解　説▶

23. 空所前後の発言に注目すると，レーシーは複数回エレベーターに挟まれて，けがをしたことがうかがえる。よって，正解は，AのAgain?「またなの？」となる。なお，Cは「私の責任だ！」，Dは「大きなお世話だ！」という訳になるため不適である。BのIs it? に関しては，直前のレーシーの発言（I was trapped …）を受けるなら，Were you? となるはずである。よって，Bは不適と判断する。

24. リサは3つ目の発言（Really? Elevator doors …）で，エレベーターのドアは人や物に触れると再び開くようにできている，と述べているが，空所を含む発言で，レーシーはI don't think so.「私はそうは思わないな」と述べている。よってレーシーが確信しているのは，C．be caught between them「（ドアに）挟まれる」である。

25. 空所の直前の文に注目すると，リサはレーシーに，自動ドアを通るときには隣を歩かないよう知らせてほしいと述べている。この理由を考えると，リサがI don't で否定している内容として適切なのは want to experience what you keep going through「あなたが立て続けに経験していることを経験したい」である。よって，正解はCとなる。

Ⅲ　解答

26－A　27－D　28－B　29－D　30－C　31－C
32－A　33－D　34－B　35－A　36－C

◆全　訳◆

≪拡声器を用いて，荒廃したサンゴ礁を復活させる試み≫

世界中のサンゴ礁が地球温暖化による荒廃から立ち直っていくのを促す手法を必死に探していくことで，いくつかの根本的解決策が生み出されてきている。

カリブ海において，研究者たちは，荒廃したサンゴ礁に新しいサンゴを再び植え付けることができるように，サンゴの「苗床」を耕している。そして，ハワイでは，科学者たちは，海面温度の上昇に対抗できるようなより回復力のあるサンゴを特別に育てようとしている。

金曜日に，イギリスとオーストラリアの研究者たちは，復元の努力を促進してくれるという，通常とは異なる別の方策を公開した。すなわち，死にゆくサンゴ礁に，健康な状態のサンゴ礁の音を流す，という方策だ。

6週間におよぶ現地実験において，研究者たちは，オーストラリアのグレートバリアリーフにある死んだサンゴの区域に水中用拡声器を設置し，そして，健康なサンゴ礁から録音してきた音声を流した。目標は，サンゴ礁の荒廃に歯止めをかけるのに不可欠な様々な生態の魚を引き戻すことができるかどうかを確かめることであった。

研究者によれば，結果は見込みのあるものであった。『ネイチャーコミュニケーションズ』という学術誌で発表されたこの研究が発見したのは，なんの音も流されていない区域に比べると，健康なサンゴ礁の音が流された死んだサンゴの区域には，2倍多くの魚が群がってきたということだ。

「魚は，サンゴ礁が健全な生態系として機能するために，必要不可欠なのです」と，この研究の主著者である，エクセター大学のティモシー＝A. C. ゴードンは述べた。「このような方法で，魚の個体数を押し上げることが，自然の回復プロセスにはずみをつけて，そして，世界中のサンゴ礁の多くで私たちが目にしている被害に歯止めをかけるのに，一役買ってくれるかもしれません」

この研究によると，健康なサンゴ礁の音が流されたサンゴ礁の区域に存在している種の数が，そうでないサンゴ礁の区域に比べ，50％ほど上昇した。この新しい魚の群れは，食物網のあらゆる階層の種を含んでいた。例えば，清掃動物，草食動物，捕食動物などである。重要なことは，この区域にやってきた魚が，そこにとどまる傾向があったことだ。

「健康的なサンゴ礁とは，驚くほどうるさい場所です――パッと動く小エビのパチパチなる音や，魚の色々な鳴き声が，合体して見事な生態系の音の風景を作り出すのです」と，エクセター大学の海洋生物学教授にして，この研究の上席著者でもあるスティーヴン=D. シンプソンは述べた。「若い魚は，定住する場所を探している時，このような音のある場所に向かっていくのです」

この技術は，もしももっと大きな規模で複製できるのならば，気候変動，乱獲，汚染によって荒らされてしまっている，世界中のサンゴ礁を生き返らせるための別の手段を科学者たちに提供できることになるかもしれない。科学者たちは，気候変動がすでにあまりにも早く加速しているので，サンゴ礁の中には再生できないものもあることや，その保存の試みがサンゴ礁の荒廃のペースと合っていないという警告を出している。

非常に強い熱波によって引き起こされたサンゴの甚大な白化現象は，2016年と2017年に，地球上で最も大きなサンゴ礁である，グレートバリアリーフの50％を死滅させてしまった。そのような白化現象は，サンゴに住んでいる，栄養豊富で色を与えてくれる藻類が，熱のストレスによって排除される時に起こるのだが，この現象は，1980年代に比べて，4倍の頻度で起こっている，と『ワシントン・ポスト』紙は報告する。

2017年の10月から12月を通して，研究者たちは，グレートバリアリーフの北の部分にあるラグーンで研究を行ったのだが，そこには，海岸線に沿って延びる大きくて浅いサンゴ礁があった。

魚が卵を産み，成長していく時期である，魚の繁殖期の初めに，その研究者のチームは，自然に発生しているサンゴ礁から27ヤードほど離れた開けた砂地の上に，死んだサンゴで33のサンゴ礁の試験区域を作り上げた。そのあとで，研究者たちは水中拡声器をその区域の中心部に設置し，その拡声器の音が全方向に均等に散布されるのを確実にするために，拡声器を上向きの角度に動かした。

40 日間にわたって，その研究者チームは，ある区域においては，健康なサンゴ礁から取られた録音音声を流した。他の区域では，音を出さない偽の拡声器を使用し，そして，三番目の区域はそのままに放置しておいた。

「音響的に豊富」と呼ばれるこの過程は，「調査期間の間中，稚魚たちの獲得に重大で肯定的な影響」を持っていた，と研究者たちは書いた。研究によると，音響的に豊富となったサンゴ礁は，健康なサンゴ礁の録音を流していなかったサンゴ礁に比べて，魚をより早く引き付け，その魚をより長く留めさせた。

研究者たちが認めているのは，死んだ，あるいは，死にゆくサンゴ礁に魚を引き戻すということが，それ自体でサンゴ礁が受けた損傷を覆すことにはならない，ということだ。荒廃したサンゴ礁が回復する見込みが大きくなるのは，そのサンゴ礁に魚の個体数が強固に根付いている場合なのだが，その魚たちは，サンゴを健康に保つのに様々な役割を果たすのである。

「サンゴ礁は，荒廃すると，小エビや魚が消えてしまい，ぞっとするほどにひっそりと静まり返ってしまいますが，この失われた音の風景を回復させるために拡声器を使用することによって，我々は若い魚を再び引き付けることができるのです」とシンプソンは述べた。

◀解　説▶

26. サンゴ礁を回復させるために研究者が用いている手法について，記事内容に基づいて，正しい選択肢を選ぶ問題である。

B.「死んだもしくは死にゆくサンゴの新しい区域を育てる」 第 2 段第 1 文（In the Caribbean, …）に，荒廃したサンゴ礁に新しいサンゴを再び植え付ける，といった趣旨の内容があるが，死んだサンゴそのものを育てるわけではないため，不適と判断する。

C.「サンゴ礁の魚が出す音の騒がしさを 50％分増加させる」 第 7 段第 1 文（According to the …）に 50％増えるという記述があるが，増えるのは，サンゴ礁に住まう魚の数であり，音の騒がしさではないので，不適とわかる。

D.「健康なサンゴの近くにいる成魚に，稚魚に対して歌うよう教える」本文に合致する内容はないため，不適。

よって，正解は A.「より温かい水中においても生きることができるサンゴを育てる」である。これは，第2段第2文（And in Hawaii, …）の内容と一致する。

27. 本文記事に従って，正しい選択肢を選ぶ問題である。

A.「魚や小エビの幽霊は，健康なサンゴ礁よりも，荒廃したサンゴ礁を好む」 最終段に ghostly という単語があるが，これは後ろに続く quiet を修飾して「幽霊がいるかのようにひっそりと」という意味であり，「幽霊そのもの」を示しているわけではないため，不適とわかる。

B.「音楽が好きな魚だけが，研究者たちが設置した拡声器に引き寄せられた」に関しては，第5段（The results were …）に魚が引き寄せられた趣旨の話があるが，音楽が好きな魚だけが引き寄せられた，ということではない。よって，不適。

C.「33名の研究者によって，サンゴ礁の実験区域が設けられた」 第12段第1文（At the start …）にあるように，33という数字は研究者の数ではなく，実験対象となったサンゴ礁の区域の数である。よって，不適。

D.「研究で使用された録音は，水中で録られたものである」に関して，第3段（On Friday, British …）からわかるように，研究で使用されたのは水中にある健康なサンゴ礁の音の録音である。よって，Dが正解となる。

28. 指示語 them が指すものを選ぶ問題である。本問の them は maintain の目的語として使用されている。これは直前の attracted fish と and でつながっており，同じ目的語を指していると考えられるため，この them は fish を受けていることがわかる。なお，fish は単数形と複数形が同形の名詞（いわゆる単複同形名詞）であるので，them で受けてかまわない。よって，正解はBの fish となる。

29. robust の意味を選ぶ問題。robust は「がっしりと，強健な」という意味で，この意味を知っているなら，答えはDの strong and sound とわかる。なお，sound には形容詞で「健全な，しっかりとした」という意味があるので注意しておきたい。一方で，この robust の意味がわからない場合でも，文脈から意味を探ると，第11段（The researchers worked …）以降の研究内容から，死んだサンゴの区域に健康なサンゴ礁の音を流すことによって，魚が集まってきた，そして，その魚がしっかりと住み着けば，サンゴ礁の回復に寄与してくれる，という内容であることがわかる。よって，robust populations of fish には「魚の個体数がしっかりとしている」という意味を読み取ればよい。この点から考えて，選択肢をDに絞り込むことが可能である。

30.「研究者たちが，死んだサンゴの区域で健康なサンゴ礁の音を流すと…」に続く文として，最も適切な選択肢を選ぶ問題である。

C.「サンゴ礁の区域にたどり着いた魚の多くが，(その場を) 去ろうとはしなかった」が，第7段最終文 (Importantly, the fish …) の内容に合致する。よって，正解はCである。

31.「2016年と2017年に，グレートバリアリーフで甚大な白化現象があったのは…」に続く文として，この現象が起きた理由を説明する問題である。サンゴの白化現象が起きた理由は，第10段第1文 (Severe coral bleaching …) に「非常に強い熱波によって引き起こされた」とあり，続く第2文 (Such bleaching events …) にも，「藻類が熱のストレスによって排除される時に起こる」と書かれている。この記述内容に最も近いC.「その地域が，それらの年に極端な熱波を経験した」が正解となる。

32. degradedの意味は「荒廃した」である。よって，正解はAのdamagedとなる。B. defined「定められた」，C. delighted「(人が) 喜んで」，D. depressed「(人が) 落胆して」

33. Juvenileの意味は「若い」であり，これは下線部を含む文の後半で「定住する場所を探している」という部分からも推測することができる。よって，正解はDのYoungとなる。A. Aged「熟成した，成長した」，B. Criminal「犯罪の」，C. Rough「粗い」

34. expelledの意味は「～を追い出された」であり，下線部前後の内容から，熱のストレスによって栄養豊富な藻類がどうなるかを考えても推測できる。よって，正解はBのdriven outとなる。A. attracted「引き付けられた」，C. lured「誘い込まれた」，D. plucked out「引き抜かれた」

35. fixedの意味は「～を取り付けた」である。よって，正解はAのattachedとなる。B. focused「～を集中させた」，C. moved「～を動かした」，D. repaired「～を修理した」

36. dummyの意味は「偽の」である。よって，正解はCのfakeとなる。A. basic「基礎の」，B. broken「壊れた」，D. smart「利口な」

Ⅳ 解答

37－D　38－A　39－B　40－D　41－C　42－D
43－A　44－B

◆全　訳◆

≪笑顔政策とその効用≫

あなたがもし，顔を上げ，くったくのない顔で近所の通りを歩いているとしたら，通り過ぎる人々のうちの何人がほほえんで，あなたに何らかの形であいさつをしてくれるだろうか？

見知らぬ他人に喜んでほほえみかけるかどうかは文化に応じて異なってくるものの，ほほえむという行為は，普遍的な人間の行いである。他人に対して率直で，友好的であることが珍しいというわけではないオーストラリアにおいて，メルボルンの湾岸部郊外を占める地域であるポートフィリップ市は，ボランティアを使って，人はどれくらいの頻度で道で通りがかる人々にほほえみかけるかを調べた。それから，同市は，速度制限のように見えるもの，例えば「時笑 10 回（1 時間につき 10 回笑う）地区」です，と歩行者に伝えるような標識を取り付けたのだ。

くだらない，バカげた話だろうか？　納税者のお金の無駄遣いだろうか？　ジャネット=ボライソー市長は，その標識を立てることが，道を歩いている時，知人や見知らぬ他人の両者に人々がほほえんだり，オーストラリアの標準的なあいさつの言葉である“G'day”（=Good Day「こんにちは」）を言ったりすることを促すための試みであると述べる。彼女はさらに付け加えて以下のように述べた。笑顔は，人々がお互いによりつながりあい，より安全であることを感じさせ，その結果，犯罪への恐怖を減らしてくれるが，これは，多くの近隣住民の生活の質において重要な要素である。

住民にお互いに知り合いになってもらうための関連する試みにおいて，市の行政は，路上パーティーをするのを容易にもしてくれている。行政は，パーティーの詳細を地元の住民にゆだねてはいるが，組織についての助言を行い，バーベキューや日よけの傘を貸し出し，公的な賠償責任保険をかけている。長年，同じ通りに住んでいた人々の多くが，路上パーティーでお互いに初めて知り合ったのである。

これらすべては，その市の生活の質における変化を測定しようとする，より大きな試みの一部であり，市議会は，地域コミュニティ社会を望ましい方向に導くことができているかどうかを知ることができる。市議会は，ポートフィリップ市に，持続可能な社会となってもらいたいのであるが，それは環境的な意味だけでなく，社会的平等性，経済的生存能力，そして文化的活力の観点からも，である。

ポートフィリップ市は，良き地球市民であることに関して真剣である。自家用車の所有を繁栄の印とみなす代わりに，市は車の数が「減っていること」――そして公共交通機関の使用の増加――を温室効果ガス排出量削減における進歩の証として賞賛し，一方で，人々が徒歩や自転車をより好む，より健康的な生活サイクルを促しているのである。市は，エネルギー効率のより良い，新しい建物の設計に努めてもいる。

地方行政の中には，自分たちの役割を，ゴミを収集したり，道路を保全したりすることといった基本的なサービスを提供し，そしてもちろん，これらサービスを賄うための税を徴収することにあるとみなしているところもある。一方で他の行政は，産業を地元に誘致し，仕事と地元の課税基準を増やすことによって，その地域の経済を活性化させている。ポートフィリップ市は，より広範で，より長期的な視野で捉えている。同市は，現在の世代がいなくなってしまった後にその町に住む人々が，今日の市民が持っているのと同じ，良質な生活に対しての機会を持ってもらいたいとしている。その生活の質を守るために，同市は，それに寄与している，様々なあらゆる側面を計ることができるようにしなくてはいけないのであり，友好は，その側面のうちの一つなのである。

国家的であれ，地域的であれ，多くの行政にとって，犯罪を防ぐことは，友好関係や協力を促すことより，はるかに高い優先順位を占めている。しかし，ロンドン・スクール・オブ・エコノミクスのリチャード=レイヤード教授が最近の自著である『幸福：新しい科学からの教訓』という本において述べているように，友好関係を促進していくことは，簡単で安価であることが多く，人々をより幸福にさせていくのに，大きな報酬がありうるのだ。だったら，なぜそれが公的な政策の中心となってはいけないことがあろうか？

とても小さな肯定的な経験は，人々に自分自身について良い気持ちにさせるだけでなく，他者に対してより役立つ存在にさせることができるのだ。1970 年代に，アメリカの心理学者のアリス=イセンとポーラ=レヴィンは，ある実験を行ったのだが，その実験では，電話をかけている人を無作為に抽出し，前に電話をかけた人が置き忘れてしまった10セントコインを見つけるようにして，他の人はそうはならないようにした。その後，すべての被験者に，女性が自分たちの前で落としてしまった書類ばさみを拾い上げるのを助ける機会が与えられたのであった。

イセンとレヴィンの主張によれば，コインを見つけた16名のうち，14名がその女性を助けたが，一方で，コインを見つけなかった25名のうち，女性を助けたのはわずかに1名のみだった。さらなる研究では，電話のブースに置き忘れられた宛名付き封筒を送ってあげようとするかどうかに同様の違いを発見した——つまり，コインを見つけた人々のほうが，よりその手紙を送ってあげようとしていたのだった。

その後の研究では，そのような強烈な違いが存在していたことに関して疑念を投げかけているが，良い気分にあることで，人々がより良い気持ちを自分自身に抱くようになり，より他者を助けようとなることには疑いがない。心理学者は，それを「好意の高揚」と呼んでいる。なぜ，そのような高揚を生み出してくれる小さな手段を講じることが，行政の役割の一部になっていけないことがあろうか？

ここに成功の一つの基準がある。過去1年半の間に，ポートフィリップ市においてほほえんでくれる人々の割合は，8％から10％に上昇したのだ。

◀解　説▶

37. 下線部分「笑顔は，普遍的な人間の習慣である」に関して，筆者が意図したことを選択肢から選ぶ問題である。下線部を含む段の内容を見れば，althugh以下で文化によって違いが見られるとあり，これと対立する意味になるものを選ぶ。よって，笑顔は文化の違いを越えたものであるとして，正解はD.「笑顔とは，全人類が行っていることである」となる。

38. ポートフィリップ市の行政が，なぜ路上パーティーを行いやすくしたのか，という問いに対して最も適当なものを選ぶ問題である。該当する内容が書かれているのは，第4段（In a related …）である。特に同段冒頭部を見れば，市の行政の目的は，住民にお互いに顔見知りになってもらうことであるとわかる。よって，この内容に最も近い選択肢として，正解はA.「人々に，近隣住民と交流する機会を与える」となる。

39. 本文に基づいて，ポートフィリップ市の行政が，住民にしてもらいたいことを選択肢から選ぶ問題である。第6段（Port Phillip is …）において，ポートフィリップ市は，住民に良き地球市民になってもらうべく，自家用車を持つことを避け，代わりに公共交通機関を使うように促している様子などがうかがえる。よって，B.「車の所有は，可能ならば避けるべき事柄と見なす」が正解となる。なお，D.「エネルギー効率が良くない建物に徒歩や自転車で入っていくことをやめる」に関しては，確かに第6段に徒歩や自転車の使用を促す内容のことは書かれてはいるが，エネルギー効率の悪い建物に徒歩や自転車で入っていく，といった趣旨の内容ではないため，不適。

40. 本文に基づいて，近隣住民の生活の質に影響を及ぼすものを選択肢から選ぶ問題である。第3段最終文（Smiling, she adds, …）に，ほほえみによって，住民がお互いにつながりあい，安全であると感じ，結果として犯罪への恐怖を減らすことにつなげられ，これが近隣住民の生活の質において重要な要素である，とある。よって，正解は，D.「住民がそこに住む際にどれだけ安全であると感じられるか」となる。C.「どれだけ頻繁に，"G'day" のような標準的なあいさつが使用されるか」は，第3段第3文（Mayor Janet Bolitho …）にあいさつについての記述があるが，これは住民どうしがつながりを持つための手段の一例として挙げられているにすぎないため不適。

41. 設問の意味は，「ポートフィリップ市で顔をあげて歩き，くったくのない表情をしていたとしたら，あなたは恐らく…のように思われるだろう」となる。…に入るものとして最もふさわしい選択肢を選ぶ問題である。本文第1・第2段（If you were … Per Hour Zone."）の内容から考えて，ほほえむことは他人に対して率直で，友好的であるとされているので，正解はC.「付き合いやすく，他者を好ましく思う」となる。

42. 設問の意味は，「ポートフィリップ市の警察が『時笑 10 回地区』で笑わなかったことに対して，罰金を科したり，歩行者を逮捕したりできないのは，…だからであると理解される」となる。because 以下の理由づけにふさわしい選択肢を選ぶ問題である。設問の解答根拠になる箇所は，第2・第3段（Smiling is a … of many neighborhoods.）の内容である。ポートフィリップ市は「時笑 10 回地区」という標識は導入したが，法律を作ったとは書かれていない。よって，正解はD.「そこを歩く歩行者が，どんな法律も破ろうとはしていない」となる。

43. 設問の意味は,「イセンとレヴィンによって行われた研究において,電話のブースでお金を見つけることは,…を象徴する意図である」となる。represent の目的語にふさわしい選択肢を選ぶ問題である。電話のブースでお金を見つける話は,第9段（Very small positive …）以降で登場し,同段第1文にて,肯定的な経験は自分や他人に良いことをもたらすとして,以下にその具体的な例が述べられている。よって,正解は,A.「肯定的な経験」となる。

44. 設問の意味は,「そこにいる人々が…なので,市の生活の質を変えるためのポートフィリップ市の行政計画は機能しているようである」となる。最終段（Here is one …）に,ポートフィリップ市では他人にほほえんでくれる人の割合が増加したと書かれている。よって,正解はB.「以前よりもほほえんでいることがわかった」となる。

❖講　評

2022年度は,読解問題2題と会話文1題に加えて,文法・語彙問題が出題された。問題形式の若干の変更に伴い,問題数は44問に減った。

Ⅰ　4択式の文法問題が出題された。いずれも基礎的な問題で構成されており,解答に悩むほどではなかった。しかしながら,試験時間が60分しかないことを考えると,この大問をいかに早く切り上げられるかが戦略として重要となってくるであろう。

Ⅱ　会話文の問題であった。比較的易しい問題である一方で,話の全体の趣旨をしっかりつかもうとしないと解答にたどりつけないかもしれない。試験時間を気にしつつ,一定の長さの文を読むのは大変だろうが,全体の趣旨を捉えることは普段から意識しておきたい。

Ⅲ　読解問題の一つ目は,荒廃したサンゴ礁をどのようにして回復させていくかについて,音響装置を用いた研究が話題の中心であった。内容を追うこと自体は難しくはないが,大問Ⅱの問題と同じく,しっかりと大意を押さえる読み方ができていないと,個々の設問に答える際に思った以上に時間を取られるかもしれない。また本文中の単語と同じ意味のものを選ぶ問題では,単語の意味を知らなくても本文での語の流れから推測する力が求められている。

Ⅳ　読解問題の二つ目は，ある市における「ほほえみ」を促す試みが紹介されていた。大問Ⅲの読解問題と同じく，内容を追うこと自体は難しくないが，設問に答えるとなると，若干ややこしい箇所があったかもしれない。ここでも，全体をしっかりと捉えながら，局所をしっかりと押さえていく視点（「ミクロ」と「マクロ」の複眼的視点）が大切になってくると思われる。

試験時間 60 分で読解問題 2 題に加えて，文法問題，会話文問題にも答えていくのは受験生にとっては骨が折れるかもしれない。しかしながら，いきなり「速読」を追い求めすぎてはいけない。はじめはゆっくりと，一文一文をしっかりと読み解けるようになった先に初めて「速く読める」状態に達するのである。「理解なき速読」は「誤読」に過ぎないことを肝に銘じておこう。なお，読解問題においては，新聞記事からの抜粋が出題されることも多い。ある程度学習が進んだら，英語で書かれた新聞記事の読解に挑戦してみてもよいだろう。

日本史

I 解答

問1．B 問2．C 問3．A 問4．B 問5．D
問6．B 問7．C 問8．D

◀解 説▶

≪日本の原始・古代≫

問1．Bが正解。提示された視覚資料は古い順に，イ（打製石器，旧石器時代。問題文に「岩宿遺跡から出土」とある）→エ（土偶，縄文時代）→ウ（銅鐸，弥生時代）→ア（銅鏡，古墳から出土，古墳時代）と並べかえられる。

問2．アの銅鏡は，形状から三角縁神獣鏡の一つだと思われる。三角縁神獣鏡は，邪馬台国が交渉した中国の魏の鏡とする説と，中国から渡来した工人が日本でつくったものとする説があり，黒塚古墳などの前期古墳の副葬品とされていることで知られる。このことから，銅鏡の使用時期は，弥生時代末から古墳時代前期と判断できる。

C．誤文。木簡の使用は，7世紀前半（飛鳥時代）頃とされている。

問3．ウの銅鐸は弥生時代に製作された。

A．誤文。前方後円墳は，古墳時代に築造された。

問4．エの土偶は縄文時代に製作された。

B．誤文。青銅器・鉄器の使用が開始されたのは，弥生時代である。

問5．提示されている都の地図に外京（都の東側に張り出した部分）があることから平城京であると判断できる。また，設問文の「女帝の世紀」も手がかりとなる。平城京が都であった時期には，元明→元正→聖武→孝謙→淳仁→称徳→光仁→桓武（781年即位，784年に長岡京に遷都）の順に天皇が即位し，このうち，元明・元正・孝謙・称徳が女帝であった。

問6．Bが正解。薬師寺は平城京の右京六条二坊に建立された。Aの東大寺は平城京の外（外京のすぐ東側），Cの教王護国寺は平安京内（平安時代），Eの円覚寺は鎌倉に建立された（鎌倉時代）。Dの大官大寺は平城京遷都にともなって大安寺に改称した（大安寺は平城京内に所在）。

問7．Cが正解。平城京が首都であった時代は，710～84年。三世一身法は，長屋王政権の時代の723年に制定された。Aの大宝律令は701年，Bの憲法十七条は604年，Eの弘仁格式は820年に制定された。Dの班田収授法は，689年に施行された飛鳥浄御原令，690年に作成された庚寅年籍にもとづいて実施された。

問8．Dが正解。奈良時代の政権担当者の推移を考えるとよい。長屋王の変（729年，長屋王と藤原4兄弟の対立）→藤原広嗣の乱（740年，橘諸兄政権）→橘奈良麻呂の変（757年，藤原仲麻呂政権）→恵美押勝の乱（764年，藤原仲麻呂と道鏡の対立）の順となる。なお，奈良時代の政権担当者は，藤原不比等→長屋王→藤原4兄弟→橘諸兄→藤原仲麻呂→道鏡→藤原百川の順に推移した。

Ⅱ 解答

問1．B　問2．A　問3．C　問4．C　問5．C
問6．A　問7．A　問8．A　問9．B

◀解　説▶

≪近世初期の農民≫

問1．B．誤文。「畝」を「段」とすれば正文となる。太閤検地では，1段=360歩から1段=300歩に変更された。

問2．A．正文。

B．誤文。「元禄ごろに考案された脱穀具」「扱箸に代わり」「『後家倒し』とも呼ばれた」などから千歯扱の説明。

C．誤文。「揚水車」「龍骨車に代わって」などから踏車の説明。

D．誤文。「穀類・豆類の脱穀具」「竿の先に短い竿をつけて」「回転して打つ」から殻竿（唐竿）の説明。

問3．Cが正解。『農具便利論』は大蔵永常の著作。

問5．C．誤文。1890年に公布された民法は，政府法律顧問のフランス人ボアソナードによって起草された。このフランス法系の民法に対する批判が高まって1892年の議会で施行延期となり，1896年と1898年に大幅な修正を加えて公布された。初めて夫婦同姓が規定され家督相続制度などが確立したのは1898年公布の民法による。

問6．A．誤文。『松鷹図』は狩野山楽の作品。海北友松は『山水図屏風』などの作品で知られる人物。

問7．やや難。Aが正解。下総国の椿海は，現在の千葉県北東部に位置した。判断は難しいが，一部の教科書には椿海の干拓の記述がみえる。Bの有明海とCの八代海はともに九州西部，Dの霞ヶ浦は茨城県南東部，Eの象潟は秋田県に所在した。

問8．A．誤文。金貨の品質を下げる改鋳を行うと，物価は上昇する。悪貨への改鋳を行った，徳川綱吉期の元禄小判や，徳川吉宗期の元文小判などとともに押さえておこう。

III 解答

問1．C　問2．A　問3．C　問4．B　問5．A
問6．B　問7．A　問8．C　問9．D

◀解　説▶

≪近現代の労働者を取り巻く出来事≫

問2．A．正文。

B・C・D．誤文。治安警察法は第2次山県有朋内閣時の1900年に制定され，労働者の団結権・争議行為の禁止，女性・未成年者の政談集会参加の禁止など，警察権の強化を図った法令。戦後の1945年，GHQが出した人権指令により治安維持法とともに廃止された。

問3．Cが正解。工場法では，女性・少年の就業時間の限度を12時間とし，その深夜業を禁止したが，製糸業などに14時間労働，紡績業に期限つきで深夜業を認めるなど，例外規定が存在した。

問5．やや難。A．誤文。1947年に制定された労働基準法で，女性の深夜労働は原則禁止とされたが，看護職や保育士は例外とされた。なお，女性の深夜労働禁止の規定は，1997年の労働基準法改正（1999年施行）によって撤廃された。

問7．A．正文。

B．誤文。「右派を除名」は誤り。日本労働総同盟は，左右の対立により，1925年に左派を除名した。

C．誤文。普通選挙法が成立したのは，「1922年」ではなく1925年。

D．誤文。日本労働総同盟は，産業報国会の成立に同調し，「1935年」ではなく1940年に解散した。

問8．Cが正解。五大改革指令における5項目の内容は，Aの婦人参政権の付与，Bの経済機構の民主化，Dの教育制度の自由主義的改革，労働組合の結成奨励，秘密警察などの廃止である。

Ⅳ　解答

問1．C　問2．A　問3．C　問4．D　問5．D
問6．B　問7．D　問8．B

◀解　説▶

≪現代の税制と経済≫

問1．シャウプ勧告は1949年の出来事。

C．正文。

A．誤文。朝鮮戦争の勃発は1950年。

B．誤文。経済安定本部の設立は1946年。

D．誤文。昭和電工事件が起きたのは1948年。

問2．A．正文。

B・C・D．誤文。第二次石油危機は，イランのイスラム革命にともなう原油価格の高騰を背景に起こった。

問4．D．誤文。「起債」とは資金調達のために国などが債券を発行する，つまり借金することを指す。ドッジがまったく赤字を許さない予算の作成を要求したことを想起すれば，「起債」は誤りと判断できる。

問5．D．正文。

A・B・C．誤文。日本社会党は，サンフランシスコ平和条約に賛成，日米安全保障条約に反対した右派と，両条約に反対した左派に分裂した。右派と左派は，鳩山一郎内閣の憲法改正を阻止するために，1955年に再統一した。

問8．やや難。Bが正解。プラザ合意（1985年）→ウルグアイ=ラウンドの開始（1986年）→海外渡航者が1,000万人を超えた（1990年）の順となる。海外渡航者が1,000万人を超えた時期を特定するのがやや難しい。

❖講　評

2022年度は，2021年度同様，大問数が4題，小問数が34問，試験時間60分と変化はなかった。近年出題されていた，時代をまたいだテーマ史の大問は，2022年度は出題されなかった。

Ⅰ　日本の原始・古代が題材とされた。都の地図など，目にしたことがなければ，解答がやや難しい問題もあった。

Ⅱ　近世初期の農民が題材とされた。誤文・正文選択問題が多かったが，解答を導く根拠は明確なものが多かった。

Ⅲ　近現代の労働者を取り巻く出来事が題材とされた。問 5 の労働基準法の内容に関する選択肢など，やや判断に悩む問題も出題されたが，全体的に標準的な問題であった。

Ⅳ　現代の税制と経済が題材とされた。問 8 の年代配列問題はやや難であったが，その他の問題は標準的なものであった。

世界史

I

解答　問1．C　問2．C　問3．C　問4．B　問5．A
問6．B　問7．B　問8．A　問9．D　問10．B
問11．B　問12．C　問13．A

◀解　説▶

≪歴史における感情史≫

問1．A．誤文。トゥキディデスはペロポネソス戦争を主題とした『歴史』を執筆した。ペルシア戦争を主題とした『歴史』を執筆したのはヘロドトスである。

B．誤文。タバリーは『預言者たちと諸王の歴史』を記した。『世界史序説』を執筆したのはイブン=ハルドゥーンである。

D．誤文。リウィウスはイタリア出身である。

問3．C．誤文。ムラービト朝はムワッヒド朝により滅ぼされた。

問4．A．誤文。『旅行記』を執筆したのはイブン=バットゥータである。ウマル=ハイヤームは『四行詩集（ルバイヤート）』を記した。

C．誤文。『医学大全』を執筆したのはイブン=ルシュドである。フワーリズミーは『アルジャブラ』を記した。

D．誤文。『シャー=ナーメ』を執筆したのはフィルドゥシーである。ガザーリーはスーフィズムを体系化した人物である。

問6．B．誤文。ソンガイ王国は16世紀にモロッコ軍の侵入により滅亡したため，17～19世紀に存在していたアフリカの国家としては誤りである。

問8．やや難。B．誤文。プレヴェザの海戦ではオスマン帝国が勝利した。

C．誤文。徴税請負制が普及・拡大したのは17世紀以降で，徴税請負権を握った地方有力者であるアーヤーンが台頭するのは18世紀以降のことである。

D．誤文。シパーヒーに封土を与えていたのはティマール制である。

問9．D．適当。テューダー朝の断絶（1603年）はアンリ4世の治世（1589～1610年）に該当する。

A．不適。リシュリューが宰相となったのはルイ13世時代の1624年。

B．不適。三部会の招集を停止したのはルイ13世である。

C．不適。オランダの独立宣言は1581年である。

問11．B．誤文。イエズス会の認可は1534年のことであり，トリエント公会議（1545～63年）より以前の出来事である。

問12．C．誤文。農奴が結婚する場合には，結婚税を領主に払う必要があった。

問13．A．誤文。『ローランの歌』はカール大帝を題材にしており，フランスを代表する武勲詩である。

Ⅱ　解答

問14．B　問15．A　問16．C　問17．C
問18．A　問19．C　問20．C　問21．B
問22．A　問23．C　問24．C　問25．C

◀解　説▶

≪近現代のオーストリアをめぐる歴史≫

問14．A．誤文。フランスでは小農民層の労働力への転換と資本の蓄積は進まず，工業化は緩やかであった。

C．誤文。1830年代から北部の工業化および機械化が本格的に進行した。

D．誤文。ドイツ関税同盟は保護貿易主義を唱えた。

問15．B．誤文。1830年のフランス七月革命を指している。

C・D．誤文。いずれもプロイセン=フランス戦争（1870～71年）の後の状況を指している。

問16．C．これはフレデリック=ソリューによって描かれた絵画であり，1848年革命を題材としている。正解の絵画は見慣れないだろうが，他の3枚の絵画が有名なので消去法で対応できると思われる。

A．ドラクロワの「民衆を導く自由の女神」であり，1830年のフランス七月革命を題材としている。

B．フランス革命におけるバスティーユ牢獄襲撃を題材とした絵画である。

D．ドイツ帝国の誕生を題材とした絵画である。

問17．C．正文。穀物法は，ナポレオン没落後に大陸封鎖令が解除されたため，イギリスの地主の要求により制定されたが，自由主義的改革の一環として保守党ピール内閣のもとで廃止された。

問21．やや難。B．誤文。リトアニア大公ヤゲウォとポーランド女王ヤドヴィガが結婚したことでヤゲウォ朝は誕生した。

問22. B．誤文。レントゲンは最初のノーベル物理学賞を受賞した。

C．誤文。進化論を『種の起源』で例証したのはダーウィンである。

D．誤文。スタインは，イギリス人探検家で中央アジアを探検した。南部アフリカ奥地を探検しリヴィングストンと遭遇したのはスタンリー。

問23. A．誤文。イェニチェリ軍団を廃止し，ギリシアの独立に直面したのはマフムト2世である。

B．誤文。ニザーム=ジェディットを設立したのはセリム3世である。

D．誤文。アブデュルハミト2世は，ロシア=トルコ戦争勃発を口実にミドハト憲法を停止している。クリミア戦争はアブデュルメジト1世の時代に勃発した。

問24. やや難。ベオグラードがセルビア，ソフィアがブルガリアの首都であることを知っていれば当時の国境から判断できる。なお①はサライェヴォ，④はカラカルである。

問25. A．誤文。1991年に独立を宣言したのはブルガリアではなくクロアティア。

B．誤文。ボスニアの独立をめぐって対立したのは，モルドヴァ人ではなくクロアティア人。

D．誤文。セルビアとモンテネグロが新ユーゴスラヴィア連邦を結成した。

III 解答

問26. C　問27. B　問28. C　問29. A
問30. A　問31. A　問32. D　問33. D
問34. B　問35. C　問36. A　問37. A

◀解　説▶

≪辛亥革命と中国の近代化≫

問28. やや難。C．辛亥革命の勃発に対し，清朝は袁世凱を総理大臣に任命した。辛亥革命の時には，光緒新政により既に軍機処の影響力が弱まっていた点を理解しておく必要がある。

問30. やや難。B．誤文。露中宣言で中国は外モンゴルの自治を認めたが，独立は認めていない。

C．不適。毛沢東が井崗山に根拠地を建設したのは1927年のことである。

D．不適。孫文が中国国民党を創設したのは1919年，国共合作（第1次）

を行ったのは 1924 年のことである。

問 31．難問。B．誤文。安徽派の段祺瑞は第一次世界大戦に際して，連合国側から参戦した。

C．誤文。奉天派は日本と結んで勢力を伸ばした。

D．誤文。日本は 1927～28 年に 3 度にわたる山東出兵を行っており，その過程で国民革命軍との間に済南事件を起こしているが，これは奉天派の要請ではなく，日本の判断による出兵である。

問 32．A．誤文。やや難。胡適はマルクス主義を批判する立場を取った。

B．誤文。宋慶齢は孫文の夫人であり，新文化運動の指導者としてかかわっていない。

C．誤文。新文化運動を推進した雑誌の名称は『新青年』（創刊当初の名称は『青年雑誌』）である。『民報』は中国同盟会の機関紙である。

問 33．難問。A．誤文。『狂人日記』で魯迅は儒教道徳をきびしく批判した。

B．誤文。北京大学の蔡元培は魯迅の弟を教授として招いたが，魯迅は招いていない。

C．誤文。『阿 Q 正伝』の阿 Q は工場労働者ではなく貧農である。

問 35.「世界革命論」はトロツキーの思想であり，毛沢東の著作と関係しない。なお，トロツキーの著作は『永続革命論』である。

問 36．B．誤文。中ソ技術協定はソ連が破棄し（1959 年），その翌年に中国に派遣した技術者を引き揚げた。

C．誤文。中ソ対立において東側で中国を支持したのはアルバニアのみであった。

D．誤文。1989 年のゴルバチョフ訪中により中ソ対立に終止符が打たれた。

問 37．B．誤文。やや難。「四つの現代化」は，1978 年に始まる改革・開放政策以前に周恩来によって提起された。

C．誤文。改革・開放政策は鄧小平によって始められた。

D．誤文。人民公社の解体は 1980 年代から開始されている。また，人民公社は段階的に廃止されている。

Ⅳ 解答

問 38. C　問 39. B　問 40. A　問 41. D
問 42. C　問 43. B　問 44. D　問 45. C
問 46. C　問 47. C　問 48. A　問 49. B　問 50. B

◀解 説▶

≪ラテンアメリカ史≫

問 38. C．誤文。アステカ文明やマヤ文明には鉄・馬・戦車などは存在しない。

問 39. A．誤文。コロンブスは西回り航路を開拓した。

C．誤文。ラス=カサスはドミニコ会修道士である。

D．誤文。選択肢はアシエンダ制ではなくエンコミエンダ制の説明である。

問 41. D．誤り。フェリペ 2 世がポルトガルを併合したのは 1580 年であり，16 世紀である。

問 42. A．誤文。アカプルコに運ばれた物産は絹や陶磁器などの中国商品である。

B．誤文。アカプルコ貿易は太平洋で行われた貿易であり，大西洋で行われた奴隷貿易とは別物である。

D．誤文。アカプルコ貿易は，アカプルコとフィリピンのマニラを結んで行われた貿易である。

問 43. A．不適。トゥサン=ルベルチュールの蜂起は 1791 年である。

C．不適。キューバが独立を達成したのは 1902 年である。

D．不適。イギリスのカニング外相は，ラテンアメリカ諸国の独立運動を支援した。

問 45. C．誤文。アメリカ合衆国がパナマに運河の管理権を返還したのは 1999 年末である。

問 47. C．③カストロやゲバラがバティスタ政権を打倒したのは 1958 年である。→②親米のバティスタ政権を打倒したことによりアメリカとの関係が悪化したため，カストロは 1961 年にキューバの社会主義宣言を行い，ソ連の支援を期待した。→④その結果，ソ連の支援によりミサイル基地が建設され，それが 1962 年にアメリカに発覚した。→①キューバ危機の後，緊急事態に対処するために米ソ間のホットライン協定が 1963 年に結ばれた。

問 48. B．不適。フォークランド戦争で敗北したのはアルゼンチンである。

C．不適。ソモサ政権がサンディニスタ民族解放戦線により打倒されたのはニカラグアである。

D．不適。チリでアジェンデ政権が成立したのは 1970 年である。

❖講　評

Ⅰ　歴史学の新しい分野である「感情史」をテーマに古代から近世にかけて，ヨーロッパ史やイスラーム史を中心に問 6 ではアフリカからも問われた。問 6 や問 9 では年代の正確な理解が求められている。文化史の比重が高いため，文化史の勉強が進んでいるかどうかが得点差がつく鍵になる。

Ⅱ　近現代ヨーロッパについて，オーストリアを中心とした視点で問う問題。視覚資料と地図問題も出題されたが，前者は消去法で対応できる。後者はバルカン半島の都市名が問われたため，得点差が生じやすかったと思われる。用語集の説明文レベルの内容が正文（誤文）選択問題に見られるため注意深く問題に対応していきたい。

Ⅲ　現代の中国について，中国革命と近代化という視点から問う問題。問 27 のみ 19 世紀で，他はすべて 20 世紀からの出題であった。正文選択問題では，用語集の説明文レベルの詳細な知識を問う選択肢が多く，全体として得点が伸びにくい大問であったと思われる。

Ⅳ　古代から現代までのラテンアメリカの歴史について，欧米のかかわりを含めて問う問題。年代関連の問題が多いため，時系列の整理を行う力が求められている。また，現代史からの出題が目立つため，現代史への対応の有無が得点差に結びついたと思われる。

地理

I 解答

1．(1)―C　(2)―B　(3)―B　(4)―D　(5)―B　(6)―B　(7)―A　(8)―B　2．(1)―A　(2)―C
(3)1―A　2―D

◀解　説▶

≪南アメリカの地誌≫

1．(1)あは西経 70° 線なので，C．ボストンになる。A．ピッツバーグは西経 80°，B．ニューオーリンズは西経 90°，D．マイアミは西経 80° である。

(2)南回帰線が通過しない国はニュージーランドなので，B．ウェリントンが適当である。A．アンタナナリボはマダガスカル，C．キャンベラはオーストラリア，D．プレトリアは南アフリカ共和国の首都である。

(3)ペルー付近では，A．小麦は 2000m から 3000m の間，B．じゃがいもは 3000m 前後，C．とうもろこしは 2000m 前後，D．綿花は 1000m 以下の標高で栽培されている。

(4)A．カンポはブラジル高原の草原，B．グランチャコはパラグアイ西部からアルゼンチン北部にかけての低湿地，C．セルバはアマゾン川流域低地の熱帯林をいう。

(5) 500～550mm 以上の年降水量の湿潤パンパでは小麦栽培・混合農業，牛の放牧がみられる。500～550mm 未満の乾燥パンパでは羊の放牧がさかんである。

(6)Aでは西岸海洋性気候，Cではアタカマ砂漠が広がる砂漠気候，Dではアンデス山岳地帯の高山気候が卓越する。

(7)Aは温暖湿潤気候なので，Y．サンパウロである。サンパウロは標高約 800m の高原に位置し，低緯度であることから年間を通しての気温の変化が少ない。Bは温暖湿潤気候なので，Z．ブエノスアイレスである。同じ温暖湿潤気候でもブエノスアイレスは低地に位置し，サンパウロより高緯度であることから年間を通しての気温の変化は大きくなる。Cは熱帯雨林気候なので，X．マナオス（マナウス）である。Dはほぼ降水がない砂漠気候なので，W．リマである。沖合を寒流ペルー海流が流れ，海水温が低いことから上昇気流が起こりにくく乾燥している。

(8)B．ナミブ砂漠も亜熱帯高圧帯の影響と寒流のベンゲラ海流の影響を受けて砂漠が発達している海岸砂漠である。

2．(1)B．誤り。高地では気温の日較差は大きくなる。C．誤り。低緯度高地では気温の年較差は小さくなる。D．誤り。高地では低地に比べて比較的降水量が少ない。

(2)C．さとうきびは，もともと搾りかすがバイオエタノールの原料として使用されてきたが，再生可能エネルギーが注目される中で生産量が大きく伸びた。

(3)―1．①エクアドル。原油と切花で判断する。

②チリ。世界的な銅の生産国であり，魚介類ではサーモンが養殖され日本へ多く輸出されている。

③ペルー。銅と金で判断する。

④アルゼンチン。油かす，大豆油と自動車で判断する。

⑤ウルグアイ。肉類をはじめとする農産物から判断する。

⑥ブラジル。ブラジル高原などで大豆の生産が増えていることから判断する。

(3)―2．①エクアドルではバナナ，②チリではぶどう・さくらんぼ，③ペルーではアスパラガスやぶどう，④アルゼンチンではレモン・ぶどう・梨などの野菜・果実が主要な輸出品となっている。

II　解答

問1．B　問2．D　問3．D　問4．C　問5．C
問6．EU15か国：A　オーストラリア：D
問7．自動車関連：B　通信・コンピュータ技術：A
問8．D　問9．C　問10．D　問11．A

◀解　説▶

《国家とグローバリゼーション》

問1．B．誤文。サンフランシスコ平和条約は1951年に結ばれ，日本が占領状態から主権を回復した条約であり，領海のことは規定されていない。領海を12海里以内と規定した「海の憲法」と言われる国連海洋法条約が1982年に採択され，日本は1996年に批准した。排他的経済水域も同条約で決められた。

問3．D．誤文。ケニアとタンザニアの国境はサバナ気候区かステップ気候区に属している。

問4．C．誤文。カタルーニャ州はスペイン有数の経済発展地域でスペインの国内生産の2割を占めている。

問5．A．誤文。クルディスタンは国家ではなく主にトルコ・シリア・イラク・イランにまたがる地域のクルド人の居住地を指す。

B．誤文。イスラエルが首都とするエルサレムは，東部をパレスチナ政府が領有権を主張していることから，国連や多くの国々はテルアビブをイスラエルの首都とみなしている。

D．誤文。ロマはインドが起源地とされる。ルーマニアへの帰還・定住は進んでおらず，「ジプシー」などと呼ばれヨーロッパ各地での移動生活の中で迫害を受けてきた。

問6．AはアフリカとのM関係が深いEU15か国。アフリカからの留学生の移動の線がなくDと比べて留学生の受け入れが少ないBは日本。中国・南アジアからの移動が多いCはアメリカ合衆国。Dはオーストラリアで多文化主義と地理的位置などからアジアからの留学生の受け入れが多い。

問7．携帯端末や通信インフラなどで発展がみられる中国・アメリカ合衆国・韓国で割合が高いAが通信・コンピュータ技術，ドイツ・フランス・日本などで割合が高いBは自動車関連，アメリカ合衆国で割合が高いCは医療・医薬品・バイオ，日本・ドイツ・韓国・中国で割合が高いDが電気機械である。

問8．Aは日本の海外現地法人数と従業員1人当たり売上が多い先進国のアメリカ合衆国である。Dは世界で3番目に日本の現地法人数が多く，従業員1人当たりの売上が少ない新興国のタイである。Bは現地法人数の少なさからオーストラリア，Cはシンガポールである。

問9．X国はアメリカ合衆国，Y国はオーストラリア。

A．誤文。1970年代半ばの輸入量の少なさは牛肉の輸入が自由化されていなかったからである。

B．誤文。日本の牛肉輸入の自由化を交渉した相手国はアメリカ合衆国である。

D．誤文。X国，Y国以外からの輸入は2019年現在，カナダ・ニュージーランド・メキシコからとなっている。

問10.「世界の工場」である中国は最終財組立で各経済ブロック圏への輸出が多いことからPとわかる。中国・ASEAN・Qからの輸入超過からRはアメリカ合衆国。QがEUとなる。

問11. A. 誤文。イギリスはEU加盟時もシェンゲン協定に非加盟であったので入国審査をしていた。

III 解答

問1. D　問2. D　問3. (1)—D　(2)—B　問4. D
問5. C　問6. C　問7. C　問8. (1)—A　(2)—C
問9. (1)—C　(2)—C　(3)—D

◀解　説▶

≪西アジアの地誌≫

問1. a. サウジアラビア, b. イラン, c. トルコ, d. イラク, e. アラブとなる。

問2. A. 誤文。汎アラブ主義とはアラブ民族の統一を目的とするものである。イスラム教は様々な民族が信仰していることから汎アラブ主義はイスラム主義とは異なる。

B. 誤文。イランやイラク南部で信仰されているのはイスラム教のシーア派である。

C. 誤文。サウジアラビア最大の人口を有する都市は首都のリヤドである。

問3. (1)レバノンの説明である。1975～1990年に内戦があった。

(2)「アラブの春」が広がり内戦が深刻化し, 多くの難民が発生したシリアの説明である。

問4. A. 誤文。アラビア半島の楯状地は西部のみで大部分は卓状地である。内陸の都市リヤドは標高が約600mの場所に位置する。

B. 誤文。アラビアプレートの北側はイランプレートになる。

C. 誤文。アラビア半島北部の砂漠はネフド砂漠である。

問5. A. 誤文。ユーフラテス川・ティグリス川の両河川は海に流出するので内陸河川ではない。

B. 誤文。ユーフラテス川はメソポタミアの西部を流れている。

D. 誤文。バグダッドの近くを流れているのはティグリス川である。

問6. K. イラン, L. イラク, M. トルコ。イランはイラクに比べて国土も広くなつめやしの生産や羊の飼育頭数が多い。トルコは農業大国で沿岸部の地中海性気候の特徴を生かしたトマトなどの野菜生産もさかんである。

問7．A．誤文。石油は地表に近い背斜部にたまりやすい傾向がある。

B．誤文。石炭は古生代後期から新生代にかけて植物の遺骸が腐りきらずに堆積し，圧力と地温でできたと考えられている。

D．誤文。オイルサンドやオイルシェールからの天然ガス・石油の取り出しが本格化したのは中東産油国ではなくアメリカ合衆国・カナダである。

問8．(1)XとSはベネズエラが約2割を占めていることから判断して，X．埋蔵量，S．原油。X．埋蔵量をロシアが約2割を占めていることから，T．天然ガス。Y．生産量とZ．輸出量は，アメリカ合衆国と西アジアの国々の順位から判断する。

(2)a．サウジアラビア，b．イラン，c．イラク，d．アラブ首長国連邦，e．カタールとなる。

問9．表3の国は，あ．アラブ首長国連邦，い．オマーン，う．カタール，え．クウェート，お．サウジアラビア，か．バーレーンとなる。

(1)湾岸協力会議の構成国でない国はイエメンとイランである。正しい構成国は国家群の残り4カ国とサウジアラビアとオマーン。

(2)あ国，い国，う国に限らず，湾岸諸国では建設現場など多くの産業分野で出稼ぎに来た外国人労働者が多数雇用されている。その多くはインド・パキスタン・ネパール・バングラデシュなど南アジア出身者である。

(3)D．誤文。あ．アラブ首長国連邦は重厚長大型の工業の育成は図っていない。

IV 解答

問1．B　問2．A　問3．C　問4．D　問5．B
問6．C　問7．B　問8．B　問9．B　問10．C
問11．C　問12．D

◀解　説▶

≪食糧生産と農産物貿易≫

問2．A．誤文。プレーリーはミシシッピ州やジョージア州には広がっていない。また黒人奴隷労働によるプランテーションとして成立したのは綿花地帯（コットンベルト）の記述である。

問 4．とうもろこしと大豆は飼料や搾油用としての利用が多いが，メキシコをはじめとする中南米やアフリカ諸国ではとうもろこしを主食としている。アジアでは大豆を食料としている国もある。小麦はロシアとウクライナの黒土地帯や新大陸の国々で企業的穀物農業が行われ世界的な輸出地域となっている。エジプトは乾燥地域であるが農業はさかんである。しかし生産量が国内消費を賄えず小麦・とうもろこしの世界的な輸入国となっている。

問 5．A．誤文。穀物メジャーの本社はヨーロッパにもある。

C・D．誤文。穀物メジャーは基本的に農産物の生産には関わらない。農産物の流通に携わってきたが，事業多角化でB（正文）のように種子・農薬・農業機械の開発にも携わっている。

問 6．C．誤文。減反によるコメの生産調整は 2018 年度に廃止された。

問 7．B．誤文。1980 年代以降，制度改革が進められ，EU 域内での生産高に応じた制度から，農地管理に基づく補助に変更された。

問 8．B．誤文。スマートアグリとは ICT を活用した農作業の自動化・簡素化，農業技術の継承，農産物の生産状況を管理・予測することである。

問 9．B．誤り。大型機械の導入による効率化は生産面に関係することである。

問 10．①オランダは園芸農業と酪農がさかんで野菜類・牛乳乳製品・いも類の自給率は高いが穀物自給率は低い。

②イギリスは EU の共通農業政策により食料自給率が上昇し穀物自給率も高くなった。

③日本は戦後に米中心の和食から洋食へ食生活が変化し，消費量は国産の米が減り輸入に依存する小麦が増えたことなどから穀物自給率が低い状況が続いている。

問 11．C．誤文。世界では毎年約 13 億 t の食料が廃棄されており，減少傾向にはない。

問 12．D．誤文。ラティフンデュオはローマ時代の大土地所有制度のことである。また，エクアドルやコロンビアのバナナ栽培の労働力は移民ではなく現地の人々である。

❖講　評

Ⅰ　南アメリカの自然環境，第一次産業，輸出品目について出題されている。経線や南回帰線から南アメリカ以外の地域と比較する問題や砂漠の成因が共通である他地域の砂漠を問うなど，出題範囲は南アメリカだけにとどまらない。

Ⅱ　国家と領域，世界の民族問題，地域間のつながりなど多岐にわたる出題である。単に国境線を地図で確認するだけではなく，その地域の自然環境を考える力が必要である。日本の牛肉輸入についての問題等では簡単な歴史的経緯の知識も必要。

Ⅲ　西アジアの地誌，産業や世界のエネルギー統計など多岐にわたって出題されている。受験生が苦手としている地域なので難しく感じたかもしれない。国別の１人当たり GDP や貿易統計などをよく見て各国の特徴を把握する必要がある。

Ⅳ　農業に関する知識や自給率の統計・グラフが問われている。用語は正確に理解しておくことが大切。スマートアグリなどの数年前から目にするようになった新しい用語も問われた。

政治・経済

I

解答　設問1．D　設問2．B　設問3．C　設問4．D
設問5．B　設問6．C　設問7．A　設問8．A
設問9．B　設問10．D

◀解　説▶

≪日本国憲法と国会・選挙≫

設問1．D．適切。日本の三権分立における立法府から司法府へのチェック機能には，国会に設置される弾劾裁判所による裁判官の弾劾裁判が該当する。

設問2．B．適切。

A．不適。内閣に関する条項は，大日本帝国憲法には存在しない。天皇を「輔弼」するとして明記されたのは国務大臣である。

C．不適。大日本帝国憲法において国家の三権は天皇に帰属するものであり，立法権も天皇に属する。

D．不適。貴族院議員は皇族・華族ならびに勅選議員により構成された。

設問3．C．適切。

A．不適。国会の会期前に議員が逮捕された場合，その所属する議院の求めがあれば釈放される。

B．不適。このような違憲判決は存在しない。

D．不適。現行犯であれば不逮捕特権は適用されず，逮捕の対象となる。

設問5．B．適切。例えば1947年の芦田均や1957年の岸信介などの首相指名がこれに当たる。

A．不適。1952年ならびに1953年の召集の2例がある。

C．不適。日本国憲法第53条では，内閣による臨時会の召集決定の他に，衆議院ならびに参議院の総議員の4分の1以上の要求があれば召集を決定しなければならないとしている。

D．不適。日本国憲法第52条では，通常国会は毎年1回召集される旨，定められており，これが1月に召集されることを規定しているのは国会法である。

設問6．C．適切。

A．不適。現行の日本の委員会制度は第二次世界大戦後，アメリカの制度にならって導入された。

B．不適。特別委員会の設置も認められる。

D．不適。公聴会は委員会で開設することができる。

設問8．A．適切。

B．不適。死票が多いのは中選挙区制ではなく，小選挙区制の特徴。

C．不適。政党中心の選挙となりやすいのは比例代表制の特徴である。

D．不適。一つの選挙区から複数の当選者が出るため，候補者中心の選挙となりやすく，候補者と有権者の距離が比較的近くなる。

設問10．D．適切。

A．不適。1925年の普通選挙法により，25歳以上の男子国民に選挙権が付与された。

B．不適。衆議院議員選挙における納税要件が撤廃されたのは1925年である。

C．不適。在外選挙制度が認められており，国外に居住する日本人にも選挙権が付与されている。

II 解答

設問1．D　設問2．C　設問3．C　設問4．B
設問5．A　設問6．D　設問7．B　設問8．B
設問9．A　設問10．C

◀解　説▶

≪地球環境問題≫

設問1．Dが日本を示す。Aがアメリカ合衆国，Bがインド，Cがロシアである。

設問3．C．適切。

A．不適。1992年の国連環境開発会議はカイロではなく，ブラジルのリオデジャネイロで開かれた。

B．不適。京都会議での日本の二酸化炭素削減目標は，10％ではなく，6％。

D．不適。パリ協定では，すべての国に対する温室効果ガス削減目標の達成は義務化されていない。

設問5．A．適切。

B．不適。排出量取引制度は，例えば日本・フランス共に削減目標が6％だったとして，日本が8％の削減に成功し，フランスが4％の削減にとどまった場合，フランスは日本から2％分の削減量を，お金を出して購入し，6％の目標を達成したと見なされる，という仕組みのことである。

C．不適。排出量取引は先進国間でしか認められていない。

D．不適。環境税は電力会社だけではなく，広く製造企業一般や使用者に課せられる税である。

設問7．B．不適。菜の花プロジェクトは山梨県都留市ではなく，滋賀県近江八幡市の取り組みである。

設問8．B．適切。

A．不適。ラムサール条約は1971年採択である。

C．不適。一般にストックホルム会議とは，1972年の国連人間環境会議のことを指す。1997年の会議は国連環境開発特別総会などが当てはまる。また，「持続可能な開発に関する世界首脳会議」は2002年にヨハネスブルクで開催された。

D．不適。日本の国土の面積は3780万ヘクタールであり，2000〜2010年に消失した世界の森林面積は約5200万ヘクタールであることから，140倍ではなく，約1.4倍になる。

設問9．A．不適。人口増加の抑制は含まれていない。

設問10．C．適切。

A．不適。1971年に環境「庁」が発足し，2001年に環境省に格上げとなった。

B．不適。公害が発生した場合の被害者の救済には，因果関係の立証が必要である。ただし，保障に関して企業の側の過失の有無は問わない。

D．不適。1993年制定の環境基本法には，国内の公害の防止等も規定されている。

Ⅲ　解答

設問1．C　設問2．D　設問3．C　設問4．B
設問5．C　設問6．A　設問7．D　設問8．D
設問9．B　設問10．B

◀解　説▶

≪日本と世界の金融・財政≫

設問1．C．不適。欧州中央銀行（ECB）は1998年に設置されたが，この設置に伴ってEU加盟各国の中央銀行が廃止されたという事実は存在しない。

設問3．Cが日本銀行。Aが預金取扱機関，Bが海外，Dがその他である。

設問5．C．適切。

A．不適。預金保険制度の導入は1971年に預金保険機構が設置されたことによる。

B．不適。ペイオフは，2010年の日本振興銀行の破綻に伴って発動された事例がある。

D．不適。預金保険の原資は，対象となる金融機関が預金保険機構に納付したお金である。

設問6．A．適切。国際決済銀行に置かれた事務局で会合を開くことから，国際決済銀行の所在地であるスイスのバーゼルに因んで，この名前が付けられている。

設問8．D．適切。NISAとはNIPPON INDIVIDUAL SAVING ACCOUNTの略であり，少額投資非課税制度という日本語があてられる。

設問9．B．適切。日銀による伝統的な金融政策は政策金利の引き下げであるが，非伝統的な金融政策とは，その政策金利がゼロまたはほぼゼロになってから，さらに金融緩和を行う政策を指す。

設問10．B．適切。日銀は，政府の銀行，銀行の銀行，発券銀行，の3つの役割を有する。したがって，その資金供給の対象は銀行などの金融機関である。

Ⅳ 解答

設問1．D　設問2．A　設問3．A　設問4．D
設問5．B　設問6．D　設問7．C　設問8．C
設問9．B　設問10．C

◀解　説▶

≪個人の尊重と法≫

設問1．D．不適。マグナ・カルタは，当時のイギリス国王に貴族らの権利を認めさせた文書であり，自然権思想に基づくものではない。

設問 4．D．不適。このような降格は，憲法第 14 条の理念に照らして不当である。また男女雇用機会均等法にも定めがある。

設問 6．D．適切。現行の日本の違憲に関する裁判は，付随的違憲審査制を採用している。これは，個別・具体的な事例がなくては違憲判断ができないことを意味し，アメリカの制度をとり入れたものである。

設問 7．C．不適。合理的区別とは言えない。栄典に伴う特権は，憲法第 14 条により禁止されている。

設問 8．C．適切。尊属殺人重罰規定違憲判決（1973 年），国籍法婚外子差別規定違憲訴訟（2008 年），婚外子相続差別違憲決定（2013 年），再婚禁止期間違憲訴訟（2015 年）の順である。

設問 10．C．適切。最高裁判所は 2015 年，現代の医学の水準から考えて，民法の規定する女性の再婚禁止期間は長すぎるとし，100 日を超える部分については違憲と判断した。

❖講　評

Ⅰ　日本国憲法と国会・選挙について，基礎からやや発展的な内容まで，幅広く知識が問われた。多くが教科書レベルの語句についての設問であるが，その内容は，語句の背景知識などを深く理解しているかが問われており，日ごろから新聞やインターネットなどを活用して，教科書を掘り下げて学習したかが試されるものであった。

Ⅱ　地球環境問題について，やや発展的な知識が問われた。設問 1 の世界の二酸化炭素排出量や設問 4 の脱炭素社会などは，時事的な内容も踏まえた学習を心がけたかどうかが試された。設問 5 の地球温暖化に対する国際的取り組みや設問 8 の国際資源問題などは，教科書レベルの事項をより深く理解することが求められた。他の大問にも言えることだが，教科書レベルの語句の暗記にとどまらず，深い理解を主軸に据えた多角的な学習を積み重ねてきたかどうかが問われる問題であった。

Ⅲ　日本と世界の金融・財政について，基礎からやや踏み込んだ内容まで，幅広く知識が問われた。設問 6 の自己資本比率や設問 8 の資産形成に関わる非課税制度の問題に見られるような，比較的新しい語句について，日ごろから発展的かつ多角的な学習を心がけたかが試された。また，この大問も，教科書レベルの知識を単なる暗記で終わらせず，いかに背景知識まで深めて理解できたかがポイントであった。

Ⅳ　個人の尊重と法について，比較的基礎的なレベルの知識が問われた。多くが教科書レベルの知識であるが，その語句などについて歴史的背景や時事的な事柄まで，しっかりと整理して理解を深められたかが問われた。資料集などを活用した学習を心がけたい。

以上のことから，2022 年度は，標準的なレベルであったと考えられる。

数学

◀数学Ⅰ・Ⅱ・A・B▶

I **解答** (1)アー③ イー⑨ ウー③ エー⑤ オー⑤ カー⑤
(2)キク．33 ケ．2 コサ．16 (3)シスセ．324
(4)ソ．8 タ．3 チツ．11 テ．3 ト．3

◀解　説▶

≪小問4問≫

(1) $$\overrightarrow{AX}=\frac{\overrightarrow{AC}+\overrightarrow{AH}+\overrightarrow{AM}}{3}$$

$$=\frac{(\overrightarrow{AB}+\overrightarrow{AD})+(\overrightarrow{AD}+\overrightarrow{AE})+\left(\overrightarrow{AB}+\overrightarrow{AE}+\frac{1}{2}\overrightarrow{AD}\right)}{3}$$

$$=\frac{2}{3}\overrightarrow{AB}+\frac{5}{6}\overrightarrow{AD}+\frac{2}{3}\overrightarrow{AE} \quad \to ア〜ウ$$

Yは対角線AG上にあるから，実数kを用いて

$$\overrightarrow{AY}=k\overrightarrow{AG}=k\overrightarrow{AB}+k\overrightarrow{AD}+k\overrightarrow{AE} \quad \cdots\cdots①$$

とかける。また，Yは平面CHM上にあるから，実数p，q，rを用いて

$$\overrightarrow{AY}=p\overrightarrow{AC}+q\overrightarrow{AH}+r\overrightarrow{AM}$$
$$(p+q+r=1) \quad \cdots\cdots②$$

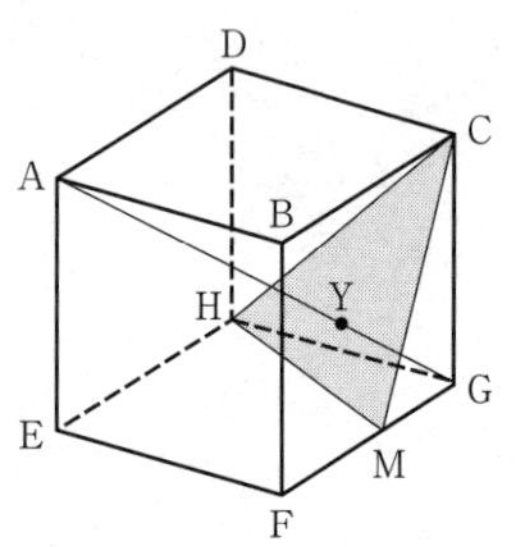

とかける。②をさらに変形すると

$$\overrightarrow{AY}=p(\overrightarrow{AB}+\overrightarrow{AD})+q(\overrightarrow{AD}+\overrightarrow{AE})+r\left(\overrightarrow{AB}+\overrightarrow{AE}+\frac{1}{2}\overrightarrow{AD}\right)$$

$$=(p+r)\overrightarrow{AB}+\left(p+q+\frac{r}{2}\right)\overrightarrow{AD}+(q+r)\overrightarrow{AE} \quad \cdots\cdots②'$$

$\overrightarrow{AB}$，$\overrightarrow{AD}$，$\overrightarrow{AE}$は1次独立だから，①，②′により

$$k=p+r=p+q+\frac{r}{2}=q+r,\ p+q+r=1$$

これらを連立させて解けば

$$k=\frac{3}{4}\left(,\ p=\frac{1}{4},\ q=\frac{1}{4},\ r=\frac{1}{2}\right)\quad \to エ〜カ$$

(2)　$X=\log_2 x$，$Y=\log_2 y$ とおく。
条件の第１式から

$$\log_2 xy=\log_2\frac{1}{4}=-2$$

よって　　$X+Y=-2$　……①
条件の第２式から

$$\frac{1}{X}+\frac{1}{Y}=\frac{Y+X}{XY}=\frac{8}{21}$$

①を代入して整理すると　　$XY=-\frac{21}{4}$　……②

①，②から $t=X$，Y を解にもつ，t の２次方程式をつくると

$$t^2+2t-\frac{21}{4}=0$$

これを解くと，$(2t-3)(2t+7)=0$ より

$$t=\frac{3}{2},\quad -\frac{7}{2}$$

よって，X，Y は $\frac{3}{2}$ と $-\frac{7}{2}$（対称性からどちらが X，Y でもよい）。

したがって，x，y は $2^{\frac{3}{2}}$ と $2^{-\frac{7}{2}}$ となる。
ここで

$$2^{\frac{3}{2}}=2\sqrt{2},\quad 2^{-\frac{7}{2}}=\frac{1}{\sqrt{2^7}}=\frac{1}{8\sqrt{2}}=\frac{\sqrt{2}}{16}$$

ゆえに

$$x+y=2\sqrt{2}+\frac{\sqrt{2}}{16}=\frac{33\sqrt{2}}{16}\quad \to キ〜サ$$

(3)　ある文字の次に並べることのできる文字は３つある。つまり，Ａの次はＡ，Ｃ，Ｄのいずれか，他も同様にして，Ｂの次はＢ，Ｃ，Ｄ，Ｃの次はＡ，Ｂ，Ｃ，Ｄの次はＡ，Ｂ，Ｄである。
したがって，１番目から５番目までの文字の並べ方は，最初が４通りで，あとはすべて３通りずつであるから，求める場合の数は

$4\cdot 3^4=324$ 通り　→シ～セ

(4)　ADは，∠BACの二等分線であるから

$\mathrm{BD}:\mathrm{CD}=\mathrm{AB}:\mathrm{AC}=8:3$　→ソ，タ

∠BADを θ とし，△ABCの面積を S とすると

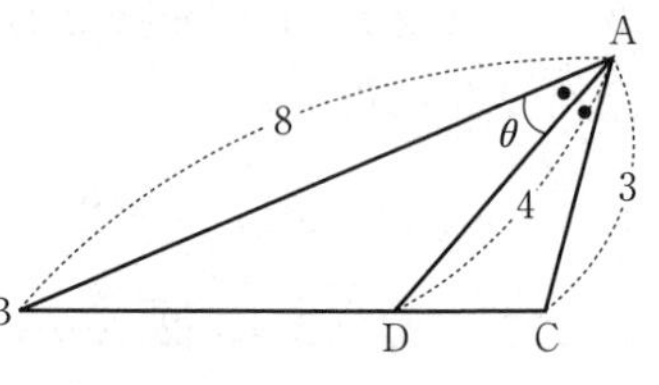

$$S=\frac{1}{2}\cdot 8\cdot 3\sin 2\theta=24\sin\theta\cos\theta \quad \cdots\cdots①$$

面積を△ABD＋△ACDと考えて

$$S=\frac{1}{2}\cdot 8\cdot 4\sin\theta+\frac{1}{2}\cdot 4\cdot 3\sin\theta=22\sin\theta \quad \cdots\cdots②$$

①，②より

$$24\sin\theta\cos\theta=22\sin\theta$$

$\sin\theta\neq 0$ であるから　　$\cos\theta=\dfrac{11}{12}$

$\cos\theta=\dfrac{11}{12}$ のとき　　$\cos 2\theta=2\cdot\left(\dfrac{11}{12}\right)^2-1=\dfrac{49}{72}$　$(=\cos\angle\mathrm{A})$

よって，△ABCにおいて余弦定理を用いれば

$$\begin{aligned}\mathrm{BC}^2&=8^2+3^2-2\cdot 8\cdot 3\cos\angle\mathrm{A}\\&=64+9-48\cdot\frac{49}{72}\\&=\frac{121}{3}\end{aligned}$$

したがって，$\mathrm{BC}>0$ より　　$\mathrm{BC}=\sqrt{\dfrac{121}{3}}=\dfrac{11\sqrt{3}}{3}$　→チ～ト

II　解答

(1)ア．1　イ．1　ウ．3　エ．2　オ．3　カ．7　キ．3　ク．9　ケ．4

(2)コ．2　サ．1　シ．2　ス．5　セ．2　ソ．5

◀解　説▶

≪接線の傾き，定積分で表された関数，面積≫

(1)　$f(x)=x^2$ と $g(x)=x^3-2x^2-x+3$ の交点の x 座標は

$$x^2=x^3-2x^2-x+3$$

$$(x-1)(x+1)(x-3)=0$$

$\therefore\quad x=-1,\ 1,\ 3$　→ア～ウ

$y=g(x)$ の接線の傾きは

$$g'(x)=3x^2-4x-1=3\left(x-\frac{2}{3}\right)^2-\frac{7}{3}$$

により，$x=\dfrac{2}{3}$ のとき $-\dfrac{7}{3}$ で最小となる。 →エ～キ

また，$y=g(x)$ の $x=\alpha$ における接線の方程式は

$$y=(3\alpha^2-4\alpha-1)(x-\alpha)+\alpha^3-2\alpha^2-\alpha+3$$

$$\therefore\quad y=(3\alpha^2-4\alpha-1)x-2\alpha^3+2\alpha^2+3$$

であるが，この直線が点 B(1, 1) を通るとき

$$1=-2\alpha^3+5\alpha^2-4\alpha+2$$

$$(\alpha-1)^2(2\alpha-1)=0$$

$$\alpha=1,\ \frac{1}{2}$$

ここで

$$g'(1)=3-4-1=-2$$

$$g'\left(\frac{1}{2}\right)=3\left(\frac{1}{2}\right)^2-4\cdot\frac{1}{2}-1=-\frac{9}{4}=-2.25$$

したがって，点Bを通る接線の傾きの最小値は $-\dfrac{9}{4}$ である。 →ク，ケ

(2)　$\dfrac{1}{6}\displaystyle\int_0^3 h(t)\,dt$ は定数であるから，これを a とおくと

$$h(x)=-x^2+ax+4$$

とかけるので

$$
\begin{aligned}
a&=\frac{1}{6}\int_0^3 h(t)\,dt\\
&=\frac{1}{6}\int_0^3(-t^2+at+4)\,dt\\
&=\frac{1}{6}\left[-\frac{t^3}{3}+\frac{a}{2}t^2+4t\right]_0^3\\
&=\frac{1}{6}\left(-9+\frac{9}{2}a+12\right)
\end{aligned}
$$

$=\dfrac{1}{2}+\dfrac{3}{4}a$

よって，$a=\dfrac{1}{2}+\dfrac{3}{4}a$ より　　$a=2$　→コ

すなわち

$h(x)=-x^2+2x+4=-(x-1)^2+5$

$y=f(x)$ と $y=h(x)$ の交点の x 座標は

$x^2=-x^2+2x+4$

$2(x-2)(x+1)=0$

$\therefore\ x=2,\ -1$

よって，2つの放物線の交点の座標は

$(2,\ 4),\ (-1,\ 1)$

したがって，交点を結ぶ線分の中点の座標は

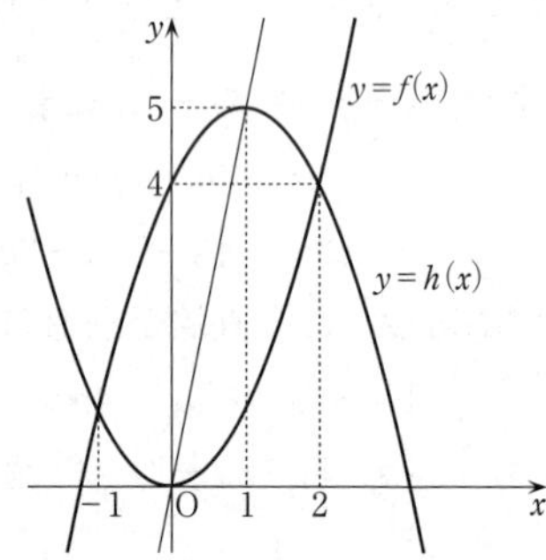

$\left(\dfrac{1}{2},\ \dfrac{5}{2}\right)$　→サ～セ

（注）　問題文には「交点の中点」とあるが，「交点を結ぶ線分の中点」と解釈して解答した。

$y=f(x)$ と $y=h(x)$ は同形である。また，$y=f(x)$ の頂点は原点であり，$y=h(x)$ の頂点の座標は $(1,\ 5)$ である。これらのことから，原点と点 $(1,\ 5)$ を結ぶ線分によって，2つの放物線で囲まれる図形は合同な2つの図形に分けられる。

すなわち，2等分する直線は $y=5x$ である。　→ソ

参考　$y=f(x)$ の x^2 の係数は1で，かつ頂点の座標は $(0,\ 0)$

$y=h(x)$ の x^2 の係数は -1 で，かつ頂点の座標は $(1,\ 5)$

2つの頂点を結ぶ線分の中点は $\left(\dfrac{1}{2},\ \dfrac{5}{2}\right)$ であり，$y=f(x)$ と $y=h(x)$ は $\left(\dfrac{1}{2},\ \dfrac{5}{2}\right)$ に関して点対称になっている。

したがって，$y=f(x)$ と $y=h(x)$ に囲まれた図形の面積を二等分する直線は $\left(\dfrac{1}{2},\ \dfrac{5}{2}\right)$ を通る直線に限る。本問では原点を通るという条件が加わっているので，求める直線は $y=5x$ となる。

III 解答

(1)ア―⑤

(2)イ．4　ウ．5　エオ．12　カ―⑤　キ―④　ク．2　ケ．3　コ．3　サ．2　シ．3　ス．2

◀解　説▶

≪三角形の内角についての連立漸化式と一般項≫

(1)　△APR は AP＝AR の二等辺三角形であるから

$$\angle \mathrm{APR}=\frac{\pi-\theta}{2}\quad\rightarrow ア$$

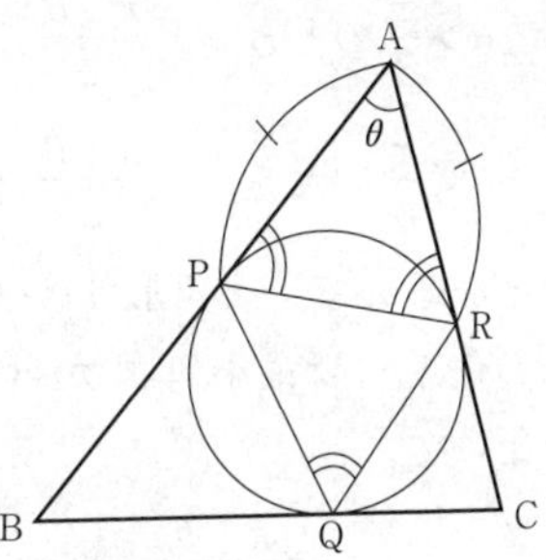

また，接線と弦のなす角の性質により，

$\angle \mathrm{PQR}=\dfrac{\pi-\theta}{2}$ である。

(2)　三角形 T_1 の 3 つの頂点を P_1，Q_1，R_1 とし，内接円 O_1 が，3 辺 $\mathrm{P}_1\mathrm{Q}_1$，$\mathrm{Q}_1\mathrm{R}_1$，$\mathrm{R}_1\mathrm{P}_1$ と接する点をそれぞれ P_2，Q_2，R_2 とする。$\triangle \mathrm{P}_2\mathrm{Q}_2\mathrm{R}_2$ が三角形 T_2 である。

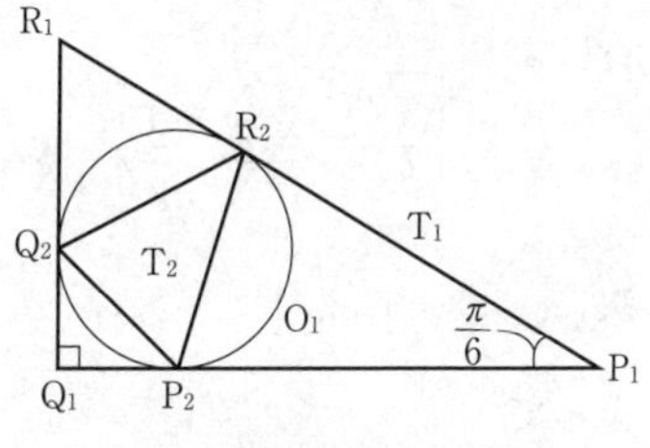

T_1 において，$\angle \mathrm{Q}_1\mathrm{P}_1\mathrm{R}_1=\dfrac{\pi}{6}$，

$\angle \mathrm{P}_1\mathrm{Q}_1\mathrm{R}_1=\dfrac{\pi}{2}$ とすると，$\angle \mathrm{P}_1\mathrm{R}_1\mathrm{Q}_1=\dfrac{\pi}{3}$

である。

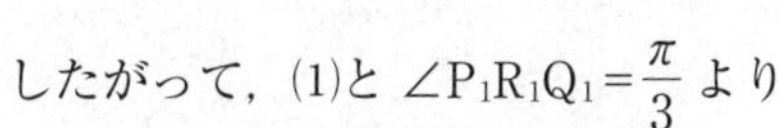

したがって，(1)と $\angle \mathrm{P}_1\mathrm{R}_1\mathrm{Q}_1=\dfrac{\pi}{3}$ より

$$\angle \mathrm{Q}_2\mathrm{P}_2\mathrm{R}_2=\frac{\pi-\angle \mathrm{P}_1\mathrm{R}_1\mathrm{Q}_1}{2}=\frac{\pi}{3}$$

となるので，$n=1,\ 2,\ 3,\ \cdots$ について，三角形 T_n の 3 つの角のうちの 1 つは，つねに $\dfrac{\pi}{3}$ である。　……☆

T_2 において，$\angle \mathrm{Q}_1\mathrm{P}_1\mathrm{R}_1=\dfrac{\pi}{6}$ より

$$\angle \mathrm{P}_2\mathrm{Q}_2\mathrm{R}_2=\frac{1}{2}\left(\pi-\frac{\pi}{6}\right)=\frac{5}{12}\pi>\frac{\pi}{3}$$

$$\angle \mathrm{Q}_2\mathrm{R}_2\mathrm{P}_2=\pi-\frac{\pi}{3}-\frac{5}{12}\pi=\frac{\pi}{4}<\frac{\pi}{3}$$

よって，T_2 の 3 つの角のうち最小のものは $\frac{\pi}{4}$，最大のものは $\frac{5}{12}\pi$ である。 →イ～オ

☆と同様の考察をすると

$$\theta>\frac{\pi}{3}\text{ のとき}\qquad \frac{\pi-\theta}{2}<\frac{\pi-\frac{\pi}{3}}{2}=\frac{\pi}{3}$$

$$\theta<\frac{\pi}{3}\text{ のとき}\qquad \frac{\pi-\theta}{2}>\frac{\pi}{3}$$

となるので，三角形 T_{n+1} の最小角 a_{n+1} は T_n の最大角 b_n から得られ，最大角 b_{n+1} は最小角 a_n から得られることがわかる。

よって

$$a_{n+1}=\frac{\pi-b_n}{2}\quad\cdots\cdots①,\quad b_{n+1}=\frac{\pi-a_n}{2}\quad\cdots\cdots②\quad\text{→カ，キ}$$

☆により

$$a_n+b_n=\pi-\frac{\pi}{3}=\frac{2}{3}\pi\quad\cdots\cdots③\quad\text{→ク，ケ}$$

次に，②－① より　$b_{n+1}-a_{n+1}=\frac{1}{2}(b_n-a_n)$

よって

$$b_n-a_n=\left(\frac{1}{2}\right)^{n-1}(b_1-a_1)=\left(\frac{1}{2}\right)^{n-1}\left(\frac{\pi}{2}-\frac{\pi}{6}\right)=\frac{\pi}{3\cdot 2^{n-1}}\quad\cdots\cdots④\quad\text{→コ，サ}$$

③－④ より

$$2a_n=\frac{2}{3}\pi-\frac{\pi}{3\cdot 2^{n-1}}=\frac{2}{3}\pi\left(1-\frac{1}{2^n}\right)$$

$$\therefore\quad a_n=\frac{\pi}{3}\left(1-\frac{1}{2^n}\right)\quad\text{→シ，ス}$$

参考　ク・ケ．問題文に「この式より」とあるので，①＋②から $c_n=a_n+b_n$ とおいて，数列 $\{c_n\}$ の一般項を求めると考えてもよい。

$c_{n+1}=\pi-\frac{1}{2}c_n$ は

$$c_{n+1}-\frac{2}{3}\pi=-\frac{1}{2}\left(c_n-\frac{2}{3}\pi\right)$$

と変形できる。

ゆえに，数列 $\left\{c_n-\frac{2}{3}\pi\right\}$ は初項が

$$c_1-\frac{2}{3}\pi=a_1+b_1-\frac{2}{3}\pi$$

$$=\frac{\pi}{6}+\frac{\pi}{2}-\frac{2}{3}\pi$$

$$=0$$

で，公比 $-\frac{1}{2}$ の等比数列である。

よって

$$c_n-\frac{2}{3}\pi=0 \qquad \therefore \quad c_n=\frac{2}{3}\pi$$

◀数 学 Ⅲ▶

I 解答

(1)ア．3 イ．2 (2)ウ．2 エ．3 オ．4

(3)カ―⑤

◀解 説▶

≪小問3問≫

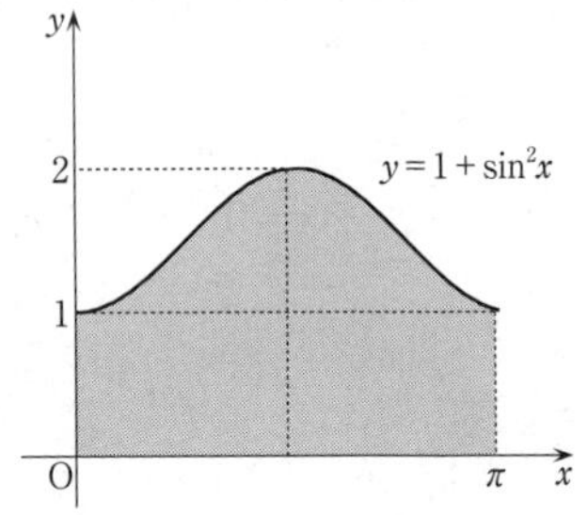

(1) $y=1+\sin^2 x=1+\dfrac{1-\cos 2x}{2}$

$=-\dfrac{1}{2}\cos 2x+\dfrac{3}{2}$

したがって，求める面積は

$\displaystyle\int_0^{\pi}(1+\sin^2 x)\,dx$

$\displaystyle=\int_0^{\pi}\left(-\frac{1}{2}\cos 2x+\frac{3}{2}\right)dx$

$\displaystyle=\left[-\frac{1}{4}\sin 2x+\frac{3}{2}x\right]_0^{\pi}$

$=\dfrac{3}{2}\pi$ →ア，イ

(2) $\displaystyle\int_{\frac{\pi}{3}}^{\frac{\pi}{3}+h}\log\left(|\sin t|^{\frac{1}{h}}\right)dt=\frac{1}{h}\int_{\frac{\pi}{3}}^{\frac{\pi}{3}+h}\log|\sin t|\,dt$

ここで $\log|\sin t|$ の原始関数の1つを $F(t)$ とおくと，上の式は $\dfrac{1}{h}\left\{F\left(\dfrac{\pi}{3}+h\right)-F\left(\dfrac{\pi}{3}\right)\right\}$ となる。

したがって，与えられた極限の式は，微分係数の定義により

$$\lim_{h\to 0}\frac{1}{h}\left\{F\left(\frac{\pi}{3}+h\right)-F\left(\frac{\pi}{3}\right)\right\}=F'\left(\frac{\pi}{3}\right)$$

である。

$F'(t)=\log|\sin t|$ であるから

$F'\left(\dfrac{\pi}{3}\right)=\log\left|\sin\dfrac{\pi}{3}\right|=\log\dfrac{\sqrt{3}}{2}$

$=\dfrac{1}{2}\log\dfrac{3}{4}$ →ウ～オ

(3)　$f(x)$ は初項 x^{2k}，公比 $\dfrac{1}{1+4x^{2k}}$ の無限等比級数。

$x \neq 0$ のとき

$$1+4x^{2k}>1 \quad \text{すなわち} \quad 0<\frac{1}{1+4x^{2k}}<1$$

であるから

$$f(x)=\frac{x^{2k}}{1-\dfrac{1}{1+4x^{2k}}}=\frac{x^{2k}(1+4x^{2k})}{4x^{2k}}=\frac{1}{4}+x^{2k}$$

したがって

$$\lim_{x\to 0}f(x)=\lim_{x\to 0}\left(\frac{1}{4}+x^{2k}\right)=\frac{1}{4} \quad \to カ$$

II　解答

ア．0　イ．0　ウ―③　エ―⑨　オ―③　カ―⑨
キ．1　ク．2　ケ．3

◀解　説▶

≪方程式の実数解の個数≫

方程式 $x^2=a^{-x}$ は $x^2a^x=1$ と変形できるので，異なる実数解の個数を，座標平面上で $y=f(x)=x^2a^x$ と $y=g(x)=1$ の異なる共有点の個数と考える。
$y=f(x)$ の増減を調べると

$$f'(x)=xa^x(2+x\log a)$$

$f'(x)=0$ とすると　　$x=0,\ -\dfrac{2}{\log a}$

$0<a<1$ より，$\log a<0$ であることに注意して増減表をつくると右のようになる。

x	$\cdots$	0	$\cdots$	$-\dfrac{2}{\log a}$	$\cdots$
$f'(x)$	$-$	0	$+$	0	$-$
$f(x)$	↘	極小	↗	極大	↘

よって，極小値は $x=0$（→ア）のときで

$$f(0)=0 \quad \to イ$$

極大値は $x=-\dfrac{2}{\log a}$（→ウ）のときで，$\log a=\dfrac{1}{\log_a e}$，$a^{\log_a e}=e$ であることに注意して

$$f\left(-\frac{2}{\log a}\right)=\left(-\frac{2}{\log a}\right)^2\cdot a^{-\frac{2}{\log a}}=\frac{4}{(\log a)^2}\cdot a^{-2\log_a e}$$

$$=\frac{4}{(e\log a)^2} \quad \to エ$$

また，$\lim_{x\to-\infty}x^2=\infty$，$\lim_{x\to-\infty}a^x=\infty$ であるから

$$\lim_{x\to-\infty}f(x)=\infty \quad \to オ$$

したがって，$y=f(x)$ と $y=g(x)$ の共有点の数を調べることにより，実数解の個数が求められる。

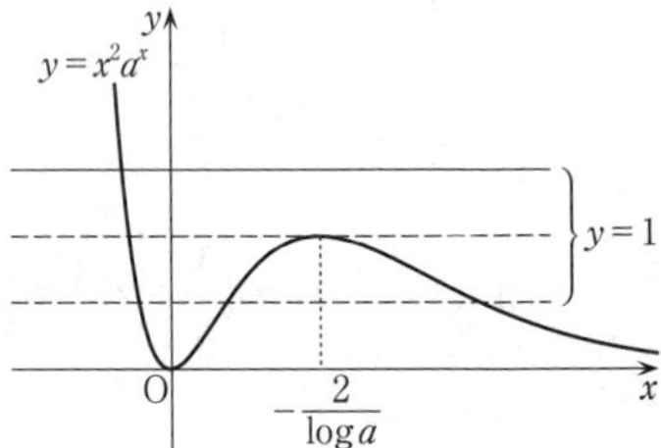

$\frac{4}{(e\log a)^2}<1$ のとき1個。この不等式を解くと

$$4<(e\log a)^2$$

$$(e\log a+2)(e\log a-2)>0$$

$e\log a-2<0$ であるから

$$e\log a+2<0 \qquad \log a<-\frac{2}{e} \qquad \therefore\ a<e^{-\frac{2}{e}}$$

よって，実数解の個数は次のようになる。

$0<a<e^{-\frac{2}{e}}$ のとき1個，$a=e^{-\frac{2}{e}}$ のとき2個，$e^{-\frac{2}{e}}<a<1$ のとき3個。

→カ～ケ

III 解答

ア―⓪ イ―③ ウ―⑦ エ―① オ―④ カ．1
キ―⑦ ク―② ケ―⓪ コ．2 サ．3 シ．1
ス．3

◀解 説▶

≪極座標，置換積分の計算≫

点Pから直線 $x=h$ に垂線PHをひくと，条件から

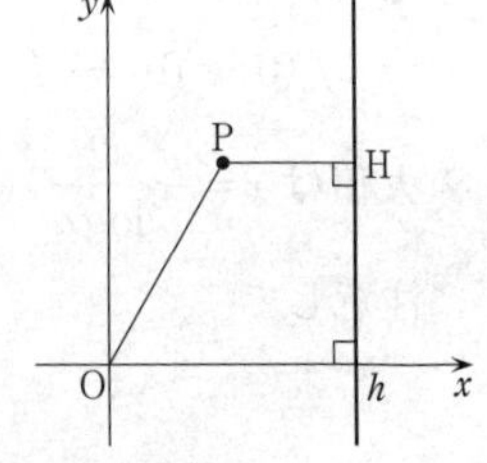

$$a\text{PH}=\text{OP} \quad \cdots\cdots☆$$

よって

$$a|x-h|=\sqrt{x^2+y^2}$$

$$a^2(x-h)^2=x^2+y^2$$

整理して　　$(1-a^2)x^2+2a^2hx+y^2=a^2h^2$　……(1)　→ア～ウ

次に，極座標で表して☆を考え直す。

☆において $x=r\cos\theta$，$y=r\sin\theta$ として

$$a(h-r\cos\theta)=r \qquad \therefore \quad r=\frac{ah}{1+a\cos\theta}$$

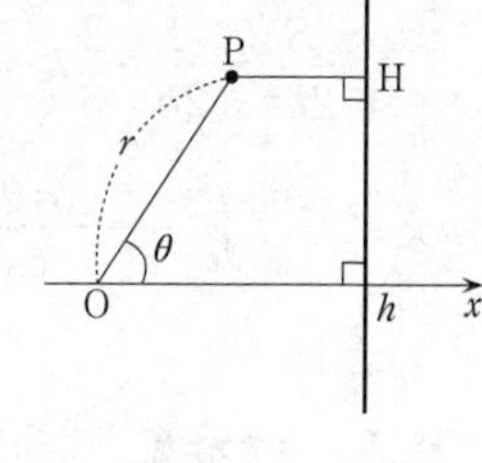

したがって

$$(x,\ y)=\left(\frac{ah}{1+a\cos\theta}\cos\theta,\ \frac{ah}{1+a\cos\theta}\sin\theta\right)$$

……(2)　→エ，オ

(1)において $a=1$ とすると　→カ

$$2hx+y^2=h^2 \qquad \therefore \quad x=-\frac{1}{2h}y^2+\frac{h}{2} \quad \text{→キ，ク}$$

この放物線の y 軸との交点は $(0,\ h)$，$(0,\ -h)$ であり，図形は x 軸対称であることから，求める面積 S は

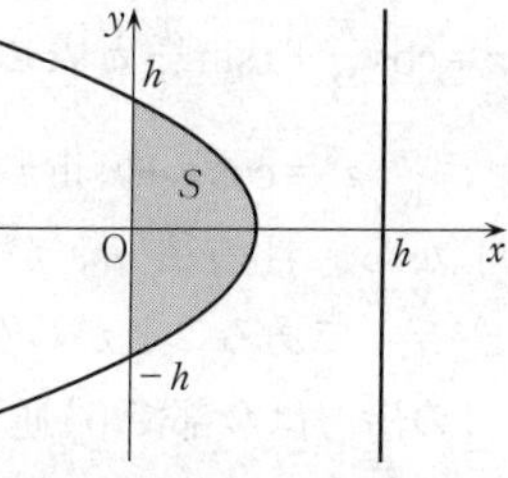

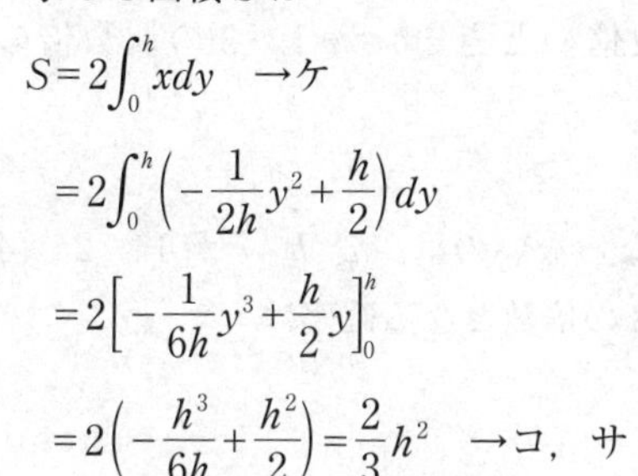

$$S=2\int_0^h xdy \quad \text{→ケ}$$

$$=2\int_0^h\left(-\frac{1}{2h}y^2+\frac{h}{2}\right)dy$$

$$=2\left[-\frac{1}{6h}y^3+\frac{h}{2}y\right]_0^h$$

$$=2\left(-\frac{h^3}{6h}+\frac{h^2}{2}\right)=\frac{2}{3}h^2 \quad \text{→コ，サ}$$

$a=1$ のとき，(2)は

$$x=\frac{h\cos\theta}{1+\cos\theta},\ y=\frac{h\sin\theta}{1+\cos\theta} \quad \cdots\cdots(2)'$$

このとき

$$\frac{dy}{d\theta}=\frac{h\cos\theta(1+\cos\theta)-h\sin\theta(-\sin\theta)}{(1+\cos\theta)^2}=\frac{h}{1+\cos\theta}$$

よって $\displaystyle\int_0^{\frac{\pi}{2}}\frac{\cos\theta}{(1+\cos\theta)^2}d\theta$ において，(2)′ のように置換すると

θ	$0\to\frac{\pi}{2}$
y	$0\to h$

$$\int_0^{\frac{\pi}{2}}\frac{\cos\theta}{(1+\cos\theta)^2}d\theta=\frac{1}{h^2}\int_0^{\frac{\pi}{2}}\frac{h\cos\theta}{1+\cos\theta}\cdot\frac{h}{1+\cos\theta}d\theta$$

$$=\frac{1}{h^2}\int_0^h xdy=\frac{S}{2h^2}$$

ここで $S=\frac{2}{3}h^2$ であることから

$$\frac{S}{2h^2}=\frac{1}{2h^2}\cdot\frac{2}{3}h^2=\frac{1}{3}$$

ゆえに　$\int_0^{\frac{\pi}{2}}\frac{\cos\theta}{(1+\cos\theta)^2}d\theta=\frac{1}{3}$　→シ，ス

IV 解答

アイ．19　ウエ．27　オカ．19　キクケ．216
コサシ．133　スセソ．216

◀解　説▶

≪複素数と確率≫

$z=\cos\frac{\pi}{3}+i\sin\frac{\pi}{3}$ と表せるので

$$z^3=\cos\pi+i\sin\pi=-1,\ z^6=(z^3)^2=1\quad\cdots\cdots①$$

①から，目の積 abc が 3 の奇数倍のとき $z^{abc}=-1$，3 の偶数倍のとき $z^{abc}=1$ であることがわかる。

目の出方は全部で 6^3 通りある。

このうち，積 abc が 3 の倍数とならないのは，a，b，c が 1，2，4，5 のいずれかの場合であるから，3 の倍数となる確率は

$$1-\frac{4^3}{6^3}=\frac{19}{27}\quad →ア〜エ$$

また，積 abc が 3 の奇数倍となるのは，a，b，c に 3 があり，かつ偶数がない場合である。これは，a，b，c がすべて奇数である場合から a，b，c がすべて 1 または 5 のときを除いた場合であるから

$$3^3-2^3=27-8=19 \text{ 通り}$$

である。

参考　直接数え上げると次のようになる。

(i)　3 回とも 3 の場合は 1 通り。

(ii)　2 回が 3 で，1 回が 1 または 5 の場合は

(3, 3, 1)，(3, 1, 3)，(1, 3, 3)，(3, 3, 5)，(3, 5, 3)，(5, 3, 3) の 6 通り。

(iii)　1回が3で，2回が1または5の場合は

(3, 1, 1), (3, 5, 5)：順番を考えて，各3通りで，計6通り。

(3, 1, 5)：順番を考えて3!通り。

(i), (ii), (iii)を合わせて　　$1+6+6+3!=19$ 通り

したがって，積 abc が3の奇数倍，すなわち $z^{abc}=-1$ となる確率は

$$\frac{19}{216}\quad \rightarrow \text{オ〜ケ}$$

積 abc が3の偶数倍となるのは，3の倍数となるものの中で3の奇数倍となるものを除いた場合であるから，求める確率は

$$\frac{19}{27}-\frac{19}{216}=\frac{19\cdot 8-19}{216}=\frac{133}{216}\quad \rightarrow \text{コ〜ソ}$$

❖講　評

<数学Ⅰ・Ⅱ・A・B>

Ⅰ　小問4問であり，いずれも典型的な基本問題といえよう。(2)の指数・対数の計算方法，(4)の後半の公式の利用のしかたなど，経験がものをいいそうである。

Ⅱ　接線の傾き，定積分で表された関数の決定，いずれも教科書の練習問題・章末問題で見かけるものであるが，面積2等分の問題は定積分を計算するのではなく，図形的に処理しないと時間が足りなくなる。

Ⅲ　連立漸化式の問題であり，(2)では三角形の3つの角のうち1つがつねに $\frac{\pi}{3}$ で一定であることに気づくと早い。

いずれも，よく見かける問題ばかりなので，計算力をつけて高得点を目指したい。

<数学Ⅲ>

Ⅰ　小問3問。(2)は微分係数の定義の式への変形に気づくかどうかがカギである。(1), (3)はよく見かける問題。

Ⅱ　方程式の実数解の個数をグラフを利用して考察する問題で典型的といえるが，$0<a<1$ であることに注意を要する。

Ⅲ　極座標と xy 座標の行き来を用いた置換積分の計算であるが，誘導通りにたどれば自然に計算が進む。

Ⅳ 確率の問題だが，直接数えるのではなく，余事象の考え方をうまく利用するところがポイントである。

1つ1つは難問ではないが，60 分ですべて処理することはなかなか難しい。日頃の計算練習も大切である。

物理

I　解答

1－Ⓑ　2－Ⓐ　3－Ⓕ　4－Ⓓ　5－Ⓕ　6－Ⓔ
7－Ⓒ　8－Ⓕ

◀解　説▶

≪斜面上のばね振り子≫

1．斜面に沿った方向の力のつり合いより

$$kd-mg\sin\theta=0$$

$$d=\frac{mg\sin\theta}{k}$$

2．小球が単振動をしているときの，小球の位置を x，x 軸方向の加速度を a とする。このときの小球の運動方程式は

$$ma=-mg\sin\theta+k(d-x)$$

より

$$ma=-kx \qquad \therefore \quad a=-\frac{k}{m}x$$

また，角振動数 ω は $\omega=\sqrt{\dfrac{k}{m}}$ となるから

$$T=\frac{2\pi}{\omega}=2\pi\sqrt{\frac{m}{k}}$$

3．単振動の振幅は d であるので，小球が原点を通過するときの速さ v は

$$v=d\times\omega$$

$$=d\sqrt{\frac{k}{m}}$$

4．台上の観測者からみた小球にはたらく力は右図の通り。ただし，小球の位置 x は $x<d$ とする。斜面に垂直方向の力のつり合いより

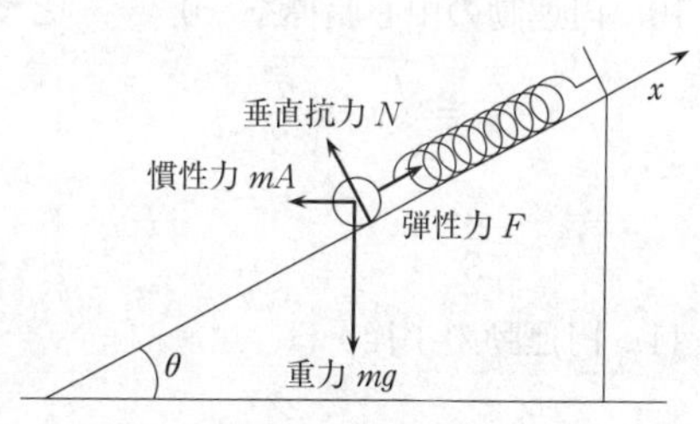

$$N-mg\cos\theta+mA\sin\theta=0$$

$$\cdots\cdots①$$

5．小球の位置 $x\ (<d)$ での弾性力 F は

$$F=-k(x-d)$$

6．小球の運動方程式は

$$ma=F-mg\sin\theta-mA\cos\theta \quad \cdots\cdots②$$

7．台にはたらく力は右図の通り。

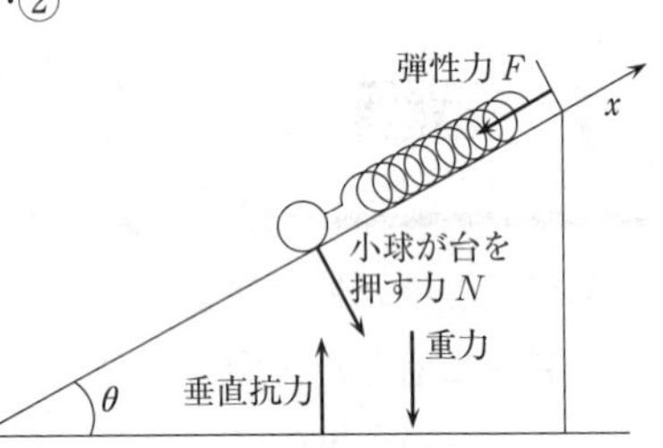

台の水平方向の運動方程式は

$$MA=N\sin\theta-F\cos\theta \quad \cdots\cdots③$$

8．①，③式より

$$MA+mA\sin^2\theta$$
$$=mg\sin\theta\cos\theta-k(d-x)\cos\theta$$

$$A=\frac{mg\sin\theta\cos\theta-k(d-x)\cos\theta}{M+m\sin^2\theta}$$

これを②式へ代入して整理すると

$$ma=-\left(\frac{M+m}{M+m\sin^2\theta}\right)kx$$

小球の振動の周期 T' は

$$T'=2\pi\sqrt{\frac{m}{\left(\frac{M+m}{M+m\sin^2\theta}\right)k}}=2\pi\sqrt{\frac{m}{k}}\times\sqrt{\frac{M+m\sin^2\theta}{M+m}}$$

Ⅱ　解答

9―Ⓔ　10―Ⓐ　11―Ⓒ　12―Ⓒ　13―Ⓒ　14―Ⓐ
15―Ⓔ　16―Ⓐ

◀解　説▶

≪電場や磁場内の荷電粒子の運動≫

10．円運動の中心座標を $(0,\ y_0)$ とする。

$$a-y_0=\sqrt{y_0{}^2+\frac{a^2}{3}}$$

$$\therefore\quad y_0=\frac{a}{3}$$

11．円運動の半径 r は

$$r = a - \frac{a}{3} = \frac{2a}{3} \quad \cdots\cdots ①$$

半径方向の運動方程式は

$$m\frac{{v_0}^2}{r} = qv_0B$$

①式を代入して

$$v_0 = \frac{2aqB}{3m}$$

12. 領域Ⅰ内の粒子の円運動の軌跡は右図の通り。求める通過時刻 t_1 は

$$t_1 = \frac{T}{3}$$

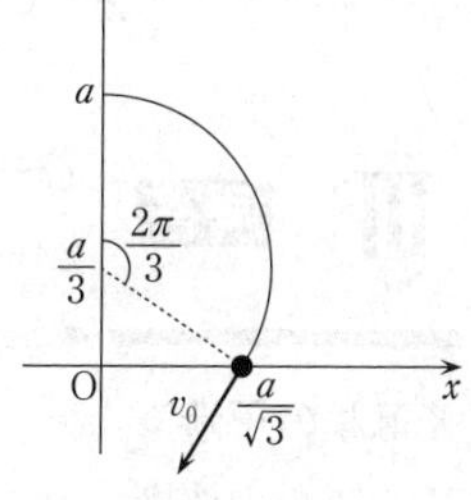

13. 領域Ⅱで，粒子は y 軸方向に力を受けないので，y 軸方向には負の向きに速さ $v_0\sin\frac{\pi}{3}$ の等速直線運動をする。

通過時間は

$$t_2 - t_1 = \frac{b}{\frac{\sqrt{3}}{2}v_0} = \frac{2b}{\sqrt{3}\,v_0} \quad \cdots\cdots ②$$

14. 領域Ⅱで，粒子は x 軸方向に電場から力を受けるので，x 軸方向には等加速度運動をする。

その加速度 A は

$$A = -\frac{qE}{m} \quad \cdots\cdots ③$$

時刻 t_2 で，粒子の x 軸方向の速度成分は 0 になるので

$$0 = v_0\cos\frac{\pi}{3} + A(t_2 - t_1)$$

②，③式を代入して

$$b = \frac{\sqrt{3}\,m{v_0}^2}{4qE}$$

15. 時刻 t_2 における，粒子の x 座標 c は

$$c = \frac{a}{\sqrt{3}} - v_0\cos\frac{\pi}{3}(t_2 - t_1) + \frac{1}{2}A(t_2 - t_1)^2$$

②，③式を代入して

$$c=\frac{a}{\sqrt{3}}-\frac{b}{2\sqrt{3}}$$

16. 時刻 t_1 までは，粒子は等速円運動を行うので，運動エネルギーは一定。

時間（t_2-t_1）では，クーロン力の負の仕事により粒子の運動エネルギーは減少する。よって，時間（t_2-t_1）における運動エネルギーの減少量は

$$\frac{1}{2}mv_0^2-\frac{1}{2}m\left(\frac{\sqrt{3}}{2}v_0\right)^2=\frac{1}{8}mv_0^2$$

Ⅲ　解答

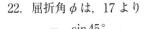

17—Ⓔ　18—Ⓐ　19—Ⓔ　20—Ⓒ　21—Ⓕ　22—Ⓑ　23—Ⓔ

◀解　説▶

≪薄膜の干渉≫

17. 屈折の法則より

$$1\cdot\sin\theta=n\cdot\sin\phi \qquad \therefore \quad n=\frac{\sin\theta}{\sin\phi}$$

18. 薄膜に入射した光の振動数は，空気中での振動数と同じ。

求める振動数 f は

$$f=\frac{c}{\lambda}$$

19. 空気中から薄膜への屈折角 ϕ を用いて，経路差は右図の通りであり，$2d\cos\phi$ と示される。よって，光路差は

$$2nd\cos\phi$$

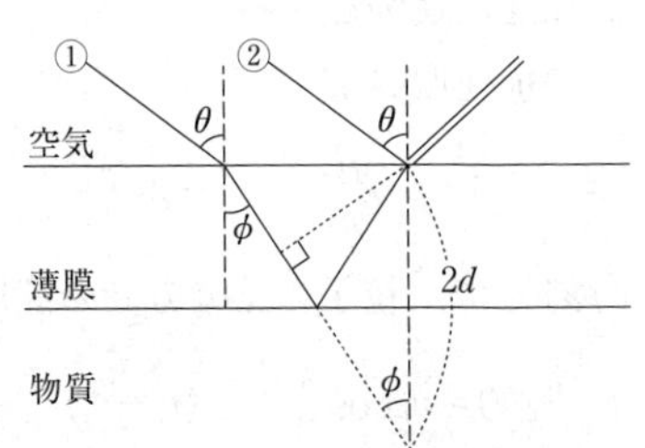

20. 屈折率の小さい媒質から屈折率の大きい媒質に入射したとき，その反射光の位相は π 変化する。

22. 屈折角 ϕ は，17 より

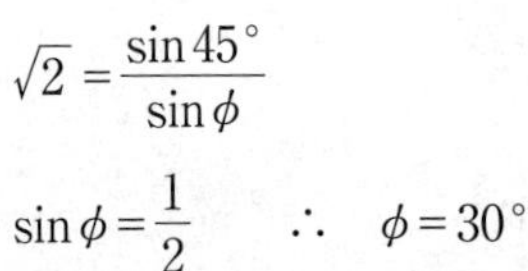

$$\sqrt{2}=\frac{\sin 45^\circ}{\sin\phi}$$

$$\sin\phi=\frac{1}{2} \qquad \therefore \quad \phi=30^\circ$$

薄膜の厚さが最小値となるときの条件式は

$$2nd\cos\phi=(2m+1)\frac{\lambda}{2}\quad\cdots\cdots(ア)$$

$$2\sqrt{2}\,d_{\mathrm{A}}\cos 30^\circ=(2\times 0+1)\frac{630\times 10^{-9}}{2}$$

$$\therefore\quad d_{\mathrm{A}}=\frac{630\times 10^{-9}}{2\sqrt{6}}=\frac{630\times 10^{-9}}{2\times 2.44}\fallingdotseq 129\times 10^{-9}\,[\mathrm{m}]$$

23. 物質の屈折率が n より小さいので，光①の位相は変化せず，光②の位相は π 変化する。よって，光①と②が強め合うための条件式は

$$\Delta l=(2m+1)\frac{\lambda}{2}$$

したがって，(ア)と同じ式になり，薄膜の厚さは d_{A} の1倍である。

❖講　評

2022年度も例年同様，大問3題，試験時間60分で，全問すべて解答群から正しい答えを選択してマークする形式であった。解答個数は23個であった。

Ⅰ　斜面上のばね振り子の問題で，前半は単振動の基本の確認。後半は，斜面を持つ台が加速度運動した場合のばね振り子の振動が問われた。誘導に沿って各物体にはたらく力を見落とすことなく運動方程式をつくり，正確に計算する。日頃から丁寧な演習が必要である。

Ⅱ　電場や磁場内の荷電粒子の運動に関する典型的な問題である。磁場から受けるローレンツ力による等速円運動，電場から受ける静電気力による等加速度運動について問われた。

Ⅲ　薄膜の干渉に関する問題である。物質と薄膜の屈折率の大小関係から反射における位相の変化を判断し，干渉条件をつくる。数値計算もあるが素早く解きたい。

化学

I　解答　1－F　2－J　3－D　4－A　5－I　6－E　7－A

◀解　説▶

≪元素の性質，ホタル石型の結晶格子≫

1～4．10種類の元素のうち，遷移元素はFeとTiの2つで，それ以外の8つの元素は典型元素である。このうち，単体の密度が最も小さい典型元素はアルカリ金属元素のうち最も原子番号が小さいLiで$0.534\,g/cm^3$，単体の密度が最も小さい遷移元素はTiで$4.54\,g/cm^3$，単体の密度が最も大きい遷移元素はFeで$7.87\,g/cm^3$である。また，地殻中の元素（質量比）は多い順に，酸素O，ケイ素Si，アルミニウムAl，鉄Fe，カルシウムCa，…と続く。よって，ケイ素に次いで多く存在する元素はAlである。

5・6．イオン結晶における配位数とは，最近接異符号粒子数を示す。Ca^{2+}まわりの最近接F^-数（配位数）は8，F^-まわりの最近接Ca^{2+}数（配位数）は4である。

7．CaF_2の結晶は，単位格子中に

$$Ca^{2+}：\frac{1}{2}\times6+\frac{1}{8}\times8=4\qquad F^-：1\times8=8$$

よって，単位格子中のCaF_2（式量78.1）は4個で，単位格子一辺の長さは0.545×10^{-7}cmであることから，密度dを表す式は以下の通り。

$$d=\frac{4\times78.1}{(0.545\times10^{-7})^3\times6.02\times10^{23}}=3.20\fallingdotseq3.2\times10^0\,[g/cm^3]$$

II　解答　8－D　9－D　10－B　11－B

◀解　説▶

≪水素イオン濃度，反応熱と熱化学方程式，気体の溶解度≫

8．酢酸は1価の弱酸で電離度は0.010であるから，水溶液Ⅰの0.10

mol/L 酢酸水溶液の水素イオン濃度αは

$$\alpha = 0.10 \times 0.010 = 1.0 \times 10^{-3} \text{〔mol/L〕}$$

アンモニアは1価の弱塩基で電離度は0.010であるから，水溶液Ⅱの0.10mol/L アンモニア水の水素イオン濃度βは

$$\beta = \frac{K_W}{[OH^-]} = \frac{1.0 \times 10^{-14}}{0.10 \times 0.010} = 1.0 \times 10^{-11} \text{〔mol/L〕}$$

水酸化ナトリウムは1価の強塩基であるから，水溶液Ⅲの0.010mol/L 水酸化ナトリウム水溶液の水素イオン濃度γは

$$\gamma = \frac{K_W}{[OH^-]} = \frac{1.0 \times 10^{-14}}{0.010 \times 1.0} = 1.0 \times 10^{-12} \text{〔mol/L〕}$$

9・10. 固体1molが融解するときに吸収する熱量を融解熱といい，液体1molが気体になるときに吸収する熱量を蒸発熱という。これを熱化学方程式で記すと，以下の通り。

H_2O（固）$=$ H_2O（液）-6.0kJ

H_2O（液）$=$ H_2O（気）-44kJ

11. ヘンリーの法則より，一定温度で溶けうる気体の量は，その気体の圧力と溶媒量に比例するので

$$5.40 \times 10^{-4} \times \frac{2.00 \times 10^5}{1.00 \times 10^5} \times \frac{5.00}{1.00} \times 28.0 = 0.151 \fallingdotseq 0.15 \text{〔g〕}$$

Ⅲ　解答

12―G　13―B　14―E　15―E　16―B　17―C
18―F　19―G

◀解　説▶

≪不斉炭素原子，分子内脱水，幾何異性体，脂肪酸，芳香族化合物の反応，酸無水物の生成≫

12. 各物質の不斉炭素原子C^*は次のとおり。

```
A：CH3－C*H－CH2－C*H－CH3
        |         |
       CH2CH3    CH2CH3

B：CH3－C*H－CH2－CH2－C*H－CH2－CH3
        |               |
       CH2CH3           OH
```

$$\text{C：HO-}\underset{\underset{\text{CH}_3}{|}}{\overset{\overset{\text{CH}_2\text{OH}}{|}}{\text{C}}}\text{-CH}_2\text{OH}\quad \text{D：CH}_3\text{-}\underset{\underset{\text{NH}_2}{|}}{\text{C}^*}\text{H-COOH}$$

$$\text{E：CH}_3\text{-CH}_2\text{-}\underset{\underset{\text{CH}_3}{|}}{\text{C}^*}\text{H-}\underset{\underset{\text{NH}_2}{|}}{\text{C}^*}\text{H-COOH}\quad \text{F：}\underset{\underset{\text{CH}_2\text{OH}}{|}}{\overset{\overset{\text{CH}_2\text{OH}}{|}}{\text{CHOH}}}$$

$$\text{G：}\underset{\underset{\text{OH}}{|}}{\text{CH}_2}\text{-}\underset{\underset{\text{OH}}{|}}{\text{C}^*}\text{H-}\underset{\underset{\text{OH}}{|}}{\text{C}^*}\text{H-}\underset{\underset{\text{OH}}{|}}{\text{C}^*}\text{H-CHO}$$

したがって，各化合物の不斉炭素原子の数は次の通り。

A：2個　B：2個　C：なし　D：1個　E：2個　F：なし

G：3個

よって，不斉炭素原子を最も多く含む化合物はGである。

13. B（2-ブタノール）の分子内脱水によって得られるアルケンは，以下の1-ブテンと2-ブテンである。

$$\underset{\text{1-ブテン}}{\text{CH}_2\text{=CH-CH}_2\text{-CH}_3}\qquad \underset{\text{2-ブテン}}{\text{CH}_3\text{-CH=CH-CH}_3}$$

このうち，2-ブテンには以下のように幾何異性体（シス-トランス異性体）が存在する。

$$\underset{\text{シス-2-ブテン}}{\begin{matrix}\text{H} & & \text{H}\\ & \text{C=C} & \\ \text{CH}_3 & & \text{CH}_3\end{matrix}}\qquad \underset{\text{トランス-2-ブテン}}{\begin{matrix}\text{H} & & \text{CH}_3\\ & \text{C=C} & \\ \text{CH}_3 & & \text{H}\end{matrix}}$$

14. 飽和脂肪酸では炭素一炭素間二重結合をもたないため，示性式は $C_nH_{2n+1}COOH$ で表される。この一般式に当てはまらないのはEの $C_{17}H_{33}COOH$ のみで，Eは1分子内にC=Cを1つもつ不飽和脂肪酸である。

15. 酢酸 CH_3COOH（分子量 60.0）2分子から無水酢酸 $(CH_3CO)_2O$（分子量 102）が1分子生成するので，50.0gの酢酸を完全に反応させて得られる無水酢酸の質量は

$$\frac{50.0}{60.0}\times\frac{1}{2}\times 102 = 42.5\text{〔g〕}$$

16. ニトロベンゼンをスズと塩酸で還元すると，アニリン塩酸塩が得られる。

$$2\,C_6H_5\text{-}NO_2 + 3Sn + 14HCl \longrightarrow 2\,C_6H_5\text{-}NH_3Cl + 3SnCl_4 + 4H_2O$$

17. フェノールを濃硫酸と濃硝酸の混合物（混酸）を加えて反応させると，最終的には *o*-位と *p*-位がすべて置換されたピクリン酸（2,4,6-トリニトロフェノール）が得られる。ピクリン酸は黄色の結晶で爆薬の原料として使用されていた。

$$C_6H_5OH + 3HNO_3 \longrightarrow C_6H_2(OH)(NO_2)_3 + 3H_2O$$

18. アニリンの希塩酸溶液を氷冷しながら亜硝酸ナトリウム水溶液を加えるとジアゾ化が起こり R−N$^+$≡N の構造をもつ塩化ベンゼンジアゾニウムが生成する。この水溶液にさらにナトリウムフェノキシドの水溶液を加えるとジアゾカップリング反応が起こり，R−N=N−R′ の構造をもつ赤橙色のアゾ化合物である，*p*-ヒドロキシアゾベンゼンが得られる。

$$C_6H_5\text{-}NH_2 + NaNO_2 + 2HCl \longrightarrow [C_6H_5\text{-}N\equiv N]^+Cl^- + NaCl + 2H_2O$$

$$[C_6H_5\text{-}N\equiv N]^+Cl^- + C_6H_5\text{-}ONa \longrightarrow C_6H_5\text{-}N{=}N\text{-}C_6H_4\text{-}OH + NaCl$$

19. クメンを酸素で酸化してクメンヒドロペルオキシドとした後，これを硫酸で分解するとフェノールとアセトンが得られる。このフェノールの製法をクメン法といい，わが国ではこの方法でフェノールが合成されている。

$$C_6H_5\text{-}CH(CH_3)_2 + O_2 \longrightarrow C_6H_5\text{-}C(CH_3)_2\text{-}O\text{-}OH$$

$$C_6H_5\text{-}C(CH_3)_2\text{-}O\text{-}OH \longrightarrow C_6H_5\text{-}OH + CH_3COCH_3$$

Ⅳ 解答 20―H 21―D 22―G 23―C 24―C 25―D

◀解 説▶

≪合成高分子化合物，ビニロン，単糖類，核酸，ペプチド，酵素≫

20. 合成高分子化合物は原料の単量体から様々な重合反応を経てつくられる。代表的な重合反応として，縮合重合や付加重合がある。2つ以上の官能基をもつ単量体の間から，水などの簡単な分子がとれて繰り返し結びつく反応を縮合重合という。例えばナイロン66はアジピン酸とヘキサメチレンジアミンの縮合重合でつくられる。また，不飽和結合（主に炭素間二重結合）が開裂して単量体が繰り返し結びつく反応を付加重合という。例えばポリエチレンはエチレンの付加重合でつくられる。高分子化合物はタンパク質など一部を除き，重合度は一定でないので，高分子化合物の分子量は平均分子量で表される。

21. ポリ酢酸ビニル $\left[CH_2-CH(OCOCH_3) \right]_n$（平均分子量 86.0*n*）43.0gから得られるポリビニルアルコールのヒドロキシ基のうち，40％がアセタール化されたビニロンの構造式は次の通り。

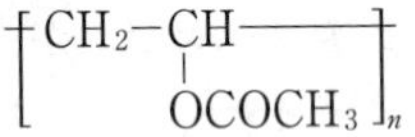

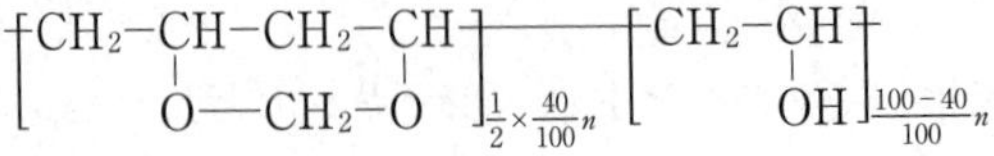

$$\left[CH_2-CH-CH_2-CH \atop \quad\ \ | \qquad\qquad\quad | \atop \quad\ O-CH_2-O \right]_{\frac{1}{2}\times\frac{40}{100}n} \left[CH_2-CH \atop \qquad\ | \atop \qquad OH \right]_{\frac{100-40}{100}n}$$

この構造をもつビニロンの質量は

$$\frac{43.0}{86.0n}\times n\times\left(100\times\frac{1}{2}\times\frac{40}{100}+44\times\frac{100-40}{100}\right)=23.2\,〔g〕$$

22. グルコース，フルクトース，ガラクトースは分子式 $C_6H_{12}O_6$ の六炭糖である。鎖状構造においてグルコースとガラクトースはアルデヒド基（ホルミル基）をもつためアルドース，フルクトースはケトン基をもつためケトースに分類される。よって，フルクトースとグルコースは構造が異なる構造異性体である。また，グルコースとガラクトースは4位のヒドロキシ基の立体関係が異なる立体異性体である。

23. 核酸は生体内高分子で，遺伝子の本体であるDNA（デオキシリボ核酸）と，タンパク質合成に関わるRNA（リボ核酸）がある。

(1) 共通。DNAもRNAも，ともに糖とリン酸と窒素を含む塩基が共有結合したヌクレオチドを構成単位とする天然高分子化合物である。

⑵　相違。DNA の構成塩基はアデニン（A），グアニン（G），シトシン（C），チミン（T）であるが，RNA は上記のうちチミン（T）をウラシル（U）に代えた塩基で構成される。

⑶　相違。構成する五炭糖は，DNA はデオキシリボース，RNA ではリボースである。

⑷　共通。ヌクレオチド内の五炭糖の 3 位のヒドロキシ基と，別のヌクレオチド内のリン酸の間で脱水縮合して，鎖状の高分子化合物となったものが，DNA および RNA である。

24.　2 分子のグリシン，1 分子のフェニルアラニン，1 分子のアラニンの合計 4 つの α-アミノ酸からなる鎖状テトラペプチドにおいて，考えられる構造異性体の数は

$$\frac{4!}{2!1!1!}=12\text{ 種類}$$

25.　酵素はタンパク質を主成分とした生体内触媒である。一般に無機触媒を用いた反応では，温度が高くなるほど反応速度は大きくなる。一方，酵素を用いた反応では，40℃くらいまでは温度上昇に伴い反応速度も大きくなるが，60℃以上では多くの場合，反応速度が小さくなる。これは，60℃以上では酵素を構成しているタンパク質が熱により変性し，酵素としての機能を失うためである。これを失活という。一度失活した酵素は温度を戻してもそのはたらきは回復しない。

❖講　評

2022 年度も例年通り大問 4 題で全問マークシート方式での出題であった。設問数は 2021 年度の 30 から 25 へと減少したが，出題内容が理論・有機を中心としていることも難易度も変化はなかった。

Ⅰ　元素の性質に関しては，各元素の典型・遷移元素の分類を素早くできるようにすること。性質として単体の密度や，受験では頻出テーマである地殻中の元素（質量比）の順などを覚えているかが問われた。また，ホタル石型のイオン結晶の結晶格子は教科書に記載はないが，落ち着いて解けば解答できたであろう。しかし，密度を算出する際の三乗計算は煩雑であった。

Ⅱ　水素イオン濃度，反応熱と熱化学方程式，気体の溶解度に関する問題であった。計算を主とする理論分野からの出題で，標準的な難易度であった。融解熱や蒸発熱など状態変化に関わる反応熱は，発熱・吸熱の定義がなされているため，理解しておく必要があった。

Ⅲ　有機化合物の反応，異性体に関する問題であった。不斉炭素原子の見極め，アルコールの分子内脱水により生じるアルケンの性質，脂肪酸の示性式，芳香族化合物の反応など，基本的かつ標準的な内容の出題であり，確実に正答したい。

Ⅳ　合成高分子化合物および天然有機化合物に関する問題であった。合成高分子化合物の重合反応，核酸，酵素の性質など，標準的な知識が問われていた。天然および合成高分子化合物からも満遍なく出題されているので，抜けや漏れがないように対策が必要である。また，ビニロンに関する計算や，単糖類の分類などは得点差がつきやすい問題の一つであったと思われる。全般的に目新しい出題はなく，典型的な問題からの出題であるので，過去問演習などで実戦力に磨きをかけてほしい。

■生物■

I

解答　問1．G　問2．E　問3．G　問4．D　問5．D

問6．6－D　7－B　8－H　9－L　10－I　11－F

問7．K

◀解　説▶

≪酵素反応，呼吸・アルコール発酵・光合成の反応，筋収縮，輸送タンパク質≫

問1．③正しい。このしくみをフィードバック調節という。

④誤り。このような阻害作用をアロステリック効果という。競争的阻害は，基質とよく似た阻害物質が酵素の活性部位に結合することで生じる阻害作用である。

問2．酵母は，酸素の供給が十分な環境では呼吸を優先して行い，十分でない環境ではアルコール発酵を行う。これは，1分子のグルコースから得られるATPが，呼吸では38分子であるのに対し，アルコール発酵では2分子しかないからである。アルコール発酵では，グルコースがエタノール（C_2H_5OH）と二酸化炭素に分解される。解糖系において化合物から水素を奪う反応は酸化反応である。この水素がNAD^+に移され，グルコース1分子当たり2分子のNADHを生じる。ピルビン酸は脱炭酸酵素のはたらきでアセトアルデヒドになり，アセトアルデヒドはNADHから水素を付加されることで還元され，エタノールを生じる。

問3．④誤り。大気中の窒素をアンモニウムイオンに変える反応は還元反応である。

問4．①誤り。アクチンフィラメントよりもミオシンフィラメントの方が太い。

④誤り。クレアチンリン酸は，ADPにリン酸を渡すことにより，クレアチンとなる。安静時には，ATPからリン酸を渡され，クレアチンリン酸となる。

問5．①誤り。担体が運搬するアミノ酸や糖は，比較的低分子で極性のある物質である。

②正しい。担体は，自身の立体構造を変化させることで物質を運搬する膜タンパク質である。担体にはグルコースを濃度勾配に従って受動輸送するグルコース輸送体や，ナトリウムイオンとカリウムイオンを濃度勾配に逆らって能動輸送するナトリウムポンプ（ナトリウム-カリウム ATP アーゼ）などがある。

④誤り。ナトリウムポンプのはたらきにより，動物細胞の内側にはカリウムイオンが多く，外側にはナトリウムイオンが多い。

問６．１分子のグルコースを合成する際，カルビン・ベンソン回路では，６分子の C_5 化合物である RuBP から 12 分子の C_3 化合物である PGA が生じる。この過程で６分子の二酸化炭素が固定される。またカルビン・ベンソン回路全体では，18 分子の ATP と 12 分子の NADPH が消費され，12 分子の GAP が生じるが，このうちカルビン・ベンソン回路を外れ，同化産物の合成に使われるのは２分子の GAP である。

Ⅱ　解答

問１．E

問２．(1)―J　(2)―I　(3)―D　(4)―F　(5)―G

問３．(1)―K　(2)―D　(3)―D　(4)―D

問４．E

問５．(1)アスパラギン：C　停止：G　(2)26―D　27―H

◀解　説▶

≪自律神経系，聴覚・平衡受容器，チロキシン，フレームシフト突然変異≫

問１．①誤り。自律神経系の主たる中枢は間脳視床下部である。

④誤り。中枢神経系とからだの各部をつなぐ神経系を末梢神経系という。末梢神経系のうち，刺激に対する外的な反応に関係している感覚神経（感覚器官につながる）や運動神経（骨格筋につながる）は体性神経系と呼ばれる。たとえば，何かに触れたり，見たり，聞いたりした際の，体を動かすなどの反応に関わっている。一方，刺激に対する内的な反応に関係している交感神経や副交感神経は自律神経系と呼ばれる。たとえば，消化液の分泌や体温調節，血糖量調節に関わっている。

⑤誤り。交感神経は間脳の視床下部から伸び，中脳，延髄を経て脊髄から中枢神経系の外に出る。その後，各器官に分布し，運動・緊張状態をつく

る。一方，副交感神経は間脳の視床下部から伸び，中脳，延髄，脊髄から出て各器官に分布し，食事や睡眠時などの安静状態をつくる。

問2．(1)　①誤り。基底膜の幅はうずまき管の入り口では狭く，先端部に近いほど広い。高音の振動は狭い部分（入口側）を，低音の振動は広い部分（奥側）を振動させるため，うずまき管のどの部分の基底膜が振動したかで音の高低は識別される。

②誤り。ヒトは20～20,000Hzの範囲の音を聞くことができる。

③誤り。平衡石（耳石）は炭酸カルシウムでできている。

④正しい。筋紡錘は骨格筋の伸長を感知する受容器だが，運動や姿勢の維持にも関わる。

(4)　Aは前頭連合野，Bは運動野，Cは皮膚感覚の中枢，Dは視覚野，Eは小脳，Fは聴覚野である。

問3．(1)　甲状腺からは代謝を促進するホルモンであるチロキシンが分泌される。ホルモンAの濃度は甲状腺を除去した直後から低下しているため，チロキシンであると考えられる。一方，チロキシンが減少すると，フィードバックにより，脳下垂体前葉から甲状腺刺激ホルモンが分泌されるため，ホルモンBは甲状腺刺激ホルモンであると考えられる。図2では，チロキシン（ホルモンA）を投与したことで，フィードバックにより，甲状腺刺激ホルモン（ホルモンB）の濃度が低下している。

(2)　対照実験とは，実験結果を比較するために，効果を検証したい処理だけを行わず，それ以外は本実験と同じ条件にして行う実験である。ここでは実験結果がホルモンAを投与したことによって起こった変化であることを示すために，ホルモンAを投与しない場合の実験を対照実験として，行う必要がある。そのため，2週間後から溶媒だけを投与したとき，ホルモンAとホルモンBの濃度がどのように変化するかを確認する必要があり，選択肢Dはこの実験に当てはまる。

(3)　①正しい。甲状腺を除去するとチロキシンが分泌されなくなり，代謝（主に呼吸の反応）が低下し，エネルギーが産生されないため，動作が緩慢になる。

②誤り。これはチロキシンの過剰分泌時の症状である。

③誤り。代謝が低下すると糖の消費が抑えられるため，血糖量が低下することはなく，体重は増加する。

④誤り。これはバソプレシンの分泌量が低下したときの症状である。バソプレシンが作用しないと，集合管における原尿から血管への水分の再吸収が起こらず，尿量が増加し，水分を失うために飲水量も増加する。

⑤正しい。代謝が低下すると熱エネルギーが産生されなくなるため，体温が低下する。

(4)　実験Xでは脳下垂体前葉が除去されたため，甲状腺刺激ホルモン（ホルモンB）が分泌されなくなることで，甲状腺からのチロキシン（ホルモンA）の分泌量が減少し，血中濃度が減少する。また，実験Yではチロキシン（ホルモンA）のはたらきが阻害されており，視床下部や脳下垂体前葉において受容されなくなると考えられる。したがって，擬似的なチロキシン分泌不足状態となり，甲状腺刺激ホルモン（ホルモンB）の分泌が増加する。

問4．①誤り。温度を感知するのは間脳視床下部である。

④誤り。肝臓などの代謝活動を抑えることで，発熱を抑える。

⑤誤り。これは体温が低下したときに起こる応答である。

問5．(1)　塩基の相補性より，図3の塩基配列は

　正常型のDNA：CGG／TTT／ATG／GCA／A○○

　正常型のmRNA：GCC／AAA／UAC／CGU／U○○

であることがわかる。ここで，アラニンに対応するDNAの塩基配列CGGのうち，Gが一つ欠失すると，DNAとmRNAの塩基配列は

　突然変異型のDNA：CGT／TTA／TGG／CAA／○○

　突然変異型のmRNA：GCA／AAU／ACC／GUU／○○

となる。このとき，突然変異型ホルモンのアスパラギンに対応するmRNAの配列はAAUである。また，正常型のリシンに対応するmRNAの配列がAAAであることを参考にし，突然変異型ホルモンのリシンに対応するmRNAの配列もAAAであると仮定すると，突然変異型のmRNAの塩基配列はGCA／AAU／ACC／GUU／AAAとなり，正常型のmRNAはGCC／AAA／UAC／CGU／UAAとなる。実際には，リシンに対応するmRNAの配列にはAAAとAAGの2種類があるが，AAGを当てはめた場合でも，正常型における翻訳の停止に対応する配列はUAAとなる。

Ⅲ **解答** 問1．L　問2．A　問3．D　問4．H　問5．J
問6．I　問7．G　問8．A　問9．K　問10．H

◀解　説▶

≪細胞や構造体の大きさ，細胞小器官，細胞の構成成分，細胞分画法，植物の組織，植物の環境応答≫

問3．①誤り。大腸菌の細胞の構成成分では，炭水化物よりも核酸の占める割合の方が大きい。

④誤り。細胞壁の主成分は植物細胞ではセルロース，細菌類ではペプチドグリカン，菌類ではキチンである。

問4．③誤り。上澄みに対してさらに強い遠心力をかける操作を繰り返すことで，細胞小器官を分けることができる。

問5．①誤り。側芽は頂芽の茎頂分裂組織よりも下部の葉の上側の付け根にできる。

問6．②誤り。葉の表側付近の葉肉細胞はさく状組織，葉の裏側付近の葉肉細胞は海綿状組織という。

問8．③誤り。赤色光はフィトクロムに，青色光はクリプトクロムに吸収される。クリプトクロムは茎の伸長成長を抑制する。

④誤り。サイトカイニンは側芽の成長を促進する。オーキシンはサイトカイニンの合成を抑止するため，頂芽を除いた切り口にオーキシンを塗ると，側芽の成長が抑制される。

問10．短日植物では限界暗期よりも長い連続暗期を与えたときだけ花芽形成が起こる。その条件を満たしているのは一番上の段と上から3段目の日長条件である。

Ⅳ **解答** 問1．C・E　問2．(1)―E・F・I　(2)―C・E
問3．(1)―B・D　(2)―E
問4．D・F・G

◀解　説▶

≪アマゾンのバイオーム，かく乱と復元力，純生産量，CO_2 排出量，生物多様性の保全≫

問1．A．誤り。アマゾンは南アメリカ大陸の低標高地帯に分布する森林地帯であり，そのバイオームは主に熱帯多雨林からなる。南アメリカ大陸にあるアンデス山脈の高標高地帯では高山植生が分布するが，アンデス山脈はアマゾンに含まれない。

B．誤り。南アメリカ大陸の高標高地帯では高山植生が分布し，高緯度地域ではサバンナが分布する。アマゾンは熱帯多雨林を主とする森林地帯を指す。

D．誤り。これは雨緑樹林に関する記述である。アマゾンよりも南側の地域には雨緑樹林が分布する地域が存在するが，アマゾンの森林には雨緑樹林は分布しない。

F．誤り。熱帯多雨林の生物多様性は極めて高く，多数の植物種が生育する。

問2．(1)　かく乱とは台風や洪水，山火事などの自然現象や，森林伐採などの人為的なものを含む，生物群集に影響を与える外的な要因である。Eは外的な要因ではない自然現象であり，FとIは直接的に生態系に影響を与える要因ではない。

(2)　アは復元力である。

A．誤り。これはキーストーン種に関する記述である。

B・D．誤り。かく乱の規模が小さければ，生態系は遷移などの復元力により元の状態に戻るが，さまざまな人間活動や大規模な自然災害によって，生態系の復元力を上回る悪影響が与えられることもあり，生物多様性が失われる原因となる。

F．誤り。これは適応進化に関する記述である。

問3．(1)　B．誤り。森林の樹木は非同化器官の割合が大きく，呼吸量が大きいため，現存量が大きくても，純生産量は比較的小さい。一方で，草原の草本は非同化器官の割合が小さく，呼吸量が小さいため，現存量が小さくても，純生産量は比較的大きい。したがって，現存量は森林が草原よりもはるかに大きいが，純生産量は森林と草原で大きく変わらない。

D．誤り。CO_2の排出量が吸収量を上回っているからといって，保全の重要性が低下するわけではない。むしろ保全が行われなければ，ますますCO_2の吸収量が減少してしまう。

F．正しい。火災や野焼きでは，植物体内に含まれていた炭素が燃焼によってCO_2として放出される。また，森林伐採では地下茎・地下根や埋土種子が残るため，高温多湿地帯のアマゾン川流域の森林では二次遷移の進行も速い。一方，火災や野焼きでは地下茎・地下根や埋土種子まで失われる可能性がある。

(2)　設問文に「森林伐採や火災・野焼き等によるCO_2排出がなかった場合」とあるので，ここではこれら以外の方法で人間が排出した炭素量（＝CO_2量）について考えなければならない。

人間活動の中でCO_2排出の主たる原因として挙げられるのは，化石燃料の消費である。化石燃料の消費によって排出されるCO_2量は年間約87億トンとされており，ここから2010年から2019年までの10年間で，約870億トンのCO_2排出があったと推測される。

<文章>より，アマゾンの森林が同じ10年間で吸収したCO_2量は約139億トンであるので

$$\frac{139}{870}\times 100 = 15.9 \fallingdotseq 16\,[\%]$$

よって，アマゾンの森林は，すべての人間が1年間に排出するCO_2量の約16パーセント程度を吸収しているといえる。

問4．A．誤り。直ちに森林伐採や火災を止めれば，CO_2排出量は長期にわたって減少していくと考えられる。

B．誤り。先住民族の狩猟による影響は，長い年月を経て生態系のバランスの中に組み込まれているため，生態系のバランスを崩すことはないと考えられる。

C．誤り。森林面積が大きく減少するほどの森林伐採と焼き払いは，明らかに生態系が回復する速度を上回っている。

E．誤り。リード文に「軍には，森林の放火や保護区の不法占拠を阻止する専門技術や経験がない」とある。

H．誤り。リード文に「保護地域で違法に放牧された牛の肉が，世界の食肉大手のJBSのサプライチェーン……の中に入り込んでいる」とある。

❖講　評

I　代謝を中心とした一問一答形式の出題であった。多くが教科書レベルの基本的な知識問題であるが，教科書をきちんと読み切っていないと正答が難しい問題も散見される。

II　刺激の受容と反応，体内環境に関する知識問題と考察問題であっ

た。問 3 の(2)では，近年の入試問題において新傾向の実験設定問題が出題された。

Ⅲ　細胞と組織，植物の環境応答に関する一問一答形式の出題であった。多くが教科書レベルの基本的な知識問題であるが，教科書をきちんと読み切っていないと正答が難しい問題も散見される。

Ⅳ　アマゾンの熱帯多雨林の破壊とそれに伴う CO_2 の排出量の変化に関する文章読解問題であった。問 2 の(1)や問 3 の(2)など，教科書レベルを上回る知識を必要とする問題が見られた。また問 4 は，リード文の内容から正誤を推察させる独特の問題であった。全体を通してやや難度が高く，解きにくい。

大問数が 2021 年度の 5 題から 2022 年度は従来どおりの 4 題に戻った。内容は例年通り，基本的な知識問題を中心とする出題であるが，教科書をどれだけ読み込んでいるかで解答速度が大きく変わるだろう。また一部に詳細な知識が必要とされる問題，計算問題，考察問題も見られる。そのような問題に時間をかけすぎず，取捨選択も考慮しながら解ける問題を確実に解く，という意識を持っておいてほしい。

や文学史の知識、人物指摘など標準レベルの設問が多いが、注意すべきは問二。和歌の解釈においては修辞技法などの知識も重要だが、それ以前に誰がどのような状況で詠んだのかという、解釈の前提となる事実関係の確認を怠らないようにしたい。また問四では「は」という助詞についての判断が出題されたが、現代語でも頻繁に用いられる助詞だけに意外と盲点となりやすい。

そ」の言葉について噂話をしている「人」なので世間の人である。

問九　Ⅱの文章は、通俊夫妻が手を焼いているきかん気で強情な女童の逸話であり、傍線6はⅠの文章で通俊が「花こそ」という言葉について「女童などの名にしつべけれ」と言ったことについての世間の人の感想なので、B「恐れおののく」、C「讃嘆する」、D「非難する」はいずれも飛躍が甚だしい。つまり「通俊卿はこの女童の処置にほとほと困っているのだろう」という気持ちである。

問十　『後拾遺和歌集』は四番目の勅撰和歌集。Bの『後撰和歌集』が二番目の勅撰和歌集で、他の選択肢は五番目以降である。勅撰和歌集こそ平安時代の仮名文学の中心なので、『古今和歌集』から『新古今和歌集』までの、いわゆる「八代集」については、編纂された順番だけでなく、勅を下した帝や撰者の名前、入集している主要歌人など、国語便覧などで確認しておくとよい。

❖講　評

全体的な難易度としては標準的だが、試験時間を考えると、選択肢検討の際の判断の速さが重要だと思われる。

一の現代文は、日欧を対比する形の言語認識論が出題された。本文は例示や引用を多用して抽象的な内容をわかりやすく説明したもので、設問の難易度も全体として標準レベル。ただし問八のように全体の論理構造から判断すべき設問には注意が必要。

二の現代文は、近代的言説を規定した制度としての原稿用紙という、少々目先の変わった視点の本文だが、これも引用や例示の内容や展開上の役割、設問箇所が何について語る部分なのかを冷静に確認すれば、比較的取り組みやすい設問が多い。ただし、近代文学史の知識を問う設問が二つ含まれていて、普段から地道に知識の確認をしておく必要がある。

三の古文では、内容的に関連する二つの本文が出題されたが、いずれも文章自体は比較的平易なもの。基本的な古語

問四　「は」という助詞には係助詞・終助詞の二種類があるが、係助詞の場合は主題などを提示（強調）して意味上述語につながっていく形を取る。文末に用いられ、後に述語の省略がない場合は詠嘆を表現する終助詞である。したがってこの場合はaが終助詞、bが係助詞となる。なお、係助詞「は」には形容詞型の活用語の本活用連用形や助動詞「ず」の連用形に接続して仮定条件句を形成する用法もある（この場合の活用形を未然形ととらえて「は」を接続助詞とする説もある）。

問五　兼久の言葉を侍から聞いた通俊は「うち頷きて」、傍線部の直前で「さりけり、さりけり」と言っている。「さり」とは指示副詞「さ」に「あり」が接続した「さあり」が縮まったラ変動詞。〝そうである〟という意味である。したがって兼久の主張を認めたことになるので、正解はCである。

問六　設問要求が「合致しないもの」なので、それぞれの選択肢を本文で語られている事実関係と照合し、矛盾・齟齬をきたしている選択肢を選ぶ。Cの「『花こそ』という言葉だけを高く評価した」が本文の内容と矛盾しているので、これが正解。「花こそ」という言葉について通俊は「女童などの名にしつべけれ」と言っているので、まったく評価などしていない。

問七　問三の「おほかた」と同様、「あながちなり」も基本古語。〝無理・強引〟〝一途・ひたむき〟、修飾する述語に打消や否定の表現がある場合は〝必ずしも〟などの意味で用いられるが、この場合は手習（習字）を嫌がり、拒否しようとする女童の言葉で、「あながちに」が修飾する述語が「(自分に)教へ給ひて」なので、D「無理やり」が適切。

問八　「人にあなづらはれ」の「あなづらはれ」は〝信頼がなく軽蔑される感じ〟を意味する形容詞「あなづらはし」を動詞のように用いて受身の助動詞を接続させた形で「人に馬鹿にされ」ぐらいの意味。「物書かぬ人」を馬鹿にする「人」なのでcは世間の人。dは手習を「教ふる」主体で、北の方の会話文の中で尊敬語を用いていないので北の方自身。「人にくるしき目みせ給ふ」は女童の言葉で、尊敬語を用いているので「みせ給ふ」の主語は通俊か北の方だが、それに「くるしき目みせ」られるeの「人」とはもちろん女童である。fはⅠの文章に出てくる通俊の「花この人にも見下され、笑われるのだよ。大人になって（文字が書けないと）後悔をするより、今のうちに身を入れてよく習い覚えなさい。人が教えることを、無愛想に言うことを聞かないのも物事によるのだ（＝他のことならともかく、習字は大事だからしっかり言うことを聞きなさい）」と言って、少しつねったりなさると、（花こそは）声を上げ、おいおいと泣いて、縁側のほうに走り出て、しゃくり上げながら立って、独り言としていったことには、「私に無理やり習字をお教えになって、（もし私が）上手に書きおおせたら、ご親族などとのお手紙のやりとりのたびごとに、（私に）代筆をさせようとのおつもりなのだろう。ご自分の役に立てようとして、人をつらい目に遭わせなさるよ。代筆の役には私は立たないのに」と言って、鼻水をすすって、怒って泣きわめいた。「通俊卿が、秦兼方の歌を批判なさった時、花こそとは女童の名前のようであるとおっしゃったのは、この女童のことだったのだ」と世間の人が言っている。

▲解　説▼

問一　「おのづから」は、現代語と同じ〝自然に・ひとりでに〟以外に〝偶然に・たまたま〟〝もしも・万一〟などの意味があるが、この場合は「歌などや入る」、つまり自分の詠んだ和歌が勅撰集に入集するかもしれないという期待を表現する述部を修飾する形なので、B「ひょっとすると」が適切。

問二　和歌の解釈では、詠み手が誰か、贈答歌かどうか、和歌が詠まれた経緯や状況（和歌集からの引用の場合は詞書の内容）など、解釈の前提となる事実関係の確認がまず第一である。この場合は直前の会話文で、詠み手の兼久が「後三条院かくれさせ給ひて後……花の匂ひ、昔にもかはらず侍りしかば」と説明しているので、和歌の下の句の「物は思はざりけれ」は、亡くなった後三条院を偲んでいる様子がない、と自分の心情と対比する言葉であることがわかる。したがってDが正解。

問三　選択肢を見くらべれば、「おほかた」という副詞をどのように訳しているかが判断のポイントであることがすぐわかる。「おほかた」は、修飾する述部に打消や否定の表現が用いられている場合〝まったく・全然〟という意味。したがって正解はA。

ないのだなあ

と詠み申し上げました」と言ったところ、通俊卿は、「悪くなく詠んでいる。ただし、『けれ』『けり』『ける』などという言葉は、さほどでもない（＝それほど一首の中で繰り返し用いる必要のない）言葉である。それはそれとして、『花こそ』という文字（＝言葉）こそ女童などの名にするのがきっと相応しいなあ」と言って、それほどお褒めにならなかったので、（兼久は）言葉少なく（＝挨拶もそこそこに）（通俊卿のもとを）立って、使用人たちがいる場所に寄って、「こちらの殿は、まったく歌の事情をご存じない方だ。このような人が勅撰集（の編纂）を仰せつかっておいでなのはあきれ果てたことだなあ。四条大納言（＝藤原公任卿）の歌に、

春が来て人も訪れた（うら寂しい）山里は花こそ宿の（客をもてなしてくれる）主人であるなあ

とお詠みになっているのは、素晴らしい歌として世間の人の口にのぼって（もてはやされて）申しているようだよ。その歌に、『人も訪ひける』とあり、また、『宿のあるじなりけれ』とある（＝私の歌と同様に『けり』を二度使っている）ようだよ。『花こそ』と詠んだのは、その歌と同様であるのに、どういうわけで四条大納言の歌は素晴らしくて、（私）兼久の歌はよろしくないはずがあろうか（、そんなことがあるはずがない）。このような人が勅撰集（の編纂）を仰せつかって（入集させる歌を）お選びになっていることは、あきれ果てたことだ」と言って出て行った。

使用人が、通俊のもとに行って、「兼久がこれこれこのように申して出て行った」と語ったところ、治部卿（通俊）は頷いて、「そうであった、そうであった。（もう）何も言うな」とおっしゃった。

Ⅱ　治部卿通俊卿のもとに、花こそという名の女童がいた。（通俊卿が習字の）手本を書いてお与えになったが、（花こそは）習字を嫌がって、机に寄りかかっては筆の端をくわえ、頰杖をつき、あくびをして眠っている。（そのような花こその態度を見て、通俊卿の）奥方はいつも諫めておいでだが、（花こそは）聞き入れない。ある時は（習字の紙に）鬼の顔を描き、あるいはみみず書き（＝みみずが這い回った跡のような下手な文字）ばかりをもっぱらしながら、少しも身を入れて習わなかったので、奥方は（花こそを）傍に呼んで座らせなさって、「文字を書かない人は鳥や獣にも劣って、世間

三

出典　Ⅰ　『宇治拾遺物語』＜巻一ノ十　秦兼久、通俊卿の許に向ひて悪口の事＞
Ⅱ　石川雅望『しみのすみか物語』＜通俊卿の家の女童の事＞

解答

問一　B
問二　D
問三　A
問四　B
問五　C
問六　C
問七　D
問八　D
問九　A
問十　B

◆全　訳◆

Ⅰ　これも今となっては昔のことだが、治部卿通俊卿が、『後拾遺和歌集』をお選びになった（＝編纂なさった）とき、秦兼久は出かけていって、「ひょっとすると（自分の詠んだ）歌などが（今編纂しているという勅撰集に）入集するのではないか」と思って（撰者である通俊卿の様子を）うかがったところ、治部卿（通俊）が面会して、「（あなたは）どのような歌を詠んでいるのか」とおっしゃったので、（兼久は）「たいした歌はございません。後三条院がお亡くなりになって後、（後三条院の発願で建立された）円宗寺に参詣しておりますと、（桜の）花の美しさが、以前にも変わらないでおりましたので、（一首）詠み申し上げたのでございます」と言って、

「去年見た時と色も変わらないで咲いているなあ。（後三条院を偲んで悲しんでいる私とは違って）桜の花は物を思わ

家は谷崎潤一郎・島崎藤村（第二次『新思潮』）、芥川龍之介・菊池寛（第三次・第四次『新思潮』）など。

問四　空欄イの直前の記述を見れば、空欄イに入るのは「原稿用紙のフレームとフォーマット」についての筆者の判断を示す内容のはずである。直後の第六段落から第八段落まで、夏目漱石の原稿を例に検討を加え、最終段落で「つまり私の関心は……原稿用紙という制度が、近代の日本語とその表現に何をもたらしたか、という点にある」と本文の主題を提示していることから、Aが正解。B「私小説の典型的な型」、C「小説家とその他の文筆家を区別する基準」、D「古典文学と近代文学を切り分ける」は、いずれも本文で言及されていない内容である。

問五　空欄ウは、漱石が紙面の段ごとの文字数に合わせた原稿用紙の使い方をしていたことについて述べる部分にあり、空欄エの部分は逆に、「心」連載に関しては紙面の変更にもかかわらずそれ以前の使い方を変えていないことを説明する部分で、空欄の直後に「……せず」とあるのだから、「順応・追随」の組み合わせであるBが正解。

問六　問三と同様、基本的な知識を問う問題。文学史的知識は盲点となりやすいので、普段から国語便覧などを用いて知識の確認をしておくとよい。ちなみに、選択肢Aの太宰治は、一般には「耽美派」ではなく坂口安吾などと共に「無頼派」に分類されている。

問七　A「誰もが小説家を目指すことができた」とD「『作家』になるためには相当の忍耐を強いられる」が無根拠な記述であることは簡単にわかるだろう。BとCの選択となるが、傍線4は、同じ段落の中程に「本稿で私が考えたいことの第一は……もう一つは……」と並列されている、「もう一つ」のほうについての記述。したがってBが正解。Cは「第一」のほうに対応する内容。

問八　設問要求が「合致しないもの」であることに注意。Cで漱石の「心」の執筆スタイルについて「この執筆スタイルが朝日新聞の紙面を十七字に変更することになった」とあるが、事実関係として完全に誤っているのでこれが正解。紙面が十七字詰になったにもかかわらず漱石は十八字詰のままで執筆したと第七段落で説明されている。Bの「定説」も、本文の内容からすると少々言い過ぎの感があるが、Cほど「合致しない」わけではない。

問五　B
問六　D
問七　B
問八　C

◆要　旨◆

ワープロの普及によって、旧来の原稿用紙を実際に用いる機会は稀になったが、原稿用紙という制度は依然として執筆の基本単位であり、近代の文筆活動の不可欠の要因である。それ以前の和文脈を寸断し、西洋の句読法の導入された、従来とは異質な「文」の成立を促した。また夏目漱石の例を見てもわかるとおり、枡目によって字数・行数が区切られた原稿用紙に文字を記すという行為が作家の文体を規定して、抽象的な書き手としての「作家」を誕生させたと考えられる。

▲解　説▼

問一　空欄アを含む一文は、直前の、愛用の原稿用紙についての沢野ひとしの言葉「ワープロの……できるのだろうか」についての解説である。その言葉の中で、「原稿用紙が消えていく時代も近付いてきた。私はあと何枚原稿用紙を無駄にできるのだろうか」と原稿用紙への愛惜が語られていることからBが正解と判断できる。A「市場での流通」、D「人に読んでもらう文章を書くのに適さない」はこの場での問題ではないし、C「愛蔵」では「無駄にできる」と矛盾する。

問二　傍線1の直前に「……から」とあり、それが承ける内容は「あの原稿用紙の……植え込まれていったのである。しかもその文字は……期待されている」である。つまり、〈市場経済下における米づくりが～であるように、原稿用紙に文字を記す作業も～である〉という論理。したがってBが正解。

問三　志賀直哉は「新理想主義」に分類されている作家で雑誌『白樺』に拠って活動していた。『白樺』で活躍した作家は他に武者小路実篤・有島武郎などがいる。したがってAの選択肢ははじめから誤り。雑誌『新思潮』で活躍した作人にとっての「自然」が「主観的情態性」の反映である（第二段落）という本文の趣旨とそもそも矛盾している。

問六　空欄Yを含む文の冒頭に「この庭園の例によってもわかるように」とあるので、空欄の前後は西洋と日本の「自然」観念の違いを、前の段落の「庭園」を例として説明している部分。空欄直後で「日本の自然」について、「……感じとる個人を必要とし、人間一般の外にあるのではなくて……」とあるのでCが正解。A・B・Dはいずれも操作の対象としての「自然」を語っており、この部分の話題とは次元が違う。

問七　直前二つの段落で説明されている、「みずから」「おのずから」の語源について、現象的に異なった対象領域を同じ漢字で表記したという考え方が傍線3の「これ」の指示内容であり、それとは「逆の考え方」とは、大野晋の語義の説明の引用を根拠として段落後半で「したがって、『おのずから』も『みずから』も、もとは……」以下で紹介されている。以上の二点と整合性がある選択肢はA。

問八　第三段落の冒頭に「日本語の『自然』は、『おのずから』という情態性を表している」とあり、その「おのずから」について本文末尾で「ある自己発生的な事態が……より客体側へ押しやって眺めると『おのずから』と言われ」とあるのでDが正解。Aは日本の庭園をフランス式とイギリス式の「中間に位置する」としている点、B・Cはそれぞれ「西洋との間に摩擦を生む原因」「『おのれ』と『み』の語意の違い」と本文で言及されていない内容を含んでいる。

二

出典　宗像和重『投書家時代の森鷗外――草創期活字メディアを舞台に』〈制度としての原稿用紙――その予備的考察――〉（岩波書店）

解答

問一　B

問二　B

問三　D

問四　A

◀解　説▶

問二　ア、空欄を含む文の二つ前の文に「古代の日本人にとっては、『自然一般』という対象世界は存在しなかった」とあり、空欄に入る語は直後の「個物」を修飾する点からB「具体的」が適切。

イ、空欄に入る語は、人工的なフランス式庭園や自然の風景そのままの再現を目指すイギリス式庭園との対比で日本の庭園の特徴を語る言葉であり、同じ文の後半で「自然の真意をそのままに表した」と説明されている。さらに続く文でイギリスの庭園は「写実的」、日本の庭園は「表意的」とあるので、D「象徴的」が正解。

ウ、空欄の直前に「鑑賞能力を有する少数の人だけのための」という修飾語があり、「私的」という語と並列されているのでC「閉鎖的」が正解。

問三　空欄X直後の「それらを組み込み、配列する枠組としての『自然』」という記述と並列の形になっている点から、Dが正解。Aの「抽象化した」「共通概念を排除」やCの「個別の山や川として具体的特徴を明示」では逆の内容となるし、そもそも現実に存在する自然をどう捉えるかの話をしているのだから、B「そこに現実として存在させる」は論外。

問四　傍線1の記述は、日本語の「自然」という概念にみられる「万一のこと」「不慮のこと」という意味との対比で、西洋人の感覚を説明している。したがって傍線部の「それ」が指示する内容は「不慮のこと」であり、「自然」を「合法則性・規則性」としてとらえている（第一段落）西洋人の感覚からは「不自然」な死であるという内容なので、正解はAである。

問五　傍線2にある「主体」とは、日本の庭園に「表意されている自然の真意」を「感じとる」主体なのだから、庭園を鑑賞する側である。そして傍線直後に、「したがって……少数の人だけのための私的・閉鎖的な芸術作品」とあることが基本的なポイント。したがって「造る側にも見る側にも」「前提として求められる」とあるBが正解。Aは庭園を造る側の話でしかないので不適当。Cは「それを見た誰しもが」という部分が傍線前後の内容と反する。Dは日本

国語

一

出典　木村敏『自分ということ』〈I 「自然」について〉（ちくま学芸文庫）

解答

問一　(1)—C　(2)—D　(3)—D
問二　ア—B　イ—D　ウ—C
問三　D
問四　A
問五　B
問六　C
問七　A
問八　D

◆要　旨◆

共に自己の内面に起源を発する事態を表現する「みずから」という語との対比からすれば、「おのずから」は、その事態を客体側としてとらえたときに用いられる語である。日本語の「自然」は、その「おのずから」という語で表象されるような、人為の及ばない存在であり、自己の主観的情態性の反映として把握される点が、主体的自己に対して外部から対峙する客体的・対象的な観念である西洋語の「自然」との根本的な違いである。

//////////////////// · memo · ////////////////////

//////////////////// · memo · ////////////////////

//////////////////// · memo · ////////////////////

//////////////////// · memo · ////////////////////

//////////////////// · memo · ////////////////////

教学社 刊行一覧

2025年版 大学赤本シリーズ

374大学556点
全都道府県を網羅

国公立大学（都道府県順）

全国の書店で取り扱っています。店頭にない場合は，お取り寄せができます。

1 北海道大学（文系－前期日程）
2 北海道大学（理系－前期日程） 医
3 北海道大学（後期日程）
4 旭川医科大学（医学部〈医学科〉） 医
5 小樽商科大学
6 帯広畜産大学
7 北海道教育大学
8 室蘭工業大学／北見工業大学
9 釧路公立大学
10 公立千歳科学技術大学
11 公立はこだて未来大学 総推
12 札幌医科大学（医学部） 医
13 弘前大学 医
14 岩手大学
15 岩手県立大学・盛岡短期大学部・宮古短期大学部
16 東北大学（文系－前期日程）
17 東北大学（理系－前期日程） 医
18 東北大学（後期日程）
19 宮城教育大学
20 宮城大学
21 秋田大学 医
22 秋田県立大学
23 国際教養大学 総推
24 山形大学 医
25 福島大学
26 会津大学
27 福島県立医科大学（医・保健科学部） 医
28 茨城大学（文系）
29 茨城大学（理系）
30 筑波大学（推薦入試） 医 総推
31 筑波大学（文系－前期日程）
32 筑波大学（理系－前期日程） 医
33 筑波大学（後期日程）
34 宇都宮大学
35 群馬大学 医
36 群馬県立女子大学
37 高崎経済大学
38 前橋工科大学
39 埼玉大学（文系）
40 埼玉大学（理系）
41 千葉大学（文系－前期日程）
42 千葉大学（理系－前期日程） 医
43 千葉大学（後期日程） 医
44 東京大学（文科） DL
45 東京大学（理科） DL 医
46 お茶の水女子大学
47 電気通信大学
48 東京外国語大学 DL
49 東京海洋大学
50 東京科学大学（旧 東京工業大学）
51 東京科学大学（旧 東京医科歯科大学） 医
52 東京学芸大学
53 東京藝術大学
54 東京農工大学
55 一橋大学（前期日程）
56 一橋大学（後期日程）
57 東京都立大学（文系）
58 東京都立大学（理系）
59 横浜国立大学（文系）
60 横浜国立大学（理系）
61 横浜市立大学（国際教養・国際商・理・データサイエンス・医〈看護〉学部）
62 横浜市立大学（医学部〈医学科〉） 医
63 新潟大学（人文・教育〈文系〉・法・経済科・医〈看護〉・創生学部）
64 新潟大学（教育〈理系〉・理・医〈看護を除く〉・歯・工・農学部） 医
65 新潟県立大学
66 富山大学（文系）
67 富山大学（理系） 医
68 富山県立大学
69 金沢大学（文系）
70 金沢大学（理系） 医
71 福井大学（教育・医〈看護〉・工・国際地域学部）
72 福井大学（医学部〈医学科〉） 医
73 福井県立大学
74 山梨大学（教育・医〈看護〉・工・生命環境学部）
75 山梨大学（医学部〈医学科〉） 医
76 都留文科大学
77 信州大学（文系－前期日程）
78 信州大学（理系－前期日程） 医
79 信州大学（後期日程）
80 公立諏訪東京理科大学 総推
81 岐阜大学（前期日程） 医
82 岐阜大学（後期日程）
83 岐阜薬科大学
84 静岡大学（前期日程）
85 静岡大学（後期日程）
86 浜松医科大学（医学部〈医学科〉） 医
87 静岡県立大学
88 静岡文化芸術大学
89 名古屋大学（文系）
90 名古屋大学（理系） 医
91 愛知教育大学
92 名古屋工業大学
93 愛知県立大学
94 名古屋市立大学（経済・人文社会・芸術工・看護・総合生命理・データサイエンス学部）
95 名古屋市立大学（医学部〈医学科〉） 医
96 名古屋市立大学（薬学部）
97 三重大学（人文・教育・医〈看護〉学部）
98 三重大学（医〈医〉・工・生物資源学部） 医
99 滋賀大学
100 滋賀医科大学（医学部〈医学科〉） 医
101 滋賀県立大学
102 京都大学（文系）
103 京都大学（理系） 医
104 京都教育大学
105 京都工芸繊維大学
106 京都府立大学
107 京都府立医科大学（医学部〈医学科〉） 医
108 大阪大学（文系） DL
109 大阪大学（理系） 医
110 大阪教育大学
111 大阪公立大学（現代システム科学域〈文系〉・文・法・経済・商・看護・生活科〈居住環境・人間福祉〉学部－前期日程）
112 大阪公立大学（現代システム科学域〈理系〉・理・工・農・獣医・医・生活科〈食栄養〉学部－前期日程） 医
113 大阪公立大学（中期日程）
114 大阪公立大学（後期日程）
115 神戸大学（文系－前期日程）
116 神戸大学（理系－前期日程） 医
117 神戸大学（後期日程）
118 神戸市外国語大学 DL
119 兵庫県立大学（国際商経・社会情報科・看護学部）
120 兵庫県立大学（工・理・環境人間学部）
121 奈良教育大学／奈良県立大学
122 奈良女子大学
123 奈良県立医科大学（医学部〈医学科〉） 医
124 和歌山大学
125 和歌山県立医科大学（医・薬学部） 医
126 鳥取大学 医
127 公立鳥取環境大学
128 島根大学 医
129 岡山大学（文系）
130 岡山大学（理系） 医
131 岡山県立大学
132 広島大学（文系－前期日程）
133 広島大学（理系－前期日程） 医
134 広島大学（後期日程）
135 尾道市立大学 総推
136 県立広島大学
137 広島市立大学
138 福山市立大学 総推
139 山口大学（人文・教育〈文系〉・経済・医〈看護〉・国際総合科学部）
140 山口大学（教育〈理系〉・理・医〈看護を除く〉・工・農・共同獣医学部） 医
141 山陽小野田市立山口東京理科大学 総推
142 下関市立大学／山口県立大学
143 周南公立大学 新 総推
144 徳島大学 医
145 香川大学 医
146 愛媛大学 医
147 高知大学 医
148 高知工科大学
149 九州大学（文系－前期日程）
150 九州大学（理系－前期日程） 医
151 九州大学（後期日程）
152 九州工業大学
153 福岡教育大学
154 北九州市立大学
155 九州歯科大学
156 福岡県立大学／福岡女子大学
157 佐賀大学 医
158 長崎大学（多文化社会・教育〈文系〉・経済・医〈保健〉・環境科〈文系〉学部）
159 長崎大学（教育〈理系〉・医〈医〉・歯・薬・情報データ科・工・環境科〈理系〉・水産学部） 医
160 長崎県立大学 総推
161 熊本大学（文・教育・法・医〈看護〉学部・情報融合学環〈文系型〉）
162 熊本大学（理・医〈看護を除く〉・薬・工学部・情報融合学環〈理系型〉） 医
163 熊本県立大学
164 大分大学（教育・経済・医〈看護〉・理工・福祉健康科学部）
165 大分大学（医学部〈医・先進医療科学科〉） 医
166 宮崎大学（教育・医〈看護〉・工・農・地域資源創成学部）
167 宮崎大学（医学部〈医学科〉） 医
168 鹿児島大学（文系）
169 鹿児島大学（理系） 医
170 琉球大学 医

2025年版 大学赤本シリーズ

国公立大学 その他

171 〔国公立大〕医学部医学科 総合型選抜・学校推薦型選抜※ 医 総推
172 看護・医療系大学〈国公立 東日本〉※
173 看護・医療系大学〈国公立 中日本〉※
174 看護・医療系大学〈国公立 西日本〉※
175 海上保安大学校／気象大学校
176 航空保安大学校
177 国立看護大学校
178 防衛大学校 総推
179 防衛医科大学校(医学科) 医
180 防衛医科大学校(看護学科)

※No.171～174の収載大学は赤本ウェブサイト(http://akahon.net/)でご確認ください。

私立大学①

北海道の大学(50音順)

201 札幌大学
202 札幌学院大学
203 北星学園大学
204 北海学園大学
205 北海道医療大学
206 北海道科学大学
207 北海道武蔵女子大学・短期大学
208 酪農学園大学(獣医学群〈獣医学類〉)

東北の大学(50音順)

209 岩手医科大学(医・歯・薬学部) 医
210 仙台大学 総推
211 東北医科薬科大学(医・薬学部) 医
212 東北学院大学
213 東北工業大学
214 東北福祉大学
215 宮城学院女子大学 総推

関東の大学(50音順)

あ行(関東の大学)

216 青山学院大学(法・国際政治経済学部－個別学部日程)
217 青山学院大学(経済学部－個別学部日程)
218 青山学院大学(経営学部－個別学部日程)
219 青山学院大学(文・教育人間科学部－個別学部日程)
220 青山学院大学(総合文化政策・社会情報・地球社会共生・コミュニティ人間科学部－個別学部日程)
221 青山学院大学(理工学部－個別学部日程)
222 青山学院大学(全学部日程)
223 麻布大学(獣医、生命・環境科学部)
224 亜細亜大学
226 桜美林大学
227 大妻女子大学・短期大学部

か行(関東の大学)

228 学習院大学(法学部－コア試験)
229 学習院大学(経済学部－コア試験)
230 学習院大学(文学部－コア試験)
231 学習院大学(国際社会科学部－コア試験)
232 学習院大学(理学部－コア試験)
233 学習院女子大学
234 神奈川大学(給費生試験)
235 神奈川大学(一般入試)
236 神奈川工科大学
237 鎌倉女子大学・短期大学部
238 川村学園女子大学
239 神田外語大学
240 関東学院大学
241 北里大学(理学部)
242 北里大学(医学部) 医
243 北里大学(薬学部)
244 北里大学(看護・医療衛生学部)
245 北里大学(未来工・獣医・海洋生命科学部)
246 共立女子大学・短期大学
247 杏林大学(医学部) 医
248 杏林大学(保健学部)
249 群馬医療福祉大学・短期大学部
250 群馬パース大学 総推
251 慶應義塾大学(法学部)
252 慶應義塾大学(経済学部)
253 慶應義塾大学(商学部)
254 慶應義塾大学(文学部) 総推
255 慶應義塾大学(総合政策学部)
256 慶應義塾大学(環境情報学部)
257 慶應義塾大学(理工学部)
258 慶應義塾大学(医学部) 医
259 慶應義塾大学(薬学部)
260 慶應義塾大学(看護医療学部)
261 工学院大学
262 國學院大學
263 国際医療福祉大学 医
264 国際基督教大学
265 国士舘大学
266 駒澤大学(一般選抜T方式・S方式)
267 駒澤大学(全学部統一日程選抜)

さ行(関東の大学)

268 埼玉医科大学(医学部) 医
269 相模女子大学・短期大学部
270 産業能率大学
271 自治医科大学(医学部) 医
272 自治医科大学(看護学部)／東京慈恵会医科大学(医学部〈看護学科〉)
273 実践女子大学 総推
274 芝浦工業大学(前期日程)
275 芝浦工業大学(全学統一日程・後期日程)
276 十文字学園女子大学
277 淑徳大学
278 順天堂大学(医学部) 医
279 順天堂大学(スポーツ健康科・医療看護・保健看護・国際教養・保健医療・医療科・健康データサイエンス・薬学部) 総推
280 上智大学(神・文・総合人間科学部)
281 上智大学(法・経済学部)
282 上智大学(外国語・総合グローバル学部)
283 上智大学(理工学部)
284 上智大学(TEAPスコア利用方式)
285 湘南工科大学
286 昭和大学(医学部) 医
287 昭和大学(歯・薬・保健医療学部)
288 昭和女子大学
289 昭和薬科大学
290 女子栄養大学・短期大学部 総推
291 白百合女子大学
292 成蹊大学(法学部－A方式)
293 成蹊大学(経済・経営学部－A方式)
294 成蹊大学(文学部－A方式)
295 成蹊大学(理工学部－A方式)
296 成蹊大学(E方式・G方式・P方式)
297 成城大学(経済・社会イノベーション学部－A方式)
298 成城大学(文芸・法学部－A方式)
299 成城大学(S方式〈全学部統一選抜〉)
300 聖心女子大学
301 清泉女子大学
303 聖マリアンナ医科大学 医
304 聖路加国際大学(看護学部)
305 専修大学(スカラシップ・全国入試)
306 専修大学(前期入試〈学部個別入試〉)
307 専修大学(前期入試〈全学部入試・スカラシップ入試〉)

た行(関東の大学)

308 大正大学
309 大東文化大学
310 高崎健康福祉大学
311 拓殖大学
312 玉川大学
313 多摩美術大学
314 千葉工業大学
315 中央大学(法学部－学部別選抜)
316 中央大学(経済学部－学部別選抜)
317 中央大学(商学部－学部別選抜)
318 中央大学(文学部－学部別選抜)
319 中央大学(総合政策学部－学部別選抜)
320 中央大学(国際経営・国際情報学部－学部別選抜)
321 中央大学(理工学部－学部別選抜)
322 中央大学(5学部共通選抜)
323 中央学院大学
324 津田塾大学
325 帝京大学(薬・経済・法・文・外国語・教育・理工・医療技術・福岡医療技術学部)
326 帝京大学(医学部) 医
327 帝京科学大学 総推
328 帝京平成大学 総推
329 東海大学(医〈医〉学部を除く－一般選抜)
330 東海大学(文系・理系学部統一選抜)
331 東海大学(医学部〈医学科〉) 医
332 東京医科大学(医学部〈医学科〉) 医
333 東京家政大学・短期大学部 総推
334 東京経済大学
335 東京工科大学
336 東京工芸大学
337 東京国際大学
338 東京歯科大学
339 東京慈恵会医科大学(医学部〈医学科〉) 医
340 東京情報大学
341 東京女子大学
342 東京女子医科大学(医学部) 医
343 東京電機大学
344 東京都市大学
345 東京農業大学
346 東京薬科大学(薬学部) 総推
347 東京薬科大学(生命科学部) 総推
348 東京理科大学(理学部〈第一部〉－B方式)
349 東京理科大学(創域理工学部－B方式・S方式)
350 東京理科大学(工学部－B方式)
351 東京理科大学(先進工学部－B方式)
352 東京理科大学(薬学部－B方式)
353 東京理科大学(経営学部－B方式)
354 東京理科大学(C方式、グローバル方式、理学部〈第二部〉－B方式)
355 東邦大学(医学部) 医
356 東邦大学(薬学部)

2025年版　大学赤本シリーズ

私立大学②

- 357 東邦大学(理・看護・健康科学部)
- 358 東洋大学(文・経済・経営・法・社会・国際・国際観光学部)
- 359 東洋大学(情報連携・福祉社会デザイン・健康スポーツ科・理工・総合情報・生命科・食環境科学部)
- 360 東洋大学(英語〈3日程×3カ年〉)
- 361 東洋大学(国語〈3日程×3カ年〉)
- 362 東洋大学(日本史・世界史〈2日程×3カ年〉)
- 363 東洋英和女学院大学
- 364 常磐大学・短期大学 総推
- 365 獨協大学
- 366 獨協医科大学(医学部) 医

な行(関東の大学)

- 367 二松学舎大学
- 368 日本大学(法学部)
- 369 日本大学(経済学部)
- 370 日本大学(商学部)
- 371 日本大学(文理学部〈文系〉)
- 372 日本大学(文理学部〈理系〉)
- 373 日本大学(芸術学部〈専門試験併用型〉)
- 374 日本大学(国際関係学部)
- 375 日本大学(危機管理・スポーツ科学部)
- 376 日本大学(理工学部)
- 377 日本大学(生産工・工学部)
- 378 日本大学(生物資源科学部)
- 379 日本大学(医学部) 医
- 380 日本大学(歯・松戸歯学部)
- 381 日本大学(薬学部)
- 382 日本大学(N全学統一方式−医・芸術〈専門試験併用型〉学部を除く)
- 383 日本医科大学 医
- 384 日本工業大学
- 385 日本歯科大学
- 386 日本社会事業大学 総推
- 387 日本獣医生命科学大学
- 388 日本女子大学
- 389 日本体育大学

は行(関東の大学)

- 390 白鷗大学(学業特待選抜・一般選抜)
- 391 フェリス女学院大学
- 392 文教大学
- 393 法政大学(法〈Ⅰ日程〉・文〈Ⅱ日程〉・経営〈Ⅱ日程〉学部−A方式)
- 394 法政大学(法〈Ⅱ日程〉・国際文化・キャリアデザイン学部−A方式)
- 395 法政大学(文〈Ⅰ日程〉・経営〈Ⅰ日程〉・人間環境・グローバル教養学部−A方式)
- 396 法政大学(経済〈Ⅰ日程〉・社会〈Ⅰ日程〉・現代福祉学部−A方式)
- 397 法政大学(経済〈Ⅱ日程〉・社会〈Ⅱ日程〉・スポーツ健康学部−A方式)
- 398 法政大学(情報科・デザイン工・理工・生命科学部−A方式)
- 399 法政大学(T日程〈統一日程〉・英語外部試験利用入試)
- 400 星薬科大学 総推

ま行(関東の大学)

- 401 武蔵大学
- 402 武蔵野大学
- 403 武蔵野美術大学
- 404 明海大学
- 405 明治大学(法学部−学部別入試)
- 406 明治大学(政治経済学部−学部別入試)
- 407 明治大学(商学部−学部別入試)
- 408 明治大学(経営学部−学部別入試)
- 409 明治大学(文学部−学部別入試)
- 410 明治大学(国際日本学部−学部別入試)
- 411 明治大学(情報コミュニケーション学部−学部別入試)
- 412 明治大学(理工学部−学部別入試)
- 413 明治大学(総合数理学部−学部別入試)
- 414 明治大学(農学部−学部別入試)
- 415 明治大学(全学部統一入試)
- 416 明治学院大学(A日程)
- 417 明治学院大学(全学部日程)
- 418 明治薬科大学 総推
- 419 明星大学
- 420 目白大学・短期大学部

ら・わ行(関東の大学)

- 421 立教大学(文系学部−一般入試〈大学独自の英語を課さない日程〉)
- 422 立教大学(国語〈3日程×3カ年〉)
- 423 立教大学(日本史・世界史〈2日程×3カ年〉)
- 424 立教大学(文学部−一般入試〈大学独自の英語を課す日程〉)
- 425 立教大学(理学部−一般入試)
- 426 立正大学
- 427 早稲田大学(法学部)
- 428 早稲田大学(政治経済学部)
- 429 早稲田大学(商学部)
- 430 早稲田大学(社会科学部)
- 431 早稲田大学(文学部)
- 432 早稲田大学(文化構想学部)
- 433 早稲田大学(教育学部〈文科系〉)
- 434 早稲田大学(教育学部〈理科系〉)
- 435 早稲田大学(人間科・スポーツ科学部)
- 436 早稲田大学(国際教養学部)
- 437 早稲田大学(基幹理工・創造理工・先進理工学部)
- 438 和洋女子大学 総推

中部の大学(50音順)

- 439 愛知大学
- 440 愛知医科大学(医学部) 医
- 441 愛知学院大学・短期大学部
- 442 愛知工業大学 総推
- 443 愛知淑徳大学
- 444 朝日大学 総推
- 445 金沢医科大学(医学部) 医
- 446 金沢工業大学
- 447 岐阜聖徳学園大学 総推
- 448 金城学院大学
- 449 至学館大学 総推
- 450 静岡理工科大学
- 451 椙山女学園大学
- 452 大同大学
- 453 中京大学
- 454 中部大学
- 455 名古屋外国語大学 総推
- 456 名古屋学院大学 総推
- 457 名古屋学芸大学 総推
- 458 名古屋女子大学 総推
- 459 南山大学(外国語〈英米〉・法・総合政策・国際教養学部)
- 460 南山大学(人文・外国語〈英米を除く〉・経済・経営・理工学部)
- 461 新潟国際情報大学
- 462 日本福祉大学
- 463 福井工業大学
- 464 藤田医科大学(医学部) 医
- 465 藤田医科大学(医療科・保健衛生学部)
- 466 名城大学(法・経営・経済・外国語・人間・都市情報学部)
- 467 名城大学(情報工・理工・農・薬学部)
- 468 山梨学院大学

近畿の大学(50音順)

- 469 追手門学院大学 総推
- 470 大阪医科薬科大学(医学部) 医
- 471 大阪医科薬科大学(薬学部) 総推
- 472 大阪学院大学 総推
- 473 大阪経済大学 総推
- 474 大阪経済法科大学 総推
- 475 大阪工業大学 総推
- 476 大阪国際大学・短期大学部 総推
- 477 大阪産業大学 総推
- 478 大阪歯科大学(歯学部)
- 479 大阪商業大学 総推
- 480 大阪成蹊大学・短期大学 総推
- 481 大谷大学 総推
- 482 大手前大学・短期大学 総推
- 483 関西大学(文系)
- 484 関西大学(理系)
- 485 関西大学(英語〈3日程×3カ年〉)
- 486 関西大学(国語〈3日程×3カ年〉)
- 487 関西大学(日本史・世界史・文系数学〈3日程×3カ年〉)
- 488 関西医科大学(医学部) 医
- 489 関西医療大学 総推
- 490 関西外国語大学・短期大学部 総推
- 491 関西学院大学(文・法・商・人間福祉・総合政策学部−学部個別日程)
- 492 関西学院大学(神・社会・経済・国際・教育学部−学部個別日程)
- 493 関西学院大学(全学部日程〈文系型〉)
- 494 関西学院大学(全学部日程〈理系型〉)
- 495 関西学院大学(共通テスト併用日程〈数学〉・英数日程)
- 496 関西学院大学(英語〈3日程×3カ年〉) 新
- 497 関西学院大学(国語〈3日程×3カ年〉) 新
- 498 関西学院大学(日本史・世界史・文系数学〈3日程×3カ年〉) 新
- 499 畿央大学 総推
- 500 京都外国語大学・短期大学 総推
- 502 京都産業大学(公募推薦入試) 総推
- 503 京都産業大学(一般選抜入試〈前期日程〉)
- 504 京都女子大学 総推
- 505 京都先端科学大学 総推
- 506 京都橘大学 総推
- 507 京都ノートルダム女子大学 総推
- 508 京都薬科大学 総推
- 509 近畿大学・短期大学部(医学部を除く−推薦入試) 総推
- 510 近畿大学・短期大学部(医学部を除く−一般入試前期)
- 511 近畿大学(英語〈医学部を除く3日程×3カ年〉)
- 512 近畿大学(理系数学〈医学部を除く3日程×3カ年〉)
- 513 近畿大学(国語〈医学部を除く3日程×3カ年〉)
- 514 近畿大学(医学部−推薦入試・一般入試前期) 医 総推
- 515 近畿大学・短期大学部(一般入試後期) 医
- 516 皇學館大学 総推
- 517 甲南大学 総推
- 518 甲南女子大学(学校推薦型選抜) 新 総推
- 519 神戸学院大学 総推
- 520 神戸国際大学 総推
- 521 神戸女学院大学 総推
- 522 神戸女子大学・短期大学 総推
- 523 神戸薬科大学 総推
- 524 四天王寺大学・短期大学部 総推
- 525 摂南大学(公募制推薦入試) 総推
- 526 摂南大学(一般選抜前期日程)
- 527 帝塚山学院大学 総推
- 528 同志社大学(法、グローバル・コミュニケーション学部−学部個別日程)

2025 年版　大学赤本シリーズ　No. 415
明治大学（全学部統一入試）

2024 年 6 月 10 日　第 1 刷発行
ISBN978-4-325-26474-3
定価は裏表紙に表示しています

編　集　教学社編集部
発行者　上原 寿明
発行所　教学社
〒606-0031
京都市左京区岩倉南桑原町56
電話　075-721-6500
振替　01020-1-15695
印　刷　太洋社